DE MÉMOIRE D'ÉLÉPHANT

DU MÊME AUTEUR

L'ALGÉRIE À L'ÉPREUVE DU POUVOIR. Préface de Jacques Berque. Grasset, 1967.
LA RÉVOLTE ÉTUDIANTE, Le Seuil, 1968.
DÉCOLONISER L'INFORMATION, Cana, 1978.
LES CINQUANTE AFRIQUES (2 volumes) – en collaboration avec C. Wauthier – Le Seuil, 1979.
LE VILLAGE PLANÉTAIRE – en collaboration avec Jules Gritti – N.E.A., 1986.
UNE CHAÎNE SUR LES BRAS, Le Seuil, 1987.
UN AMOUR DE TÉLÉVISION – en collaboration avec Pascal Josèphe – Plon, 1989.
LA TÉLÉVISION DU PUBLIC, Flammarion, 1993.

HERVÉ BOURGES

DE MÉMOIRE D'ÉLÉPHANT

BERNARD GRASSET
PARIS

Tous droits de traduction, de reproduction et d'adaptation
réservés pour tous pays.

© *Éditions Grasset & Fasquelle*, 2000.

A la mémoire de :

Amadou Hampaté Ba
Hubert Beuve-Méry
Jean Marin
Kateb Yacine

1

Enfances

« Il faut soixante ans pour faire un homme », disait André Malraux. Je les ai largement atteints. Mais cette première condition suffit-elle ? Quels autres ingrédients sont requis ? Quel levain pour que la pâte prenne ? Quelle sorte d'homme suis-je devenu ?

J'ai suivi un chemin atypique, accumulant des expériences originales, apparemment hétéroclites, dans des domaines étrangers les uns aux autres, entre lesquels je me suis ingénié à jeter des ponts : communication, formation, tiers monde. A première vue, cela a rendu ma trajectoire difficile à décrypter : comment concilier les différentes étapes d'une existence, lorsqu'elles sont séparées par des milliers de kilomètres, et consacrées à des tâches totalement différentes ? Je ne peux pas en vouloir à ceux qui ont simplifié le parcours, ou n'en ont pas saisi l'unité profonde. Car où la trouver, sinon en moi-même ?

Je n'ai jamais voulu faire une carrière. J'ai toujours eu, j'ai encore, ce mot en horreur. Je m'y serais bien mal pris si j'avais voulu assurer une réussite personnelle en prenant ces chemins de traverse, ces risques directs qui à plusieurs moments ont mis en danger ma vie même. Ma vie tient plutôt du miracle. Un miracle dont j'ai toujours été le spectateur à la fois engagé et confiant. J'y fais la part belle à la chance, aux occasions saisies, et aux rencontres.

Il est vrai que je n'ai pas suivi la voie noble des grandes écoles ou de l'ENA, qui m'aurait assuré, à chaque étape de ma vie professionnelle, le filet protecteur ou le parapluie des grands corps de l'Etat, à condition de me couler dans le moule de la pensée unique du moment. Rien ne m'a été, ma vie durant, plus étranger qu'une logique de « corps », de fonctions dues, de prérogatives et de statuts... J'ai choisi le risque et la liberté d'esprit, pour lesquels j'ai, à plusieurs reprises, payé le prix fort. C'est l'autre logique, celle de la responsabilité et du résultat, bon ou mauvais, qui la sanctionne.

Rennes

Je viens au monde le 2 mai 1933, l'année de l'incendie du Reichstag et de l'avènement d'Hitler en Allemagne, et en France trois ans avant la victoire du Front populaire. Ma naissance a lieu bien loin de tout cela, à Rennes, boulevard de La Tour-d'Auvergne, dans une famille traditionnelle, bourgeoise, catholique, imprégnée des références de la Bretagne bien-pensante. Ma famille paternelle est peuplée d'avoués et de notaires, et compte quelques prêtres ou religieux, mon oncle Jacques était officier d'aviation, l'un de mes cousins germains fut haut fonctionnaire dans le corps préfectoral, député, ministre, sénateur, président de Conseil régional... Belle carrière, dont la famille fut légitimement fière.

Les Bourges sont pour la plupart de bons vivants, attachés aux plaisirs de la table, campés sur de solides valeurs familiales. Mes grands-parents paternels, tout comme les Desjeux, mes grands-parents maternels, avaient eu onze enfants... La famille formait donc une galaxie compliquée de cousins de tous les âges, que nous retrouvions, chaque été, à l'occasion des vacances, chez les grands-parents maternels.

Du côté de ma mère, les Desjeux formaient une famille très unie, aux principes rigoureux, voire rigoristes, imposant à chacun de ses membres le respect d'une éthique personnelle très stricte. Les frères de ma mère étaient Inspecteur des Eaux et Forêts, médecin, officier de la Légion étrangère, cadres. La diversité des destins et des vocations révélait au quotidien les mêmes exigences, le même sens du service et du devoir, et un caractère de cochon, pour certains.

Je garde un souvenir très vif des Noëls passés chez mes grands-parents Desjeux, à Paris, dans leur grand appartement du 4, rue Joseph-Bara, à l'angle de la rue d'Assas. Situé au quatrième étage, on y accédait par un ascenseur poussif qui bringuebalait et gravissait les étages à la vitesse de l'escargot. Les pièces n'étaient pas chauffées : non par économie, mais par discipline. On grelottait tout l'hiver, et la seule pièce sympathique était le salon, où ronflait un poêle à l'ancienne et où, après déjeuner, on prenait debout son café : moment délicieux où les corps se détendaient, réchauffés de l'intérieur et de l'extérieur. L'appartement était proche du jardin du Luxembourg, où l'on me conduisait aux séances de Guignol en plein air, à la lyonnaise. Les enfants battaient des mains quand Gnafron bastonnait le gendarme, et hurlaient de terreur feinte à l'approche du Grand Méchant Loup s'apprêtant à dévorer le Petit Chaperon rouge.

Chaque année, au moment des fêtes, je faisais également une cure de Chaplin au Studio Parnasse, qui reprenait pour Noël une intégrale Charlot. Je voyais et revoyais avec le même plaisir la danse des petits pains, et les mille scènes d'anthologie où ce personnage unique, tendre et universel, nous est devenu familier. Chaque situation présentée, je l'assimilais immédiatement à tel ou tel tableau vivant aperçu dans une rue de Biarritz, Reims ou Paris : Charlot était le conservatoire inépuisable des fous rires de mon enfance...

Ce quartier de Montparnasse qui, dans mon jeune âge, était encore celui des ateliers de peintres, je n'ai jamais cessé de le quitter et de l'aimer, en dépit de sa transformation. Il ne possède plus l'âme que lui donnait la présence des artistes – il n'y subsiste que deux ateliers de peintres – mais tant qu'existeront la rue Vavin, la Coupole, le restaurant russe Dominique, il sera possible de pousser la porte du souvenir pour entrer de plain-pied dans les années Parnasse. J'aurai encore la chance de m'y réimplanter en deux occasions au cours de ma vie : lorsque je m'occuperai de la formation des journalistes africains, de 1968 à 1976, mon quartier général sera installé dans l'enceinte de l'Université Paris II, à l'Institut français de Presse, rue d'Assas. Plus tard, président de TF1, alors chaîne publique, de 1983 à 1987, j'en rejoindrai le siège administratif, rue de l'Arrivée, au pied de la Tour.

De part et d'autre les familles possédaient des biens, des terres, des bois, des fermes. J'ai le souvenir des visites de mon grand-père maternel chez ses métayers (*not'maître, not'maîtresse,* disaient-ils encore), des larges omelettes aux girolles dévorées sur de grandes tables rustiques, des discussions qui portaient sur les récoltes, la clémence ou la dureté du temps, les bêtes et les soins qu'elles réclamaient. Univers stable et rural que rien ne me paraissait, enfant, pouvoir ébranler, et dont il ne reste plus rien, à quelques décennies de distance.

Une propriété de vacances de mes grands-parents Desjeux s'appelait « Le Paradis ». Dans ce cadre protégé bien nommé, se passaient mes étés : immense maison de plus de vingt pièces, à Meaulne, dans l'Allier, à une trentaine de kilomètres de Montluçon. Mon grand-père se ruinait à entretenir une telle bâtisse, dont les volets, toitures et fenêtres étaient sans cesse en réfection. Le « château », ainsi surnommé par les habitants du village, était entouré de champs, de bois et de vignes. Ah, l'affreuse piquette, petit vin blanc familial qui accompagnait tous les repas de nos immenses tablées ! Mais puisque nous faisions du vin, et qu'il était trop mauvais pour être vendu, il fallait bien que la famille le boive ! Non loin du « Paradis » se trouvait une autre propriété, baptisée « L'Enfer », dont mon grand-père refusait obstinément de connaître les occupants : comment supporter un tel nom pour sa demeure ?

Gamin, j'assistais chaque soir, au Moulin Mas, la ferme voisine, à la traite des vaches. Je participais – ou faisais semblant tant j'étais inexpérimenté – aux fenaisons, appréciais l'animation joyeuse et conviviale autour des moissonneuses-batteuses, avant d'aller me gaver, en fin de journée, avec mes frères, sœurs, cousins, cousines, des délicieuses pêches de vigne.

Deux ou trois fois par semaine, en période de forte chaleur, les tractions-avant Citroën familiales nous conduisaient à une douzaine de kilomètres pour nous baigner dans le vaste étang de Saint-Bonnet, au cœur de la forêt domaniale de Tronçais, aux centaines de grands chênes séculaires, dont certains, comme ceux de la chênaie de « l'Allée des Génois », dataient de Colbert.

Au mois d'août, à la Saint-Symphorien, la fête patronale de Meaulne était l'occasion de courses cyclistes et de concours de grimaces. J'étais souvent vainqueur au concours de grimaces, et je terminais les courses cyclistes fourbu, loin des premiers. Je remportais en revanche la course à dos d'âne : au grand dam de mes concurrents qui dénonçaient vertement l'aide procurée par oncles, tantes, cousins, frères et sœurs qui tapaient à qui mieux mieux, tout le long de son parcours, sur mon pauvre bourricot, et assuraient mon triomphe. Comique victoire de notre clan familial qui me voyait alors dignement saluer, du haut de mon fier destrier aux grandes oreilles droites.

Je garde de Meaulne un souvenir dont je ne suis pas fier : j'avais alors six ans et ma mère m'envoyait faire la sieste après le repas de midi. Par une chaude journée d'août un bourdon vint me taquiner dans ma chambre : l'insecte vrombissant que je pris pour un frelon m'effraya tant que je me mis à hurler. Ma mère surgit : elle ne prêta qu'une petite attention au bourdon, qu'elle fit sortir machinalement en ouvrant la fenêtre. Comme elle me questionnait sur mes cris, je fus honteux d'avoir eu si peur pour... rien, et je me justifiai en prétextant un violent mal de ventre. Qui fut pris très au sérieux. Sans tarder, un oncle médecin décréta que j'avais une crise aiguë d'appendicite. On me transporta à Bourges, ville distante de soixante kilomètres, et j'y fus opéré d'urgence... d'un mal imaginaire !

Le mois de septembre avait pour cadre une magnifique propriété de chasse, « Les Poveaux », dits « Les Pots », à Clémont-sur-Sauldre, à quelques kilomètres de la patrie de Raboliot, le héros de Maurice Genevoix, située à Brinon-sur-Sauldre, et non loin du pays du « Grand Meaulnes ».

En compagnie de mon grand-père, dont je suivais le pas sûr, pas de chasseur et de campagnard, je traversais un univers préservé et soigneusement entretenu : grands bois régulièrement exploités et nettoyés, pâturages, champs labourés. Nous allions reconnaître la faune : traces de sangliers, silhouettes vives des chevreuils, terriers des lapins et gîtes des lièvres, perdreaux rouges et gris dont nous levions les compagnies en bordure des champs de seigle, coqs-faisans aux plumages colorés, qui s'élevaient d'un vol lourd au-dessus des haies en criaillant à notre passage, et autour des six étangs du domaine, les canards, et les sarcelles rapides.

Tôt le matin, nous allions les guetter sans faire de bruit, au bord de l'eau, en passant par des sentiers détournés, sous le vent, pour protéger notre approche et dissimuler notre présence. Tout jeune, j'apprenais la patience, l'attention et la nécessité de connaître la nature pour mieux la surprendre, humant les senteurs de la Sologne, celles des grandes fougères et des bruyères bleues.

Les étangs offraient aussi à mon enfance des images fabuleuses d'abondance : chaque année, l'un d'eux était vidé, livrant la moisson frémissante et argentée des carpes, des brochets, des tanches, des anguilles et des inévitables et détestables poissons-chats. Ma plus grande joie était de reconnaître chaque espèce, au moment du tri, avec les poissonniers, venus pour les acheter, et qui repartaient lourdement chargés. Nous mangions souvent de ces poissons d'eau douce, aux chairs blanches et un peu fades, pêchés en toute saison.

La chasse était pour mon grand-père plus qu'une distraction : c'était un mode de vie, exigeant et généreux. Rien n'y était acquis d'avance, il fallait mériter ce que l'on obtiendrait. Mais cette rigueur était un plaisir partagé. Avec moi, qui ma vie durant n'ai jamais tiré un coup de fusil, avec ses compagnons de chasse, avec les membres de la famille. Les grands jours de chasse, toute la famille réunie déposait au retour devant la maison du garde Julien le gibier abattu : garennes, faisans, lièvres, perdrix, chevreuils ou sangliers, et mon grand-père Augustin faisait la répartition. Il en gardait pour les absents, et leur part leur serait expédiée, où qu'ils soient.

Le reste de l'automne, que nous habitions Rennes, puis Biarritz, Reims, ou Paris, mes grands-parents nous envoyaient des bourriches multicolores qui arrivaient pleines de gibier, acheminées à petite vitesse, par le train, et faisandées à point. Cette odeur de vieux gibier a nourri ma jeunesse : les estomacs étaient solides, autant que les caractères. A ce régime, tous vécurent longtemps, parfois au-delà de quatre-vingt-dix ans, n'en déplaise aux nutritionnistes modernes et à leurs disciples végétariens.

A la mort de mes grands-parents, ces propriétés furent vendues et partagées entre la kyrielle des membres de la famille. « Le Paradis » est devenu propriété d'un exploitant forestier, le domaine de Clémont-Sauldre fut racheté par le baron Bich, qui par goût de la Sologne étendit progressivement son domaine. Mais le gibier vint à manquer... Les agitations tapageuses et glorieuses des chasseurs laissèrent place au romantisme plus reposant d'une nature protégée : autres époques, autres vocations.

Ma mère avait les traits dominants des Desjeux : morale individuelle, sens du service, qui n'allaient pas sans une certaine rigueur, et une part d'austérité. C'est par l'exemple qu'elle prêchait à ses enfants les valeurs auxquelles elle était attachée. D'un caractère entier, elle avait de grandes qualités de spontanéité et de cœur. Elle exprimait franchement ses colères ou son affection. Nous redoutions ses emportements et partagions l'amour dont elle nous entourait constamment.

Mon père était ingénieur, homme bon, droit, enjoué, entièrement dévoué au bonheur de sa famille et à l'éducation de ses sept enfants. Il n'eut sans doute pas la possibilité de profiter de la vie autant qu'il l'eût mérité. Son travail et les siens l'occupaient trop pour qu'il pensât à autre chose. Notre famille suivit ses affectations professionnelles successives : Rennes, Biarritz, puis Reims.

Du côté des Bourges, je garde le souvenir de nos repas dominicaux, à la table des grands-parents, place de l'Hôtel-de-Ville, à Rennes, dans un service de faïence blanche fleurdelisée de bleu. L'archevêque de Rennes était souvent des nôtres. Notre oncle Roger, qui se battit à Verdun durant la guerre de 14, curé archiprêtre de Fougères, était parfois présent. Chaque dimanche les fidèles déposaient dans son église, en guise d'offrandes sur l'autel de la Vierge, poulets, cochonnailles, mottes de beurre et œufs. L'homme de Dieu faisait profiter ses neveux de la généreuse piété de ses paroissiens !

Elève de troisième à Reims, j'allais parfois passer quelques jours de vacances à Hirson chez notre oncle Jean, qui exerçait avec compétence et bonhomie le métier de médecin. J'aimais l'accompagner à l'hôpital où l'on me permit d'assister à des opérations dont le spectacle me terrifiait et me fascinait à la fois. Avec ce bon vivant dont la table était toujours abondamment garnie, j'assistai à des rencontres de football disputées par la mythique équipe de Kopa au Stade de Reims... La victoire était toujours saluée, en compagnie de joyeux convives, avec force bouteilles de champagne, dans un grand café du centre-ville.

Mon père, qui avait fait des études de chimie, était devenu un grand spécialiste de l'œnologie, et n'avait pas son pareil pour goûter et identifier les vins : bordeaux et bourgognes n'avaient pas de secret pour lui, il déterminait immédiatement le cru et l'année de n'importe quelle bouteille. Il vantait aussi, avec une grande sûreté de jugement, les champagnes des petits propriétaires de la région des « blancs de blanc » du Mesnil-sur-Oger, qui, il est vrai, constitue aussi le terroir du grand Krug.

Des Bourges, le plus connu est incontestablement mon cousin germain Yvon, fils de mon oncle Jacques, colonel d'aviation qui, à la tête de son escadrille, avait participé à la bataille de la Marne. C'est par les hasards de la vie qu'il fut conduit, après la Libération, à embrasser une carrière politique à laquelle il ne se destinait nullement. Sous-préfet, il fut remarqué par le gouverneur de la France d'Outre-mer, Bernard Cornut-Gentille, qui en fit son directeur de cabinet à Dakar et l'entraîna dans un nouvel univers, plus politique, où il allait s'illustrer comme ministre, sous les Présidences successives du général de Gaulle, de Georges Pompidou, et de Valéry Giscard d'Estaing. Gouverneur de la Haute-Volta et haut-commissaire en AEF, il s'imposa comme ministre de la Coopération, puis ministre de la Défense. Il toucha même à l'Information, comme secrétaire d'Etat, et c'est sans doute le seul rapprochement possible entre nous. Il n'y fit d'ailleurs qu'un passage éclair. Les méthodes que nous y avons adoptées sont aux antipodes : il se signala notamment en mars 1966 par la censure de *La Religieuse,* film de Jacques Rivette, d'après le roman de Diderot, ouvrage jugé licencieux, et qui est certes peu dévot, puisqu'il raconte la révolte et la légèreté d'une jeune fille de bonne famille, enfermée derrière les murs d'un couvent, et que les autres pensionnaires persécutent et acculent au suicide. L'interdiction fit du bruit, et ne fut levée, en 1967, qu'en échange d'une forme moderne de tartuferie : le film sortit sous un autre titre, jugé moins provocateur : *Suzanne Simonin, la religieuse de Diderot.*

On rapporte à son sujet une autre anecdote : ministre de l'Information, toujours, et assistant à un spectacle où Jacques Martin se plaisait à tourner en dérision les bonnes sœurs, il se leva au milieu du public en s'écriant : *« Taisez-vous, monsieur ! »* Accès de susceptibilité d'un tenant de l'ordre moral. Autres temps, autres mœurs. Ce qui hier faisait scandale prête aujourd'hui à sourire, et c'est au contraire de sa réaction que l'on serait tenté de se scandaliser, au nom de la liberté d'expression de l'artiste... Tout cela ne l'empêcha nullement d'établir un record de longévité ministérielle au sein de la Ve République.

Biarritz

Peu d'images me sont restées de la période de la guerre : ma mère se retrouva rapidement seule, à Rennes, pour s'occuper de nous, car mon père rejoignit l'Angleterre. Cet homme qui ne savait pas nager prit une petite barque qui mit le cap sur les îles Britanniques. Il n'aima pas beaucoup son séjour outre-Manche. Le plus difficile à supporter ? Devoir boire du thé, et sourire à des gens distingués dont il n'appréciait pas l'humour détaché.

Seul souvenir de notre vie de ces années-là qui m'ait marqué, sans doute parce qu'on me l'a raconté : la terreur que j'infligeai un jour à ma mère en crachant ostensiblement au sol sur le passage des troupes allemandes qui défilaient dans Rennes. Cela au moment même où mon père en était mystérieusement absent... Je reçus une spectaculaire paire de calottes, pour m'apprendre que le courage n'est pas toujours dans l'exhibition provocatrice de ses opinions. L'inconscience et la témérité vident l'engagement de son sens. Qu'aurais-je gagné à nous faire arrêter ? Le véritable héroïsme, dans ces années sombres, restait caché : c'était même le secret de son efficacité.

Préoccupé par le sort de sa famille, mon père revint en France après quelques mois, en passant par le Maroc. J'avais neuf ans, nous avons alors quitté Rennes pour Biarritz, où nous nous sommes installés près des petites halles, aujourd'hui détruites, à côté de l'usine à gaz dont il avait été nommé directeur.

Je vivais la fin de mon enfance. J'ai toujours un peu regretté d'avoir été trop jeune pour m'engager.

Facile à dire, la guerre terminée, mais j'aurais sincèrement voulu, comme mon père, partir pour l'Angleterre, ou rejoindre le maquis, voire m'illustrer sur les champs de bataille comme mon oncle Michel, le frère de ma mère, jeune officier tué à la tête de son unité à Saint-Gérard, en Belgique, ou encore mon oncle Bernard, autre frère de ma mère, qui passa cinq années de captivité en Allemagne. La libération psychologique de l'après-guerre se combina en moi avec le sentiment étrange d'être arrivé trop tard, comparable à ce « mal du siècle » qui possédait la génération des Vigny, Stendhal et Musset, orphelins d'une grandeur impériale dans laquelle ils n'avaient pu s'illustrer. Je crois que j'ai toujours éprouvé un respect nostalgique par rapport aux Résistants et à ceux qui avaient pris part aux combats de la Libération. Après 1945, à douze ans, je me passionnais pour leur « Geste » héroïque : mes héros s'appelaient Charles de Gaulle, Jean Moulin, de Lattre, Lucie et Raymond Aubrac, Pierre Brossolette, le Colonel Passy.

A cette admiration que j'éprouvais, à cette fierté de me sentir proche d'eux, se mêlait pourtant une amertume : celle d'avoir vu de près le visage de l'autre France, celle de l'abandon, de la petite lâcheté quotidienne, celle qui l'avait largement emporté pendant les années d'occupation. J'avais eu le cœur serré devant tant d'exemples lamentables, où les petits soucis du confort personnel prenaient le pas sur les exigences du bien commun, où les intérêts individuels parlaient avant la morale collective. Et je me souviens de mon étonnement quand j'assistai, au jour de la Libération, à d'étranges métamorphoses : des voisins jusquelà passifs se transformaient en résistants, et revêtaient le brassard improvisé des Forces Françaises de l'Intérieur. La confusion générale permettait bien des impostures...

Et j'ai été choqué lorsque certains de ces libérateurs de la dernière heure se muèrent en Fouquier-Tinville de la collaboration, traînant nues et humiliées dans les rues des femmes au crâne rasé pour les exposer à la vindicte publique... A chacun ses hauts faits, ceux-là étaient à leur mesure, et ils y puisaient un tardif et dérisoire honneur.

Encore enfant, ces scènes m'ont fortement marqué : je voyais comment les soubresauts et les méandres de l'Histoire peuvent rendre féroces des êtres à l'ordinaire timorés, dès qu'ils ont peur, ou quand, n'ayant plus peur, ils ne se pardonnent pas leur frayeur passée. J'ai retrouvé, plus tard, en Algérie, les mêmes ressorts psychologiques entraînant les mêmes effets. Des réactions comparables m'ont surpris, à une bonne décennie de distance, chez des hommes dont les engagements et les convictions étaient opposés. J'avais donc eu, à la fin de la guerre, un avant-goût de la condition humaine : difficile de dire quelle influence ces images ont eue sur la formation de mon identité. Il est certain qu'elles ont pesé sur mon avenir... Et devant le comportement de certains individus, j'ai souvent repensé à la formule de Freud qui écrivait en 1930 : « L'agressivité démasque dans l'homme la bête sauvage qui perd alors tout égard pour sa propre espèce. » (*Le Malaise social*).

Les premières années de mon adolescence ont la saveur de l'aprèsguerre, dans le Sud-Ouest : je me passionne pour les rugbymen du Biarritz Olympique : les Jol, Daguerre, Sarabezolles, les frères Sorrondo. Je joue moi-même minime, puis cadet, dans ce Club. Une autre de mes idoles est Jean Dauger, le demi d'ouverture de l'Aviron Bayonnais voisin. Passionné de vélo, je participe à des courses cyclistes locales, sans succès particulier, je dois le dire. Associées à cette période de ma vie, la saveur des chipirons et de la pipérade, et la participation au Toro de fuego, où nous apprenions à nous faire peur.

Très tôt, je marque mon indépendance vis-à-vis de mon milieu familial, et je me tourne vers l'extérieur, les autres, ceux qui me paraissent échapper au conformisme. Je lis de plus en plus les journaux, tous les journaux qui me tombent sous la main, j'écoute la radio, je m'intéresse à la politique, aux déclarations publiques des uns et des autres, aux prises de position des intellectuels et des artistes. J'ai une sorte d'appétit de connaître, d'écouter, de découvrir des gens différents, en France et surtout au-delà de nos frontières, pour comprendre le monde, la manière dont il s'organise, son évolution, avec une impatience croissante devant les inégalités et les injustices.

En me passionnant pour le monde entier, je me détache un peu des miens, et je renonce (en ai-je conscience ?) à jouer vis-à-vis de mes frères et sœurs un rôle d'aîné. Mes parents ne me le demandent pas et pourvoient eux-mêmes à tout : c'est m'autoriser une liberté et une disponibilité qui sont peut-être de l'égoïsme.

Tout cela forme un adolescent double, qui à la fois goûte les plaisirs de la terre, du sport, le solide confort bourgeois de la province, et qui sent pourtant monter en lui des bouffées d'idéalisme, des impatiences, et le désir de s'échapper, de prendre part aux grands débats de l'époque en se différenciant de son milieu, qui n'accueille pas toujours avec enthousiasme les professions de foi provocatrices de celui que certains présenteront plus tard, notamment au moment des guerres coloniales, comme le mouton noir de la famille... Cela se traduisait souvent par une discrète réprobation, que l'affection faisait taire. Je m'en rendais compte, et j'y puisais une secrète confirmation de ma volonté de me dégager du moule social où l'on aurait voulu m'enfermer.

Mes parents m'avaient inscrit à Biarritz au collège Saint-Louis de Gonzague, établissement traditionnel, dont je me fis exclure, en quatrième, à la suite d'une fugue organisée avec une jeune condisciple à l'issue d'un match de basket disputé dans une ville voisine. Le scandale de notre aventure romantique défraya la chronique et je fus jugé indésirable par la sévère institution religieuse. Mon père venait d'être muté à Reims, où nous allions nous installer dans une grande maison grise, rue Coquebert, qui avait comme seul inconvénient d'être enserrée dans l'enceinte de l'usine à gaz dont il prenait la direction. Il infligea comme punition à mes frasques une inscription au collège Saint-Joseph, réputé pour la qualité de ses méthodes pédagogiques en même temps que pour la rigueur de sa discipline. C'est dans ce cadre que je fis mes études secondaires, entre 1948 et 1953.

Reims

En fait, cette punition fut une chance pour moi. C'est sous la férule des pères jésuites que je fis l'apprentissage de la liberté, et que je trouvai les espaces de libre expression et d'accomplissement de moi-même que je recherchais avidement. Cette période de mes études détermina mes engagements ultérieurs et la vision sociale et professionnelle qui fut ensuite la mienne. Je constate aujourd'hui, lorsque les ministres successifs de l'Education nationale parlent d'adapter les méthodes pédagogiques pour qu'elles répondent mieux à ce que doit être un apprentissage de la vie et de la responsabilité, que l'enseignement des jésuites de Reims, en 1950, était déjà étonnamment moderne. L'idée de pratiquer les études à mi-temps, en alternance avec des activités sociales, culturelles, artistiques et sportives, trouvait déjà sa traduction dans le rythme de nos journées : le matin, nous suivions les cours, et l'après-midi nous nous répartissions par équipes d'une dizaine, pour des ateliers : les uns se consacraient à la réfection des taudis des banlieues, les autres à divers entraînements sportifs, d'autres encore à l'imprimerie, au théâtre, aux marionnettes. L'équipe théâtre m'a accueilli de la troisième à la philo : nous nous livrions, sous la conduite de notre professeur de mathématiques, Monsieur Nicolas, surnommé Bobols, doué d'un grand talent théâtral, à une série d'exercices d'expression corporelle, de respiration, de mime, de mise en scène, d'interprétation, avec ou sans masque. Marcel Marceau, Jean-Louis Barrault, Louis Jouvet étaient mes idoles. J'ai monté, joué et mis en scène les farces de Molière, *Monsieur de Pourceaugnac, La Jalousie du Barbouillé, Georges Dandin,* et les pièces d'André Obey et de Martens, notamment *Les Gueux au Paradis,* les adaptations de *La Guerre picrocholine,* d'après Rabelais, du *Petit Prince* de Saint-Exupéry, les pièces de Michel de Ghelderode, auteur dramatique flamand trop méconnu, dont j'aimais particulièrement *Escurial et Magie rouge,* et une œuvre d'un auteur méditerranéen (déjà), *Montserrat* d'Emmanuel Roblès, où je me réservai l'interprétation du héros, Isquierdo.

Nous participions aux fêtes de village, jouant pour un public champenois qui riait de bon cœur aux comédies de Molière, dont les répliques, connues et attendues, provoquaient une sorte de complicité joyeuse entre les acteurs et les spectateurs. Nous avions l'impression d'être les héritiers de la troupe mythique de l'Illustre Théâtre, à mi-chemin, comme nos lointains devanciers, entre les bateleurs de foire et les artistes authentiques. Certains d'entre nous eurent le courage d'aller au bout de cette passion, et prouvèrent à quel point ils étaient doués pour le théâtre : Michel Robin, aujourd'hui sociétaire de la Comédie-Française, continue de se produire sous le regard de Molière. Avant d'aller l'applaudir en 2000 dans *Le Bourgeois gentilhomme,* je le vis à la fin de l'année 1999 dans le *Revizor* de Gogol : à l'issue de la représentation, nous avons bavardé dans sa loge en évoquant nos premiers pas de comédiens. Jean Becker était également des nôtres : il a pour sa part orienté son talent de mise en scène – filiation oblige – vers le cinéma, réalisateur, après des succès comme *Elisa,* ou *L'Eté meurtrier,* d'une fable humoristique, *Les Enfants du Marais,* où il distille une forme de catéchisme du bien-vivre.

Nous étions, au début des années 50, dans la tradition des maîtres Charles Dullin et Jacques Copeau, passionnés par l'aventure du Théâtre populaire, conduite par la personnalité forte de Jean Vilar, figure tutélaire du Festival d'Avignon : je n'avais d'yeux que pour Louis Jouvet, aux inquiétantes métamorphoses et à l'étrange gravité, pour Gérard Philipe, dont la présence à la fois prodigieuse, surréelle et fragile donnait aux tragédies classiques une résonance contemporaine, ou encore pour Maria Casarès, tragédienne absolue. Je dévorais *Théâtre Populaire,* la revue de Bernard Dort et Jean Dumur, étudiant Brecht et la « distanciation », m'initiant au théâtre Nô japonais. On voulut bien déceler chez moi un talent de comédien. Je trouvais dans la mise en scène et plus encore dans le jeu de l'acteur un exutoire à mon désir permanent de m'exprimer, de m'exposer aussi, en tout cas de m'extérioriser.

J'aimais parler, tenir un micro, être écouté. En troisième, on m'avait confié le commentaire d'un match de rugby local au micro. Le lendemain, un article louangeur de *L'Union de Reims* m'était consacré, sous le titre : « Bourges, speaker de classe. » L'expérience et la gloire que j'en tirai décidèrent-elles de mon avenir de journaliste ?

Passionné de cinéma, j'étais aussi l'animateur du Ciné-Club de Reims, que nous organisions dans une petite salle de cinéma « indépendante ». Nous avions seize ou dix-sept ans, et le Ciné-Club nous ouvrait un monde violent, étrange, troublant, écho de nos impatiences et de nos découvertes. Je me souviens avec netteté de certains des films que nous projetions, et qui donnaient lieu à des débats nourris : les premiers Visconti, qui orientent le cinéma italien de l'après-guerre vers un néo-réalisme âpre et passionné, comme *Ossessione,* ou les films de Roberto Rossellini, comme *Stromboli,* avec l'inoubliable Ingrid Bergman, tandis que les amours de l'actrice et du réalisateur défrayaient la chronique de l'Amérique puritaine d'alors...

Quelques années plus tard, au printemps 1956, je fus scandalisé quand, à la demande de l'Allemagne, le film d'Alain Resnais *Nuit et brouillard* fut retiré de la sélection officielle du Festival de Cannes : il me paraissait invraisemblable que l'on puisse, pour raison diplomatique, refuser une fresque historique d'une qualité et d'une rigueur inattaquables. Depuis quand l'art devait-il se soumettre à la censure des Etats ? Je reconnais la naïveté dans cet étonnement : en tout temps la tentation demeure de contrôler la création. Mais je ne regrette pas ma révolte. En 1959, Malraux tiendra, lui, à présider la séance de clôture du Festival, où devait être projeté *Hiroshima mon amour,* en dépit d'une violente opposition américaine. Le même Malraux qui, par ailleurs, en 1968, limogea Henri Langlois, patron de la cinémathèque... provoquant au Festival de Cannes la protestation violente de Truffaut, Berri, Godard.

Dernier souvenir marquant de mes années rémoises, la découverte d'*Orphée* de Cocteau, film en marge de la production contemporaine, à mi-chemin entre le rêve et le cauchemar, entre le réalisme des scènes et la poésie des mots.

Pour ma part, la vocation théâtrale m'habitait : sitôt le bac présenté, je déclarai à mes parents, atterrés, que je voulais être acteur. Ce fut un coup de tonnerre, je fis scandale. Le théâtre, c'était la bohème, ce n'était pas une profession digne de ce nom, une « situation ». Mon père consulta ma mère, mes oncles et tantes, me demanda de réfléchir à nouveau à un métier avouable, et décida que la voie la plus convenable, et la plus proche du théâtre, c'était le journalisme. Va pour le journalisme.

Les Amis de Jeudi Dimanche

Avant de passer à ce stade décisif de ma formation, je dois évoquer mes premiers engagements, qui datent des années de première et de philo, au sein d'une association d'aide aux jeunes délinquants, l'AJD, plus aimablement baptisée Les Amis de Jeudi Dimanche, présidée à l'époque par ceux qui deviendraient mes amis : l'architecte parisien Jacques Marast, l'avocat Yves Berger, futur bâtonnier du barreau de Lyon. Proche également de l'AJD, un autre futur bâtonnier lyonnais, Paul Bouchet, devenu président de l'association Droits et Libertés, et qui est aujourd'hui le successeur de Geneviève Anthonioz-de Gaulle à la tête d'ATD Quart-Monde. Ces deux avocats participèrent également, pendant la guerre d'Algérie, à la défense des prisonniers nationalistes.

L'AJD, association loi 1901, avait pour inspirateurs et principaux animateurs le père Gounon, jésuite, qui dirigeait à Lyon la Maison d'Accueil du Jeune Ouvrier, la MAJO, et le père Michel Jaouen, marin breton fidèle à l'océan qui n'a pas renoncé, à 80 ans, à embarquer régulièrement de jeunes drogués sur son vieux rafiot, *Le Bel Espoir,* pour leur apprendre les lois de la mer, du ciel et des hommes et les aider à se réinsérer.

C'est donc de cette époque que date mon amitié pour Michel Jaouen, un grand gaillard sympathique de près d'un mètre quatre-vingts, fort en gueule, tonitruant, direct, à la fois rude et franc, courageux voire téméraire. Ayant depuis longtemps conquis sa liberté au sein de la Compagnie de Jésus, qui accepte que ce digne fils d'Ignace côtoie, pour l'assister, la société des exclus.

Pour avoir une idée de ce qu'est l'amour des hommes, la charité au sens propre du terme, il faut avoir vu Michel Jaouen dans son antre de la rue Saint-Denis, à Paris, dont les portes sont toujours ouvertes aux jeunes sans-abri, aux couples paumés de passage, et à quelques belles de nuit venues, dans leur désarroi, demander asile et conseil au « curé ». Il faut l'avoir vu au volant de son vieux car bringuebalant, toussotant, ronflant, cahotant, pour faire traverser la France à une troupe de jeunes indisciplinés et braillards qui découvriraient, à des centaines de kilomètres de leurs taudis parisiens, la beauté des paysages de la Savoie ou la perspective infinie de l'océan Atlantique, contemplée depuis les côtes bretonnes. Nul obstacle ne pouvait entraver la route de ce car guetté par les ferrailleurs, mais qui, de panne en panne, de moteur noyé en pneu dégonflé, conduisait sa caravane bruyante à bon port.

A partir de la classe de première, je fus plusieurs fois de ces expéditions héroïques au lac d'Aiguebelette, entre Chambéry et Grenoble, pour participer à l'encadrement du groupe de jeunes délinquants qui lui avaient été confiés par les juges des enfants après avoir commis quelques forfaits dont Michel Jaouen ne nous disait rien. Tous campaient sous la tente, y compris les jeunes lycéens chargés de faire respecter le minimum de discipline imposé par la vie collective. Ce n'était pas une mince affaire : nos jeunes étaient souvent marginaux, violents, exprimant leur haine de la société que nous représentions, et qui les avait, de fait, exclus dès leur naissance.

Il faut se souvenir des ravages que faisait encore en France, dans les années 50, l'alcoolisme, notamment dans les milieux défavorisés. Nés de parents alcooliques, ces jeunes étaient souvent atteints d'éthylisme, et les crises étaient monnaie courante. Ils avaient grandi dans des conditions épouvantables, abandonnés à eux-mêmes dans des logements insalubres, comme il en existait encore beaucoup, après la guerre, au cœur de Paris, même dans les arrondissements centraux. Bien souvent, ils avaient dû très tôt trouver eux-mêmes, par de petits vols, des recels, des trafics, ce que leur famille ne leur assurait pas. Leurs parents ayant souvent quitté la campagne et la province pour venir échouer à Paris, ils se retrouvaient là sans racines et sans repères, dans l'incapacité de suivre une formation ou de trouver un travail.

On comprendra pourquoi l'un des films de notre Ciné-Club qui m'ont le plus marqué fut sans conteste *Los Olvidados* de Luis Buñuel, histoire d'une bande d'enfants plus ou moins abandonnés dans les faubourgs de Mexico, entre lesquels se jouent trahisons, mensonges, vengeances, meurtres, sans que le monde adulte parvienne à reprendre le contrôle de ces « oubliés » de la société, ni par les divers centres d'éducation ou de redressement où ils sont enfermés, ni par la contrainte policière, qui se traduit par une exécution finale. Buñuel s'y fait le peintre impitoyable de la face d'ombre d'un monde qui se désintéresse de ces enfants voués à la pauvreté et à la misère.

Je retrouve une note rédigée par Michel Jaouen à l'intention d'Edmond Michelet, garde des Sceaux, au printemps 1960 : « *Jusqu'à présent, tout ce qui est fait, tout ce qui a été fait, reste un bricolage à retardement... Nous sommes depuis toujours à la remorque : derrière le problème, dépassés par les événements. Que sera-ce demain ! Il faudrait enfin avoir l'audace de prévoir pour dans 10 ans !* » Y a-t-il un mot à changer à ce constat et à cet appel, quarante ans plus tard, en l'an 2000 ?

On découvre aujourd'hui ces problèmes de marginalité et d'exclusion, on les croit nouveaux et inédits : même s'ils prennent d'autres formes, et une autre ampleur, ils existaient depuis bien longtemps. Les immigrés n'avaient pas la même origine qu'aujourd'hui, mais ils faisaient l'objet du même rejet. Les pauvres n'étaient pas encore « nouveaux », mais le *Lumpenproletariat,* et sa profonde misère, existaient bien. Il ne se passait pas une journée, au camp d'Aiguebelette, sans que les gendarmes descendent du village pour sanctionner un vol, une rixe, une tentative de viol parfois, ou pour reconduire un fugueur.

A la fin de l'été 1961, mon ami Bernard Stasi participa avec moi à l'encadrement, dans ce même camp d'Aiguebelette, de plusieurs dizaines d'adolescents et de jeunes gens d'origine algérienne réunis par mes soins. Les jeunes demandèrent à faire flotter le drapeau algérien au-dessus des tentes, à côté du drapeau français. Nous acceptâmes, et cela provoqua une démarche du maire de la commune. Nous eûmes un peu de mal à le convaincre que la présence du drapeau algérien n'était en aucun cas un outrage à la République...

Ces premières expériences d'encadrement de camps de vacances pour jeunes délinquants me firent prendre conscience de l'injustice de la société. « Tant qu'elle laisse un homme en dehors d'elle, dans la misère, une société n'est pas légitime » : j'adhérais à ce jugement de

Charles Péguy, que partageaient mes compagnons. La découverte de ces centaines de jeunes marginaux était une preuve de l'iniquité de la société bourgeoise et de son hypocrisie. Il existait donc, juste à côté de moi, des jeunes tellement différents, par leurs valeurs, leur éducation, leur culture : j'avais eu la chance d'être protégé, j'avais vécu jusque-là dans une bulle de sécurité, et je touchais soudain du doigt la dureté des inégalités. La bulle explosait.

Que signifiaient nos leçons de morale et la réaffirmation de nos principes de comportement social, quand les règles élémentaires de décence et de moralité n'étaient pas observées, au sein même du groupe ? Je mesurais la difficulté que l'on peut avoir à jeter des passerelles entre les milieux, à combler des incompréhensions qui reposent sur des écarts d'éducation et des différences de cultures. Les camps de vacances nous mettaient en contact avec la réalité d'une société fracturée, mais en dépit de nos efforts ils ne nous permettaient pas de recoudre le tissu social déchiré. Il m'a été donné par la suite de suivre le destin tragique de deux de ces jeunes, qui, devenus adultes, furent condamnés à mort pour des actes criminels et guillotinés. De leur exécution date mon abomination définitive pour la peine de mort.

Mais cette image terrible n'efface pas celle de Michel Jaouen réarmant son *Bel Espoir* pour embarquer dans chaque nouvelle croisière une trentaine de jeunes drogués dont il pensait que l'effort collectif et l'esprit d'aventure leur permettraient d'échapper à l'accoutumance fatale, et leur forgeraient suffisamment de bonheur de vivre pour éviter la rechute. Personnage hors du commun, le père Jaouen poursuit sa mission, toujours à la recherche des subsides qui lui permettront d'appareiller encore avec une nouvelle génération de déshérités, et sans une plainte contre cette société repue qui lui laisse le soin de réparer les blessures qu'elle inflige à ceux qu'elle abandonne.

Différent des prêtres-ouvriers ou des curés progressistes, en vogue dans les années 1950-1960, ce solide Breton rivé à sa foi continue de préparer ses équipées maritimes en sillonnant Paris sur sa moto pétaradante, pour entretenir la conscience des institutions publiques ou privées qui soutiennent son action.

Le 7 octobre 2000, les amis de Michel Jaouen se sont réunis autour de lui et de son autre bateau, le *Rara-Avis*, sur le chantier Amis de Jeudi Dimanche, à Pen Enez-Landeda, base nautique Bel Espoir. Retrouvailles symboliques autour d'un engagement jamais démenti au lendemain de ses 80 ans.

Bernard Stasi restera durablement marqué par la manière dont Michel Jaouen, alors aumônier des jeunes détenus de la prison de Fresnes, surgit un jour dans son bureau, au secrétariat d'Etat à la Jeunesse et aux Sports, rue de Châteaudun, dans sa soutane rapiécée, avec son langage cru, et sur ma recommandation, pour lui demander de financer le réarmement du *Bel Espoir*... qui devait reprendre la mer quelques mois plus tard : une fois de plus, sa force de caractère lui aura permis de trouver le soutien financier de l'Etat, lui qui refusait opiniâtrement de remplir le moindre formulaire, ou d'accepter le moindre contrôle public sur son action, aurait-il dû se fâcher ainsi avec tous les ministres des Affaires sociales... Bernard Stasi eut pourtant le privilège rare d'observer directement le bon emploi des deniers publics : quelques années plus tard, devenu ministre des DOM-TOM, il se vit proposer par Michel Jaouen d'effectuer une traversée de l'Atlantique en compagnie d'une vingtaine de jeunes en cours de réinsertion. Il releva le défi, et retrouva ainsi ses engagements de jeunesse, mêlé à cet équipage protocolairement improbable, pour qui il n'était qu'un animateur comme les autres.

Il n'est pas impossible que ce geste, où s'incarnent la générosité et la qualité des convictions de Bernard Stasi, ait contribué à le faire suspecter par certains bons esprits, estimant que de telles occupations n'étaient pas dignes d'un ministre, même pendant ses vacances. Au sein de son propre camp, ses adversaires y virent la trace d'un comportement anticonformiste, marginal, peut-être dangereux. Les meilleurs mouvements donnent aisément prise à la critique et à la raillerie.

En quittant Reims pour entrer à l'Ecole supérieure de Journalisme de Lille, en 1953, je n'ai pas abandonné mon activité au sein de cette association de réinsertion des jeunes délinquants que je présiderai, au plan national à Paris, quelques années plus tard.

J'aurai l'occasion de toucher de près à ces mêmes problèmes de délinquance juvénile, dans les quartiers déshérités des grandes métropoles urbaines, lorsque j'intégrerai, en 1960, le cabinet d'Edmond Michelet, garde des Sceaux. Je me souviens de notre visite du quartier des mineurs délinquants de la prison de Fresnes, surpeuplé, quasiment insalubre. Ces déplorables conditions de détention avaient un effet évident sur l'avenir des détenus : s'ils y entraient simples délinquants, la prison leur servait d'école du crime... Ce problème auquel nous étions confrontés se présente aujourd'hui sous des formes exacerbées, sans que les solutions préconisées alors aient toutes été mises en œuvre.

Impossible donc de séparer mes premiers engagements sociaux de cette découverte brutale de l'inégalité et de la violence sociales. Ma révolte intime contre les injustices était nourrie par la lecture des textes fondateurs du militantisme chrétien, Charles Péguy, Marc Sangnier, Emmanuel Mounier, avant de prendre un nouvel élan au contact de la pensée de Sartre et de Camus... Les revues, *Esprit* pour le personnalisme, *Les Temps modernes* pour l'existentialisme, jouèrent un grand rôle dans cette agitation intellectuelle, sociale et civique. Si je n'ai jamais adhéré à aucune grande formation politique, redoutant d'y rencontrer l'intolérance, le sectarisme, et surtout d'y contraindre ma liberté, je n'ai jamais renié mon engagement au sein de la Jeune République, mouvement marginal qui dans les années 1950-1960 tentait de perpétuer la pensée de Marc Sangnier.

La boulimie de lecture de mes années de jeunesse m'avait fait avaler des œuvres plus faciles et quantité de romans : je lisais tout. Comme mes contemporains, je garde le souvenir de nombreux titres de Gilbert Cesbron (*Chiens perdus sans collier, C'est Mozart qu'on assassine*), d'Archibald J. Cronin (*Les Clefs du royaume, La Citadelle*), de Maxence Van der Meersch (*Corps et Ames*), ou de Mazo de la Roche, dont la série des *Jalna* composait une interminable saga, adaptée depuis à la télévision... A défaut de grande littérature, ces romans faisaient de moi le témoin de situations inconnues, qu'ils mettaient en scène à leur manière : réalisme dur et quasi médical pour Van der Meersch, spiritualité sociale et humanitaire pour Cesbron. Toutes les classes, tous les sentiments, toutes les émotions se croisaient dans ces grandes fresques complexes dont la prétention à dépeindre la société paraît aujourd'hui, peut-être à tort, bien dépassée. C'est ainsi qu'adolescent je passais tous les après-midi, au « Paradis », réfugié dans le grenier, loin de mes cousins et de mes frères et sœurs, immergé dans les livres...

Ce sont ensuite les grands auteurs classiques qui m'ont accaparé : avec Flaubert, j'ai rêvé l'Orient de l'Antiquité dans *Salammbô*. Je dévorai *L'Education sentimentale,* sans parvenir à m'identifier à Frédéric Moreau... Je me laissai embarquer par Balzac dans la guerre des *Chouans,* dans l'*Histoire des Treize*, et *Les Illusions perdues*. Je fus d'emblée touché par Baudelaire, avant d'apprécier les modernes, et en particulier l'Aragon du *Fou d'Elsa,* dont j'aimais moins les romans, de même que je préférais, chez Sartre, les courtes nouvelles réunies dans *Le Mur* aux *Chemins de la liberté*. Son théâtre m'emballait : *Huis Clos,* bien sûr, mais, plus encore, *La Putain respectueuse,* que je déclamais à haute voix dans ma chambre. En littérature étrangère, je lus intensément Faulkner, je m'immergeai dans Tolstoï, sans oublier les géants contemporains, Hemingway, Graham Greene, comme je revenais volontiers, en littérature française, à Proust, Gide ou Mauriac.

Les années passant, j'ai éprouvé ce même appétit de connaissance et de découvertes face à l'ensemble des moyens de communication qu'il m'a été donné de connaître, d'utiliser ou d'administrer. J'ai eu soif de tout lire, tout voir, tout entendre de ce que la presse écrite, la radio ou la télévision proposent quotidiennement. Cette curiosité insatiable ne me quittera jamais, j'espère : c'est ma joie de vivre et ma force de frappe.

« *La danseuse* »

Je ne peux quitter Reims sans revenir sur mes amis Stasi, Bernard, déjà évoqué, et Mario, qui devait devenir bâtonnier du Barreau de Paris, ami très proche puisque j'ai usé mes fonds de culotte à ses côtés, au collège. Né la même année que moi, un jour avant moi, il a suivi les mêmes classes, à partir de mon arrivée à Reims... Nous avons opté pour les mêmes activités d'équipe, à commencer par le théâtre, et joué ensemble dans *Monsieur de Pourceaugnac*. Même s'il était déjà plutôt centriste – affaire de famille – et moi plus nettement à gauche, une même sensibilité aux injustices et des révoltes identiques nous rapprochaient : je n'ai pas été étonné de le retrouver, trente ans plus tard, membre de la Commission nationale consultative des Droits de l'homme et du Comité national d'éthique pour les sciences de la vie et de la santé, ou encore président d'Avocats sans frontières. Par lui je connus très tôt son frère aîné, Bernard, aujourd'hui Médiateur de la République, hier maire d'Epernay, député, ministre. Les souvenirs qui me lient à Bernard Stasi sont les plus durables qui soient : grands amateurs de football, nous suivions avec enthousiasme les exploits de Raymond Kopa, héros du stade de Reims en 1953. Nous avions nous-mêmes l'habitude de jouer avec Jean Falala, qui devait devenir maire de Reims, des parties farouchement disputées : Bernard Stasi, en véritable latin, forçait toujours un peu la dose, exprimant un tempérament accrocheur et plein d'initiative. Ses équipiers l'avaient surnommé « la danseuse » tant son jeu était inattendu et fleuri.

Ce caractère excessif et impétueux me le désignait naturellement pour ami : je devins son assistant en 1952 au cours des derniers mois pendant lesquels il fut chef de troupe scoute à Reims, et notamment à l'occasion d'un camp d'été organisé en juillet 1952, à Guagno, en Corse, à proximité d'Evisa et de la forêt d'Aïtne. En matière de religion, la même sincérité et le même feu l'entraînaient à des excès quasi sulpiciens : c'est ainsi que je l'ai vu gravir à genoux les derniers mètres de l'ascension du Monte Cinto, 2 710 mètres, point culminant de la Corse, les bras en croix, pour, disait-il, expier ses fautes. Jeu, sincérité, fantaisie, défi ? Il y avait tout cela à la fois dans ce geste qui ne manquait pas de panache. Surtout au terme d'une marche qui avait été pénible, cumulant toutes les difficultés : froid, vent, pluie, fatigue. Mais c'était une manière de montrer par l'exemple que « *le scout rit et chante dans les difficultés* » selon les termes que Bernard Stasi aimait à rappeler à sa troupe harassée, qu'il parvint pourtant à ramener ensuite au camp sans dommages... L'aventure ne fut pas du goût de tout le monde : les récits héroïques n'enthousiasmèrent pas certains parents, qui se plaignirent des risques (nettement exagérés) que leurs enfants avaient courus. Bernard Stasi n'était pas l'abbé Cottard, et son scoutisme n'était ni sectaire ni intégriste.

Cette personnalité le destinait-elle à devenir, comme ce fut le cas très vite, une figure de proue du centrisme ? Entre 1951 et 1953, il était chef de cabinet du président de l'Assemblée nationale, Pierre Schneitter, et l'accompagnait à ce titre dans toutes ses campagnes politiques, et notamment lors de ses réunions publiques à Reims. Je me plaisais à les interpeller lors des meetings du Cirque d'hiver, comme je le faisais d'ailleurs aussi pour les autres formations politiques ou les autres tendances. Les assistants étaient surpris de cette liberté de parole d'un jeune homme de 18 ans, questionnant vigoureusement le président de l'Assemblée nationale, mais Bernard Stasi ne pouvait pas s'étonner, pour sa part, de mon souci d'exprimer mes convictions : nous avions déjà croisé le fer au Foyer Saint-Exupéry, rue Werlé, qui était considéré, au plan national, comme une MJC d'avant-garde, et où il m'avait invité pour des débats politiques dans lesquels je lui portais la contradiction, au nom de mes idées de gauche.

Toutes mes interventions n'étaient pas aussi patiemment accueillies : je me souviens ainsi de m'être fait expulser manu militari de la réunion organisée pour un certain maître Biaggi, alors gaulliste, et qui termina sa carrière politique au Front national.

Lors du coup d'Etat de Pinochet, en septembre 1973, Bernard Stasi, qui avait rencontré Salvador Allende avec une délégation parlementaire française à laquelle participait Alain Peyrefitte, fut scandalisé de la manière dont il avait été renversé puis assassiné. Georges Pompidou, Président de la République, avait donné comme consigne à ses ministres de ne faire aucun commentaire sur l'événement. Bernard Stasi accepta pourtant de donner une interview au *Monde* sous un titre éclatant : « *Le Chili mérite mieux qu'un régime de dictature.* » Il se fit aussitôt morigéner par Pompidou, pour infraction à la règle de silence qu'il avait édictée, et plusieurs membres du gouvernement lui firent comprendre qu'il avait eu grand tort de témoigner ainsi de son « mauvais esprit ». La position prise alors par Bernard Stasi, seul parmi les officiels français, mérite sans doute d'être réévaluée, à l'heure où l'immunité parlementaire de l'ancien dictateur, sénateur à vie, vient d'être levée dans son propre pays...

Il donna un autre exemple de son « mauvais esprit » le jour où, ministre de la France d'Outre-Mer, il entreprit de s'attaquer aux pratiques de fraudes électorales qui existaient dans ces départements et territoires lointains. Jacques Foccart et Marie-France Garaud ne voyaient pas d'un bon œil ses interventions. Lors d'un voyage à la Martinique, il avait projeté d'aller saluer le grand poète Aimé Césaire, maire de Fort-de-France : son voyage fut annulé d'autorité sur intervention de Foccart. Pourtant, de Gaulle lui-même, de passage à la Martinique, n'avait pas manqué de rendre visite à Césaire... Mais ses héritiers n'avaient peut-être pas de la politique, et de la poésie francophone, une aussi haute idée que lui... Désormais les autorités françaises témoignent à nouveau tout leur respect pour ce grand écrivain contemporain, génial artisan des mots, porté par une inspiration authentique et originale.

Bernard Stasi appartient à une famille politique dite modérée, et qui le fut en effet aux débuts du Mouvement Républicain Populaire (MRP), qui enracinait son action et son discours dans des traditions sociales sincères. L'histoire le mua, de déviations en compromis, en l'un des mouvements de pensée les plus conservateurs de la République. Bernard Stasi en pâtit, lorsqu'il perdit son siège de député de la sixième circonscription de la Marne, aux élections législatives de 1993, battu par un électorat qui ne se reconnaissait pas en lui, après la publication de son petit livre courageux au titre délibérément provocateur : *L'immigration, une chance pour la France...*

Jacques Chirac en personne était pourtant venu le soutenir, malgré les mises en garde de Charles Pasqua, qui lui déconseillait ce déplacement, contre un candidat de droite sans étiquette, Martin, soutenu par le Front national et officieusement par de nombreux vignerons et militants RPR. C'est ainsi que, dans la salle des fêtes de Montmirail, devant 500 personnes, devant Bernard Stasi et Jacques Chirac réunis, près de 200 militants sortirent soudain des pancartes STASI NON, MARTIN OUI, CHIRAC OUI... Il fallut alors toute l'autorité du président du RPR pour leur ordonner de baisser leurs pancartes et d'écouter celui qui était censé être leur candidat : « *Voter contre Stasi, c'est voter contre Chirac !* »

Le soutien de Chirac était total, mais n'emporta pas la décision, Martin fut élu avec 54 % des voix au deuxième tour, même si, à Epernay, ville dont il est resté longtemps maire, Bernard Stasi recueillait toujours 65 % des suffrages. Les slogans à courte vue (« *Stasi s'intéresse plus à Sarajevo qu'aux vignobles* ») avaient emporté l'adhésion d'un électorat vigneron désorienté, profondément conservateur et attaché à ses privilèges.

Son destin politique illustre bien les contradictions qui caractérisent de nombreux électeurs conservateurs : apparemment réformateurs et ouverts, mais profondément influencés par les intérêts de la bourgeoisie, petite ou grande, facilement effrayés, toujours prompts à appuyer de considérations générales ou morales des choix qui s'expliquent avant tout par une prudente préservation de leur situation particulière. Caractère bien français, d'abord et avant tout conformiste et bien-pensant, des formations de notables.

L'engagement généreux de Bernard Stasi, proche de François Bayrou, de Philippe Douste-Blazy voire de Raymond Barre – personnalité indépendante, d'une grande liberté de pensée –, ne ressemble pas à cette image timorée, ni à cette étroitesse d'esprit qui affecte le cœur de notre électorat centriste français depuis qu'à la Convention les montagnards, perchés en haut de l'hémicycle, le qualifièrent justement de *marais*...

Cette attitude est étrangère au gaullisme originel, dont les racines populaires plus vivaces s'expriment par un engagement républicain et des contradictions permanentes en matière économique et sociale. Le gaullisme est certainement de droite par les valeurs historiques nationales auxquelles il se réfère, mais parfois plus ouvert en économie, par son interventionnisme, et par sa sensibilité sociale.

Pour ma part, en partie peut-être par réaction, je me suis toujours situé résolument à gauche, si tant est que ce mot ait une signification politique précise, à défaut d'un contenu idéologique. Les camps de la droite et de la gauche correspondent à mes yeux à deux attitudes fondamentales face aux autres et face au monde : le premier privilégiant l'individu et son confort personnel, le second s'attachant au salut commun, et au bien partagé par tous. Les traductions historiques de ces deux attitudes fondamentales peuvent varier, mais comme elles sont avant tout morales et psychologiques, il est possible de les reconnaître dans leurs diverses incarnations. Elles peuvent même se retrouver parfois sous des étiquettes opposées. Les lignes de clivage ne sont pas évidentes : on compte à peu près autant de conservateurs, voire de « beaufs », de gauche que de droite, face aux grands problèmes de société, aux rapports Nord-Sud, au colonialisme, à la culture. Les engagements individuels ne sont pas aisément programmables en fonction des appartenances partisanes.

C'est précisément le mensonge des étiquettes qui m'a défendu d'avoir la carte d'un parti politique quel qu'il soit : je ne voulais pas m'engager dans les luttes d'appareils et de courants, sacrifier la vérité de mon engagement et de mon jugement aux intérêts du moment ou à un succès rhétorique et démagogique... Je suis donc resté indépendant par rapport aux dirigeants et aux formations politiques : non moins engagé, non moins armé de convictions et de préférences, fidèle à ce que je croyais, et que je crois toujours, être mes principes essentiels, mais étranger à l'esprit partisan, rejetant le sectarisme et l'intolérance, persuadé que les hommes valent d'abord par leur compétence et leur droiture. Je me suis ainsi coupé, et je ne le regrette pas, de toute carrière politique traditionnelle.

Mon camp est cependant la gauche, en rupture avec un milieu, et par adhésion à une famille d'esprit, et à une tradition sociale et morale profondément démocratique et républicaine, non à quelque formation partisane que ce soit. Il me suffira d'évoquer quelques noms et quelques dates pour faire bien comprendre cette position. En 1956, à 23 ans, j'adhérai, d'enthousiasme, aux options du Front républicain et je lui apportai ma voix. Je crus me prononcer pour Pierre Mendès France, mon idéal politique de ce moment-là, et nous eûmes Guy Mollet comme Premier ministre, Max Lejeune comme secrétaire d'Etat aux Forces armées, Robert Lacoste comme proconsul d'Alger, Maurice Bourgès-Maunoury comme ministre de la Défense, issu des ministères gris et ternes où figuraient alternativement le SFIO Paul Ramadier et le MRP Pierre de Chevigné, tous deux responsables des milliers de victimes malgaches en 1947, l'un comme ministre de la Justice, l'autre comme haut-commissaire à Madagascar...

Cette gauche-là, alliée à la droite dite modérée, je l'ai à jamais récusée, comme je n'ai jamais assimilé aux conservateurs des gaullistes historiques comme Wallon, Capitant, Michelet !

Je n'admis pas non plus de considérer de Gaulle comme un usurpateur, fomenteur du « coup d'Etat » de 1958, lui qui sauva la République des errements et faiblesses de la IVe, minée par les batailles des partis que dirigeaient des nains. Retrempant les institutions françaises dans un bain lustral démocratique, il permit à la République de traverser cette crise historique profonde que constitua la décolonisation et le basculement dans un monde où la France n'était plus qu'une puissance de deuxième rang, mais où elle pouvait continuer de marquer son originalité, et les valeurs universelles dont elle avait été porteuse. Il réalisa ce qui aurait dû être l'apanage de la gauche, malheureusement incapable, jusqu'à l'arrivée de François Mitterrand, de faire peau neuve.

Pour autant, je ne devins pas « gaulliste », sachant bien que la fidélité à un homme, quel qu'il fût, ne peut tenir lieu d'engagement politique. Bien m'en prit : je vis bientôt quelles forces conservatrices et quels esprits rétrogrades, à quelques exceptions près, le soutenaient, canalisant son énergie à leur profit.

Tempérament ou conviction ? Méfiance instinctive ou souci d'indépendance ? J'ai toujours attaché autant d'importance aux comportements des hommes qu'aux idées qu'ils professent. Sans jouer moi-même au martyr, et assez lucide pour porter un regard moqueur sur mes propres insuffisances, je ne crois qu'aux témoins capables de se faire égorger pour leur cause. D'où mon admiration pour les résistants, qu'ils fussent mes compatriotes en France en 1940 ou dans les autres pays qui combattaient ou combattent pour leur liberté. Dans les événements que j'ai traversés, à commencer par la guerre d'Algérie, et sans méconnaître l'injustice du sort des « pieds-noirs », victimes du cours de l'Histoire comme de l'impéritie des politiques, j'ai vu combien il était difficile de mettre, coûte que coûte, sa conduite en conformité avec ses convictions. Et c'est sur leurs actes seulement que l'on peut juger les hommes.

Sans regard et sans égards pour les polémiques qui se sont déchaînées autour de la personnalité complexe de François Mitterrand et de ses engagements successifs, j'ai toujours considéré que la gauche lui devait d'avoir créé l'occasion historique de l'alternance, à laquelle elle n'aurait sans doute pas pu prétendre s'il n'avait été là pour la préparer et pour l'incarner. C'est ce que la droite, majoritaire en France, ne pourra jamais lui pardonner : d'avoir mis fin à l'éternel été des forces conservatrices, qui paraissaient jusqu'à lui ne laisser aucun espoir d'alternative, comme le confirmait une gauche désunie et vouée, d'échec en échec, à entretenir une culture d'opposition.

La France doit à François Mitterrand d'être entrée dans une ère de démocratie adulte, où l'alternance politique se fait sans heurt et sans effroi. En ajoutant la pratique sereine – même si certains la jugent empoisonnée – de la cohabitation au sommet de l'Etat à la tradition constitutionnelle de la Ve République, il a montré avec clarté que les hommes de gauche pouvaient, aussi bien que les représentants de la droite, et souvent beaucoup mieux, se révéler des hommes de gouvernement compétents, réalistes, pragmatiques, ouverts, tout en privilégiant d'autres valeurs. Même quand elle est frileuse, la gauche place avant la santé de la monnaie et la satisfaction des places financières, les responsabilités sociales des politiques et le sort des citoyens, à commencer par les moins favorisés : peut-on le lui reprocher ? De même, face à la mondialisation triomphante des échanges, elle défend les spécificités culturelles et les identités des peuples, en France comme dans le reste du monde : c'est en effet un choix de civilisation, qui a valeur universelle, et auquel nous aurions tort de renoncer.

2
Témoignage Chrétien

Le concours d'entrée à l'Ecole supérieure de Journalisme de Lille marque ma sortie de l'univers familial, et la conquête de ma liberté intellectuelle et financière. Dans le souci d'affirmer mon indépendance et de soulager mon père, sur lequel pesait l'entretien d'une famille de sept enfants, j'obtins en effet une place de pion dans un collège de Lille, où je surveillais les études et les dortoirs, et qui m'assurait en retour le gîte et le couvert, pendant tout le temps de ma scolarité à l'ESJ. J'avais 18 ans, et de ce jour j'ai pu subvenir seul à mes besoins financiers.

L'Ecole était l'une des premières de la profession en Europe, où elle était la plus ancienne : en tout cas reconnue comme la meilleure école en France, avec le Centre de Formation des Journalistes de la rue du Louvre à Paris. Moderne dans ses enseignements, précise dans les exigences qu'elle imposait à ses étudiants, originale par les formations professionnelles qu'elle délivrait. Elle s'était développée au sein des Facultés catholiques de Lille, auxquelles elle resta rattachée jusqu'en 1975, et cela lui donnait une onction démocrate-chrétienne que ne démentaient pas ses principaux soutiens : Maurice Schumann, alors député du Nord, et Norbert Segard, alors secrétaire d'Etat aux PTT. Créée il y a maintenant soixante-quinze ans par Paul Verschave, un Européen convaincu, d'origine belge, l'Ecole supérieure de Journalisme de Lille fut ensuite dirigée pendant plus de trente ans par son gendre, Robert Hennart, qui partageait ses convictions, et sut associer au fonctionnement et à la direction de l'école ses anciens élèves, qui de Jules Clauwaert à Georges Blouchos, d'Albert du Roy à Philippe Vasseur, s'attachèrent à en assurer le rayonnement dans de nombreux pays. Des années après l'avoir quittée, je dois moi-même à cette particularité de l'école d'avoir été appelé à la diriger pendant quatre ans, et à en présider le Conseil d'Administration. La renommée de l'ESJ n'est plus à faire, en France, en Europe et en Afrique : en témoignent les centaines de candidatures présentées chaque année, pour quelques dizaines de places disponibles.

Entre 1953 et 1956, je fus l'un des animateurs au sein de l'école d'un petit groupe d'étudiants partisans de la pensée et de l'action de Pierre Mendès France, dont la rigueur intellectuelle et morale nous séduisait. Je me souviens de m'être fait vertement tancer par le directeur, Robert Hennart, pour avoir osé signer une lettre ouverte de soutien à Pierre Mendès France dans *L'Express,* avec mon camarade de promotion Michel Poinot, aujourd'hui décédé, qui devait devenir par la suite directeur du *Courrier de l'Ouest*. Il n'était pas bon d'avoir au sein de cette école une attitude « partisane », c'est-à-dire d'afficher publiquement des opinions politiques différentes de celles de la direction.

Cette relative mise entre parenthèses de mes engagements personnels me permit d'autant mieux de profiter de l'enseignement des grands professeurs que nous avions alors, parmi lesquels émerge la figure de Maurice Deleforge, directeur des études, qui nous apprenait, d'abord et avant tout, à écrire. Si le journalisme nous était présenté par lui comme une école de rigueur, cette rigueur devait d'abord s'appliquer à l'expression. D'une phrase mal tournée peut naître une ambiguïté, une lacune, une imprécision. Le journaliste ne peut se satisfaire d'approximations : ni dans les mots, ni dans la grammaire, qui doivent s'effacer pour traduire les faits avec la plus grande netteté. Le directeur actuel de l'école, le rigoureux professionnel Loïc Hervouet, souligne aujourd'hui encore que les qualités d'écriture sont un préalable indispensable, pour quiconque veut passer ce concours. La maîtrise de la langue n'est pas un critère parmi d'autres pour former un bon journaliste : c'est le critère décisif pour tout étudiant qui souhaite travailler dans la communication, et sera donc appelé à s'exprimer clairement, que ce soit devant un micro, une caméra, ou sur le clavier de son ordinateur. Ce trait caractéristique de la formation de cette école n'a pas disparu. Il serait vain de croire que l'âge de l'audiovisuel ou la société de l'information rendent superflues les qualités littéraires qui étaient exigées des étudiants de l'école de Lille : au contraire, notre société, qui communique de plus en plus, en renforce le besoin.

Elu président de l'association des étudiants, j'organisais pourtant des rencontres et des débats politiques relativement ouverts, où je n'étais pas le dernier à porter la contradiction aux invités qui venaient nous présenter leur expérience politique, diplomatique ou professionnelle. Avec la volonté d'ouvrir une fenêtre de l'école sur la vie active contemporaine, et sur l'évolution des différents pays européens, je fis venir devant mes condisciples de nombreuses personnalités politiques et culturelles, nationales et internationales. Parmi mes camarades de promotion, je citerai seulement Michel Bassi, futur président de la Société française de Production, dont la carrière allait bientôt débuter au *Figaro,* se poursuivre à l'Elysée aux côtés de Valéry Giscard d'Estaing, et se terminer à la Mairie de Paris auprès de Jean Tibéri : nous sommes quelques-uns à garder le souvenir de l'étudiant dilettante qu'il a été, qui s'intéressait essentiellement au football et aux filles, souvent jolies, qu'il faisait grimper derrière lui sur sa fière Vespa filant dans les rues de Lille...

Je découvrais à Lille la réalité sociale, pas toujours reluisante, de ce qui s'appelle aujourd'hui la région du Nord-Pas-de-Calais, qui n'était pas encore sortie de ses traditions manufacturières, héritées du développement massif des industries lourdes, filatures, tissages, houillères, sidérurgie. Celles-ci ne connaissaient pas encore, au début des années 50, la crise profonde qui devait les affecter par la suite...

La situation souvent dramatique des populations ouvrières des quartiers de Wazemmes, Saint-Sauveur, au cœur de Lille, ou de villes comme Roubaix, Tourcoing, était pourtant déjà sensible. J'y découvrais tout d'abord les ravages que peut accomplir la pauvreté : analphabétisme, alcoolisme, xénophobie. J'assistais aux premiers conflits entre les communautés : vieilles populations du Nord, immigrés polonais du début du siècle, tout aussi pauvres, mais déjà largement insérés, et immigrés maghrébins, souvent plus récents. La communauté algérienne était la cible d'attaques fréquentes, amplifiées bientôt par les luttes intestines du courant nationaliste : Lille, Roubaix, Tourcoing comprenaient en effet de fortes minorités algériennes, très souvent « messalistes », c'est-à-dire proches du leader nationaliste Messali Hadj, et récusant l'autorité grandissante du Front de Libération Nationale qui allait devenir majoritaire.

Au cours de mes trois années d'études, j'occupais mes vacances d'été par des « stages d'imprégnation » au sein du quotidien régional *Nord Eclair,* dont la rédaction était dirigée par un fils de mineur, Jules Clauwaert, proche du Mouvement Républicain Populaire. Jules Clauwaert est une grande figure de la presse française, et il signe toujours des éditoriaux, à près de 80 ans, dans le quotidien qu'il a si longtemps dirigé. Ses engagements sociaux résolus, bien trempés, d'une pure fibre démocrate-chrétienne qui allie la rigueur pour soi-même à la générosité pour autrui, ses qualités professionnelles, sa compétence, lui ont assuré, sa vie durant, l'estime de ses confrères, au-delà même du cercle très fermé de la presse quotidienne régionale... Il fut un pur produit de l'école de Lille et en est aujourd'hui l'un des plus actifs protecteurs.

Les « stages d'imprégnation », c'était, pour tout dire, les « chiens écrasés ». Je passais donc mes soirs d'été à courir les casernes de gendarmerie et les commissariats de police de Croix, Wasquehal, Wattrelos, Wambrechies, en quête de faits divers et d'informations fraîches pour nourrir la chronique locale. Je me rendis tout de suite compte qu'avant les événements politiques et culturels nationaux, avant les enjeux internationaux, avant même les grandes sorties cinématographiques, l'attention des lecteurs était immédiatement acquise au déraillement du tramway dans un quartier tout proche, à l'accident de voiture qui s'est produit à un carrefour maintes fois traversé, à la rixe de buveurs éméchés ou à l'incendie d'une grange ou d'un entrepôt, à proximité.

Le journalisme se doit d'être avant tout l'écho de la réalité brute, et je fis mes premières armes à travers la banlieue lilloise, en essayant de me faire le chroniqueur de son quotidien compliqué et trop rarement joyeux. J'ai raconté ailleurs* l'anecdote édifiante qui me fit saisir la puissance de la communication et le pouvoir de la presse pour faire évoluer certaines situations : circulant à mobylette à Roubaix, j'étais tombé en glissant sur un vieux rail de tramway, *le Mongy*, qui coupait la chaussée. L'accident avait été sans gravité mais j'y trouvai naturellement la matière de mon article du lendemain, qui dénonça le danger de ces vieux rails. Huit jours après, ils avaient été remplacés.

Si seulement, pensais-je alors, nos enquêtes et nos reportages pouvaient toujours être lus par les responsables publics avec la même attention et le même scrupule ! Que d'injustices réparées, que d'erreurs évitées ! Et je ne doutais pas du lien de cause à effet entre mon article et les travaux réalisés. L'expérience m'a appris que les effets ont plusieurs causes et qu'il est difficile de remonter à la première... Mon orgueil de jeune journaliste dût-il en souffrir, il n'est pas exclu que l'extraction des rails ait été prévue de longue date, et sa coïncidence avec mon article purement fortuite !

---

* Hervé Bourges, *Une chaîne sur les bras*, p. 20.

En avant, à gauche

Une tradition voulait que le major de la promotion de l'école, puisqu'il y avait encore un classement de sortie, effectuât, à l'issue de sa formation, son stage au *Figaro,* avec une forte chance de recrutement à la clef. C'était la voie royale. C'est ainsi que ce journal est aujourd'hui peuplé d'une trentaine d'anciens de Lille. Conscient de l'honneur qui m'était fait par cette proposition de commencer ma carrière dans ce grand quotidien, conscient de la forme de sécurité que cette première embauche me procurerait ensuite, j'ai pourtant décliné cette offre. Et je l'ai déclinée sans hésitation : je ne m'étais pas émancipé pour retomber dans un univers de pensée semblable à mon univers familial ! Je préférais prendre mes risques et écrire selon mon cœur et mes convictions. Cela aurait pu être à *Combat* ou à *France Observateur* : par hasard, j'entrai à *Témoignage Chrétien*.

Je reconnais que cet éventail de possibilités était pour nous, à l'époque, à la fois une chance et un luxe. Aujourd'hui, les étudiants frais émoulus des formations qui les préparent au métier de journaliste doivent souvent se donner du mal pour trouver une place dans un journal, ou dans un autre média, radio ou télévision. Chacun d'entre nous se voyait alors offrir plusieurs postes, et plusieurs pistes pour commencer à travailler.

Témoignage Chrétien était en 1956 un grand hebdomadaire, issu de la Résistance. « *France, prends garde de perdre ton âme* » avait été le titre du premier *Cahier du Témoignage Chrétien* distribué sous le manteau à Paris et à la barbe des Allemands, et à Lyon, à la barbe de la police française, en novembre 1941, et où les pères Gaston Fessard et Pierre Chaillet écrivaient : « *Un peuple entier est en train de perdre son âme (...) Les Français qui souffrent dans leur chair et plus encore dans leur âme, qui aspirent à sauver ce qui leur est plus précieux que la vie, l'honneur et la liberté de leur patrie, avec l'honneur et la liberté de l'humanité, mènent le même combat que les Chrétiens qui luttent, en même temps que pour le témoignage de leur Foi, pour la sauvegarde des valeurs les plus hautes et les plus universelles, menacées, comme la France même, par le triomphe d'Hitler. Notre combat nous rassemble aujourd'hui pour le grand Front de Résistance spirituelle contre la dictature hitlérienne, le Front invisible et invincible des âmes.* » C'est à cet appel inaugural que Maurice Schumann fit allusion plus tard, parlant d'un véritable « 18 juin spirituel ».

En 1942, les *Cahiers* suivants portent des titres parlants : le *Cahier VI-VII,* rédigé par l'historien lyonnais, professeur d'histoire à la

Khâgne de Lyon, Joseph Hours, s'intitule « *L'Antisémitisme : un mal absolu* », et l'auteur y affirme avec force : « *Spirituellement, nous sommes des sémites.* » Evoquant Joseph Hours, je ne peux que m'arrêter sur son collègue du Lycée du Parc, Jean Lacroix, l'un des maîtres du personnalisme chrétien, qui fut l'une des plaques tournantes de la résistance lyonnaise : c'est à son domicile que toutes les racines de ce réseau aboutissaient, que ce soit Hours, Chaillet, ou ses disciples khâgneux comme Jean-Marie Domenach, ou encore d'autres étudiants chrétiens comme Gilbert Dru ou André Mandouze. Je rangeais également parmi mes grandes références personnalistes, au moment où je suis entré à *Témoignage Chrétien,* le même Jean Lacroix, qui tenait désormais régulièrement une chronique philosophique dans *Le Monde*.

En 1943, les *Cahiers XVIII-XIX* accueillent un message de Georges Bernanos : « *Hommes d'Europe ! Hommes d'Europe ! Il n'est plus maintenant de véritable salut qu'en vous-mêmes.* » Jacques Maritain porte en 1943 ce jugement sur les *Cahiers du Témoignage Chrétien* : « *Ils occupent une place à part dans la littérature clandestine... Ils resteront comme un monument de la fidélité chrétienne.* » L'imprimeur lyonnais des cahiers clandestins, Eugène Pons, sera arrêté le 22 mai 1944, déporté à Neuengamme, où il mourra en février 1945. En 1943, les *Cahiers* se sont transformés en *Courrier,* dont le numéro 13, d'août 1944, proclame en « Une » : « *Peuple, te voilà libre »,* texte qui sera repris et placardé sur les barricades parisiennes.

Ces références dessinent en quelques lignes la physionomie d'un journal qui tire de la Résistance et de l'action clandestine sa légitimité et l'essentiel de son engagement spirituel et moral. En pleine Occupation, la réalisation de ces *Cahiers,* à Lyon, représenta pendant quatre ans un véritable tour de force, tant pour ce qui était de la réalisation technique, du stockage, du transport et de la diffusion que pour ce qui était de leur rédaction même. La liste est longue des dizaines de militants du réseau qui furent arrêtés, incarcérés, assassinés ou déportés, parce qu'ils avaient été pris à l'une ou l'autre des étapes de la vie d'un de ces *Cahiers*... Exemplaires, parmi tant d'autres, les Lyonnais Gilbert Dru et Francis Chirat, fusillés par les Allemands à Lyon, dont la mémoire est perpétuée, avec celle d'autres victimes, par le « Veilleur de pierre »

Exemplaire, avant tous les autres, la haute figure du père Chaillet, fondateur du journal, qui avait sauvé des centaines d'enfants juifs de la déportation, et avait été la cheville ouvrière patiente et tenace de toute cette action clandestine. « Le Père » était la première référence des anciens de *Témoignage Chrétien* : à la fois pour sa personnalité, alliant force physique et grande sensibilité, intelligence rapide et volonté inébranlable, et pour son allure : tête carrée, chauve, volontaire, grosses lunettes d'écaille noires posées sur des yeux pleins de malice, large bouche fine, son sourire horizontal formant comme une ligne d'équilibre pour l'ensemble du visage, au-dessus d'un menton très prononcé. Le tout posé sur un col romain strict, sortant d'un costume invariablement noir. Statue vivante de la détermination, de la patience et de la prudence, il était un homme de courage impassible, un homme qui n'avait risqué sa vie qu'« à coup sûr », avec la sérénité de celui qui fait passer ses principes avant sa sécurité, mais qui ne met pas en danger la réussite de son action par une orgueilleuse témérité.

Dans cette aventure éditoriale au cœur de la Résistance, il s'était adjoint très tôt André Mandouze, ancien élève de la Rue d'Ulm, grand universitaire, spécialiste de saint Augustin, proche d'Henri-Irénée Marrou, premier rédacteur en chef du *Courrier,* pourfendeur acharné de la collaboration et du régime de Vichy. André Mandouze devint ensuite un militant de la décolonisation et en particulier de la cause algérienne, à laquelle il consacra de nombreuses années de vie et qui lui valut de connaître les geôles de la République socialo-mollétiste.

Témoignage Chrétien avait donc réellement vu le jour dans le grand foisonnement de la presse de la Libération, et avait tiré, dans les premières années, jusqu'à 200 000 exemplaires. C'est aujourd'hui encore le seul journal à diffusion nationale qui, né dans cette période, soit resté fidèle à son passé et continue de paraître sous le même titre.

Cette réputation du journal comme les valeurs dont il se réclamait, m'avaient fait pencher pour ce premier travail qui serait en même temps une forme d'engagement politique : je me définissais à l'époque comme un chrétien de gauche, nullement dévot ni pratiquant, mais écorché vif par tout ce que je ressentais comme des injustices ou des inégalités. Il y avait en moi pas mal d'idéalisme, un peu d'utopie et beaucoup d'illusions. Les années qui suivront se chargeront de me faire perdre la plupart d'entre elles.

Georges Suffert était alors le rédacteur en chef de *Témoignage Chrétien*. Fondateur et animateur de la *Revue des Mal-Pensants,* dans la lignée de Georges Bernanos dont il se réclamait, il était bien différent du Georges Suffert éditorialiste au *Figaro* que nous connaissons aujourd'hui. La liberté et l'acuité de son esprit l'entraînaient vers d'autres révoltes : c'était le temps de la dénonciation de la torture en Algérie par un journal qui faisait de la recherche de la vérité une valeur absolue. C'était le temps de la publication des lettres d'appelés, et de la question des prêtres-ouvriers. Je l'avais invité à venir parler devant les étudiants de l'école de Lille, et nous avions longuement bavardé après sa conférence. Il me proposa de rejoindre l'équipe à ma sortie de l'école. La proposition fut acceptée sur-le-champ.

C'est ainsi que, en septembre 1956, j'entrai à *Témoignage Chrétien,* comme journaliste polyvalent et secrétaire de rédaction, à Paris, au 49 rue du Faubourg-Poissonnière, à deux pas de *L'Humanité,* située alors boulevard Bonne-Nouvelle.

Le directeur de la publication de l'hebdomadaire était, bien sûr, Georges Montaron, qui en tint les rênes près d'un demi-siècle, presque jusqu'à sa mort, à l'automne 1997. Il appartenait à cette catégorie de militants d'origine modeste, issus de la Jeunesse Ouvrière Chrétienne. Lui-même avait commencé à travailler à la chaîne comme ouvrier ajusteur : il avait fait ses études dans l'action, au fil des meetings, à travers l'engagement associatif, et avait acquis sa culture progressivement, par ses lectures du soir, par l'expérience professionnelle, par la fréquentation des militants qui l'entouraient. Esprit toujours en éveil, prompt à prendre des décisions, il incarnait au sein du journal la tendance ouvriériste, populaire, viscéralement engagée, forte de valeurs simples et chevillées au corps par la foi et la confiance dans le sens de l'action collective.

« *Aux jeunes journalistes que nous étions, il montrait la voie de la liberté et de l'engagement, contre les totalitarismes, les négations de l'homme, les atteintes à la liberté, mais aussi en faveur des causes qui lui semblaient mériter le combat* » : c'est en ces termes que j'ai pu résumer, lors de ses obsèques, célébrées en l'église Notre-Dame du Travail, le 15 octobre 1997, ce que mes débuts dans ce métier doivent à Georges Montaron.

Ce n'était pas un politique : c'était avant tout une conscience, et il faisait passer l'expression de cette conscience avant les considérations d'opportunité ou de prudence. Il se montrait parfois rigide, jamais doctrinaire. Proche de François Mitterrand et de Robert Buron, Montaron resta toujours fidèle à ses compagnons gaullistes issus de la Résistance : Michel Debré, qui lui a remis la rosette de la Légion d'honneur, Maurice Schumann, qui prononça un discours lors des cinquante ans de *Témoignage Chrétien,* Edmond Michelet, ami des bons et des mauvais jours...

Georges Montaron situait le journal, au moment où j'y suis entré, par une formule simple : « *En avant, à gauche* ». Pour lui, il s'agissait d'offrir une tribune d'opinion, qui fût à la fois un aiguillon, une référence, un témoignage juste sur les faits. De fait, la voix du journal était écoutée, même lorsqu'elle était minoritaire, et c'était bien souvent le cas, dans le courant chrétien. Montaron pour sa part n'était pas de ceux qui attendent du Jugement dernier le règne de la justice : c'est jour après jour qu'il y travaillait, de toute son énergie, communicative. Grand orateur, souvent démagogue, il était très sollicité dans les réunions politiques.

C'est d'ailleurs parce qu'il avait exprimé des opinions extrêmement dures à l'égard du Vatican et des évêques français que la hiérarchie catholique avait placé à ses côtés, en 1956, un directeur adjoint éphémère, authentique paysan, issu, lui, de la Jeunesse Agricole Chrétienne, André Vial, dont le bon sens, la modération, la prudence, devaient permettre au journal de traverser sans trop d'encombre ces orages.

Mais Montaron restait le patron : d'instinct, il se méfiait des intellectuels, comme Suffert, Mandouze, Robert de Montvallon, Claude Salles, qui incarnaient la tendance « intello » vis-à-vis de laquelle il faisait parfois preuve d'un autoritarisme qui lui permit, au fil des années, d'assurer la continuité des engagements du journal.

Frais émoulu de l'école de journalisme de Lille, je me retrouvais donc immergé dans un univers qui n'était pas aussi uni et stable que j'avais pu le croire : ballotté entre Georges Montaron, dont le discours prolétarien m'impressionnait, moi jeune fils de bonne famille, et Georges Suffert, qui m'avait recruté, et dont l'aisance me confondait. J'avais toujours aimé écrire, mais je trouvai en Suffert mon maître, lui que je n'ai jamais vu composer un éditorial autrement que sa grosse masse affalée dans son fauteuil, tirant sur sa pipe, et dictant à sa secrétaire qui avait souvent du mal à suivre le rythme de sa pensée. Après quoi, aucune relecture n'était nécessaire : le texte était bon, prêt à tomber, et il lui avait fallu dix minutes pour synthétiser et exprimer la ligne éditoriale du journal. Suffert menait alors ce qui nous paraissait à tous le bon combat : en faveur des prêtres-ouvriers, de l'adaptation de l'Eglise au monde moderne, et de la vérité sur la guerre d'Algérie...

Au fil des années, le journal accueillerait à la fois des articles de François Mauriac et Françoise Dolto, Michel Debré et Jacques Delors, Albert du Roy et Michel Jobert, l'humoriste Piem et le professeur Minkowski, Adolfo Perez Esquivel et Claude Estier, Jean Boissonnat et Henri Nallet, Jacques Testart et René Dumont, Jacques Ralite et Don Paolo Evaristo Arns, cardinal archevêque de São Paulo, Jean Ziegler et Roger Fressoz (futur directeur du *Canard Enchaîné*)... Sans compter les normaliens, proches d'André Mandouze, les Jean Bousquet, Jean Delumeau, Pierre Golliet, Jean William-Lapierre, ni les grands universitaires, comme Henri-Irénée Marrou, Louis Lavelle ou Louis Massignon, ou encore Robert Aron, Georges Duhamel, Gabriel Marcel, Jacques Maritain, André Rousseaux, Jean Schlumberger, Maurice Schumann. Autant de plumes, autant d'engagements, autant de consciences libres et difficiles à réduire à une ligne idéologique ou à un unique courant d'idées. *Témoignage Chrétien* était le creuset de toutes ces personnalités qui s'y reconnaissaient, même partiellement, et qui se retrouvaient dans une même exigence.

A quoi ressemblaient nos comités de rédaction du jeudi ? Ils étaient à l'image de ceux qui y écrivaient : contradictoires, foisonnants, passionnants. Se succédaient les envolées de Suffert et de ses deux amis, Joseph Rovan, spécialiste de l'Allemagne, déporté à Dachau aux côtés d'Edmond Michelet, et Olivier Chevrillon, conseiller d'Etat, qui devint ensuite le directeur du *Point*. Jean Baboulène, pur intellectuel, polytechnicien, très marqué à gauche, ancien secrétaire général de la Jeunesse Etudiante Catholique, fut un compagnon précieux de *Témoignage Chrétien,* proche d'André Mandouze, qui lui demanda, au début des années 50 de diriger le journal aux côtés du père Chaillet. Jean Baboulène avait un esprit limpide et droit, avec un don pour la formule, où s'exprimaient sa force logique, sa générosité et une chaleur profonde, une présence. Par la suite bras droit de François Mitterrand, Jean Baboulène disparut peu après mai 1981, et ne put avoir auprès du Président de la République le rôle que celui-ci aurait voulu lui réserver. Egalement présents à ces réunions, les dirigeants de la CFDT, et en particulier André Jeanson. Se retrouvaient aussi autour de la table de nos comités de rédaction Robert et Denise Barrat, si proches de François Mauriac, qui lui-même contactait souvent le journal pour réagir ou pour prendre position.

Le 20 août 1953, le maréchal Juin, Résident général au Maroc, lointain successeur de Lyautey, détrônait le sultan Mohammed V, arbitrairement remplacé par un obscur cousin, Ben Arafa. Allait commencer l'exil du roi du Maroc en Corse, puis à Madagascar : Robert Barrat, ancien élève de la Rue d'Ulm, fut alors à l'origine du Comité France-Maghreb, dont François Mauriac accepta la présidence, et qui milita pour l'indépendance du Maroc et le retour des exilés jusqu'aux accords de Saint-Cloud négociés sur l'initiative d'Edgar Faure, le 5 novembre 1955, Antoine Pinay étant ministre des Affaires étrangères. Au printemps 1956, le Maroc allait accéder à l'indépendance, sous la conduite de Mohammed V, père de Hassan II, grand-père du souverain actuel, Mohammed VI.

L'engagement de *Témoignage Chrétien* pour la décolonisation ne datait pas de l'Algérie : il fut constant, depuis la Libération, et même l'un des fils conducteurs historiques des engagements du journal principalement à partir de la guerre d'Indochine. Robert et Denise Barrat forment un couple exemplaire de ce que fut ce combat, au nom d'exigences morales et spirituelles qui s'incarnaient dans des causes politiques contemporaines. Denise Barrat, d'origine juive, avait vu toute sa famille déportée et décimée dans les camps de la mort. Elle s'était convertie au christianisme en épousant Robert Barrat, et c'était une pasionaria, habitée d'une foi vibrante. Symbole permanent de la source spirituelle de leur courage et de leur réflexion, Denise Barrat conservait en permanence dans le salon de leur maison de Dampierre, régulièrement transformé en oratoire, un tabernacle protégeant l'eucharistie.

La proximité des époux Barrat avec François Mauriac nous valait d'avoir souvent au téléphone cet immense romancier et grand journaliste que nous respections comme l'une des consciences de notre siècle. Mon estime pour Mauriac ne s'est d'ailleurs jamais démentie et je continue de relire les pages de son *Bloc-Notes* : il y faisait preuve d'une rigueur et d'une lucidité rares, servies par un style impeccablement « coupé ». Mauriac était pour moi, dans ces années-là, avec le Camus journaliste d'*Alger Républicain,* un exemple de journalisme de conscience, dépourvu de compromission.

Téléphonant au journal, Mauriac fut un jour victime d'une méprise qui le laissa interloqué, et dont nous avons beaucoup ri : nous avions à cette époque rue du Faubourg-Poissonnière un standardiste, Marcel Ruffey, un peu âgé, très sérieux, et surtout à la voix cassée, qui répondait invariablement : « Allô, ici *Témoignage Chrétien*. » Tombant pour la première fois sur lui, Mauriac répondit, de sa célèbre voix également râpée et sourde : « Allô, ici François Mauriac... » Mais il n'eut pas le temps de continuer : le standardiste, persuadé que son interlocuteur se moquait, lui raccrocha au nez en disant : *« Et pourquoi pas le Pape ! »* Mauriac resta interdit, et hésita probablement à renouveler son appel, mais averti de l'incident l'un de nous comprit qu'il y avait eu malentendu, rassura notre standardiste et rappela l'écrivain pour lui présenter nos excuses. Bonne précaution, car les grands esprits n'ont pas toujours beaucoup d'humour, pour ce qui les concerne.

L'anticolonialisme

Les prises de position anticoloniales du journal avaient eu d'emblée comme fondement l'indignation morale de certains de ses collaborateurs face aux méthodes utilisées par les armées françaises : Jacques Chegaray fut le premier à s'élever, dans les colonnes de *Témoignage Chrétien*, contre les exactions et la torture en Indochine. Le titre de son article du 20 juillet 1949 est resté célèbre : *« A côté de la machine à écrire, le mobilier d'un poste comprend une machine à faire parler. »*

De 1945 à 1954, aimait à souligner Robert de Montvallon, qui fut rédacteur en chef du journal de 1958 à 1961, c'est-à-dire juste avant moi, *Témoignage Chrétien* a consacré près d'une centaine d'articles à la guerre d'Indochine : voulant d'abord éviter que la France ne s'enfonce dans la guerre, puis critiquant les moyens utilisés par l'armée française, à commencer par la torture, et s'élevant contre le règlement bancal du conflit qui mènerait en effet au martyre « *d'un pays superbe devenu une quasi-ruine ceinturée de murs* » pour reprendre les mots mêmes de Robert de Montvallon*.

Venaient également débattre avec nous les responsables de *Vie Nouvelle,* mouvement associatif, et en particulier leur chef de file, Jacques Delors, que je continue depuis cette époque à tutoyer, comme tous ceux qui vécurent cette belle aventure intellectuelle et éditoriale.

L'équipe était tout entière engagée dans les combats de l'époque : la décolonisation, bien sûr, mais aussi les mouvements sociaux, le communisme en Europe de l'Est, et nous allions connaître l'intervention des chars du Pacte de Varsovie à Budapest, puis à Prague... Nous ne nous séparions que rarement sur les options fondamentales : les débats les plus nourris portaient sur des divergences de forme ou de méthode. Les « prolétaires », Montaron, Vial, Vimeux, se gaussaient des théories brillantes des « intellos », jugés irréalistes et « fumeux ». Il entrait un peu de bon sens dans ce jugement, mais aussi une part de mauvaise foi, et peut-être un complexe d'infériorité de la part de ceux qui n'avaient pas fréquenté les universités.

Il reste que tous, « prolos » ou « intellos », ne transigèrent jamais sur les positions progressistes du journal, toujours accompagnés d'André Mandouze, à l'exception de Georges Suffert qui devint un admirateur fervent de Georges Pompidou et qui n'est pas aujourd'hui parmi les plus modérés des éditorialistes du *Figaro*...

Parmi les autres figures emblématiques de la rédaction de *Témoignage Chrétien,* comment ne pas citer le journaliste de *La Croix,* Jacques Duquesne, grand « pisseur de copie » devant l'Eternel, bonne plume, robuste et solide, installé tous les lundis après-midi sur un coin de table, pour écrire sans interruption ses dix pages bien tassées en deux heures. Dix pages qui n'avaient pas le brio de l'éditorial de Suffert, mais qui tenaient davantage la route. Avec les années, sa production ne s'est pas ralentie, et il a continué de publier, mais plutôt sous forme de livres, une œuvre sans doute mieux adaptée à sa faconde littéraire. Autre bonne plume alerte et rapide, inconnue des lecteurs,

---

* R. de Montvallon, « La paix en Indochine, une exigence », *in Témoignage Chrétien, 50 ans d'Histoire,* Paris, Etc, 1981.

pour lesquels il signait du pseudonyme de Pierre François : Roger Fressoz, alors chroniqueur politique à *L'Union* de Reims, futur directeur du *Canard Enchaîné,* et auteur dans ce journal, sous le nom d'André Ribaud, des articles réguliers *La Cour* et *Le Roi-Soleil* (derrière lequel on reconnaissait de Gaulle). Au moment des événements de Budapest, Roger Fressoz nous donnait une chronique dont je ne résiste pas au plaisir de citer quelques lignes, caractéristiques de son style joyeusement sévère : « *Les tanks soviétiques roulaient vers Budapest. L'escadre française de la Méditerranée et la Royal Navy cinglaient vers Suez... En France, les députés vaquaient... Ils ont vaqué pendant les six jours de cet automne pathétique où s'est peut-être scellé le destin des hommes. Que peut bien faire un député, on vous le demande, en période de Toussaint, sinon vaquer ?* » Roger Fressoz deviendra un ami très proche, avec lequel j'ai entretenu, jusqu'à sa mort en 1999, des relations fraternelles.

1957 fut une année décisive dans l'engagement de *Témoignage Chrétien* contre la guerre d'Algérie : le journal renoua avec la pratique des « Cahiers », héritée de la Résistance, pour publier le « *dossier Jean Muller* ». Jean Muller était un appelé comme les autres, mais il avait été membre de l'équipe nationale des Scouts de France, et il était permanent de l'action catholique au Service des Soldats, donc bien connu des militants des organisations de jeunesse. Il fut tué en Algérie au cours d'une embuscade. Durant les mois qui précédèrent sa mort, il écrivit un nombre très important de lettres par lesquelles il témoignait précisément auprès de ses proches des événements qu'il vivait et qui le conduisaient à une inquiétude de jour en jour plus dramatique.

Il avait également rédigé un carnet, dans lequel il reportait tous les soirs les activités de sa journée : le carnet ne fut pas retrouvé. A sa mort, son frère et ses amis voulurent reconstituer le témoignage que constituait ce carnet sur les réalités quotidiennes des combats en Algérie : ils réunirent l'ensemble des lettres qu'il leur avait envoyées, aux uns et aux autres. Ce sont ces lettres, qui constituent le « dossier Jean Muller », que *Témoignage Chrétien* publia sous forme d'un *Cahier*.

Il suffit de citer quelques lignes de ces témoignages poignants pour mesurer le retentissement qu'eut leur publication : « *Nous sommes loin de la pacification pour laquelle nous avions été rappelés ; nous sommes désespérés de voir jusqu'à quel point peut s'abaisser la nature humaine et de voir des Français employer des méthodes qui relèvent de la barbarie nazie.* » Le dossier était irréfutable : faits et jugements s'accordaient, de toute évidence sans appel. Le frère de Jean Muller eut pourtant le scrupule de vérifier la véracité des faits rapportés, atrocités, meurtres, tortures, auprès de quatorze compagnons de Jean Muller : ils n'en infirmèrent aucun. Le journal décida que la publication de ce dossier complet s'imposait, pour rester fidèle à ses valeurs, à l'honneur du pays, et par égard pour Jean Muller, qui était un de nos compagnons de route. C'est cette décision prise en février qui entraîna l'inculpation de Georges Montaron, directeur de la publication, pour diffamation envers l'armée. Affaire conclue par un non-lieu en mars 1958.

L'autre grande affaire qui marqua l'année 1957 fut celle de Maurice Audin, jeune maître assistant en mathématiques à l'Université d'Alger, par ailleurs militant communiste, enlevé le 11 juin par un commando de parachutistes et porté disparu le 21 juin. Le 2 décembre, sa thèse de mathématiques allait être solennellement soutenue en Sorbonne, *in absentia,* et il serait ainsi fait docteur à titre posthume : manière pour ses proches et pour ses maîtres de marquer leur solidarité face à ce crime politique.

Il est assez intéressant de constater que, même au cœur de la mobilisation contre la guerre d'Algérie, *Témoignage Chrétien* gardait un œil sur les autres options internationales essentielles prises par la France : c'est ainsi qu'après la signature du Traité de Rome, le 25 mars, je signe le 12 juillet un éditorial sur le « marché commun » où les positions « européennes » du journal sont clairement exprimées : « *La seule idée neuve née de la Libération a été l'idée européenne ; douze ans après la fin du dernier conflit mondial, cinq ans après la rencontre de Messine, l'Europe franchit une nouvelle et importante étape dans la voie de son union politique et économique (...) Les traités ne recèlent pas de pouvoir leur permettant d'apporter automatiquement les fruits dorés de l'expansion économique, de l'ordre, du progrès. Ils sont avant tout un stimulant qui doit permettre à notre pays de se ressaisir.* »

Feuilletant les collections des vieux numéros que j'ai conservés, je retrouve les signatures familières : Claude-François Jullien, qui passa ensuite au *Nouvel Observateur,* et qui livrait par exemple en octobre 1961 une critique à la fois intelligente, sensible, précise, du roman du Sénégalais Cheikh Hamidou Kane, *L'Aventure ambiguë,* que j'allais avoir, deux décennies plus tard, le plaisir de faire porter à l'écran par la télévision publique. L'analyse de Claude-François Jullien invitait les lecteurs français à se mettre à l'écoute du message délivré par un grand écrivain africain, explorant le secret des contradictions d'un homme placé entre deux mondes : celui de ses ancêtres et de ses traditions, celui des colonisateurs et des connaissances techniques qu'ils apportaient. Révélatrice de la sensibilité du journal dans ces années-là, la conclusion de l'article de Claude-François Jullien mérite d'être reprise : « *Ainsi, dans un choix de hasard, le seul ouvrage qui dépasse l'individu dans ses rapports avec l'individu, le seul qui ait encore une dimension profondément sociale et universelle nous vient de l'Afrique. Est-ce déjà l'apport des jeunes continents dans un domaine où l'Occident pensait ne jamais être dépassé ? »*

Quelques pages avant, je retrouve la signature d'André Vimeux : il est aujourd'hui encore, à soixante-dix-neuf ans, la mémoire vivante de *Témoignage Chrétien*. Entré au journal en 1949, ouvrier typographe à l'origine, Montaron l'avait recruté et il avait pris pied en quelques années parmi les journalistes, en charge plus particulièrement des questions religieuses. André Vimeux, époux de Lucienne, qui fut rédacteur en chef de *Vie Populaire*, hebdomadaire du Mouvement de Libération Ouvrière (MLO), appartenait à la lignée des militants provenant du vivier de la Jeunesse Ouvrière Chrétienne, dans lequel Georges Montaron puisera pour s'entourer, à *Témoignage Chrétien* : Jacques Etienne, Yves Boquet, Claude Durieux, Georges Schpilberg. A la fin de 1961, *Témoignage Chrétien* soutint par exemple le conseil œcuménique des Eglises qui organisait à New Delhi une réunion internationale des Eglises protestante, orthodoxe et anglicane, en dépit de l'abstention marquée de l'Eglise catholique : caractéristique encore des positions qui étaient les nôtres dans les débats qui agitaient le catholicisme au cours de ces années-là, André Vimeux se félicita pour sa part de la nouvelle attitude de la hiérarchie ecclésiastique face à ces démarches œcuméniques : « *Si fondamentalement la position catholique de non-participation à l'égard du Conseil œcuménique demeure, la présence d'observateurs peut être considérée comme l'un des signes de l'esprit nouveau qui règne au Vatican sur les rapports avec les chrétiens non catholiques. (...) Le monde catholique ne peut rester indifférent à cette importante assemblée.* »

Le concile Vatican II vint répondre aux attentes régulièrement exprimées dans les colonnes du journal par André Vimeux et les conseillers ecclésiastiques successifs présents dans la rédaction, souvent jésuites, dans la lignée des pères Pierre Chaillet, qui avait porté le journal sur les fonts baptismaux de la clandestinité, et Jacques Sommet, l'un des responsables de la Conférence Laennec pendant la guerre, arrêté en mai 1944, déporté à Dachau, pour qui la vocation de *Témoignage Chrétien*, au fil des années, restait la même, « *comprendre et agir, là où la liberté est encore à gagner* », ou du père Laurent, polytechnicien, grand intellectuel, qui fut Provincial des Jésuites de France, directeur des *Cahiers de l'Action Populaire*. Georges Montaron a bien montré, dans son livre *Quoi qu'il en coûte,* où il revient sur toute son expérience de *Témoignage Chrétien,* l'importance qu'ont eue pour le journal la nouvelle ère, le passage à un catholicisme moderne, plus ouvert, et la rénovation de la liturgie. La liste des collaborateurs religieux est également prestigieuse : de simples curés de base, comme l'abbé Michonneau, l'abbé Davezies, jusqu'à de grands érudits, comme les jésuites Jean Daniélou, François Varillon, Henri de Lubac, les Dominicains Marie-Dominique Chenu et Yves Congar, ou des pasteurs de grande envergure, comme Roland de Pury, dès la période résistante. Sans oublier François Biot, l'ancien prieur du couvent dominicain de La Tourette à Evreux, et sa « théologie de l'espérance ».

Car il ne faut pas négliger non plus la part prise par la rédaction aux débats profonds qui agitaient les communautés chrétiennes, à commencer par la communauté catholique : les positions tranchées de certains de nos journalistes n'étaient pas toujours du goût des évêques de France, et anticipaient souvent sur les nécessaires évolutions de la pratique de la foi à la fin du XXe siècle. Le concile Vatican II fut donc très favorablement reçu par *Témoignage Chrétien*, qui s'engagea immédiatement dans la voie montrée par Jean XXIII, avec d'autant plus de facilité que c'était celle que nous avions le sentiment d'avoir commencé à défricher.

La place de la religion dans l'hebdomadaire était évidemment centrale : l'appel même qui l'avait fondé était un appel à la « Résistance spirituelle ». Mais il ne s'agissait en aucun cas à nos yeux d'une attitude cléricaliste : nous n'aurions pas supporté de paraître inféodés à quelque clergé que ce soit. Chaque rédacteur était libre de croire ou de ne pas croire, de pratiquer ou de ne pas pratiquer. Je n'étais pas pratiquant moi-même, alors que Montaron et Vimeux l'étaient. Pourtant c'est justement Montaron qui écrit par exemple : « *Le sacerdoce ne confère aux prêtres aucune capacité particulière pour intervenir, en tant que tels, dans la vie politique. Je suis anticlérical pour des motifs spécifiquement chrétiens, car le cléricalisme, c'est la mainmise des clercs sur l'Eglise, c'est le peuple de Dieu encaserné** ». Hostile à tout « parti chrétien », je ne considérais pas que le journal dût se ranger aux opinions de l'Eglise, ni servir ses intérêts. S'il y avait divergence entre nos positions et celles de l'Eglise de France, plus encore qu'avec celles du Vatican, nous n'avions pas à changer d'avis : nous étions là pour éclairer et faire évoluer les esprits. La formule de Maurice Schumann, qui aimait à dire que le journal était « *non celui d'une minorité, mais d'une avant-garde* », aurait pu nous servir de slogan**. Etant une avant-garde, nous nous mettions évidemment en danger, et nous n'étions pas toujours sûrs que

---

* George Montaron, *Quoi qu'il en coûte*, Stock, 1976.
** Par exemple : Maurice Schumann, « Le temps de la Résistance », *in Témoignage Chrétien*, le cinquantenaire : « Les fils spirituels de Marc Sangnier (...) n'étaient pas assez nombreux pour constituer une minorité, mais ils étaient bien assez nombreux pour former une avant-garde ».

le gros de la troupe serait derrière nous au moment de croiser le fer. N'importe : il ne fallait pas nous arrêter, il fallait emporter le mouvement. Contre tout cléricalisme, avec pour seul guide notre conscience, en liberté.

C'est ainsi qu'un des grands débats qui agitèrent les dernières décennies, le débat sur l'école « libre », ne fut pas un combat pour *Témoignage Chrétien*. De même que j'ai toujours considéré qu'il n'était pas pertinent de classer à droite les partisans de l'école privée et à gauche les partisans de l'école publique, je n'ai jamais pensé que cette controverse recouvre un véritable enjeu de société. Autant il est essentiel que la République propose à tous les enfants un système d'éducation gratuit, laïque, obligatoire, les trois termes de cette définition étant indissociables, autant il ne me paraît pas nécessaire de se battre pour que ce système ne soit en aucun cas doublé par un système d'enseignement privé, dès lors que les niveaux d'enseignement proposés sont équivalents, qu'ils sont évalués à la même aune et sanctionnés par les mêmes diplômes. Donc les positions que nous avons prises ne furent, dans la grande controverse école privée contre école laïque, ni du côté des intégristes de l'école catholique soucieux de continuer à former les esprits dans des valeurs traditionnelles que nous récusions par ailleurs, ni du côté des hussards implacables de l'école républicaine, qui se considéraient comme investis de la mission d'arracher les jeunes enfants à l'emprise séculaire et obscurantiste du cléricalisme. Des deux côtés, nous avions affaire à des caricatures, et les combats de *Témoignage Chrétien* étaient, pensions-nous, plus sérieux, plus essentiels que de telles gesticulations.

La politique étrangère, avec notamment la signature de Bernard Féron, était le dernier grand domaine de l'actualité du temps sur lequel les positions du journal étaient libres et anticonformistes, au risque d'apparaître discordantes dans le concert des deux « pensées uniques », l'une capitaliste, l'autre communiste, qui se partageaient l'arène intellectuelle. En relisant ses papiers, avec la distance et l'objectivité que nous donne le temps passé, je reste frappé par sa compréhension des enjeux géostratégiques, des subtilités diplomatiques du camp communiste, de l'évolution des pays non alignés et du rôle nouveau que pouvaient jouer les pays d'Europe de l'Ouest dans cette partie dont ils n'étaient plus maîtres, qui les dépassait largement, mais où leur voix avait encore un timbre propre, qu'il s'agissait de faire entendre, pour défendre des principes et des valeurs dont ils avaient toujours été porteurs.

Rédacteur polyvalent, je touchais d'emblée à toutes les facettes du journalisme hebdomadaire. Secrétaire de rédaction, je recevais les articles des pigistes, les relisais voire les récrivais. J'aidais aussi le maquettiste du journal, Claude Durieux, artiste de la mise en pages, technicien hors pair issu de la Jeunesse Ouvrière Chrétienne, qui devint par la suite le rédacteur en chef technique du *Monde*. C'est moi enfin qui partais, gare Saint-Lazare, tous les mardis soir, pour rejoindre à Yvetot l'imprimerie du *Courrier Cauchois,* sur les presses de laquelle était composé *Témoignage Chrétien*... Paradoxe qui voulait que ce titre de presse, qui appartenait à la première fortune de France, et plus précisément à madame Liliane Bettencourt, partage son imprimerie avec notre hebdomadaire « gauchiste » !

Toute la nuit du mardi au mercredi, nous la passions à relire les épreuves, et le journal sortait à 5 heures du matin. Le travail se faisait en compagnie des typographes du *Courrier Cauchois,* Georges Marical et Roger Lécossais, qui soumettaient à mon « Bon à Tirer » les morasses du journal. Toute la nuit se passait au rythme des machines qui faisaient un fracas infernal, et dans l'odeur de l'encre, entre règle à calculer, typomètre et lignomètre.

Marical et Lécossais étaient deux dignes représentants des Ouvriers du Livre, catégorie professionnelle à part, impitoyable et corporatiste. Impitoyables sur la longueur des articles, ils étaient très heureux de se moquer du petit intellectuel engagé qui relisait avec délectation la prose de ses auteurs, et ses propres papiers, en lui réclamant avec brutalité d'en couper, dans les cinq minutes, dix à vingt lignes, faute de quoi « les dix dernières lignes sauteraient ». Et comme je protestais qu'il ne fallait en aucun cas sacrifier la chute du texte, et que j'allais trouver comment gagner autrement les dix lignes fatidiques, ils partaient d'un large éclat de rire sur ces « masturbations sans fin d'intellectuels » auxquelles ils préféraient les bons articles, bien calibrés, du *Courrier Cauchois*. Décidément, madame Liliane Bettencourt avait bien raison de ne pas craindre la contagion idéologique de *Témoignage Chrétien* sur ses salariés...

Au demeurant, elle avait déjà en la personne de Marical et Lécossais deux syndicalistes attachés aux règles définies contractuellement au fil des mouvements sociaux et des négociations : dès que le nombre convenu de pages avait été composé, une pause était respectée, afin que la cadence à l'heure ne dépasse pas celle que les accords signés avaient définie. Je pouvais toujours protester que nous aurions pu gagner du temps sur la nuit, et peut-être nous coucher avant l'aube... Il n'en était pas question, le travail qui, syndicalement, devait être fait en sept ou huit heures ne pouvait pas prendre moins longtemps : cela aurait été une rupture des conventions acceptées de part et d'autre, un retour en arrière sur des acquis sociaux durement disputés, un défaut de solidarité vis-à-vis des collègues qui avaient besoin de respecter ces cadences, car ils se verraient, sinon, exploités par leurs patrons.

J'avais beau arguer du fait que l'exception resterait secrète, et qu'elle se justifiait pour l'impression d'un journal progressiste : il n'en était pas question, la pause avait lieu. Beaucoup des pesanteurs qui caractérisaient le secteur de la presse écrite, en France, s'expliquaient, et s'expliquent encore parfois par ce type de comportements, et de freins aux évolutions, que l'on a retrouvés, plus récemment, avec l'adaptation retardée de certains titres de presse à une diffusion numérique sur Internet, adaptation qui aurait pu être plus rapide si les conditions d'un dialogue social serein avait été réunies, de part et d'autre, entre les journalistes, les techniciens et les patrons de presse.

La tradition du bouclage du journal après 4 heures du matin était elle aussi scrupuleusement observée : sitôt la dernière feuille envoyée, nous nous mettions autour d'une table pour partager un solide casse-croûte, terrine, rillettes, saucisson, cochonnailles diverses, puis fromages, camembert et brie de Meaux, le tout accompagné de bon cidre, de muscadet, voire de calvados lorsque le casse-croûte durait un peu, et dans un climat de franche rigolade.

Il m'arrivait de me rendre directement de l'imprimerie à la gare d'Yvetot : je dormais alors dans le train, tant bien que mal, pour aller ensuite de la gare Saint-Lazare au journal, où m'attendait le mercredi une journée chargée, avec la préparation de la conférence de rédaction du jeudi, et bien souvent, en soirée, une première de cinéma. Journaliste polyvalent, je passais en effet du secrétariat de rédaction à la chronique cinéma, qui n'avait pas de titulaire, alors que la chronique théâtrale était réservée à un grand critique de théâtre, André Alter. Va donc pour la chronique cinéma... Mes années de ciné-club y trouvaient un prolongement naturel.

Je me rappelle que ma première critique porta sur le film *Gervaise,* de René Clément, intelligente adaptation de *L'Assommoir* d'Emile Zola : j'avais été séduit par la reconstitution du climat social et historique du XIXe siècle industriel et ouvrier, qui n'était pas sans me rappeler certains quartiers miséreux des grandes villes du Nord : René Clément parvenait à doter ces milieux déshérités d'une forme de beauté farouche. Ce n'était pas un chef-d'œuvre absolu, mais je le considérai ce jour-là comme tel, puisque c'était ma première chronique... L'une de mes premières critiques de 1957 fut pour *La Soif du mal* d'Orson Welles, dont je ne savais pas, au moment où j'écrivais, que bien des années plus tard, en 1985, président de TF1, je l'inviterais à Paris pour lui proposer de monter pour la télévision *Le Roi Lear,* de Shakespeare, film où il se serait bien évidemment mis en scène dans le rôle titre. En raison de sa corpulence, il avait fallu réserver pour lui deux places à bord du Concorde, et j'ai gardé de nos trois rencontres dont un déjeuner exceptionnel arrosé de Dom Pérignon, de Cheval-Blanc 67, et de Pétrus 66, l'image impressionnante d'un géant chaleureux et imprévisible, à la fois délicat dans l'attention portée aux êtres et brutal dans ses gestes ou ses mouvements. Il portait en lui quelque chose de totalitaire et d'impérieux, et comme une fièvre. Aucun obstacle ne semblait pouvoir barrer la route à sa volonté, une fois exprimée : c'était « une force qui va ». Je le quittai heureux de ce projet nouveau que j'avais vu commencer à s'animer en lui, mais qui pourtant n'aboutirait pas, la Lloyd's refusant d'assurer pour la durée du film cet acteur et réalisateur mythique, déjà mal en point, et qui décéda en effet quelques mois plus tard. C'était bien le seul obstacle qui pouvait l'arrêter.

André Alter me concéda progressivement une place pour traiter de l'actualité théâtrale en province, et c'est ainsi que j'eus l'occasion d'accompagner les premiers pas et les aventures du Théâtre National Populaire de Villeurbanne, avec Roger Planchon, et du Théâtre Populaire des Flandres, animé à Lille par Cyril Robichez. J'ai mis dès leurs débuts tout mon enthousiasme à soutenir les mises en scène par Planchon des pièces de Brecht, *Mère Courage,* ou *Grand-Peur et Misère du Troisième Reich,* comme le travail de Robichez qui monta par exemple d'une manière mémorable *Les Fusils de la mère Carrar* de Federico Garcia Lorca. Je me liai alors d'amitié avec Geneviève et Jean-Marie Serreau, qui apportèrent tant au théâtre populaire, et avec Guy Rétoré, inlassable animateur du Théâtre de Ménilmontant.

Les nécessités de l'actualité me conduisaient à me muer parfois en grand reporter pour couvrir les événements qui intéressaient nos lecteurs. Ce fut le cas lors des grandes grèves des dockers du port de Saint-Nazaire, où serrant de trop près la manifestation ouvrière j'écopai de quelques coups de matraque qui mirent à mal un crâne assez solide (ce fut le jugement des médecins) pour supporter ce traitement. Heure de gloire du journalisme engagé, où je trouvai immédiatement l'occasion d'un récit imagé et circonstancié. J'exhibai mes bosses en rentrant : je n'étais pas loin de me sentir un héros. Il faut bien que jeunesse se passe...

Suprême consécration, quelque temps après mon arrivée à *Témoignage Chrétien,* on me confia le soin de rédiger des éditoriaux. Le 20 octobre 1956, par un arraisonnement en plein vol qui constitua le premier acte de piraterie aérienne de l'Histoire, l'armée de l'air française interceptait l'avion qui transportait entre Rabat et Tunis cinq dirigeants du FLN, Ahmed Ben Bella, Mohamed Khider, Mohamed

Boudiaf, Hocine Aït Ahmed, Rabah Bitat, ainsi que Mostefa Lacheraf, intellectuel algérien qui se trouvait, un peu par hasard, dans le même avion. L'appareil leur avait été prêté par le roi du Maroc Mohammed V, qui s'était ainsi, d'une certaine manière, porté garant de leur sécurité, et son détournement par l'armée française fut à l'origine d'un refroidissement sensible des relations franco-marocaines : comment serait-il possible d'établir un jour des relations diplomatiques normales entre la France et les pays du Maghreb si elle continuait à traiter aussi cavalièrement ses anciennes colonies ?

Toujours est-il que j'écrivis ce jour-là un éditorial particulièrement véhément, et qui me valut beaucoup de courriers désapprobateurs de lecteurs, parce qu'il osait un parallèle entre les événements de Budapest, où l'URSS se conduisait comme dans un pays vassal, et la capture de l'avion de Ben Bella par la France, qui gardait le même type de comportement vis-à-vis des nouveaux Etats indépendants du continent africain. Les événements n'étaient certes pas du même ordre, ils étaient disproportionnés : les chars d'un côté, des morts, et de l'autre un coup de main aérien particulièrement réussi, même s'il devait être lourd de conséquences.

Je mesure mieux aujourd'hui l'exagération de ce rapprochement sous ma plume, mais il n'en demeure pas moins que, tout jeune éditorialiste, je fus alors fier de l'avoir fait. *Témoignage Chrétien* était engagé dans le combat anticolonialiste, et de notre point de vue, l'arrestation des leaders algériens était à la fois un revers pour la cause que nous défendions et une faute pour la France, qui allait s'enfoncer plus profondément dans la logique d'une guerre qui n'osait pas dire son nom. Conséquences immédiates de cette erreur qu'ils désapprouvaient, les démissions d'Alain Savary, secrétaire d'Etat aux Affaires tunisiennes et marocaines, et de Pierre de Leusse, ambassadeur de France à Tunis. Décidément le gouvernement de Guy Mollet était sur une pente savonneuse : Pierre Mendès France avait renoncé en mai à y figurer comme caution, ministre d'Etat sans portefeuille, parce qu'il était en désaccord sur la politique menée en Algérie.

Ma dénonciation de l'invasion de la Hongrie par les chars russes et de la répression de la révolution hongroise n'en fut pas moins virulente, tout comme ma critique de l'intervention franco-anglo-israélienne sur le canal de Suez après sa nationalisation par Nasser. Mes premières semaines d'éditorialiste furent fournies, on le voit. L'Histoire, la grande, m'offrait plusieurs rebondissements inattendus à propos desquels exercer mon sens critique et mes engagements : on ne pouvait mieux entrer en journalisme !

Les nouveaux mal-pensants

Mais il faut souligner que *Témoignage Chrétien* n'était pas seulement un journal : c'était un véritable mouvement, qui nourrissait la pensée de militants qui s'engageaient contre les guerres coloniales, pour la justice sociale et la participation du laïcat à la vie de l'Eglise. Creuset de convictions multiples, l'hebdomadaire avait son responsable de la « propagande », Bernard Schreiner, qui devint ultérieurement député socialiste, et principal responsable du « Plan câble ». Hostiles à la constitution d'un « parti chrétien », comme ceux qui pouvaient exister dans d'autres pays européens, plutôt dans le camp conservateur, nous étions favorables à l'engagement des chrétiens dans les formations politiques et dans toutes les activités de la société, participation où nous voyions le gage d'une meilleure prise en compte, à tous les échelons de l'Etat et des entreprises, des principes qui nous guidaient.

Les lecteurs militants nous demandaient de venir dans tous les coins de France faire des conférences, animer des débats, participer à des rencontres. Admirables et redoutables sympathisants du journal, dont le dévouement n'avait d'égal que l'engagement ultra-partisan. La guerre d'Algérie était le principal thème de discussion. Le sujet était dans l'actualité, de manière brûlante, depuis quelques années. Une fois le journal de la semaine terminé, je consacrais mes week-ends à cette activité secondaire, inséparable de la vocation de journaliste à *Témoignage Chrétien* : je me souviens notamment d'une longue tournée à Lyon et dans sa région, à Romans, et au Sanatorium étudiant du Péage-de-Roussillon. Ce furent autant de rencontres intéressantes, autant de personnalités croisées, et d'expériences échangées. Le théâtre m'avait été un bon apprentissage de l'art oratoire, je le découvrais : j'y avais appris à me dominer, à « parler dans le masque », à respirer, à tenir un auditoire en haleine, à ménager mes effets. Et j'avoue qui plus est que je prenais du plaisir à l'exercice.

Même s'il n'était pas toujours de tout repos : il m'arriva d'aller parler devant des salles hostiles aux positions du journal, composées, comme la majorité de nos bons chrétiens, de partisans de l'Algérie française, de l'Eglise traditionnelle, et de l'ordre établi en matière économique et sociale. En certaines circonstances, lorsque j'abordais la guerre d'Algérie, par exemple, il m'arriva de ne pas même pouvoir parler, couvert par les huées, et c'est de Nantes, je crois, que je repartis, mon costume en lambeaux, coupé d'estafilades par des lames de rasoirs qui par chance ne m'avaient pas blessé moi-même.

L'époque était rude, et il est vrai que nos débats n'étaient pas gratuits, et engageaient des vies, en France même, et de l'autre côté de la Méditerranée. Cela nous paraissait une raison supplémentaire de ne pas transiger avec nos valeurs, celles de la Résistance, celles qu'incarne la France au-delà de l'écume des jours, des erreurs de certains de ses dirigeants, et des vicissitudes de l'Histoire. Mais il n'était pas toujours facile d'être minoritaires, face aux « bien-pensants » qui peuplaient presque tous les partis politiques, des socialistes au Mouvement Républicain Populaire, en passant par les radicaux, les « gaullistes » et à peu près l'ensemble des catholiques de droite.

La position des « socialistes » de la SFIO eux-mêmes ne correspondait pas à notre engagement. Le 2 février 1956, Guy Mollet avait été nommé Président du Conseil, et le 6 février, il avait été copieusement hué lors de sa visite à Alger, par les manifestants qui soutenaient l'Algérie française, hostiles à toute évolution libérale dans les départements algériens. Les nombreuses tomates qui avaient volé tout autour de lui au monument aux morts l'avaient-elles convaincu de l'unanimité du peuple algérien à vouloir rester dans la République ? Il est vrai qu'à Alger même, la population d'origine européenne était en force, et tenait le haut du pavé. Guy Mollet ne fut pas long à céder aux ultras.

Les années 1956 et 1957 ont marqué l'accentuation de la crise qui se transformait progressivement en guerre, à mesure que les troupes dépêchées de métropole étaient plus nombreuses, et que, le temps passant, la population algérienne de souche commençait à envisager la possibilité de l'indépendance. Mois après mois, l'approfondissement de la crise et le crescendo permanent des violences fragilisaient la République elle-même, au sein de laquelle les militaires, en opérations, réclamaient de se faire entendre, face à des politiques dépassés par les enjeux du conflit en cours, et incapables d'échapper aux calculs à courte vue que leur imposaient les fragiles équilibres politiques de la Chambre des députés. Le régime parlementaire à la française s'ensablait sous nos yeux.

1957 est en effet l'année cruciale, et les événements que je suis à *Témoignage Chrétien* sont décisifs et marqueront les consciences : le 11 février, l'échafaud est dressé dans la cour de la prison de Barberousse, à Alger, pour l'exécution du militant communiste Fernand Yveton, arrêté en possession d'une bombe, dont il a été démontré qu'il avait pris toutes les mesures pour qu'elle ne soit pas homicide, et qu'elle ne fasse que des dégâts matériels. C'est en mars qu'Hubert Beuve-Méry, alias Sirius, s'interroge, dans *Le Monde,* sur la pratique de la torture, sous un titre explicite : *« Sommes-nous les vaincus de Hitler ? »* La question résonne étrangement quand quelques jours plus tard l'avocat et militant pacifiste Ali Boumendjel est arrêté et défenestré. Le général Paris de Bollardière, en poste en Algérie, demande alors à être relevé de ses fonctions, dénonçant dans *L'Express* « *l'effroyable danger qu'il y a à perdre de vue, sous prétexte d'efficacité immédiate, les valeurs morales* ». Il est immédiatement sanctionné et perd son commandement.

Journaliste polyvalent, je suivais aussi l'actualité politique, et je revois nettement les premiers rangs de la scène gouvernementale et parlementaire : Maurice Bourgès-Maunoury, le matamore, ministre de la Défense, à la remorque de ses officiers généraux, et obligé de les suivre, puisqu'il en était le chef ; le pâle Félix Gaillard, chef de gouvernement, avec l'appui du MRP et de représentants gaullistes. C'était le règne de la « troisième force ». Je participais comme reporter pour *Témoignage Chrétien* aux deux congrès de l'année 1956 : celui du MRP à Biarritz et celui de la SFIO à Toulouse, à l'occasion duquel le Président Vincent Auriol me convia en compagnie de Raymond Barillon, du *Monde,* à venir manger le cassoulet dans sa bonne ville de Muret. Pauvres socialistes en peau de lapin... Et à Biarritz, pauvres chrétiens dits sociaux, applaudissant à leur tête Georges Bidault, le boutefeu jusqu'au-boutiste des guerres coloniales, que l'on retrouvera, en 1959, constituant le Rassemblement pour l'Algérie Française contre de Gaulle qui avait le 16 septembre proclamé « le droit des Algériens à l'autodétermination ». Je me souviens encore de la remarque ironique du même Bidault, lors d'un entretien que nous eûmes à l'occasion de ce congrès : « Vous êtes bien jeune pour exercer les responsabilités qui sont les vôtres, et Montaron n'est pas à la tête d'un journal, mais d'un cheval emballé. »

Mais j'avais aussi à l'époque d'excellents contacts avec des politiques plus conscients des réalités de la décolonisation, et du sens de l'Histoire, qui s'opposaient à la dérive violente où nous entraînait le gouvernement de Guy Mollet. Certains d'entre eux étaient socialistes : ce fut alors le début d'une longue amitié avec Claude Estier, et Georges Fillioud alors journaliste à Europe 1 : j'allais avoir de multiples occasions de les retrouver, l'un et l'autre, au fil des décennies, et aux différents postes qu'ils occupèrent. Il faut souligner aussi que des hommes et des femmes de gauche prenaient des positions très distantes de celles de Guy Mollet : c'était le cas de Lionel Jospin, notamment, et de celui qui était déjà son ami, Claude Allègre, comme de Roland Dumas, de Gisèle Halimi, de Michel Rocard ou de Charles Hernu...

Au sein du MRP, je m'étais lié à l'ancien résistant Robert Buron, qui serait ministre du Général de Gaulle en 1961-1962, et l'un des signataires des accords d'Evian pour la France, avec Louis Joxe, le père de

Pierre, et Jean de Broglie, qui connut plus tard une fin tragique. Robert Buron devint avec les années un ami, dont j'appréciais l'intelligence, la spontanéité, la drôlerie, le courage. Atteint dans sa jeunesse par la polio, il était parvenu, au terme d'efforts de rééducation surhumains, à se déplacer et à vivre normalement.

J'appréciais aussi le caractère et la rigueur de Paul Teitgen, frère de l'ancien garde des Sceaux Pierre-Henri Teitgen, et haut fonctionnaire qui, nommé secrétaire général de la police, à Alger, eut le courage de dénoncer la torture. Il s'opposa directement à Robert Lacoste, alors gouverneur général, et au général Massu, engageant sa « Bataille d'Alger ». La carrière de Paul Teitgen fut brisée par son sens du devoir et sa droiture : il démissionna le 12 septembre 1957, et fut moralement détruit par le désaveu de sa hiérarchie, et du ministre de l'Intérieur de l'époque qui accepta sa démission. Il payait pour son courage et ses valeurs, qu'il croyait jusque-là celles de la République. Issu de l'esprit de la Résistance, Paul Teitgen fut de ceux qui surent s'opposer aux ordres qui leur étaient donnés, lorsque ces ordres n'étaient pas acceptables. Par sa désobéissance légitime, il contribua, avec d'autres, à m'ouvrir les yeux sur l'horreur que constituait la guerre d'Algérie, sur l'abomination quotidienne de la torture qu'y pratiquaient des hommes sous uniforme français, tandis que régnait le mensonge institutionnalisé.

Sursitaire, j'allais pouvoir faire moi-même l'expérience de tout cela, au moment où s'achève ma première expérience à *Témoignage Chrétien,* puisqu'en janvier 1958 exactement, je fus appelé sous les drapeaux dans une caserne de Metz, au titre de la « 57-2-C », pour partir en Algérie. Quittant donc *Témoignage Chrétien* en décembre 1957, j'y revins en septembre 1961, comme rédacteur en chef, cette fois, succédant, à la demande de Georges Montaron, à Robert de Montvallon, qui lui-même avait remplacé Georges Suffert.

Le 17 octobre 1961

A peine de retour au journal, je vécus le 17 octobre 1961 les manifestations du FLN à Paris qui se terminèrent dans un bain de sang, et les événements tragiques du métro Charonne, le 8 février 1962, lors de la répression violente par les forces de la Préfecture de Police de la manifestation organisée ce jour-là contre l'action de l'OAS. La guerre d'Algérie tirait à sa fin, mais les haines exacerbées étaient sans merci. Nous nous souvenons mieux, aujourd'hui, parce que les hasards et les délais de l'actualité judiciaire nous l'ont remis en mémoire, que le préfet de Police de Paris, responsable de ces violences policières délibérées, s'appelait Maurice Papon.

Le 17 octobre 1961, tout d'abord : quels sont les faits ? La Fédération de France du FLN avait appelé ce jour-là à une manifestation des Algériens de Paris, dans la capitale, afin de protester contre le couvre-feu qui était imposé à la communauté algérienne. Les mots d'ordre étaient clairs : ce devait être une manifestation pacifique, dans le calme, avec femmes et enfants, sans armes et sans réponse aux prévisibles provocations policières. Du côté de la police, en revanche, la consigne donnée d'empêcher coûte que coûte tout rassemblement conduit les forces de l'ordre à bloquer toutes les bouches de métro : tout Algérien arrivant à Paris est systématiquement arrêté et tabassé. De même les bus sont systématiquement vidés de tout passager algérien, qu'il aille ou non manifester. Dès 19 heures 30, les cars de police ne suffisent plus et Maurice Papon réquisitionne les bus de la RATP pour transporter les milliers d'Algériens appréhendés, au fil des charges. Par ailleurs, les ponts d'Argenteuil, de Puteaux, de Clichy, sur lesquels des Algériens avaient commencé à se masser, sont le théâtre de violences policières souvent décrites : coups de feu, tirs, noyades, les Algériens étant précipités, souvent blessés, dans la Seine. Les témoignages parlent de véritables champs de bataille et d'exécutions sommaires... Le tout en plein Paris, et sans réaction de la part des manifestants, venus désarmés et pacifiques. Au total, le rapport Mandelkern, rédigé en 1998, parle de 25 000 manifestants, dont 11 538 seront interpellés et conduits dans des centres de détention, dont certains dans des camps en Algérie jusqu'à la fin de la guerre. Deux semaines après la manifestation, il reste encore 1 500 détenus à Vincennes. Pour ce qui est des morts, les historiens sérieux arrivent à un chiffre qui atteint plusieurs centaines, soit par balles, soit par coups, soit par noyade. En un mot, cette journée fut une tache d'ombre pour la capitale et pour la France.

Rien ne peut mieux faire comprendre le combat qui était le nôtre que la simple citation, comme un document saisi sur le vif, de l'éditorial que je signai, le 27 octobre 1961, en première page de *Témoignage Chrétien,* sous le titre « Le temps de Tartufe » : les mots employés, le style choisi, autant de révélateurs du climat dans lequel nous travaillions.

« *Les manifestations des Algériens à Paris servent en définitive les desseins des comploteurs fascistes et renforcent le racisme instinctif et viscéral d'une bonne partie de la population française : telles sont les conclusions auxquelles s'arrêtent la plupart des commentateurs.*

Mais à partir de là, la tartuferie s'en donne à cœur joie.

Tartufe, une partie de la grande presse qui voit dans ces manifesta-

tions l'expression de mobiles politiques et qui se refuse obstinément à tenter de faire réfléchir ses lecteurs sur les conditions de vie des travailleurs algériens. Quel journal d'information a essayé de décrire avec objectivité les mesures discriminatoires dont sont victimes les Algériens, les fouilles auxquelles ils sont sans cesse soumis, les vexations et les brimades par eux subies ?

Tartufe, M. le Ministre de l'Intérieur, qui à la tribune de l'Assemblée ne craignait pas de déclarer que le couvre-feu était envisagé avec faveur par les Algériens et qui, après la réponse cinglante de 35 000 d'entre eux, se donnait le ridicule d'affirmer que seuls les meneurs du FLN seraient touchés par la répression.

Pendant ce temps des Algériens agonisaient sur le pavé de Paris, tandis que 10 000 autres, enfermés dans le Palais des Sports, parqués comme des bêtes, criaient leur foi nationaliste.

Tartufe, la population parisienne, héritière d'une vieille tradition républicaine mais qui se moque de cette guerre d'Algérie, du moment qu'elle les laisse en paix. Elle veut bien, cette population, ignorer, voire tolérer les Algériens, tant qu'ils restent confinés à Nanterre ou à Colombes. Mais elle ne supporte pas que ceux-ci viennent étaler en plein cœur de Paris leur misère et clamer leur droit à la dignité, leur goût de la liberté.

Tartufe, le parti communiste, dont on ne sait pas trop bien s'il estime que le fruit n'est pas assez mûr pour être cueilli, ou trop pourri pour valoir la peine d'être ramassé.

A défaut d'envoyer ses militants dans les rues de Paris, le Parti fait donner ses dames patronnesses et ses bonnes œuvres.

Tartufe, la gauche démocratique qui, pour mieux masquer son impuissance, pousse des cris d'orfraie sans pour autant cesser de s'interroger sur le fait de savoir s'il vaut mieux s'allier au Parti communiste, au risque de se faire dévorer, ou s'en écarter et continuer à ne compter pour rien.

Oui, c'est une rude leçon que viennent de nous donner les Algériens de Paris. Rude leçon, parce que jamais ils ne seraient descendus dans la rue si nous, journalistes, avions su mieux informer une opinion chloroformée des réalités d'une guerre qui s'est établie sur notre sol, et si nous, démocrates, avions su faire taire nos divergences et unir nos forces.

Je vous le demande : QUI, oui QUI, à l'appel des partis, des mouvements, des syndicats, aurait dû défiler et réclamer – au nom des principes qui ont fait aimer et respecter notre pays dans le monde – la fin des honteuses discriminations raciales et de la guerre d'Algérie ?

En fait, il faut nous rendre à l'évidence : si 35 000 Algériens ont *manifesté pacifiquement à notre place, au moment où nous tournions le bouton de notre télévision, c'est que notre pays se "nazifie" peu à peu.*

En 1936, dans l'Allemagne hitlérienne, Himmler expliquait aux juifs que les ghettos avaient été créés de manière à assurer leur protection.

En 1956, M. Maurice Papon assure aux Musulmans que les mesures de couvre-feu ont été prises "dans leur propre intérêt". Nous avons connu le temps où les juifs étaient tenus de porter, en signe distinctif, l'étoile jaune. A quand l'étoile verte sur les poitrines des Algériens ? »

Que la politique de Maurice Papon n'ait pas été tout à fait celle du général de Gaulle, alors chef de l'Etat, la suite des événements allait le prouver : son passé vichyssois lui dictait des réflexes racistes qui le conduisaient à multiplier les brutalités policières. Nous savons aujourd'hui le temps qu'il fallut pour que la vérité de ses engagements éclate au grand jour, et que sa responsabilité dans le massacre du 17 octobre 1961 soit reconnue : ce n'est que le 26 mars 1999 que le tribunal correctionnel de Paris, présidé par le juge Jean-Yves Montfort, reconnaissait l'implication des forces de police parisiennes dans un véritable « massacre » de manifestants algériens, organisé à l'instigation de Maurice Papon, alors préfet de Police de Paris. Encore ne le reconnaissait-il qu'incidemment, en déboutant Maurice Papon de sa plainte en diffamation contre Jean-Luc Einaudi, auquel on doit les recherches les plus solides sur ce que fut, dans ces années noires, « la bataille de Paris », bataille parallèle à la « bataille d'Alger » et livrée par les ultras de l'Algérie française, secondés par un Maurice Papon tout acquis à leur cause.

Du 17 octobre 1961, la presse de l'époque a souvent assez mal rendu compte, à l'exception de *L'Express,* de *L'Observateur,* de *Libération,* du *Monde* et de *L'Humanité.* On sait quels freins furent mis par la Préfecture de Police à la diffusion d'informations fiables sur le nombre de victimes, et sur les causes de leur mort. Il fallut des mois d'enquête à Jean-Luc Einaudi, plus de vingt ans plus tard, pour retrouver les pièces qui rétablissent la vérité des faits.

Pourtant, malgré l'écran de fumée qu'élevaient les communiqués officiels, *Témoignage Chrétien* rendit assez précisément compte de ce qui s'était réellement passé. Je dois rendre hommage ici à un photographe indépendant, Elie Kagan, reporter dont la famille avait été anéantie au ghetto de Varsovie, qui fort de sa sensibilité d'écorché vif et de son génie de photographe, nous apporta dès le lendemain, au journal, les images des horreurs perpétrées en plein Paris. Images dont je décidai immédiatement de publier les plus fortes, mais qui étaient toutes frappantes. Des centaines de clichés, tous plus parlants les uns que les autres, visages ensanglantés, déformés par l'effroi et la souffrance, charges brutales de CRS, tabassages de manifestants algériens, scènes de poursuite violemment interrompues devant le porche d'un immeuble ou dans un coin de rue, matraquages de victimes inanimées, images de cadavres retirés de la Seine, visages tuméfiés et corps boursouflés. Habité par la volonté de montrer et de faire savoir ce qui se passait, Elie Kagan avait volé en tête des manifestants, il avait pris des photos couché à terre contre les immeubles lors des charges des forces de police : sur plusieurs de ces images, il semblait que la scène était vue par les yeux mêmes de la victime.

C'est par un simple faire-part, dans *Le Monde,* que j'apprendrai, le 27 janvier 1999, le décès d'Elie Kagan, dont les obsèques se tenaient le jour même, au cimetière de Bagneux. Je m'y rendis toutes affaires cessantes, et je retrouvai là André Vimeux, ancien secrétaire général de *Témoignage Chrétien,* Claude-François Jullien, Yvon Le Vaillant, anciens de *Témoignage Chrétien* et de *L'Observateur,* et Edwy Plenel, directeur de la rédaction du *Monde.* Le rabbin qui procédait à l'enterrement me prit à part et me demanda de prononcer quelques mots sur sa tombe, me disant : « Il est mort solitaire, il faut que vous parliez. » Improvisant, je n'eus qu'à ouvrir la porte aux souvenirs pour dire comment tout au long de ces années de braise il avait été sur la brèche, témoignant jour après jour des injustices et de l'intolérable, qu'il dénonçait sans relâche, où qu'il les débusque, dans le quotidien malheureux des cités comme dans les événements tragiques qui ponctuaient les évolutions historiques. Il fut l'un de ceux dont les images bouleversantes touchèrent l'opinion publique et parvinrent à ébranler l'assurance calculée des militaires et l'aveuglement des politiques.

Quelques mois après ces obsèques, les députés décidaient que l'on pourrait désormais officiellement parler de la « guerre d'Algérie », pour évoquer ce qui n'était jusque-là que les « événements d'Algérie », ou mieux « les opérations de maintien de l'ordre dans les départements algériens ». André Mandouze salua ce vote dans *Le Monde* par une tribune intitulée « Un si long mensonge » : « *Au lieu donc de nous féliciter, comme en passant, de sortir enfin d'un si long et si criminel mensonge, il serait bon que les partis de gauche comme de droite mesurent concrètement la responsabilité que, depuis un peu plus d'un demi-siècle, ils ont encourue en acceptant jusqu'ici sans mot dire cette longue complicité avec une singulière histoire de France.* » Car ce vote est intervenu presque quarante ans après les accords d'Evian : il était peut-être temps pour la République de lever le voile pudique qu'elle avait posé sur son histoire. Il était trop tard pour qu'Elie Kagan puisse connaître cette ultime victoire de son témoignage et de notre combat ! Un combat qui fut difficile à livrer, mais qui tenait en quelques mots simples : ne rien oublier, dire la vérité, faire connaître les faits, ne pas juger, mais ne rien occulter, même par confort, même par prudence. Car la prudence s'appelle alors un jour compromission, ou lâcheté.

Et il ne fallait attendre aucune lâcheté ni aucune compromission d'hommes comme Jean Carta qui signait dans ce même numéro du 27 octobre 1961 un long article intitulé « Pourquoi ont-ils manifesté ? », dans lequel il écrivait notamment : « *Il ne s'est rien passé d'extraordinaire à Paris mardi soir : on matraquait, on mitraillait. Le seul fait extraordinaire, c'est que pour une fois les matraquages se déroulaient sous nos yeux, au cœur de la capitale, parce que les Algériens avaient décidé de subir au grand jour ce qu'on a coutume de leur faire dans les quartiers périphériques, sans que personne ait assez d'oreille pour entendre leurs gémissements.* » Avant de décrire par le menu les atrocités qu'il avait observées, de l'Etoile à l'Opéra... Voilà pour le « ton » *Témoignage Chrétien*. A la suite de ces descriptions précises, je signais à nouveau une courte mise au point en forme d'interrogation : « *Est-il vrai que plus de cinquante Algériens auraient trouvé la mort au cours et après les manifestations, tandis que plusieurs centaines, grièvement blessés, seraient actuellement soignés dans divers hôpitaux de la région parisienne ? Nous espérons que l'on ne se contentera pas de nous saisir en guise de réponse.* »

La formule n'était pas, en ce temps-là, une clause de style : de 1954 à 1964, *Témoignage Chrétien* a été saisi 70 fois en Algérie, et 2 fois en métropole. Georges Montaron fut inculpé pour avoir dénoncé la torture. Robert Barrat et André Mandouze furent emprisonnés. Le journalisme était un engagement à part entière, quand la vérité des faits n'était pas du goût du pouvoir, qui dénonçait ses quatre ennemis : *Le Monde, L'Observateur, L'Express,* et *Témoignage Chrétien* : belle et noble compagnie où nous n'étions pas mécontents de nous trouver. Mais alliance quelque peu dérisoire de ces quelques journaux de conscience, d'opinion, ou d'honnête information, face à la classe politique presque unanime, face à l'armée, face à l'idéologie dominante.

Depuis lors, les archives des différentes administrations concernées se sont partiellement ouvertes pour les enquêteurs et les historiens : le jour même où sortait le numéro de *Témoignage Chrétien* dont je viens de citer quelques textes, un rapport du Procureur général de Paris, adressé au garde des Sceaux, confirmait nos informations. « *Je crois devoir attirer votre attention, à la fois sur l'importance des chiffres (...) et sur la similitude des procédés d'exécution : étranglement, strangulation, fréquemment ligotage des corps et généralement immersion.* »

Toujours le 27 octobre, une note du directeur de cabinet du ministre de la Justice au directeur de cabinet du Premier ministre tire les leçons de ces informations secrètes : « *Il faudrait éviter que, pour répondre aux articles de presse qui se multiplient, le préfet de police et l'Intérieur n'apportent publiquement des rectificatifs catégoriques qui pourraient risquer d'être eux-mêmes bientôt démentis.* » Pendant plus de trente ans, la vérité officielle restera celle de la Préfecture de Police : 3 victimes. En 1998, le rapport de mon ami Dieudonné Mandelkern, conseiller d'Etat, et plus récemment encore, en 1999, celui de Jean Geronimi, avocat général à la Cour de cassation, rapport réalisé à la demande d'Elisabeth Guigou, garde des Sceaux, ont définitivement fait justice de ce dérisoire travestissement de la réalité : les estimations de *Témoignage Chrétien,* recoupant des témoignages oculaires, étaient encore inférieures à la réalité, puisque le nombre des victimes algériennes de cette répression sauvage d'une manifestation pacifique contre les brimades quotidiennes et le couvre-feu est aujourd'hui estimé à près de 300.

Le 8 février 1962

Quelques mois plus tard, *Témoignage Chrétien* allait avoir une autre occasion de se scandaliser avec les huit morts du métro Charonne, le 8 février 1962. La police de la capitale fut en effet à nouveau responsable de la dispersion musclée de la grande manifestation, pacifique également, organisée contre l'Organisation Armée Secrète (OAS), et rassemblant toutes les sensibilités politiques hostiles au déchaînement terroriste. Ce sont des hommes qui scandaient « OAS fasciste, OAS assassins » que les policiers parisiens matraquent ce jour-là, à un moment où l'émotion de l'opinion publique est soulevée par l'attentat qui a eu lieu le 7 février, la veille de la manifestation, contre le domicile d'André Malraux, immense écrivain, symbole de fidélité au général de Gaulle et aux valeurs de la Résistance. Malraux lui-même n'a pas été blessé, mais l'attentat a fait une victime, la petite Delphine Renard. La photographie de cette enfant défigurée, publiée par la presse le 8 février, entraîne une condamnation très large de l'organisation terroriste.

D'où l'incompréhension qui saisit l'opinion publique lorsqu'elle découvre le lendemain que les forces de l'ordre ont brisé implacablement la manifestation de ceux qui venaient, par loyalisme, soutenir le combat du gouvernement français contre l'OAS. Les huit morts pressés et étouffés contre les grilles du métro Charonne par les charges de la force publique furent victimes d'une injustice d'Etat d'autant plus révoltante qu'elle s'exerçait à l'encontre de ceux qui défendaient l'Etat. La description des matraquages fournie dans le numéro de *Témoignage Chrétien* du 16 février par Jean Carta, présent dans la manifestation, est explicite : « *Si nous ne savions pas que le mensonge est l'ultime recours d'un régime qui a peur de ses hommes de main, la lecture des communiqués officiels au lendemain du 8 février nous plongerait dans une amère ironie (...) Je m'aperçois vite que le policier qui pour l'instant s'occupe spécialement du manifestant anonyme que je suis, tient à terminer ce qu'il a commencé. Je reçois un deuxième coup. Je tente de fuir (...) Il me poursuit, me rattrape, me coince et m'administre, à toute volée, méthodiquement, froidement, muscles tendus, six ou sept formidables coups de gourdin que j'arrive par miracle à bloquer, grâce à ma serviette pleine de livres. (Plus tard, je trouverai dedans ma pipe en petits morceaux...) Je le dis aujourd'hui avec la sérénité du recul : chacun de ces coups devait m'ouvrir la tête. C'est à ma vie qu'en voulait cet homme, c'est ainsi qu'il entendait punir ma présence à cette manifestation anti-OAS. Car il s'agissait bien de châtier, non de disperser (...) Ce que j'ai vu jeudi, pour la première fois depuis tant d'années, c'est la montée de la colère populaire (...), d'hommes qui ne veulent plus être impudemment rossés comme des bêtes (...) Cette colère-là, soyez-en sûrs, il ne suffira pas de huit cadavres pour la réduire.* »

Un journalisme indépendant, c'est aussi un journalisme de témoignage, et nos rédacteurs allaient au plus près des événements, Jean Carta ce soir-là, comme je l'avais fait au moment des grèves de Saint-Nazaire quelques années avant, pour pouvoir expliquer la réalité des faits.

Le profond découragement qui est perceptible dans la population française au cours des mois et des semaines qui précèdent la signature des accords d'Evian, le 18 mars 1962, est en fait un écœurement général : écœurement face aux actions terroristes, aux révélations sur les tortures perpétrées par les troupes françaises, aux violences policières, aux mensonges des politiques qui les couvrent (Roger Frey, ministre de l'Intérieur, couvrant Maurice Papon, encore lui, préfet de Police de Paris) et aux témoignages des appelés qui reviennent d'Algérie.

A la fin de 1961 et au début de 1962, les prises de position anticolonialistes qui sont celles de *Témoignage Chrétien* depuis l'origine sont de mieux en mieux comprises et de plus en plus partagées : l'honneur du journal restera d'avoir contribué, tout au long de ces années, à faire évoluer les esprits et à cristalliser les consciences.

Dernier grand dossier pour lequel le journal s'est mobilisé ces années-là : le dossier palestinien. Dès 1947, des articles du professeur

Louis Massignon, qui était l'un des plus grands orientalistes français, respecté dans tout le monde arabe, furent publiés par Georges Montaron. Louis Massignon considérait que la Palestine ne devait pas être dépecée, et que les décisions prises en 1947 allaient plonger la région dans une crise durable. Il n'avait pas tort. Pour Georges Montaron, les Palestiniens se retrouvaient à leur tour les exclus, « les oubliés, les rejetés, les ignorés », pour lesquels *Témoignage Chrétien* avait à ses yeux « une vocation naturelle ». « Peuple sans terre, rejeté de partout, victime de toutes les injustices et abandonné de tous* », c'est à ce peuple qu'il fallait porter secours et assistance, en défendant son droit contre le fait des plus forts. L'engagement du journal pour une reconnaissance des droits du peuple palestinien fut donc profond et durable, tout au long du dernier demi-siècle.

En mai 1970, *Témoignage Chrétien* organisa à Beyrouth une conférence mondiale des Chrétiens pour la Palestine. Pour cette conférence, près de cinq cents délégués catholiques, protestants, anglicans, orthodoxes, vinrent de trente-sept pays à la rencontre de mille chrétiens arabes. Ensemble, ils ont étudié tous les aspects du problème palestinien, sont allés dans les camps de réfugiés, sur les frontières de l'Etat d'Israël, ils ont rencontré les dirigeants des diverses organisations palestiniennes. Pour beaucoup, cette rencontre permit des découvertes : la découverte du catholicisme palestinien, des spécificités de ce peuple dans la nation arabe, du sentiment d'injustice profond qui l'habite. Cette rencontre était une gageure : au milieu des divisions du Liban et des affrontements israélo-palestiniens, comment serait-il possible de parvenir à construire cet espace de dialogue et de confiance mutuelle ? Ce fut pourtant une réussite, où l'on retrouve un peu le miracle permanent de *Témoignage Chrétien* : être un centre de dialogue et de débat, sans préjugés ni mauvaise foi.

Le monde catholique était peu sensible de manière générale aux problèmes du Proche-Orient. En outre, le traumatisme constitué par la solution finale et la passivité de nombreux représentants de la hiérarchie catholique dans ces heures noires a été long à s'effacer, interdisant pendant des années toute remise en cause du sionisme. C'est précisément parce que *Témoignage Chrétien* avait été d'emblée dans la résistance au nazisme, et au cœur de la lutte contre l'antisémitisme, au moment où tant de chrétiens se taisaient, que le journal a pu, sans pouvoir être suspecté, sans l'ombre d'une confusion, prendre le parti

---

* Toutes ces expressions sont tirées du livre de Georges Montaron, *Quoi qu'il en coûte, op. cit.*, où celui qui fut pendant cinquante ans l'âme de *Témoignage Chrétien* revient sur cette expérience.

des Palestiniens qui se voyaient rejetés de leur terre et contraints à l'exil.

Sur ce thème de la Palestine, et pour la réorientation progressive de la ligne éditoriale autour des rapports Nord-Sud et la lutte de libération des peuples de pays pauvres, en Amérique latine et en Afrique, je tiens à souligner le rôle que joua ensuite Pierre-Luc Séguillon, qui devint rédacteur en chef à la fin des années 1970, succédant à Claude Gault.

En définitive, résumer l'expérience de *Témoignage Chrétien,* c'est décrire une attitude d'esprit, une forme d'*école*, à la fois spirituelle et politique. Rien ne traduit mieux ce qu'elle fut au quotidien que les quelques noms cités et les textes que j'ai repris, ceux-là parmi des milliers d'autres qui mériteraient tous d'être évoqués ou relus. Que l'on me pardonne la nécessaire brièveté, et la probable partialité, d'une évocation qui est celle que me suggère ma mémoire, et qui ne peut prétendre à l'exhaustivité d'un travail universitaire, comparable à ceux, remarquables, que rédigea l'historienne Renée Bédarida, qui avait été pendant la guerre membre de l'équipe clandestine de *Témoignage Chrétien*[*].

Georges Montaron, si longtemps identifié à la vie du journal, a-t-il su préparer et faciliter sa succession ? Des initiatives malencontreuses de sa part, prises dans les dernières années, suscitèrent au-delà de sa mort critiques et actions judiciaires qui compliquèrent sans nul doute le travail de ceux qui prirent la relève. Aujourd'hui, *Témoignage Chrétien* poursuit sa route, avec une nouvelle équipe, autour de Bernard Ginisty, avec comme rédacteur en chef Michel Cool : le ton est plus mesuré, mais le même esprit les anime, quoique le chiffre des ventes soit tombé bien plus bas que ce qu'il était au cœur des combats des années 1950-1960. Mais de nombreux fronts restent ouverts, qui justifient l'engagement, et le paysage de la presse française ne serait pas le même, si cette voix devait s'éteindre.

Pour moi, les années *Témoignage Chrétien* furent essentielles : j'y ai trouvé l'organe rêvé de mes révoltes, en même temps qu'une école de rigueur. Il est évident que le journal est tombé dans l'excès et dans l'outrance à de nombreuses reprises : que celui qui n'a jamais exagéré sous l'emprise de l'indignation, face aux meurtres ou à l'injustice, jette la première pierre. Or la période multipliait les occasions de nous scandaliser : décolonisation, dénonciation de la torture, chronique des conséquences prévisibles de l'exil palestinien, montée en puissance des

---

[*] Renée Bédarida, *Les Armes de l'Esprit, Témoignage Chrétien (1941-1944)*, Paris, éd. Ouvrières, 1977, et *Pierre Chaillet, témoin de la résistance spirituelle*, Paris, Fayard, 1988.

revendications des pays du Sud, abandon en France de l'expérience Mendès France et hésitations fatales des partis de gauche du Front Républicain qui perdaient leurs principes et s'enlisaient...

Il me semble qu'avec toutes nos outrances et notre véhémence, tous nos partis pris, les combats que nous choisissions étaient les bons. Le recul de l'Histoire prouve que sur tous ces thèmes, grâce à la qualité de nos collaborateurs, nous avions été l'avant-garde, avec quelques autres, contre toutes les arrière-gardes passéistes et rétrogrades de cette fin de siècle.

3
Edmond Michelet

Entrer au cabinet d'Edmond Michelet, garde des Sceaux, ministre de la Justice du gouvernement dont le Général de Gaulle avait confié la formation à Michel Debré, fut pour moi la découverte de deux autres univers, celui de l'administration et celui du gouvernement, avec les responsabilités de décision qui y sont liées.

Cette étape, qui ne dura qu'une année, du 1er juillet 1960 à la fin du mois d'août 1961, représente une expérience décisive : celle du passage de l'utopie à la réalité. Non que l'une et l'autre soient antinomiques. Mais elles participent de deux démarches et de deux expériences du monde différentes, même si « *l'utopie peut être la réalité de demain* », comme aimait à le dire Robert Buron. Mon passage dans les milieux gouvernementaux, au cabinet d'Edmond Michelet, m'offrit la chance d'une formation rapide aux règles de l'action publique, qui a ses grandeurs et ses petitesses, ses pouvoirs et ses limites.

J'ai appris à jouer, à composer un personnage, à me faire violence parce que les choses ne peuvent pas aller aussi vite qu'on les rêve, parce que les freins existent, à tous les niveaux de l'appareil d'Etat et dans la société, lorsqu'un projet est mis en œuvre et qu'il doit se changer en action. La coupure entre l'idéal et le monde, entre les pures idées et leurs reflets imparfaits, cette coupure épistémologique familière aux philosophes est en politique une forme de grand écart, qui n'est pas sans danger.

C'est au cabinet de Michelet que j'ai compris que cet exercice d'équilibre était indispensable, et qu'il était vain de se situer, soit tout entier du côté de l'utopie, soit tout entier du côté du réalisme. A choisir entre les deux de manière radicale, on se condamne à ne plus pouvoir changer le monde, soit parce que le monde résistera, soit parce que l'on ne saura plus ce que l'on doit y changer. Et le parti le plus difficile, mais le plus indispensable, est celui de tenir toujours la ligne idéologique et morale que l'on s'est fixée, en se donnant, au fil des situations, les moyens d'y conformer ses actes, et de faire progresser en ce sens les comportements et les habitudes.

Je crois n'avoir pas varié dans les valeurs qui m'inspiraient, être resté fidèle à ce que je pensais, à ce que j'écrivais, à ce que je professais en entrant dans la carrière de journaliste. J'ai simplement appris à adapter mes engagements aux sociétés que je traversais, à ce qu'elles étaient effectivement, et à ce qu'elles pouvaient vraiment devenir. Ce qui était vrai du service de l'Etat le sera également de la direction d'entreprises, et particulièrement d'entreprises audiovisuelles.

Revenant de mon service militaire en Algérie, mon rêve était d'entrer au *Monde* : j'aurai par la suite des relations confiantes et amicales avec Hubert Beuve-Méry, que j'ai toujours considéré, ainsi d'ailleurs que Jean Marin, grand patron de l'AFP, comme un modèle professionnel. Je pris contact avec Jacques Fauvet, alors rédacteur en chef, qui me proposa d'intégrer le service politique du journal. Mes bonnes relations avec Pierre Viansson-Ponté, chef du service politique, et Raymond Barillon, qui couvrait la politique intérieure, que j'avais croisés tous deux en suivant les congrès des différents partis politiques pour *Témoignage Chrétien*, me faisaient regarder très favorablement cette ouverture professionnelle.

Pourtant, quelques jours après, Jacques Fauvet me rappela pour m'indiquer qu'Edmond Michelet, contraint de se séparer de deux de ses plus proches collaborateurs, Joseph Rovan, spécialiste de l'Allemagne, et Gaston Gosselin, journaliste indépendant, cherchait quelqu'un pour les remplacer et suivre, en particulier, les questions algériennes au ministère de la Justice, ainsi que ses relations avec la presse. Et Jacques Fauvet voulait me prévenir que mon nom lui avait été suggéré, probablement par Robert Buron.

Ce n'était pas de gaieté de cœur que Michelet se séparait de deux collaborateurs qui étaient en même temps parmi ses plus proches amis, déportés avec lui à Dachau : Michel Debré, alors Premier ministre, l'avait exigé, trouvant leur action en faveur des détenus algériens trop libérale. Edmond Michelet s'était donc exécuté, en se jurant « de les remplacer par quelqu'un qui soit plus à gauche qu'eux ». Je répondais assez bien à cette définition.

La proposition me plongea d'abord dans l'hésitation : elle signifiait de fait l'abandon de mon métier de journaliste. J'allais passer du côté des administrateurs, des décideurs, et je ne serais plus aussi libre de mes engagements et de mes réactions que j'avais pu l'être jusqu'alors. D'un autre côté, c'était une expérience nouvelle, assez grisante, que de me retrouver au cœur de l'Etat, dans un des ministères les plus exposés, en pleine crise algérienne, pour essayer de peser sur les événements.

Edmond, saint et martyr

Je rencontrai alors Edmond Michelet, que je ne connaissais pas, et il me décrivit en quelques phrases la situation qui m'attendait : il avait besoin de quelqu'un qui puisse suivre l'ensemble des dossiers, à commencer par le dossier algérien, pour aider au processus de libéralisation engagé sous la conduite du Général de Gaulle. « *Cela mettra du temps, parce que tout est difficile, et que tous n'y sont pas prêts, mais l'Algérie sera un jour indépendante, le Général en est persuadé. Il faudra aller étape par étape, attendre que l'opinion publique le comprenne, que l'armée l'accepte, que le gouvernement en soit convaincu (car au sein du gouvernement même, à commencer par le Premier ministre, tous n'en sont pas persuadés) mais à la fin de ce processus, l'Algérie sera indépendante. Le Général m'a chargé de préparer et de faciliter cette évolution : voulez-vous m'y aider ?* »

Je demandai une courte période de réflexion, que j'employai à consulter Robert Buron, lui aussi ministre du Général de Gaulle à cette époque, favorable également à une solution pacifique en Algérie, et qui serait en 1962 l'un des négociateurs des accords d'Evian. Il m'incita à m'embarquer dans l'aventure. Je pris également conseil auprès de Joseph Rovan, que j'étais appelé à remplacer, et qui me fit part des difficultés de la tâche et de la nécessité d'établir immédiatement des règles du jeu claires afin de pouvoir agir en toute liberté, en particulier vis-à-vis de l'administration et des autres ministères. Parmi les exigences qu'il m'engagea à poser, certaines avaient un aspect très concret et très matériel : le fait de ne dépendre que du garde des Sceaux, avec un titre qui l'exprimerait en me plaçant hors de la hiérarchie du cabinet, celui de chargé de mission auprès du ministre ; le fait de reprendre son bureau, immense pièce jouxtant immédiatement celui du ministre, qu'il partageait jusque-là avec Gosselin, et dont j'hériterais seul ; le fait de disposer d'une voiture avec chauffeur pour mes déplacements. Michelet était conscient du sens que revêtaient toutes ces dispositions, et il me donna satisfaction : en m'accordant sa confiance, il voulait aussi que j'aie toute liberté de manœuvre et que je n'aie à rendre compte de mes actes qu'à lui-même. A partir du 1er juillet 1960, je vins donc occuper auprès d'Edmond Michelet, aux termes de mon contrat d'engagement daté et signé le même jour, « un poste de magistrat d'administration centrale du ministère de la Justice, ayant rang de Substitut du Procureur de la République ».

J'avais 27 ans, et je me sentais tout petit face à ce ministre d'Etat, très proche du Général de Gaulle, qui siégeait immédiatement à la gauche du Président pendant le Conseil des ministres. Grand résistant, déporté à Dachau, il avait contribué à la naissance du Mouvement Républicain Populaire, que ses engagements de la fin de l'après-guerre l'avaient conduit à préfigurer, avec son compagnon Louis Terrenoire.

Il me proposa un contrat moral : j'allais avoir la haute main sur les dossiers qui concerneraient l'Algérie, et je lui dirais en permanence tout ce que j'en penserais. Si sa confiance venait à me faire défaut, ou si, à l'inverse, je me retrouvais en contradiction avec l'action qu'il me demanderait de conduire, alors nous nous séparerions. Cet accord fut consigné par écrit, sous la forme d'une note, sur laquelle il me répondit de sa main.

C'est ainsi que je me retrouvai dans ce grand bureau ministériel, celui, par la suite, d'Alain Peyrefitte, qui fit réaménager cette partie de la Chancellerie. J'avais accès direct au Ministre, avec la responsabilité de toutes les questions algériennes, et autorité directe sur l'administration pénitentiaire. Il faut dire que j'arrivais à un moment où plus du tiers de la population carcérale était constitué de détenus algériens.

Edmond Michelet était une personnalité hors du commun. Suscitant le respect pour son courage physique et moral, son intégrité et la fermeté de ses engagements, il était néanmoins souvent brocardé dans les milieux intellectuels de gauche qu'il aimait fréquenter (par ses amis du *Nouvel Observateur,* du *Monde,* ou de *Témoignage Chrétien*), ainsi que par les anciens centristes du MRP, parti qu'il avait quitté par fidélité au Général de Gaulle, ou par les membres de son propre parti, le parti gaulliste, où il se retrouvait avec d'authentiques militants sociaux, comme lui, mais aussi de vrais mercenaires, croyant à la vie à la mort à l'Algérie française, et qui ne comprenaient pas son action. De même, certains collègues ministres étaient plutôt méprisants à son égard, comme Maurice Couve de Murville, qui parlait avec commisération de « ce pauvre Michelet ».

Certes, Michelet n'appartenait pas à l'intelligentsia : il avait appris sur le tas, et ses lectures étaient d'abord le reflet de ses convictions. Il savait Péguy par cœur, et Maurice Schumann remarqua à plusieurs occasions à l'Assemblée qu'il y puisait une bonne partie de son inspiration. Peu nombreux parmi les députés étaient ceux qui pouvaient entendre derrière une formule bien sentie du ministre de la Justice le crissement de la plume de Charles Péguy, dont un texte lui était opportunément revenu en mémoire... Ce fils d'épicier, représentant de commerce, père de famille nombreuse, catholique fervent, ne passait pas pour une flèche aux yeux des beaux esprits du Saint-Germain progressiste : il trompait bien son monde. Homme de cœur et de conviction, *« sa suprême habileté consistait à jouer au con »,* comme disait crûment Joseph Rovan, pour mieux faire passer des initiatives hardies, tout particulièrement sur l'Algérie.

Engagé dans la Résistance dès les premières heures qui suivirent l'armistice, peut-être là encore parce qu'il avait en tête les charges de Péguy contre les « capitulards », n'écoutant que sa conscience, Edmond Michelet, le matin du 17 juin 1940, un jour avant l'appel de Londres, distribua dans les boîtes aux lettres de Brive un tract qui lançait un défi aux défaitistes et à ceux qui cessaient le combat : *« Celui qui ne se rend pas a raison contre celui qui se rend, c'est la seule mesure, et il a raison absolument, je veux dire que la raison qu'il en a est un absolu, et que l'excédent pour ainsi dire qu'il a sur l'autre, l'écart, l'emportement qu'il a sur l'autre est un absolu. (...) En temps de guerre celui qui ne se rend pas est mon homme, quel qu'il soit, d'où qu'il vienne, et quel que soit son parti. Il ne se rend point. C'est tout ce qu'on lui demande. Et celui qui se rend est mon ennemi, quel qu'il soit, d'où qu'il vienne, et quel que soit son parti. (...) Quels que soient les partis celui qui ne rend pas une place française est le droit héritier de tous ceux qui n'ont pas rendu des places françaises. Rochereau dans Belfort (et Masséna dans Gênes) sont les droits héritiers de celle qui fit lever le Siège d'Orléans. Ils en sont les héritiers spirituels comme ils en sont les successeurs temporels. Ils sont de sa filiation spirituelle et de sa communion spirituelle et non pas seulement de sa race. (...) Demander la victoire et n'avoir pas envie de se battre, je trouve que c'est mal élevé. (...) Celui qui défend la France est toujours celui qui défend le royaume de France. Celui qui ne rend pas une place peut être tant républicain et tant laïque qu'il voudra. J'accorde même qu'il soit libre-penseur. Il n'en sera pas moins petit-cousin de Jeanne d'Arc. Et celui qui rend une place ne sera jamais qu'un salaud, quand même il serait marguillier de sa paroisse. Et quand même il aurait toutes les vertus. »*

Ce tract du 17 juin 1940, c'est le premier acte de résistance d'Edmond Michelet. Et c'est une longue, très longue, citation de Charles Péguy*. Autant dire qu'alors que tant de Français doutaient, effarés sur

---

* Charles Péguy, *L'Argent suite.*

les routes, affolés par la capitulation, lui ne se trompait pas, marquait la voie à suivre, et prenait déjà de l'avance.

Les mois qui suivent vont le voir se rapprocher de François de Menthon, de Pierre-Henri Teitgen, et surtout d'Henry Frenay qui lui confiera le commandement d'une région (la cinquième). Edmond Michelet a évidemment très tôt organisé la diffusion des *Cahiers du Témoignage Chrétien* sur cette zone. Son arrestation par la Gestapo, le 25 février 1943, alors qu'il sortait pour se rendre à la messe, fut le fait d'une dénonciation : pourtant, même sous la torture, Edmond Michelet ne reconnut jamais qu'il ne faisait qu'un avec le responsable de la 5ᵉ région, Duval, son nom de guerre. Enfermé au secret pendant six mois à Fresnes, il grava simplement à la fourchette sur un mur de sa cellule quatre mots d'une épître de saint Paul : « Ta grâce me suffit. » Claude Michelet, son fils, aujourd'hui romancier célèbre, a rapporté qu'au jugement de son père cette geôle de Fresnes avait été « l'un de ses meilleurs lieux de prière* ».

Après Fresnes, Edmond Michelet connut Dachau, où son rayonnement moral et son autorité s'imposèrent, dans cette forme de société seconde et occulte qui structurait le camp, en dehors des cadres fixés par les gardiens et les militaires allemands. Il contracta le typhus au cours du terrible hiver 1944, et faillit alors en mourir : il souffrit tout le reste de sa vie des séquelles que cette maladie lui laissa, et c'est elle qui précipita sa mort, en septembre 1970. Son beau livre *Rue de la Liberté* rappelle cette expérience de l'univers concentrationnaire, comme plusieurs chapitre du livre d'entretiens du père Jacques Sommet, *L'Honneur de la Liberté,* qui évoquent le personnage d'Edmond Michelet, rencontré, justement, à Dachau, et c'est à lui que j'emprunte cette description de son rôle dans le camp : « *Michelet est devenu l'âme de la communauté française, une sorte de lien, toujours un peu secret, mais bien réel.* » Il en donne aussi une étonnante définition : « *Cet homme, à la fois saint et habile***... »

Il n'entre pas dans le cadre de ce livre de réaliser une hagiographie d'Edmond Michelet résistant et déporté. Mais il est nécessaire de rappeler qui est l'homme dont je deviens le proche collaborateur en juillet 1960, alors que la violence déchaînée en Algérie a progressivement gagné la métropole, par le biais du terrorisme de l'OAS. On comprend mieux ainsi quelles pouvaient être ses dispositions d'esprit, et sa faculté de ne pas se laisser intimider, d'où que viennent les menaces. Joseph Rovan, qui quittait le poste que j'allais occuper, raconte dans ses

---

* Claude Michelet, *Mon père, Edmond Michelet*, pp. 102 sq.
** P. Jacques Sommet, *L'Honneur de la Liberté*, Paris, Centurion, 1987.

Mémoires d'un Français qui se souvient d'avoir été allemand comment au tout début de l'année 1960, lui-même avait été contraint d'abandonner avec sa famille son domicile, tant les risques qu'il courait devenaient importants*.

Mais ni les menaces de l'OAS ni les colères de Michel Debré ne pouvaient faire dévier Edmond Michelet de la ligne d'action que lui avait tracée le Général, et qu'il suivait en conscience, et en toute confiance. Parlant de De Gaulle, ne me dira-t-il pas un jour, à demi comme une boutade, à demi comme une profession de foi : « *Mon petit vieux, si le Général me demandait de traverser la place de la Concorde sur les mains, je traverserais la place de la Concorde sur les mains !* » Il l'avait prouvé, au cours de son itinéraire politique, en se faisant exclure du MRP, sa famille, à la fin de 1947, par fidélité gaulliste !

Edmond Michelet, homme profondément croyant, et plutôt conservateur en matière de religion et de morale, mais d'abord fidèle à ses propres valeurs, se sentait d'autant plus libre de pester contre les évêques pétainistes et l'église vichyssoise, mais aussi contre ses amis de gauche qui ne comprenaient pas de Gaulle, « lui qui ferait ce qu'eux avaient été bien incapables de réaliser, la paix en Algérie ». Affaibli physiquement par la déportation, il n'hésitait pourtant jamais à payer de sa personne et à s'exposer quand il le fallait, au détriment parfois de la maîtrise de ses nerfs. Il lui arrivait alors de s'emporter violemment, mais toujours pour une bonne cause, car il était essentiellement juste. Je le respectais, il m'aimait, me considérant de façon paternelle, me permettant des initiatives, pourvu que je lui en rende ensuite scrupuleusement compte.

Comme Rovan avant moi, j'avais au Cabinet la responsabilité de l'administration pénitentiaire, officiellement placée sous la direction d'un magistrat de haut rang, Pierre Orvain, ancien déporté à Dachau lui aussi, qui était notamment secondé par un autre ancien déporté, homme d'une très grande humanité, médecin-chef des Hôpitaux pénitentiaires, le Docteur Fully, qui paya très cher son dévouement et sa loyauté, tué par l'explosion d'une bombe déposée à son domicile, très vraisemblablement par l'OAS. Autre personnalité marquante rencontrée à la Chancellerie, Robert Schmelck, qui terminera sa brillante carrière comme Premier Président de la Cour de cassation, et qu'Edmond Michelet nomma, sur ma recommandation, Procureur général à Alger : le ministre de la Justice eut en lui, au cœur des affaires judiciaires algériennes, un représentant qui n'était pas seulement un très grand juriste,

---

* Joseph Rovan, *Mémoires d'un Français qui se souvient d'avoir été allemand*, Paris, Seuil, 1999, pp. 402-403.

mais aussi un homme loyal, courageux, intègre, qui fut, à mon avis, l'un de nos plus grands magistrats des quarante dernières années.

Geôlier en chef

Mon expérience de la haute administration de la République fut pourtant, d'emblée, ambivalente. D'une part certains hauts commis de l'Etat étaient des hommes d'une intégrité et d'un courage inflexibles, et c'était par exemple le cas de ceux que je viens de nommer. D'autre part, dans une période délicate comme celle que nous traversions, les défauts de la bureaucratie et les petites lâchetés des hommes d'administration se révélaient tragiques : certains, pour échapper aux responsabilités qui auraient dû leur incomber, recherchaient systématiquement auprès du cabinet du ministre la note écrite qui leur permettrait de se couvrir par la suite, si on leur faisait reproche d'une décision ; d'autres tardaient à communiquer des informations importantes, simplement pour ne pas encourir le mécontentement ou la mauvaise humeur du prince. Autant de petitesses ou de fragilités qui n'altèrent pas à l'excès, en période normale, le fonctionnement des administrations, mais qui, en situation de crise, se révèlent désastreuses. Et ma surprise fut de voir que les mêmes précautions et la même pusillanimité se retrouvaient à tous les échelons des services ministériels, et même chez les politiques, plus prêts à se protéger qu'à couvrir leurs subordonnés...

L'administration de la Justice, les plus hauts corps de l'Etat en tête, me parut ainsi trop souvent osciller entre parapluie et palinodie, et bien rarement faire preuve de constance et de courage. Concrètement, cette ankylose inquiète du Ministère se traduisait par des dizaines de notes quotidiennes, par lesquelles les différentes directions sollicitaient du cabinet du ministre des instructions écrites : des questions qui auraient pu se régler très vite, par le biais d'une conversation téléphonique, s'éternisaient en passant par des échanges de courrier, avec les lenteurs propres aux affranchissements administratifs – Mais cette méthode assurerait aux hauts magistrats concernés une sereine poursuite de leur carrière sous les prochains gardes des Sceaux.

Paradoxalement, c'est ce qui me donnait des ailes, à moi qui n'avais pas de carrière à faire dans ces milieux. Je pris conscience qu'avec de la volonté, le goût du risque, un peu d'intelligence, le désir de construire, et beaucoup de travail, il était possible de mettre immédiatement à profit ma bonne connaissance du terrain algérien. Pour le reste de ma vie je n'hésiterais plus jamais à aller de l'avant, même là où l'on ne m'attendrait pas, et c'est de mon passage au cabinet de Michelet que date ma conviction que l'alliance du vouloir-faire et du savoir-faire suffit pour entreprendre et aboutir, même sans autorisation préalable ni minutieuse programmation.

A toutes les notes que je recevais, je réagissais immédiatement, informant le « Garde » des demandes les plus délicates. Michelet répondait toujours de sa main, en marge, me donnant des instructions précises ou me laissant liberté d'agir. Le Général de Gaulle savait en 1961 où il voulait aller : il souhaitait mettre fin à la guerre par la négociation en essayant de contenir la pression des forces antagonistes et les risques d'éclatement de son camp. C'est pourquoi il jouait habilement de l'aile dure de son gouvernement, Michel Debré, Pierre Messmer, Jean Foyer, pour donner des gages aux ultras de l'Algérie française, et de son aile libérale, Edmond Michelet, Robert Buron, pour préparer le terrain à des discussions poussées avec les responsables algériens.

Quelque temps après mon arrivée, Edmond Michelet me dit : « *A l'issue du Conseil des ministres, j'ai souvent l'occasion de m'entretenir quelques minutes avec le Général, voire de lui transmettre, sans que cela se sache, une note confidentielle. N'hésitez pas à me faire tenir des notes le mercredi matin sur les sujets les plus délicats, qui nécessiteraient qu'il en ait connaissance personnellement, ou qu'il tranche lui-même.* » Cette communication directe avec le chef de l'Etat était à la fois impressionnante et excitante, à un moment où triomphait une très forte personnalisation du pouvoir du Général de Gaulle, dont la légitimité était comme toujours retrempée par les épreuves difficiles que la France traversait, et par la mise en place des jeunes institutions de la Ve République, qui étaient son œuvre. J'ai usé à plusieurs reprises de ce canal privilégié, soit pour communiquer au Président de la République des informations de première main, soit pour obtenir son intervention sur certains dossiers brûlants que le Premier ministre bloquait.

L'une des plus importantes missions qui m'aient été confiées auprès d'Edmond Michelet était de suivre et d'organiser la détention des chefs du Front de Libération Nationale tombés entre les mains du gouvernement français, comme des dirigeants de l'OAS et des généraux félons coupables du putsch d'Alger. J'étais, d'une certaine manière, leur geôlier en chef, et tous les problèmes posés par les conditions particulières auxquelles leur détention devait répondre remontaient jusqu'à moi.

Edmond Michelet m'avait ainsi demandé de rendre visite régulièrement, au minimum deux fois par mois, aux cinq dirigeants du FLN dont l'avion avait été intercepté en 1956, et je me rendais donc à intervalles fréquents auprès d'Ahmed Ben Bella, Rabah Bitat, Mohamed Khider, Hocine Aït Ahmed et Mohamed Boudiaf dans les lieux successifs où ils furent placés. J'en rapportais les éléments d'information qu'ils me confiaient, l'expression de leurs attentes et des dispositions dans lesquelles se trouvait le FLN : le « Garde » les faisait rapidement connaître au Général de Gaulle, qui disposait ainsi d'une appréciation directe de l'état d'esprit des dirigeants nationalistes algériens.

C'est par une décision prise dans ces conditions particulières par le Général de Gaulle qu'Edmond Michelet réussit à obtenir une nouvelle libéralisation de la situation des « cinq », et qu'il parvint à convaincre le chef de l'Etat qu'il serait de mauvais aloi de ne négocier qu'avec les responsables du Gouvernement Provisoire de la République Algérienne (GPRA) installé à Tunis, les chefs des maquis intérieurs (les willayas) ou même l'armée des frontières stationnée à Oujda autour du colonel Boumediene, en tentant de marginaliser les dirigeants du FLN en détention en France, qui faisaient figure de martyrs de la résistance aux yeux du peuple algérien.

Dans un premier temps, à leur arrivée, les cinq détenus qui incarnaient la cause algérienne avaient en effet été internés dans la prison parisienne de la Santé, sans obtenir le régime « A », propre aux « politiques » : un premier assouplissement avait été décidé en 1959 par le Général de Gaulle, qui pensait qu'à terme leur rôle dans la constitution du nouvel Etat algérien serait important, et qu'il était inutile de leur donner de trop mauvais souvenirs de la manière dont la France les aurait traités. Ils furent donc transférés au fort de l'île d'Aix, devant La Rochelle et Rochefort, et c'est Joseph Rovan et Gaston Gosselin qu'Edmond Michelet chargea de veiller au bon déroulement de ce transfert : Joseph Rovan raconte comment l'aménagement du fort dut se faire, avec l'appui de l'Elysée, et contre les réticences de Matignon*... Le placement dans cette forteresse les tirant, de fait, du lot des condamnés de droit commun, en faisait clairement des détenus politiques. A l'île d'Aix, Ben Bella et ses compagnons purent jouir d'une liberté de mouvement plus importante : ils étaient les seuls détenus et pouvaient se promener dans un certain périmètre à l'intérieur du Fort. Ils pouvaient également, dans certaines conditions précises, recevoir des visites, découragées toutefois par la difficulté d'accès à la forteresse.

Un nouvel assouplissement de leur régime apparut souhaitable au Général de Gaulle au début de l'année 1961, afin que soient facilités leurs rapports avec les responsables du FLN restés en Tunisie ou au Maroc. La volonté de négocier passait aussi par le choix d'interlocuteurs crédibles et qui ne se verraient pas désavoués, une fois les accords

---

* Joseph Rovan, *Mémoires d'un Français qui se souvient d'avoir été allemand*, op. cit.

conclus, par les fractions les plus actives du parti nationaliste. Le Général voulait convaincre Ahmed Ben Bella, Mohamed Boudiaf, Mohammed Khider, Hocine Aït Ahmed et Rabah Bitat de la sincérité des approches qui étaient tentées dans le sens de la négociation.

Début 1961, je fus donc chargé de trouver un lieu plus ouvert, plus facile d'accès, et non moins sûr et facile à protéger. Accompagné du sous-directeur de l'administration pénitentiaire, M. Perdriau, je sillonnai à la hâte plusieurs régions. Ma première inspiration m'avait conduit à retenir une belle demeure solognote, le domaine de Cercay, près de Lamotte-Beuvron, dont le propriétaire avait accepté les conditions, au demeurant fort honorables, que l'administration lui faisait pour disposer de cette demeure, à la fois suffisamment isolée pour présenter des garanties de sécurité maximales, et d'une taille adéquate pour offrir aux cinq détenus une réclusion plus confortable que les vieux bâtiments irrémédiablement humides du Fort Liénot de l'île d'Aix. La location avait été conclue le 21 mars 1961, les menus aménagements de sécurité nécessaires avaient été réalisés très vite, et le transfert était prévu le 18 avril.

Le lundi 15 avril, le garde des Sceaux recevait le feu vert du Premier ministre pour l'organisation du voyage des cinq détenus, et leur installation dans leur nouvelle résidence. Le mardi 16, une réunion au ministère de l'Intérieur nous permettait d'examiner la situation, les moyens de transport qui seraient utilisés, les itinéraires à suivre, afin que l'opération soit réalisée dans des conditions de discrétion, donc de sécurité, parfaites : la meilleure solution semblait à tous points de vue être l'hélicoptère, et je fus chargé de contacter pour cela le cabinet du ministre de la Défense.

Les propriétaires du domaine de Cercay quittèrent donc les lieux le mercredi 17 à 9 heures du matin. La place était libre. Dans la matinée, un rendez-vous y fut fixé pour l'après-midi même. Il s'agissait en particulier d'aller reconnaître les possibilités d'atterrissage de l'hélicoptère à proximité immédiate du petit château. Et c'est ainsi que nous apprenions, à 17 heures 30, au Cercay, que les propriétaires venaient de recevoir un coup de téléphone de *France-Soir* leur demandant pourquoi ils avaient loué leur propriété. Le journaliste paraissait en savoir plus qu'il ne voulait bien le dire et avait de lui-même évoqué le nom de Ben Bella. Le fonctionnaire du ministère de la Justice qui avait gardé la maison toute la journée avait également reçu la visite d'un journaliste, à la mi-journée, puis de deux individus qui refusaient de décliner leur identité. L'opération était éventée. De retour à Paris à 20 heures, tous les responsables de l'organisation du transfert se réunirent à nouveau dans mon bureau, place Vendôme. Notre conclusion fut immédiate :

l'option Cercay avait vécu. Il nous fallait une solution de rechange avant le samedi suivant. Il ne restait que la journée du jeudi pour la trouver, et celle du vendredi pour la mettre en œuvre.

Le jeudi 18 à 9 heures du matin, nous sommes à nouveau tous dans mon bureau, et nous évoquons la piste du château de Turquant, en Touraine, qui est alors une maison de retraite pour vieux magistrats... Le climat est tel, ce jour-là, que sur les notes prises par les uns ou les autres pendant les réunions, si le nom de Turquant est bien prononcé, il n'est jamais *écrit*, et ce lieu qui doit rester secret jusqu'au dernier moment est simplement noté « F », d'une initiale fantaisiste. Les ministres de la Justice et de l'Intérieur, consultés de manière urgente et confidentielle, donnent leur accord pour la mise en œuvre de cette solution.

Seul le commandant Ghesquières, de l'Armée de l'Air, qui aura en charge la mise au point du transfert aérien, est autorisé à se rendre sur les lieux dans la matinée, de manière absolument anonyme, et sous un prétexte futile, afin de mettre au point avec la plus grande précision la feuille de route de l'hélicoptère, qui ne sera donnée au pilote qu'au tout dernier moment. Pour ma part, je me rends au château de Turquant dans l'après-midi : en effet, si nous voulons y accueillir correctement les chefs du FLN, encore faut-il que les vénérables magistrats en retraite qui occupent les lieux les aient libérés. Vers 17 heures, je réunis les hôtes du château dans le grand salon, leur présente tout d'abord des excuses en invoquant les circonstances exceptionnelles que nous traversons, puis j'en appelle à leur sens de l'Etat, et de l'intérêt supérieur de la Nation. Enfin je leur annonce en quelques phrases qu'une opération extrêmement importante exige que le garde des Sceaux puisse disposer intégralement de la demeure pendant quelques semaines, à partir du lendemain soir. Leur départ sera donc assuré dans les meilleures conditions au cours de la journée suivante. Pour ceux qui le souhaitaient, un départ est possible le soir même. Des solutions de relogement sont prévues, au moins aussi confortables qu'à Turquant, et elles leur seront détaillées.

Un souffle de stupéfaction passe sur l'assemblée. Tous restent muets, voyant leurs habitudes sereines brusquement bouleversées par le débarquement brutal de l'Histoire dans leur petit univers confortable. En même temps, une secrète jubilation les emplit : l'occasion leur est offerte de faire quelque chose pour le pays, à un moment où ils n'y comptaient plus, et ils se sentent presque, pour le coup, devenus des héros... Je leur demande le secret le plus absolu pour ce déplacement inopiné. Aucun de leurs proches, même, ne doit savoir avant dimanche qu'ils déménagent de Turquant. Ils promettent le silence, et ils le tiendront effectivement, conscients de la responsabilité que leur confère cette intrusion inattendue des affaires de l'Etat dans la quiétude de leur gentilhommière tourangelle...

A la même heure, le chef du service des transfèrements de l'Administration pénitentiaire partait pour l'île d'Aix, où il passerait le vendredi à préparer leur voyage avec les cinq détenus, qui s'attendaient à ce que l'on vienne les chercher d'un jour à l'autre. Le vendredi se passa sans qu'aucune fuite ne filtre.

Le samedi, au moment où je quittai la capitale pour Turquant, j'appelai deux journalistes, Denis Périer-Daville, président de la société des rédacteurs du *Figaro*, vieux militant des Droits de l'homme, et Georges Fillioud, grand reporter à Europe 1, dont les convictions socialistes étaient bien connues, et qui étaient de mes amis. Je leur proposai de m'accompagner pour accueillir Ben Bella, Khider, Bitat, Aït Ahmed et Boudiaf dans leur nouvelle résidence, sans leur dire où nous allions. Il était trop tard pour que la nouvelle du transfèrement, qui venait de débuter, puisse s'ébruiter. Mais il ne fallait pas prendre de risque pour le bon déroulement du trajet.

En fin de matinée, pour le plus grand soulagement de tous ceux qui avaient vécu les heures précédentes dans l'inquiétude, j'accueillis au nom du garde des Sceaux les cinq voyageurs les plus protégés de France sur les marches du château de Turquant, qui avait en quelques heures troqué sa qualité de maison de retraite contre le titre de prison dorée, pour reprendre l'appellation que la presse favorable à l'Algérie française allait très souvent utiliser. Les deux journalistes que j'avais conviés à cet événement s'attachèrent pour leur part à en faire le compte rendu le plus exact, mettant ainsi un point final à cet épisode qui devait constituer l'un des grands moments de ma collaboration avec Edmond Michelet.

Mes visites à Turquant étant plus faciles qu'à l'île d'Aix, elles devinrent aussi plus fréquentes : le passage de la forteresse militaire, aux confins du territoire national, à la gentilhommière paisible, au cœur du « jardin de la France », n'était pas seulement une amélioration symbolique du régime de détention : le rapprochement géographique autoriserait désormais des contacts plus fréquents, et plus rapides.

J'avais indiqué d'emblée à Ahmed Ben Bella que, quelles qu'aient pu être les positions que j'avais défendues dans les colonnes de *Témoignage Chrétien* – à commencer par la qualification d'*acte de piraterie aérienne* donnée à l'arrestation en plein vol des responsables du FLN – et quels que fussent mes sentiments personnels à leur égard, je venais à eux comme le représentant du garde des Sceaux, et tout ce qu'ils me diraient lui serait fidèlement rapporté, puis par celui-ci, le cas échéant, au Président de la République. Je devais n'être qu'un intermédiaire et un exécutant, dont la psychologie et les sentiments personnels n'entreraient en aucun cas en ligne de compte. Pour autant, afin que des rapports de confiance puissent s'établir, je l'assurai que je répercuterais également de manière rigoureusement fidèle tous les messages, positifs ou négatifs, agréables ou pénibles, que je serais chargé de lui transmettre de la part des autorités françaises.

Je me suis toujours tenu à cette attitude de stricte neutralité, et cette double loyauté ne fut jamais prise en défaut, aussi délicate qu'en fût la mise en œuvre. Ma tâche fut facilitée, en fait, par les détenus eux-mêmes qui eurent à cœur de ne pas la compliquer en formulant des exigences hors de propos ou en sollicitant des interventions qui eussent débordé mon champ d'action.

L'habitude s'établit très vite, avec les cinq dirigeants retenus à Turquant, de nous rencontrer tous ensemble, pour des repas ou des discussions générales, mais aussi individuellement, pour des conversations plus approfondies, dans lesquelles les opinions personnelles de chacun pouvaient s'exprimer plus librement. Je sentis bientôt qu'ils n'avaient pas du tout les mêmes positions idéologiques, et que leur solidarité elle-même était fragile. Deux clans apparaissaient nettement : le groupe Ben Bella, Khider, Bitat, et d'autre part le groupe Aït Ahmed et Boudiaf. Au lendemain de l'indépendance, lorsque Ben Bella s'imposa comme président de la toute jeune République algérienne, aidé en cela par les troupes du colonel Boumediene (le « clan d'Oujda »), cette fracture s'accentua, Boudiaf dénonçant le parti unique et Aït Ahmed entrant rapidement en opposition, puis en rébellion.

A Turquant, pourtant, tous étaient réunis dans la même lutte, pour l'indépendance, objectif final vers lequel tous tendaient. Et il aurait été vain de tenter de les diviser, ou de les séparer des autres dirigeants de la lutte armée restés au Maghreb. Le Général de Gaulle eut la sagesse de ne pas suivre ceux qui, dans son entourage, lui conseillaient de prendre ce parti : au contraire, il fit toujours coïncider une amélioration de la situation des dirigeants détenus avec chaque progrès notable des négociations.

Après le départ d'Edmond Michelet en août 1961, ils furent une nouvelle fois transférés, à Aulnoy cette fois, dans la région parisienne, et c'est là que fut établie au début de l'année 1962 la liaison entre Ahmed Ben Bella et Houari Boumediene, par l'intermédiaire d'un Algérien qui avait choisi pour nom de guerre Si Abdel Kader, et qui n'était autre qu'Abdelaziz Bouteflika, aujourd'hui président de la République algérienne, et que j'allais avoir l'occasion de bien connaître par la suite.

Tout au long de leur détention à l'île d'Aix, puis à Turquant, les rapports extrêmement précis des autorités pénitentiaires à la garde desquelles ils avaient été confiés faisaient état des multiples petits conflits matériels, et presque ménagers, qui ne manquaient pas de surgir, à propos de tous les détails de la vie quotidienne qui prennent une importance plus grande pour des hommes que leur détention place dans l'inaction. Chaque visite devait faire l'objet d'une autorisation spécifique, leurs communications téléphoniques étaient également soumises à accord préalable du cabinet, le directeur de l'établissement m'informant de leurs demandes, et les appels n'ayant lieu qu'avec plusieurs heures de délai, après accord formel de notre part. Les livres ou les journaux réclamés par les cinq ne leur étaient accordés que dans la mesure où ils n'étaient pas jugés dangereux, et leur courrier était systématiquement contrôlé.

J'ai passé beaucoup de temps à faire en sorte que ce régime de détention soit supporté sans anicroche, et que les impératifs de sécurité et de surveillance ne soient pas trop lourdement en contradiction avec les consignes de confort et de libéralisation données par le Général de Gaulle et Edmond Michelet. J'ai le souvenir d'avoir rédigé des dizaines de notes à l'intention du directeur de l'administration pénitentiaire pour résoudre les questions pratiques qui se posaient au jour le jour. Je dois souligner que Ben Bella et ses compagnons ne suscitèrent de leur côté aucun conflit majeur durant la période où je fus responsable de leur détention, ne souhaitant pas compliquer par des maladresses individuelles l'avancée de négociations qui ne pouvaient en définitive, à leurs yeux, que leur rendre leur liberté.

Ahmed Ben Bella et les autres détenus disposaient de nombreux avocats : non seulement maîtres Ben Abdallah, Oussedik, et Jacques Vergès, dont les noms seraient fréquemment cités dans les mois qui suivraient, mais aussi le bâtonnier Chérif Hachemi, vieille gloire du Barreau de Rabat, proche du roi du Maroc, ou encore maître Abderrahmane Youssoufi, figure de la gauche marocaine, proche de Mehdi Ben Barka, et membre de son parti, l'Union Nationale des Forces Populaires. A plusieurs reprises, Ben Bella m'avait exprimé son désir de rencontrer cet avocat marocain, qui souhaitait de son côté lui rendre visite, d'autant qu'il avait été régulièrement consulté pour sa défense depuis 1956.

Or Abderrahmane Youssoufi faisait l'objet d'une mesure d'expulsion du territoire national qui datait de 1950, époque à laquelle, étudiant à Paris, il avait été arrêté pour des activités de propagande nationaliste. Entre-temps, le Maroc était devenu indépendant, et dix ans s'étaient écoulés... Plusieurs notes adressées au cabinet de Roger Frey, ministre de l'Intérieur, restèrent sans effet : la mesure ne pouvait pas être rapportée. Une nouvelle fois, Edmond Michelet eut recours au système éprouvé de la note au Général, en fin de Conseil des ministres : j'y argumentais en m'appuyant sur le fait que les reproches de « délit d'opinion » formulés à l'époque où le Maroc était encore une colonie française tombaient naturellement à partir du moment où il était devenu un pays indépendant. De Gaulle n'avait pas pour principe de reprocher aux hommes leur prescience et leur courage : il fit lever l'interdiction de séjour sur le territoire français. Abderrahmane Youssoufi put voir son client Ahmed Ben Bella et prendre part dans de bonnes conditions à sa défense.

Ironie de l'histoire : c'est le même Abderrahmane Youssoufi qui fut par la suite condamné à deux ans de prison par le régime marocain, en 1965, au moment où son ami Mehdi Ben Barka était assassiné à Paris, au terme d'un enlèvement scandaleux, à la terrasse d'un café de Saint-Germain, mêlant services secrets français et marocains, marionnettes manipulées depuis Rabat par le général Oufkir, celui-là même que l'on retrouverait plus tard « suicidé » après une tentative de coup d'Etat contre son roi.

Pourtant c'est le même Youssoufi qu'Hassan II appela près de lui pendant les dernières années de son règne, en tant que Premier ministre, pour conduire l'ouverture démocratique du Maroc et l'alternance politique. Le destin charge donc depuis quelques mois Abderrahmane Youssoufi de guider les premiers pas du jeune souverain Mohammed VI, petit-fils de celui pour le retour duquel son combat, dans les années 50, l'avait fait chasser de France... De cette même France qui reçoit en 1999 celui qui est devenu le Premier ministre marocain avec des égards tout particuliers : qui se souvient alors de ce « dangereux avocat socialiste » venu défendre Ben Bella en 1961 ? Nos retrouvailles, au dîner organisé par l'ambassadeur du Maroc furent à la fois chaleureuses et chargées d'émotion : peuplées de souvenirs si vivaces.

Il fallait sans doute que le temps révèle ce que ses proches savaient depuis longtemps : Abderrahmane Youssoufi est un homme d'une profonde honnêteté et d'une grande moralité, avec un sens élevé du devoir et une très fine intelligence, que viennent illuminer son sens du pardon et sa fidélité à ses amis comme à ses idéaux. Son retour sur la scène politique est apparu en 1999 comme le symbole de l'ouverture du Maroc à l'alternance politique et à la démocratie véritable.

Le dossier Benchérif

D'autres décisions ponctuelles furent obtenues au cours de la dernière année de la guerre d'Algérie, par une intervention directe auprès du chef de l'Etat : ce fut le cas par exemple pour la grâce du colonel Benchérif. Ancien officier de l'armée française, le colonel Benchérif était passé au maquis, avec ses troupes algériennes, et était devenu Commissaire militaire de la Willaya 4. Arrêté les armes à la main, condamné à mort pour trahison par un tribunal militaire le 8 novembre 1960, il attendait dans la prison algérienne de Maison-Carrée les résultats de son recours en grâce contre sa condamnation. Ben Bella s'était ému de la situation de Benchérif auprès de moi, et m'avait indiqué qu'il craignait que les ultras d'Alger n'anticipent son exécution éventuelle en parvenant à l'abattre dans sa cellule, ou lors d'une promenade dans la cour de la prison.

Simone Veil, à l'époque jeune magistrat, « attachée titulaire à la direction de l'administration pénitentiaire au ministère de la Justice », avait été envoyée en 1960 par Edmond Michelet en Algérie, pour une mission d'inspection des prisons : il avait confiance dans l'ancienne déportée d'Auschwitz, pour une évaluation humaine, pratique et juridique des conditions de vie des détenus en Algérie. Le rapport de Simone Veil avait une conclusion explicite : si les détenus « politiques » étaient maintenus dans les prisons algériennes, ils y seraient tôt ou tard la cible des « ultras » de l'Algérie française et connaîtraient un sort tragique. Le rapport de Simone Veil nous permettait de mesurer combien les craintes de Ben Bella étaient fondées...

En outre, lors de la capture d'Ahmed Benchérif, plusieurs des partisans qu'il commandait avaient été passés par les armes sans délai, alors que lui-même était épargné, ainsi que ses lieutenants Ali Khalfouni et Saïd, avant d'être torturés au CTT d'Aumale, et d'être mis à la disposition de la justice militaire.

Edmond Michelet avait parlé de la demande de Bencherif à Michel Debré, qui s'était opposé à tout transfert du condamné en métropole. Le chef de l'administration pénitentiaire était lui-même extrêmement réticent, craignant pour la vie du prisonnier pendant que s'effectuerait son déplacement. Edmond Michelet intervint donc à l'issue d'un Conseil des ministres auprès du Général de Gaulle, qui donna son accord pour le transfert, dans des conditions de sécurité maximales. Le garde des Sceaux me rapporta la décision en ajoutant : « *Maintenant mon petit vieux, à vous de jouer...* » La note que je lui avais remise la veille au soir portait en mention manuscrite : « *Document remis par*

M. le Garde des Sceaux le 24/2. Instruction : organiser dans les meilleurs délais transfèrement en France. Restitué à H. Bourges le 24/2. » Ces quelques lignes étaient ma lettre de mission et traduisaient la décision du chef de l'Etat.

Ce fut une forme de jeu, mais pas un jeu d'enfant : j'organisai le transfert de Benchérif avec le sous-directeur de l'administration pénitentiaire, M. Perdriau, avec qui j'en décidai les modalités exactes. Il fallut d'abord convaincre Benchérif d'observer une discrétion absolue, et de ne tenter en aucun cas de s'évader : il en donna sa parole d'honneur. Il fut au dernier moment déguisé en gardien, et c'est sous cet uniforme qu'il sortit de la prison, discrètement accompagné d'agents de sécurité qui ne savaient pas eux-mêmes qui ils escortaient jusqu'à l'aéroport, où il prit un vol régulier, dans lequel il resta toujours entouré de très près par plusieurs policiers. Le soir même, il dormait à la Santé. Quelques semaines plus tard, son père, l'Agha Benchérif Si Mabrouk, fit appel à Maurice Patin, président de la Commission de Sauvegarde des Droits et Libertés, pour obtenir à nouveau un transfert, plus facile à organiser, vers la prison de Fresnes, transfert qui lui fut accordé.

La « Commission de Sauvegarde » avait été instituée auprès du ministre de la Justice le 5 avril 1957 afin d'étudier les cas dans lesquels des détenus ou des victimes apparaissaient avoir été la cible d'agissements contraires aux principes de la justice républicaine : mauvais traitements, tortures, enlèvements, menaces diverses, assassinats. Elle était pourtant restée en sommeil jusqu'à la nomination à sa tête de Maurice Patin, qui était président de la Chambre criminelle, en août 1958. Jacques Soustelle, à cette date ministre de l'Information, présentait sa nomination et définissait sa mission à sa manière : *« Faire face à toute campagne plus ou moins irresponsable organisée par certains, notamment contre l'armée... »* Il n'est pas sûr, on le verra très vite, que le nouveau président de la Commission de Sauvegarde des Droits et Libertés se soit fait la même idée de son rôle.

En effet, le choix, à la tête de cette commission, de Maurice Patin, qui était un grand magistrat traditionnel à la carrière exemplaire, reconnu et estimé de ses pairs, répondait au vœu du Général de Gaulle de ne pas voir les rapports de la Commission de Sauvegarde remis en cause ou infirmés par le moindre soupçon d'esprit partisan.

Le président Patin souhaita être systématiquement saisi de toutes les procédures qui remontaient au ministre de la Justice. Il l'exprima d'emblée à Edmond Michelet et à Joseph Rovan. Lorsque je pris les fonctions de ce dernier, cela représentait un nombre considérable d'affaires à traiter, de faits à vérifier, de témoignages à recouper. Destinataire auprès d'Edmond Michelet de tous les dossiers que nous renvoyait, une fois instruits, la Commission Patin, je disposais d'une vue transversale sur l'ensemble de la politique de répression mise en œuvre par la police et l'armée française, à la fois en France et en Algérie, ce qui nous permettait d'intervenir, chaque fois que cela semblait nécessaire.

Il faut préciser que la Commission Patin n'avait pas le pouvoir de mettre en œuvre contre les auteurs des faits incriminés des procédures disciplinaires, qui restaient de la responsabilité de leurs ministères de tutelle respectifs, voire des services administratifs du Gouvernement général de l'Algérie. Si le président Maurice Patin a accompli un travail remarquable dans la recherche de la vérité, il se heurtait évidemment à des résistances de la part des ministres les plus durs du gouvernement, qui mettaient en doute sa compétence pour tout ce qui concernait leur département ministériel.

A deux reprises, le 12 décembre 1959 et le 14 janvier 1960, Jacques Soustelle, qui a été, avant Robert Lacoste, Gouverneur général de l'Algérie au moment de la « bataille d'Alger », livrée par le général Massu, et qui est devenu ministre délégué auprès du Premier ministre pour les Départements et les Territoires d'Afrique du Nord, remet en cause les enquêtes menées par la Commission Patin dans des courriers adressés à Edmond Michelet, son « cher Collègue » : « *Comme suite à notre récente conversation, je vous confirme qu'à la suite du décès d'un mozabite, détenu dans les locaux du C.C.I., j'ai appris que la Commission de Sauvegarde avait ouvert une enquête et envoyé sur place un Officier chargé de recueillir des renseignements. (...) Cette intervention pose des questions que je me vois obligé de vous soumettre. 1°. La Commission de sauvegarde a-t-elle compétence sur les départements sahariens et non point seulement sur les départements algériens ? 2°. Est-il réglementaire, et même convenable, que le Ministre responsable de ces départements apprenne par hasard, en visitant Ouargla, qu'un enquêteur y est venu de la part de la Commission ? 3°. Dans quelle mesure ce Ministre sera-t-il informé de cette enquête et de ses conclusions ? Je vous serais reconnaissant de bien vouloir me faire connaître quelle est la position résultant des textes en vigueur à cet égard.* » Comme on le voit, le style de Jacques Soustelle traduisait son peu d'enthousiasme à l'idée des investigations qui pouvaient être menées de l'autre côté de la Méditerranée par la Commission Patin. Certaines formules marquent bien la part de l'amour-propre, de l'autoritarisme, et le peu de souci proprement juridique du ministre délégué auprès de Michel Debré : « *Est-il réglementaire, et même convenable ?* » Les deux questions ne sont pas de même nature ! Mais il est vrai que la seule préoccupation de Soustelle est que rien ne se passe en Algérie, du côté de l'administration française, qui puisse échapper à son contrôle. S'est-il à un moment quelconque demandé s'il était « *réglementaire, et même convenable »*, qu'un détenu décède sans motif dans un commissariat de police ?

On peut penser que la réponse qu'il obtint, signée d'André Holleaux, directeur de cabinet d'Edmond Michelet, ne lui donna pas entière satisfaction, puisqu'il revient à nouveau auprès du garde des Sceaux sur ce conflit de compétences, le 14 janvier 1960, d'une manière, il faut le noter, beaucoup plus amène : *« Mon cher Collègue et ami, j'ai déjà eu l'occasion de vous écrire au sujet du fonctionnement de la Commission de Sauvegarde en relation avec un incident qui s'est produit à Ouargla. J'ai appris que la commission avait établi un rapport sur cet incident, mais je constate qu'il ne m'a pas été communiqué. En tant que responsable des départements sahariens, je m'étonne de ce que la commission semble vouloir me tenir systématiquement dans l'ignorance de ses activités. Je vous serais reconnaissant de bien vouloir faire part au Président Patin des regrets que m'inspire son attitude. »*

Le ton a changé en quelques semaines, et témoigne de la netteté avec laquelle Edmond Michelet a défendu l'indépendance et la liberté d'action du président Patin. Telle fut toujours sa ligne, face aux remises en cause du travail réalisé par ce magistrat intègre et rigoureux : le garde des Sceaux avait besoin de disposer de cet outil d'information fiable sur les pratiques en vigueur dans les centres de détention, en France comme en Algérie, afin de pouvoir élever des digues, autant que faire se pouvait, contre l'arbitraire et la violence de la répression. C'est d'ailleurs le sens de la note qu'il adressa sur cette même affaire d'Ouargla au ministre des Armées quelques jours plus tard : *« Il me paraîtrait regrettable que ce décès intervenu, selon l'expression du Président de la Commission de Sauvegarde, dans des conditions très graves, puisse ne pas donner lieu à l'action indispensable de la Justice. Je pense également qu'il serait utile de prescrire d'une façon formelle aux autorités militaires de mieux assurer la garde des prisonniers en exploitation opérationnelle qui trop souvent, sans avoir été enchaînés, se livrent à des tentatives de fuite et sont abattus dans des conditions pour le moins peu claires. »*

Pour revenir à l'affaire Benchérif, l'essentiel n'était pourtant pas qu'il fût transféré (ce qui lui sauvait tout de même une première fois la vie) mais aussi que son recours en grâce fût instruit favorablement, comme le souhaitait d'ailleurs le président Patin dans une note au Premier ministre datée du 15 février 1961 : *« Les conditions de sa capture au cours d'un combat, les exécutions sommaires et immédiates auxquelles il a été procédé en sa présence, le traitement auquel il a été soumis au camp d'Aumale, tout autant que des raisons apparemment très fortes d'opportunité politique, nous paraissent militer en faveur d'une mesure de grâce. »*

Son dossier, comme ceux de tous les condamnés à mort, que ce soit par la justice militaire ou par la justice civile, devait être examiné par le Conseil Supérieur de la Magistrature, après avis du président du Tribunal, du commissaire du Gouvernement, du ministre des Armées, dans ce cas précis, s'agissant d'un militaire, et, dans tous les cas, du Premier ministre, le Conseil statuant enfin sur les conclusions du garde des Sceaux.

Il entrait dans mes attributions de préparer ces dernières conclusions, au vu des différentes pièces résumant l'ensemble de la procédure qui avait abouti, pour chaque condamné, à la peine capitale. Le Conseil rejetait ou acceptait l'avis proposé par le ministre de la Justice, qui fut toujours, pour tous les dossiers que j'eus à instruire pour Edmond Michelet, une demande de commutation de la peine.

Dans l'immense majorité des cas, je n'avais pas de mal à justifier cette décision qui pouvait s'appuyer, soit sur des vices de forme patents, soit sur l'utilisation de la torture au début de la procédure pour extorquer au prévenu des aveux sur lesquels ensuite il ne pourrait plus revenir, soit même dans certains cas sur l'existence de pièces « fabriquées » composant des dossiers purement fictifs : la justice militaire en territoire algérien était en effet rendue dans des conditions exceptionnelles, par des hommes engagés dans un combat sans merci, le plus souvent sous la pression des passions éprouvées par la population d'origine européenne, qui se sentait en présence d'une menace de plus en plus forte du FLN et de l'ALN.

Loin de moi l'idée de justifier les procédures d'exception, les dénis de justice, l'emploi systématique de la torture, contre lesquels je m'étais élevé à *Témoignage Chrétien* et contre lesquels j'ai continué à agir au sein du cabinet de Michelet, en diligentant des enquêtes, en demandant que la lumière soit faite sur des disparitions inexpliquées, et trop explicables, mais en tout cas injustifiables. Je me borne à noter que la situation en Algérie étant ce qu'elle était, je n'avais pas de mal à trouver des raisons de droit pour conclure à la nécessité de commuer les peines de mort en peines de prison.

Edmond Michelet suivait mes motifs et mes notes de conclusion, reprenant à son compte devant le Conseil Supérieur de la Magistrature la proposition qui était formulée. Ce fut le cas pour le dossier Bencherif comme pour tous les autres, bien qu'il portât nettement visible la double mention suivante, de la part du Premier ministre : « *Ce félon mérite la mort* » ; et de la part du ministre de la Défense : « *L'armée ne comprendrait pas une mesure de clémence.* » Il faut souligner que dans ce cas précis, du président du tribunal jusqu'au Premier ministre, tous les avis qui avaient à être officiellement recueillis recommandaient l'exécution de la peine. Dès lors, Michelet serait-il suivi ?

Il ne le fut pas. Benchérif condamné à mort, le seul recours était la grâce présidentielle. De Gaulle allait-il en user ? Il faut noter que cet usage revêt un caractère éminemment politique, et que dans le jeu complexe qui était alors le sien, le Général considérerait d'abord le contexte dans lequel sa décision s'inscrirait, ainsi que le sens et les répercussions qu'elle aurait. Dès lors, la décision ultime dépendrait du moment où le dossier de grâce lui serait présenté.

Le hasard se mêla d'imposer à cette décision des délais qui furent salvateurs pour Benchérif, dans l'intérêt duquel de nombreuses personnalités tant algériennes que françaises tentaient de peser, de Ben Bella au président Patin, du fait en particulier de la notoriété de son père, l'Agha Benchérif, commandeur de la Légion d'honneur. Le dossier de Benchérif fut en effet égaré. Il se trouve que dans un pays de droit, on n'exécute pas un condamné à mort dont le dossier judiciaire a disparu. L'aventure suscita immédiatement de nombreux soupçons, auxquels pas plus qu'aucun autre parmi ceux qui avaient eu ce dossier entre les mains, je n'échappai. En grand seigneur, Edmond Michelet exigea que l'entretien avec la Sécurité militaire auquel je fus convoqué eût lieu dans son propre bureau, en sa présence. Il tenait à marquer ainsi que j'étais hors de cause.

La Sécurité militaire ne trouva jamais le coupable de cette négligence. Le dossier finit tout de même par réapparaître, aussi mystérieusement qu'il avait disparu, au moment où débutaient les négociations d'Evian, alors que le Général de Gaulle avait pris la décision de ne plus procéder à aucun exécution capitale. Et c'est ainsi que le colonel Benchérif eut la vie sauve une deuxième fois.

L'estime qu'Ahmed Ben Bella avait pour lui apparut en pleine lumière quand, après l'indépendance de l'Algérie, il le nomma commandant de la Gendarmerie nationale. Mais Benchérif n'étant apparemment pas d'un naturel très reconnaissant, il participa à l'arrestation et à l'enfermement de Ben Bella, lors du coup d'Etat du 19 juin 1965.

La loi du silence

Il ne suffisait pas d'améliorer la situation des dirigeants FLN : il fallait aussi penser à tous ceux qui étaient arrêtés, militants anonymes ou simplement suspects parce qu'un peu basanés. A plusieurs reprises,

Edmond Michelet expliqua aux fonctionnaires du ministère de la Justice qu'ils devaient être conscients, dans le traitement qu'ils leur appliquaient, qu'une bonne partie des détenus des prisons françaises feraient bientôt partie de la future classe dirigeante algérienne, et que la France aurait alors besoin d'entretenir avec eux des rapports courtois. Traiter les prisonniers d'aujourd'hui en considération de ce qu'ils seraient dans l'avenir n'était pas même de la clémence : c'était la volonté d'éviter une faute politique à moyen terme... Mais cette logique entrait difficilement dans l'esprit des gardiens de prison ou des fonctionnaires de police, et ce discours suscitait des remous divers. Il faut dire que les détenus algériens, extrêmement nombreux, étaient mal acceptés par le reste de la population carcérale, redoutés par les surveillants, gênants pour l'administration judiciaire qui se voyait forcée de couvrir bien des irrégularités de procédure...

J'eus à me rendre à plusieurs reprises dans les prisons françaises où étaient détenus les militants algériens du FLN, à commencer par Fresnes. Edmond Michelet était particulièrement sensible aux revendications des détenus de Fresnes, pour avoir lui-même connu un sort identique pendant la guerre : exemple unique d'un garde des Sceaux, ministre de la Justice, ayant passé lui-même plusieurs mois dans l'environnement carcéral qu'il administrait désormais. A Fresnes, comme dans toutes les prisons, le FLN doublait l'encadrement réglementaire des surveillants par un encadrement politique des détenus algériens, presque aussi précisément organisé que les structures du FLN au sein de la communauté algérienne, en métropole comme de l'autre côté de la Méditerranée. C'est ce qui permettait aux détenus de faire avancer leurs revendications lors de grandes grèves collectives : avant mon arrivée au cabinet, le « Régime A », réservé aux détenus politiques, et à ce titre, plus favorable, avait été obtenu pour les détenus algériens après une grande grève de la faim déclenchée par Bachir Boumaza, ancien responsable de la Fédération de France du FLN, et désormais à la tête des détenus FLN emprisonnés à Fresnes.

Lors de cette grève de la faim mémorable, un membre du cabinet d'Edmond Michelet avait été, avant mon arrivée et à l'insu du ministre, à l'origine d'une mesure qui, en croyant casser le mouvement, n'avait fait que le durcir : l'eau avait été coupée aux détenus qui ne s'alimentaient pas, alors que du lait leur était distribué. L'idée était qu'en buvant du lait, ils s'alimenteraient tout de même, et que la grève de la faim serait ainsi sans effet. Les suites de cette mesure furent dramatiques car les Algériens ne s'y laissèrent pas prendre et renoncèrent à étancher leur soif. Or, comme on sait, si les conséquences d'une grève de la faim peuvent être progressives, les effets de la privation de tout liquide sont extrêmement rapides. Autant dire que dès que Michelet fut prévenu, il fallut battre en retraite à grande allure et rouvrir l'eau dans l'ensemble des bâtiments... La décision ultime, l'obtention du régime A pour tous les Algériens détenus, était enfin venue couronner cette mobilisation massive des détenus du FLN.

Bachir Boumaza était une personnalité hors pair, aux convictions aussi solides que son caractère était impossible, impétueux, volontaire. A la suite de la parution du livre de Pierre-Henri Simon, *Contre la torture**, et de celui du journaliste arrêté et torturé Henri Alleg, *La Question***, Bachir Boumaza avait également dénoncé la torture en Algérie dans un livre intitulé *La Gangrène,* appuyé sur l'expérience de ses propres interrogatoires. Bachir Boumaza perdit toutes ses dents par suite des privations de nourriture qu'il s'imposa dans le cadre des quelques grèves de la faim qu'il lança dans les prisons françaises. Il finit par s'évader spectaculairement de Fresnes.

Ministre du Travail, puis de l'Economie du gouvernement Ben Bella après l'indépendance, puis de l'Information sous Houari Boumediene, il passa ensuite de nombreuses années dans l'opposition, exilé en France, puis en Suisse. Juste retour de fortune pour l'un de ces pionniers du combat nationaliste, il est aujourd'hui le numéro deux de la République algérienne, président du Sénat. En décembre 1999, le président Poncelet, à la tête d'une délégation sénatoriale, lui rendit visite à Alger... Et lui-même fut reçu officiellement à Paris en mai 2000, un mois avant la visite d'Etat mémorable du Président Bouteflika. Mi-ironique, mi-ému, il souligna au cours du dîner que lui offrit Jean-Pierre Chevènement, Place Beauvau, et auquel je participais, que le lieu ne lui était pas inconnu : plus de quarante ans plus tôt, il y avait été torturé par la DST.

Le garde des Sceaux voyait remonter à lui jour après jour des centaines de témoignages récurrents sur des comportements inqualifiables, de la part d'officiers ou de soldats servant sous l'uniforme français. La qualité du récit et la précision quasi anatomique des faits justifient sans doute que, parmi des centaines de descriptions ou dépositions analogues portées à ma connaissance, je cite, en date du 18 mars 1959, celle de Yacef El Hocine, civil algérien dont le cas nous fut précisément soumis par la Commission Patin :

« *A une heure et demie du matin, nous fûmes réveillés par de grands coups frappés à la porte. Ma mère alla ouvrir. La porte n'était même pas ouverte que des militaires entrèrent en trombe dans la maison. Je*

---
* Pierre-Henri Simon, *Contre la torture,* Paris, Le Seuil, 1957.
** Henri Alleg, *La Question,* Paris, éd. de Minuit, 1957.

ne peux pas vous dire que ce sont de vrais militaires tellement leur tenue variait. Certains portaient un treillis et sur la tête un béret noir (tenue de combat des "dragons"), d'autres toujours un treillis mais tête nue, et d'autres enfin en civil ; tous armés. Un seul, qui, je pense, devait être leur chef, avait une tenue de parachutiste et avait le grade de capitaine.

Sans parler à personne, ils fouillèrent les chambres. Un militaire trapu, au nez retroussé, me demanda mes pièces d'identité qu'aussitôt je lui tendis, les examina, me regarda un moment et me les rendit. La fouille de la maison dura environ une vingtaine de minutes. Ils sortirent et se dirigèrent vers mes beaux-frères qui habitaient au fond du jardin. Puis ils partirent.

Deux heures plus tard, une seconde fois, des coups furent frappés à la porte. On ouvrit une seconde fois mais cette fois-ci ils montèrent directement dans ma chambre. "C'est vous Yacef El Hocine ? me dit l'un d'eux. – Oui, répondis-je. – Habillez-vous et suivez-nous."

Je m'habillai et sortis avec eux. Arrivé devant leurs voitures (une 203 et une 2CV) ils me mirent des menottes aux mains et me couvrirent la tête avec un pardessus. Nous roulâmes ainsi pendant quinze minutes. La voiture s'arrêta enfin. Un militaire me conduisit (toujours avec le pardessus sur la tête) dans une vaste pièce. Ils m'ôtèrent le pardessus et je fus en présence d'au moins une vingtaine de personnes, militaires et civils. Tous avaient le regard fixé sur moi. Le militaire au nez retroussé commença l'interrogatoire.

— Où sont passées les grenades que t'a données ton beau-frère ? (J'ai oublié de vous dire que quand ils étaient partis la première fois, ils avaient emmené mon beau-frère.) Alors, tu parles ? Où sont les grenades ? me répéta-t-il. J'étais complètement abasourdi. Des grenades ? Mais il ne m'a rien donné ! – Tant pis pour toi, tu vas passer à la grillade (terme qu'on donne à la torture par l'électricité.) – Je vous dis qu'il ne m'a rien donné, soutenais-je avec désespoir. – Tu vas tout de suite changer d'avis.

Se tournant vers deux de ses camarades, il leur dit : "Amenez le beau-frère."

Le beau-frère avait la figure tuméfiée, il était méconnaissable. Ils l'avaient torturé pendant deux heures et par la torture, il leur avait dit qu'il m'avait donné des grenades. Par la peur d'être torturé encore, il soutenait son mensonge. Moi je niais toujours, et c'était la vérité, il ne m'avait rien donné. Six hommes s'étaient rapprochés de moi, formant un cercle. L'un d'eux m'avait frappé au flanc (j'avais toujours les menottes aux mains). Je chancelai et fus rattrapé par celui qui se trouvait derrière moi ; frappé au ventre, plié en deux, redressé par des coups aux tibias, envoyé rouler de long en large à travers le cercle. Ce "ballet" terminé on m'emmena dans une pièce. J'étais tout étourdi. Quand ils me dirent de me déshabiller, j'obéis avec des gestes d'automate. Quand ils me conduisirent à la table, et me dirent de me coucher sur elle, j'essayai de résister, mais on m'abaissa la tête avec un coup de poing et un autre de l'autre côté de la table me lia les poignets, la poitrine et les jambes à la table. Ma tête était pressée contre le bois dur mais du coin de l'œil, j'ai pu voir l'instrument qu'on apportait. On le brancha dans une prise de courant. Les deux premiers coups soulevèrent mon corps. A chaque coup, je criais et mes cris étaient étouffés par un gros chiffon mis sur ma bouche pour me faire taire. On attaqua surtout mon sexe. Chaque coup allumait une ampoule dans mes yeux et je sentais mon crâne exploser.

Ils retirèrent le gros chiffon. "Tu vas parler, maintenant?" demandèrent-ils. Je haletais, respirais difficilement. "Je n'ai pas de grenades, il ne m'a rien donné", répétais-je.

Cela dura deux heures environ. Après cela on me laissa tranquille. On me détacha et on m'emmena dans une cellule. L'après-midi, vers quatre heures, on revint me chercher. Entre-temps, mon beau-frère qu'on a torturé une seconde fois leur avait dit que j'avais caché les grenades dans le jardin. On me tortura encore. Je priais Dieu de me donner la mort, mais elle ne venait toujours pas. Ils arrêtèrent de me torturer. Ils partirent au jardin, le fouillèrent de fond en comble. Ils ne trouvèrent rien. Je leur avais donné un lieu imaginaire. Quand ils revinrent (j'étais toujours attaché à la table) ils s'acharnèrent sur moi. Je perdis connaissance. Ils arrêtèrent là et me conduisirent dans la cellule (chaque fois qu'ils m'emmenaient à la salle de torture ou qu'ils me ramenaient dans la cellule, ils me mettaient une cagoule sur la tête de façon à ne pas reconnaître les lieux).

J'étais soulagé quand j'entendis le capitaine dire aux tortionnaires de me laisser tranquille.

Durant quatre jours, personne ne vint me demander dans ma cellule sauf pour remplir les "formalités d'entrée" (c'est-à-dire nom, prénom, profession, etc.).

Le jeudi à 11 heures, on vint me chercher pour me relâcher. Pourquoi m'avaient-ils laissé tranquille durant les quatre jours? C'est facile. Ils attendaient que les traces de torture disparaissent, mais ils m'ont fracturé une côte.

Toujours avec la cagoule, on nous emmena mon frère et mon beau-frère et moi en ville et là on nous lâcha.

Par la suite, j'ai su que mon beau-frère était revenu sur ses dires et *leur avait dit que c'est par la torture qu'il m'avait accusé et que tout ce qu'il avait dit était faux.*

Un tortionnaire m'avait dit : "Ton frère est gracié, eh bien ! C'est toi qui paieras tout ce que ton frère a fait." »

Le témoignage précis de Yacef El Hocine mérite quelques explications : lui-même fonctionnaire du ministère de l'Education nationale, il appartenait à une famille d'une grande réputation à Alger. Son frère, Saadi Yacef, était le responsable du FLN à Alger, où il avait été le principal maître d'œuvre de l'insurrection : son nom constituait à lui seul un chiffon rouge pour les ultras de l'Algérie française. Arrêté, il avait été condamné à mort par le Tribunal Permanent des Forces Armées à Alger. Sa peine venait d'être commuée, le 17 janvier, par décret du Président de la République, en peine de travaux forcés à perpétuité. Dans un courrier daté du 14 mai 1959, donc quelques mois plus tard, son avocat, Théo Bernard, demanda à Edmond Michelet son transfert dans une prison de métropole, ayant pu noter qu'il faisait depuis lors l'objet, à la prison de Maison-Carrée d'Alger, « d'une discrimination marquée » de la part de surveillants qui « n'ont pas approuvé la mesure de grâce ». L'avocat redoutait alors qu'il endure dans les semaines suivantes « plus que des brimades »...

Le traitement qui avait été réservé à ses frère et beaux-frère et qui fait l'objet du récit circonstancié de Yacef El Hocine permet de comprendre à quel point sa grâce avait irrité certains militaires algérois... L'ensemble du dossier fut transmis à la Commission Patin le 23 mai 1959. Avaient-ils été suffisamment impressionnés par leur première aventure ? Craignaient-ils pour la vie de leur frère s'ils agissaient autrement ? Toujours est-il que ni Yacef El Hocine ni son beau-frère n'acceptèrent de porter plainte pour les tortures qu'ils avaient subies et qu'ils confirmèrent pourtant point par point au président Maurice Patin. Ils lui demandèrent au contraire instamment de ne donner aucune suite à cette affaire.

Combien de cas semblables, dans lesquels les exactions commises restèrent couvertes par la loi du silence qu'impose la terreur quotidienne ? Dans ce climat de guerre, la volonté de vengeance se substituait à l'exercice du droit ; des aveux et révélations imaginaires étaient obtenus sous la torture de la part d'innocents, et ce cauchemar était volontairement gommé, de crainte qu'il ne recommence, par ceux qui en avaient été victimes. Dans une note au garde des Sceaux du 21 juillet 1959, le président de la Commission de Sauvegarde concluait : « *Dans ces conditions il me paraît extrêmement difficile d'éclaircir cette affaire, l'ouverture d'une information ne pouvant que se révéler inopérante.* »

La mort dans l'âme, Maurice Patin prenait acte du fait que la Justice, cette fois-là, ne pourrait pas passer.

Il n'était de fait pas toujours possible de démêler précisément l'écheveau des injustices, des haines et des vengeances personnelles. Parfois le président Patin intervenait auprès du Premier ministre, non pour une mesure de grâce, mais pour souligner qu'un jugement au contraire particulièrement clément avait été prononcé, et avait ainsi acquis l'autorité de la chose jugée.

Ainsi dans une affaire malheureuse, un sergent-chef de l'armée française, soupçonné par un de ses supérieurs hiérarchiques de complicité avec l'ennemi, avait été arrêté, puis abattu par ce même supérieur alors qu'il le conduisait à son lieu de détention. L'enquête avait prouvé que l'exécution sommaire avait eu lieu sans justification, le détenu n'ayant à aucun moment cherché à s'enfuir, et alors qu'il n'avait encore fait l'objet d'aucune condamnation, ni même d'aucune inculpation, à peine d'une accusation qui elle-même n'apparaissait pas fondée. Pourtant le tribunal permanent des Forces Armées d'Oran avait estimé que le soupçon de complicité avec l'ennemi avait pu justifier cette mort... accidentelle, et il avait acquitté le coupable. Dans un cas comme celui-ci, le président Patin se bornait à signaler à l'attention du Premier ministre « la veuve et l'enfant » de la victime, qui se retrouvaient « dans la misère », et à proposer « qu'un secours matériel leur soit accordé ». S'ils ne pouvaient avoir la satisfaction de voir l'assassin condamné, qu'au moins ils puissent continuer à vivre dignement...

Il faut dire que les idéaux qui avaient été ceux des Résistants, comme Edmond Michelet, étaient quotidiennement mis à rude épreuve pendant le conflit algérien : l'affaire Djamila Boupacha reste l'exemple d'un mouvement de solidarité efficace, constitué autour de Gisèle Halimi, avocat de la jeune victime torturée pendant trente-trois jours par les paras. Gisèle Halimi prit l'initiative de la création d'un « Comité pour Djamila Boupacha », dont Simone de Beauvoir accepta la présidence, et où souhaitèrent figurer Françoise Sagan, Elsa Triolet, mais aussi l'écrivain et résistant Vercors, ou encore le père Riquet, jésuite. Quelques semaines avant mon arrivée officielle au cabinet, le 2 juin 1960 précisément, Simone de Beauvoir publie dans *Le Monde* un article-plaidoirie qui mérite d'être cité : « *Ce qu'il y a de plus scandaleux dans le scandale, c'est qu'on s'y habitue. Il semble pourtant impossible que l'opinion demeure indifférente à la tragédie qu'est en train de vivre Djamila Boupacha... Permettra-t-on que ses juges utilisent contre l'accusée les aveux que ses tortionnaires lui ont atrocement extorqués ? Il n'est plus au pouvoir de personne d'effacer les sévices qui lui furent infligés ni ceux que subirent son père et son beau-frère, mais on peut encore enrayer la marche de l'injustice... Quand les dirigeants d'un pays acceptent que des crimes se commettent en son nom, tous les citoyens appartiennent à une nation criminelle. Consentirons-nous à ce que ce soit la nôtre ? »* De telles paroles soulevaient dans le cœur des anciens déportés qui entouraient Edmond Michelet place Vendôme une amertume profonde, une véritable meurtrissure. C'est à Simone Veil que le garde des Sceaux confiera le soin de faire quitter le sol algérien à Djamila Boupacha, et le témoignage de Gisèle Halimi, à qui il avait dit : « *En elle, j'ai toute confiance, elle connaît les horreurs de la prison* », résume clairement l'attitude qui fut la sienne dans cette affaire : « *Djamila était menacée de mort en Algérie, le danger était réel. Simone Veil est intervenue avec une extraordinaire rapidité, ne prêtant aucune attention à une opinion publique d'extrême droite hostile*.* » En cette occasion comme en plusieurs autres, celle qui serait un jour la première présidente du Parlement européen prouva sa droiture, sa disponibilité, son efficacité, sa conviction et sa force d'engagement personnel : le 21 juillet 1960, Djamila arrive à Fresnes. Elle n'est pas au bout de ses peines, mais sa vie est désormais protégée et son affaire sera instruite avec la plus grande rigueur, à Caen, par le juge Chausserie-Laprée, malgré les entraves qui ne lui seront pas ménagées par la hiérarchie militaire... L'affaire sera toujours en instruction lorsque Edmond Michelet quittera la place Vendôme, et j'aurai ainsi l'occasion de prendre part moi-même au mouvement d'opinion en faveur de Djamila Boupacha par un article de *Témoignage Chrétien*, du 17 novembre 1961, « Vérité pour Djamila Boupacha » : « *Si les hommes qui ont torturé Djamila sont jugés, il y en a d'autres, beaucoup d'autres, qui ne pourront plus dormir tranquilles... Toute une catégorie d'hommes a d'autant plus peur des résultats de cette instruction que celle-ci ne donnera pas lieu à un procès politique, mais posera simplement un problème humain... l'Affaire Boupacha, c'est d'abord le procès de la vérité, le procès de la dignité des hommes**... »*

Evoquant la figure de l'avocat Gisèle Halimi et son rôle essentiel dans la défense de Djamila Boupacha, il est nécessaire de revenir sur l'engagement de nombreux membres du Barreau dans les combats judiciaires qui se déroulaient en marge des combats armés en Algérie. La défense des militants nationalistes algériens était assurée depuis la Libération par des avocats algériens et des avocats français appartenant à une gauche non gouvernementale : Parti Communiste français, socia-

---

* Maurice Szafran, *Simone Veil, destin,* éd. Flammarion, 1994.
** *Témoignage Chrétien,* n° 906, 17 novembre 1961, p.6.

listes du PSU... Quand éclate la bataille d'Alger, que le Parlement vote les pouvoirs spéciaux et que les avocats algériens sont arrêtés, la tâche des avocats français du FLN va devenir beaucoup plus lourde... Dans le premier semestre de 1957, les dirigeants de la Zone autonome d'Alger proposent à l'avocat Jacques Vergès, défenseur de Djamila Bouhired au cours d'un procès tumultueux, de créer un collectif du FLN pour la défense des prisonniers nationalistes. Après leur arrestation, leur projet sera repris en 1958 par la Fédération de France du FLN, et ce « Collectif » d'avocats fonctionnera, sous ce nom, jusqu'aux accords d'Evian. Le Collectif se composait à travers la France d'une cinquantaine de jeunes avocats de gauche, ou simplement anticolonialistes, sans attache partisane revendiquée, qui acceptaient de défendre, au cours des procès, non seulement les accusés, mais la plate-forme du FLN : ainsi chaque audience devenait une occasion de répandre et de faire connaître les options du mouvement de libération.

La coordination de cette défense est assurée à Paris par un groupe de sept avocats, tandis que les mots d'ordre politiques généraux sont transmis à cette nébuleuse, de manière souple, par un groupe de quatre avocats algériens auquel est associé l'avocat français Jacques Vergès, dit Mansour, considéré comme un Algérien d'adoption... Le style de cette défense tranchera évidemment avec celle qui était jusque-là assurée, au coup par coup, par des avocats moins informés, moins familiers des lignes politiques générales de l'action du FLN : désormais les plaidoiries s'adressent, par-delà l'opinion publique française, à l'opinion publique internationale. Les arguments avancés ne se situent plus dans le cadre étroit du statut de l'Algérie, ils exaltent le combat d'un peuple conquis contre ses occupants, et contestent la compétence des tribunaux militaires français pour juger les combattants algériens, en réclamant l'application des conventions de Genève et en dénonçant les moyens de répression qui s'exercent contre les militants algériens.

Les partisans de l'Algérie française, sentant le danger de cette défense radicale, baptisée « Défense de rupture », s'en prendront aux dirigeants du Collectif, en exerçant sur eux diverses pressions : l'un des quatre avocats algériens, Ould Aoudia, sera abattu à Paris, vraisemblablement à l'initiative des services secrets français, si l'on en croit le témoignage d'un des auteurs de cette opération. Oussedik et Ben Abdallah seront pour leur part arrêtés et détenus quelques semaines dans un camp de regroupement, à Saint-Maurice-l'Ardoise. Quant à Jacques Vergès, il se verra suspendu pour un an, en 1960, par le tribunal permanent des forces armées, dont il rejetait précisément la compétence...

D'autres avocats s'illustreront en acceptant de prendre en charge la défense des sympathisants français du FLN, les « porteurs de valises », arrêtés à partir de février 1960 avec le démantèlement du « réseau Jeanson » : Gisèle Halimi, Roland Dumas, encore inconnus du grand public, seront les principaux ténors de ce combat-là. Jean-Marc Théolleyre s'est fait l'historiographe de leurs exploits judiciaires, démontrant dans son livre *Ces procès qui ébranlèrent la France* que le retentissement qu'ils parvinrent à donner aux débats qui se déroulaient dans les prétoires fut un des éléments décisifs d'une progressive prise de conscience générale de la complexité des événements d'Algérie et des résistances multiples que rencontrait la ligne gouvernementale.

Joseph Rovan m'avait laissé, en quittant la place Vendôme, la copie d'une « note de service », en date du 9 mars 1957, par laquelle le général de brigade commandant la Zone Nord Afrique et la 10e Division Parachutiste, le général Massu, disait clairement à ses troupes que les règles et les principes de déontologie militaire ne pouvaient s'appliquer de la même manière dans une guerre contre-révolutionnaire, comme la guerre d'Algérie, que dans une guerre conventionnelle. Il remerciait ainsi « *l'aumônier parachutiste qui a pris la parole pour porter sur l'action policière un jugement sans passion, libre et raisonnable* » en invitant « *toutes les âmes inquiètes ou désorientées à l'écouter* », souhaitant que ces réflexions « *servent à éclairer ceux qui n'ont pas été formés à la rude école de la "guerre pourrie" d'Indochine et qui n'auraient pas encore compris qu'on ne peut lutter contre la guerre révolutionnaire et subversive menée par le Communisme international et ses intermédiaires avec les procédés classiques* ». Et le commandant de la Zone Nord Afrique de continuer : « *La condition sine qua non de notre action en Algérie est que ces méthodes soient admises en nos âmes et consciences comme nécessaires et moralement valables.* » On ne pouvait mieux justifier la torture et les mesures d'exception... Avant de conclure : « *Le déchaînement d'une certaine presse métropolitaine ne doit pas nous émouvoir : il ne fait que confirmer la justesse de nos vues et l'efficacité de nos coups.* » Mars 1957, c'est précisément la date de la publication du « dossier Jean Muller », que j'ai évoqué à propos de mon premier passage à *Témoignage Chrétien,* et je ne doute pas que cette « certaine presse » mise en cause avec colère et mépris par celui qui représentait l'autorité militaire en Algérie désignait en tout premier lieu notre journal. On mesure le recul de l'Histoire lorsque l'on entend aujourd'hui les généraux Massu et Bigeard reconnaître publiquement la pratique régulière des tortures dans la plupart des unités, et, pour le premier d'entre eux, la regretter, tout en soulignant qu'elle était connue et couverte par l'autorité politique...

Pour en terminer avec la Commission de Sauvegarde des Droits et Libertés du président Patin, qui méritait plus qu'une mention rapide, du fait du travail considérable qu'il a réalisé, il faut noter qu'un certain nombre de notes de sa main soulignaient les efforts des autorités qui travaillaient à « moraliser » les pratiques de l'armée. C'est ainsi qu'une note du 5 octobre 1959, adressée au général Gambiez, commandant le Corps d'Armée d'Oran, saluait *« les excellents résultats que vous avez obtenus dans votre Corps d'Armée, grâce à votre action persévérante, en vue d'obtenir la disparition de tous les sévices ».* Félicitations amplement méritées pour cet officier général de grande valeur à la fois militaire et morale, qui fut l'un des rares membres de l'état-major français qui s'opposèrent avec force à la torture systématique en Algérie, avec le général Buis, et le général de Bollardière. Félicitations qui impliquaient pourtant la reconnaissance des difficultés éprouvées par ceux qui s'attaquaient à la pratique des « corvées de bois » et autres exactions qui étaient monnaie courante dans la plupart des unités...

« Un quarteron de généraux à la retraite »

C'est quelques jours à peine après le transfert de Ben Bella et des autres dirigeants FLN de l'île d'Aix au château de Turquant qu'eut lieu à Alger, le 22 avril 1961, le putsch des généraux Challe, Salan, Jouhaud et Zeller. Les plus folles rumeurs se propagèrent immédiatement en métropole : rumeurs de débarquement du contingent dans le sud de la France, de contagion de la rébellion, de risques de coup d'Etat à Paris. Edmond Michelet, comme l'ensemble du gouvernement, fit preuve d'une résolution tranquille face à ce coup de force dont les conséquences n'étaient pas prévisibles. A tous les fonctionnaires d'Algérie dépendant du ministère de la Justice, il transmit immédiatement une note qui déclinait, pour son compte, le discours tenu par le Général de Gaulle et dont j'ai conservé le double :

« Une information pénale vient d'être ouverte au Tribunal de la Seine contre les généraux factieux et leurs complices. Ils encourent les peines les plus graves prévues par le Code Pénal.

Je renouvelle ma confiance aux Procureurs Généraux d'Algérie et à tous leurs substituts, aux Cadis, Bachadels, Adels et Aouns des Mahakmas, aux Officiers publics et ministériels, auxiliaires de la justice et fonctionnaires des Cours et Tribunaux.

J'adresse le même appel à tous les personnels de l'Administration Pénitentiaire et de l'Education surveillée d'Algérie.

Je suis persuadé que magistrats et fonctionnaires éviteront tout contact avec les militaires rebelles, se refuseront à recevoir d'eux ins-

tructions et dossiers et tiendront pour inexistante toute consigne de l'autorité de fait ; la désobéissance aux ordres de l'autorité illégitime devient vraiment le premier des devoirs.

Je demande à tous d'agir de telle sorte que, avec les moyens dont ils peuvent disposer, ils mettent obstacle à l'action des mutins et tiennent en échec leurs entreprises insensées.

Monsieur le Président de la République, Président du Conseil Supérieur de la Magistrature et moi-même adressons le même message aux magistrats du siège pour qu'ils continuent à se mettre au seul service de la loi républicaine.

Que la magistrature française d'Algérie des Cours, Tribunaux de grande instance et d'instance, des Mahakmas et les administrations dépendant de la Chancellerie et qui sont à l'épreuve, depuis longtemps, se montrent dignes du corps judiciaire, de la République et de la Patrie.

Monsieur le Ministre des Armées et moi-même demandons au Procureur Général, aux Avocats Généraux et aux Procureurs Militaires de se considérer comme déliés de tout engagement et mission partout où l'autorité légitime ne pourrait, par suite des circonstances, s'exercer.

J'adresse à tous les membres du corps judiciaire d'Algérie et fonctionnaires relevant de mon autorité mon salut le plus chaleureux. »

La réaction inflexible du Général de Gaulle allait rapidement mettre fin à l'aventure du « quarteron de généraux à la retraite ». On a souvent évoqué le rôle des transistors des appelés par lesquels ceux-ci connurent immédiatement ce désaveu complet de leurs chefs, les informations captées sur les stations de métropole leur permettant de prendre la mesure de la mutinerie et de ses conséquences. Pourtant un grand nombre d'unités se soulevèrent spontanément contre leurs officiers félons et à leur plus grande stupéfaction, les mirent directement aux arrêts. J'ai reçu dans les semaines qui ont suivi plusieurs lettres d'amis appelés qui me décrivaient les scènes étonnantes auxquelles ils avaient participé, refusant de suivre leurs officiers dans leur insurrection, et les réduisant à l'impuissance, ceux-ci s'apercevant alors que leur autorité et leur puissance avaient en fait toujours reposé sur l'obéissance de leurs troupes, et n'en étaient pas séparables.

Après l'arrestation des généraux et des officiers mutins, leur condamnation à des peines de détention criminelle imposa une nouvelle fois au garde des Sceaux l'aménagement de conditions de réclusion particulières. Il n'était pas envisageable d'incarcérer les généraux Challe, Zeller, Gouraud, Bigot, Nicot, Petit, les commandants Ollié, Hélie de Saint-Marc, les colonels Masselot, de la Chapelle, avec les condamnés de droit commun : au terme même de l'analyse juridique faite par le

Bureau d'Application des Peines, à la demande du cabinet, le 2 juin 1961, les condamnés à cette *« peine privative de liberté, afflictive et infamante, prononcée en matière de crime contre la sûreté de l'Etat »*, sont *« incarcérés dans un établissement particulier, ou dans un quartier particulier d'établissement, de manière à être séparés des détenus appartenant aux autres catégories »*. Ils *« sont dispensés du port du costume pénal ; peuvent se réunir entre eux dans la journée ; bénéficient d'un régime alimentaire amélioré »*... Entre autres conditions particulières qui tiennent à la fourniture de livres ou de vivres, à la réception de visiteurs dans leur cellule, et à des échanges de correspondances élargis hors du cadre familial *« sous réserve de la censure administrative normale »*.

La mise en œuvre de ces conditions de détention était tout sauf simple : une fois la proposition d'aménager cette prison particulière à Clairvaux, dans les bâtiments de l'ancien monastère fondé par saint Bernard, des travaux importants durent être réalisés, à la hâte, pour réserver aux anciens officiers généraux l'accueil le plus confortable et le plus décent possible. Certains réclamèrent de pouvoir prendre leurs repas en famille, et des complications administratives apparurent : cela nécessitait d'agrandir la salle de restaurant, et à qui fallait-il faire supporter les frais des repas supplémentaires des invités ? Autant de notes, autant d'interrogations pour le directeur de l'administration pénitentiaire, Pierre Orvain, dont le travail, sur tous les fronts, et face aux sollicitations de tous types et aux intimidations incessantes dont il était l'objet, était absolument remarquable.

Tout, même les conséquences « lexicales » de la dégradation des généraux faisait l'objet de notes administratives : l'une d'elles du début juillet conclut qu'*« il est traditionnel, à l'égard des condamnés subissant une peine politique, de les désigner dans la correspondance administrative comme dans la conversation courante sous l'appellation de Monsieur, ce qui vous évitera à l'avenir de vous référer à leur ancien titre militaire »*. Car comment s'adresser, sans contrevenir aux usages, à un général récemment dégradé pour *« crime contre la sûreté de l'Etat »* ?

A la nouveauté de la situation s'ajoutait la circonstance particulière créée par l'existence de très nombreuses sympathies, au sein de l'armée et même de la haute fonction publique, pour les généraux auteurs du putsch d'Alger. Le cas du commandant Hélie de Saint-Marc, par exemple, était édifiant : arrêté à 19 ans par la Gestapo pour activités de résistance au sein du réseau ORA, il avait été déporté à Buchenwald, y était resté vingt mois, et s'était engagé dans l'armée française dès son retour de camp de concentration. Il avait ensuite participé à toutes les campagnes des guerres malheureuses de la décolonisation, en s'y comportant de manière exemplaire. Dès lors, il n'était pas étonnant que l'on soit intervenu en sa faveur auprès du garde des Sceaux pour que son sort ne soit pas trop rigoureux. A l'évidence aussi, Edmond Michelet et moi étions sensibles à ce type d'arguments, et nous nous attachions, autant qu'il était possible, à l'intérieur du cadre pénitentiaire, à faciliter la vie des officiers prévenus ou condamnés.

Même si leur geste était à peu près toujours réprouvé, ils faisaient en effet l'objet d'accès de sollicitude dont il était permis de redouter qu'à la faveur d'événements nouveaux ils se transforment en franches complicités. Certaines évasions eurent lieu, à Fresnes ou à la Santé, dans des conditions tellement simples et naturelles qu'il fallut plusieurs jours avant que l'administration s'en inquiète : ainsi ces officiers malades qui devaient être examinés dans un hôpital pénitentiaire tout proche, et auxquels un colonel de leurs amis, qui s'était garé par pur hasard, bien sûr, dans la cour de la prison, prêta bien volontiers son chauffeur pour les conduire.

Sur les trois évadés, deux seulement revinrent, de leur plein gré, et avec quelques jours de retard, dans leur cellule. Le troisième s'était volatilisé entre la prison et l'hôpital, où, renseignements pris, il n'avait jamais rempli de bulletin d'entrée.

Ce type de précédent mettait les forces affectées à la surveillance de Clairvaux sur les dents : plusieurs rapports furent rédigés pour que la brigade de gendarmerie chargée de s'assurer de la sécurité des abords du monastère soit doublée, voire triplée, et que les rondes puissent être assurées plus fréquemment du côté où le domaine longeait un bois jugé « touffu et incontrôlable », ou pour qu'un mirador équipé d'une mitrailleuse puisse décourager une évasion en hélicoptère. Pourtant aucune tentative de ce type ne fut organisée de la part des condamnés, dont les conditions de détention furent aussi largement que possible aménagées en réponse à leurs attentes.

Il ne faut pas oublier toutefois que certains d'entre eux, directement liés à l'OAS, gardaient, même emprisonnés, une grande capacité de nuisance : des lettres du colonel de la Chapelle me désignaient ainsi nommément à ses correspondants comme le responsable de la censure de son courrier et de sa détention. C'était lancer sur moi l'ire de l'organisation terroriste, qui se concrétisa par des lettres de menaces, puis une lettre de condamnation à mort, suivie de plasticages et de plusieurs tentatives d'exécution dont la chance me protégea.

Les meurtres de civils étaient en effet l'accompagnement permanent de ces années où la violence paraissait ne pas pouvoir s'arrêter, où les combats n'avaient plus de limites géographiques, et où les coups pleuvaient n'importe où, pour un mot de trop ou pour un faciès suspect. C'est le 15 mars 1962 que l'OAS assassina ainsi Mouloud Feraoun, écrivain français, ami proche de Jules Roy et d'Albert Camus, fils d'un fellah de haute Kabylie. Avec le grand Kateb Yacine, Mohamed Dib, Mouloud Mammeri, il avait fait entrer les écrivains maghrébins dans la grande tradition de la littérature française. Son beau livre *Le Fils du pauvre* n'avait apparemment pas ému ses assassins, pas plus que son engagement personnel, comme dirigeant de l'un des centres sociaux éducatifs créés en Algérie par la résistante Germaine Tillon. Il aurait pu être l'auteur de ces phrases de Mouloud Mammeri qui ne peuvent que toucher les défenseurs de la cause francophone, et qui, prononcées le 3 octobre 1958, n'en sont que plus bouleversantes : « *On peut être nationaliste algérien et écrivain français. Je crois d'ailleurs qu'avec l'indépendance, la langue française prendra un nouvel essor. Elle ne sera plus l'instrument d'une coercition, la marque d'une domination, elle sera le canal de la culture moderne. Pour moi, je n'envisage pas d'écrire jamais dans une autre langue**. » L'engagement de Germaine Tillon dans le débat algérien partait d'une connaissance profonde de la terre algérienne : en 1934, apprentie ethnographe, elle avait en effet débarqué dans le Massif des Aurès, voyageant à dos de mulet, avec tout son matériel d'enregistrement, et elle s'était assigné comme mission de connaître et de comprendre les modes de vie et les usages du peuple berbère des Chaouïas, accompagnant les chasseurs, observant les travaux des femmes, l'éducation des jeunes, à un moment où les événements qui vont se produire vingt ans plus tard sont encore inimaginables : « *Si l'ethnographie peut servir à quelque chose, c'est à apprendre à vivre ensemble* », dit-elle... Soulignant ironiquement : « *Si l'on interroge un berger corse, un commerçant haoussa, un paysan kabyle, un instituteur provençal, un aristocrate sicilien, ou un artisan juif, et qu'on leur demande en quoi ils se ressemblent, ils répondront qu'ils ne se ressemblent pas. Et pourtant*** ! » Mais c'est bien à la difficulté de vivre ensemble entre plusieurs de ces communautés qu'elle se trouvera confrontée avec le début des affrontements entre les nationalistes algériens et le pouvoir français. Et ses engagements furent alors exemplaires, comme ils l'avaient été pendant l'Occupation, où elle avait été arrêtée par la police allemande en 1942 pour faits de résistance, emprisonnée à Fresnes puis déportée à Ravensbruck. Avec énergie, elle prit position pour un traitement digne des hommes et des femmes emportés dans la tourmente violente du combat indépendantiste et de

---

* *Témoignage Chrétien*, 24 janvier 1958.
** Germaine Tillon, *Il était une fois l'ethnographie*, Paris, Seuil, 2000.

sa répression. Son témoignage fut décisif lors du procès de Mohamed Ben Sadok, assassin le 26 mai 1957 de l'émir Ali Chekkal au stade de Colombes. Plus que les précautions qu'il avait prises pour ne pas tuer le Président de la République français qui se trouvait juste à côté, plus que la déposition de Sartre, qui à la barre compara Ben Sadok à Charlotte Corday assassinant Marat, ce sont en effet les paroles de Germaine Tillon qui sauvèrent la tête du jeune nationaliste : « *A la question somme toute rituelle posée par des instituteurs d'Algérie pour un devoir de classe : "Que voudriez-vous devenir quand vous serez grand" ? la majorité des élèves a répondu, justifications à l'appui : "Je voudrais être Mohamed Ben Sadok".* » Exemple parmi quelques autres d'une universitaire exceptionnelle, aujourd'hui considérée comme l'une des premières ethnologues françaises, et qui sut à plusieurs moments décisifs de son existence, au moment où elle était confrontée à des circonstances historiques difficiles, faire avec courage les choix que lui dictait sa conscience.

La nature même de mon poste réclamait de moi une attention permanente à la situation de la population carcérale en métropole, et c'est ainsi que je recevais presque quotidiennement des notes concernant le cas de nouveaux détenus présentant, au moment même où ils intégraient la prison, des traces de sévices subis lors de leur arrestation, même lorsque celle-ci était intervenue en métropole. Le premier soin de l'administration pénitentiaire était alors de faire pratiquer sur ces prévenus, lors de leur arrivée dans ses murs, un certain nombre d'examens radiologiques qui permettaient de vérifier la réalité et la profondeur des lésions ou des blessures alléguées, et bien souvent, d'en déterminer l'origine... Triste travail, pour le docteur Fully, médecin inspecteur des hôpitaux pénitentiaires, qui était ainsi amené à constater les effets de brutalités qui ne pouvaient pas avoir été autres que policières, surtout dans tous les cas où le prévenu avait été arrêté à son domicile sans opposer de résistance, et se trouvait écroué quelques heures plus tard pantelant, les doigts martyrisés, une ou plusieurs côtes cassées, des traces de coups aux membres et au visage...

Et cette somme de souffrances se répercutait sous forme d'une courte note, à l'en-tête du Bureau d'application des peines, résumant la déposition recueillie et les constatations médicales enregistrées : « *Le Directeur de l'Administration Pénitentiaire a l'honneur de faire parvenir sous ce pli à Monsieur le Directeur de Cabinet un rapport du Directeur des prisons de Fresnes, qui rend compte de l'incarcération à cet établissement d'un prévenu qui prétend avoir été victime de sévices lors de son arrestation par la police.* » Les archives de la place Vendôme conservent des cartons entiers de pareilles notes de transmission, auxquelles étaient soigneusement agrafés dépositions et certificats médicaux. Leur arrivée régulière était comme la vague montante des violences quotidiennement pratiquées. Que pouvions-nous faire ? J'ai le souvenir de cette sensation d'impuissance que nous éprouvions parfois, devant l'incessant recommencement des mêmes drames humains. Mais inlassablement nous transmettions les dossiers pour instruction et réaction aux services du ministre de l'Intérieur ou du préfet de Police de Paris, qui était toujours Maurice Papon, afin que des sanctions soient prises, s'il y avait lieu d'en prendre, enquête faite...

C'est sur le sort des détenus algériens que l'opposition vive qui s'exprimait entre le Premier ministre, Michel Debré, et le ministre de la Justice, Edmond Michelet, finira par éclater : comme le souligne Jacqueline Guerroudj, « *Edmond Michelet était littéralement harcelé de notes et accablé de reproches par le chef du gouvernement qui jugeait le garde des Sceaux beaucoup trop libéral dans les facilités accordées aux membres du FLN emprisonnés*[*] ». Jugement confirmé par Louis Terrenoire, alors ministre de l'Information : « *Debré ne pardonne pas à Edmond son libéralisme chrétien et quelques-unes de ses amitiés de gauche.* » Au cours de l'été 1961, Debré résolut donc de démettre Michelet[**]. Le 23 août, le garde des Sceaux m'apprend le verdict qui le frappe, prévisible depuis plusieurs jours, et qui est devenu définitif au cours d'une discussion très amicale avec le Général : « *Si vous restez Place Vendôme, Debré a mis sa propre démission dans la balance... Vous ne voulez pas le remplacer à Matignon, n'est-ce pas ? Donc il faut vous résoudre à laisser la Justice... Et je vous nommerai l'an prochain au Conseil constitutionnel.* » De Gaulle tiendra parole, et Edmond Michelet sera également un jour le successeur de Malraux au ministère de la Culture. Le 4 septembre 1970, c'est dans cette dernière fonction qu'il prononcera à bout de souffle, devant le catafalque de François Mauriac, quai Conti, un hommage vibrant où, comme l'écrit Jean Lacouture, « vit toute cette part "indestructible" de Mauriac : le Sillon ». « *Comme il ressemble ce soir, dans cette nuit de deuil, à tous les garçons à pèlerine, qui avaient fait leur chef de file du charpentier juif de Galilée, à tous les petits Péguy, à tous les compagnons du jeune Mauriac de Bordeaux... La voix épuisée de Michelet, c'est aussi celle de l'homme qui a sauvé de la guillotine la tête de dizaines d'Algériens. Tout malhabile qu'il soit, et gauche, et survivant à peine, il est celui qu'on attendait, que Mauriac méritait... Il mourra dix jours plus tard*[***]. » Terrassé dans sa voiture, à Paris, le 15 septembre par une

---

[*] Jacqueline Guerroudj, *Des douars et des prisons*, éd. Bouchene, 1991.
[**] Louis Terrenoire, *Edmond Michelet mon ami*, éd. Nouvelle Cité, 1992.
[***] Jean Lacouture, *François Mauriac*, Seuil, 1989-1990.

congestion cérébrale, il ne mourra en fait que le 9 octobre 1970, dans sa maison de Brive, un mois jour pour jour avant le Général de Gaulle.

Au cours des mois qui suivirent le départ d'Edmond Michelet du ministère de la Justice, je poursuivis ailleurs l'action qui avait été la mienne à ses côtés et qui nous avait attiré, de la part de l'avocat Jacques Vergès, ce jugement définitif : « *Les gens de Michelet étaient formidables, cela faisait bien longtemps que, de facto, ils avaient accordé le statut politique aux nationalistes algériens**. » Mais Michel Debré avait remplacé Edmond Michelet par Bernard Chenot, « *qui prendrait, selon ses vœux, le contre-pied des positions d'Edmond Michelet* » (Louis Terrenoire).

Le 10 novembre 1961, je signe dans *Témoignage Chrétien,* dont je suis devenu rédacteur en chef, un article de synthèse sur le sort des détenus algériens dans les prisons françaises, au moment où Bernard Chenot tente de mettre en œuvre les consignes du chef du gouvernement, et où le durcissement brutal de leur régime de détention conduit les cinq chefs du FLN, à Turquant, à faire la grève de la faim : « *Michel Debré lui demanda de "remettre de l'ordre dans les prisons", en essayant de grignoter peu à peu tous les avantages que les Algériens avaient réussi à obtenir. C'est ainsi que le Premier ministre donna des instructions pour que les rassemblements soient désormais interdits, ce qui signifiait la suppression des cours, du sport, des promenades en commun, de la prière... Au moment où l'on accorde le régime politique aux activistes, les détenus algériens ne comprennent pas pourquoi on essaie de remettre en cause l'accord tacite qui avait été passé entre leurs délégués et la direction pénitentiaire...* » Et évoquant la grève de la faim de Ben Bella : « *Cette grève n'est pas la première, elle risque d'être la plus longue et la plus douloureuse***. » Je me sentais solidaire de cette nouvelle grève de la faim : le 13 novembre, Ben Bella, Khider et Aït Ahmed étaient évacués en ambulance dans un hôpital de la région parisienne. « *Le Général de Gaulle peut être fier de la belle œuvre accomplie par son Premier ministre* », écrivais-je le 17 novembre 1961 dans un article intitulé « *Bravo M. Debré**** ! » Privé de moyens d'action directs, il me restait à tenter de sensibiliser par tous les moyens l'opinion publique au sort des détenus algériens : c'est ainsi que j'avais organisé le 15 novembre 1961, par exemple, une conférence de presse de soutien aux grévistes de la faim, présidée par Jean-Paul Sartre et Laurent Schwartz, grand mathématicien, professeur au Collège de

---

* Sur toute la période, cf. Hervé Hamon et Patrick Rotman, *Les Porteurs de valises,* Albin Michel, 1979.
** *Témoignage Chrétien,* n° 905, 10 novembre 1961, p.9.
*** *Témoignage Chrétien,* n° 906, 17 novembre 1961, p.4.

France. Cette mobilisation des intellectuels constituait en effet, au cours des derniers mois du conflit, le plus puissant moyen de pression contre l'accoutumance à la violence, et l'acceptation des brutalités carcérales ou policières.

Les jeunes délinquants

Un autre grand chantier auquel j'avais été personnellement très sensible, et sur lequel j'avais contribué à attirer l'attention d'Edmond Michelet, concernait la jeunesse délinquante, et les structures de ce que l'on appelait alors l'éducation surveillée. Bien que ce domaine de l'activité du ministère de la Justice ne m'ait pas été confié, j'y étais, par intérêt personnel, et presque par engagement, extrêmement sensible. Je fis ainsi transmettre à mon collègue du cabinet, Bailly, ancien déporté, homme d'une profonde humanité, qui avait en charge ces dossiers, une longue note manuscrite du père Michel Jaouen qui évoquait plusieurs pistes d'analyse du phénomène de la marginalité et de la drogue chez les adolescents et les jeunes adultes, et proposait un ensemble de mesures concrètes...

Nous nous sommes également rendus, avec Edmond Michelet, dans plusieurs centres pénitentiaires de la région parisienne pour constater de visu dans quelles conditions les jeunes délinquants étaient détenus : constat accablant ! Etablissements bondés, isolement mal assuré avec les autres détenus, installations sanitaires vétustes et insuffisantes. A Fresnes, nous avons découvert des cellules collectives où s'entassaient une dizaine, voire une quinzaine de jeunes, cette promiscuité favorisant la constitution de micro-sociétés marginales, violentes et brutales. Les maisons d'éducation surveillée, pour leur part, étaient sous-équipées, témoignant du désintérêt à peu près total du corps social pour le sort de ceux qui s'y trouvaient placés.

Pour qu'une fonction sociale soit correctement assurée, il faut qu'elle soit reconnue par l'ensemble des citoyens, et non qu'elle fasse l'objet d'une sorte d'ignorance effarouchée. Or le sort de la jeunesse délinquante n'intéresse personne : il gêne au contraire une société qui y voit le portrait grimaçant de ses manques. Dès lors, sont dévalorisés aussi les métiers de ceux qui ont pour tâche de s'occuper d'eux, pour les aider à se réinsérer, à retrouver une place, que la majorité répugnera toujours à leur offrir, par une sorte de vengeance d'autant plus incompréhensible qu'elle n'a pas d'objet précis.

Personne ne veut donc entendre parler ni des jeunes délinquants ni de ceux qui les surveillent, ni de ceux qui tentent de les épauler en leur apportant certaines clefs des citadelles du monde social, comme l'éducation, ou la formation professionnelle. D'où le peu de visibilité de ces professions, leur dévalorisation, alors qu'elles réclament à la fois dévouement, richesse intellectuelle et morale, investissement psychologique et affectif, et la sous-qualification fréquente de ceux qui sont chargés de ces missions, leur aigreur aussi et leur fréquent défaut d'implication personnelle. Nous avions le sentiment que tout ce que nous allions faire pour améliorer la situation des uns et des autres, à la fois des surveillants, des éducateurs, des détenus, ne pourrait aboutir que si la perception générale que la société avait d'eux évoluait, et s'ils cessaient d'être, les uns et les autres, traités en parias.

C'est à la fois pour cette raison qu'Edmond Michelet ne put s'attaquer aussi résolument qu'il m'avait dit vouloir le faire à ce dossier épineux, et parce que les problèmes du quotidien qui paraissaient les plus urgents étaient, comme on l'a vu, directement liés à la présence dans nos centres de détention d'autres détenus, politiques ceux-là, liés au conflit algérien et à ses rebondissements.

Au moment d'en finir avec cette expérience politique et administrative passionnante, je veux m'attarder sur la nature de mon engagement et sur les convictions qui m'animaient, pendant ces derniers mois du conflit algérien, alors que les passions et les haines s'exacerbaient, au point qu'en France comme en Algérie la sécurité des personnes n'était plus garantie, que les rumeurs les plus folles s'accréditaient, que les aventures les plus désespérées prenaient corps, témoin le putsch des généraux d'Alger...

J'ai toujours été convaincu de la nécessité de la décolonisation, ce que l'exemple des autres empires coloniaux européens en voie de décomposition rapide confirmait année après année : au demeurant, la France, qui venait de se battre pour sa propre libération, pouvait-elle refuser aux peuples colonisés le droit à l'autodétermination ? La position défendue par le Général de Gaulle sur ce point avait l'avantage de la constance et de la cohérence... Même si elle n'avait pas toujours été entendue par ceux à qui il avait lancé son paradoxal : « *Je vous ai compris.* »

J'avais été frappé dans ma jeunesse par les événements d'Indochine, la répression de Sétif, et les massacres perpétrés par la Légion dans les gorges de Kerrata, de sinistre mémoire, que j'ai visitées depuis, et où l'on voit encore les inscriptions « *Ici est passée la Légion* » à l'endroit d'où les légionnaires projetaient dans le vide ceux qu'ils avaient arrêtés et interrogés.

De même, j'étais scandalisé par tous les actes terroristes frappant des innocents, ou faisant aveuglément des victimes dans les populations civiles. Le terrorisme, tel qu'il avait été dès l'origine utilisé par le FLN, tel qu'il était de plus en plus organisé par l'OAS, me paraissait et me paraît toujours aujourd'hui la pire des injustices et la plus condamnable des armes politiques. Il est vrai que c'est l'arme des désespérés, de ceux qui ont le sentiment qu'aucune prise en compte politique régulière de leur cause ne peut plus intervenir. Mais le désespoir ne légitime pas la violence aveugle. Elle devenait, avec l'avancée des combats, de plus en plus injuste et révoltante : guerre fratricide entre Algériens, les nationalistes messalistes devenant la cible des nationalistes FLN, et vice versa ; attentats de l'OAS contre les soldats français ou les personnalités françaises accusées d'être trop libérales à l'égard des Algériens, ou de soutenir leur combat, crimes de harkis ou crimes contre les harkis. Le déchaînement de la guerre civile choquait profondément Edmond Michelet, qui y voyait ressurgir de vieux démons d'extrême droite que l'après-guerre euphorique avait permis de croire vaincus, mais qui, en France, n'avaient jamais été systématiquement recherchés ni combattus.

J'ajoute un élément fondamental : autant je pouvais réprouver les violences du camp d'en face, et les crimes qui étaient commis au nom du FLN, sans m'en sentir responsable, autant chaque brutalité ou chaque assassinat perpétré au nom du peuple français me paraissait insupportable, parce que la France incarnait à mes yeux d'autres principes que ceux de la colonisation et de l'oppression : ceux du droit des peuples à disposer d'eux-mêmes, et les Droits de l'Homme, hérités des Lumières. Et j'étais révolté à l'idée que ces valeurs universelles que nous avions contribué à défendre dans le monde entier, certains de nos compatriotes les bradaient sur ce qui était encore notre propre sol. Je me souviens de l'incompréhension de mon père, avec lequel j'évoquais les faits de torture qui m'étaient rapportés de la part de militaires français : « *Non*, disait-il, *cela, ce sont des agissements de sauvages, ce ne peut pas être le fait de soldats français.* » Et il était accablé lorsque je lui montrais les preuves qui nous en étaient données, refusant pour sa part de croire en leur véracité, les attribuant à la « *propagande ennemie* ».

J'ai toujours choisi mon combat, celui de la décolonisation, et je n'ai pas cessé, pendant toute cette période troublée, d'exprimer avec clarté mes convictions. Pour autant je n'ai jamais cessé non plus de me comporter de manière loyale tant vis-à-vis de mon pays que de ceux qui le combattaient pour leur propre liberté. Ma conviction était d'emblée que la guerre d'Algérie représentait un immense gâchis, comme la guerre d'Indochine avait déjà été un immense gâchis. Gâchis en vies humaines, et ce premier coût est énorme. Gâchis ensuite en termes d'image, pour notre pays, et gâchis durable en termes diplomatiques. Pour autant, la simple idée de déserter ou d'être « insoumis » ne m'avait pas effleuré, lorsque le moment était venu de mon intégration à l'armée française, et je n'avais pas fait valoir l'objection de conscience. Si l'opposition démocratique à une guerre qui ne voulait pas dire son nom me paraissait naturelle, le respect des institutions de mon pays ne me paraissait pas pouvoir se diviser. J'avais donc fait mon devoir comme seconde classe en Algérie.

Je ne figurai pas non plus parmi les « porteurs de valises », étiquette dont on affuble les Français de métropole qui participèrent activement à la lutte du FLN en acheminant pour lui les fonds qu'il récoltait, entre autres moyens de lutte, sur le territoire métropolitain. Je ne les juge pas non plus : mais leur combat ne fut pas le mien. Je ne fus jamais de ceux qui souhaitèrent ajouter de l'huile sur le feu de la guerre civile : au contraire, toute mon action alla dans le sens de la conciliation, de la négociation et de la concorde.

Lorsque je me suis trouvé, au cabinet d'Edmond Michelet d'abord, auprès d'Ahmed Ben Bella ensuite, dans une position d'intermédiaire entre la France et le FLN, puis entre l'Algérie indépendante et son ancienne métropole, j'ai continué à travailler, avec parfois l'idéalisme et les illusions de ma jeunesse, pour renouer les fils du dialogue entre deux peuples dont je ne supportais pas qu'ils puissent se tourner le dos, après des décennies d'histoire commune. Après l'indépendance, je crus donc pouvoir, modestement, à ma place, être un lien vivant entre la France et l'Algérie et éviter le durcissement stérile de leurs rapports. Utopie sans doute, où je m'aliénai à la fois les « pieds-rouges » qui se méfiaient de mon passé institutionnel et les partisans de l'Algérie française, qui souhaitaient mener une politique de la terre brûlée. Utopie dont je ne mesurai pas bien en cet instant les implications, et dans laquelle je m'engageai, au nom d'une certaine idée de la France et des valeurs universelles qu'elle incarne à mes yeux.

C'est pourquoi je ne me sentais pas moins patriote en dénonçant l'ordre colonial que ceux qui prétendaient servir la France et son drapeau en tournant le dos aux valeurs fondatrices de la République.

Pourtant mon engagement sans restriction fut prétexte à des accusations dont la violence même me laissait souvent interdit : ma condamnation à mort par l'OAS s'inscrivait dans un contexte de lutte sans merci contre l'Etat dont je symbolisais la Justice partisane... Longtemps, je serais poursuivi d'une haine inexpiable par des nostalgiques du colonialisme.

Les réunions publiques du Front national verront souvent huer, même vingt ou trente ans après les faits, « Bourges le bougnoule » ou

« Bourges le pied-rouge », certains militants d'extrême droite se hérissant à l'idée que je puisse diriger des médias français. Si Jean-Marie Le Pen ne tomba jamais dans ces excès à mon égard, son lieutenant Roger Holleindre n'admettra jamais que la télévision française puisse avoir à sa tête celui qu'il dénommait « Mohamed Bourges ». Au sein de la Commission Nationale Communication et Liberté, l'académicien Michel Droit, grand défenseur de l'apartheid en Afrique du Sud, avait pour habitude de sortir solennellement lorsque, président de TF1, j'entrais dans la salle. Il s'en était expliqué une fois pour toutes auprès de moi par une lettre où il insultait *« le complice des égorgeurs de nos compatriotes »*. Impossible de ne pas lui reconnaître une véritable constance dans l'égarement historique et l'outrance verbale... Mais au sein de cette même CNCL, ancêtre immédiat du CSA, un Jean Autin ou un Gabriel de Broglie ne pouvaient en aucun cas voter pour moi à cause de mes positions lors du conflit algérien, et ils ne cachaient pas l'aversion qu'ils me portaient. Aussi lointaines et dérisoires que nous paraissent aujourd'hui ces haines, il ne faut pas oublier le degré qu'elles ont atteint au cours des années 60.

J'ai moi-même essayé de recoudre les parties déchirées d'une plaie qui pour beaucoup restait à vif. En toute modestie, je crois pouvoir dire que j'ai travaillé à mieux faire connaître la France et que par les relations personnelles que je n'ai cessé d'entretenir avec les responsables des pays maghrébins et africains, j'ai voulu contribuer à l'effacement des rancœurs et à la construction d'un nouveau type de relations, égales et loyales, entre les jeunes pays nés de la décolonisation et l'ancienne puissance coloniale : après le temps des ruptures et des oppositions, le temps était venu des rapprochements et de la coopération.

Dans une démocratie adulte, rien ne doit être laissé dans l'ombre de ce qui constitue le passé, et il en va de même si l'on souhaite construire des relations saines et équilibrées entre les Etats. Le travail de mémoire que nous avons à accomplir, dans notre pays, est considérable. Comme le besoin de la société française de crever les abcès du mensonge social : sur les « ratonnades » du 17 octobre 1961, sur les morts de Charonne le 8 février 1962, sur les dossiers classés « secrets » par la police de Maurice Papon, dont le rôle pendant ces années noires comme pendant l'Occupation est désormais connu et reconnu... Les dossiers sont ouverts, les historiens peuvent faire leur métier, et les témoins le leur : c'est aussi le sens de ces pages.

Notre pays se grandit en ouvrant plus largement son livre d'histoire, en évacuant les faux semblants et les vérités de façade, et en acceptant de porter sur lui-même un jugement sans mauvaise foi. Un peuple mûr, informé, responsable, est mieux à l'abri des dérives totalitaires et des comportements barbares.

4
Algérie

J'ai effectué deux longs séjours en Algérie. Le premier de janvier 1958 à mars 1960, pendant plus de deux ans pour y accomplir mes obligations militaires, entre mon premier passage à *Témoignage Chrétien* et mon expérience gouvernementale au cabinet d'Edmond Michelet. Le second séjour d'août 1962 à décembre 1966, plus de quatre ans pendant lesquels j'ai exercé, au sein de la jeune République algérienne indépendante, diverses responsabilités.

Ces séjours constituent les deux volets distincts d'une expérience qui m'a conduit à aimer ce pays à la fois attachant et difficile, que travaillent des contradictions profondes, des affrontements internes, des identités parallèles, des oppositions et des fidélités culturelles multiples. A un moment décisif de l'histoire bouleversée de cette terre à la fois généreuse et sévère, j'ai donné à l'Algérie près de huit années de ma vie. J'en garde évidemment des marques, des souvenirs de bonheur, de lumière, d'atmosphères, de rencontres inoubliables, et des meurtrissures, souvenirs d'heures tendues, inquiètes, tragiques parfois, de moments où la peur et la violence étaient présentes, sur fond d'incompréhensions, ou d'injustices mutuelles.

Comment rendre avec exactitude toutes ces émotions, et en composer un diptyque cohérent, où l'on puisse reconnaître, tout simplement, la vérité de cette période, de ce pays, et de celui que j'étais alors ? Je vais tenter de me couler dans les événements que j'ai vécus, pour donner tout leur sens à la fois à mes actes, et au contexte historique dans lequel ils s'inséraient. Je dirai aussi les méprises, les surprises, les blessures. Une vie d'homme est le recueil, les uns ne vont pas sans les autres, de ses enthousiasmes et de ses déceptions, déception étant le nom pudique que l'on donne à ses erreurs.

Malgré tout ce que j'avais pu écrire, ou dire, avant janvier 1958, sur les événements d'Algérie, je n'ai en effet connu la réalité concrète de la guerre et du pays que lorsque j'y fus moi-même, lorsque je fis l'expérience des casernes, des rondes nocturnes, du danger flottant vaguement autour de soi, de l'atmosphère oppressante que l'on peut ressentir lorsqu'un certain silence, devant soi, témoigne mieux qu'un long discours de l'hostilité réprimée. J'ai eu de multiples occasions de me sentir vulnérable, au milieu de la population algérienne au contact de laquelle je servais quotidiennement, cible facile que mon uniforme désignait à un attentat symbolique du FLN contre l'armée française.

Les conditions dans lesquelles s'est accompli mon second séjour furent évidemment bien différentes : je sortais cette fois-ci d'une expérience passionnante et pleine d'enseignements, au cabinet d'Edmond Michelet. Parce que j'avais longuement parlé avec ses dirigeants, j'avais du FLN une perception bien différente de celle de l'appelé que j'étais quelques années auparavant. Le défi qui m'était alors lancé, celui de travailler avec eux à la construction d'un nouvel Etat en préservant le plus possible les liens de l'Algérie nouvelle avec la France, aurait pu à bon droit me paraître insensé. Avec quelques années de plus, je n'aurais pas accepté de m'y jeter, comme je l'ai fait, à corps perdu. La raison m'en aurait détourné, le soin de préserver mon avenir professionnel, de ne pas passer, auprès des Français, pour un faux frère, et des Algériens pour un transfuge. Naïveté, confiance en moi ? Je ne croyais me brûler auprès de personne, je trouvais ma démarche naturelle et sans ambiguïté, je me moquais de ceux qui l'interpréteraient mal... J'ai découvert, avec le temps, qu'ils avaient été nombreux, et jusque dans ma propre famille, ceux qui n'avaient pas compris ma décision. Certains d'entre eux s'en étaient ouverts à moi avant même que je parte... Mais j'avais mis toutes leurs préoccupations de côté pour rejoindre ceux dont j'avais été le « geôlier », dans leur nouveau rôle d'hommes d'Etat...

Ces deux époques sont le cadre d'événements inconciliables, et si elles sont séparées par plus de deux ans de mûrissement personnel et de mutations historiques rapides, qui rendirent banal et quotidien ce qui était inconcevable, et inconcevable ce qui était habituel, pourtant je ne peux les traiter autrement qu'ensemble : l'Algérie que j'ai connue se recompose, par le double travail de la mémoire et du temps, comme une unité, à partir de cette dualité. Les deux lèvres de ce qui fut une cicatrice doivent être recousues, reformer un tissu unique. Tous mes actes, pendant ces années brûlantes, tendaient à ce rapprochement, ou tout au moins à diminuer l'éloignement, à conserver ouvertes les perspectives d'avenir commun et de réconciliation.

Les déchirements des hommes sont intenses, douloureux, et masquent les logiques profondes qui trament le cours de l'Histoire : un jour vient où rien de ce qui s'est produit ne paraît avoir pu être évité, ni même différé. Les choix des uns et des autres prennent alors une autre résonance : quel que soit le camp pour lequel ils s'engagèrent, c'est leur comportement individuel qui compte. Furent-ils lâches ou courageux, généreux ou cruels, loyaux ou menteurs ? Et face à la banalisation des crimes et des violences, furent-ils humains ou inhumains ? Telle est la force bouleversante du dernier vers de *L'Affiche rouge,* d'Aragon : « *Je meurs sans haine en moi pour le peuple allemand.* » D'un côté comme de l'autre de la barricade, où le hasard de l'Histoire nous dispose et dispose de nous, il est presque toujours possible de faire son devoir, sans haine, sans renoncer à ses principes, à ses valeurs. Ce n'est pas toujours facile, et cela peut être risqué. Mais c'est presque toujours possible.

Simple bidasse près de Sétif

En janvier 1958, avec la classe 57.2.C, je fus donc convoqué dans une caserne de Metz à l'issue du long sursis qui m'avait permis de vivre ma première expérience à *Témoignage Chrétien,* dans la foulée de mes études à Lille. J'eus l'étonnement de me retrouver entouré d'appelés qui appartenaient tous à une même catégorie : tous fichés par la Sécurité militaire en raison de leurs opinions politiques ou de leurs activités militantes. Notre groupe comptait de jeunes communistes qui avaient adhéré au Parti par enthousiasme au sortir de l'adolescence, des objecteurs de conscience qui s'étaient vu refuser leur statut, mais aussi toutes sortes de jeunes appelés, sur lesquels l'attention des autorités militaires avait été attirée par des publications, des manifestations, des signatures de pétitions, des engagements dans des organisations de jeunesse connues pour leurs positions libérales et progressistes... Pour ma part, il était clair que ma sélection était due à mes prises de position opposées à la guerre d'Algérie dans *Témoignage Chrétien.*

L'hétérogénéité de ce recrutement ne nous aurait pas permis de nous retrouver sur beaucoup d'autres points que sur notre opposition résolue aux opérations militaires auxquelles on allait nous demander de participer. On ne nous laissa pourtant pas le temps de nous concerter : vingt-quatre heures après notre arrivée, nous étions dirigés sur Marseille, par voie ferrée, regroupés dans un train militaire, qui traversait les gares de l'est de la France en chantant à tue-tête, sur l'air du *Ça ira* : « *Ah ça ira, ça ira, ça ira, le Père Lacoste à la lanterne, Ah ça ira, ça ira, ça ira, le Père Lacoste on le pendra !* » Allégresse et véhémence qui cachaient mal nos doutes et nos appréhensions... Cette profession de foi anticoloniale et hostile à la politique suivie par la France laissait pourtant de marbre l'encadrement de notre convoi, qui ne cherchait pas à faire taire les refrains, même les plus antimilitaristes. Les sous-officiers qui nous accompagnaient nous regardaient avec mépris, conscients que les prochaines journées verraient la plupart d'entre nous changer de chanson, les événements et les circonstances se chargeant d'assurer leur conversion, mieux que n'importe quelle mesure disciplinaire. Le risque de subversion qu'aurait pu représenter notre arrivée massive dans une même unité serait de toute façon écarté par notre dispersion, à peine arrivés à Alger, dans toutes les unités réparties sur le territoire algérien. A la solidarité (déjà artificielle) du « train des opposants » allaient se substituer bientôt la solidarité de la troupe, et la difficulté qu'il y a, dans le danger, à se séparer, fût-ce en paroles, de ses camarades.

A Marseille, nous fûmes embarqués sur le *Sidi-Ferruch*, paquebot habitué à faire cette traversée, à l'instar du *Ville-d'Alger* et du *Ville-d'Oran*, et qui avait été réquisitionné pour le transport de troupes. Nous nous sommes retrouvés entassés dans la cale, les cabines étant réservées aux gradés, et le pont aux troupes qui n'étaient pas suspectes d'être mal-pensantes. Les vingt-quatre heures de traversée furent vingt-quatre heures de houle et de roulis, et je fus malade de bout en bout. Le seul souvenir que je garde de cette longue antichambre marine de l'Algérie est celui du continuel malaise physique auquel j'ai été soumis, qui ne laissa à aucun moment mon estomac libre d'ingérer aucune espèce de nourriture. On imagine l'état dans lequel je débarquai à Alger, et je n'ai donc aucun souvenir de ce que fut mon premier contact avec cette terre.

Je fus affecté, par l'effet conjugué des besoins de l'armée et du hasard des désignations, dans le Constantinois, près de Sétif, dans un régiment de l'Aviation Légère de l'Armée de Terre, l'ALAT, dirigé par le colonel Crespin. Cette unité d'hélicoptères servait au transport des troupes de combat, à la fois vers le front et vers l'arrière. Nous n'étions donc pas directement mêlés aux opérations militaires, mais nous en étions le bras logistique essentiel, assurant la mobilité des troupes terrestres et leur rapidité de mouvement. Jour et nuit, pendant près de vingt-sept mois, se succédaient les envols et les atterrissages de tous les types d'hélicoptères militaires, de l'Alouette de commandement, qui transportait deux ou trois officiers supérieurs, à la fameuse « banane », qui pouvait contenir plusieurs dizaines d'hommes. La mission de notre régiment était de maintenir en état de marche tout ce parc d'appareils, et de les tenir au service des unités de l'armée de terre, qui en avaient le plus grand besoin pour se déplacer en Algérie. J'y fis mes classes, pendant quatre mois, avec la troupe, parmi les 2ᵉ classe. Cette période se passa au milieu de ces fils des quartiers populaires des grandes villes ou des campagnes, que j'avais encadrés dans mes engagements sociaux de jeunesse, au sein de l'AJD par exemple, et que je retrouvais ici, jetés sans savoir pourquoi dans un conflit dont ils ne comprenaient pas grand-chose, sur une terre inconnue et lointaine, où ils perdaient tous leurs repères.

On ne me permit pas de faire l'apprentissage d'élève officier, ouvert habituellement aux jeunes étudiants ou aux jeunes diplômés de l'enseignement supérieur : je fis mon apprentissage militaire parmi les déclassés et les sans-grade. Homme de troupe parmi les autres, j'étais de nouveau confronté aux disparités de notre société : la plupart de mes camarades étaient incultes, un certain nombre analphabètes, et beaucoup encore alcooliques. Ils étaient majoritairement originaires, comme moi, de Bretagne. En vivant au milieu d'eux pendant quatre mois, j'appris beaucoup sur leur condition et sur leur parcours, trop souvent comparables, de pauvres hères sans éducation, sans formation, fréquemment sans métier et sans travail.

Ils avaient 20 ans, et, sursitaire, j'en avais cinq de plus. A ce titre, je fus vite respecté, jouissant d'un statut particulier, même si certains s'interrogeaient sur les raisons de ma présence parmi eux. Il est clair que je ne m'étendis ni sur mes engagements ni sur mes activités de journaliste. Ils subissaient ce service comme une fatalité, sans se poser de question sur la finalité de cette guerre, soucieux de préserver leur vie tout en accomplissant leurs obligations de la manière la moins pénible possible. Ils avaient face à la guerre cette sorte de résignation butée qu'opposaient aux sergents recruteurs les paysans de l'Ancien Régime : ils avaient tiré le mauvais numéro, il fallait bien y aller, mais ils feraient le minimum, en s'exposant le moins possible, pour défendre des intérêts qui ne pouvaient en aucun cas être les leurs. Leurs habitudes étaient tenaces, en Algérie comme en France : plusieurs refusaient le café du petit déjeuner pour y substituer le vin rouge acheté en litron à la cantine dès les premières heures du matin.

Je devins vite, et tout naturellement, leur écrivain. Chaque soir, ma corvée à moi commençait quand celles de mes camarades s'achevaient. C'était une forme d'échange dont nous nous trouvions tous satisfaits : je me voyais dispensé de corvée de patates ou de nettoyage, et ils étaient à l'évidence plus doués que moi pour les « pluches » ou le balai, malgré ma pratique des camps scouts. Mais j'héritai d'une autre responsabilité :

celle d'écrire chaque soir des lettres à leurs parents ou à leurs fiancées... Combien de lettre gauches et émouvantes j'ai alors copiées, et parfois rédigées, m'efforçant de conserver le style qui était le leur, factuel, appliqué, traversé par des bouffées d'oralité, des expressions rurales, des mots de métiers, des références pour moi un peu obscures mais où passaient des bons souvenirs, des moments de joie ou d'amour auxquels la distance donnait une teinte un peu fanée, comme la couleur sépia des vieux clichés.

De temps à autre, au contraire, certains réclamaient de moi des efforts de style, et de forcer un peu ma prose pour que la lettre paraisse plus belle, ou leur témoignage plus précieux, leur éloquence plus fleurie. Je faisais alors de mon mieux pour les satisfaire, sans être bien sûr que leurs lecteurs seraient dupes de cette rhétorique empruntée, où ils ne reconnaîtraient pas forcément celui qu'ils aimaient...

La région de Sétif appartient à cet Est algérien à l'abord austère, parent pauvre de l'ère coloniale, largement sous-équipé et abandonné à lui-même. Il en résultait, au moment où je découvrais cette région, de graves disparités économiques. La population n'y disposait généralement que de ressources précaires, fruit essentiellement d'activités agricoles limitées à des formes d'élevage archaïques, et à des cultures vivrières. Les troupeaux de moutons maigres paissaient sur les collines sèches, sous la garde de quelques bergers laconiques et presque hostiles. Les terres à blé prédominaient, exploitées par des colons peu nombreux, qui se partageaient de vastes domaines, ou par des Algériens de souche, à la tête de petites superficies. Les fermes étaient dispersées, isolées les unes des autres. Le seul grand marché était à Sétif, à une dizaine de kilomètres, où tous se rendaient vendre leur production.

Aucune comparaison possible entre cette région de Sétif et les plaines chaudes et sèches de l'Ouest, autour d'Oran, et leurs sols sablonneux, propices à la culture de la vigne, domaine d'élection du peuplement européen, pas plus qu'avec les grandes exploitations irriguées et mécanisées des plaines côtières, comme la Mitidja dans l'Algérois, dont les terres largement arrosées étaient toutes aux mains des colons.

La dureté de cette région, son caractère aride et peu développé, ses populations moins européanisées que celles d'autres régions de l'Algérie, il allait m'être donné de les connaître de près, et d'en éprouver la trempe pendant de longs mois, au contact direct des civils. Au moment où j'y arrivai, je savais pourtant déjà que cette région était l'un des berceaux du nationalisme algérien : Sétif était la ville où la célébration de la victoire sur les Allemands, en mai 1945, avait été marquée par la sanglante répression des premières manifestations nationalistes algériennes par l'armée française, c'était aussi la ville de Ferhat Abbas, leader de l'Union Démocratique des Musulmans Algériens, premier maire de Sétif, modéré, que les événements avaient exilé à Tunis. Président du Gouvernement Provisoire de la République Algérienne, il serait rapidement dépassé, comme c'est souvent le cas lorsque les situations politiques dégénèrent, par des personnalités plus extrêmes. Pour autant il restait, dans les années 1958-1960, le dirigeant politique de référence dans lequel toute cette région se reconnaissait.

Quelques mois après l'indépendance de l'Algérie, et alors que je serai revenu à Alger, mon ami le bâtonnier de Sétif Sidi Moussa me téléphona : *« Ferhat Abbas revient de Tunis sur Sétif, nous allons le chercher, veux-tu venir avec nous ? »* Je ne voulus à aucun prix manquer ce retour et c'est avec une excitation de journaliste auquel on propose une exclusivité historique que je pris part à cette expédition, dont les enjeux politiques n'étaient plus très grands, car déjà Ferhat Abbas était supplanté par Ben Khedda, tandis que Ben Bella prenait le pouvoir à Alger... L'enchaînement des événements donnait rétrospectivement raison à ceux qui, du côté français, avaient d'emblée plaidé pour la négociation et contre la logique des armes : ce qui aurait pu être envisagé avec Ferhat Abbas ne pourrait plus jamais l'être ensuite, ni avec Ben Bella, ni avec ses successeurs.

Nous retrouvâmes Ferhat Abbas à la frontière tunisienne : notre cortège entra alors en Algérie au milieu des hourras. Le bâtonnier Sidi Moussa conduisait une vieille Citroën alerte à fond de train, traversant les villages en freinant à peine, malgré les cris, les applaudissements, les youyous joyeux. J'éprouvai un sentiment étrange à retraverser dans cet appareil éclatant et glorieux des villages que j'avais connus silencieux, soumis, quelques années auparavant, en tant que soldat français. Etait-ce bien le même pays ? Nous n'avions plus à craindre d'attentat, mais je crus pourtant perdre la vie quand, soudain, à l'approche d'un carrefour, je vis apparaître l'avant d'un tracteur qui commençait à traverser, lentement mais sans hésiter. Le chauffeur écrasa le frein, la Citroën partit en travers, gagna ainsi quelques secondes, manqua sortir de la route, et se glissa sur deux roues, en pleine gauche, juste derrière le tracteur qui continuait paisiblement sa route. Le paysan qui nous avait causé cette terrible frayeur se serait-il jamais pardonné d'avoir causé la mort d'un homme, Ferhat Abbas, qui était alors un héros national ? Il ignora sans doute toujours l'identité des occupants de la voiture folle qu'il avait croisée. Mais j'anticipe, et je dois revenir au fil de ma narration...

Une semaine après mon arrivée à Aïn Arnat, un lieutenant était venu me chercher en m'indiquant que le chef de corps, le colonel Marceau Crespin, me convoquait. Je me présentai immédiatement, dans son bureau sommaire, devant cet homme à la forte stature, doté de manières brutales et directes, appuyées sur un solide accent corrézien, qui donnait de riches couleurs à son langage bigarré d'expressions et d'images martiales. A l'usage, je découvrirais que ce vocabulaire, pour chargé qu'il fût, n'était pas très étendu, et que ses certitudes, intangibles et affichées, étaient également en nombre plutôt restreint.

J'attendis longtemps au garde-à-vous qu'il prononce le mot libérateur : *repos*. Et il entama aussitôt un monologue sans ambiguïté : « *Vous allez faire votre service sous mon commandement. Du fait de vos antécédents, vous n'avez pas le droit de faire les EOR. Vous nous avez été signalé comme élément subversif par la Sécurité militaire. Vous commencez 2ᵉ classe, avec la possibilité de devenir caporal, et de terminer caporal-chef si votre conduite est irréprochable.* » Je n'avais pas à répliquer, n'ayant pas été interrogé. Il y eut un silence, et il reprit : « *Je vous le dis tout de suite : nous avons perdu l'Indochine. Nous avons perdu le Maroc. Nous avons perdu la Tunisie. Nous ne perdrons pas l'Algérie. Mettez-vous bien cela en tête. Dans ces conditions, nous sommes prêts à oublier vos activités partisanes en métropole si vous vous montrez bon soldat, et si vous faites honneur à la mère patrie.* » Je me gardais toujours bien de répondre.

« *Vous allez faire vos classes, d'abord. Vous devez savoir qu'en dehors des patrouilles autour de notre base d'Aïn-Arnat, que vous aurez à effectuer régulièrement avec vos camarades, vous n'aurez pas à participer à des actions de commando. Notre unité est une unité de transport. Mais il est nécessaire que vous commenciez tout de même par apprendre le maniement réglementaire du fusil et du pistolet mitrailleur. Ce n'est pas parce que vous ne serez pas directement en première ligne que vous n'aurez pas à vous défendre, ou, qui sait, à défendre la base.* » Le monologue continuait. « *Ne pas subir* » était la devise du régiment : elle était belle, et je me l'appropriai pour le restant de ma vie.

Ne pas subir

« *Au-delà de vos talents d'écrivain, que savez-vous faire de vos mains ?* » Cette fois la question était directe : j'évoquai mes talents culinaires, mes activités sportives passées, rugby, football, vélo, boxe, et je lui affirmai que j'espérais bien mettre à profit la période qui s'ouvrait pour faire du sport. Puis je lui avouai que j'avais toujours été et que je serais toujours amoureux de théâtre. Il sembla tout de suite intéressé par cette particularité : « *Le théâtre aux armées, vous connaissez ce principe ? Pourquoi ne monterions-nous pas quelque chose comme cela ? Nous aurions bien une occasion d'organiser des représentations, soit lors de la venue du général Salan, soit lors d'une visite de la marraine du régiment, la maréchale de Lattre de Tassigny...* » Sur le coup, je ne sus si le projet était sérieux, si sa proposition tiendrait la route. Mais je me dis immédiatement que je pouvais trouver là un moyen d'adoucir ma situation de militaire en y mêlant le plaisir d'assouvir ma première passion... J'avais dû avoir l'air interrogatif lorsque le colonel Crespin avait évoqué la maréchale de Lattre de Tassigny : j'appris qu'il avait servi en Indochine sous les ordres du grand soldat qu'était son mari, et que c'est par fidélité à celui qui avait été son chef qu'il avait placé son propre régiment sous les couleurs de sa veuve. Elle vint en effet, et je la vis à deux reprises en Algérie, et plusieurs fois par la suite, en France, où elle continua de m'appeler, comme elle le faisait pour tous mes camarades, « mon filleul ». J'ai de sa main plusieurs messages personnels, écrits à l'occasion d'événements qui nous avaient rapprochés, ou qui m'avaient conduit à appuyer, d'une manière ou d'une autre, une des multiples initiatives de cette femme qui alliait le courage au caractère, dont le seul nom évoque de grandes heures de la France contemporaine, et qui a su, à travers les décennies, s'en montrer elle-même digne. J'eus en outre la chance de pouvoir éclaircir, et dissiper, un malheureux malentendu qui s'était glissé, bien longtemps après, entre elle et François Mitterrand, Président de la République.

Crespin allait tenir parole au-delà de mes espérances : à l'issue de mes classes, il me proposa de préparer la mise en scène d'une pièce classique, qui serait représentée lors d'une soirée exceptionnelle, pour les troupes cantonnées dans le Constantinois, à l'occasion des fêtes de fin d'année, en présence du général Salan. Le lieu retenu pour cette représentation n'était autre que le théâtre romain de Djemila, ruines splendides admirablement conservées, site antique où l'on éprouve véritablement, à des milliers de kilomètres de Rome, ce que fut la puissance de cet Empire, et son influence sur l'Afrique du Nord.

Avec Tipaza, près d'Alger, ruines chantées par Camus, et Hippone, dont saint Augustin fut l'évêque, le site de Djemila témoigne de ce que fut la richesse et la prospérité des anciennes cités algériennes pendant la colonisation romaine. Une légion installée à demeure à proximité des Aurès y instaurait ou y maintenait la *pax romana*, établie tout autour de ce *Mare Nostrum* dont tous les peuples avaient les yeux tournés vers la Ville éternelle. On sait qu'à la fin de l'Antiquité, l'Algérie était l'un des greniers à blé de l'Empire : confisqués par l'aristocratie romaine, contrôlés par leurs intendants, d'immenses domaines agricoles produisaient céréales, vins et fruits, exportés en abondance par voie maritime, avec les chevaux arabes et les mulets, vers Rome et les grandes cités de la Péninsule et des trois Gaules.

Quelle pièce choisir, pour me montrer à la hauteur d'un tel site ? Je n'hésitai pas une seconde à mêler la tradition littéraire grecque aux vestiges de la gloire romaine, et, inconscience ou défi à mes supérieurs, je décidai de monter l'*Antigone* de Sophocle. Tant qu'à faire du théâtre, il fallait encore que ce fût un acte politique, et que la pièce jouée pût prendre sens pour les soldats qui allaient y assister.

Le personnage d'Antigone incarne à travers les siècles la force d'une conscience individuelle dressée contre la puissance de l'Etat, lorsque les lois de l'Etat sont illégitimes. On connaît la belle réaction de l'Antigone de Sophocle : alors que le décret de Créon interdit d'ensevelir celui qui a porté les armes contre sa patrie, elle passe outre et recouvre de terre le corps de son frère, se référant à des impératifs plus catégoriques : « Aux lois non écrites, inébranlables des Dieux ! Elles ne datent, celles-là, ni d'aujourd'hui ni d'hier, et nul ne sait le jour où elles ont paru. Ces lois-là, pouvais-je donc les enfreindre par crainte de qui que ce fût, au risque d'en être châtiée par les Dieux ? »

La révolte d'Antigone se fait au nom de lois divines et non écrites, celles que dicte à chaque homme la conscience universelle, et qui peuvent entrer en contradiction avec les lois civiles, humaines, trop humaines, différentes selon les nations et selon les régimes... Autant les lois écrites ont été en Grèce la première garantie de la démocratie contre l'arbitraire des pouvoirs politiques, autant elles apparaissent également relatives, historiques, donc fragiles, dans l'œuvre d'Hérodote, de Sophocle, et même à travers ce que l'on sait des idées de Périclès...

Je ne connaissais pas encore les analyses plus récentes du juriste G. Ténékidès, qui voit dans l'existence de ces « lois non écrites » une première ébauche de ce qui constitue aujourd'hui les « droits de l'homme », au-dessus des législations des Etats : élaboration progressive d'un statut des étrangers dans toutes les nations civilisées, humanisation de la guerre et apparition de principes qui sont aujourd'hui ratifiés par des conventions internationales, sur les réfugiés ou sur les prisonniers de guerre. Pourtant c'était bien à ces mêmes principes moraux intangibles que je voulais faire allusion, au moment où des ordres injustes pouvaient conduire certains soldats français à y faillir.

Egérie idéale de la conscience individuelle contre la logique de fer du réalisme des politiques, Antigone est au cœur d'un mythe que chaque époque a su régénérer à travers ses propres traductions : au XXe siècle, Anouilh s'y est frotté, et on se souvient des répliques célèbres qu'il met dans sa bouche : « *C'est bon pour les hommes de croire aux idées et de mourir pour elles.* » Ou « *Comprendre, toujours comprendre. Moi je ne veux pas comprendre* ». A quoi Créon a bien du mal à opposer une morale collective un peu moyenne, fondée sur la résignation à une condition médiocre et aux lois humaines : « *Chacun de nous a un jour, plus ou moins triste, plus ou moins lointain, où il doit enfin accepter d'être un homme.* » Mais les décrets de Créon sont ceux d'un tyran, et ne coïncident pas avec une volonté démocratique...

« Etre un homme » n'a pas le même sens dans la bouche d'Antigone, où cette qualité entraîne des exigences morales absolues, et la soumission à des lois « non écrites », donc par nature supérieures aux lois ou aux règlements changeants dont chaque société se dote. Aux yeux de Créon, l'homme n'est qu'un pion dans le jeu politique et ne peut prétendre enfreindre les règles que le pouvoir du moment lui impose, fût-il celui d'un tyran.

On voit bien la lecture qui pouvait être faite du mythe d'*Antigone*, dans le contexte particulier de la guerre d'Algérie. Afin d'éloigner le plus possible le texte des réalités contemporaines, ce n'est pas la version d'Anouilh, qui date de 1944, que je décidai de mettre en scène, mais le texte original de Sophocle, où le travail des différents traducteurs nous permettait d'insister à loisir sur l'antiquité, donc la respectabilité de l'œuvre. Sophocle, c'était « l'alibi culturel », derrière le voile duquel pouvaient apparaître des interrogations plus actuelles...

J'eus presque une année pour peaufiner cette représentation unique : recherche des acteurs, travail collectif sur les textes, multiples répétitions : nous ne pouvions pas nous permettre la moindre erreur pour cette soirée qui ne se renouvellerait pas. Le premier problème fut de trouver mes deux actrices principales : qui ferait la blonde Ismène et qui serait la brune Antigone ? La première réaction du colonel Crespin avait été nette : « Vous n'avez qu'à déguiser deux soldats ! » Mais j'avais été modérément enthousiasmé par la perspective de répéter plusieurs mois avec deux appelés travestis, qui risquaient fort, lors de la représentation, de tirer le tragique vers le grotesque, donnant aux passions antiques une tournure parodique plus au goût d'Offenbach... Je fis valoir mes arguments et je réussis à intéresser à ma cause l'aumônier du Régiment, le capitaine Durand, par l'entremise duquel je fus présenté à une charmante institutrice d'un village voisin, parfaitement blonde, âgée d'environ 25 ans, et à une infirmière volontaire, et brune, de 22 ans. Toutes deux avaient déjà fait du théâtre, en amateur, et elles étaient attirées par les rôles qui leur étaient réservés dans la pièce, dont l'un, celui d'Antigone évidemment, est tout de même l'un des plus prisés du répertoire.

Le travail de mise en scène fut aussi long que soigné : je m'étais réservé le rôle de Créon, qui n'était pas le plus confortable, mais qui était le principal rôle masculin. Le colonel Crespin m'ayant demandé d'expliquer au public, en ouverture de la représentation, le sens de la pièce, je dus en outre composer un bon morceau d'art oratoire pour dire la leçon d'Antigone sans paraître l'extrapoler, en suggérant des prolongements que je ne pouvais exprimer entièrement : valeurs humaines fondamentales chères aux anciens Grecs, loyauté vis-à-vis de l'ennemi, devoir de ne jamais frapper un homme qui se rend, respect dû aux morts, qui doivent toujours être rendus à leurs proches pour être ensevelis selon leurs usages... L'importance de ces valeurs dans l'Antiquité où notre civilisation occidentale plongeait ses racines n'avait pas besoin d'être rappelée. Je me souviens avoir ainsi tenu ce double langage un peu dangereux, sous les yeux du général Salan, et face à 3 000 soldats rassemblés dans l'un des plus beaux sites antiques du Maghreb.

La représentation fut un succès : quelle revanche pour le petit soldat humilié des premières semaines, sur ceux qui l'avaient méprisé, comme sur la hiérarchie militaire qui l'avait écarté des rangs des élèves officiers... La vague d'applaudissements qui descendait vers nous par degrés me soulevait et me portait à mille lieues des circonstances dans lesquelles la représentation prenait place, j'avais l'impression d'être à Athènes, aux fêtes des Dionysies où la tragédie avait été jouée pour la première fois, en même temps qu'à Avignon, dont le Festival m'avait tellement fait rêver : l'ampleur du site composait un lieu imaginaire détaché de tout référentiel géographique réel, nous marchions dans l'espace irréel et inviolé des grands mythes fondamentaux.

Au « quartier »

Après mes classes, le colonel Crespin m'avait affecté au « quartier », qui était le lieu de rencontre entre le régiment et la population civile environnante. En m'annonçant sa décision, il m'avait dit qu'il souhaitait que notre présence à Aïn Arnat soit bien perçue par les habitants. Il avait donc songé à faire organiser pour les jeunes des activités éducatives, culturelles, sportives, afin de parfaire leur éducation, et de leur faire aimer la France à travers son armée. Il n'était guère de mise de faire porter une responsabilité à un deuxième classe... Pourtant, mon expérience au sein de l'AJD comme les nombreuses activités sociales ou culturelles dans lesquelles je m'étais engagé avant mon départ pour l'Algérie me qualifiaient plus qu'aucun autre, et le colonel Crespin en avait vite été convaincu.

Ainsi chaque jour je quittais la base en jeep avec un chauffeur et un camarade, deuxième classe comme moi, mais mieux armé que moi, pour me rendre au village d'Aïn Arnat, qui était distant de quelques kilomètres. Je pris immédiatement contact avec la population, et d'abord avec la population d'origine européenne, qui se limitait à quelques familles : le maire, monsieur Chollet, issu d'une famille calviniste de Suisse, qui possédait la plus grande exploitation, et qui jouait sur le registre de la sévérité la plus stricte tout en arborant des airs de grand seigneur. Il était aidé de son garde champêtre, Chevalley, véritable garde-chiourme de tout le village. La population d'origine algérienne n'avait pas le droit de sortir dans les rues ou sur la place après une certaine heure, fût-ce pour bavarder ou pour jouer, dans le cas des enfants : c'était une forme extrême de couvre-feu, doublée de mesures de confort personnel. Ainsi, nul ne devait s'arrêter devant la maison du maire, dont les alentours devaient rester en permanence libres de tout rassemblement.

Les premières paroles échangées avec le maire me confirmèrent dans l'impression que ces mesures avaient immédiatement produite sur moi : il me mit d'emblée en garde contre « *toute familiarité* » à l'égard de la population d'origine algérienne, me disant, comme s'il s'agissait d'une vérité générale incontestable que « *les musulmans ne connaissent que la force* », ajoutant encore : « *Il faut marquer les distances pour être assuré d'être respecté...* » Son garde champêtre pratiquait ces principes avec les jeunes du village, soumettant au fouet et à plusieurs jours de cachot ceux qu'il suspectait d'un larcin. Il va sans dire que quand je les ai connues, j'eus à cœur de faire cesser, autant que possible, ces pratiques.

Je rencontrai ensuite l'instituteur du village, dont je compris vite ce qui le distinguait du maire : le premier était croyant, l'autre était laïc, et défenseur de sa laïcité. De plus le maire était un propriétaire terrien, l'instituteur était un fonctionnaire. L'un se plaçait lui-même ouvertement à droite, l'autre préférait se dire de gauche. Mais ce qui les séparait était pourtant moins important que ce qui les rapprochait : leur même foi en l'Algérie française, à travers laquelle l'un défendait très explicitement ses propres intérêts, tandis que l'autre aimait à considérer qu'il défendait d'abord les intérêts des populations algériennes elles-mêmes, « *auxquelles la France avait tellement apporté et continuerait d'apporter tellement* ». Les quelques colons français qui vivaient dans Aïn Arnat et dans les gros villages voisins (ils en étaient alors le plus souvent les maires) étaient dans les mêmes sentiments. Ils y restèrent jusqu'à la toute fin du conflit, jusqu'à l'autodétermination : je n'eus avec eux que les rapports que rendit nécessaire l'accomplissement de la mission qui m'avait été confiée auprès de la population algérienne. Une exception toutefois à ce tableau, celle d'un petit colon d'origine maltaise, Noël Attar, dont les relations avec les musulmans n'étaient pas mauvaises, et qui après l'indépendance allait pourtant choisir de regagner la France, où il connaîtrait quelques difficultés d'adaptation, n'ayant eu aucune véritable formation professionnelle. Il me rejoindra vingt ans plus tard à TF1, sur un emploi qui ne nécessitait pas de qualification particulière.

Le colonel Crespin attendait avant tout de mon action que je parvienne, autant que possible, à recueillir sinon l'adhésion au moins la neutralité des habitants les plus proches de la base. Or à l'évidence la logique même de l'action dont il m'avait chargé allait à l'encontre de décennies d'humiliation et de rapports de force qui étaient en train de changer, ce dont la population se rendait parfaitement compte.

Pour les colons français, ma fonction était presque une énigme : il n'était pas possible de nous concilier l'amitié des musulmans, il fallait les contraindre, personne ne pouvait être à la fois l'ami des Algériens, et leur ami à eux. Notre dialogue était donc largement impossible, la logique de mes décisions leur restait étrangère, et ce qu'ils en observaient les stupéfiait.

Je pris à cœur la tâche qui m'était confiée, de contribuer à apaiser les brûlures et à détendre les relations de la base et du « quartier ». Comme aucune activité n'était organisée dans le village en dehors du temps scolaire, c'est-à-dire tous les après-midi, je commençai par proposer aux jeunes de former des équipes de football, et de différents sports, auxquels je les entraînais, planifiant diverses compétitions entre eux. J'obtins de disposer d'une vaste grange au centre du village, dans laquelle je pus mettre en place des ateliers pour des activités manuelles, de menuiserie notamment, et où je commençai à constituer un début de bibliothèque.

J'étais en uniforme pendant le trajet du camp au village, mais j'avais l'autorisation, pendant les activités que j'encadrais, de ne porter qu'un survêtement réglementaire, qui devint progressivement ma tenue habituelle. Elle témoignait d'un rôle moins militaire, somme toute, que social.

Avec quelques crédits, que le colonel Crespin parvint à dégager, je pus acheter un projecteur de cinéma, et j'instituai dans le village des projections régulières, avant la tombée de la nuit, et l'entrée en vigueur du couvre-feu voulu par le maire. Ce fut sans doute la seule activité culturelle contemporaine qui ait été pratiquée à Aïn Arnat pendant cette période difficile : les films que nous parvenions à obtenir n'étaient pas tous des chefs-d'œuvre, mais ils me donnaient l'occasion d'ouvrir des horizons nouveaux à des adolescents qui oscillaient entre la résignation et la révolte. Je travaillais sans relâche à leur enseigner la tolérance, la patience, l'écoute d'autrui, la non-violence, bien obligé de reconnaître, en réponse à leurs questions, que j'étais moi-même soldat, qu'ils avaient longtemps fait preuve de patience face aux humiliations endurées, et que l'écoute d'autrui n'avait pas toujours été pratiquée à leur endroit par les populations d'origine européenne.

M'apercevant assez vite que beaucoup d'enfants et d'adolescents n'étaient pas réellement scolarisés, j'aménageai également quelques baraques en salles de classe, où je dispensai à la demande et au besoin des cours de rattrapage ou d'alphabétisation. C'est ainsi, en leur parlant et en les écoutant, que je mesurai l'influence sur eux des écoles coraniques : dans tous les villages où j'allais, Coligny, Borj Bou Arreridj, et jusqu'à ce qui s'appelait encore Saint-Arnaud, du nom d'un général français qui s'était illustré de façon sanglante lors de la conquête de l'Algérie, je sentais que l'éducation dispensée par la France était doublée par un second réseau de formation intellectuelle, clairement orienté en faveur du FLN, celui des études islamiques dispensées par les « talebs » (maîtres d'école coranique) sous l'autorité des chefs religieux. Cette influence invisible s'exerça pendant toute la guerre, et elle eut sa part dans l'endurance et la persévérance de la population musulmane face à la répression qui s'abattait sur le FLN.

Dangereuse schizophrénie

Je mesurais parfaitement l'absurdité profonde de ma situation : des combats avaient lieu aux alentours. Les récits des uns et des autres faisaient état de morts, de blessés, de part et d'autre. Je voyais débarquer des hélicos de la base, revenant des zones de combat, les troupes qui étaient relevées, et bien souvent des prisonniers, qui étaient ensuite conduits, sans ménagement, au Détachement Opérationnel de Protection (DOP) de Sétif, centre d'interrogatoire où l'on pratiquait sur les « suspects » une torture systématique, afin de leur arracher des renseignements susceptibles de faciliter la tâche de l'armée française. Parfois, les « bananes » déchargeaient aussi des dizaines de cadavres de paysans « tombés au combat », dont nous apprenions parfois qu'ils étaient morts captifs des grottes où ils avaient cru trouver refuge contre leurs poursuivants, avant d'être enfumés, pour les contraindre à sortir de leurs terriers, puis tirés comme des lapins.

Et dans le même temps, je circulais pendant la journée, sans protection, en survêtement, dans Aïn Arnat, conduisant mes jeunes, arbitrant leurs matchs, les alphabétisant, ou leur proposant des projections et des lectures... Ambiguïté inévitable de ma situation, j'offrais une cible aisée pour un attentat symbolique contre la France, et les choses auraient pu, un jour, mal finir.

Le colonel Crespin considérait que mon action contribuait à la sécurité de tout le régiment : il est vrai que notre base fut assez peu menacée pendant toute cette période. Pourtant, si ma présence et mes activités avaient réellement risqué de rallier à la France la population musulmane, il est probable que le FLN ne m'aurait pas toléré aussi longtemps. Sans doute les responsables nationalistes locaux voyaient-ils l'intérêt de l'enseignement que j'apportais aux jeunes du village, sans s'inquiéter outre mesure des risques que pouvait faire courir à ses militants le discours antiterroriste et non-violent que je tenais à leurs enfants.

Il est vrai aussi que je n'étais pas le seul à être placé par cette guerre dans une situation ambiguë : des officiers de réserve, humanistes et généreux en métropole, encadraient au DOP de Sétif les jeunes EOR, appelés du contingent, jeunes étudiants qui se disaient souvent de gauche : ensemble, ils appliquaient la gégène à des prévenus arrêtés, dans des circonstances dont ils ignoraient tout. J'y retrouvais même quelques-uns des jeunes communistes côtoyés à Metz, qui m'expliquaient sans forfanterie les raffinements psychologiques qu'ils ajoutaient à la torture pour obtenir plus vite les renseignements ou les aveux espérés. Les chansons révolutionnaires ou subversives qu'ils entonnaient de bon cœur avaient cédé le pas aux refrains militaires.

J'avais déjà eu tout jeune, à la Libération, l'occasion de constater cette déconcertante aptitude de l'être humain à la reconversion politique et morale : les années qui suivraient m'en donneraient encore bien d'autres ! Il avait donc suffi de quelques mois sous l'uniforme pour muer les militants anticolonialistes hier révoltés, en simples exécutants, dociles aux ordres de leurs officiers. Le principe d'obéissance militaire avait en outre l'avantage de les dispenser, pour la plupart, des problèmes de conscience, la responsabilité de leurs actes incombant forcément à leurs seuls supérieurs. Les circonstances aidant, le suivisme est la règle, et le refus d'obtempérer l'exception, le doute sur soi et le retour sur ses actions rarement de mise...

C'est dans ce contexte déconcertant que j'accomplissais, à ma place, mes activités de « pacificateur », selon le mot du colonel Crespin. Mes relations avec la population algérienne furent évidemment changeantes :

les premiers mois, je pus à peine discuter, et l'on se méfia de moi. Dès que j'évoquais, même avec les jeunes que j'encadrais, les événements qui divisaient l'Algérie, je voyais les visages se tendre et les bouches se fermer soigneusement sur des déclarations générales, préoccupées, consternées, forcément douteuses.

L'appréhension, qui était malgré tout présente, à tous les moments de la journée, m'apprit à entendre un sous-entendu, à lire une menace dans un sourire trop large, à me méfier de l'élan spontané, souvent plutôt une manière de détourner l'attention du point vers lequel on ne voudrait pas qu'elle se tourne. L'esquive est un art quotidien, le mensonge une technique de chaque instant. Certaines nouvelles, tristes pour les miens, donnaient soudain à mes protégés des audaces verbales inattendues, et je comprenais sans peine qu'elles étaient dues à un retour de confiance dans le succès du FLN. Au contraire d'autres nouvelles les abattaient pour plusieurs jours : arrestations, exécutions, revers militaires. Même si à aucun moment ni eux ni moi n'en parlions, je sentais que ces informations, transmises de bouche à oreille, créaient une tension et une hostilité latente. Les discussions devenaient à la fois laconiques et électriques, les garçons défoulaient leur nervosité dans le sport, devenaient violents entre eux, n'obéissaient à mes consignes qu'en maugréant tout bas. J'entendais des silences pesants quand les groupes soudain baissaient la voix sur mon passage, ou se taisaient à mon arrivée.

Comme toute l'Algérie j'étais schizophrène : un homme le jour, un autre la nuit. Le jour, les habitants d'Aïn Arnat souriaient aux soldats français, ils me parlaient avec une apparente confiance, je les écoutais comme si aucune suspicion ne pouvait exister entre nous. La nuit, c'étaient les envoyés du FLN qu'on accueillait avec des fonds, des vivres, des messages, en les aidant à déjouer les rondes, auxquelles, deux fois par semaine, je participais. Le jour, même seul avec les jeunes dans le village, je me sentais en sécurité, la menace étant diffuse, imprécise, inexprimée. La nuit, entouré de plusieurs camarades pour accomplir nos patrouilles de reconnaissance autour de la base et des hameaux, nous étions au contraire hantés par les récits des embuscades récentes, et nous n'en menions pas large, croyant sans cesse entendre des bruits suspects, tirant soudain sur un renard, parce que nous avions vu à vingt mètres remuer un buisson.

Je dois préciser que je n'eus jamais à participer directement à des combats ou à des actions militaires, au cours des vingt-sept mois que j'ai passés à Aïn Arnat. La présence de l'armée française était d'autant mieux tolérée dans cette zone que les théâtres d'opérations en étaient éloignés, et que notre régiment n'avait pas vocation à participer directement aux affrontements. Pourtant, mon efficacité de « pacificateur » fut appréciée de mes supérieurs, puisque je terminai cette période comme caporal-chef, croix de la valeur militaire, plusieurs fois cité à l'ordre du régiment et du corps d'armée.

Cependant ni mes camarades ni moi ni les habitants, français ou musulmans, d'Aïn Arnat, n'étaient insensibles aux développements de la guerre qui se jouait sur cette terre et où nous étions de simples pions : les moments décisifs qui entraînèrent le basculement de la IVe à la Ve République, les émeutes organisées le 13 mai 1958 à Alger par Lagaillarde, la création d'un Comité de Salut public de l'Algérie française, par les généraux Salan et Massu, qui demandaient le retour au pouvoir du Général de Gaulle, et agitaient la menace d'un parachutage en métropole... Jusqu'au 4 juin où le même Charles de Gaulle, en visite à Alger, lancerait à la foule venue l'écouter son fameux *« Je vous ai compris »*, et le lendemain à Mostaganem : *« Vive l'Algérie française ! »*, ouvrant, par un malentendu qui lui paraissait probablement nécessaire, la première étape de sa politique algérienne, qui à l'inverse, conduirait aux accords d'Evian.

C'est à l'occasion de ce voyage, au cours duquel il visita notre unité, que je mesurai véritablement la haute stature du Général de Gaulle, et je reste marqué par l'impression physique qu'il me fit alors : en grand uniforme, armé d'une impressionnante bedaine. Le défaut est commun aux grands hommes : leur profil est meilleur en médaille qu'en réalité. Je me souviens que lors de cette première rencontre avec le personnage de Gaulle, je fus saisi par l'ampleur de ce coffre, qui lui donnait soudain l'épaisseur du vivant sous l'enveloppe du mythe.

Au fil des mois, les combats redoublaient : les rotations des hélicoptères s'accéléraient, qui emportaient les fantassins français vers les montagnes du Constantinois, pour des opérations de reprise en main qui touchaient jusqu'aux mechtas avoisinantes. L'approfondissement de la crise en guerre civile larvée, où les attentats et les coups de main du FLN alternaient avec les offensives de maintien de l'ordre des militaires, rendait ma situation personnelle et celle de mon unité de plus en plus fragile. Je vis plusieurs fois des patrouilles ramener des douars voisins d'Aïn Arnat des Algériens que je connaissais, que je voyais pour certains, quotidiennement, qui avaient été dénoncés comme membres ou responsables locaux du FLN, et seraient ensuite interrogés à Sétif, puis éventuellement emprisonnés. Il fallait cette dégradation progressive du climat pour conduire le chef de l'Etat de la déclaration tonitruante de juin 1958 à la proclamation, le 16 septembre 1959, du droit des Algériens à l'autodétermination... Revirement total que les Européens d'Algérie ressentirent comme une trahison, et qui entraîna, le 24 janvier 1960, les barricades d'Alger, les pouvoirs spéciaux accordés au Général, et sa fameuse « tournée des popotes » pour rassurer les troupes, rasséréner les officiers, s'assurer du concours et de la fidélité de l'armée.

Tout au long de cette évolution de la politique conduite par le Général de Gaulle et de la modification des rapports de forces, en Algérie comme en métropole, j'eus de nombreuses conversations avec le colonel Crespin et les officiers de son entourage, qui ne comprenaient pas pourquoi, malgré les résultats concrets obtenus sur le terrain, ils seraient tenus d'aller vers un cessez-le-feu qui « leur volerait leur victoire » et préluderait à l'autodétermination. Je n'ai jamais mis en doute leur sincérité, ni l'authenticité de leurs réactions. Mais je ne parvenais pas à leur faire dépasser leur courte vue, leur sens politique et historique réduit à des slogans simples comme des mots d'ordre, leur absence d'appréciation globale de l'évolution des anciennes puissances coloniales dans le nouveau jeu politique bipolaire qui avait désormais cours. Nos discussions restaient souvent ouvertes, je ne me laissais pas convaincre, ils n'auraient su changer d'avis : leur jugement s'arrêtait à leur engagement sur le terrain. S'ils étaient là pour ramener la paix sur le territoire de la République, c'est que c'était une terre française et que ceux qu'ils pourchassaient étaient des fauteurs de troubles. Sinon, ils n'auraient pas été là. Cette logique toute factuelle devenait difficile à défendre au moment où le Général de Gaulle parlait d'autodétermination, et où la population de métropole se détachait de plus en plus de son armée, engagée dans une lutte qui paraissait d'arrière-garde, face à ce qui semblait être le sens de l'Histoire.

Quelques mois plus tard, je retrouvai le colonel Crespin à Paris, alors que j'avais rejoint le cabinet d'Edmond Michelet : il devint pour sa part Directeur de la Jeunesse et des Sports auprès de Maurice Herzog, signe que, même s'il restait toujours Algérie française, il avait compris dans quel sens la situation évoluait sur place. Il fut par la suite directeur de Coca-Cola France, puis représentant en France de Mercedes, et nous avons toujours entretenu de bons rapports. Nous n'avons pourtant presque jamais reparlé de l'Algérie, de son indépendance et de ses suites, préférant nous concentrer sur sa passion pour le sport automobile.

Malgré la complexité de la situation qui avait été la mienne à Aïn-Arnat, surtout pendant les derniers mois de mon service, j'ai retrouvé plus tard la trace de certains des jeunes du village, que j'avais contribué à instruire et auxquels j'avais peut-être ouvert d'autres horizons que ceux de l'agriculture vivrière qui avait occupé et nourri leurs parents. Certains m'ont régulièrement donné de leurs nouvelles, d'autres ponctuellement, lorsqu'un événement de leur vie leur faisait croiser mon chemin.

Cette première expérience algérienne fut donc pleine de paradoxes : j'y ai accompli mes obligations militaires, sans chercher à m'y soustraire, dans des conditions qui me permettaient de ne rien faire qui pût être en contradiction avec mes convictions et ma conscience. Ce fut sans doute une chance, je le reconnais. Pour autant, le contact direct et quotidien que j'eus, dans une période d'hostilité ouverte, avec la population, me fit courir des risques que je mesurais mal et dont il m'apparaît parfois miraculeux d'avoir pu les traverser sans coup férir. Je fus très souvent mis en garde : « Tu vas te faire descendre un jour ou l'autre », mais je ne suis pas certain d'avoir été véritablement menacé. N'étant pas mêlé en première ligne aux opérations militaires, je ne redoutais pas de connaître le sort des soldats que je voyais revenir dans les hélicoptères de notre régiment, blessés, épuisés, parfois atterrés par ce qu'ils venaient de vivre. Et, même si c'était aussi une manière de m'exposer, j'ai préféré être employé à ces travaux « pacifiques » plutôt qu'aux tâches de terrassement ou d'entretien des hélicoptères que réalisaient mes camarades.

Après l'indépendance de l'Algérie, j'eus l'occasion de retourner à Aïn Arnat, et j'y fus accueilli à bras ouverts. Beaucoup se souvenaient de ma présence, et de la mission qui m'avait été confiée, personne n'en avait gardé de mauvais souvenir. J'appris avec étonnement les noms des commissaires politiques du FLN dans la région : ces hommes m'avaient côtoyé pendant des mois, j'avais circulé parmi eux et je leur avais parlé, sans jamais rien savoir de leur activité et de leurs engagements clandestins, même lorsque j'avais deviné leurs sentiments personnels.

Aussi spectaculaires que soient les opérations militaires, aussi sophistiqués que soient les armements utilisés, aussi entraînées que soient les troupes à ce type de combat et à son environnement physique, la guerre d'Algérie, comme les guerres successives du Viet-Nam, souligne une réalité inéluctable : quelques commissaires politiques bien organisés, transmettant quelques mots d'ordre nationalistes, suffisent à mobiliser pour son indépendance et sa liberté une population qui se juge humiliée, et à la faire voler vers la victoire.

Les erreurs historiques se répètent à l'envi : l'arrogance hégémonique de l'Athènes du ve siècle avant notre ère achoppe sur les rancœurs et les blessures d'amour-propre qu'elle inflige à ceux qu'elle a soumis à sa domination. Les empires coloniaux des puissances européennes se disloquent face à la résurgence des identités qu'ils ont niées ou étouffées. Le même orgueil et la même impudence guetteront toute grande puissance qui croirait pouvoir établir impérieusement sa loi sur une trop large zone d'influence. Un jour vient, où les dos se redressent et où la force militaire la plus écrasante ne suffit plus à contrôler l'insurrection des âmes.

J'ai raconté comment, à mon retour en France, il allait m'être donné, au cabinet du garde des Sceaux Edmond Michelet, de découvrir la personnalité véritable de quelques-uns des principaux chefs du FLN. C'est après cette étape décisive qui m'apporte une bonne connaissance du fonctionnement des administrations centrales et de la pratique même de l'Etat de droit, que commence, à l'été 1962, mon deuxième long séjour en Algérie, alors que le nouvel Etat algérien commence à s'organiser et à se structurer.

Le Gouvernement provisoire (GPRA)

Le 18 mars 1962 sont signés les accords d'Evian, qui mettent fin à sept ans de guerre, et tirent les conséquences des résultats du référendum d'autodétermination du 8 janvier. Le climat des premiers mois de 1962 se caractérise par une exacerbation des exactions de l'OAS, qui contraste avec la résignation de l'armée, incapable de se lancer une nouvelle fois dans une aventure comparable à celle du putsch des généraux, avorté un an plus tôt. Du côté de l'Armée de Libération algérienne, une discipline exemplaire modère certains excès prévisibles : la masse algérienne demeure immobile, dans l'expectative.

Le pouvoir est d'abord confié à l'exécutif provisoire, composé à égalité d'Algériens et de Français, organisme de transition devant assurer les affaires courantes avant la transmission effective du pouvoir au Gouvernement Provisoire de la République Algérienne (GPRA). La composition de l'exécutif provisoire laissait fortement à désirer, augurant mal de son efficacité : des représentants des Français d'Algérie y voisinaient avec ceux du FLN, et quelques Algériens flottant entre deux eaux, dans l'ensemble plutôt modérés. A la tête de l'exécutif provisoire on place Abderrahmane Farès, qui sortait de Fresnes où l'avait conduit son rôle d'agent de liaison financier entre la Fédération de France du FLN et certaines willayas d'Algérie. Cette détention lui servait en même temps, à bon compte, de brevet d'engagement nationaliste...

Abderrahmane Farès n'avait rien d'un extrémiste. Ce notaire, bourgeois éclairé et modéré, avait mis longtemps à se rallier au FLN. Petit homme bedonnant, éternellement souriant, ses manières de hobereau rassuraient à la fois la classe moyenne algérienne et les diplomates français. Sa première intervention politique comme président de l'exécutif provisoire, le 30 mars 1962, fut digne d'un ténor du parti radical sous la IIIe République : « *Algériens, Algériennes, l'Exécutif provisoire, que j'ai l'honneur et la fierté de présider, malgré les derniers soubresauts qu'il est résolument décidé à vaincre avec votre précieux concours, sera celui de la paix des âmes, des cœurs, des esprits, et aussi de la réconciliation fraternelle de tous les Algériens.* »

Le nouveau pouvoir s'installe dans la grande banlieue d'Alger, au lieu-dit le Rocher Noir, cité administrative créée de toutes pièces, où se sont d'abord réfugiées les autorités françaises pour éviter les pressions, les attentats, les violences qu'elles enduraient au cours des derniers mois. Le président de l'Exécutif provisoire choisit donc à son tour d'y implanter son administration : cette décision n'est pas neutre.

Au début du mois d'avril, je reçois un appel téléphonique d'Abderrahmane Farès, que j'ai connu à l'époque où il servait d'intermédiaire entre le gouvernement français et le FLN. Il m'annonce qu'il vient de proposer au gouvernement français ma nomination comme préfet d'Oran. Il estime en effet que je serai accepté par tous dans cette fonction, et que j'y aurai la volonté de m'opposer avec force à l'OAS, dans cette zone peuplée par de nombreux Européens, qu'il faut détacher des terroristes qui prétendent les représenter, tout en étant à même de me faire entendre du FLN. Je fus évidemment flatté par cette proposition, même si j'estimais, pour ma part, n'avoir aucune chance d'être retenu pour ce poste par le gouvernement français, où les « gaullistes de gauche » n'avaient plus voix au chapitre... De fait, la proposition du nouveau président de l'Exécutif provisoire ne sortit jamais des limbes et fut enterrée aussitôt lancée. Mais l'Exécutif provisoire lui-même n'était pas non plus fait pour durer...

J'ai relaté dans *L'Algérie à l'épreuve du pouvoir*, paru en 1967, la rencontre décisive qui avait eu lieu, le 25 mars 1962, à Oujda, au camp Larbi Ben M'Hidi, entre Ben Bella, Boudiaf, Aït Ahmed, Bitat, accompagnés de Ferhat Abbas, avec le chef d'état-major Houari Boumediene : élancé, cheveux clairs, visage en lame de rasoir, regard perçant, énergie inquiétante, cet homme que ses ennemis du GPRA ont méchamment surnommé *El ayya ech chabba*, le scorpion jaune, était soudain apparu à Ben Bella comme l'expression vivante d'une révolution intransigeante, imperméable aux compromis. Leurs deux préoccupations allaient dans le même sens : donner un contenu idéologique et politique à cette indépendance naissante. Cette rencontre et ce rapprochement objectif des principaux chefs du FLN et de l'état-major de l'ALN sont la clef de l'évolution future de l'Algérie, c'est elle qui vide de son sens, à supposer même qu'elle ait été suivie d'effet, la proposition que vient de me faire Abderrahmane Farès.

Du côté de l'Exécutif provisoire, il n'est pas, au même moment, bien porté de se déclarer partisan de Ben Bella. Dans l'incroyable anarchie qui règne au Rocher Noir, se croisent militaires français et officiers de l'ALN, affairistes des deux bords, fonctionnaires français désorientés, qui découvrent des méthodes de travail peu orthodoxes, militants algériens parachutés de Tunis, de manière abrupte et expéditive. Les cadres algériens déjà en place au temps de la colonisation sont aux prises avec les représentants des willayas, agités, une éternelle mitraillette sur le ventre, peu enclins à s'en laisser imposer par des civils, coupables à leurs yeux de n'avoir pas participé à la révolution et suspects de vouloir monopoliser les postes administratifs après l'indépendance.

Bon nombre des Algériens qui circulent dans les couloirs et les services de l'Exécutif provisoire cherchent avant tout à sauver la place qu'ils ont acquise auparavant, ou à s'en faire une au soleil. Un seul allié pour Ben Bella, mais il est de poids et de qualité : le jeune et talentueux directeur de cabinet d'Abderrahmane Farès, et futur ministre des Affaires étrangères, Mohamed Khemisti. C'est lui qui assurera un contact presque permanent entre Farès et Ben Bella, et déterminera Farès à se rendre, au mois de juillet, à Tlemcen, siège du premier Bureau politique, ce qui coupera du GPRA le président de l'Exécutif provisoire.

Entre Ben Bella et le GPRA se situent en ce premier semestre de 1962, Mohamed Boudiaf et Hocine Aït Ahmed. Eux n'approuvent pas la gestion du GPRA, conduit par Ben Khedda, mais se méfient des militaires, et de vieilles querelles personnelles, dont j'avais pu sentir les prémices à Turquant, les opposent toujours à Ben Bella. Rabah Bitat est pour sa part plus nuancé : proche de Ben Bella, éloigné de Boudiaf et d'Aït Ahmed, il ne veut pas pour autant condamner le GPRA... Il reste partisan de l'union, même fictive, de toutes les forces nationalistes, jusqu'au retour de tous les leaders du FLN en Algérie. Rabah Bitat révèle déjà son tempérament de diplomate et d'intermédiaire qui le portera au Bureau politique, où il tentera vainement la réconciliation entre tous les courants.

Mohamed Boudiaf

Parmi les dirigeants historiques de la révolution algérienne dont le destin est à l'image de ce que fut l'histoire compliquée de l'Algérie depuis son indépendance, Mohamed Boudiaf tient un rôle à part. Je l'ai bien connu à Turquant, où il m'apparaissait comme le plus dur des cinq, le plus ancré dans ses convictions, décidé à ne pas en dévier, méfiant à l'égard de ses compagnons et de leurs conceptions idéologiques, notamment pour ce qui concerne Ben Bella dont il se séparera très vite, le soupçonnant, déjà, de vouloir s'arroger un pouvoir personnel. Boudiaf sera d'emblée hostile à l'idée du parti unique, où il voit les germes d'une dictature, même s'il s'agit de ce prestigieux FLN qui sort vainqueur auréolé de la guerre de libération et auquel il appartient depuis le début. De juin 1965 à janvier 1992, Mohamed Boudiaf vivra sans discontinuer au Maroc, où il constituera une petite entreprise individuelle de matériaux de construction. Modeste, précis, volontaire, il fera vivre sa famille grâce à cette briqueterie installée à Kénitra, à une quarantaine de kilomètres de Rabat, se situant volontairement en marge de l'actualité, s'imposant une sorte d'exil dans l'exil, limitant ses fréquentations aux clients du café où il ne s'attarde pas plus d'une demi-heure, chaque matin, avant d'aller travailler, et à ses relations de travail, entrepreneurs, banquiers, ouvriers.

La vie de Mohamed Boudiaf au Maroc est une longue parenthèse où toutes ses vertus s'expriment : intégrité pointilleuse, désintéressement, rigueur, clarté d'esprit, sens de l'organisation et pragmatisme. Aucune trace, dans l'emploi du temps de ses journées bien organisées, de ces maladies des exilés, le passéisme et la mythomanie, qui empêchent l'action et conduisent à se réfugier dans l'imaginaire. L'entrepreneur Boudiaf ne prend jamais un engagement à la légère, fait ce qu'il a promis et ne promet pas plus qu'il ne peut livrer : la réussite de sa briqueterie en atteste. C'est cet homme équilibré et raisonnable que les militaires algériens vont tirer de son exil en janvier 1992, pour le porter à la tête de son pays en désarroi. Le choix est astucieux : il incarnera l'espoir de réformes dans un pays paralysé par l'inertie du système, face à plusieurs années de crise et à la montée de l'intégrisme.

Homme providentiel dressé contre le spectre d'une révolution islamique, Boudiaf nourrit immédiatement de véritables ambitions pour son pays. Contenant la déferlante de l'intégrisme, il choisit aussi de s'attaquer aux « rentiers du système FLN » qu'il qualifie de « mafia politico-financière »... Dans le même temps, il prend à bras-le-corps le dossier du Sahara Occidental, pomme de discorde entre l'Algérie et le Maroc, qu'il prétend régler en revenant sur la stratégie hier conduite par Boumediene... Je le retrouve pour ma part à Alger quelques semaines avant sa mort. Alors président de France Télévision, j'accompagnais Jean-Marie Cavada qui l'avait invité pour une « Marche du siècle » exceptionnelle, sur France 3. Il m'avait chaleureusement et longuement reçu en tête-à-tête. Il était tout différent de celui que j'avais connu à Turquant, il avait désormais l'esprit extrêmement ouvert, soucieux du dialogue, il échafaudait un avenir radieux pour une Algérie réunifiée, bannissant corruption et favoritisme, tournée vers le développement, et s'ouvrant à l'extérieur... Devant moi, en confiance, Mohamed Boudiaf rêvait tout haut, tandis que s'aiguisaient les couteaux de ses assassins. Impressionné par notre entretien, je me demandais en le quittant si cet homme honnête et droit avait pris toutes les précautions nécessaires pour se garder de ceux qu'il venait de démasquer, mais qu'il aurait encore à combattre durablement. La réponse me serait donnée peu de jours après : le 29 juin 1992, à Annaba, lors d'une réunion publique devant de jeunes cadres et des chefs d'entreprise, Mohamed Boudiaf était assassiné par l'un des officiers chargés de sa sécurité rapprochée.

L'expérience du retour aux affaires de Mohamed Boudiaf est-elle l'ébauche de ce que sera celui d'Abdelaziz Bouteflika en 1999 ? Tous deux sont certes apparus, dans les premiers jours de leur retour au pouvoir, comme les otages des militaires. Si ce n'est que les militaires croyaient, avec Boudiaf, déterrer une momie, qu'ils donneraient à vénérer, et que celui-ci s'est très vite évadé de ce rôle, attaquant le pourrissement des milieux mêmes qui l'avaient porté au pouvoir. Bouteflika en revanche, comme le Général de Gaulle, s'est servi des militaires pour reprendre le pouvoir, avec la légitimité de celui qui, issu de leurs rangs, n'a pas de comptes à leur rendre, d'autant que ceux qui exercent des responsabilités majeures dans l'armée ne sont pas, comme lui, du nombre des combattants de la première heure.

Pour en revenir au printemps 1962, la situation en Algérie n'est guère brillante : une dernière flambée de terrorisme réduit les dernières chances de voir le pays accéder à l'indépendance sans déchirement. En deux mois, plus de 3 000 Algériens tombent sous les coups de l'OAS : des enfants aux vieillards, c'est toute la population qui est touchée. Les blessés sont achevés jusque sur leurs civières, les dockers pourchassés sur leur lieu de travail. L'écrivain Mouloud Feraoun est assassiné, la bibliothèque nationale part en flammes. Deux symboles de la culture et de l'intelligence en Algérie sont ainsi anéantis. Comme si l'organisation terroriste avait décidé de pratiquer une politique de terre brûlée. Les brûlures, en tout cas, sont profondes et vont obérer l'avenir de la majeure partie de la communauté d'origine européenne... Car les Européens qui tentent de s'opposer au déchaînement de la violence sont dénoncés, soumis à la vindicte de leurs compatriotes, souvent aveuglés par la peur et la haine.

La voix frêle de l'archevêque d'Alger, le courageux Léon-Etienne Duval, tente de s'élever au-dessus de la mêlée. Mais le jour où il déclare : « *Aucun d'entre nous, quel qu'il soit, ne peut disposer de la vie de son semblable »*, des rafales de mitraillette tirées à proximité donnent à ses paroles de paix un écho tragique. Jouhaud, Salan, peuvent bien être arrêtés : la tempête meurtrière qu'ils ont déclenchée ne s'apaise pas.

Dans les villages à faible population européenne, comme ceux de la région de Sétif que je connaissais si bien, l'action de l'OAS est presque inexistante : en revanche l'ALN de l'intérieur y établit ses campements et s'y manifeste de manière de plus en plus visible. L'union entre cette armée et le peuple a été profonde pendant la guerre de libération : les djounoud ont vécu au milieu des populations rurales dans la clandestinité : pas une famille qui ne compte une victime de la répression, ou un fils au maquis, un autre agent de liaison. Pas une des plus misérables mechtas des montagnes de l'Aurès ou de Kabylie, pas un gourbi du Constantinois, pas une masure de la Casbah qui n'ait abrité, même quelques heures, des combattants. La symbiose est réelle : et les maquisards de l'ALN sont accueillis comme des frères dans les villages au sein desquels ils ont vécu ou qui leur ont à un moment ou à un autre servi de refuge.

La désillusion de la population sera rapide, profonde, à la mesure des espoirs soulevés. La crise qui affecte les sphères dirigeantes, les dissensions qui se font jour au sein du GPRA, les rivalités qui existent au sein du FLN lui-même et le jeu particulier de l'état-major de l'ALN se répercutent évidemment à la base. Tantôt s'installent ici ou là de petits despotes se conduisant comme des féodaux, tantôt s'opposent des responsables de willayas, tantôt des chefs de bandes se mettent à piller ou à rançonner les populations locales. Lorsque le 22 août les manifestants algérois scanderont : « *Les soldats dans les casernes, pouvoir civil »*, et *« sabaà sineen barakat »*, « sept ans ça suffit », ce sera l'expression d'une amertume où s'effondrent une bonne partie des solidarités créées par les années de lutte nationaliste.

Le Conseil National de la Révolution Algérienne, CNRA, convoqué à Tripoli à la fin du mois de mai, réunit tous les responsables envoyés par les six willayas, et la Fédération de France du FLN, l'état-major de l'ALN, le GPRA au complet, ainsi que Ferhat Abbas et ses amis. Dans son ensemble le CNRA présente donc l'aspect d'un regroupement hétéroclite : tous les participants sentent que des affrontements seront inévitables en son sein. Le climat, tendu, devient rapidement lourd, au milieu des critiques de plus en plus précises à l'égard de l'orientation du Gouvernement Provisoire de la République Algérienne.

Les fondements historiques du Front de Libération Nationale sont évoqués pour souligner le décalage entre le Front et les forces qui le composent. Les militaires de l'état-major, autour de Houari Boumediene, ne supportent pas que le GPRA n'ait pas été fidèle à ce qu'ils considèrent comme les idéaux fondateurs de la Révolution. Seuls les cinq anciens détenus de Turquant échappent aux critiques qui pleuvent sur les autres membres du GPRA, accusés d'avoir profité de leur situation, détourné des fonds révolutionnaires, procédé à des liquidations physiques, à des désignations ou à des exclusions arbitraires. La capture de Ben Bella, Boudiaf, Aït Ahmed, Bitat, Khider, les préserve de toute accusation de ce genre : ils sont évidemment innocents des agissements qu'ont pu avoir les autres membres du Gouvernement provisoire, et leur longue détention, même si elle n'a pas toujours été dure, contribue en outre à leur donner une stature de héros révolutionnaires.

C'est dans cette atmosphère crispée et passionnée que Ben Bella, de sa voix lente et sourde, qui bute souvent sur les mots, présente et développe le projet de programme « pour la réalisation de la révolution démocratique populaire ». Celui-ci définit des orientations précises : le choix du socialisme, le neutralisme, la coopération internationale, la lutte contre l'analphabétisme, le développement de la culture algérienne, la reconversion du FLN en parti unique d'avant-garde. Le projet énoncé par Ben Bella est adopté à l'unanimité par le Conseil national : ce sera le fondement idéologique et pratique de la République en constitution. Quels que soient leurs motifs, tous les membres du CNRA votent ce texte qui fixe au pays la voie du développement socialiste sous l'autorité d'un parti unique. Ce choix unanime ne masquera certes qu'un temps bref les débats internes, les rivalités et les désaccords, mais l'orientation alors donnée n'en est pas moins acceptée par tous. Il ne suffit pas pourtant qu'un programme soit tracé : encore faut-il déterminer qui l'appliquera. Sur ce point les membres du GPRA qui entourent Ben Khedda ne sauraient se rallier au Bureau politique de sept membres qui leur est proposé par Ben Bella : ils assument les responsabilités, à la tête du courant nationaliste, avec les avantages qui y sont liés, depuis des années : comment les remettraient-ils entre les mains des cinq incarcérés en France et de deux de leurs adversaires ?

Les discussions s'éternisent logiquement, et Ben Khedda et ses partisans quittent brusquement Tripoli le 7 juin : la rupture est consommée. Le mois de juin sera celui de l'affrontement et des tractations inutiles : le 1er juillet, jour du référendum d'autodétermination, Ben Bella apprenant que sa sécurité n'est pas garantie à Tunis saute dans un avion égyptien en partance pour Tripoli, et déclare qu'il ne peut s'associer aux décisions que prend le GPRA. Le 11 juillet, Ben Bella fait son entrée à Tlemcen, et s'emploie sans tarder à mettre en œuvre des résolutions votées par le CNRA, en créant le Bureau politique, dont la composition est annoncée le 22 juillet. Enfermé dans son bureau d'Alger, Ben Khedda sera vite débordé. Ce petit homme à la voix fluette et aux allures de fonctionnaire n'a ni le tempérament d'un chef ni des perspectives précises pour le pays. Il sera de plus en plus seul et accablé, emporté par des événements qui le dépassent et qu'il a probablement conscience de ne pas pouvoir maîtriser.

L'appel de Ben Bella

Le « coup d'accélérateur » du 22 juillet, avec la constitution complète du Bureau politique, permet à Ben Bella de clarifier le jeu : Aït Ahmed se démet de ses fonctions et part pour Paris, Boudiaf se rallie d'abord, puis démissionnera... De fait le GPRA est disloqué et a vécu. Quatre hommes se partagent donc les responsabilités dans cette conquête du pouvoir pendant l'été 1962 : Ferhat Abbas, qui se rallie au groupe de Tlemcen, pour vider sa querelle ancienne avec Ben Khedda qui l'a supplanté, est le premier allié de poids. Mohamed Khider, ensuite, qui est farouchement anticommuniste, profondément croyant, nationaliste inflexible, hostile au militarisme, s'entendra admirablement bien avec Ben Bella pendant la crise, avant de s'en écarter, une fois les choses jouées, constatant tout ce qui les sépare sur le plan idéologique. Le vieux militant trouvera la mort, sous des balles algériennes et anonymes, un soir de janvier 1967, à Madrid : il ne méritait pas de finir ainsi son combat.

Houari Boumediene est le troisième partenaire de la partie que joue Ben Bella pour conquérir le pouvoir : lorsque son nom sera prononcé en 1962, les masses algériennes ignorent encore tout de lui, tout comme la presse internationale. Il faut dire qu'il surgit tout armé de la succession des crises nationalistes, sans que rien semble le prédestiner à sortir du lot. Ni chef historique ni ancien dirigeant de parti nationaliste, on ignore généralement sa date de naissance, et on lui prête trente-cinq ans au moment de l'indépendance. Il est né dans la région de Guelma, pauvre et rude contrée du nord du Constantinois, d'un père ouvrier agricole sans terre, sans ressources, religieux, nationaliste, aimant son sol natal : son nom de naissance est Mohamed Boukharouba. Houari Boumediene est le nom de guerre qu'il a pris lorsqu'il a accédé à la direction de la willaya 5. Il ne gardera pas longtemps son commandement au maquis, mais il gardera ce nom de guerre.

En mai 1958, il a dirigé d'Oujda les opérations militaires des willayas 5 et 6, et les bases du Maroc, avant d'être nommé premier chef d'état-major de l'ALN en janvier 1960. Froid, autoritaire, tourmenté, Boumediene assure sans faiblir son inflexible autorité sur les forces militaires nationalistes, avec l'exigence de pureté radicale d'un Saint-Just : tout ce qui salit la révolution doit être éradiqué. Il dénonce depuis longtemps l'embourgeoisement et les compromissions du GPRA.

Mais s'il parle en apparence le même langage que Ben Bella, c'est au prix de quelques malentendus qui mèneront, là encore, à leur séparation brutale : pour Boumediene, l'armée, gardienne de la légitimité nationale, ne doit pas mener une vie de caserne mais intervenir directement dans la gestion du pays, et l'Etat doit fixer clairement les cadres de la révolution, que Ben Bella voudrait au contraire appuyer sur une participation active des masses. Pour Boumediene, socialisme et nationalisme sont indissociables, quand pour Ben Bella, le retour aux valeurs arabes doit avoir un prolongement internationaliste.

Le quatrième élément de cette coalition qui va parvenir à prendre le contrôle de l'Algérie, c'est donc Ahmed Ben Bella. Et c'est précisément à la fin de l'été 1962 qu'il me demande de venir l'aider à construire le nouvel Etat algérien. Dans la deuxième quinzaine d'août 1962, alors que je suis dans mon bureau de rédacteur en chef, à *Témoignage Chrétien,* je reçois un appel téléphonique du chef de cabinet d'Ahmed Ben Bella, Mohamed Hadj Smaïne, qui avait été le commissaire politique de la zone autonome d'Alger, que dirigeait Yacef Saadi. Arrêté en même temps que Yacef Saadi, il avait été récemment libéré et était rentré en Algérie. Contrairement à ce que l'on aurait pu supposer, mais je ne le savais pas encore, et j'en aurais alors douté au vu de ses fonctions passées, Mohamed Hadj Smaïne n'avait jamais touché aucune arme, ni utilisé le moindre détonateur... Je serai par la suite extrêmement proche de ce philosophe, fin politique, ancien magistrat musulman, esprit ouvert, tolérant, homme doux et paisible, détestant par-dessus tout la violence, même dans les affrontements purement verbaux. Avec Bachir et Ali Boumaza, avec Abdellatif Rahal, je considérerai Hadj Smaïne, jusqu'à sa mort, comme un de mes meilleurs amis algériens.

« Je vous téléphone de la part d'Ahmed Ben Bella, déclara-t-il. *Il garde un bon souvenir de son "geôlier", et il aimerait que vous puissiez faire partie de son cabinet pour le faire profiter de votre expérience administrative et juridique. Formellement, vous seriez son conseiller technique chargé de l'information et de la jeunesse. En pratique, il aurait besoin de vous consulter sur d'autres thèmes... »* La proposition qui m'était faite était aussi surprenante que soudaine. Je mesurai mal sur l'instant les obstacles qu'il me faudrait dépasser, et les risques physiques et moraux qu'impliquait cet engagement. Je croyais dur comme

fer que désormais il fallait tourner la page de la guerre, et qu'entre France et Algérie le temps de la réconciliation allait venir, qu'il me serait possible d'y travailler. Emporté par mon élan, j'acceptai sur-le-champ la proposition qui m'était faite, n'écoutant que d'une oreille, et encore, les alarmes de ma famille et de mes proches amis, Edmond Michelet, Bernard Stasi, Georges Montaron, qui tous tentaient de me détourner de partir, m'expliquant que mon départ pour l'Algérie, au moment où elle tournait le dos à la France, ne pourrait qu'être très mal interprété par les rapatriés, et tous ceux qui étaient victimes des violences qui se déchaînaient alors...

Avais-je l'illusion de pouvoir agir, auprès de Ben Bella, contre la nécessité centrifuge qui portait l'ancienne colonie à s'écarter de la métropole ? Je ne crois pas. Quand j'analyse rétrospectivement mes motivations, et que j'essaie de trouver des explications à ma décision, je dois reconnaître deux choses : d'abord, j'avais sans doute, de quelque manière, pris goût à l'exercice du pouvoir pendant mon expérience au cabinet du garde des Sceaux, et cette proposition était la première qui me permette de retrouver le même type de situation. Ensuite, le dossier algérien avait été extrêmement présent dans ma vie au cours des dernières années, dans tous les lieux où je m'étais trouvé : rejoindre Ben Bella, dont j'avais apprécié la personnalité, au moment où il prenait les rênes du nouvel Etat, me paraissait logique et naturel. Dans la continuité de mes expériences récentes, c'était une manière d'être utile, à la fois à mon pays et à l'Algérie, alors même qu'ils entamaient deux chemins séparés.

J'indiquai clairement à tous mes interlocuteurs, dès mon arrivée, que je ne m'identifiais pas aux « pieds-rouges », venus s'associer de l'autre côté de la Méditerranée à une révolution qu'ils étaient incapables de conduire dans leur propre pays. Je me démarquai également de ces esprits naïfs et utopiques, plus algériens que les Algériens mêmes, qui rêvaient leur engagement comme une véritable conversion et qui se retrouvèrent quelques mois après l'indépendance, un peu groggy, leurs illusions dissipées.

Pour Ahmed Ben Bella également, ma nomination était un risque, dans le contexte politique tendu de l'été 1962. En prenant auprès de lui un homme qui avait été au cabinet du garde des Sceaux français, il pouvait apparaître comme désireux de donner des gages à la France, ou de conserver avec l'administration métropolitaine des liens privilégiés, et cela pouvait lui être reproché par certains de ses propres partisans. Mais du côté de Ben Bella comme de mon côté, la relation qui avait été construite dans des conditions également difficiles, celles de la captivité, était une relation de confiance réciproque. Nous avions tous les deux le sentiment que le travail que nous ferions en collaboration pourrait être efficace, et que nos rapports seraient clairs et loyaux.

Je n'ai pas rencontré d'hostilité ou de réserve, du moins apparentes, de la part de mes interlocuteurs algériens. Ahmed Ben Bella me marqua d'emblée son estime et sa confiance en me faisant attribuer la carte de numéro 3 du cabinet, après Abdellatif Rahal, directeur de cabinet, universitaire, mathématicien, qui avait rejoint l'armée des frontières au Maroc, et qui avait été préfet pendant la période de l'Exécutif provisoire, et Mohamed Hadj Smaïne, chef de cabinet. Les autres membres du cabinet de Ben Bella surent très vite qui j'étais, d'où je venais, dans quel cadre ma mission se situait. Les différents ministres de la première heure connaissaient également mon parcours : j'avais dialogué avec Bachir Boumaza, devenu ministre de l'Economie, à l'époque où il était le représentant des détenus FLN à Fresnes, j'avais rencontré Abdelaziz Bouteflika lorsqu'il était venu prendre contact, au nom de Houari Boumediene, avec Ben Bella et ses codétenus à Turquant.

Mes rapports avec Hadj Smaïne furent rapidement excellents. C'est lui qui remplaça Abdellatif Rahal lorsque celui-ci, après quelques mois, quitta le cabinet de Ben Bella pour devenir le premier ambassadeur d'Algérie en France, présentant ses lettres de créance au Général de Gaulle en février 1963. Abdellatif Rahal sera ensuite successivement secrétaire général du ministère des Affaires étrangères, puis ministre de l'Education nationale, avant de devenir le chef de la Délégation algérienne auprès de l'UNESCO : il est aujourd'hui l'un des plus proches collaborateurs du Président Bouteflika, son conseiller « spécial » et diplomatique.

La jeune République algérienne m'attribua un modeste traitement de fonctionnaire, mais m'alloua une voiture avec chauffeur, mettant en outre à ma disposition un appartement situé dans le quartier du célèbre hôtel Saint-Georges, qui, appelé aujourd'hui El Djezaïr, conserve encore le souvenir du passage de tous les grands de l'entre-deux-guerres, à commencer par Winston Churchill. Je me trouvais à côté de Dar El-Beïda, la belle « Maison-Blanche » d'Alger, qui accueillait les hôtes officiels de passage. Mon appartement se résumait à trois petites pièces, sobres mais bien aménagées, la pièce de séjour donnant sur la mer.

J'eus l'occasion de faire venir, comme chauffeur, l'un des jeunes d'Aïn-Arnat dont j'avais assuré en partie l'éducation pendant mon service militaire, Lakhdar Bouzidi, qui put en outre poursuivre ses études et devenir ultérieurement inspecteur général des Finances.

Dans mon voisinage immédiat étaient logés le directeur de la toute nouvelle télévision publique algérienne et le ministre de la Santé du premier gouvernement Ben Bella, le Dr Nakkache, qui avait été l'un des premiers militants du MTLD, parallèlement à ses activités de médecin dans les quartiers populaires d'Oran, avant de rejoindre l'ALN et d'y organiser les services sanitaires. Près de quarante ans plus tard, j'apprendrai que l'actuel secrétaire général de la Présidence de la République algérienne, Mohamed Kamel Leultci, jeune étudiant en droit à l'époque, puis avocat, habitait en 1963 l'appartement situé juste en dessous du mien.

J'avais également pour voisin le romancier Georges Arnaud, dont les titres restent largement connus : *Le Salaire de la peur* ou *Les Aveux les plus doux*. Lui était un authentique « pied-rouge », venu faire la révolution en Algérie... Mais il pratiquait un anarchisme tendance rabelaisienne, largement arrosé, dont l'élan et la véhémence devaient souvent beaucoup plus à la dive bouteille qu'à la lecture de Lénine. L'intempérance ayant des conséquences financières, il vivait des fins de mois difficiles : ses amis étaient alors heureux de lui venir en aide, et je lui ai souvent prêté ainsi un peu d'argent, qui se muait en petits verres multipliés. Il avait un contrat à la Radio-Télévision Algérienne, à laquelle il donnait une chronique régulière justifiée par sa célébrité et son talent. Son épouse et leur fille veillaient sur lui sans rien dire, avec une forme de tendresse indulgente.

Georges Arnaud n'était jamais violent, et d'humeur presque toujours égale, bon compagnon, il aimait la discussion, et s'y revendiquait plutôt antimilitariste, pacifiste, internationaliste. En 1965, au lendemain du coup d'Etat qui renversa Ben Bella, je le vis avec stupéfaction parader en tenue de parachutiste, et venir accrocher de sa main sur ma porte un écriteau définitif : « DÉCÉDÉ ». Brutal revirement de sa personnalité, réaction irrationnelle et passagère. Cette courte anecdote, qui aurait pu faire l'objet d'une nouvelle, me laissa sur le moment interloqué.

Exemple de ces revirements humains qui interviennent dans les circonstances extraordinaires, où soudain les caractères se dévoilent sous un jour insoupçonné, et où l'on se prend à douter si c'est bien le même homme qui la veille nous serrait la main et soudain nous tourne le dos, si c'est bien le même ami qui soudain nous évite, et où l'on préfère presque croire, quelques minutes, quelques heures ou quelques jours, que l'on s'est trompé sur son identité. Autrui reste définitivement source de surprise, mystère permanent : et l'inquiétude que l'on ressent alors à le constater est d'autant plus troublante qu'elle porte peut-être aussi sur nous-mêmes : suis-je resté identique pendant toutes ces années, n'ai-je pas, moi aussi, porté plusieurs visages ? Et l'exercice du pouvoir comme celui des responsabilités ne m'ont-ils jamais conduit moi aussi, ultérieurement, à des attitudes adaptées aux circonstances – et que d'aucuns qualifieraient d'opportunistes ?

Je partais chaque matin au bureau, dans l'ancien Gouvernement Général où s'était installé Ben Bella, que je voyais fréquemment, sinon quotidiennement, pour des réunions de travail ou des discussions plus informelles. Je me souviens des difficultés rencontrées quand il me confia, puisque j'étais en charge de l'Information, la rédaction de son premier discours, prononcé sur la place de l'Indépendance, pour lequel il avait demandé à tous ses ministres de synthétiser le programme concernant leur département ministériel... Ils m'adressèrent chacun de longues analyses, de quoi réunir un volume complet. Je croulais sous les contributions, toutes plus fouillées les unes que les autres, noyées de statistiques, de positions de principe, de visions prospectives, et parsemées de mesures techniques ponctuelles... Et pour chacun d'entre eux, je n'aurai que quelques lignes à retenir, au mieux quelques feuillets ! Le texte final comptait en tout et pour tout une vingtaine de pages : mais il m'avait demandé des heures.

Parmi les « pieds-rouges » relativement influents figurait le célèbre patron de la IVe Internationale, Michel Raptis, dit Pablo, qui avait un affreux caniche noir, baptisé Trotsky. Il fut l'un des concepteurs de la réforme agraire et de la théorie de l'autogestion qui fut appliquée à l'Algérie par un décret du 28 mars 1963, repris dans la déclaration de Ben Bella à la nation le 29 mars : « *Toutes les entreprises à caractère industriel, commercial, artisanal et minier, toutes les exploitations agricoles et sylvicoles, tous les locaux, immeubles ou portions d'immeubles qui, à la date du 22 mars 1963, ont fait l'objet d'une constatation de vacance sont, une fois pour toutes, définitivement "biens vacants", et de ce fait leur gestion relève, une fois pour toutes, définitivement des travailleurs algériens.* » Et il ajoutait : « *Le principe de l'autogestion des entreprises par leurs travailleurs était déjà inscrit dans la réalité de la révolution algérienne par l'action spontanée et consciente des masses laborieuses.* » Les théoriciens de cette politique étaient indéniablement Pablo et son entourage internationaliste, où régnait une femme au caractère ferme et volontaire, Faïda Faouzi, d'origine égyptienne, et où figuraient d'autres Français, quelques Européens de l'Est et des tiers-mondistes de tout poil. Les orientations qu'ils défendaient s'inspiraient largement des textes yougoslaves, particulièrement sur l'autogestion : ils instituaient des Assemblées générales des travailleurs, des Conseils des travailleurs, des Comités de gestion, à la tête desquels un Directeur représentait lui-même l'Etat. En un mot, ils mettaient en place toutes les conditions requises pour détruire rapidement tout ce qui restait du beau potentiel agricole et industriel dont disposait l'Algérie lors de l'indépendance.

Si l'on veut bien comparer les systèmes yougoslaves et algériens lors de leur adoption, on constate en effet, en Algérie, en 1963, l'absence quasi totale des structures collectives qui avaient été mises en place en Yougoslavie pendant les cinq premières années du régime de Tito. Ni l'Etat ni le Parti n'ont encore, au moment où les décisions autogestionnaires sont prises, la charpente et l'enracinement suffisants pour y faire face. La vacance brutale liée au départ des colons n'a pas donné pour autant une tradition gestionnaire aux paysans et aux ouvriers ! L'historien peut aujourd'hui à juste titre voir dans la mise en place précipitée de ce système idéologique façonné par Pablo et ses amis une des causes principales du coup d'Etat du 19 juin, prélude à une remise en ordre dans un système étatiste centralisé, qui serait le fait de Houari Boumediene.

Etait-il possible de faire autrement ? La question mérite d'être posée. En 1962, avant l'indépendance, la disproportion entre les terres possédées par les Européens et par les Algériens est considérable : 630 000 petits exploitants algériens se partagent 7 300 000 hectares, soit une moyenne de 11,5 hectares par exploitant. 22 000 Européens exploitant 2 700 000 hectares, soit une moyenne de 127 hectares par exploitant. A quoi il faut ajouter d'autres disproportions : sur les 275 000 hectares de terres irriguées, 75 % sont propriété des cultivateurs européens. En fait, les terres riches se trouvent à 90 % entre les mains de 6 300 colons qui se partagent à eux seuls 2 400 000 hectares. On comprend aisément que la réforme agraire ait figuré au premier rang des revendications populaires.

L'été 1962, avec son cycle de violences et de crises, n'a permis ni la satisfaction de ces aspirations ni la protection des petits propriétaires d'origine européenne. Une grande partie d'entre eux ont abandonné leurs terres, et tentent de sauver les meubles, d'autres vendent leurs exploitations en essayant d'en tirer un prix honnête, trouvant alors face à eux des paysans qui s'opposent à ces opérations et occupent les terres. Spontanément, sans attendre les ordres de qui que ce soit, les ouvriers agricoles se réunissent souvent sur chaque exploitation vacante, y compris sur des terres nouvellement acquises par des propriétaires algériens, et organisent en commun leur travail. Et c'est, pour l'été 1962, une excellente récolte : d'un bout à l'autre de l'Algérie, les fellahs improvisent quelque chose qui ressemble à une exploitation collective des terres laissées vacantes. Cette improvisation est aussi une réaction saine du corps social face à la spéculation et aux trafics en tous genres qui naissent autour des biens abandonnés ou bradés par les colons, en partance pour la France. C'est en ce sens que l'un des premiers actes du gouvernement de Ben Bella consistera à entériner cette invention de l'autogestion, mais également à interdire toute transaction. Le décret du 22 octobre 1962 confie la responsabilité des exploitations abandonnées à des comités de gestion provisoires... C'est la légalisation d'un état de fait qui constitue en réalité le coup d'envoi de l'autogestion en Algérie...

Etat d'urgence

Dès mon arrivée à Alger, je me trouve immédiatement confronté à une situation dans laquelle l'urgence est partout. Les initiatives sociales se développent donc dans tous les domaines. Le chômage sévit, et il existera encore longtemps à l'état endémique : pour atténuer ses effets, les opérations exceptionnelles se succèdent. Des chantiers de travail sont ouverts sur l'ensemble du territoire. Le départ de 90 % de la population d'origine européenne, en majorité citadine, l'éclatement des anciens centres de regroupement, le retour des réfugiés, ont eu pour conséquence un afflux considérable de ruraux vers les villes. L'ampleur de l'exode rural au lendemain de l'indépendance est tel que l'équilibre entre les villes et les campagnes est profondément modifié. Les paysans sans terre et sans travail viennent grossir les rangs des chômeurs urbains, et s'entassent dans des bidonvilles, souvent insalubres.

Chargé notamment de la communication du gouvernement auprès de Ben Bella, j'ai de longues discussions avec Bachir Boumaza, ministre du Travail, qui ouvre à la fin de l'année 1962 deux immenses chantiers dans les grandes villes, Alger et Oran. L'opération « Rénovation planteurs », à Oran, et « Oued Ouchayah » à Alger, constituent les deux premiers tests d'un vaste programme de travail collectif auquel sont affectés plusieurs milliards de crédits. Les chômeurs, encadrés par des ouvriers spécialisés, travaillent à la destruction des bidonvilles et à la rénovation de leur propre habitat. Les salaires sont payés en nature, en blé, et un complément est versé en espèces. Une Commission nationale de la Reconstruction étudie les moyens à mettre en œuvre pour liquider les taudis et promouvoir une politique du logement à long terme, y compris dans les zones rurales, dans lesquelles les destructions dues à la guerre sont très importantes.

Autre tâche urgente et d'intérêt général sur laquelle le gouvernement d'Ahmed Ben Bella met immédiatement l'accent et pour laquelle nous organisons des actions de communication considérables : le reboisement. Face aux méfaits du déboisement et de l'érosion qui amputaient chaque année l'Algérie de grandes superficies de terres arables, un vaste programme de plantation fut entrepris, sur les plans d'ingénieurs agronomes, mis en œuvre par une sorte de mobilisation populaire à laquelle chacun était appelé à répondre. Les « Journées de l'arbre » nous conduisaient, autour de Ben Bella et de la plupart des ministres de son gouvernement, sur les collines de la région algéroise, à l'Arbatach, au milieu d'une grande foule populaire montée de différents quartiers de la capitale : les travaux, pour spectaculaires qu'ils fussent, tenaient plus de la kermesse que de l'action organisée et planifiée.

Leur efficacité fut, logiquement, contestée, par tous ceux qui redoutaient les grandes manifestations de masse. Et il est indéniable que malgré l'ambition de ces campagnes, elles ne permirent pas à l'Algérie de retrouver ses forêts, décrites par les poètes et les voyageurs d'avant la colonisation, tels Ibn Khaldoum, qui prétendait même qu'à son époque on pouvait aller « de Tripoli jusqu'au Maroc » sous une voûte continue d'ombrages.

Ahmed Ben Bella voulut aussi marquer les esprits par une action à la fois symbolique et efficace contre la misère urbaine des enfants orphelins, héritage malheureux des années de guerre, qui de plus en plus nombreux traînaient dans les rues des grandes villes et mendiaient toute la journée en offrant leurs services comme cireurs de chaussures. C'est ainsi que nous avons mis en œuvre l'opération « cireurs », dont le souvenir resta longtemps vivace dans la population : ces enfants étaient les premières victimes des troubles que le pays avait traversés, déracinés pour la plupart, déplacés, abandonnés, témoins de violences multiples, d'atrocités, affectivement désorientés, fragilisés par la pauvreté, souvent malades. Souhaitant offrir un autre cadre de vie et d'autres conditions matérielles d'éducation à ces enfants abandonnés, Ben Bella donna un caractère spectaculaire, à Alger, aux mesures rapides qu'il voulut prendre. Des camions ramassèrent les enfants dans les rues et les conduisirent dans une grande salle de spectacle du centre-ville. Là, en présence de Ben Bella, de Boumediene, de Boumaza, les petits cireurs furent invités à casser leurs boîtes et à les brûler ensemble. Rupture symbolique et festive à la fois avec leur condition d'exclus. A l'issue de cette journée, ils rejoignirent des maisons qui avaient été auparavant préparées pour les accueillir, anciennes résidences de gros propriétaires, où ils reçurent éducation et formation pendant plusieurs années.

L'entreprise ne peut pas échapper, là encore, à certaines critiques objectives : je suis le premier à reconnaître que l'orchestration qui fut donnée à l'événement, son retentissement médiatique, sa soigneuse préparation, lui donnèrent le caractère exemplaire d'une action de communication bien conduite. Mais il est indéniable qu'elle était aussi une manière de permettre à ces enfants des rues d'échapper à deux des maux les plus criants dont souffrait le jeune régime : la paupérisation et la désorganisation sociale des premiers mois qui suivirent l'indépendance. A ce titre, la campagne de prise en charge des orphelins des rues était autre chose qu'une opération de communication : c'était aussi et surtout l'ébauche d'une politique sociale prioritaire en direction de la jeunesse urbaine sur une terre qui n'en avait jamais connu.

Précisément en charge de la Jeunesse au cabinet du Président du Conseil, ce fut à moi de donner un contenu de plus en plus utile à la formation et à l'instruction qui étaient dispensées à ces jeunes jusquelà sans secours.

« Mohamed » Duval

J'étais également chargé de suivre l'évolution des relations entre l'Eglise catholique et le nouvel Etat algérien : en contact étroit avec Léon-Etienne Duval, alors archevêque d'Alger, futur cardinal, je lui apportais régulièrement, de la part du gouvernement algérien, les sommes nécessaires pour payer son clergé. J'ignore si cette organisation a duré, et si l'Etat algérien a maintenu cette pratique de la laïcité qui avait été institutionnalisée à ses débuts, subventionnant également tous les cultes présents mais n'en favorisant aucun. Même si ce financement était peu important, même s'il n'augmenta pas par la suite, il n'empêche qu'il était symbolique, et que ce symbole avait du sens. Les années n'ont pas altéré le respect et l'affection qui me liaient, depuis ces années-là, au cardinal Duval, que les ultras de l'OAS avaient surnommé, selon leur inspiration coutumière, « Mohamed Duval ».

Homme de tradition, voire conservateur, pour ce qui touchait à l'Eglise et à la religion, dans la lignée de Jean-Paul II, il était aussi très ouvert en ce qui concernait l'évolution de l'Algérie, et il avait très tôt pris position contre le terrorisme, les exactions, la torture, en appelant la population d'origine européenne à comprendre la situation du pays où ils se trouvaient et les changements qui devaient intervenir. Son attitude dans les soubresauts dramatiques que vécut l'Algérie avait suscité haine et incompréhension chez ceux des Européens qui n'avaient pas compris son message de fraternité et de paix. L'Eglise, elle, l'avait entendu, et c'est pourquoi Paul VI l'avait fait cardinal. Il ne serait en aucun cas parti, après l'indépendance, même s'il était lucide sur la mission qui était la sienne : une mission de témoignage. Il rendit solennellement la cathédrale d'Alger, ancienne mosquée, à l'Islam, obtenant en retour de ce geste, de la part du gouvernement algérien, que les églises ne seraient pas, pour leur part, transformées en mosquées.

Nous nous rencontrions très régulièrement, environ deux fois par mois, le samedi, pour déjeuner, dans son domicile sobre et clair, dans une partie de la longue maison des Sœurs Franciscaines de Marie, placée dans le prolongement de la basilique Notre-Dame d'Afrique, qui domine la baie d'Alger. Le service était assuré par les sœurs, qui préparaient également sa cuisine, frugale et de bonne qualité, accompagnée d'un vin tiré des vignobles de l'archevêché, plein de saveurs et de couleur, mais qui titrait bien 14 degrés... Nous avions également de longues conversations, dans son vaste bureau austère, peu décoré, presque impersonnel, sur l'Algérie, son avenir, les relations franco-algériennes. Lui qui avait parlé bien avant de Gaulle, dès 1956, dans des circulaires aux prêtres de son diocèse, d'« *autodétermination du peuple algérien* », regrettait maintenant qu'une communauté française plus importante ne soit pas restée, il était navré que la stratégie suicidaire de l'OAS ait conduit tous les Européens à se retrouver dans le même camp, celui des exilés. Mais en tant que cardinal d'Alger, il avait, à ses yeux, une mission : celle de continuer à témoigner de sa foi, auprès des musulmans mêmes, puisqu'il restait si peu de chrétiens.

Ayant siégé parmi les évêques d'Afrique au concile Vatican II, le très religieux Léon-Etienne Duval s'était attaché à favoriser à Rome les voies d'un dialogue avec les autres confessions, en particulier l'islam. Ce visionnaire de notre temps vivait aussi dans le siècle, accompagnant l'éveil du tiers monde et marquant son souci d'une juste paix entre Israël et les Palestiniens. Il avait insisté pour que le Synode de 1971 porte parmi ses thèmes « La Justice dans le monde ». En 1979, pour célébrer la messe de Noël avec les otages américains retenus en Iran, en plein cœur de la crise, il s'était rendu à Téhéran, espérant renouer un dialogue entre les étudiants islamistes et ceux qu'ils retenaient prisonniers. Mais c'est surtout à travers un comportement et des gestes quotidiens que cet enfant de la Savoie avait réussi à faire dire de lui, de manière unanime : « *C'est un grand Algérien.* »

On sait qu'il fut, jusqu'à sa mort, en mai 1996, entouré du très large respect de toutes les communautés, qui surent voir en lui l'humanisme tolérant du vrai croyant. Au cours des dernières années de sa vie, confronté à la montée de la violence des fanatiques islamiques, il avait choisi de partager toujours le désespoir du peuple algérien aspiré dans le tourbillon de l'injustice meurtrière et aveugle, restant comme un trait d'union, signe de tolérance et d'écoute réciproque, entre la France et l'Algérie, ses deux patries. Mais il ne survécut pas à l'assassinat tragique des sept moines trappistes de Tibéhirine, près de Médéa, auxquels il avait conseillé de ne pas abandonner leur lieu de sacerdoce : il fut porté en terre le jour même de leurs obsèques. Ce jour-là le fanatisme comptait quelques victimes de choix...

Averti par téléphone de l'horaire de son enterrement par son successeur, mon ami l'archevêque d'Alger, monseigneur Tessier, qui avait été des années durant le plus proche et le plus efficace collaborateur du cardinal, je voulais être de ceux qui suivraient son cercueil. Je ne pus pourtant quitter Paris, retenu à la dernière minute, le Conseil supérieur de l'Audiovisuel ayant décidé de siéger sans discontinuer, ce dimanche 2 juin 1996, pour procéder à l'élection d'un nouveau président pour France Télévision, dans la foulée de la démission de Jean-Pierre Elkabbach. Ce jour fut donc celui de la nomination de Xavier Gouyou Beauchamps.

Il y a dans la vie ce qui est essentiel, qui pèse lourd et longtemps, et ce qui est accessoire, qui ne vaut que dans l'instant. Mes obligations professionnelles m'ont ce jour-là éloigné de l'essentiel pour m'occuper de l'accessoire. Je regretterai toujours ce choix qui me fut imposé, quelles qu'aient été ses justifications immédiates, car il me donne l'impression pénible de lui avoir manqué, en ce dernier moment.

Evoquant la figure du cardinal Duval, je me dois de citer également les autres prêtres que je voyais très souvent, dont je connaissais certains, tels le père Jean Scotto, depuis mon service militaire. Ancien curé de Bab el-Oued, « curé rouge » pourchassé par l'OAS, alors qu'il avait aidé sans trêve au rapprochement entre les deux communautés, j'ai vu le père Scotto contraint, sa messe terminée, d'aller laver le parvis et la porte de son église, que des activistes avaient couverts d'excréments et d'ordures. Le père Scotto était également proche d'André Mandouze, qui le définit dans une formule incisive : « *Son extraordinaire acuité spirituelle était superbement à la mesure et à la démesure de l'Evangile.* » Il incarnait, au milieu des injustices et des violences quotidiennes, l'esprit même du christianisme, indifférent aux dangers ou aux attaques, agissant ouvertement selon ce que sa conscience lui dictait, avec pour armes uniques la tolérance et la fraternité.

Le titre de ses Mémoires, *Curé pied-noir, Evêque algérien,* résume en quatre mots son itinéraire courageux : resté en Algérie après l'indépendance, il deviendra en effet, lointain successeur de saint Augustin, évêque d'Hippone et de Constantine. C'est en 1960, deux ans avant les accords d'Evian, qu'il a le courage d'expliquer pour « Cinq Colonnes à la Une » ce que sera l'Algérie quand elle ne sera plus française : « *Les pieds-noirs sont écartelés entre l'amour de leur terre et l'amour de leur patrie. Mais ils ont oublié – et on n'a rien fait pour le leur mettre en mémoire — qu'à côté d'eux, il y a ici, beaucoup plus nombreux qu'eux, des millions d'autochtones pour qui leur terre et leur patrie se confondent, et que leur faire prendre pour patrie la France, mais sans leur donner tous les droits des Français, c'est une tromperie. Je crois qu'en faisant l'effort d'expliquer cela et de montrer aux pieds-noirs que leur désir est légitime, mais que le désir des Algériens ne l'est pas moins, ces deux désirs peuvent aller à la rencontre l'un de l'autre, et qui sait, créer un pays nouveau, un peuple nouveau, pourquoi pas ? »* On imagine le bruit que firent en France l'émission, et la déclaration du père Jean Scotto, qui disait tout simplement l'évidence avec la force de celui qui vivait quotidiennement cette évidence, sans autre passion que la foi. Mais si ses paroles était justes et fortes, elles signifiaient aussi sa condamnation aux yeux de l'OAS : les mois qui suivirent firent de son existence quotidienne un chemin de croix de brimades, d'attaques, d'insultes. Il était, dans ce témoignage solide et tranquille, indifférent aux injures comme au danger, le digne émule de son archevêque, dont il raconta un jour comment, au moment où la propagande des partisans de l'Algérie française recourait avidement aux symboles de l'Occident Chrétien (« la Croix vaincra le Croissant »), il avait réuni tout le clergé d'Alger et des environs, pour une communication à laquelle il avait donné une solennité particulière : « *D'une manière habituelle, ces rencontres se tenaient dans le grand salon de l'archevêché. On nous dirigea, à notre arrivée, non vers le grand salon, mais vers la chapelle. Nous nous regardons, surpris. Notre étonnement grandit encore lorsque, tandis que l'horloge tintait les trois coups de 15 heures, l'archevêque fait son entrée, revêtu des insignes de sa charge : mozette, étole, crosse (...) L'archevêque nous invite à nous asseoir, lui reste debout. Il tire de sa manche un paquet de feuilles et consultant ces notes, il se met à nous parler, gravement. Son discours porte sur le thème "Le blocage du politique et du religieux est le mélange le plus néfaste et le plus détonant pour les esprits et les cœurs des individus comme des communautés". C'était d'une clarté extraordinaire, comme souvent les textes doctrinaux du cardinal Duval. L'exposé dura une heure pleine, l'horloge tintait les quatre coups de 16 heures lorsque, pour terminer, le cardinal nous bénit*.* »

La scène est émouvante, dans sa simplicité et dans sa signification : la confusion des sentiments et des valeurs risquait en effet de transformer un affrontement essentiellement politique et historique en un affrontement religieux, et Léon-Etienne Duval avait ressenti la nécessité

---

* Mgr Jean Scotto, *in Le Cardinal Duval, Evêque en Algérie*, Préface aux entretiens avec Marie-Christine Ray, Paris, Le Centurion, 1984.

d'exprimer de manière définitive, à tous ceux qui avaient pour mission de reprendre, dans son diocèse déchiré, le message de l'Evangile, le danger d'une telle confusion. Sans avoir assisté à cette scène, mais pour avoir devant les yeux l'image de la frêle silhouette de l'archevêque, de son visage émacié, tendu, avec ce sourire large d'une bouche à peine dessinée, j'y vois la manifestation de cette conviction inébranlable qui l'habitait, perpétuellement retrempée dans la lecture et l'étude des textes. Indéniablement, le père Jean Scotto, que ce moment a marqué, fut l'un des plus solides et efficaces soldats de cet évêque qui savait que la fraternité et la bonté doivent parfois être de fer. Et c'est sans doute ce que révèle ce témoignage, qu'il fit beaucoup plus tard, dans son livre de souvenirs paru en 1991 : « *Jusqu'à mon dernier soupir, je haïrai l'OAS en tant qu'organisation criminelle. Non seulement parce qu'elle a tué des Arabes, mais parce qu'elle a tué le cœur du peuple auquel j'appartiens, le cœur de mon peuple de pieds-noirs. L'OAS les a violés. Ce peuple valait mieux que cela**. » Le « socialiste » Robert Lacoste avait dit un jour de Jean Scotto, un peu comme une boutade : « *Pas de curé sur ma gauche !* » Il était servi !

Voyage officiel

Le climat politique dans lequel nous agissions, à l'automne 1962, est difficilement descriptible : les plaies n'étaient pas encore pansées que déjà des impatiences et des frustrations se faisaient jour. C'est au mois de novembre 1962 que se situe la première pérégrination de Ben Bella à la rencontre du pays. Elle représente pour moi, très largement, une découverte. Le chef de l'Etat algérien lui-même est depuis dix ans coupé des réalités de son pays : à son retour, il s'est successivement installé à Tlemcen, à Oran, puis à Alger. Mais il connaît peu le Constantinois, moins encore la Kabylie, foyers du nationalisme et berceaux de la révolution. C'est donc par ces régions qu'il décide de commencer. L'importance de ce déplacement n'échappe à personne : dans ces zones misérables, usées par la guerre et frappées par le chômage, une partie de la population a été mobilisée contre Ben Bella, encore au cours de l'été, par Mohamed Boudiaf, Krim Belkacem, et certains responsables des willayas 2 et 3. Quel accueil va être réservé à celui qui n'est plus le « Zaïm » prestigieux emprisonné par l'ennemi, le responsable

---

* Jean Scotto, *Curé pied-noir, Evêque algérien*, Paris, Desclée de Brouwer, 1991, p. 107.

contesté par ses pairs, mais le chef d'un gouvernement plus ou moins démocratiquement désigné ?

Par un petit matin froid et sec de novembre, notre cortège de voitures s'ébranle lentement de la Villa Joly. Aux côtés de Ben Bella, outre ses proches collaborateurs, il y a Boumediene, énigmatique, réservé et solitaire, plusieurs ministres, des députés, des représentants du parti, des militaires. Je me trouve dans une des voitures de tête, celle du directeur de cabinet de Ben Bella, Abdellatif Rahal : toutes les voitures de la colonne sont des Peugeot. Succéderont dans les années suivantes, aux seules marques françaises, les Mercedes ou les voitures japonaises, même si les voitures d'occasion revendues par les travailleurs ayant émigré de l'autre côté de la Méditerranée contribuent toujours à faire vivre le parc automobile d'origine française.

Dans les premiers kilomètres, nous dépassons Alger hypertrophiée, nous traversons la banlieue industrialisée pour saluer dans le lointain le Rocher Noir, qui n'est déjà plus qu'un souvenir, et déboucher sur les longues et souriantes plaines de l'arrière-Mitidja. Nous avons tôt fait de franchir Rouiba, d'avaler Menerville, petites villes de colonisation qui, non loin de la mer, rappellent avec leur mairie, leur église, leur kiosque à musique de style rococo, une période à peine révolue. C'est encore l'Algérie d'avant. L'autre, la vraie, celle que n'arrivent à masquer ni la vitrine d'Alger, ni l'apparente richesse des gros bourgs surgit soudain au débouché d'un virage à angle droit, au sortir d'un petit pont qui dissimule à peine les dernières orangeraies ; les gorges de Palestro surgissent dans leur beauté sauvage, marquées par la guerre ; sur les roches calcaires et les fortins édifiés par l'armée française apparaissent encore des inscriptions, désormais dérisoires : « *Oui à de Gaulle* », « *Fellagha rends-toi* », « *Vive l'armée* ». Quand je traverserai à nouveau avec Ben Bella, un an plus tard, les gorges de Palestro, nous retrouverons les mêmes inscriptions. Avec la fin de la guerre, l'oubli était vite venu, et les traces des déchirures restaient comme fossilisées sur les pierres, sans que les Algériens prêtent la moindre attention, désormais, à ce qu'hier ils n'avaient pas voulu voir.

Notre cortège croise, à partir de Palestro, des femmes kabyles, aux robes multicolores, aux visages dévoilés et tatoués, qui, pieds nus, en file indienne, le dos courbé sous le lourd fardeau, transportent vers le gourbi familial la provision de bois du jour. Tout à leur peine, elles redressent la tête pour apercevoir ce cortège insolite... Elles n'apprendront que le soir, par la rumeur publique, que c'est leur Président qui, au passage, les a saluées de son large sourire et de cet ample geste du bras qui lui devient familier.

Bouira, petite sous-préfecture, au pied du prestigieux massif du

Djurdjura, sera la première étape. Le cortège stoppe à l'entrée de la ville. Ben Bella, suivi de Boumediene, descend ; le colonel Mohand Ou El Hadj vient au-devant d'eux, à la tête d'une importante délégation. Ce vieux maquisard, responsable de la willaya kabyle au moment de l'indépendance, s'est opposé à Ben Bella. Aujourd'hui, il reconnaît l'autorité du chef du gouvernement, mais les traces de la crise ne sont pas complètement effacées. L'accueil est fraternel mais réservé. Nous nous rendons à pied jusqu'à la place de la mairie, distante de deux kilomètres. Le spectacle est assez extraordinaire : côté à côte, en silence, s'avancent Ben Bella, calme et serein, Boumediene, sévère, Mohand Ou El Hadj, sérieux et appliqué, entre deux haies de paysans enturbannés, qui, leur canne sous le bras, applaudissent timidement. Nous suivons à quelques pas.

Ben Bella inaugure un style direct. Arrivé sur la place, il grimpe sur un monticule et harangue la foule, silencieuse, attentive, disciplinée. Il parle, en arabe dialectal et en français, de la lutte armée, de l'indépendance, de la révolution, des tâches de construction nationale. Silence poli. Il évoque les souffrances du peuple, les difficultés de l'heure. Hochements de tête approbateurs. Il s'anime pour aborder la campagne des labours, dénoncer ceux qui veulent s'approprier les terres des colons, expliquer la politique du gouvernement en faveur des petits possédants et des paysans sans terre. Applaudissements chaleureux. Très chaleureux enfin, quand à la fin de son discours, il lance pour la première fois : « *La terre est à ceux qui la travaillent.* » Le contact est établi, le courant passe.

Beaucoup plus tard, dans un entretien qu'il donnera en 1980 à un journal français, Ahmed Ben Bella revenant sur les erreurs ou les insuffisances de ces premières années de la République algérienne, soulignera la difficulté de communication qui existait chez les dirigeants, nourris de théories révolutionnaires, souvent socialistes, habités par des concepts certes puissants, mais difficiles à transcrire simplement dans le vécu quotidien du paysan ou de l'ouvrier algérien. Le mot même d'autogestion renvoie à des réalités culturelles tellement extérieures à l'expérience commune du peuple algérien, au moment où il sort de la colonisation : quelle traduction pratique et concrète peut-il éveiller ? Le discours politique devait nécessairement, pour croiser les réalités simples de la vie de ceux qui l'écoutaient, ce jour-là, sur la grande place de Bouira, trouver d'autres mots que ceux des intellectuels et des théoriciens. « *La terre est à ceux qui la travaillent.* » Cette fois, il était compris.

A Bordj Bou Arreridj, autre sous-préfecture, située à soixante kilomètres de Sétif, ville arabe pauvre, centrée uniquement sur la culture des céréales, un enthousiasme indescriptible règne à notre arrivée. Le contraste est saisissant. Des milliers de paysans, de jeunes surtout, chantent, dansent, entourent Ben Bella, l'acclament, le serrent de toutes parts. Les capots des voitures sont couverts de partisans joyeux et déchaînés, qui forment de véritables grappes humaines, s'accrochant les uns les autres. Pris dans le tourbillon, nous sommes littéralement portés par le peuple jusqu'à la mairie, elle-même bondée, au balcon de laquelle Ben Bella parvient à grand-peine. Un seul cri d'un bout à l'autre de la place : « *Yahia Ben Bella...* » Joie réelle, sincère, qui me bouleverse et me cause une émotion profonde et difficile à expliquer, comme toute manifestation de foule incontrôlée, spontanée, brutale. A l'évidence, ces démonstrations d'affection et de confiance en Ben Bella ne sont pas du goût de tous ceux qui l'accompagnent : je revois le visage de Boumediene, impassible, par exemple, mais intérieurement agité de sentiments contradictoires. Pourtant la personne même du premier Président de la République algérienne n'est pas seule en cause : cette joie populaire exprime simplement la fierté de la liberté recouvrée et la satisfaction de voir l'unité des partisans de l'indépendance recomposée autour d'un gouvernement à la fois stable et investi d'une confiance large. Ce qui se joue dans cette atmosphère, c'est une fièvre sans retenue où toute une région, soudain, prend conscience de ce que signifie l'indépendance, et de la force nouvelle que lui donne son accession à la souveraineté.

Sétif, ville martyre, réserve un accueil presque identique, même si l'enthousiasme y est plus tempéré. Le meeting s'y tient au stade municipal, où chaque dimanche évolue la célèbre équipe de football dont Rachid Mekloufi fut l'un des fleurons : Ben Bella et Ferhat Abbas se tiennent par la main. Des milliers de personnes qui n'ont pu prendre place à l'intérieur s'agrippent aux grilles, se juchent sur les arbres et les murs. Dans la foule, les Sétifiennes aux voiles noirs, les paysans enturbannés de la région. Ce meeting fut la première grande réunion publique de Ben Bella hors d'Alger. Je l'y trouve plus à l'aise qu'à l'Assemblée nationale, moins gauche, moins hésitant. Même si son ton n'est pas encore celui d'un tribun populaire, il commence à trouver le rythme et à parler sans se refréner.

Il a été très frappé, quelques semaines auparavant, lors du voyage qu'il a fait à Cuba, par le style de Fidel Castro : il m'a dit lui-même que ce style lui paraît correspondre à la fois à sa propre nature et à son désir de s'adresser de front aux masses populaires. C'est un peu sur cet exemple qu'il se règle, dans ce grand stade surpeuplé, parlant aux fellahs avec le souvenir de ses racines, adaptant son langage à son auditoire, en même temps qu'à sa nature spontanée. Le soir même, je synthétiserai mes observations en quelques mots : « *Ben Bella n'est jamais aussi passionnément lui-même qu'en face des auditoires paysans.* » Mais je note que l'authenticité déborde parfois le sens politique, voire démocratique... Au cours du meeting, emporté par son élan, parlant de la coopération, n'a-t-il pas déclaré sans ambages : « *Les accords d'Evian doivent être adaptés à la réalité !* » Cette évidence, fallait-il vraiment la proclamer, à huit mois de leur signature ?

Dans la soirée, à la préfecture, Ben Bella a reçu les personnalités sétifiennes et dialogué avec les responsables du FLN. Deux mondes, deux époques se côtoient, dont il est aisé de voir qu'ils ne pourront se fondre dans un même moule. D'un côté les médecins, avocats, professeurs, qui souvent ont milité dans les mouvements nationalistes de la première heure, et dont les bonnes manières, les civilités, l'excellente maîtrise du français, trahissent leur appartenance à l'ancienne bourgeoisie arabe. De l'autre les jeunes militants du parti, souvent issus des maquis, qui se lancent des interjections fraternelles en arabe, et qui sont les représentants vigoureux et conquérants de la nouvelle classe dirigeante.

Le fossé ne cessera de se creuser entre ces deux catégories de citoyens, les uns, incapables de dépouiller le vieil homme, les autres, bousculant ceux qu'ils considèrent comme l'incarnation d'un passé révolu. Au-delà des formes, les différences sont radicales, et les ponts qui semblent provisoirement jetés entre eux bien frêles. Les difficultés d'adaptation des premiers et la précipitation trop grande des seconds empêcheront l'Algérie d'intégrer à sa construction administrative, politique, économique même, les cadres expérimentés dont elle aurait pu tirer un plus grand profit, et qui lui auraient, probablement, évité certains écueils.

Après une nuit de repos, passée à prendre des notes sur mes impressions, notre cortège quitte Sétif sous un soleil éclatant, en direction de Bougie et de la vallée de la Soummam. Premier arrêt à Kerrata, autre site douloureux, qui vit la moitié de sa population massacrée par la Légion étrangère en 1945. Kerrata, placée à l'entrée des gorges les plus impressionnantes et les plus belles d'Algérie, à mi-chemin entre Sétif et Bougie, regroupe une population essentiellement paysanne et montagnarde, kabyle mais arabisée. Bachir Boumaza, ministre du Travail, est l'enfant de ce pays. C'est à lui qu'il revient d'accueillir le Président. Il le fait en termes chaleureux, simples et précis, mettant l'accent sur l'avenir de l'Algérie. L'ancien maire de Kerrata, Fournier, possédait une minoterie et un splendide château. Ben Bella parle aussitôt de transformer le château en hôtel touristique, et assure de son aide les ouvriers de la minoterie, qui ont repris seuls l'exploitation.

Après Kerrata, le paysage se fait moins tourmenté ; les plaines bougiotes annoncent déjà la mer. En cours de route, le cortège s'arrête longuement, à la demande de Ben Bella, le long de larges terres en cours de labour. Nous apprenons que les tracteurs sont yougoslaves, et que les semences seront fournies par la Société Agricole de Prévoyance. Ces terres sont des terres vacantes, qui continuent d'être travaillées par les ouvriers d'un grand domaine. Apparemment, l'exploitation n'a pas cessé et le passage de relais s'est fait de manière naturelle. Mais l'image ressemble par trop à une image d'Epinal, et la leçon optimiste qu'elle dégage, dans la douce tiédeur de cette fin d'automne algérien, me laisse un peu songeur : comment s'organisera le travail, dans la durée ? Qui s'occupera du renouvellement et de l'entretien du parc de machines agricoles, comment seront réalisés les inévitables investissements, au fil des années ? Comme tout paraît simple pour l'instant. Mais je fais taire en moi ce doute, pour me laisser aller à la bonne humeur du cortège.

Voici Bougie la radieuse, perle de l'Algérie et ancien refuge du grand philosophe maghrébin Ibn Khaldoun. Ce n'est pas une ville facile, ni décidée à s'en laisser conter. Au moment de la crise, Krim Belkacem y avait établi ses arrières, et le colonel Mohand Ou El Hadj ses plus solides positions. Au mois d'août, les troupes du colonel Boumediene y ont pénétré en force, mais sans trop d'incidents. Ben Bella a dépêché sur place Hadj Ben Alla dont l'habileté a permis d'éviter l'affrontement, aidée par la sagesse des soldats, réticents de part et d'autre à l'idée d'un combat fratricide. Une fois l'accord intervenu, Mohand Ou El Hadj a insisté pour conserver le commandement des unités de Bougie, et il a obtenu le retrait de l'armée des frontières. Il n'est pas certain, pour autant, que toutes les plaies soient bien refermées.

La ville est calme et apaisée quand nous y entrons. Ni enthousiasme délirant, ni froideur ou hostilité marquée. Le Président du gouvernement est accueilli avec courtoisie. La ville ne semble pas vraiment partie prenante aux rivalités dans lesquelles elle s'était pourtant inscrite. Le déjeuner en revanche réunit à la sous-préfecture, autour des principaux membres du cortège officiel, le préfet, le sous-préfet, Mohand Ou El Hadj, les responsables de la willaya et les députés de la petite Kabylie : les premiers propos échangés tournent court, et pendant que le repas est servi chacun reste le nez plongé dans son assiette : comment parler sans risquer de mécontenter l'un ou l'autre, apparaître plus proche des personnalités du gouvernement central, ou au contraire complice des opposants locaux ? Personne ne veut se brouiller avec personne, et le plus sûr est de ne rien dire qui puisse fâcher. Le silence, combinaison de toutes ces réticences et de toutes ces prudences, se fait pesant. En fait, seuls parlent Ben Bella, Mohand Ou El Hadj, Boumediene, qui en restent à des généralités confiantes dans les évolutions en cours. Le déjeuner se termine sans que le malaise diffus soit dissipé.

Au travers d'un brouillard digne des bords de la Tamise, nous traversons la fameuse vallée de la Soummam. En pleine nuit, les arrêts succèdent aux arrêts : Akbou, Sidi Aïch... C'est un peu comme un pèlerinage aux sources de la lutte indépendantiste, pèlerinage serein, sans grande surprise, sans débordement. Mais le lendemain matin, à Constantine, nous retrouvons l'enthousiasme des foules arabes, l'empressement autour du cortège de dizaines de milliers d'Algériens modestes, joyeux de venir fêter ces visiteurs officiels, qui représentent l'incarnation de leur souveraineté.

Constantine comptait, lors de l'indépendance, près de cinq cent mille habitants, alors qu'elle ne pouvait en accueillir décemment que deux cent mille, et en nourrir cent mille. Tout ce que le Constantinois compte de réfugiés, de regroupés, de paysans déracinés, ruinés, vient rejoindre la masse déjà importante des chômeurs. Cette concentration de population, dans le mouchoir de poche que constituent les nombreuses petites rues étroites du centre de la ville est proprement phénoménale. La misère des villes méditerranéennes est exubérante, proliférante, bruyante. Elle n'est pas plaintive et secrète, elle est éclatante et revendicatrice. Notre cortège plonge dans ces masses baroques, que les jeunes policiers inexpérimentés du nouvel Etat algérien ne parviennent pas vraiment à canaliser. Abdellatif Rahal, à côté duquel je suis assis, en bon intellectuel et sage universitaire, lève les yeux au ciel : « *Quel bazar !* » Eh oui, quel bazar ! Mais quelle énergie, quelle vie !

Constantine ne représente pas seulement le refuge de la misère : avec Tlemcen, ville plus bourgeoise, elle est au centre de la tradition nationaliste algérienne. C'est de Constantine qu'est parti, en réaction contre l'aliénation culturelle et la perte d'identité des populations arabes, l'appel du Cheikh Ben Badis : « *L'Islam est ma religion, l'arabe est ma langue, l'Algérie est ma patrie.* » Ahmed Ben Bella le sait, et veut en tenir compte. Cet attachement à l'Islam et aux valeurs nationales correspond d'ailleurs aux valeurs dont il s'est toujours réclamé. Le discours qu'il prononce au stade municipal peut se résumer tout entier comme une variation sur un même thème : « *Nous serons toujours des Arabes et des Musulmans.* »

A l'influence de l'Islam s'ajoute à Constantine l'influence, tangible, de l'armée. Le commandant Si Larbi, chef de la 6e région militaire, y règne en maître absolu. Aucune décision, même mineure, n'est prise sans son consentement. Le préfet, l'administration, l'embryon du parti sont totalement sous sa dépendance. Si Larbi, fidèle lieutenant de Boumediene, appartenait à la willaya 2. Au moment de la crise de l'été, il a pris fait et cause, à l'inverse de son chef, le colonel Boubnider, pour le Bureau politique. C'est cette attitude qui lui vaut d'assumer désormais des fonctions pour lesquelles manifestement il n'est pas fait : il s'est mué en despote local, faisant régner l'arbitraire, le plus souvent par la terreur. Une ville comme Constantine ne peut pas accepter d'être ainsi traitée, et tous les responsables civils et politiques s'en plaignent à nous, puis à Ben Bella, qui enregistre leurs témoignages, se gardant bien de provoquer le moindre incident, et se réservant d'en parler, plus longuement et à tête reposée, avec Houari Boumediene, que Si Larbi embrasse encore longuement, à l'aéroport, au départ de Constantine. Il sera, trois mois plus tard, relevé de son commandement.

Ce premier voyage officiel à travers le pays s'achève ainsi, sur une série de chromos disparates : diversité des foules traversées, de leurs attentes et de leurs traditions, expériences dissemblables au cours des années de colonisation et des années de combats, identités culturelles multiples. C'est de tout cela qu'il faut composer l'unité. De retour dans la capitale, cela m'apparaît avec clarté comme le premier défi de l'Algérie : comprendre ce qui la rassemble et la structure en un même peuple, malgré tout ce qui la divise et la sépare à l'intérieur d'elle-même. J'en parle plusieurs fois à Ben Bella, et à Abdelaziz Bouteflika, qui est alors ministre de la Jeunesse et des Sports. Je sais que Ben Bella apprécie chez ce jeune bras droit de Boumediene l'agilité et la résolution d'un esprit puissant et volontaire. Bouteflika me répond que l'Algérie est en mouvement, et qu'elle doit adhérer à son propre avenir, sans s'encombrer des conflits hérités de son passé.

Abdelaziz Bouteflika

C'est dans ce contexte que, le 27 novembre 1962, Abdelaziz Bouteflika écrit à Ben Bella une lettre officielle, demandant mon détachement auprès de lui : « *Suite à mes nombreuses demandes verbales, j'ai l'honneur de solliciter de votre haute bienveillance de vouloir mettre à ma disposition Monsieur Hervé BOURGES, Conseiller Technique, chargé de mission à la Présidence du Conseil. Il assumerait les mêmes fonctions au Ministère de la Jeunesse, des Sports et du Tourisme. Dans la période actuelle d'organisation de mon ministère, ses compétences seraient particulièrement utiles et appréciées. La sollicitude dont vous entourez la jeunesse de ce pays me permet, Monsieur le Président, de croire que votre décision ne peut être que positive et rapide.* » La demande venait en effet après plusieurs approches. Pourtant Ahmed

Ben Bella ne voulut pas me lâcher sur-le-champ : je ne serai fait Inspecteur général de la Jeunesse et des Sports, installé au cabinet du ministre, qu'au début du mois de janvier 1963, et c'est le 27 février 1963 qu'Abdelaziz Bouteflika me nomme Directeur de la Jeunesse et de l'Education populaire, en remplacement de Mohamed Farès, parti en congé de longue maladie.

Croisement étonnant des destins, une des premières missions que me confia Bouteflika, le 11 janvier 1963, fut de « *m'habiliter à rencontrer à Paris M. Maurice Herzog, Haut-Commissaire à la Jeunesse et aux Sports de la République française* ». C'est mon vieil ami Bernard Stasi qui dirigeait alors le cabinet de Maurice Herzog, et nous avons réfléchi aux perspectives d'actions communes en matière d'éducation ou de loisirs pour les enfants et les adolescents, de part et d'autre de la Méditerranée. Lorsque Stasi vint lui-même à Alger, il logea chez moi, soulevant l'incompréhension scandalisée de notre ambassadeur, Georges Gorse, ancien normalien, gaulliste historique, esprit que je croyais éclairé, qu'il ne parvint pas à persuader de m'inviter à dîner à l'ambassade, se heurtant à une fin de non-recevoir absolue. Il prit alors conscience de ce que, pour ma part, je découvrirai un peu plus tard : mon travail aux côtés des nouveaux dirigeants algériens m'aliénait durablement, par incompréhension et intolérance, un grand nombre de mes compatriotes. Je retrouverai sans déplaisir, quelques années plus tard, le même Georges Gorse, qui me recommanda son beau-frère réalisateur de programmes de télévision, alors que je présidais TF1... Autres temps, autres lieux, autres comportements.

Bernard Stasi fut chargé à Paris d'organiser une soirée pour Abdelaziz Bouteflika, qui vint rendre quelque temps plus tard leur visite aux responsables français. Il l'accompagna, sans savoir trop s'il apprécierait l'attention, au Crazy Horse : il n'est pas certain que Paris n'ait rien eu de mieux à proposer au ministre de la Jeunesse de la nouvelle Algérie... A l'occasion de cette visite officielle, le Général de Gaulle recevra deux heures durant Abdelaziz Bouteflika, alors que l'audience initialement prévue ne devait pas dépasser la demi-heure. Mais de Gaulle fut sous le charme... De Ben Bella, de Gaulle dira : « *Cet homme ne nous veut pas de mal.* » Et de Bouteflika : « *Ce jeune homme nous veut du bien...* »

Au moment où il me demande de le rejoindre pour travailler quotidiennement à ses côtés, je commençais à bien connaître la personnalité originale et forte d'Abdelaziz Bouteflika. Dès 1963, j'ai nettement conscience de la singularité de ce jeune officier, qui, par ses prises de position et son caractère, tranche sur le reste de l'armée des frontières, mais qui est néanmoins très proche du colonel Boumediene, qui a toute confiance en lui. Sous l'uniforme explose une identité irréductible, et une vision politique qui dépasse la perception de l'actualité et de l'immédiat pour envisager la durée et les évolutions majeures. Dans nos discussions d'alors, je suis toujours frappé par la démarche personnelle qu'il adopte systématiquement, et qui est souvent en rupture avec la pensée officielle du régime, parce que enracinée dans une authenticité radicale, sans compromis. Sans doute partage-t-il avec ses compagnons de combat un nationalisme à fleur de peau, une même volonté affirmée de construire l'Algérie en coupant avec son passé colonial. Mais s'y ajoute chez lui le désir de brûler les étapes, de ne pas s'embarrasser de formes, et de ne pas, surtout, se laisser envoûter par les icônes de la « Révolution », les héros de l'indépendance, la chanson de geste et le culte des martyrs, appelés à tenir lieu à la fois d'esprit de revanche, d'idéologie et de ligne politique.

Ministre de la Jeunesse et des Sports, il ne se prend pas pour le gardien du temple de l'Algérie nouvelle, en charge d'enseigner ses mythologies, caricaturées, aux nouvelles générations. Il veut que les structures éducatives se tournent vers le futur de son pays, plutôt que vers les fantômes de l'héroïsme des fondateurs. Son impatience est fortement sollicitée, car ces thèmes sont évidemment les sujets privilégiés de tous les arts populaires : chants à la gloire de la lutte anticoloniale, exaltant les vertus du combattant de la liberté, danses préparées dans les écoles ou les collèges par des enfants tôt familiarisés avec les hauts faits des chefs de file historiques du FLN, fresques peintes sur les murs des bâtiments publics, et notamment des écoles, pièces de théâtre représentées dans le cadre des anniversaires et des festivités nationales et locales, premiers films de cinéma produits avec le soutien du nouveau régime...

La pédagogie de la révolution ne demande qu'à produire et à entretenir le culte de ses héros, qui sont justement au pouvoir... Les réactions d'Abdelaziz Bouteflika me séduisent par leur justesse tranquille : toutes ces œuvres conjoncturelles vieilliront plus vite que l'Algérie, et paraîtront dans quelques mois déjà comme les fleurs fanées aux fusils des soldats de la grande guerre, une sorte d'ébriété collective. Ce qu'il faut, c'est travailler à constituer l'image de l'Algérie de demain. Sans référence à la crise où s'enracinent ses débuts. « *S'il faut magnifier quelque chose, cela doit être l'avenir, la construction collective de l'avenir, l'unité populaire autour des objectifs que nous nous donnons, l'effort de tous, les grands chantiers de la reconstruction et de l'adaptation économique ! Laissons les morts avec les morts et aidons les vivants à vivre.* » Il avait sur les rapports futurs de son pays avec la France des idées tout aussi nettes : « *La France doit prendre acte que nous ne sommes plus trois départements, mais un pays au plein sens du terme, souverain, indépendant, libre de ses alliances et de ses choix diplomatiques, libre de ses mouvements dans le jeu international. Cela posé, l'Histoire a créé une intimité entre nous, et nous serions stupides de la renier. Il va falloir que nous apprenions à travailler ensemble, sans préjugés, sans réticence, sans complexes ni de supériorité ni d'infériorité.* » C'est pourquoi il me disait attendre des « *gestes symboliques* » de la part de la France, qui doit être la première à les faire. Rêvait-il tout haut ? J'avais, pour lors, bien envie d'entrer dans son rêve et d'y croire aussi... Mais son discours ne passait pas toujours très bien, et certains, notamment dans les rangs du FLN, n'en comprenaient pas le tranchant, ni l'ardeur moderniste.

Cela n'allait pas l'empêcher de devenir, à la fin de cette même année 1963, ministre des Affaires étrangères de la République algérienne, poste qu'il garderait jusqu'en 1979, animant une diplomatie algérienne résolument indépendante, exemplaire, se faisant le héraut d'armes des non-alignés et des pays du tiers monde.

Je reviendrai plus loin sur le rôle joué par Abdelaziz Bouteflika dans le déclenchement même du coup d'Etat du 19 juin 1965 qui devait renverser Ben Bella, coup d'Etat baptisé par ses auteurs « redressement révolutionnaire » (sic). Je noterai simplement que cet événement se produisit à la veille de la grande conférence internationale afro-asiatique que l'Algérie s'apprêtait à accueillir, qui avait été très soigneusement et très précisément préparée, et à laquelle le ministre des Affaires étrangères qu'il était devenu tenait particulièrement. Dans les quinze années qui suivent, Bouteflika va être l'artisan de l'unification des rangs arabes lors du sommet de Khartoum, il parviendra à assurer la reconnaissance internationale des frontières de l'Algérie, il combattra avec succès l'embargo commercial lancé contre l'Algérie au moment de la nationalisation des hydrocarbures. Enfin son pays lui devra encore de jouer un rôle de chef de file dans de nombreuses organisations du tiers monde, et dans le renforcement de l'unité d'action des non-alignés, puis des pays en voie de développement : c'est à ce titre que Bouteflika fut élu à l'unanimité président de la 29e Session de l'Assemblée générale des Nations unies, et de leur 6e Session extraordinaire consacrée à l'énergie et aux matières premières réunie à l'instigation, entre autres, de l'Algérie.

En 1978, à la mort de Houari Boumediene, dont il a été, sans l'ombre d'un doute, le plus proche, le plus efficace et le plus irascible compagnon, c'est Abdelaziz Bouteflika qui prononcera son oraison funèbre, en des termes pleins d'émotion, de simplicité douloureuse, de fidélité : il aurait probablement dû lui succéder, mais il fut au contraire l'une des premières victimes de la « déboumédiénisation » du pays, contraint à un exil d'une vingtaine d'années.

Compte tenu des circonstances, de l'échauffement des esprits, des ravages de la guerre, de la force du traumatisme causé par le rapatriement des Français d'Algérie, le rêve d'une réconciliation franco-algérienne qu'Abdelaziz Bouteflika faisait tout haut devant moi en 1963 ne se concrétisa pas alors, et il faudra attendre 1999 pour que, à l'issue de la nouvelle guerre meurtrière de sept ans que représenta la lutte contre le terrorisme islamiste, le vieux dirigeant ressurgisse en leader charismatique, porteur du même discours, des mêmes espoirs, des mêmes exigences, toujours aussi inflexible, toujours impatient face aux pesanteurs du passé, aux divisions stériles, aux tabous, au fanatisme.

En quelques mois, à partir de son élection du 15 avril 1999, le retour d'Abdelaziz Bouteflika représentera pour l'Algérie le plus formidable aggiornamento qu'elle ait pu connaître, appuyé d'abord sur la force du verbe. Car c'est par le verbe que Bouteflika, président, a choisi de frapper les coups les plus rudes contre les conformismes et les mensonges de l'Algérie de cette fin de siècle, pour faire table rase de sept années de violence meurtrière et de terrorisme, qui ont additionné près de 100 000 victimes, et d'une décennie de corruption, de désarroi civique et d'abattement du peuple. Il suffisait peut-être, là où la répression et la tartuferie ne venaient pas à bout des attentats et des massacres, de prononcer quelques mots forts et sans équivoque pour redonner vie à un pays exsangue et désorienté, et vis-à-vis de la France, de rouvrir la voie à des relations saines et stables, un jour peut-être chaleureuses, après les retrouvailles de juin 2000.

Je me souviens avec netteté des propos que m'avait tenus en 1963 Abdelaziz Bouteflika, dans son bureau du ministère de la Jeunesse, au dernier étage d'un large immeuble d'une des artères centrales d'Alger, la rue Larbi Ben M'Hidi, ex-rue d'Isly, de triste mémoire : *« L'Algérie ne supportera pas longtemps les querelles de personnes et les divisions du mouvement nationaliste. Nous devons nous détacher de notre culture de combattants, pour rentrer dans une logique de gouvernement et de construction d'un Etat respecté parce que respectable. »* Ces paroles, notées le soir même dans mes carnets, j'en entends l'écho lors de son interview sur Europe 1 en juillet 1999 : *« La légitimité populaire doit se substituer à la légitimité révolutionnaire ! »* Je n'en suis pas étonné.

Désormais certains gestes traduisent en actes cette volonté de recomposer l'Algérie autour d'elle-même, et de ne plus s'adonner aux vieilles querelles : ainsi la réhabilitation, sans discussion, de la mémoire du père du nationalisme algérien, Messali Hadj, alors que le nom de « messaliste », au sein du FLN, était à peu près aussi honorable que celui de « déviationniste » dans les partis communistes des Pays de l'Est. Bouteflika n'y est pas allé par quatre chemins, en baptisant « aéroport Messali-Hadj » le nouvel aéroport qu'il inaugurait à Tlemcen. Ainsi également des paroles qu'il prononça en mémoire de deux autres grands anciens de la lutte pour l'indépendance, chefs historiques du FLN, le Kabyle Krim Belkacem, négociateur des accords d'Evian, découvert étranglé dans sa chambre d'hôtel à Francfort le 20 octobre 1970, et Mohamed Khider, compagnon de détention de Ben Bella à Turquant et Aulnoy, assassiné à Madrid le 4 janvier 1967, tous deux vraisemblablement liquidés par la Sécurité militaire algérienne.

Ainsi de l'hommage qu'il rend, de passage à Constantine, à « *l'apport fondamental à la diversité algérienne de la communauté juive de cette ville »,* évoquant la figure du beau-père d'Enrico Macias, le musicien de maalouf Raymond Leris, dit Cheikh Raymond, victime, pendant la guerre d'Algérie, d'un attentat attribué au FLN[*]. Enfin, quand il parle des liens familiers qui doivent être renoués par l'Algérie avec ses voisins du Maghreb, Tunisie et Maroc, quand il évoque l'Algérie africaine, passerelle entre l'Europe et le continent noir, je retrouve encore le langage de celui qui était en 1963 le premier ministre de la Jeunesse et des Sports du premier gouvernement algérien, avec à ses côtés comme conseiller Hamid Temman, devenu en 2000 son ministre des Réformes, de la Participation et des Privatisations...

Et il n'est pas indifférent que lorsque, en juillet 1999, Alger accueille la réunion annuelle de l'Organisation de l'Unité Africaine, Bouteflika présidant la séance d'ouverture tienne à saluer, avant toute chose, les pères fondateurs de cette organisation, qu'il a pris soin d'inviter pour l'occasion, et qui siègent au premier rang, du moins pour ceux qui survivent et qui ont pu se déplacer : les présidents Nyéréré et... Ben Bella ! S'adressant à ce dernier devant le parterre panafricain réuni au Club des Pins, le nouveau président de la République algérienne n'hésite pas à déclarer : « *Je salue celui que je considère toujours comme mon président, Ahmed Ben Bella...* » S'il est un geste, parmi tous ceux qu'a multipliés Bouteflika au cours de ses premiers mois de présidence, qui mérite d'être retenu, c'est probablement celui-ci, où quelques mots simples et émouvants tentent d'effacer le souvenir du coup d'Etat du 19 juin, appelé par ses auteurs « redressement révolutionnaire », de l'arrestation de Ben Bella, de ses longues années d'incarcération. Car c'est

---

[*] « *J'ai commencé ma carrière à 15 ans,* se souvient Enrico Macias, *dans l'orchestre que dirigeait à Constantine Cheikh Raymond, avec mon frère Sylvain Ghenassia. Cet ensemble unissait musiciens juifs et musulmans et faisait communier toutes les communautés dans la même ferveur.* » Enrico Macias, dans un entretien au *Parisien* en 1999.

par l'exemple qu'il a décidé de prêcher la réconciliation nationale, cette « concorde civile » à laquelle dans un geste gaullien le Président algérien a vérifié par référendum que son peuple adhérait, même s'il faudra de longues années pour l'établir solidement.

Comme souvent lorsqu'il s'agit de symboles fondamentaux, la démarche de réconciliation de Bouteflika passe par un discours libéré des préjugés linguistiques et culturels : son engagement pour une Algérie plurielle, assumant la diversité de ses héritages, se traduit donc dans un verbe varié, jouant sur tous les registres, de l'arabe dialectal de l'autodidacte, entré dans le combat nationaliste à la fin de ses études secondaires, jusqu'au français classique, très maîtrisé, en passant par l'arabe littéraire, souvent peu compris des Algériens, mais qui est la langue du Coran. Dès la campagne présidentielle qu'il conduit entre décembre 1998 et avril 1999, le candidat Bouteflika rompt avec le tabou qui réclamait l'utilisation systématique, pour les discours publics, de l'arabe comme langue nationale, exclusive de toute autre.

Sur ce point encore, il promeut une approche décomplexée du passé algérien : l'Algérie est aussi francophone : pourquoi renoncer artificiellement à la formidable force rhétorique de la langue de Molière, que les enfants, à Alger, sont aujourd'hui plus nombreux à parler qu'au moment de l'indépendance ? L'Algérie française avait créé une ségrégation linguistique, l'arabisation anarchique a fait le reste... La vitalité du français est un fait avéré : l'arabe, langue nationale, n'en perd pas pour autant sa priorité naturelle, et certaines choses peuvent aussi bien être exprimées de manière convaincante en français...

Or bien peu de responsables algériens depuis l'indépendance ont pris le risque de s'exprimer longuement et publiquement en français, même lorsqu'ils comptaient parmi les premiers combattants pour l'indépendance ! Lorsque le Président Chadli, par exemple, en visite officielle en France, souhaita faire passer le message d'une nouvelle étape de l'histoire de l'Algérie aux Français, il répondit longuement aux questions que lui posaient les journalistes de TF1... en arabe ! Perdant du même coup une grande part de la portée qu'aurait pu avoir son message.

Le coup de force que représente cette liberté d'expression nouvelle au sommet de l'Etat algérien peut être comparé, dans sa démarche et dans sa puissance, à l'action de réconciliation historique autour d'un même idéal national, opérée par de Gaulle, à plusieurs moments de sa vie. Comment juger autrement les pas décisifs accomplis en quelques mois, l'indifférence personnelle au danger – le sort subi par Boudiaf est dans tous les esprits – et l'accomplissement systématique de grands gestes symboliques porteurs de longs échos libérateurs dans toute la société algérienne, soudain conviée à vaincre ses peurs, ses timidités, ses divisions ? Et comment ne pas apprécier cette liberté de ton qui n'épargne même pas ses prédécesseurs « Chadli et Zeroual, qui avaient les pouvoirs de Franco, et qui se sont comportés comme la Reine d'Angleterre » ?

Quel était mon rôle trente-six ans plus tôt auprès de lui et quels furent les chantiers ouverts aux côtés du jeune ministre Abdelaziz Bouteflika, en 1963, avec le premier gouvernement algérien souverain ? Je renouai très vite avec mes premières expériences d'encadrement des jeunes défavorisés et déclassés, lui proposant, dans un rapport dont il reprit les conclusions à son compte, d'intégrer l'éducation surveillée aux compétences du ministère de la Jeunesse, au lieu de la laisser au ministère de la Justice. Je sentis combien, dans un pays neuf, dont les structures s'ébauchaient à peine, il était préférable de construire d'emblée sur des fondements nouveaux tout ce que l'on aurait mis des années à réformer, si des habitudes administratives différentes avaient été prises dès longtemps, comme en France.

Ce qui était permis à Bouteflika n'avait pas été possible à Edmond Michelet, parce que cette modification simple en apparence signifiait le changement de statut et le reclassement dans des corps différents de dizaines de fonctionnaires du ministère de la Justice contraints de rentrer dans les cadres du ministère de l'Education nationale. Dans le cas de l'Algérie, les services à créer partiraient d'emblée du bon pied. Le ministère de la Jeunesse et des Sports avait hérité dans un premier temps de quelques camps de vacances, de la responsabilité des colonies et des chantiers de jeunes, de l'attribution des subventions aux scouts et aux mouvements de jeunesse. En y insérant l'éducation et l'éducation surveillée, nous posions les bases d'un système éducatif et de principes pédagogiques durables.

Pourtant le séjour d'Abdelaziz Bouteflika au ministère de la Jeunesse ne dura guère : l'assassinat non élucidé, dans le courant de l'année 1963, du jeune et brillant intellectuel Mohamed Khemisti, ancien président de l'Union des étudiants algériens en France, fait de lui le second ministre des Affaires étrangères de l'Algérie. Son successeur à la Jeunesse et aux Sports, Ismaïl Badel, m'informe rapidement qu'il compte nommer à ma place un nouveau directeur central du ministère. N'ayant pas avec lui les mêmes liens qu'avec Bouteflika, je ne peux que comprendre cette décision. Hadj Smaïne, devenu ministre de la Justice, me propose de retrouver un département ministériel que j'avais bien connu en France, auprès du garde des Sceaux : « *Ici aussi*, me dit-il, *il y a fort à faire et beaucoup à inventer !* » Mon travail auprès d'Hadj Smaïne me laissera la liberté d'assurer de nombreuses missions, de manière directe, pour Ahmed Ben Bella.

Trait d'union entre les deux rives

Les liens que j'avais noués, du temps de leur détention à Turquant, avec les cinq leaders historiques ne s'étaient pas rompus, même si certains des compagnons d'alors s'opposaient désormais à Ben Bella de manière virulente. Le Président me demanda donc en quelques occasions de jouer entre eux et lui un rôle d'intermédiaire, ou de les inviter à sortir de certaines querelles fatales. Ce fut le cas, par exemple, lors de la rébellion armée d'Aït Ahmed et du colonel Mohand Ou El Hadj, qui eut lieu à l'été 1963, neuf mois après la visite de Ben Bella en Kabylie.

Peu fait pour s'accorder avec Ben Bella, Aït Ahmed avait tenté, dans un premier temps, de jouer le jeu de l'opposition parlementaire, mais il n'avait trouvé autour de lui que quelques députés issus comme lui de Kabylie. Ses allures de gentleman, son langage soigneusement étudié, son anglomanie, son attitude résolument critique agaçaient un auditoire mal préparé à l'entendre. Bon nombre ne comprenaient pas la subtilité parfois contradictoire de ses prises de position : à Tripoli, il a voté le programme présenté, il a accepté le principe du parti unique FLN, il ne s'est pas opposé à l'investiture de Ben Bella, pas plus qu'au principe de l'autogestion dont il lui arrive même de revendiquer la paternité. Alors, où est le problème ? Ses convictions ne font pas de doute, ses amis connaissent sa sincérité, et il a été le porte-parole de la Révolution algérienne à la Conférence de Bandoeng. Mais c'est sur les méthodes d'action, la manière de gouverner, que son tempérament et ses conceptions l'opposent de manière décisive à Ben Bella : il condamne la dérive vers un système personnel, il condamne la place centrale de l'armée dans l'Etat, le parti et le gouvernement, il condamne enfin ce qu'il considère comme un régime d'arbitraire, *« un régime chaotique, sa médiocrité, son improvisation »*. Dénonçant en permanence depuis le printemps les *« atteintes aux libertés publiques »*, Aït Ahmed paraît plutôt un opposant résolu, prêt à prendre la relève, un jour, plutôt qu'un responsable FLN soucieux d'action rapide et pragmatique. Son isolement vient probablement du fait qu'il condamne une méthode plus qu'un programme, un comportement aventureux plus que de mauvais objectifs. C'est cet isolement qui va le conduire jusqu'à l'aventure de la rébellion armée.

Le 29 septembre 1963 exactement, après que le Mouvement du Front des Forces Socialistes (FFS) créé par Hocine Aït Ahmed eut été dissout par le gouvernement, au nom du principe du parti unique, qu'il avait lui-même voté, un grand meeting est organisé à Tizi Ouzou, chef-lieu de Grande Kabylie, en présence d'Aït Ahmed, de Mohand Ou El Hadj, et de quelques députés kabyles : tous appellent à la révolte contre le régime qualifié de « fasciste ». Conscient du risque que fait peser sur cette insurrection son caractère trop fortement « régional », Hocine Aït Ahmed déclare le soir même à des journalistes : « *Il n'est pas question de faire sécession, ce n'est pas un territoire qui se rebelle, c'est une partie de la population algérienne qui reprend le mouvement révolutionnaire brisé par la crise de l'été 1962.* » Pourtant l'insurrection ne parviendra pas à s'étendre hors de Kabylie, et Aït Ahmed verra son mouvement accusé de « berbérisme », au risque de réveiller l'antagonisme entre les populations arabes et kabyles... Il est parfaitement vrai que la Kabylie offre un terrain favorable aux rébellions armées : vieux massifs berbères et reliefs plus hérissés, pitons et chaînes plissées, où excellent à se dissimuler les montagnards kabyles, regroupés sur les hauteurs, dans des hameaux de paysans pauvres et rudes, qui cultivent difficilement quelques arpents d'un sol tourmenté où l'âne est plus à son aise que le tracteur...

Le 1er octobre, Ben Bella annonce, dans un grand meeting à Alger, un bond en avant de la Révolution : c'est la réponse du berger à la bergère, avec la nationalisation de toutes les terres de la colonisation. Il s'agit de faire reculer tous ceux qui espéraient des événements une remise en cause de l'option socialiste. Utilisant une méthode éprouvée pour discréditer l'insurrection, il dénonce sa collusion avec le Maroc, qui justement masse des troupes à la frontière. Désormais, seuls les ennemis de la nation algérienne pourront, en leur âme et conscience, soutenir Aït Ahmed : les patriotes devront s'en détacher. La ficelle est grosse : elle est efficace. C'est précisément grâce au conflit avec le Maroc que Ben Bella parviendra par exemple à rallier Mohand Ou El Hadj... Stratégie bien connue dans l'Histoire : le conflit extérieur réduit ou masque les différends intérieurs.

La menace marocaine conduit Aït Ahmed à reprendre le contact avec Ben Bella : c'est à moi qu'il envoie un émissaire secret, au début de l'automne 1963, pour proposer à Ben Bella de lui exposer ses « *conditions* » pour que « *l'Algérie présente un front uni à ses agresseurs* ». Parce qu'il veut utiliser toutes ses cartes pour ramener la Kabylie à la raison, Ben Bella me mandate pour rencontrer Aït Ahmed là où il se trouve, mais « *à mes risques et périls* » : dans le cas où je serais intercepté par des forces proches de Boumediene, il ne pourra en aucun cas couvrir cette initiative. Courageux ou plutôt téméraire, voire inconscient, je décide de remplir cette mission de conciliation. Les messagers d'Aït Ahmed me conduisent alors dans les montagnes berbères, jusqu'à un village isolé, perché sur une crête, comme en dehors du monde et pourtant aux aguets.

Celui que j'ai connu à Turquant partageant la détention de Ben Bella et qui désormais se dresse contre lui me reçoit entouré de ses fidèles, autour d'un thé traditionnel d'hospitalité, et m'explique longuement les mobiles de la rébellion, ajoutant que malgré toutes ces causes objectives, il est prêt à renoncer à l'action engagée, à plusieurs conditions : *« Je n'ai pas d'hostilité personnelle à l'égard de Ben Bella. Il ne m'est pas inconcevable de reprendre le dialogue avec lui. Mais il faut pour cela qu'il parvienne à se débarrasser de Boumediene. Boumediene c'est le fascisme, c'est la militarisation progressive de notre pays. Que Ben Bella le comprenne, qu'il l'élimine, et entre révolutionnaires, nous arriverons à nous entendre. »*

Toute la sympathie que j'éprouve pour l'intellectuel rigoureux et le démocrate exigeant, voire pointilleux, qu'est Aït Ahmed, ne m'empêche pas de ressentir, au moment même où j'enregistre son message pour Ben Bella, à quel point les conditions qu'il exprime sont peu réalistes, dans les circonstances présentes. Surtout, je ne me doute même pas qu'elles sont déjà inutiles : lorsque j'en rapporterai la teneur à Ben Bella, il aura déjà accueilli à la Villa Joly, pour recevoir son ralliement, le colonel Mohand Ou El Hadj, dont les troupes quittent immédiatement la Kabylie pour se rendre à la frontière marocaine, dans un élan d'enthousiasme partagé pour l'unité retrouvée, et la lutte contre l'ennemi commun de la nation. Aït Ahmed perd d'un coup l'essentiel de ses forces. Arrêté par surprise le 17 octobre 1964, il sera condamné à mort le 12 avril 1965, et dès le lendemain gracié par Ben Bella. La nouvelle de son évasion de la prison de Maison-Carrée surprendra la population algéroise le 1er novembre 1966, à l'heure où le colonel Boumediene, toujours impassible, et désormais chef de l'Etat, assistait au traditionnel défilé discipliné des troupes, puis houleux et coloré, des différentes catégories de la population.

La fin de l'année 1963, l'année 1964 et les six premiers mois de 1965 me voient travailler, avec une implication personnelle importante, aux côtés de Hadj Smaïne, à la constitution des éléments essentiels du nouveau cadre juridique et judiciaire de la République algérienne, en essayant de le préserver des dérives que j'ai pu observer dans la magistrature française, depuis le cabinet du garde des Sceaux.

Comment mon rôle est-il perçu, est-il toujours bien accepté ? Vis-à-vis des Algériens, j'ai toujours été suffisamment prudent pour ne pas prêter le flanc à des attaques personnelles ; et mes plus proches amis savaient me mettre en garde contre des initiatives ou des attitudes qui eussent été mal reçues, venant de moi.

J'avais clairement conscience d'avoir à me garder d'un danger double : d'une part la tentation d'un prosélytisme déplacé à l'égard de la culture, de la religion, du mode de vie algériens. Rien ne m'agaçait plus que ces Européens reniant père et mère, étonnants nationalistes d'adoption, révolutionnaires jusqu'au-boutistes pour un pays qui n'était pas le leur, déployant leur zèle ethnologique et idéologique pour se faire pardonner leur origine : je m'y suis toujours refusé pour ma part. Je crois aussi que mes amis algériens ne me l'auraient pas pardonné : comment se seraient-ils fiés à un pareil simulacre, comment auraient-ils pu s'appuyer sur ma parole et ma constance, s'ils m'avaient vu ainsi troquer mon identité propre contre un rôle emprunté ?

J'évitais d'autre part avec soin l'attitude inverse, qui aurait consisté à juger en permanence les actes des autres à l'aune des valeurs occidentales, et d'abord françaises, et à remettre en question toutes les décisions et tous les comportements qui ne seraient pas passés par le prisme de la rationalité cartésienne. Je tentais de me tenir dans l'entre-deux, authentique pour ce qui me concernait, fidèle à mes engagements de toujours et à mes principes, aussi ouvert que possible vis-à-vis des autres, et évitant absolument d'imposer mon propre univers intellectuel et moral. Pour comprendre l'Algérie et les Algériens de l'intérieur, je devais suspendre mon jugement, comme le philosophe husserlien met entre parenthèses sa subjectivité pour s'approcher le mieux possible des faits tels qu'en eux-mêmes ils se produisent. Je ne voulais brouiller ma découverte de ce pays par aucun préjugé, ni affectif ni géographique, ni religieux ni intellectuel. La vie que j'y menais et les rencontres que je faisais m'en apprendraient plus, sur moi-même aussi, si je parvenais à m'oublier en leur prêtant toute mon attention. Bref je m'immergeais dans ce milieu algérien sans rien renier de moi, et en particulier de ma culture et de mon amour pour la France, avec cette volonté, qui m'avait habité dès le premier jour, d'être un véritable trait d'union « entre les deux rives », comme aimait à dire Jacques Berque.

Ceux qui devinrent très vite mes plus proches amis sont déjà apparus dans ces quelques pages : Rahal, Hadj Smaïne, la famille Boumaza, Bachir et Ali... Mon modeste traitement de fonctionnaire ne me permettait certes pas d'organiser de grandes soirées, mais ma table leur était toujours ouverte, comme la leur l'était pour moi, que ce soit pour le couscous, ou pour les spécialités culinaires que je maîtrisais le mieux : la daurade au four, le loup grillé, les inévitables brochettes et les délicieux rognons d'agneau.

J'aimais particulièrement la période du Ramadan, pendant laquelle les Algériens se recevaient largement, où les familles étaient regroupées, où les amis étaient conviés. Je n'ai jamais vécu cette période comme une contrainte ou comme difficulté dans le quotidien : m'adaptant au rythme particulier qu'elle impose, je calquais mes horaires de travail sur ceux de mes collègues et amis, répartissant autrement les moments de détente... Comme eux, je sautais le repas de midi, pour faire la journée continue, et je m'empressais de rentrer chez moi au déclin du jour, pour déguster la chorba brûlante qui apaisait immédiatement les tenaillements de la faim. Il s'agissait, dans mon cas, d'un jeûne de solidarité, mais aussi d'une commodité : dès lors que l'on vit au sein d'une société humaine particulière, le plus simple est d'en pratiquer les usages, et d'en respecter les rythmes. Même lorsque l'on ne partage pas les convictions religieuses ou les traditions qui les fondent. Et parmi les charmes du Ramadan, moi qui n'ai pas de prédilection pour les pâtisseries orientales, trop sucrées, miellées, et peu diététiques, je compte pourtant les zlabiyas, baklawas et autres makrouks, gâteaux traditionnels servis pour cette occasion.

Mes loisirs habituels étaient restreints au minimum, au moins pendant toute la période où je participai aux cabinets de Ben Bella et de Bouteflika. La plupart du temps, le travail était urgent, prioritaire. Il en alla de même après juin 1965, lorsque je me retrouvai au ministère de l'Information, aux côtés de Bachir Boumaza, qui avait des horaires de travail une définition extensible à l'infini, et qui partageait mon goût des longues discussions, poursuivies longtemps après le crépuscule, où nous refaisions à bâtons rompus l'Algérie, la France et le reste du monde, les rapports internationaux et les relations entre les hommes. L'amitié était synonyme pour moi de ces causeries libres à perte de vue, où les propos échangés comptaient moins, somme toute, que le partage fraternel des rêves, des projets, des convictions ou des émotions.

J'ai toujours aimé la mer : mer du Nord, océan Atlantique, Méditerranée... Et dès que j'avais un moment je me précipitais sur les plages, autour d'Alger : Sidi Ferruch, notamment. Plus tard, une fois marié, je fréquentais avec Marie la plage du Chenoua, près de Tipaza, où nous éprouvions la jouissance double de la mer tiède et transparente, et de la beauté du site antique tout proche, où Camus célébrait naguère « le grand libertinage de la nature et de la mer ». Nous sortions de l'eau, accueillis sur un lit d'algues sèches, et nous marchions vers les ruines de Tipaza, où les marbres romains éparpillés par d'obscurs désastres gisent silencieux et surprenants, au milieu de lentisques, d'absinthes sauvages, ponctuées d'aulx, et de touffes d'herbes jaunes. Les pierres y forment une réserve de fraîcheur claire, et les végétaux qui les soulignent ou qui les masquent paraissent insister sur le passage du temps, l'effacement progressif et irrémédiable d'un lieu, jadis vivant, joyeux, remuant, et désormais déserté, calme et serein. Les sites romains d'Afrique du Nord dégagent une atmosphère différente, comme si l'oubli qui les a frappés était redoublé par leur éloignement, au cœur d'une civilisation différente qui a gommé jusqu'à leurs repères familiers, et qui ne se réclame pas de cet héritage. Ils en sont d'autant plus émouvants.

A cette époque, j'occupais souvent mes loisirs en compagnie d'un ami de l'Université lilloise, le docteur Denis de Swarte, médecin à l'Hôpital d'Alger, au titre de la coopération, qui partageait avec sa jeune femme pied-noir, Michèle, beaucoup de nos soirées, arrosées d'excellents vins d'Algérie. Il m'initia à la pêche sous-marine, source de découvertes et d'émerveillements continuels, à une époque où les fonds de la Méditerranée étaient préservés : grandes prairies aquatiques semées de couleurs vives, où les bancs de sardines mettaient des draperies d'argent ou d'ombre, selon l'éclairage, passages de daurades grises ou roses, loups allongés, mérous obèses, au masque mussolinien et à la dentition redoutable, survolés par l'aile coupante des raies géantes, parfois au contraire tapies au fond de l'eau. Toute cette vie insoupçonnée me fascinait, moi qui n'avais connu jusque-là les poissons d'eau salée qu'immobiles et l'œil mort à l'étal des poissonniers.

Après le gibier et les étangs des plaines solognotes de ma jeunesse, et avant de découvrir en Afrique noire la splendeur de la faune sauvage, et d'abord des éléphants, la plongée sous-marine fut pour moi une expérience fabuleuse, inséparable de ces années algériennes. Ces émotions successives devant la nature vive et libre m'ont guéri à tout jamais de l'envie de posséder le moindre animal domestique : l'animal est pour moi cet être fugitif et détaché du monde humain, qui vit selon ses propres rites et dans un univers séparé, parallèle au nôtre.

Je commençai à prendre mon temps, à parcourir le pays : avec une prédilection pour le Grand Sud : Ghardaia, pays des Mozabites, les « Auvergnats » algériens, commerçants redoutables, dont la faconde et la force de persuasion ne permettent pas de quitter leurs boutiques sans avoir acheté tout ce que l'on s'était juré de ne pas acquérir en entrant. Nous aimions rejoindre pour le week-end Bou Saada, aux portes du désert, à environ 250 kilomètres d'Alger, où existait un bel hôtel, Le Transatlantique, refuge du grand peintre figuratif algérien Dinet, dont un des tableaux orne aujourd'hui le bureau présidentiel d'Abdelaziz Bouteflika. Eugène Dinet se convertit à l'islam et prit pour prénom Nasreddine. Ce grand solitaire qui consacra sa vie à son art et à la méditation décrivait avec un humour grinçant ses relations avec Allah et les hommes en une phrase ironique : *« Je remercie Dieu de m'avoir fait rencontrer l'Islam avant d'avoir fréquenté les Musulmans... »*

Image de la transformation subie par l'Algérie en quelques années, qui explique peut-être mieux qu'un long discours les convulsions douloureuses que ce pays a connues dans les dernières années du siècle : j'ai souvenir d'avoir admiré à deux reprises la belle mosquée de Bou Saada. En 1966, nous y étions chaleureusement accueillis par l'imam : nous nous déchaussions pour entrer, et Marie mettait un foulard sur ses cheveux. Nous sommes retournés à Bou Saada, bien des années plus tard, à l'invitation de mon ami Mohamed Lakhdar Amina, Palme d'or à Cannes en 1975 pour son film *Chronique des années de braise*. Dix ans après ce film héroïque, il tournait à Bou Saada *La Dernière Image*, film autobiographique avec Véronique Jannot dans le rôle de l'institutrice. Le Transatlantique était désormais en piteux état et nous logions au Caïd, refait par l'architecte Pouillon. Lorsque je voulus revoir la mosquée, j'en fus chassé à coups de cailloux par quelques gamins du voisinage, qui me lançaient des « *emchi, emchi !* » pleins d'hostilité : « *Va-t'en, va-t'en !...* »

J'aimais aussi faire des incursions à Aïn-Arnat et à Sétif, retrouver mes anciens « protégés » des années noires, qui à chacun de mes passages organisaient une fête, pour laquelle ils réalisaient ce qu'ils considéraient comme le meilleur couscous du pays, le *barboucha*, couscous des pauvres, où le lait remplaçait la viande. Ce sont mes amis d'Aïn-Arnat qui m'initièrent à la préparation et à la cuisson du méchoui, et aussi à la dégustation des meilleurs morceaux : ni le gigot ni l'épaule, mais le filet tendre, moelleux, goûteux, levé avec les doigts le long de l'échine...

L'hiver il y avait Chréa, station de montagne où l'on pouvait pratiquer le ski, et dans les bois avoisinants, la chasse au sanglier. Les Algériens n'en mangeaient pas (même sauvage, cela restait du « *alouf* », du porc), et abandonnaient volontiers le produit de leur chasse à leurs amis européens. C'est ainsi que j'héritai un jour d'une bête de taille respectable, que je rapportai, non sans mal, dans le coffre de ma voiture jusqu'à Alger. Après l'avoir fait dépecer, j'en partageai les meilleurs morceaux avec quelques voisins européens, à commencer par Georges Arnaud, amateur de bonne chère.

Les soirées étaient longues à Alger : peu de vie mondaine et culturelle sinon quelques sorties au ciné-club, et quelques concerts, publics ou privés, de musique andalouse, que j'appréciais. La télévision algérienne se contentant alors de la diffusion, lassante pour nous, de films égyptiens ou indiens, le soir était propice à la lecture. Je lisais ou relisais Camus, Sartre, Marguerite Yourcenar, Albert Cohen en écoutant de préférence des enregistrements de Bach, Mozart, Vivaldi, Haydn, et autres musiques classiques, ou nos chanteurs favoris qui se nommèrent longtemps Piaf, Brassens, Montand, Ferré, Gainsbourg, Dutronc et bien sûr Brel. Les autres voix et les autres rythmes que nous aimions étaient ceux des grands du jazz : Armstrong, Duke Ellington, mais aussi Leonard Cohen, Cat Stevens. Et nous commencions à nous initier aux voix de l'Algérie, et de l'Orient : Fayrouz, Farid El Atrache, Abdel Wahab, Oum Kalsoum, ainsi que la musique Targui, ou plus légère celle de Cheikh Romiti, ou dans la nouvelle génération celle de Cheikh Hamada, le chanteur d'Oranie, précurseur du Raï, dont les héritiers sont aujourd'hui Khaled, Cheb Mami, et enfin le jeune « beur » Faudel.

Genèse d'un coup d'Etat

Le coup d'Etat du 19 juin 1965 fut décidé moins de trois semaines avant son exécution. Le 26 mai, Houari Boumediene est au Caire, où il représente l'Algérie à la réunion des chefs de gouvernement arabes, dont l'ordre du jour comporte l'étude du problème palestinien. Un ou deux jours plus tard, Ahmed Ben Bella convoque son ministre des Affaires étrangères, Abdelaziz Bouteflika, considéré comme la tête pensante du colonel Boumediene. La rencontre a lieu à la Villa Joly. Le président de la République signifie à son interlocuteur son intention de lui retirer la responsabilité de la diplomatie algérienne. Il l'assure qu'il ne s'agit en aucun cas d'une marque de défiance à son endroit, mais simplement de sa volonté de donner lui-même l'impulsion à la politique étrangère du pays. Bouteflika est évidemment surpris, et demande un délai de réflexion, que Ben Bella lui accorde. Les événements vont alors s'emballer.

Les deux hommes multiplient les contacts dans les jours qui suivent, l'un pour expliquer le geste qu'il s'apprête à faire, l'autre pour essayer de l'empêcher. Ben Bella avertit les membres du Bureau politique, exposant qu'il souhaite écarter à jamais le spectre d'un renversement militaire du pouvoir civil, et assurer la primauté de celui-ci avant la Conférence afro-asiatique qui doit se tenir sous peu de jours à Alger. Il fait valoir que ses fonctions de chef du gouvernement l'autorisent à désigner ou à révoquer ses ministres. Il est seul responsable de ses actes devant l'Assemblée nationale, et la façon dont Bouteflika conduit jusque-là les Affaires étrangères ne lui donne pas, dit-il, pleine satisfaction. La plupart de ses interlocuteurs font remarquer à Ben Bella que le moment est mal choisi : ils lui conseillent de ne rien faire avant la Conférence afro-asiatique, dont Bouteflika a assuré toute la préparation. De son côté le jeune ministre des Affaires étrangères ne reste pas inactif. Il téléphone immédiatement au Caire, au colonel Boumediene, alerte les officiers de l'état-major, consulte ses proches, et ses amis, Chérif Belkacem et Ahmed Medeghri, n'hésite pas à rencontrer les sympathisants du Président Ben Bella, en particulier Hadj Ben Alla, Bachir Boumaza, Ali Mahsas, Hadj Smaïne. Il se défend : « *Sans doute Ben Bella peut-il prendre une telle décision à l'égard d'un ministre technicien. Mais je suis ministre des Affaires étrangères, et à la veille de la Conférence, la mesure apparaîtra comme un camouflet infligé à ma propre personne et à Si Boumediene. Par ailleurs, je suis non seulement le chef de la diplomatie, mais également membre du Bureau politique, et surtout, chargé des relations extérieures du Parti. Il revient donc au Parti de décider de mon départ.* » L'argument ne manque pas de poids. Le retour inopiné du colonel Boumediene va donner au conflit une tournure plus dramatique, et une conclusion à laquelle Ben Bella ne s'attend pas. A-t-il fait preuve, en cette occasion, d'autoritarisme excessif, ou de confiance aveugle ?

La réunion du Caire ne doit prendre fin que le 30 mai. La veille, Boumediene, écourtant son séjour, rentre à Alger. Ben Bella l'accueille à l'aéroport Dar Beida, en compagnie des membres du Bureau politique et du gouvernement. Froides retrouvailles. Les deux hommes montent dans la même voiture, échangent quelques propos courtois en chemin, avant de s'enfermer dans la Villa Joly. Leur tête-à-tête va durer deux heures, et il sera orageux. C'est la rupture, avant même que le colonel ait pu s'entretenir avec son fidèle lieutenant Bouteflika. Ben Bella prétend que le renvoi du ministre des Affaires étrangères n'est pas un souhait personnel, mais répond à une demande formulée par des responsables du Parti. Boumediene veut alors s'en assurer, et rencontre Hadj Ben Alla, responsable du Parti et des organisations nationales. L'entretien est clair : Hadj Ben Alla assure le colonel qu'il n'a lui-même pas de grief à formuler contre Bouteflika et que la responsabilité de la décision incombe au seul Ben Bella. Hadj Ben Alla demandera les jours suivants au président de la République de ne pas attribuer au Parti ses propres initiatives. En revanche, il rappelle à Houari Boumediene sa préoccupation face à l'influence croissante de l'armée dans le pays, et aux rumeurs persistantes sur l'éventualité d'un coup d'Etat. Boumediene l'assure à nouveau, comme il l'avait fait à la mi-mars, de sa loyauté envers les institutions de la République.

Pourtant, depuis son retour du Caire, le colonel craint pour sa propre sécurité. Les observateurs avertis notent qu'il ne circule plus dans les rues de la capitale qu'accompagné d'une 404 noire transportant plusieurs gardes du corps. La protection des abords du ministère de la Défense nationale est renforcée et Abdelaziz Bouteflika ne couche jamais deux nuits de suite dans le même domicile. Les dés sont jetés.

Le processus qui conduira à la destitution brutale de Ben Bella est enclenché. Des deux hommes qui se partageaient jusque-là le pouvoir, l'un a voulu trop tôt l'emporter sur l'autre : la roche Tarpéienne est près du Capitole, et Ben Bella, apparemment tout-puissant, n'a pas suffisamment mesuré sa faiblesse réelle en cet instant.

Début juin, autour de Boumediene et de Bouteflika se réunissent au ministère de la Défense Ahmed Medeghri, Chérif Belkacem, Kaïd Ahmed, les commandants Chabou, secrétaire général de la Défense, Slimane Hoffman, responsable des unités blindées. A ceux-ci viendront se joindre par la suite, une fois la décision prise de renverser Ben Bella, les colonels Tahar Zbiri, chef d'état-major, Draïa, directeur de la Sûreté nationale, Benchérif, directeur de la Gendarmerie, Saïd Habid, commandant la 1re région militaire, le colonel Abbas, et le commandant Ben Salem, membres de l'état-major. Avec les quatre autres chefs de région militaire, ils seront les seuls à préparer et à exécuter le coup d'Etat, les seuls à en être avertis : le 19 juin est indéniablement un coup d'Etat militaire, traduisant le poids considérable pris au fil des mois par l'armée dans la société et dans la hiérarchie politique de la jeune République algérienne.

Si la personne d'Abdelaziz Bouteflika sert de catalyseur à la crise, le problème des frontières est déterminant dans la décision de l'entourage de Boumediene. Ben Bella a cru devoir rendre les militaires responsables de l'aggravation de la crise avec le Maroc, dans la mesure où, ne pouvant contrôler l'état-major, il n'avait pas les moyens de conduire sa politique extérieure comme il l'entendait. Bouteflika, Belkacem, Medeghri, considèrent au contraire que le seul responsable des incidents de frontières n'est autre que le Président lui-même, qui a pris l'initiative d'entraîner l'armée algérienne dans une aventure sans issue, contre des troupes marocaines plus expérimentées et mieux équipées. Enfin et surtout, les proches de Boumediene craignent que Ben Bella ne cède sur les droits territoriaux de l'Algérie : il est accusé d'avoir plié devant Bourguiba à propos de la borne 233. Bouteflika évoque le sommet arabe du Caire en décembre 1964, où Ben Bella a déclaré qu'il ne s'opposerait pas à une révision du tracé des frontières algéro-tunisiennes. Boumediene se fait le défenseur du droit, en affirmant que, constitutionnellement, seule l'Assemblée nationale pourrait apporter des modifications aux frontières. L'accusation de trahison est donc lancée, et elle sera reprise dans la proclamation du 19 juin.

D'autres griefs apparaissent contre Ben Bella : mauvaise gestion, improvisation, désordre administratif, méthodes personnelles, parfois autoritaires et souvent démagogiques du Président. Ces critiques sont probablement excessives, et tiennent pour une part à des caractéristiques naturelles d'un Etat en cours de constitution et de stabilisation. Pour autant, Ben Bella est tout désigné pour en porter la première responsabilité. La faiblesse du Parti est imputée à son assujettissement à un seul homme. Le limogeage de Bouteflika apparaît comme le symptôme d'un mal plus profond : le risque du pouvoir personnel. Il est vrai que le Président a déjà formé sa propre milice, composée de ceux que l'on appelait « les bleus de chauffe ». Le durcissement du régime s'est traduit par des arrestations arbitraires, comme celle de Taleb Ahmed, puis par les limogeages successifs de Kaïd Ahmed et de Ahmed Medeghri, respectivement ministre du Tourisme et de l'Artisanat et ministre de l'Intérieur, Ben Bella se contentant de s'attribuer ces deux ministères sans leur donner de remplaçants. Or Kaïd et Medeghri comptaient parmi les plus proches collaborateurs de Boumediene, appartenant au « groupe d'Oujda » : le projet de révocation de Bouteflika vient donc parfaire l'isolement politique de Boumediene.

Aux yeux de Boumediene, « *Bouteflika révoqué, c'est l'état-major qui perd le contrôle de l'action du Président sur le plan international : la Conférence afro-asiatique se transforme en tribune prestigieuse pour le leader algérien* ». La conclusion des concertations qui se multiplient dans son entourage s'impose : il faut provoquer la chute de Ben Bella avant la Conférence, et le faire de telle sorte que son déroulement n'en soit pas affecté. Le coup d'Etat ne remettant pas en cause les orientations fondamentales du régime, il suffira de convaincre les autres chefs d'Etat qu'il ne brise pas la continuité de l'action internationale engagée par l'Algérie.

Paradoxalement, Houari Boumediene n'est pas le plus chaud partisan du coup d'Etat : alors qu'il passe aux yeux de l'opinion internationale pour un militaire intransigeant, sans scrupules dans l'action, c'est en fait un légaliste et un inquiet. Entre le 2 et le 8 juin, le colonel finit par se ranger aux arguments de ses lieutenants... L'état d'urgence est proclamé dans toutes les unités de l'armée. Des mesures draconiennes sont prises dans toutes les régions militaires, pour assurer à l'opération un déroulement parfait. Le commandant Chabou, qui contrôle toutes les unités, et Slimane Hoffman, responsable des blindés, sont particulièrement chargés de la mise en œuvre du dispositif dans l'ensemble du pays, et à Alger en particulier, tandis que sont désignés ceux qui procéderont à l'arrestation de Ben Bella : c'est le colonel Tahar Zbiri, que le Président vient pourtant de nommer chef d'état-major, qui se voit confier la mission de diriger cette délicate opération. Elle est alors montée dans les moindres détails : les gardes du corps présidentiels et les troupes des Compagnies Nationales de Sécurité en fonction devant le portail d'entrée de la Villa Joly seront remplacés au dernier moment par des hommes de confiance de la Sécurité militaire et du colonel Draïa, responsable de la Sûreté nationale.

Parallèlement à ces mesures purement opérationnelles, une vaste campagne de préparation psychologique est entreprise à travers tout le pays par le Commissariat politique de l'armée : les rumeurs, les calomnies, les bruits les plus contradictoires se répandent dans la population. L'intoxication atteint son paroxysme, créant en quelques jours un climat où l'idée de coup d'Etat devient naturelle, possible, et de moins en moins choquante. Cette accoutumance psychologique est la meilleure des préparations : elle expliquera largement l'absence de réaction du peuple algérien lors de l'événement lui-même. Vis-à-vis des responsables civils, et sans doute pour donner le change, Boumediene multiplie les rencontres bilatérales au cours desquelles il se déclare soucieux d'éviter l'éclatement d'une crise politique à la veille de la Conférence afro-asiatique, et incrédule devant les motifs du renvoi du ministre des Affaires étrangères, suscitant ainsi des démarches de bons offices auprès de Ben Bella.

La conférence qui doit se tenir à Alger à partir du 29 juin revêt une importance particulière pour le nouvel Etat : il s'agit de le faire prendre pied dans la communauté internationale comme l'un des principaux pays non alignés, capable de faire entendre une voix indépendante et originale dans le concert des nations. Organisée au Club des Pins, avec une réalisation somptuaire qui dépassera les 25 millions de francs, cette conférence se tient dix ans après la Conférence de Bandoeng qui a représenté la prise de conscience collective de leur existence par les peuples du tiers monde. Entre 1955 et 1965, trente nations nouvelles sont nées en Afrique, qui élargissent désormais le nombre des délégations. C'est le monde de la décolonisation qui prend ses marques, se reconnaît, s'essaie à parler d'une même voix. Aux délégués des pays d'Afrique et d'Asie se joignent des observateurs venus des pays d'Amérique latine.

La presse du monde entier prépare la couverture de l'événement, et guette tout ce qui peut venir de l'Etat qui accueille ce sommet : de nombreux numéros spéciaux sont préparés par les grands journaux, en français et en arabe, afin d'accompagner les réunions. *Le Monde diplomatique,* qui à l'époque réalisait à la demande des numéros promotionnels, à condition qu'ils soient liés à des événements d'actualité, a obtenu un contrat avec l'Algérie. Au sommaire du numéro, un éditorial de Ben Bella, des articles sur l'avancement de la réforme agraire, sur le fonctionnement de l'autogestion, sur les avancées du régime en termes d'éducation. Et des points de vue signés des principaux ministres ou hauts responsables administratifs... Ben Bella me charge tout particulièrement de lui soumettre un éditorial, de vérifier la cohérence de l'ensemble du numéro avec les orientations tracées pour l'Algérie, et d'aller porter le tout, bien ficelé, à Hubert Beuve-Méry. L'exécution financière de l'accord passé avec *Le Monde* ne dépendait absolument pas de moi, mais j'étais chargé d'exercer une tutelle éditoriale sur le numéro réalisé, et d'en expliquer l'esprit au patron du journal.

Je vois Ben Bella le 15 juin, avant de partir pour Paris avec le précieux volume d'articles variés. Il apporte quelques retouches à son éditorial, et nous parlons tranquillement de l'ensemble. Puis je m'envole pour la France. J'ai rendez-vous avec Hubert Beuve-Méry... le 19 juin, en fin de matinée. Je ne vivrai donc les quelques jours qui suivent à Alger que par procuration, par les nouvelles que me donnent mes amis ou mes collaborateurs au téléphone. Entre le 15 et le 18 juin, alors que je vais d'un rendez-vous à l'autre en France, profitant de mon passage qui doit être relativement bref, les événements se précipitent à Alger.

Le 18 juin 1965 au soir, le dispositif est en place. Ce sera pour la nuit. Personne, hormis les militaires qui sont chargés de son exécution, n'a été averti de l'imminence du coup d'Etat, aucun civil n'y a été associé, aucun étranger n'a été alerté. Il s'agit bien d'un putsch, dont la réussite dépendra autant de la rapidité de son exécution que de l'absence de réaction civile. En cas d'échec (car cette hypothèse a évidemment été prévue), des avions attendent les conjurés à l'aérodrome militaire de Boufarik.

Villa Joly

La nuit du 18 au 19 est belle et douce à Alger. A la Villa Joly, Ahmed Ben Bella, après l'habituel repas frugal qui ne varie guère, cherche la détente dans la lecture et reçoit ses amis. Même en leur compagnie, il n'est pas question pour lui d'aborder d'autres sujets que la vie politique et administrative du pays. Il sait en outre, ce soir-là, que la journée du lendemain sera décisive : la presse nationale a annoncé la réunion du Bureau politique pour 9 heures. La décision en a été prise tardivement : les lecteurs les plus sagaces du *Peuple* ou d'*Alger républicain* – qui se confondront bientôt en un seul journal, *El Moudjahid* – remarqueront également qu'une autre page annonce qu'à la même heure exactement, Ahmed Ben Bella est attendu à l'inauguration d'une coopérative à Blida. Le Président n'a pourtant pas le don d'ubiquité...

Mais l'opinion publique prête-t-elle encore la moindre attention aux réunions de ces conseils restreints, comme le Bureau politique, ou le

Comité central, qui n'ont apparemment que peu d'influence sur le niveau de vie général ou sur l'évolution du régime ? En dépit des rumeurs de coup d'Etat et des bruits les plus fantaisistes qui circulent dans les cafés, Ben Bella semble alors solidement installé au pouvoir. Et le peuple tient désormais davantage compte des mesures concrètes qui sont prises et transforment sa vie quotidienne, que des débats idéologiques ou des controverses stratégiques des organes politiques centraux du nouveau régime.

Seuls quelques rares initiés savent vraiment que la crise politique que l'Algérie traverse est l'une des plus profondes qu'elle ait connues depuis l'indépendance : après les interventions d'Hadj Ben Alla, Bachir Boumaza, Ali Mahsas, Hadj Smaïne, tous soucieux d'éviter l'affrontement à la veille de la Conférence afro-asiatique, Ben Bella a accepté de surseoir à sa décision d'écarter Abdelaziz Bouteflika du gouvernement, et de la soumettre au Comité central et au Bureau politique. L'ordre du jour de ce dernier est donc particulièrement chargé pour le 19 juin au matin : Ben Bella a en effet souhaité, changeant son fusil d'épaule, que soient traitées à cette occasion deux questions brûlantes, le pouvoir personnel du Président et la place de l'armée dans la vie de la nation. C'est une manière de programmer l'affrontement ultime entre ses partisans et ceux de Boumediene : s'il est établi que le pouvoir du Président est légitime, et que l'armée en tant que telle ne doit pas avoir de rôle dans la vie politique, alors la situation de Ben Bella sera renforcée, et celle de Boumediene circonscrite. Les conclusions inverses, en revanche, fragiliseraient la position du Président. Mais il ne les croit pas vraisemblables. La preuve : *« soucieux de ne troubler en rien par sa présence la sérénité des débats »*, Ben Bella a fait savoir qu'il n'assisterait pas à la réunion, et s'est déclaré pour sa part *« prêt à renoncer à ses responsabilités au sein de toutes les instances nationales pour permettre au reste de l'équipe de tenter une expérience sans lui, si le désir s'en manifestait »*. Voilà donc pourquoi il peut envisager d'être à Blida au moment où le Bureau politique se réunira.

A la fin de l'après-midi, ce 18 juin, Ahmed Ben Bella, calme et détendu, a accueilli Ali Mahsas. Entre ces deux vieux compagnons de route, le souvenir de nombreuses années de luttes communes crée une réelle affinité. Même si tout ne va pas pour le mieux ce jour-là : Ali Mahsas se plaint d'être un ministre de la Réforme agraire dépourvu de moyens d'action réels, et de ne pas avoir de compétences précises en tant que « responsable du Bureau politique, chargé de l'animation du Parti ». Il croit même savoir que sa gestion risque d'être critiquée lors de la prochaine réunion du Comité central, par Harbi et Zaouane, les deux théoriciens de la gauche extrême, encouragés par son ami et frère de combat Ben Bella. Droit, sincère, souvent emporté, Ali Mahsas veut s'en expliquer directement avec le Président et secrétaire général du Parti. Ben Bella l'écoute, le rassure, ils décident d'un commun accord de reporter cette discussion et de préparer avec soin ce qui est la nécessité de l'heure : la réunion du Bureau politique du lendemain. Ali Mahsas a été quelques instants auparavant sans indulgence pour l'attitude autocratique de Ben Bella. Il en est d'autant plus libre pour l'assurer de son soutien pendant les discussions, et les deux hommes se séparent alors que la nuit commence à tomber sur Alger.

Avec Hadj Ben Alla, qu'il reçoit à 10 heures du soir, autour d'un thé fumant, c'est la détente totale. Le Président sait que ce fidèle entre les fidèles ne peut lui causer aucune difficulté. Hadj Ben Alla est alors président de l'Assemblée nationale, membre du Bureau politique, chargé du Parti et des Organisations nationales : c'est une sorte de secrétaire général adjoint. Ben Bella a toute confiance en lui : l'ancien responsable de la willaya d'Oranie, fait prisonnier dès le début de la lutte pour l'indépendance, a eu le temps de mûrir longuement dans les prisons françaises, avant de sortir de Fresnes, les accords d'Evian signés. Il est à la fois doux et calme, et sa première qualité est sans doute la modestie. Les honneurs n'intéressent pas ce sage, mais les responsabilités ne l'effraient pas. Même s'il n'est pas de la race de ceux qui décident et qui tranchent. Militaire, patriote, il possède au plus haut degré le sens de la fidélité et de la loyauté. Les organisateurs du coup d'Etat ne s'y trompent pas : sans avoir rien de précis à lui reprocher, ils ont prévu de l'arrêter en même temps que Ben Bella. Il est l'un des rares qui auraient pu se dresser sur leur chemin, en arguant de sa qualité de deuxième personnage de l'Etat, d'après la Constitution.

A 23 heures, peu de temps après le départ de Hadj Ben Alla, c'est le tour d'Ali Mendjli de se rendre à la Villa Joly. Lui aussi est un homme effacé : vice-président de l'Assemblée nationale, membre du Bureau politique, il passe pour un personnage énigmatique, et comme tous ceux qui restent le plus souvent silencieux, il déconcerte le jugement, à plus forte raison en pays méditerranéen. En fait, en dépit des apparences, Ali Mendjli est un homme qui compte. Avec le colonel Boumediene et Kaïd Ahmed, il a partagé les responsabilités de l'état-major général de l'ALN. Patriote, discipliné, Ali Mendjli n'appartient pas au cercle des intimes de Boumediene et n'entretient pas avec lui des relations privilégiées. Ben Bella le sait, de même qu'il connaît son influence sur une partie des cadres de l'armée, notamment sur ceux qui sont issus du Constantinois, son terrain d'action pendant la guerre. La venue de Mendjli ce soir-là, à la Villa Joly, n'est pas due au hasard : la conversation porte sur la réunion du Bureau politique, que Ben Bella veut préparer avec d'autant plus de précision qu'il ne sera pas lui-même présent pour défendre ses positions. Il est probable que Mendjli a eu vent, par les contacts qu'il entretient, de ce qui se prépare. Mais il n'en sait ni la date ni l'heure. Et la réunion du lendemain lui apparaît comme la parade du Président contre toute tentative aventurée de la part de l'état-major. Il ne parle donc pas à Ben Bella des dernières rumeurs, qui veulent que le coup d'Etat puisse intervenir avant même la tenue de cette réunion qui pourrait être décisive.

Après Mendjli, c'est le ministre de la Santé, le docteur Nekkache, qui arrive à la Villa Joly, et qui avertit Ben Bella de l'imminence du putsch dont il a eu vent au cours de la soirée. Ben Bella rit aux éclats, ne le croit pas, et le renvoie à son foyer. Il a hâte de partir faire, comme il en est coutumier, sa promenade nocturne, en automobile, dans les rues d'Alger. Comme pour tous les événements historiques, le coup d'Etat aura eu des signes avant-coureurs, et sa victime en a été dûment avertie, sans vouloir entendre les Cassandre. A Nekkache comme à tous ceux qui, ministres, responsables du Parti, militaires, proches collaborateurs, lui ont rapporté les bruits qui circulaient, Ben Bella a répondu par un haussement d'épaules, en leur conseillant de ne pas laisser vagabonder leur imagination. Je l'entends encore me dire, peu avant mon départ pour Paris : « *Et ne craignez rien : vous pouvez faire passer sans crainte un message optimiste à la France. La République algérienne est solide, assurée, sa cohésion n'est pas factice et c'est même ce qui lui donne sa force. L'armée reste et restera à sa place, et le pouvoir civil a choisi une voie sur laquelle il ne reviendra pas, celle du socialisme. Il n'y a pas de raison objective pour que le coup d'Etat dont on me parle éclate.* »

Il est donc très tard, ou très tôt, lorsque Ben Bella monte dans sa DS pour respirer la nuit algéroise. La voiture glisse doucement le long du boulevard qui, au début du XXe siècle, pouvait encore être décrit par Eugène Fromentin comme « *un de ces endroits charmants, à mi-pente des collines et en vue de la mer* ». Elle atteint la grand-poste, dénaturée par des lampes multicolores éclairant une inscription : LES P. ET T. AU SERVICE DU PEUPLE, puis longe le front de mer, où se groupe le centre administratif et politique d'Alger, Assemblée nationale, Hôtel de Ville, Préfecture. Assis à l'arrière de sa voiture, Ben Bella aspire l'air frais de la nuit et son regard se promène sur la capitale. Il se laisse aller à des méditations sur la tournure que prennent les événements, ces derniers jours, et à des réflexions sur l'avenir. Ahmed Ben Bella se sait isolé, coupé même de ses amis. Mais il est vrai que sa politique d'équilibre, un coup à droite, un coup à gauche, son arbitrage permanent entre des forces divergentes, sa façon de naviguer au plus juste parmi des courants fluctuants, lui ont toujours permis d'éviter les écueils.

Mais il n'a jamais été aussi difficile de recomposer l'unité révolutionnaire et de juguler l'influence de l'armée dans la société. Bien sûr, le 15 juin, le Front des Forces Socialistes d'Aït Ahmed a annoncé publiquement l'accord conclu avec le FLN, et qu'en conséquence son combat prend fin : Aït Ahmed doit être prochainement relâché, tandis que ses militants seront intégrés au parti unique et appelés à y prendre des responsabilités, à la fois au niveau local et au niveau national. Mais Ben Bella n'est pas certain que cet accord satisfasse tout le monde, au sein du FLN : Boumediene l'a ajouté à la liste, déjà longue, de ses griefs contre lui.

Ben Bella ne se sent pas menacé, et il est à peu près sûr d'avoir eu raison de railler les alarmes de Nekkache. Il a accepté de reporter le limogeage de Bouteflika, il a convaincu Boumediene de sa volonté de laisser les instances centrales du Parti juger de leur différend, et il s'est donné ainsi la faculté de régler le problème sur le terrain politique, celui sur lequel il est le plus assuré. Le colonel en a accepté le principe, et il a approuvé les termes mêmes du communiqué diffusé le 16 juin par la direction générale de l'Information, qui dément catégoriquement l'existence de divergences au sein de la direction révolutionnaire. De même, c'est en plein accord avec Boumediene que Ben Bella a déclaré le 17 juin à Sidi-Bel-Abbès : *« Je saisis cette occasion pour aborder un sujet d'actualité, un sujet sur lequel je voudrais dissiper toute équivoque... En Algérie, il y a une révolution socialiste, un pays, un régime, et une direction plus unie que jamais, plus décidée que jamais à faire face aux complots d'où qu'ils viennent, et surtout aux complots extérieurs. »* Une fois de plus, ce sont donc la presse et l'étranger qui font les frais des dissensions internes et portent la responsabilité de tous les maux et de toutes les contradictions dont souffre l'Algérie.

Le compromis conclu avec Boumediene n'est pas le seul élément qui vienne nourrir, ce soir-là, la confiance de Ben Bella dans l'évolution de la crise. Il croit profondément que la proximité de la Conférence afro-asiatique décourage nécessairement toute velléité de putsch. Même si, depuis quelque temps, il ne se risque plus à présenter Boumediene à ses invités de marque en disant, le sourire aux lèvres, comme je l'ai entendu le faire : *« Voici celui qui complote contre moi. »* Les plaisanteries de ce genre ne sont plus de mise, dans le climat de défiance qui s'est installé. Tandis que toutes ces réflexions traversent son esprit, la voiture de Ben Bella longe, vers minuit et demi, les arcades de la rue Bab Azoun.

Au centre de la ville, il demande à son chauffeur d'accélérer ; il y a encore du monde aux terrasses des cafés, et la clientèle du « Novelty » et du « Milk-Bar » n'est pas de celles qu'affectionne particulièrement le Président. Il songe à nouveau à la partie d'échecs politique qu'il est en train de jouer : le coup conçu pour le lendemain peut être gagnant, si Boumediene n'imagine pas une parade immédiate. Le tunnel des Facultés est avalé à vive allure, l'élan pris permet de grimper allègrement le boulevard Mohammed-V et de retrouver la Villa Joly. Les agents des Compagnies nationales de Sécurité qui sont de garde devant le portail rectifient la position, saluent et soulèvent la barrière. Ben Bella se retrouve dans son modeste appartement de quatre pièces. Il se couche : il est près de 1 heure du matin. Le 19 juin commence pour de bon.

A 1 heure 30, on frappe à plusieurs reprises, avec force, mais sans violence, à la porte d'entrée. Ben Bella se lève, enfile sa robe de chambre, et de son pas lent et mesuré, se dirige vers l'entrée. Il interroge en arabe : « *Qui est là ?* – *Zbiri* », répond la voix du chef d'état-major. Il ouvre alors la porte en toute confiance. Entrent le colonel Zbiri, et à sa suite le colonel Abbas et les commandants Ben Salem, de l'état-major, Saïd Abid, chef de la 1re région militaire, Abdelkader Moulay (dit Chabou), secrétaire général de la Défense, Draïa, directeur de la Sûreté nationale et responsable des Compagnies nationales de Sécurité. Ahmed Ben Bella croit encore à quelque événement grave. Mais il n'a pas le temps d'exprimer sa surprise. Le colonel Tahar Zbiri, raide et gêné, lui dit d'une voix mal assurée : « *Si Ahmed, un Conseil de la Révolution vient de te déposer. Tu as quelques minutes pour t'habiller et nous suivre. Toute résistance est inutile.* » Ben Bella, digne et calme, ne répond pas un mot.

Il s'habille sommairement. Alors qu'il n'est pas tout à fait prêt, un coup de feu éclate non loin de lui, tiré par l'un des officiers. Ce sera l'unique manifestation de nervosité, le seul geste d'intimidation. Ben Bella sort de sa chambre, toujours muet. Accompagné des six militaires, il descend les quatre étages. Il attend assez longuement dans une pièce du rez-de-chaussée, avant d'être invité à monter dans une Jeep, qui va le conduire à quelques centaines de mètres seulement, au ministère de la Défense nationale. A 2 heures et demie, il est introduit dans le bureau du colonel Boumediene, en l'absence du maître des lieux. Il n'y reste pas longtemps. Une autre voiture le conduit bientôt dans un endroit secret, affecté aux forces de la 1re région militaire, du commandant Saïd Abid. Lorsque, quelque temps après, Jean de Broglie, secrétaire d'Etat auprès du ministre des Affaires étrangères français, en visite à Alger, sera reçu au ministère de la Défense par le colonel Boumediene, auquel il demandera où se trouve Ben Bella, il s'entendra répondre d'un ton calme : « *Sous mes pieds.* » L'image est significative, même si le propos, ce jour-là, n'est plus vrai à la lettre.

C'est comme si Ben Bella avait été avalé par une trappe. Il ne sera ni jugé, ni libéré par Houari Boumediene. Le livre blanc de ses « méfaits », annoncé au lendemain du 19 juin, ne verra jamais le jour. Vilipendé, honni, trahi par ses compagnons de lutte, il se retrouve seul du jour au lendemain. Avait-il jamais cessé de l'être ? Il sera correctement traité par ses gardiens, recevant de temps à autre les visites de sa vieille mère, et de son neveu Mohamed, derniers membres de sa famille. La prison n'était pas faite pour l'impressionner : il en avait une longue pratique. Il y complétera ses lectures de la Santé, de l'île d'Aix, de Turquant, d'Aulnoy : à Bettelheim, Berque, Fanon, Gurvitch qu'il y avait lus, il ajoutera, selon son propre témoignage, un grand nombre d'historiens et de penseurs politiques, élargissant ses centres d'intérêt et d'étude à l'Egypte, au Moyen-Orient, à l'Afrique, à l'Amérique latine. Le sort du tiers monde s'affirmera comme sa grande préoccupation, c'est du moins ce qui apparaîtra quand à nouveau il pourra, sortant du secret, s'exprimer à peu près librement.

L'arrestation de Ben Bella s'est opérée sans coup férir. Elle est immédiatement suivie de plusieurs autres. Abderrahmane Chérif, récemment nommé ministre délégué à la Présidence, auquel on reproche des relations trop étroites avec les Egyptiens, et qui occupe un petit appartement de la Villa Joly, est appréhendé rapidement et sans difficultés. Il n'en va pas de même du docteur Nekkache, ministre de la Santé publique, condamné par l'équipe Boumediene, en raison de son soutien sans défaillance à Ben Bella, alors que, dans le passé, il a appartenu à l'Armée des frontières. C'est à leurs yeux, en quelque sorte, un renégat. Le docteur Nekkache habite non loin de la Villa Joly, dans un groupe d'immeubles réservés aux hauts fonctionnaires. On sonne à sa porte au milieu de la nuit. Il interroge : « *Qui êtes-vous, que voulez-vous ? – Ouvre tout de suite, on vient t'arrêter.* » Nekkache n'hésite pas : il s'attend depuis longtemps à un coup de force, et il a préparé sa retraite. Par une fenêtre donnant sur une cour intérieure, une échelle de fer le mène au garage où il se dissimule. Les militaires venus l'arrêter tirent au travers de la porte, la forcent, et partent à sa recherche sous les yeux terrorisés de sa femme. Découvert, il s'enfuit en courant le long de l'allée goudronnée qui conduit à la route, et il appelle à l'aide. Mais il est rapidement rattrapé, frappé, jeté dans un véhicule militaire qui l'emmène, lui aussi, vers une destination inconnue. On entendra tirer quelque part en direction d'Hydra, quartier résidentiel des hauteurs d'Alger, aux environs de 3 heures.

Dans le même temps a lieu l'arrestation d'Hadj Ben Alla. Pour lui, pas de surprise. Depuis 1 heure 30, il a deviné ce qui se trame dans la nuit. Salah Louanchi, directeur général de l'Information, lui a signalé par téléphone les mouvements de troupe et la présence de chars dans la banlieue, à Maison-Carrée. Louanchi en a été averti par un journaliste du *Peuple,* qui rentrait de son travail. Quelques minutes plus tard, Mohamed Lebjaoui, ancien responsable du FLN, confirme à Ben Alla ces informations.

Hadj Ben Alla convoque alors le chef du service de sécurité de sa villa, située à Hydra : il le prie de redoubler de vigilance et de ne laisser entrer personne. Il n'a pas le temps de chercher une arme, cet officier des Compagnies nationales de Sécurité lui commande en souriant de ne pas bouger et d'attendre. Une demi-heure plus tard, Hadj Ben Alla sera hissé, menottes aux poignets, dans un véhicule militaire, par son propre service d'ordre.

Ahmed Ben Bella, Hadj Ben Alla, le docteur Nekkache, Abderrahmane Chérif arrêtés sans encombre, des membres de la police et de la sécurité militaire se présentent avant le petit jour aux domiciles des collaborateurs du président de la République, en emmènent quelques-uns, invitent les autres à se tenir cois : mesure de précaution, semble-t-il, plus que de répression. Tandis que la ville dort toujours, Hadj Smaïne, ancien chef de cabinet d'Ahmed Ben Bella, ancien ministre de la Justice et alors ministre de la Reconstruction et de l'Habitat, est averti, parmi les premiers, de l'événement qui vient de se produire. Alerté par un coup de téléphone, il saute dans sa voiture, parvient à la hauteur de la Villa Joly à 2 heures 40 environ. Il se heurte à un barrage, fait état de sa qualité, insiste : « *Allez voir au Palais du peuple le commandant Bensalem* », lui dit-on. Deux militaires en armes montent dans sa voiture. Arrive à ce moment le colonel Benchérif, commandant de la Gendarmerie nationale, au volant de sa 404 noire, qui annonce à Hadj Smaïne qu'un coup d'Etat vient d'avoir lieu et que tous les responsables doivent se rendre au ministère de la Défense nationale.

Toujours encadré par les deux militaires, Hadj Smaïne a vite fait de franchir la distance qui sépare la Villa Joly du Palais du Peuple, anciennement baptisé « Palais d'Eté », et où étaient logés les Résidents généraux français... Le commandant Bensalem l'y accueille avec courtoisie, lui confirme le coup d'Etat, ainsi que l'arrestation d'Ahmed Ben Bella, avant de lui indiquer qu'il est libre d'aller et venir à sa guise. Il fait demi-tour et va rejoindre les responsables de la Fédération d'Alger du FLN, Zoubir Bouadjadj, Merzougui, Slimane Rebah, auxquels s'est joint Mohamed Lebjaoui. Ils parlent longuement : tous condamnent le coup d'Etat. Mais aucun n'envisage sérieusement la possibilité de faire appel aux masses, faute d'un encadrement militant. Leur attitude est révélatrice de l'isolement et de l'impuissance des partisans de Ben Bella : certes la Fédération d'Alger est la seule organisée, la seule capable de constituer un service d'ordre lors d'un meeting, ou d'animer des manifestations populaires. Mais en l'absence de Ben Bella, comment lui donner l'impulsion décisive, celle qui permet de faire déferler les foules ? Et tous craignent qu'une résistance populaire ne se solde par un bain de sang, l'armée étant entièrement contrôlée. Et Boumediene n'est pour eux ni un inconnu, ni un ennemi. C'est un adversaire momentané, mais aussi un compagnon de lutte, et un authentique révolutionnaire, un patriote intransigeant. Or l'attitude autoritaire de Ben Bella a semé autour de lui des réticences : il n'est pas certain que, contre Boumediene, le seul objectif de la libération du Président soit un mot d'ordre assez rassembleur dans le peuple.

Tous les responsables vont donc se rallier à une attitude « raisonnable » : non pas s'opposer au colonel, mais discuter avec lui, négocier, et tenter ainsi de préserver l'essentiel, c'est-à-dire d'obtenir des garanties sur le sort à venir de Ben Bella, Ben Alla, et des ministres arrêtés en même temps qu'eux.

Le 19 juin, au petit matin, j'entends l'annonce du coup d'Etat à la radio, dans la chambre d'un petit hôtel du 5e arrondissement, le Normandie, situé rue de la Huchette. Je suis stupéfait, abasourdi, incrédule. Celui au nom de qui je suis censé parler n'est plus chef de l'Etat algérien, il est en prison, limogé, remplacé par les militaires proches de Boumediene. Je me rends tout de même à mon rendez-vous, où Hubert Beuve-Méry m'accueille, avec son détachement habituel, mais le sourcil redressé : « *Et notre numéro spécial ?* » Il n'a l'air ni amusé, ni ennuyé... Il s'informe simplement. Je lui dis mon trouble : je ne peux pas parler au nom des nouvelles autorités, je n'y suis pas habilité, et j'ignore encore quel sera leur discours. Il prend l'air dubitatif : « *L'Algérie ne va pas changer du jour au lendemain : vos textes restent valables, j'imagine !* » Mais l'éditorial ? La ligne politique du régime ? Comment l'exprimer ? Parcourant rapidement la feuille que je lui tends, il a cette formule décisive : « *Changeons simplement la signature : à la place d'Ahmed Ben Bella, écrivons Houari Boumediene* », et il rit, à la fois facétieux et sérieux. Il va sans dire que le numéro ne se fit pas.

Former des journalistes algériens

Le coup d'Etat changeait brutalement ma situation : j'étais venu en Algérie à la demande expresse d'Ahmed Ben Bella, et j'avais travaillé auprès de lui, par sympathie pour l'homme en même temps que pour les options politiques qu'il incarnait. Sa destitution et son arrestation me déliaient de tous les engagements pris : je ne devais rien au nouveau pouvoir, comme il ne me devait rien. Mieux : ma proximité avec Ben Bella me faisait comme une exigence morale de ne pas coopérer avec ceux qui l'avaient renversé. Allais-je donc retourner en Algérie, ou au contraire profiter de ma présence en France, pur effet du hasard, pour ne pas retraverser la Méditerranée ?

Je m'interroge quelques jours. Mes amis d'Alger, et plus particulièrement Hadj Smaïne et Bachir Boumaza, me pressent de revenir : ils disent être assurés qu'il ne sera fait aucun mal à Ben Bella, et qu'ils ont reçu sur ce point des garanties absolues de Boumediene. Hadj Smaïne s'est vu proposer le ministère des Transports, et Bachir Boumaza doit hériter du ministère de l'Information. C'est lui qui me convainc de revenir à Alger pour travailler avec lui : « *Vous serez chargé de former les nouvelles générations de journalistes algériens : tout est à faire, il n'y a pas d'école, pas de principe, pas de références, pas d'expérience de la presse. Il faut y remédier au plus vite. J'ai besoin de vous pour cela.* »

L'angle sous lequel Bachir Boumaza me présente les choses est plutôt convaincant. Et je repars donc pour Alger, avec dans mes bagages ce numéro spécial du *Monde diplomatique* mort-né, et dans la tête des projets de mise en place d'une formation adéquate pour les journalistes algériens, dont je connais bien l'inexpérience et la susceptibilité. Je ne cesserai pourtant, tant que je serai en Algérie et après mon retour en France, de militer pour obtenir l'élargissement de Ben Bella, ou tout au moins un traitement adouci. Je participerai à de nombreuses réunions du Comité de Défense, à plusieurs conférences de presse, et ce jusqu'à sa libération effective, quelques mois après l'accession au pouvoir du Président Chadli, qui succéda à Boumediene le 7 février 1979.

De 1965 à 1980, il s'écoulera presque quinze ans entre le coup d'Etat du 19 juin et les premières déclarations libres d'Ahmed Ben Bella. Quinze ans pendant lesquels ses amis, en Algérie et surtout hors d'Algérie, organisés en Comité de Défense, prendront régulièrement fait et cause pour sa libération... Sans l'obtenir. Il importe de souligner le travail effectué pour sa cause par l'écrivain Robert Merle, et son avocat Madeleine Lafue-Véron, qui tous les deux multiplièrent les démarches pour que son sort de prisonnier politique ne sombre pas dans l'oubli, et qu'il soit ainsi protégé, à travers les murs de son isolement, contre une atteinte, toujours possible, à sa vie. A Genève, le 25 septembre 1968, j'organisai avec eux une conférence de presse internationale, au cours de laquelle intervinrent, outre Madeleine Lafue-Véron, Ibrahim Hafid, médecin et ami personnel de Ben Bella, qui évoqua son état de santé, les avocats Alain Farina, de Genève, et Gilbert Baechtold, de Lausanne.

Je lus un long texte de soutien au prisonnier au nom du « Comité pour la Défense du Président Ahmed Ben Bella et des Victimes de la Répression en Algérie », texte qui eut des échos les jours suivants dans *Le Monde, Paris-Presse, La Suisse, Dakar Matin*... *« M. Bourges a conclu en manifestant son inquiétude, quant au sort de l'ancien président. Ses seuls liens avec l'extérieur étaient les visites de sa vieille mère et d'un neveu, qui vient d'être arrêté, à son tour**. » Le combat pour sa libération ne faisait que commencer et il se poursuivra, d'articles en témoignages, pendant de longues années...

Le 7 septembre 1978, dix ans plus tard, une lettre de Zohra, son épouse, à Marie, témoigne encore de l'état d'esprit dans lequel Ben Bella vivait sa réclusion : « *Je ne crois pas qu'il y ait un Algérien qui l'ait compris comme l'a compris Hervé. Son article sur* Jeune Afrique *était admirable de justesse et de vérité et je l'embrasse sur les deux joues pour moi et pour mon mari. C'était sans conteste le meilleur article, le plus vrai, le plus chaleureux, bien au-delà de ce qu'ont pu écrire ceux qui s'affirment être ses amis et qui au fond le connaissent bien moins puisqu'ils le disent "fini" et qu'ils osent prétendre qu'il ne représente plus rien politiquement et qu'il n'est pas un danger pour ce régime ! Ne se posent-ils pas la question de savoir pourquoi alors ce régime le garde sous clé ? Alors qu'il serait trop heureux de régler un problème qui entache l'image de marque que le pouvoir veut se donner à l'extérieur – défenseur de la liberté des peuples. Si ce pouvoir entrevoyait la moindre possibilité de se débarrasser de Ben Bella, il le ferait sans hésiter avec le plus grand bonheur. Mais ainsi que l'a avoué un agent de la SM*** *à Fatima Hadj Smaïne lors de son dernier passage ici cet été, il est impossible de le libérer sans que l'Algérie soit à feu et à sang et sans que ses "cousins", sous-entendu les Oranais, ne se soulèvent. Sous une autre forme c'est ce qui nous a été répondu lorsque nous avons entamé une grève de la faim : "impossible de t'expulser, impossible de te mettre en résidence surveillée, impossible de te libérer, on verra après le congrès du Parti..." C'est-à-dire aux calendes grecques. Les seules améliorations que nous ayons obtenues sont purement matérielles, plus d'espace... Pour le reste, dans le contexte actuel, on ne peut compter sur aucune perspective de changement réel sur le fond. Mais nous sommes solides au poste et patients, patients...* »

En 1980, lorsque Ben Bella obtiendra l'autorisation de voyager, et donc en particulier de revenir en France, nous déciderons, Marie et moi, de l'accueillir avec Zohra. Pour fêter et marquer publiquement cette

---

* *La Suisse*, 26 septembre 1968.
** Sécurité militaire.

liberté retrouvée, je l'inviterai dans un des restaurants les mieux fréquentés de Paris, le Récamier, où le patron, Martin Cantegrit, leur réservera un accueil amical et chaleureux. Nous aurons également un dîner Chez Edgar, avec Norbert Balit, directeur de la rédaction de France 3, qui, avec Jean-Marie Cavada, invita Ahmed Ben Bella à participer à une grande émission. Et en effet, qui mieux que lui pouvait témoigner des enthousiasmes et des errements du siècle ? Quel formidable symbole des illusions et des souffrances de l'après-guerre, des maladresses et des erreurs de la décolonisation et des premiers pas tumultueux et désordonnés des nouveaux Etats qui en sont nés...

La première surprise passée, et surmonté le désarroi du coup d'Etat du 19 juin 1965, le peuple algérien se réveille, brutalement parfois, comme à Oran et à Annaba. Pour une courte durée seulement. A Alger, un « concert de casseroles », est organisé, dans le meilleur style « Bab el-Oued » de 1962. L'armée se maîtrise dans la capitale, mais s'impose avec violence dans d'autres grandes villes : on dénombrera en une semaine une cinquantaine de morts sur tout le territoire. Le 28 juin, Kaïd Ahmed, porte-parole du Conseil de la Révolution, affirmera sans crainte d'être démenti : *« La tranquillité règne dans tout le pays. Le terrorisme n'a aucune chance en Algérie. »* C'est le même Kaïd Ahmed qui prononcera cette phrase définitive dont on appréciera l'humour involontaire : *« Le 19 juin nous étions au bord du gouffre, nous avons fait depuis un grand pas en avant... »*

Le 30 juin, le ralliement, sincère ou factice, de la quasi-totalité des ministres, des membres du Bureau politique du parti, ainsi que des députés, est acquis à Houari Boumediene. Le comportement des hommes au lendemain du 19 juin peut difficilement s'expliquer si l'on ne tient pas compte de la conjoncture politique, des mentalités et des maigres possibilités d'action, dans un pays largement tenu par l'armée. Il n'empêche que cette adhésion, apparente ou réelle, de l'ensemble des cadres administratifs et politiques du pays provoque la stupéfaction des masses algériennes, qui ont l'impression qu'il leur manque les clefs de ce jeu subtil.

Le peuple restera longtemps ignorant des mécanismes psychologiques ou humains qui ont progressivement poussé Ahmed Ben Bella à un isolement radical au sein d'un Etat en plein mûrissement. Comment pourrait-il admettre alors l'attitude de ceux qui étaient les plus proches collaborateurs de Ben Bella, ou qui lui étaient associés dans son action de gouvernement, et qui se retrouvent sans attendre au service de Boumediene, et résignés en apparence à l'éviction de leur président ? Dès lors qu'elle a l'impression que le secret de ce renversement lui est dissimulé, la population va être de plus en plus dubitative face aux proclamations publiques : et l'on assistera à une désaffection générale des masses algériennes pour l'action politique, comme pour la participation à la vie économique et sociale. Triste conséquence de la secousse apparemment brève du 19 juin, c'est un peu de l'âme de la jeune République algérienne qui s'envole.

Les premiers jours qui suivirent mon retour furent des jours d'incertitude. Après le coup d'Etat, une nouvelle géographie des pouvoirs se dessinait, où je n'étais pas trop certain d'avoir ma place. La confiance de Bachir Boumaza, qui certes se retrouvait responsable de l'Information, ne parvenait pas totalement à me convaincre : la déposition et l'arrestation de Ben Bella ne semblaient représenter à ses yeux qu'une sorte d'accident de parcours qui serait bien vite corrigé, et que l'on devait imputer à la juvénilité de la République algérienne. Et il me citait les rebondissements politiques auxquels avaient donné lieu les grandes fractures historiques de mon propre pays : la Révolution, l'Empire, plus près de nous, la Libération. Je ne serais pas retourné en Algérie si Ben Bella avait été exécuté. Il ne l'a pas été, et sa vie ne fut jamais véritablement en danger. Je n'eus donc pas à me repentir de la confiance que je fis, en rentrant, à Bachir Boumaza et à Hadj Smaïne. Mais l'un et l'autre ne pouvaient s'engager pour l'avenir qu'à la mesure des illusions qu'ils se faisaient encore sur la suite des événements. En aucun cas je ne puis les rendre responsables du tour dramatique qu'ils prendraient, environ un an plus tard.

Le travail que me confia Bachir Boumaza était passionnant au sein d'un jeune Etat dont le fonctionnement démocratique dépendrait de la manière dont serait organisée l'information : il s'agissait de dresser ce que l'on appellerait aujourd'hui « un audit », et nous disions alors « un état », de l'ensemble des médias algériens, puis de proposer un programme de formation et de perfectionnement des journalistes répondant aux besoins qui seraient apparus, enfin, de mettre en œuvre un certain nombre de mesures pratiques entrant dans ce programme.

C'était un chantier qui me convenait d'autant mieux que j'avais encore en mémoire les enseignements et les principes acquis à l'Ecole supérieure de Journalisme de Lille, et ma récente expérience de rédacteur en chef de *Témoignage Chrétien*. Je retrouvais ainsi un terrain de réflexion auquel j'étais attaché, et le hasard me donnait les moyens de mettre au service d'une jeune presse encore maladroite et peu organisée toutes les remarques critiques que je m'étais formulées pendant les premières années de ma carrière professionnelle. J'avais une haute idée de ce métier, et Bachir Boumaza me donnait soudain la possibilité de la faire partager à de jeunes confrères encore neufs et pas encore désabusés par leur confrontation quotidienne avec les réalités de la société algérienne. C'est dans ce cadre que je pris immédiatement à cœur ma mission : la formation des journalistes algériens.

Je ne savais pas encore que ma destinée allait me permettre de développer longuement, et dans des pays très divers, cette même tâche, à laquelle j'ai consacré une bonne partie de ma vie active. Je n'en étais qu'à mes premières armes, mais j'avais conscience que l'apprentissage d'un métier passe d'abord par l'exemple et par la leçon des anciens : je voulus faire profiter l'Algérie de ce que je connaissais de meilleur, en matière de pratique du journalisme.

J'avais proposé à Ben Bella, à la fin de 1964, et il avait fait sienne cette idée, la création d'un « Institut National de la Presse », dans lequel des formations professionnelles ciblées pourraient être assurées : « Attachant la plus grande importance aux points suivants : le souci constant d'adapter les programmes et les méthodes pédagogiques aux exigences professionnelles, le souci de développer et d'approfondir au maximum la culture générale des journalistes, afin que ceux-ci puissent mieux comprendre une information de plus en plus complexe et de plus en plus diversifiée et mieux s'adapter à des techniques de diffusion en pleine évolution, la recherche de méthodes pédagogiques originales qui permettent aux élèves de manifester et de perfectionner leurs aptitudes rédactionnelles... Le corps enseignant sera composé dans sa majorité de journalistes algériens chevronnés, *et de tous professeurs dont on pourra obtenir le concours.* » Le texte de présentation du décret présidentiel créant l'Institut National de la Presse, au tout début de 1965, évoque déjà les objectifs et les méthodes de travail que j'allais moi-même me charger, auprès de Bachir Boumaza, de mettre en œuvre. Avec comme première préoccupation de mettre sur pied un programme de formation solide, et d'attirer à l'Institut des confrères français de grande qualité.

C'est ainsi que je demandai à Hubert Beuve-Méry, alors directeur du *Monde,* de venir prononcer à Alger pour les journalistes plusieurs conférences de formation, qui se terminaient par des échanges de questions. A l'époque *Le Monde* était en vente à Alger, souvent saisi, il est vrai, et son correspondant, mon ami André Pautard, pestait à juste titre. Je sollicitai de Georges Fillioud, alors rédacteur en chef adjoint à Europe 1, un rapport synthétique sur sa perception des méthodes et des résultats des titres de presse et des médias audiovisuels algériens, et plusieurs séminaires de formation sur « les journalistes de radio », qu'il accepta d'organiser, comme pour la plupart des cours institués, à l'intérieur des lieux de travail des équipes concernées. A André Harris, alors responsable de plusieurs émissions à la « Radio-Télévision Française » et auteur en 1969, avec Marcel Ophuls, de l'inoubliable film *Le Cha-*

grin et la Pitié, je confiai une série de séances de formation sur « le journalisme de la télévision ». Louis Guéry, professeur permanent du Centre de Formation des Journalistes, auteur du *Manuel du Secrétariat de Rédaction,* bible des rédacteurs débutants, se chargea d'un séminaire qui, du 28 décembre 1965 au 10 janvier 1966, lui permit de veiller au « perfectionnement » des jeunes journalistes de presse écrite. A Marc Paillet, ancien collaborateur de l'AFP, et futur membre de la Haute Autorité de l'Audiovisuel créée en 1982, je demandai des cours de formation sur le « journalisme d'agence ». A Claude Estier, ancien rédacteur en chef de *Libération,* alors collaborateur du *Nouvel Observateur,* je proposai de faire des séances d'enseignement sur « le fonctionnement général d'un journal », mais il ne put malheureusement pas les assurer.

Le sens de cette « perfusion professionnelle » rapide était clair : je voulais que les médias algériens profitent de tout ce long passé de la presse française, qui avait façonné, à travers les remises en cause, les crises, les errements déontologiques en tout genre, une sorte de corpus de règles à respecter, qui séparait à nos yeux le « bon » journalisme du « mauvais », l'information de la manipulation, la communication de la propagande. Ce que des décennies de liberté de la presse nous avaient légué, prévention contre les excès médiatiques et contre les divers avatars de la langue de bois politique ou économique, mais aussi tout simplement savoir-faire technique dans la conduite quotidienne d'un média, voilà ce que je voulais faire passer aux journalistes algériens, pour qui la liberté de la presse n'était pas encore assurée.

Nous savons le combat à la fois héroïque et tenace qu'ont soutenu les rédacteurs de certains journaux contre les menaces des islamistes ou les désinformations des militaires, au cours de la dernière décennie du XXe siècle. On connaît les noms de ces journaux libres : *El Khabar, El Watan, La Nation, Liberté, Le Matin, La Tribune...* La presse écrite algérienne des années 1997-2000, avec ses trente-quatre quotidiens, est en effet exemplaire, à la fois pluraliste, indépendante, honnête, payant un lourd tribut au terrorisme d'une part, et à l'oppression d'un Etat militarisé à l'extrême, de l'autre. Nombreux sont ceux, directeurs de journaux, rédacteurs en chef, simples journalistes, qui ont payé leur volonté de maintenir une expression libre de leur propre liberté, voire de leur vie, quand il n'était pas possible de faire taire leurs publications. Coincés entre le marteau et l'enclume, bien décidés à ne rien abandonner d'une liberté éditoriale chèrement acquise, ils ont fait preuve d'admirables qualités humaines et professionnelles. On ne soulignera jamais assez combien cette presse quotidienne et hebdomadaire algérienne[*] a

---

[*] Qui compte, en 2000, 35 titres en langue française, dont 2 publics, et 46 titres en arabe, dont 2 publics également.

permis dans les années 1990 une évolution profonde de la société, vers plus de transparence, vers une prise de conscience plus lucide d'elle-même, et vers une ouverture plus sereine vis-à-vis du monde extérieur. L'inauguration d'une « place de la Liberté de la Presse » à Alger, le 3 mai 2000, a pris acte de ce rôle nouveau qui lui revient dans le fonctionnement démocratique du pays. Même si cette presse, pour garder et élargir son lectorat, aurait souvent encore avantage, pour certains titres, à assurer plus d'indépendance aux journalistes, et pour d'autres, à mieux séparer informations, commentaires, polémiques. Et si elle ne devait pas être imprimée exclusivement par des entreprises étatiques.

Mais la presse algérienne offrait un tout autre visage en 1965, placée sous la tutelle du ministère de l'Information : le seul grand journal d'Alger, *El Moudjahid,* était dirigé par Hocine Naït Mazi, une personnalité, d'origine kabyle, ancien messaliste, ce qui lui valait quelque méfiance de la part des orthodoxes du FLN et qui le contraignait à un alignement idéologique sans faille, seule condition de l'oubli des engagements passés. Existaient aussi des quotidiens régionaux, comme *El Nasr,* à Constantine, qui ne s'écartaient pas trop de la ligne du régime. Bachir Boumaza souhaita ouvrir cet éventail un peu resserré, en créant l'éphémère *Alger Soir,* dirigé par un bon professionnel, Abdelaziz Belazoug, qui tentait de trouver un moyen terme entre les nécessités liées à la défense naturelle d'une nation nouvelle en quête de sa propre affirmation, et les rigueurs éditoriales imposées par le parti unique... Moi-même, je travaillais à enrichir la diversité des articles en assurant, sous pseudonyme, dans le *Moudjahid,* une série de synthèses « objectives » sur les élections françaises de 1965, qui virent la réélection du Général de Gaulle à la Présidence de la République, ou des éditoriaux qui reflétaient les positions de Bachir Boumaza.

Mais le rapport par lequel je synthétisai l'action à accomplir, lors de mon arrivée au ministère de l'Information, à la fin du mois de juin 1965, témoigne assez exactement de la situation dans laquelle se trouvait la presse algérienne des premières années de l'indépendance en définissant ses trois principaux travers : insuffisance professionnelle, crise d'autorité, ouverture extérieure trop faible [1]*.

L'apprentissage résolu du savoir-faire de base du journaliste n'était pas exempt non plus d'un certain moralisme révolutionnaire qui peut aujourd'hui faire sourire, mais qui témoigne mieux que toute autre citation du climat intellectuel de l'époque : « *Des cycles de formation, de perfectionnement et de spécialisation seront exclues les idées trop générales, les facilités de l'absentéisme et les séductions de l'amateu-*

---

* Les appels de note numérotés renvoient aux notes en fin d'ouvrage.

risme ». Il faut lire entre les lignes : derrière la démarche professionnelle se cache la volonté d'une intégrité journalistique, derrière l'exclusion des « idées générales », la volonté de mettre de côté tout enseignement purement idéologique, au profit d'une méthode critique et d'habitudes de travail propres à assurer une information rigoureuse.

Et cette volonté était inséparable d'une priorité donnée au développement des réseaux hertziens, afin de permettre à une proportion croissante de la population algérienne d'accéder à la télévision : un autre rapport de juin 1965 *Sur l'utilisation de la télévision au service du développement de la collectivité nationale algérienne* définit ainsi le projet d'équiper de récepteurs « collectifs » les quartiers déshérités des grandes villes et les villages de campagne qui n'en sont pas dotés, afin que les programmes d'information, en particulier, puissent être suivis d'un bout à l'autre de l'Algérie.

La sincérité de la démarche était entière, et je suis toujours solidaire des prises de position d'alors, des rapports et des notes que j'ai rédigés, de ce qu'étaient mes convictions : non que les années passant je n'aie mesuré ici les erreurs, là les illusions... Mais l'Histoire est un kaléidoscope bizarre où vérité et erreur jouent sans arrêt à cache-cache : ce que l'on a cru hier se révèle être une imposture, mais que vaut la vérité d'aujourd'hui ? D'une idéologie défunte il n'est pas vrai que l'on ne puisse rien sauver : l'engagement des hommes leur fait accomplir des gestes durables, et certains de ces gestes comptent ensuite, même quand les idées pour lesquelles, formellement, ils combattaient, se sont envolées. En Algérie, je n'ai eu à rougir ni de ce que j'ai accompli sous l'uniforme français, ni de ce que j'ai réalisé en tant que fonctionnaire de la jeune République algérienne : tous mes actes ont été accomplis en conscience, avec comme première règle de travailler sans relâche à renouer les fils du dialogue entre l'Algérie et la France, de rapprocher des hommes qui étaient faits pour se comprendre, et que les sursauts de l'histoire du XXe siècle avaient temporairement mais dramatiquement séparés.

Pourtant, les limites de cet exercice m'étaient bien connues, et trop souvent perceptibles : après avoir accompli leur mission, André Harris et Georges Fillioud m'adressèrent un compte rendu précis de leurs réflexions et des difficultés auxquelles ils s'étaient trouvés confrontés : « *Comment confier,* s'interrogeaient-ils par exemple, *à des journalistes venus de l'extérieur, quelles que soient leur amitié pour l'Algérie, et leur sympathie pour l'expérience qu'elle est en train de vivre, la responsabilité de former de jeunes journalistes qui ne peuvent et ne doivent cesser de travailler au service de la Révolution, avec ce que cela impose de soumission légitime aux impératifs du gouvernement et du parti*[2] ? »

Ces amis, qui apportèrent tous, à ma demande, une contribution bénévole à la formation des jeunes journalistes algériens, n'en ressentaient pas moins un certain malaise, de travailler dans un milieu qui n'était pas le leur, imprégné de slogans dont ils ne pouvaient pas se sentir solidaires, et qui construisait son histoire à partir d'événements qui n'avaient aucun sens pour l'ancienne métropole. Enfin, tous ressentaient la même gêne, à sentir que la liberté de la presse n'était pas la préoccupation dominante du régime, et que les maigres sessions de formation que j'avais organisées contrebalançaient difficilement une pratique quotidienne de l'idéologie au pouvoir par l'ensemble des médias algériens, contrôlés par le ministère de l'Information.

Ce malaise ne m'était pas étranger non plus : mais j'avais la conviction qu'il était possible, au sein même du nouvel Etat, de réformer et de prévenir les dérives, de corriger les erreurs de trajectoire.

Arrêté par la Sécurité militaire

L'année 1966 fut pour moi celle de trois événements majeurs : le premier d'entre tous, mon mariage avec Marie, fut aussi le premier chronologiquement. Le second me permit une prise de conscience brutale, et douloureuse, des contradictions dans lesquelles je me trouvais pris au sein du régime algérien : ce fut le départ clandestin de Bachir Boumaza, suivi de mon arrestation par la Sécurité militaire. Le troisième, qui en découla, fut mon retour à Paris.

Par décision du 11 février 1966, signée du ministre de l'Information, je me vis accorder *« un congé de 5 jours à plein traitement pour mariage, du 16 février 1966 au 20 février 1966 inclus, l'intéressé devant reprendre son service le 21 février 1966 »*. Je convolai donc en justes noces, m'unissant pour la vie à Marie Lapouille, agrégée de lettres classiques, alors professeur à « Descartes », Lycée français d'Alger, où elle enseignait le grec et le latin aux élèves de première A, le français en terminale, et le latin en hypokhâgne. Ses élèves étaient extrêmement divers : français de souche pour les uns, parmi lesquels les enfants des diplomates de l'Ambassade de France, algériens de milieux aisés d'autre part, au nombre desquels les Kabyles étaient d'excellents éléments. Le Lycée français accueillait également les enfants de diplomates de toutes les nationalités, en raison de son renom, et en l'absence d'institutions d'enseignement de même niveau dépendant d'autres pays étrangers.

Je connaissais Marie depuis plusieurs années par l'intermédiaire de deux de ses frères, qui avaient été mes camarades de collège à Reims et étaient devenus des amis. Ils étaient dix enfants en fait, d'une famille originaire du nord de la France, dont le berceau était Hazebrouck, petite ville des Flandres qui ne défraya que très épisodiquement la chronique. Issus d'une terre hispano-flamande ils étaient aussi divers que l'histoire mouvementée de leur région pouvait le faire espérer : Marie était aussi blonde que Christine et Monique étaient brunes. Famille attachée à son terroir, et à ses traditions, ce qui nous valut, au repas de mariage, un chaleureux « vivat » flamand.

Mon beau-père, prématurément disparu, avait été relayé comme chef d'entreprise, et dans une certaine mesure comme chef de famille, par Jean, le frère aîné de Marie. Le dixième enfant de cette large fratrie, Marc, est aujourd'hui journaliste au *Monde*. J'ai rarement rencontré une famille si ancrée dans son identité et en même temps aussi ouverte et tournée vers l'extérieur : déjà, avant notre mariage, Jean avait épousé Lit, une Italienne fière de sa Toscane natale, Bernard une jeune Allemande, Nina, venue de Porz-am-Rhein, ville jumelée avec Hazebrouck, Odile s'était unie à Serge, jeune juriste haïtien rencontré à l'Université de Lille, et la liste des nouveaux venus s'élargirait encore... Cette famille allait être durement éprouvée à plusieurs reprises, et je traverserais avec elle un drame particulièrement douloureux : l'un des frères de Marie, François, s'étant provisoirement installé en Haïti, sa femme y milita bientôt dans une organisation humanitaire : elle fut froidement abattue en pleine rue, sous les yeux de sa petite fille, par des tueurs.

Les réunions de famille bigarrées mêlaient les accents et les sensibilités, et nous confrontions nos points de vue et nos expériences avec liberté, tolérance, écoute. J'ai toujours eu une profonde affection pour ce clan à la fois cosmopolite et très uni où mon mariage me fit entrer pour de bon.

Très attachée à sa religion, qu'elle était bien la seule à pratiquer scrupuleusement, la clef de voûte de cette famille était évidemment ma belle-mère, femme d'une grande sûreté de jugement, calée sur des valeurs solides. Elle jaugeait les hommes, publics ou privés, à l'aune de ses exigences morales, et décidait de ses opinions, en matière politique par exemple, avec une rare liberté : c'est à ceux chez qui elle décelait une qualité humaine supérieure qu'allait son vote, qu'ils fussent de droite ou de gauche. Sa rigueur indépendante et inflexible au moment d'exercer son choix électoral fait de cette femme que j'estimais beaucoup et pour laquelle j'avais une grande affection, un exemple rare de vertu démocratique : elle ne se laissait influencer ni par son milieu ni par l'idée qu'elle pouvait avoir de ses intérêts propres, ni par quelque engagement idéologique préconçu, et son soutien allait à celui dont elle pensait qu'il assumerait ses fonctions avec la meilleure conscience et le plus grand dévouement au bien commun. Ma mère et ma belle-mère quittèrent ce monde, au cours de l'année 1999, nonagénaires toutes deux, et dans la même semaine.

Les familles Bourges et Lapouille décidèrent, à notre demande, de nous marier dans l'intimité familiale, à mi-chemin de nos deux points d'ancrage, Paris et le Nord, et c'est ainsi que, le 19 février 1966, au matin d'un jour de frimas nous nous sommes retrouvés dans la petite église de Gerberoy, « village fleuri » de l'Oise. Au confluent de la Picardie, de la Normandie et de l'Ile-de-France, cette petite localité présente une symphonie architecturale unique : brique, pierre, torchis, soleil et ombre, maisons aux superbes teintes bleues. Un lieu privilégié où Pierre Dumayet cherchait son inspiration... Même si l'assistance était réduite pour l'essentiel à nos plus proches parents, nous y avions associé ceux qui étaient alors nos meilleurs amis : Ali Boumaza, frère de Bachir, et Mohamed Hadj Smaïne furent nos témoins, tandis qu'Edmond Michelet, Bernard Stasi et Georges Montaron accompagnèrent la cérémonie religieuse. Le curé lut un message chaleureux envoyé le matin même d'Alger par le cardinal Duval. Ainsi se trouvaient recomposées en un même ensemble autour de nous, lors de cette courte cérémonie de Gerberoy, toutes les époques de ma vie et toutes les étapes que je venais de traverser. C'est accompagné de tout mon passé que j'épousai Marie, et nous serions désormais deux pour toutes les étapes à venir. La parenthèse sereine des noces fut de courte durée : le congé alloué était de cinq jours. Le 21 février, nous nous retrouvions à Alger.

Le deuxième événement majeur de 1966 intervint à la fin du mois de septembre, avec le départ clandestin et précipité d'Alger de Bachir Boumaza, ministre de l'Information, avec lequel je travaillais. Boumaza rallia dans un premier temps la frontière tunisienne, puis gagna l'Europe. Il partit brutalement, sans m'avoir pris pour confident de son projet, et se contenta, dès qu'il fut sorti du territoire algérien, de publier un communiqué annonçant qu'il rejoignait l'opposition extérieure au régime de Boumediene. Pour moi, les ennuis allaient commencer.

Placé dans une situation particulièrement délicate, ne sachant pas exactement dans quelles conditions il avait quitté son pays, ni ce qu'il avait voulu fuir, ignorant tout de ses intentions ultérieures, je pris le parti de poursuivre le travail engagé auprès de lui comme si de rien n'était, me rendant chaque matin à mon bureau du ministère, continuant d'avancer l'élaboration des rapports qu'il m'avait demandés, ne voulant pas, par un abandon de poste, me désigner moi-même comme un réprouvé, suspect d'une possible complicité avec un Boumaza désormais opposant politique. En apparence, rien n'avait changé. En profondeur, tout était différent : je n'étais clairement plus le bienvenu au ministère. Les conversations baissaient d'un ton à mon approche, ou bien elles cessaient brusquement, comme s'il avait été dangereux de me laisser entendre certaines choses. Le malaise était palpable autour de moi, et je reconnais que je n'en menais pas large, ne sachant trop s'il suffisait de laisser passer l'orage ou si je devais remettre en cause plus radicalement ma présence au cabinet. Je n'avais rien à me reprocher, mais je sentais de plus en plus nettement que la situation ne pouvait se prolonger.

Elle dura une semaine, pendant laquelle le climat devint de plus en plus oppressant, dans l'attente d'un événement de plus en plus prévisible, dont je savais confusément qu'il ne serait pas éternellement différé. L'appréhension, la peur même, montaient progressivement, et ce au fil des actes de la vie quotidienne : je me sentais épié lorsque je partais au travail, suivi sur mon parcours, guetté à mon arrivée. Je me sentais accompagné lorsque je sortais faire des courses, et dans la presse anarchique et bruyante des marchés je croisais plusieurs fois les mêmes visages à la fois attentifs et distants : en un mot j'étais placé sous surveillance. Une surveillance de toutes les heures, comme si j'avais dû, à mon tour, disparaître. Dans la rue, mes pas avaient des échos symétriques, rapides lorsque j'accélérais, ralentis lorsque je m'arrêtais, même quand apparemment personne ne me suivait. J'en vins à attendre avec impatience mon arrestation. Marie, dont j'ai toujours pu éprouver le courage et la force de caractère dans les situations difficiles, traversait avec moi, sans faiblir, et solidaire, cette mise à l'épreuve. Notre délivrance fut soudaine...

Au petit matin, vers 6 heures, un coup de sonnette prolongé et répété nous réveilla brusquement. Ce fut presque un soulagement. Je me souviens d'avoir dit : « enfin... » Nous avions compris. J'ouvris la porte, me trouvant face à quatre hommes en civil, de la Sécurité militaire. Ils entrèrent dans la maison, la fouillèrent de fond en comble, sans désordre ni violence, mais avec minutie. Ils trouvèrent dans mon armoire un pistolet qui m'avait été donné, quelques mois auparavant, par Mohamed Hadj Smaïne. Ils ne trouvèrent, et pour cause, aucun papier compromettant. Celui qui semblait leur chef m'indiqua alors que j'étais appréhendé, que je serais vraisemblablement placé en garde à vue et que mon interrogatoire déciderait de mon sort ultérieur. Menotté dans le dos, yeux bandés, deux hommes m'encadrèrent pour me faire descendre l'escalier. Le seuil franchi, l'un d'eux m'ôta le bandeau qui m'aveuglait et me dit : « *Tu n'as pas dit au revoir à ta femme.* » J'embrassai alors Marie, et jamais je crois ce geste d'amour ne fut plus puissant que ce matin-là, dans ce demi-jour d'Alger où nous nous séparions pour une durée indéfinie. Sans une parole, nous nous sommes dit tellement de choses en quelques secondes !

On me remit mon bandeau, et c'est dans ma Peugeot 404 de fonctionnaire de l'Etat algérien que je fus conduit, sur les hauteurs d'Alger, à en juger vaguement par le trajet suivi, dans une des prisons de la Sécurité militaire. A mon arrivée, on me fit délacer mes chaussures, enlever ma ceinture, ôter ma montre, et je fus conduit à ma cellule, au fond d'un long couloir sans éclairage. Mon bandeau m'avait été retiré, je restai environ une heure à attendre, sans explication, examinant cette pièce aveugle à l'obscurité de laquelle je m'accoutumais peu à peu. Les murs étaient couverts d'inscriptions plus ou moins anciennes : je lisais *« FLN vaincra »* ou *« vive l'Indépendance »,* traces d'un passé encore récent. Une armée avait remplacé l'autre, mais j'allais bientôt mesurer l'ironie de ce décalage : si les victimes d'hier étaient désormais les bourreaux, les méthodes employées n'étaient guère différentes.

Au bout de cette attente qui me parut très longue, il devait être environ 8 heures du matin, l'heure de la relève : on me fit sortir de ma cellule, pour me conduire dans la pièce où aurait lieu mon interrogatoire. J'eus souvent l'impression de vivre, pendant les longues heures qui suivirent, le pastiche d'un mauvais roman policier, où rien ne m'était épargné. Quinze ans plus tard, des scènes de ce type seraient reprises dans les séries américaines diffusées tout autour du monde. Pour l'heure, ce n'était pourtant pas de la fiction.

On me fit d'abord asseoir très poliment. Le ton était alternativement pressant, dur, menaçant, amical. J'avais face à moi deux inspecteurs, le grand méchant et le gentil. Le grand méchant n'y allait pas par quatre chemins, il m'indiqua d'emblée que j'avouerais, coûte que coûte, le complot auquel était mêlé Boumaza, et pour lequel il avait pris la fuite, que je serais contraint d'indiquer les caches d'armes, les complicités intérieures et extérieures dont il avait bénéficié. Le gentil savait, lui, que « j'étais loyal à la Révolution » et que je ne « dissimulerais pas tout ce que je savais », parce que je ne « protègerais pas un traître qui venait d'abandonner son pays ». Aux deux discours, je ne pouvais faire qu'une identique réponse, dont je mesurais bien combien elle ne pouvait les satisfaire, mais au-delà de laquelle tout aurait été inventé : je n'étais au courant de rien, Bachir Boumaza ne m'avait même pas prévenu de son départ inopiné, je pouvais d'ailleurs moi-même légitimement lui faire reproche de ne m'avoir rien dévoilé de ses intentions, alors que je travaillais avec lui.

Je fus interrogé sans relâche de 8 heures jusqu'à 2 heures du matin, la nuit suivante. Dix-huit heures d'interrogatoire. L'absence de montre, dans une pièce aveugle, me laissa pendant tout ce temps dans l'ignorance du temps passé, et ces dix-huit heures me parurent autant de jours. De degré en degré, le ton était devenu plus agressif, presque systématiquement violent. Je sentis que les choses allaient se gâter. Je ne peux dire à partir de quel moment on plaça un seau en fer sur ma tête, sur lequel l'un des inquisiteurs tambourinait de plus en plus vite, et de plus en plus fort, avec une règle métallique. Le fracas, continu et croissant, tout contre mes oreilles, me transperçait le crâne, et les mêmes questions revenaient, entêtées, à chaque pause. J'avais l'impression que ma tête allait exploser, que tout mon sang y affluait et allait gicler par mes yeux, que le monde n'était plus qu'une immense caisse de résonance autour de mon crâne. Et pourtant je n'avais toujours aucune réponse, ni sur Boumaza, ni sur les caches d'armes, ni sur les complices. Et même si cette sensation d'explosion mentale était très pénible, je dois dire que je surmontai assez bien cette première épreuve. Le gentil reprenait : il suffisait que j'apporte ma collaboration à l'enquête, je ne serais pas inquiété moi-même, ma loyauté n'était pas mise en doute. Mais était-il possible de laisser impunis des ennemis de la révolution ?

Puis le méchant revenait à la charge. Je ne saurais dire non plus à quel moment ils passèrent à la seconde épreuve, celle de la gégène, torture dont j'avais dénoncé la pratique par l'armée française pendant la guerre d'Algérie. Il n'est sans doute pas utile que je revienne sur la souffrance éprouvée, d'autant qu'elle ne se prolongea pas. D'autres, avec plus de talent, l'ont fait, et les livres d'Henri Alleg ou Bachir Boumaza ont eu, à cette époque, un retentissement politique : cela légitimait leurs descriptions. Dans mon cas, en revanche, tout détail excessif me paraîtrait impudique. Evidemment, ces moments m'ont marqué, mais pour le temps où ce supplice me fut infligé, je l'endurai.

La troisième épreuve était psychologique, mais dans l'état de fatigue où les heures précédentes m'avaient réduit, elle me sembla néanmoins pénible : c'était l'épreuve de la seringue, que l'on brandissait sous mes yeux en m'expliquant alternativement qu'elle contenait un sérum de vérité, ou que sa piqûre me ferait passer de vie à trépas. Cette intimidation n'avait pas totalement prise sur moi : le sérum de vérité ne m'aurait rien fait avouer de ce que j'avais toujours ignoré, et la menace d'euthanasie rappelait trop, pour le coup, la fiction de série B. Peut-être aussi, la gégène passée, sentais-je confusément que le plus dur était fait. Peut-être aussi le ton de mes questionneurs changeait-il déjà ? Il est vrai qu'à ce stade de ma détention, le téléphone ne cessait de sonner, et que sans comprendre un mot de ce qui était dit à l'autre bout du fil, je devinais aux nuances de la voix, à l'expression des soldats qui me regardaient, qu'il était question de moi, et que ces appels successifs modifiaient leur état d'esprit.

Je sus par la suite que depuis mon arrestation, Marie n'était pas restée inactive, et qu'elle s'était ingéniée à provoquer des interventions capables de me faire libérer, sur ordre du Président Houari Boumediene. Le cardinal Duval, très vite alerté, n'avait cessé d'appeler à tous les niveaux de l'Etat. De Paris, Edmond Michelet et Bernard Stasi étaient intervenus directement pour ma libération. Je sus plusieurs décennies plus tard que touché par Bernard Stasi, Jacques Chirac, alors au cabinet du Premier ministre Georges Pompidou, avait fait une démarche immédiate et secrète en ma faveur, auprès du gouvernement algérien. Au sein même de l'Etat algérien, Abdelaziz Bouteflika, furieux en apprenant mon arrestation, intervint de son côté sans délai auprès du patron de la Sécurité militaire pour obtenir « une libération immédiate ». En revanche, Bernard Stasi m'a raconté qu'il avait tenté la même démarche auprès de mon cousin germain Yvon Bourges, alors ministre de la Défense, et obtenu une réponse qui témoigne assez de l'incompréhension que mon engagement personnel avait rencontré dans ma propre famille : « *Je ne le connais pas, c'est certainement un homonyme.* » Je ne lui en veux pas et ne lui en ai même jamais parlé.

Plus les heures passaient, plus je sentais que mes interrogateurs glissaient d'un ton brutal à une sorte d'opiniâtreté gênée. Je fus finalement reconduit dans ma cellule : ce n'est qu'à ce moment qu'un jeune militaire, chargé de me surveiller, me donna l'heure, 2 heures du matin, ajoutant quelques mots d'une extrême prévenance, m'encourageant à supporter l'épreuve. Si l'inhumanité est dans l'humain, j'ai, dans de nombreuses circonstances de ma vie, et à ce moment précis, apprécié l'humanité qui existe aussi, au tréfonds de chaque personne.

Je restai alors jusqu'à une heure indéterminée assis dans un coin de cette pièce nue, repassant en une nuit sans sommeil toutes les années vécues, jusqu'à cette arrestation. J'imaginais aussi la réaction de tous ceux qui, apprenant mon interpellation, devaient se réjouir de l'épilogue de mon aventure algérienne : « Je l'avais bien dit, je l'avais mis en garde... Il l'a bien cherché, il récolte ce qu'il a semé... » Et je ressentais une sorte de jubilation douloureuse à devoir, bizarrement, leur donner raison, alors même que je savais qu'ils avaient tort, et que mes choix n'avaient pas été mal inspirés.

L'avouerai-je, le plus difficile à supporter, ce ne furent pas les épreuves physiques ou psychologiques auxquelles j'étais soumis, mais l'humiliation que je ressentais à devoir remonter, et tenir à deux mains mon pantalon, dès que je me levais ou me déplaçais. La dignité d'un homme est alors forcément mise à mal, me disais-je, pensant aux milliers de prisonniers qui avaient été, étaient ou seraient placés dans une situation bien pire que celle que je subissais.

Au soir de la deuxième journée, il devait être 19 heures, on me ramena dans la salle où j'avais été interrogé sans ménagement. Mais surprise : on me parlait cette fois avec déférence et modération. On m'indiqua qu'on allait prendre ma déposition avant de me libérer. La machine à écrire enregistra ce que j'avais toujours dit : que je n'avais rien su du projet de Bachir Boumaza, que je ne connaissais aucun complice de cet acte isolé et personnel, que je n'avais jamais eu vent d'aucun complot autour de lui. Je sentais que cet interrogatoire-là n'était plus qu'une formalité administrative. On m'offrit alors un café bien chaud, et il est resté, probablement, le meilleur café de ma vie. Je vis alors entrer... un barbier ! Qui se mit en devoir de me raser de près, et de me coiffer. J'avais encore à l'époque une chevelure abondante et... soignée. Je signai de bon cœur l'attestation que l'on me présenta alors, par laquelle je certifiais avoir été correctement traité durant ma courte détention. Enfin on me replaça un bandeau sur les yeux, sans m'imposer le port des menottes, et l'on me raccompagna chez moi vers 21 heures. Je descendis de ma propre voiture de fonction, devant mon domicile, où Marie m'attendait. Ma 404 Peugeot redémarra, et je ne la revis jamais.

Mon interpellation n'avait pas au total duré plus de 40 heures. Mais elle ne fut pas sans conséquences psychologiques : les jours qui suivirent, je n'avais de cesse de retrouver ceux qui m'avaient interrogé pour parler avec eux, comprendre leurs motivations, découvrir qui ils étaient vraiment, en dehors du rôle que je leur avais vu jouer. De même que j'avais connu, dans l'armée française, de bons garçons plutôt ouverts qui étaient devenus d'invraisemblables brutes, emportés par la logique inhumaine de la guerre, de même je me demandais si, derrière les visages qu'avaient empruntés pour moi les agents de la Sécurité militaire, je n'allais pas découvrir aussi de bons compagnons, patriotes convaincus, habituellement tolérants et généreux.

A en juger par ce symptôme qui m'a atteint, alors que ma détention avait été brève, je comprends particulièrement bien le syndrome classique dont souffrent les victimes de longues prises d'otages, de détentions arbitraires, d'actes de torture, qui cherchent désespérément à retrouver leurs bourreaux pour leur parler, s'expliquer avec eux, tâcher de s'en faire comprendre ou de les comprendre. Le hasard fit justement que je tombai nez à nez, quelques jours plus tard, au coin d'une rue, avec l'un de ceux qui m'avaient interrogé. Il essayait de m'éviter, mais je ne lui en laissai pas le temps, et je l'invitai, au contraire, à boire le café à la maison. Il accepta le café, mais la conversation fut banale. Je ne tirai rien de cette rencontre, sinon précisément la chance d'être sevré de ce syndrome.

Très vite, je décidai alors, avec Marie, de quitter le territoire algérien et de mettre fin à ce chapitre de ma vie, que j'avais vécu si intensément. C'est en décembre seulement que j'obtins l'autorisation de sortir du territoire, grâce à un certificat médical délivré par un médecin français de l'Institut Pasteur, *« des soins urgents et importants nécessitant mon transfert à l'étranger pour des examens et une opération probable qui ne pouvait être assurée qu'à Paris »*. Nous avons regagné la capitale avant Noël et avons bientôt été installés dans un petit studio, au 69 de la rue Galande, dans le Quartier latin, où quelques mois plus tard j'eus pour voisin, sur le trottoir d'en face, logeant dans les locaux de la revue *Révolution Africaine,* qu'il dirigea pendant quelques mois, une vieille connaissance, l'avocat Jacques Vergès, lui aussi de retour d'Alger.

Vers un partenariat nouveau entre Europe et Maghreb

« Quand on croit la connaître, il faut encore la découvrir, quand on l'a découverte, il faut encore la réapprendre », remarquait un ami aujourd'hui disparu, l'écrivain algérien Malek Haddad. Cette Algérie insaisissable, parce que multiple, changeante et secrète, j'ai eu le bonheur de la parcourir, de prendre le temps d'y vivre mais aussi de la rencontrer. Elle est une perpétuelle invitation au voyage. Que l'on songe à ce passé touffu et presque impénétrable, à cet entassement de strates historiques, à ces siècles de heurts et de rencontres dont s'est nourri son destin tourmenté. Que l'on contemple les majestueux univers qui s'y déploient entre les infinis parallèles de la mer et du désert... Que l'on s'abandonne tour à tour aux charmes souriants des cités du bord de l'eau, aux chimères des villes du sable. Et l'on découvre chemin faisant une Algérie, à la fois ouverte et farouche, âpre au combat dont elle paya sa souveraineté, et cherchant sa voie entre l'ouverture au monde et le repli sur soi, entre le dialogue et l'intolérance, la gaieté naturelle de son peuple et la cruauté de ses excès identitaires.

De tant de caractères, la synthèse est difficile. En Algérie se côtoient, sans toujours bien se comprendre et se tolérer, le pur Arabe musulman solidement ancré dans ses convictions séculaires, l'Africain révolutionnaire soucieux de dépasser les limites d'un nationalisme étroit, l'Oriental attaché aux signes plutôt qu'ancré dans la réalité, le Méditerranéen rêveur, insouciant et versatile, amoureux du ciel, de la terre et de la mer, le « Français » orienté vers le mode de vie occidental, et menacé par l'acculturation et le mimétisme. La « dispute de l'authentique et de l'efficace », pour reprendre l'expression de Jacques Berque, résume cette lutte pour découvrir une identité qui s'abreuve à des sources anciennes et modernes apparemment contradictoires.

Il en est une cependant qui est privilégiée, en ce qu'elle détermine les orientations politiques constantes de l'Algérie au cours du dernier demi-siècle : le combat pour sa libération l'a rapprochée de tous les opprimés de la terre. Même si, pour les jeunes générations, ce combat appartient à la mémoire collective, la lutte pour l'indépendance ayant accouché du parti unique, tandis que les courants de pensée, les querelles de personnes, l'accaparement du pouvoir par quelques-uns, ont progressivement constitué de nouvelles inégalités, aussi insupportables et flagrantes que les anciennes.

De 1962 à l'an 2000, de Ben Bella à Bouteflika, les tensions et les heurts que n'ont pas manqué de provoquer au sein même du pouvoir des attitudes inconciliables, se sont progressivement accrus. L'intransigeance des uns, face à l'esprit de suite des plus lucides, envolées révolutionnaires et coups de barre des réformistes, inadvertance de ceux qui croient trouver soit dans l'extrémisme soit dans l'empirisme la solution aux problèmes de l'heure, souvent d'abord économiques. Oscillant sans cesse entre son socialisme fermement proclamé, malgré ses déviations autoritaires et coûteuses, et un capitalisme d'Etat profitant à une minorité de prédateurs enrichis, l'Algérie contemporaine s'est trouvée coincée entre le terrorisme des récupérateurs et profanateurs de l'Islam et la violence d'un Etat militarisé à l'extrême. Quarante ans de pouvoir confisqué, de richesses gaspillées ou détournées, d'espoirs trahis... Le peuple algérien ne peut-il avoir le choix qu'entre le turban et le képi ?

Deux hommes se sont dressés pour s'y opposer, et redonner espoir au pays : Mohamed Boudiaf et Abdelaziz Bouteflika. Tous deux ont pu apparaître, tout d'abord, comme prisonniers de l'armée qui a fait revenir le premier de son exil marocain et a soutenu la candidature du second. Mohamed Boudiaf a payé de sa vie sa volonté de s'attaquer à l'enrichissement illicite, aux situations acquises par une minorité, aux inégalités. Abdelaziz Bouteflika, soutenu par la confiance populaire, a fait le pari de ramener l'ordre légal, de réconcilier les Algériens, de mobiliser les énergies du pays dans une même direction : la relance de son développement. Dans le même temps, il n'a pas hésité à s'attaquer aux tabous et aux silences de la société algérienne, en rappelant, contre les caricatures, la richesse et la diversité de l'Algérie, en réhabilitant la mémoire de ses héros salie, en appelant à de nouveaux rapports avec la France, que sa visite officielle du 13 au 16 juin 2000 confortera. Travail de longue haleine aux résultats encore incertains, contrarié par les privilèges de l'armée et la barbarie des confiscateurs de Dieu.

Nous en sommes là de ce chemin commun auquel j'ai eu la chance de participer, alors que rien ne m'y prédestinait. J'en retiens une seule certitude : malgré nos différences et l'écart qui existe entre nos héritages, nous sommes des partenaires, de chaque côté de la Méditerranée. Et nous devons apprendre à construire l'avenir de notre relation politique, commerciale, sociale, culturelle, dans le respect des ensembles, plus vastes, auxquels chacun de nos pays appartient : l'Europe, d'une part, et ses solidarités naturelles fondées sur une identité historique forte, le Maghreb d'autre part, et l'héritage désormais cohérent des civilisations pré-islamiques et islamiques qui y ont fleuri successivement.

A l'heure où les distances s'abolissent, l'entrecroisement des populations d'Afrique du Nord et des populations d'Europe du Sud n'est plus un phénomène marginal, qui pourrait être renversé, comme voudraient le faire croire les extrémistes des deux rives. Les islamistes peuvent bien dénoncer la trahison des élites algériennes, largement francophones, cultivées, nourries des deux cultures algérienne et française. Notre extrême-droite, et elle n'est pas seule, peut bien combattre l'immigration et le développement d'une société française plurielle, dont la diversité des origines et des couleurs alimente pourtant le dynamisme et la créativité... Les deux combats symétriques que mènent les courants qui défendent des idéologies d'exclusion, de part et d'autre de la Méditerranée, ne peuvent rien contre un phénomène d'apports réciproques et de reconnaissance mutuelle qui efface à la fois les rancœurs post-coloniales et les amertumes de la décolonisation.

A la redécouverte des richesses distinctes de nos sociétés et de nos cultures, devraient s'ajouter bientôt l'estime et la familiarité. Nous aurons alors fini de solder les comptes de notre passé, et nous irons tous librement vers un avenir à la fois distinct et commun. Un seul point est acquis, mais il est important : entre nos deux pays, France et Algérie, les rapports peuvent être tendus, passionnés, contrariés, ils ne sauraient jamais être médiocres ou d'indifférence.

5
Afrique

Tricard. De retour en France, en décembre 1966, j'étais devenu tricard. Tout le monde se détournait de moi, beaucoup d'amis me tournaient le dos. Ma famille même ne comprenait pas ce que j'étais allé faire en Algérie. Je sentis d'emblée que j'aurais du mal à me réinsérer et à trouver du travail. Sous l'impulsion de Françoise Verny, la papesse de l'édition française, je décidai d'écrire. Ce fut mon occupation pour le premier semestre de l'année 1967 : il en sortit un livre assez dense, *L'Algérie à l'épreuve du pouvoir*, préfacé par Jacques Berque, et qui reste, à ma connaissance, la seule synthèse précise consacrée aux premières années de la nouvelle République algérienne. Ce ne fut pas un grand succès de librairie...

J'aurai plus de chance en juin 1968, avec *La Révolte étudiante, les animateurs parlent,* livre d'entretiens composé à la hâte, dans la fièvre des événements, où je donnai successivement la parole à Jacques Sauvageot, pour l'UNEF, Alain Geismar, pour le SNESup, Daniel Cohn-Bendit, et Jean-Pierre Duteuil, représentants du « Mouvement du 22 mars ». Là au contraire, le livre rencontrera précisément l'actualité la plus brûlante. Après la vague créée par les événements, nombreux étaient ceux, sympathisants ou non, qui souhaitaient en connaître le sens véritable et s'interroger sur le message, plus ou moins élaboré, dont le mouvement était porteur. Le livre tentait précisément d'aller un peu plus loin avec ceux qui en avaient pris la tête : il répondait donc à cette attente.

Pourtant le diptyque formé par ces deux livres publiés à quelques mois de distance incarne ce qui est devenu la première caractéristique de l'édition contemporaine : elle répond aux modes et à l'écume des jours, bien plus qu'au travail et aux besoins de l'analyse. *L'Algérie à l'épreuve du pouvoir* m'avait coûté de grands efforts, des recherches longues et précises, des vérifications incessantes, des recoupements, des enquêtes. *La Révolte étudiante* était un livre écrit dans le feu de l'action, sans recul, à fleur de peau, rassemblant, presque sans réécriture, la teneur d'entretiens dont il m'est difficile, quelle que soit la sympathie que je garde pour ces moments privilégiés, de conserver l'image d'un travail intellectuel rigoureux. En publiant ce document brut sur les événements de mai dès le début du mois de juin, je voulais d'abord et avant tout faire cristalliser ce qui, peu de temps après, se serait comme dissout dans l'atmosphère : le climat, les illusions, l'arrogance extraordinaire des acteurs et leur certitude de construire l'avenir. Bref, de ma réflexion élaborée sur les premières années de l'Algérie jusqu'à ce recueil d'entretiens avec les meneurs de Mai 68, il y avait cependant une démarche identique, les deux livres peuvent se lire comme des témoignages, où l'on décèle la volonté de tirer au clair les événements et d'en interroger les acteurs.

Il se peut que j'aie eu en outre le désir de contribuer à un processus historique en marche, en approchant les leaders étudiants pour leur faire préciser ce qu'ils remettaient en cause et rejetaient, dans une société française sclérosée. De même, *L'Algérie à l'épreuve du pouvoir* fut pour moi avant toute chose une tentative pour pénétrer et faire comprendre la logique de la révolution algérienne et la légitimité de ses positions. Non que je m'en sois fait alors le propagandiste, mais parce que l'incompréhension régnait à ce sujet dans l'opinion française.

Je dois préciser que mon rôle dans le tumulte parisien de mai 1968 resta celui d'un spectateur. D'un spectateur attentif, certes, mais d'un spectateur tout de même. Il aurait pu en aller autrement : ma situation personnelle me plaçait au cœur des revendications. A mon retour d'Algérie, alors que toutes les portes se fermaient devant moi, seuls des amis proches me firent quelques propositions : Jacques Bœtsch, qui dirigeait les rubriques de politique étrangère à *L'Express* alors placé sous la houlette de Françoise Giroud, et mari de Danielle Eyquem, journaliste à l'Agence France-Presse, originaire de Tunisie, et chargée de couvrir les événements du Maghreb, me proposa d'intégrer l'hebdomadaire. Mais après la vie mouvementée qui avait été la mienne en Algérie, je rechignais à me retrouver dans une rédaction où mon espace de liberté serait fatalement réduit.

Une chance inattendue s'est alors présentée. Louis Guéry, professeur au Centre de Formation des Journalistes, rue du Louvre, qui avait participé aux sessions de formation que j'avais organisées pour les journalistes algériens, m'indiqua que les écoles françaises de journalisme, le

CFJ, l'Ecole supérieure de Journalisme de Lille, le CUEG de Strasbourg, qui assuraient jusque-là la formation de quelques étudiants africains, s'étaient regroupées à la demande du ministère de la Coopération au sein d'une structure commune, l'Institut Français de Presse, rattaché à l'Institut d'Etudes politiques puis à l'université Paris II, pour assumer de manière conjointe cette tâche spécifique. On cherchait un responsable pour coordonner cette action en direction des étudiants africains en journalisme. Le poste me fut proposé peu après, et c'est ainsi que le 1er juin 1967, je fus engagé par l'Institut Français de Presse, *« en qualité de professeur de journalisme, chargé de missions d'enseignement dans les Etats africains au titre d'expert ».* Puis en juin 1968, je fus explicitement chargé *« de la coordination de l'ensemble des activités techniques confiées à l'Institut Français de Presse par la convention intervenue le 15 mars 1968 entre celui-ci et le Secrétariat d'Etat aux Affaires étrangères chargé de la Coopération, avec le titre de secrétaire général du Département de la Coopération de l'IFP ».*

Mon bureau de la rue Saint-Guillaume était certes alors à deux pas du Quartier latin, mais le contact permanent que j'avais avec les réalités des pays africains où j'effectuais des missions me donnait face aux revendications et aux mots d'ordre du mouvement de mai une forme d'incrédulité à la fois fascinée et réaliste... Je retrouve cette double expression de sympathie amusée et chaleureuse à la fois dans l'introduction que j'écrivis alors, et qui situe les conditions dans lesquelles je fis parler les « animateurs » du mouvement...

« Hier, chacun parlait de réformer l'université. La gauche accusait le régime gaulliste de n'avoir rien fait depuis dix ans, pour mieux masquer sa propre impuissance. Le pouvoir brandissait le hochet de la réforme Fouchet, et s'ingéniait à briser l'UNEF, parce qu'elle ne se laissait pas abuser. Une partie du corps enseignant ronronnait dans sa paresse intellectuelle, son manque d'imagination, son parti pris de ne rien changer qui eût conduit à bouleverser ses habitudes de pensée et son cadre de travail bien établi.

Vinrent les jours de colère. Tout bascula, la fougueuse Nanterre, la Sorbonne exemplaire, le corps entier de l'université bourgeoise. L'ordre établi s'effondra dans les barricades. La révolte déferla sur les usines. L'Etat semblait se dissoudre. La société craquait.

Un instant terrassé, le général-président se redressa pour défier le "chaos". Le nombre de ses fidèles se gonfla de tous les rescapés de cet affreux cauchemar. Et la vie reprit. En dépit des récalcitrants, les travailleurs retrouvèrent peu à peu le chemin des usines, les employés celui des bureaux, les citoyens celui des urnes. Tout rentra dans l'ordre, puisque aussi bien un général est fait pour commander, une opposition pour se diviser, des travailleurs pour travailler et des citoyens pour élire.

« *L'imagination au pouvoir* » *fait sans doute mauvais ménage avec les lois économiques. Mais quel défi à la paresse d'esprit, aux préjugés, à la sclérose des idéologies, à la bureaucratie ! Comment dès lors prétexter la confusion des idées, la diversité des organisations et des sigles, l'utopie des perspectives pour refuser une contestation féconde ? Comment jeter l'anathème sur ce Quartier latin balayé par un souffle tonique ? Comment ne pas vouloir entendre ce langage insolite ?* »

La langue des barricades

Ce langage insolite, c'était d'abord celui de Jacques Sauvageot, qui définissait très simplement les raisons de la soudaine mobilisation étudiante : « *Les étudiants se rendent compte que plus tard ils n'auront pas la possibilité de jouer dans la société un rôle qui corresponde à leur formation.* » Ce qu'Alain Geismar exprimait en des termes plus précis, mais très voisins dans leur inspiration : « *L'université fabriquait 70 % de gens qui n'achevaient pas leurs études et, même parmi les diplômés, une proportion absolument effarante de chômeurs* ».

Mais ce discours n'était pas exactement celui de Daniel Cohn-Bendit et de Jean-Pierre Duteuil, pour qui les revendications « catégorielles » des étudiants et des universitaires ne visaient, somme toute, qu'à adapter donc à préserver un système tout entier révoltant, qui devait être radicalement remis en cause : « *Un mouvement étudiant qui ne comprend pas la classe ouvrière ne représente pas les masses. Il ne représente qu'une couche sociale. Ce n'est qu'au cours de la lutte que la position des étudiants s'est radicalisée parce que tout engagement dans l'action est générateur d'une prise de conscience politique. Le combat de rue mène à la lutte politique.* »

L'Histoire ne tarderait pas à faire justice des déclarations résolues que me faisaient Cohn-Bendit et Duteuil : « *Une situation révolutionnaire se crée chaque jour et donne à penser que la révolution est possible... Pour nous, l'établissement d'une société sans classes passe d'abord par l'autogestion. Il faut que l'autogestion s'instaure pour détruire le capitalisme. Autogestion, gestion directe, peu importent les mots. La prise en main des responsabilités par les travailleurs se passe de centralisme, d'organisation, de parti. Le pouvoir de l'Etat ne s'imposera pas toujours.* »

A supposer que des bouleversements de structure interviennent, leur demandais-je encore, quelle société idéale préconisez-vous pour demain ? La réponse de Daniel Cohn-Bendit était à la fois tranchante et vague : « *Je pense à une fédération des conseils ouvriers, à des soviets, à une société sans classes où la division sociale du travail entre intellectuels et manuels n'existera plus. Quant aux formes précises d'organisation, on ne peut pas encore les définir.* »

Il faut évidemment faire la part, dans les déclarations que je reprenais de la bouche même des chefs de file du mouvement étudiant, d'une spontanéité orale à laquelle ni eux ni moi ne voulions renoncer, parce qu'elle leur paraissait constitutive de leur pensée, dressée comme une logorrhée révoltée face aux institutions établies de la pensée et de la société. Il n'empêche : elles sont d'autant plus révélatrices de l'atmosphère de ces journées, et leur décalage avec les réalités sociales du moment est d'autant mieux perceptible. Le volume fut réalisé en vingt jours, entre le 20 mai et le 10 juin. Le livre fut aussitôt accepté par Jean Lacouture dans la collection « L'histoire immédiate » qu'il dirigeait aux Editions du Seuil. Il fut imprimé en une nuit, au cours de la même semaine, par l'imprimerie Aubin, à Ligugé, dans la Vienne. Deux jours plus tard, les lecteurs se l'arrachaient dans toutes les librairies parisiennes. J'avais abandonné mes droits au mouvement étudiant, me contentant d'une « pige », et en même temps qu'il offrait une publicité nouvelle à leurs idées, le livre vint ainsi donner plus de moyens aux forces de contestation et d'initiative sociales qui s'exprimaient à travers les diverses organisations dont les représentants étaient interrogés.

Daniel Cohn-Bendit et Jean-Pierre Duteuil, et avec eux les étudiants utopistes de Mai 68, s'imaginaient rencontrer une attente révolutionnaire de la part de la classe ouvrière, alors que celle-ci n'aspirait qu'à des conditions de vie meilleures, des augmentations de salaire, un peu plus de démocratie et de dialogue dans l'entreprise. Parti d'une révolte des amphithéâtres surchargés contre un mandarinat universitaire tout-puissant, solidaire d'un pouvoir à la fois conservateur et vieillissant, le mouvement rencontra la réalité sociologique d'un pays globalement satisfait, effrayé qui plus est par les combats de rue et l'occupation des facultés...

L'opinion moyenne se concrétisa dans la grande manifestation « gaulliste » des Champs-Elysées, avant qu'une écrasante majorité parlementaire ne vienne consolider le pouvoir d'un homme qui, après avoir fait la paix en Algérie, n'avait su comprendre les nouvelles attentes et les mutations profondes de la société française contemporaine.

Les accords de Grenelle, négociés par Georges Pompidou, marquèrent pour leur part la fracture entre l'idéalisme des révolutionnaires étudiants et les revendications très concrètes, et plus mesurées, des forces sociales qui s'étaient un instant coalisées avec le mouvement. La vieille France avait eu chaud, mais elle se retrouvait telle qu'en elle-même, illusions et volontés de réforme perdues.

Fallait-il après cette période de tumulte compter, sinon avec une révolution, du moins avec « l'insurrection de l'esprit » ? Les pouvoirs pompidolien puis giscardien surent tirer parti de l'ébranlement donné par les événements pour transformer la société française et la moderniser, mais sans rompre ses bases et ses attaches. L'apparence d'un renouveau s'est incarnée dans Beaubourg et la reconnaissance de l'art contemporain. Mais les fondamentaux du pays restaient les mêmes, hors de portée de cette inspiration réformiste.

Léopold Sédar Senghor

C'est sur un autre terrain que j'avais pour ma part choisi de m'engager, au quotidien, en faveur du développement des pays du Sud et du rééquilibrage nécessaire entre puissants et opprimés : le chantier que m'avait ouvert l'Institut Français de Presse était à la fois exaltant et démesuré. Je consacrai le second semestre de 1967 à parcourir l'Afrique francophone, pour établir un état des besoins existant en matière de formation des journalistes, et proposer des solutions pratiques. Au moment où j'avais accepté cette mission, je ne connaissais en effet de l'Afrique que le Maghreb, et surtout l'Algérie, même si j'y avais approché Sékou Touré, Modibo Keita, Ahidjo, Senghor, ou Nasser. Je commençai donc par un long périple où je me confrontai aux réalités des nouveaux Etats du continent.

Ma première constatation fut rapide. S'il était théoriquement utile de former des journalistes africains dans les écoles françaises, le revers de la médaille ne tardait pas à apparaître : nantis de leurs diplômes, les jeunes Africains étaient tentés de prolonger leur séjour en France et s'y retrouvaient souvent sans emploi, car à l'époque (et la situation n'a sans doute pas profondément changé sur ce point) on ne trouvait guère de débouchés pour un journaliste noir dans les médias français, au moins dans l'audiovisuel. S'ils choisissaient en revanche le retour au pays, leur diplôme en poche, la situation n'était pas plus brillante : ils n'auraient que peu de chances d'exercer leur métier librement, dans des organes alors totalement confisqués par les pouvoirs en place. Quand ils ne seraient pas arrêtés, pour avoir fait preuve d'indépendance d'esprit, et avoir osé appliquer sur leur sol natal les beaux principes généraux appris en France. Il est clair que sur ce point les conditions ont, depuis la fin des années 60, considérablement évolué : les titres se sont multipliés, les radios sont plus nombreuses, certaines sont privées, il existe parfois des télévisions privées également... Mais à l'époque, le bagage théorique acquis en France se révélait souvent inapproprié aux sociétés africaines.

J'acquis ainsi la conviction que pour changer cet état de fait, et pour faire évoluer la presse et les médias d'information en Afrique même, il fallait commencer par implanter des écoles de journalisme sur le continent, adaptées au terrain, aux exigences particulières de conditions de fabrication et d'édition sans rapport avec celles que nous rencontrions en France. Les journalistes africains devaient apprendre à travailler dans leurs pays, afin d'y rester totalement insérés, pour devenir, de l'intérieur, les agents de la transformation progressive de leurs médias. L'idée germa de réunir les étudiants du Cameroun et des autres pays d'Afrique centrale au sein d'une même école, dont l'indépendance tiendrait à son caractère interétatique, et qui pourrait s'implanter à Yaoundé. C'est donc dans cette direction que mes travaux me dirigèrent dès le début de l'année 1968 : l'entreprise fut longue et difficile, dans la mesure même où la structure qui devait être créée dépendait de l'accord et de la mobilisation de plusieurs Etats... Dans le même temps, et parallèlement à l'avancée de ce projet, je me rendis à plusieurs reprises au Sénégal, à la demande du président Léopold Sédar Senghor, pour proposer une réforme du Centre d'Etude des Sciences et Techniques de l'Information (CESTI) de Dakar, seule école de journalisme de l'Afrique noire francophone qui existait jusque-là. L'université de Dakar avait connu, en modèle réduit, les mêmes agitations que la Sorbonne, et Senghor voulait faire évoluer les méthodes d'enseignement, au moins en ce qui concernait les disciplines les plus modernes, pour les adapter à l'esprit nouveau...

Depuis plus d'un demi-siècle, il n'est pas possible d'accompagner l'histoire de l'Afrique sans croiser Léopold Sédar Senghor, le sage, le poète, le penseur, celui qui associe à la mesure dans l'action, la liberté dans l'expression, la fermeté dans l'engagement. Avec la volonté patiente de faire exister l'Afrique et ses peuples dans notre temps.

Léopold Sédar Senghor s'est souvent défini comme métis, au croisement de plusieurs ethnies et de plusieurs histoires africaines. Il l'est d'abord, par la culture, partagé entre la France et le Sénégal, la langue française et la tradition sérère. Mais ces deux origines, loin de s'affaiblir l'une l'autre, de se compromettre l'une dans l'autre, sont en lui renforcées l'une par l'autre, et comme accusées.

Condisciple et ami de Georges Pompidou au lycée Louis-le-Grand, pour les classes préparatoires au concours de l'Ecole normale supérieure, agrégé de grammaire, premier Noir à réussir l'agrégation dans l'université française, il devient *« Maître-de-la-parole »,* poète poussant chaque mot dans ses retranchements symboliques, par des jeux d'associations auxquels il plie le français, à l'exemple des poèmes-chants de son village. Mais c'est le même homme qui relève les fautes de langue imprimées dans *Le Soleil,* le quotidien de Dakar, et qui les reproche impitoyablement à son rédacteur en chef, le fidèle, talentueux, et parfois excessif Bara Diouf. C'est le même homme qui place plus haut que tout honneur l'Académie française, où il entrera en 1984, pour y accomplir à loisir sa mission de veilleur, amoureux de notre langue. Au Sénégal, Senghor proscrivait les néologismes ou poussait le purisme jusqu'à accompagner leur formation : il exigea ainsi que « média » soit écrit « médiat », baptisa les bureaux du Premier ministre « la Primature », ceux du Médiateur « la Médiature », et remplaça « station-service » par « essencerie » construit sur le modèle d'« épicerie ».

Sous Senghor, les batailles linguistiques entre les Sénégalais transcendaient le cadre de la vie politique courante : le Président n'hésitait pas à reprocher à ses adversaires leurs fautes de langue, que ce soit en français ou en wolof. On le vit combattre pied à pied avec le grand cinéaste sénégalais Ousmane Sembene sur le titre wolof d'un de ses films dont il contestait la propriété des termes et la formulation. On pouvait parfois se demander si ces débats de grammairien avaient parfaitement leur place dans le cadre de la vie politique du Sénégal, mais il renouait ainsi avec les plus vieilles traditions latines et grecques, qui voyaient les plus grands politiques être aussi les meilleurs stylistes, de Démosthène à Cicéron en passant par Sénèque, et rejoignait la millénaire tradition chinoise qui fait des plus fins lettrés les meilleurs gouvernants.

Et j'eus à de nombreuses reprises l'occasion de constater l'admiration sans bornes que ses qualités littéraires et son érudition lui valaient au sein du peuple sénégalais : je suis par exemple retourné à Dakar en mai 1989 à l'occasion de l'inauguration par Maurice Druon, Secrétaire perpétuel de l'Académie française, et par Léopold Sédar Senghor, d'une grande exposition sur la littérature et la langue française organisée par le Président Abdou Diouf. Je fus frappé par l'accueil de la rue, enthousiaste, chaleureux, plein de respect et d'affection mêlés pour ce fils de l'Afrique reconnu parmi les Immortels.

C'est pourtant à une autre vocation qu'il a consacré la plus grande partie de sa vie : donner une voix à l'Afrique, et une place au Sénégal dans le concert des nations. A la fin de l'année 1945, il interrompt sa carrière universitaire pour être élu député du Sénégal à l'Assemblée française. Dès 1946, le jeune parlementaire socialiste parle au nom de son peuple « de notre volonté inébranlable de gagner notre indépendance ». Il est le premier à le faire. Cette détermination portera loin.

Ce qu'il exprime à ce moment-là de sa vie n'est évidemment pas un rejet de la France. Car c'est au nom de valeurs fondamentalement françaises qu'il s'engage pour la décolonisation. Il l'expliquera souvent, s'attachant, même après l'indépendance du Sénégal, à maintenir étroits les liens de sa terre natale avec la France, et avec la culture française, au sein de cette « Francophonie » dont il est le père spirituel.

Chef d'Etat respecté, Senghor voit clairement comment la détérioration des termes de l'échange – un de ses leitmotive dans nos conversations –, c'est-à-dire l'inflation rapide des prix des produits manufacturés et la déflation relative des cours des matières premières, constitue un prolongement contemporain des relations de dépendance économique qui s'étaient établies entre les puissances européennes et leurs colonies. Il se dresse avec force contre une évolution qui privilégie la bonne santé économique des pays les plus riches, en freinant l'industrialisation des pays en voie de développement. Il se révolte contre l'acceptation tacite de cette inégalité entre les nations qui s'appuie sur une condescendance et un mépris déguisé pour les civilisations africaines. C'est pourquoi la reconquête de la dignité du continent noir est pour lui prioritaire.

Est donc inséparable de l'indépendance politique, la reconnaissance d'une culture africaine, que Léopold Sédar Senghor, Léon Damas et Aimé Césaire ont été les premiers à désigner du mot de « négritude ». Avec la force d'une certitude, l'intellectuel africain revient sur son identité, et trouve un mot pour exprimer ce qui la rend irréductible à d'autres cultures, à d'autres expressions. Et c'est en français qu'il formule son message provocateur : « *L'émotion est nègre, comme la raison est hellène.* » A travers une relecture de Rimbaud (qui proclamait dans *Une saison en enfer* : « Je suis un nègre »), il définit une pensée qui se coule dans le secret du monde, au plus près de la réalité brute des êtres et des choses, en abandonnant les cadres d'une logique occidentale qui se révèle souvent stérile, trop éloignée de l'expérience et de la sensation.

Revendication d'une identité africaine irréductible, la négritude de Senghor n'est pas toujours bien accueillie en Afrique. On cite la riposte rapide du Nigérian Wole Soyinka, jeune alors : « *Un tigre ne proclame pas sa tigritude, il griffe.* » Mais si l'on demande aujourd'hui, comme je l'ai fait, à celui qui est devenu Prix Nobel de Littérature, s'il est toujours aussi sceptique, il reconnaît qu'en fait Senghor avait raison, et qu'en donnant une identité culturelle aux peuples d'Afrique, il leur a rendu leur dignité.

De son expérience de la négritude, Léopold Sédar Senghor tire une sagesse qui est d'abord une leçon de tolérance et de démocratie. « *Chez nous, il n'y a pas de lutte, mais au contraire, une symbiose... Avec, dans la société, une extraordinaire perméabilité entre les groupes : ce qui caractérise l'Afrique noire – et l'esprit berbère – c'est le dialogue. Rien n'est ni vrai ni faux : c'est toujours les deux à la fois. C'est la tradition africaine de la palabre* ». Et l'on doit se souvenir que le président poète avait fait accrocher dans la salle du Conseil des ministres, à Dakar, une tapisserie qui représentait « les ancêtres sous l'arbre à palabres ».

Mes discussions à Dakar avec Léopold Sédar Senghor m'ont profondément marqué : il voulait que le CESTI soit un lieu de liberté intellectuelle, en même temps qu'un centre d'apprentissage rigoureux des disciplines du journalisme, des responsabilités et probablement aussi des prudences à observer. Il donnait aux futurs journalistes, dans la ligne de cette culture africaine qui devait à ses yeux les nourrir, une vocation fondamentale dans la vie des nouveaux Etats du continent : ils seraient les hussards de la démocratie, les avant-courriers de la liberté civique dans des régions qu'il fallait accompagner vers un nouveau type d'organisation sociale, l'Etat à la mode occidentale. Il faudrait aux journalistes la rigueur cartésienne dans l'établissement des faits, une neutralité exemplaire dans leur traitement, et en même temps la conscience de leur rôle presque pédagogique pour adapter la civilisation de la palabre aux principes de la représentation politique. La vivacité intellectuelle exceptionnelle dont il faisait preuve, la clairvoyance du politique profondément conscient des réalités économiques et sociales de l'Afrique, sa dénonciation judicieuse de « la détérioration des termes de l'échange », la netteté d'expression du poète et du grammairien, dont tous les mots sonnaient juste : tout cela influença largement la manière dont je conçus la tâche qui était la mienne.

Ma dernière rencontre avec Senghor date d'octobre 1996, année de son quatre-vingt-dixième anniversaire. Avec quelques personnalités françaises et africaines, dont mes amis le romancier Henri Lopez, ancien Premier ministre du Congo et Directeur général adjoint de l'UNESCO, et le poète mauricien Edouard Maunick, nous sommes allés lui rendre visite en Normandie, à Verson, petite ville où l'académicien coule une retraite paisible aux côtés de sa femme Colette. Ils nous reçurent avec chaleur et émotion, nous qui venions leur délivrer le message de respect et d'affection qui s'était exprimé lors des manifestations organisées pour l'occasion à Paris.

J'avais évidemment une profonde satisfaction à dialoguer avec Senghor à propos de la formation des journalistes, mais mon premier objectif restait la création de l'Ecole interétatique de journalisme de Yaoundé, réunissant une douzaine d'Etats africains, et c'est à cet objectif aussi et surtout que j'appliquai la vision du poète-président.

Une école de journalisme africaine ?

Robert Hennart, directeur de l'Ecole de Journalisme de Lille, m'ayant donc chargé d'évaluer les besoins et de préparer le projet de cette école, je commence mes années africaines par d'incessants voyages d'études dans tous les pays francophones susceptibles de s'associer à un projet d'école de journalisme interétatique africaine. Dès mes premières expériences du continent je suis séduit et ému : on n'appréhende pas l'Afrique de manière rationnelle, on est d'abord saisi par elle, pris à bras-le-corps par cette terre, cette nature brute, cette force permanente que manifeste la présence du monde autour de soi.

Au printemps 1968, je me rends au Tchad, à N'Djamena, hier baptisée Fort-Lamy. Je me souviens de mon arrivée à la nuit tombée sur l'aéroport, et de ma sortie de l'appareil, premier passager à descendre. Je fais un pas sur la passerelle, et je suis littéralement saisi, un instant paralysé, transpercé, subjugué par l'immense et intense bouffée de chaleur sèche, révélation soudaine de la terre africaine. La température avoisinait 40°, l'air sentait la poussière et semblait presque palpable. L'Afrique est d'abord ce bouleversement sensoriel et sensuel, générateur d'émotions renouvelées à volonté, qui jaillissent des paysages, de la myriade d'odeurs, de la saveur des fruits, de la musique et des êtres. Pluies torrentielles et diluviennes, soleil écrasant et brûlant, absence de transition entre les saisons sèche et humide, les contrastes y sont saisissants et la violence omniprésente : rien à voir avec la « douce France »...

Mon étonnement ne se bornera pas à ces surprises climatiques : le paysage médiatique africain que je découvre, de pays en pays, me fait mesurer l'ampleur de l'effort à fournir : les principaux éléments de l'étude que je réalise alors permettent de brosser le tableau de la presse africaine des premières années de la décolonisation [3].

C'est en octobre 1968 que je présente mes conclusions au gouvernement camerounais. Elles sont claires : à la fois pour ce qui est des besoins de formation et des initiatives à prendre. Du 22 au 25 septembre 1969, les ministres de l'Information de sept pays d'Afrique centrale, le Burundi, le Cameroun, le Rwanda, la République populaire du Congo, la République Centrafricaine, le Gabon et le Tchad, se réunissent à

Paris et décident, sur la base du rapport que j'ai établi pour l'Institut français de Presse, de créer en commun un centre de formation professionnelle à Yaoundé. Le 17 avril 1970, la convention de création de l'Ecole Supérieure Internationale de Journalisme de Yaoundé est signée, par cinq des Etats initialement engagés dans le projet, le Burundi et la République populaire du Congo s'en abstenant. Le nouvel établissement obtient d'emblée le statut de « grande école » au sein de l'Université fédérale du Cameroun. Certains des « attendus » de cette Convention signée par les cinq présidents méritent d'être cités : *« Conscients du rôle primordial dévolu à l'information dans le développement économique, social et culturel de leurs jeunes Etats... (les signataires) ont décidé de créer au sein de l'Université fédérale du Cameroun une Ecole Supérieure Internationale de Journalisme à Yaoundé (ESIJY). »*

Sans attendre la création de cette école, j'avais paré au plus pressé en organisant et parfois en dirigeant, de 1968 à 1970, une série de stages de recyclage et de perfectionnement, sur le terrain, de journalistes africains en fonction au Sénégal, en Mauritanie, au Tchad, au Togo, au Cameroun, au Gabon, au Congo-Brazza (ou République populaire du Congo). Outre leur utilité immédiate, ces stages sensibilisaient l'opinion et les dirigeants, et ils favorisèrent l'émergence de vocations nouvelles de journalistes pour la future école.

En juillet 1970, 134 candidats, 84 bacheliers et 50 professionnels, se présentent donc au premier concours d'entrée, organisé simultanément à Yaoundé, Kigali, Libreville, Bangui et N'Djamena. Les 29 élèves reçus forment la première promotion de l'ESIJY, qui ne comptera en fait que 25 élèves, les 4 étudiants rwandais faisant en définitive défection. A la date du concours, nous n'avions pourtant encore ni financement, ni locaux : rien, sinon un décret de création... Le ministre de l'Information du Cameroun n'envisageait la première rentrée que pour octobre 1971... *« Nous avons trois mois devant nous,* lui dis-je alors, *si vous le permettez, nous ouvrirons le 15 octobre prochain. »* Il me regarda, incrédule : *« Vous n'y arriverez pas... »* Tout l'été s'est donc passé à dénicher et à bricoler des locaux, à les aménager, à préparer les programmes, à trouver des logements pour les étudiants étrangers. Et l'école a ouvert, à peu près au jour dit.

De fait, c'est le 16 novembre 1970 que se fit la première rentrée, avec la bénédiction officielle de Vroumsia Tchinaye, ministre de l'Information de la République fédérale du Cameroun, président du Conseil de direction de l'Ecole, qui réaffirma ce jour-là avec force la vocation internationale de cette nouvelle institution. Le Conseil de direction de l'Ecole était composé d'un représentant de chaque Etat signataire de la convention, du directeur de l'Enseignement supérieur du Cameroun, du directeur de l'Ecole et de son directeur des études, ainsi que de deux représentants du corps enseignant, permanent ou associé, et de deux représentants des élèves. Il était présidé, à tour de rôle, par l'un des représentants des Etats membres du Conseil.

Entre Paris et Yaoundé

La direction de l'ESIJY m'avait été confiée, pour une première période de deux ans. Je ne pensais pas rester à sa tête plus longtemps, souhaitant, selon la logique même qui avait présidé à sa création, qu'elle fût rapidement dirigée par un professionnel originaire d'Afrique noire. Pourtant mon mandat fut deux fois renouvelé, et ce n'est qu'en 1976 que je fus remplacé, selon mes vœux, par le Gabonais Jean-Paul Nyalendo, qui avait été mon adjoint jusque-là. Lui succédera ultérieurement un Camerounais, ancien élève de l'école de Lille, Jacques Fame Ndongo, fin lettré et bon professionnel qui en avril 2000 deviendra ministre de la Communication du Cameroun...

Mes années africaines furent en fait partagées entre deux ports d'attache : Paris et Yaoundé, avec une multitude d'escales dans tous les pays partenaires de l'Ecole, qui prenait d'année en année son essor, et des relations moins régulières avec les autres pays francophones. Mon activité professionnelle se répartissait équitablement entre la France et l'Afrique : rue Saint-Guillaume, je restais le coordinateur de l'action de formation des journalistes africains, assurant deux fois par trimestre au moins pendant une dizaine de jours le lien nécessaire entre les nouvelles structures pédagogiques en cours de constitution et les représentants des écoles de journalisme françaises regroupés au sein de l'Institut français de Presse. Les semaines passées au Cameroun me permettaient d'organiser là-bas les enseignements, dont je prenais bien évidemment ma part, animant plusieurs séminaires et planifiant les formations. Parallèlement j'assurai progressivement l'orchestration de la « 3e année » des écoles africaines de journalisme, qui verrait les étudiants de Yaoundé et de Dakar accueillis ensemble pour des stages et des sessions d'apprentissage dans des médias ou dans des structures universitaires en France et au Canada.

Je devais me battre sur plusieurs fronts, joignant à d'incessants efforts diplomatiques vis-à-vis des gouvernements africains mais aussi des universités et des écoles francophones, la responsabilité de convaincre les médias, les journalistes et les universitaires hexagonaux de s'associer à cette démarche de formation des journalistes africains, tant à Yaoundé qu'à Paris, et l'obligation de décrocher pour l'ensemble de ces opérations croisées les aides indispensables de la Coopération. Ces années africaines, de 1968 à 1976, furent pour moi des années de passion et d'action, l'ambition sans cesse réaffirmée que nous avions pour le développement de la nouvelle école interétatique de Yaoundé nécessitant toujours plus de ressources. Il fallait prouver le mouvement en marchant.

La troisième année de formation commune aux étudiants de l'ESIJY et du CESTI, serait constituée de deux trimestres à Paris, sous l'égide de l'Institut français de Presse, et d'un trimestre au Canada, pris en charge par le Centre audiovisuel de Montréal. J'avais donc pour tâche de mettre au point leur programme en France, de prévoir et d'organiser l'hébergement et l'encadrement d'environ 50 étudiants par promotion à partir de la rentrée 1972. La mise en œuvre de la rentrée universitaire nécessiterait notamment la construction et l'équipement, sur des crédits du ministère de la Coopération, d'un bâtiment moderne et fonctionnel situé à l'arrière de la Faculté d'Assas, et réservé au Département africain de l'IFP : voisinage à hauts risques avec les amphis poussiéreux de Paris II, où régnaient les nervis du GUD, syndicat étudiant d'extrême droite...

Le programme comporterait un tronc commun d'enseignement général, histoire contemporaine pour une bonne part, sciences de l'information, langues, et une deuxième phase de formation professionnelle spécialisée, en presse écrite, radio ou télévision, comprenant des travaux dirigés, journaux-écoles, stages en entreprises. Au total, 24 semaines pour 660 heures de travail effectif. Autant dire que les étudiants ne chômeraient pas et devraient être capables, de retour chez eux, de s'intégrer dans leurs médias et de les dynamiser. Outre d'éminents universitaires parisiens dont Georges Ballandier et Francis Balle, directeur de l'IFP, leurs enseignants s'appelleraient notamment Jean Lacouture, Georges Montaron, André Fontaine, Guy Hennebelle, Michel Schiffres... Une pléiade d'hommes de presse et d'intervenants hautement qualifiés, qui apporteraient leur concours autour d'un noyau d'enseignants permanents, choisis selon les mêmes critères et défendant le même projet que ceux de l'ESIJY.

A Yaoundé, j'avais regroupé autour de moi une petite équipe d'enseignants franco-camerounaise : Jean-Paul Chailleux, aujourd'hui directeur d'antenne de la chaîne *Régions,* de France 3, était mon bras droit, directeur des études, poste qu'il occupera trois ans. Professionnel exigeant, précis dans ses actes, passionné de pédagogie, il fut le premier inspirateur des programmes de l'Ecole. Il fut remplacé à son poste par un journaliste camerounais, Gilbert Biwolé, décédé en septembre 1999, cheville ouvrière de l'école, qui était depuis le début l'un de ses enseignants permanents, parmi lesquels je veux également citer mes amis Bernard Schaeffer, chargé de la Radio, relayé à Paris par Paul Fels pour tout le secteur audiovisuel, ainsi que Jean-François Hérouard, le sociologue, et plus tard le rigoureux Pierre Nolot, le professeur de la radio Richard Hartzer. Pas plus à Yaoundé que dans le reste de ma vie, je ne travaillais de façon solitaire : j'étais l'animateur d'une équipe dont la diversité ferait le succès et la force.

Cette équipe était constituée d'une dizaine d'enseignants permanents et de personnels administratifs, secrétaire général, bibliothécaire-documentaliste, que venaient renforcer un nombre plus élevé d'universitaires et d'enseignants associés, qui en diverses disciplines assuraient des cycles de conférences à nos étudiants. La réussite de l'école et sa renommée venaient de cette richesse humaine attirée à force de conviction et d'énergie : qu'il me suffise de citer l'écrivain Njo-Moelle, que je retrouverai en 1999 comme vice-président du Conseil exécutif de l'UNESCO, et le père Engelbert Mveng, auteur d'une monumentale *Histoire du Cameroun*... Pour l'économie, Georges Ngango, plus tard ministre de la Culture et de la Communication du Cameroun, pour les Arts et Lettres, Thomas Melone, agrégé de lettres, éloquent spécialiste de Roger Caillois, auquel il consacra une thèse remarquée. Tous coopéraient pour doter les futurs journalistes africains d'une solide formation générale classique, sur laquelle ils pourraient s'appuyer dans l'exercice de leur profession. De ces intellectuels brillants et généreux, l'école tira aussi son atmosphère : un climat convivial et ouvert, où les débats d'idées avaient leur place, où les échanges entre les diverses sensibilités et nationalités rendaient naturelle la tolérance réciproque.

Cette ouverture d'esprit, comme règle d'or des premières promotions, était sans doute renforcée par un élément qui n'était pas délibéré, mais dont les conséquences furent bénéfiques : la mixité entre de jeunes bacheliers qui n'avaient pas vingt ans et de moins jeunes professionnels âgés de quarante ans au plus, qui imprima d'emblée un style particulier à l'institution, et constitua un élément décisif dans l'ambiance de travail à la fois efficace et détendue : venant d'horizons différents et ayant suivi des parcours extrêmement hétérogènes, les élèves trouvaient à résoudre en commun des problèmes pratiques un véritable intérêt intellectuel et professionnel.

Chacun pouvait, fort de sa propre culture et de ses habitudes, enrichir le travail du groupe. D'où une liberté de parole, et une diversité de points de vue et d'expériences qui faisaient de l'Ecole de Yaoundé un lieu d'échanges en même temps que d'apprentissage. Il n'est pas étonnant que des liens étroits et durables se soient tissés entre ces étudiants, si différents et pourtant, à l'issue des trois ans de formation commune, devenus tellement proches.

L'une des conditions essentielles de cette réussite tenait aux règles très rigoureuses observées lors du recrutement des étudiants : la qualité du concours réclamait que nous ne cédions en aucun cas aux pressions multiples qui pouvaient s'exprimer en faveur de tel ou tel candidat sur le quota de tel ou tel pays. Nous n'acceptions pas non plus de prendre en compte les origines ethniques, même quand on tenta de nous convaincre qu'il fallait, en la matière, respecter des équilibres qui devaient passer avant les compétences mesurées par les résultats des concours.

Ne tenant compte d'aucune recommandation, j'eus parfois des conflits avec certains chefs d'Etat des pays membres de l'Ecole : le cabinet d'un président me prévint que l'étudiant reçu n'obtiendrait pas la bourse et le financement prévus par son Etat, mais serait remplacé par un autre, candidat malheureux celui-là. Ma réponse fut nette : si le candidat reçu ne venait pas, aucun autre ne prendrait sa place. Finalement, le chef d'Etat concerné se ravisa, et laissa venir le lauréat, moins bien en cour... J'eus donc gain de cause, et cette victoire n'était pas symbolique : si j'avais cédé cette fois-là, c'est toute la crédibilité de l'Ecole qui aurait été durablement affectée. Car à terme, le seul capital d'une telle institution est la qualité des élèves qu'elle forme.

Un jour, le président tchadien Tombalbaye m'envoya une liste de cinq bacheliers en soulignant que nous avions beaucoup de chance : c'était la première fois que sur le petit nombre de bacheliers tchadiens il s'en trouvait autant pour se destiner au journalisme. Je le remerciai mais lui rappelai tout de même qu'ils devraient d'abord passer le concours pour être admis, et plusieurs d'entre eux furent recalés. Venu du même pays, un autre étudiant jugea bon de faire préfacer, très élogieusement, son mémoire de fin d'études par le général Malloum, successeur de Tombalbaye, assassiné. Jugé sur pièces, équitablement, il fut sévèrement noté, et il vint protester que nous faisions injure à son chef d'Etat... Ma réponse fut immédiate : « *C'est vous qui lui avez fait injure en lui faisant préfacer un travail qu'il n'a visiblement pas eu le temps de lire !* »

Je découvris en Afrique, au cours de ces six années, un autre usage du temps, et j'appris la patience : le sens de la discussion, de la palabre, la nécessité de relativiser l'urgence de toute chose. Ce n'était pas mon naturel : j'ai été au contraire pendant la plus grande partie de ma vie professionnelle habité par le sentiment de l'urgence, de l'immédiateté de l'information, de la nécessité de vivre dans « le direct » et l'actualité la plus brûlante. De ce point de vue, l'Afrique m'a beaucoup appris :

j'y ai vu sans surprise les dirigeants d'une multinationale attendre une semaine une audience auprès d'un ministre, parce qu'ils avaient cru qu'ils pouvaient arriver sans prévenir, et que les prérogatives tacites de la puissance économique les feraient recevoir sans tarder. Les échelles de valeurs sont souvent différentes, et justifient d'autres priorités. Cela aussi imposait au journaliste africain des règles spécifiques.

Le métier d'informer, c'est assurément l'aptitude à comprendre les faits, avant de donner libre cours à son talent personnel. A cette fin, l'acquisition d'une solide culture, la connaissance approfondie de l'histoire africaine d'hier et d'aujourd'hui nous paraissaient indissociables de l'initiation aux problèmes du monde contemporain. Mais en même temps, il nous paraissait inconcevable pour un journaliste africain de méconnaître les milieux qu'il aurait à charge non pas tant de distraire que de sensibiliser et d'éduquer, d'accompagner sur le chemin du développement.

Le rôle de l'information, déjà prépondérant au début des années 70 dans les pays avancés, était encore plus décisif dans les pays du Sud. L'information catalyse, amplifie, répercute, mobilise : elle est au centre de tout processus de transformation sociale. L'école de Yaoundé se fixait d'abord pour objectif, cela va de soi, de former de bons professionnels des médias modernes. Mais au-delà, elle se proposait d'en faire des agents du développement de l'Afrique, conscients de leur responsabilité dans l'accession des pays du continent à une prise de conscience de leurs identités historiques et culturelles. Ce que nous attendions d'eux, une fois lancés dans le monde du travail, tient en quelques extraits d'une conférence que je fis en 1972 à Yaoundé, intitulée « Pour une conception africaine de l'information » : « *Parce que aucun développement n'est possible sans la participation effective des masses, que cette participation ne peut s'obtenir que par les relais des moyens d'information, on peut considérer que l'information en Afrique doit assumer trois types de fonctions : sociale, politique et éducative*[4] ». On mesure l'ampleur de la tâche qui s'ouvrait devant nos élèves : ils devaient devenir les relais du développement, établir prudemment les bases d'une expression démocratique, développer une opinion publique dans des pays auxquels leurs articles contribueraient à forger une identité neuve...

Quels étaient, en quelques mots, les principes pédagogiques retenus ? Ils étaient étroitement liés aux objectifs pratiques poursuivis, se proposant de susciter le dynamisme et la créativité des étudiants, de favoriser l'évolution des mentalités et des comportements, ainsi que l'assimilation des connaissances techniques, le tout en donnant au mot « responsabilité » toute sa portée, à la fois individuellement et au sein du groupe : car sitôt sortis de l'école, nos élèves auraient à faire preuve quotidiennement de cet esprit de responsabilité, à la fois personnelle et sociale, pour pratiquer un journalisme sans compromission mais sans démagogie.

Les grands principes qui guidaient les enseignants étaient au nombre de trois, bien résumés, en style didactique, dans la brochure éditée par l'Ecole pour sa deuxième rentrée, en 1971, où l'on retrouvera également certains échos des idées de Mai 68 :

« — *A la conception erronée d'une juxtaposition, dans le cadre pédagogique, d'individus enseignés, il s'agit de substituer celle d'une association d'individus élaborant une tâche commune : leur propre formation.*

— La volonté de centration sur le groupe s'accompagne d'orientation non directive, dans la pratique pédagogique. L'équipe permanente de l'ESIJY propose en fonction des objectifs généraux un plan général des études et un ensemble de méthodes, comportant, à chaque stade ou palier de la formation, plusieurs options et favorisant systématiquement l'initiative et la co-responsabilité.

— Enfin sont privilégiés le recours aux méthodes actives, la démarche inductive, à partir d'éléments approchés concrètement, de données connues ou vécues. D'où : pratique systématique du "terrain" par enquêtes, contacts, stages, échanges à tous les stades de l'acquisition des connaissances, des méthodes et des techniques ; emploi des auxiliaires audiovisuels ; exploitation des documents de toutes sortes. »

Ces méthodes pédagogiques étaient nouvelles, au début des années 70, non seulement par rapport aux habitudes des universités africaines, mais également par rapport à celles des écoles de journalisme de l'ancienne métropole. A Yaoundé, j'avais d'emblée tenu à ce que la radio et la télévision fassent l'objet d'enseignements techniques spécialisés.

Pour ce qui concerne la pratique directe du terrain, qui était l'une des raisons d'être de l'Ecole, elle prenait en particulier la forme de reportages, ou de missions d'études, dans différentes régions des pays membres de l'Ecole, et notamment d'un grand voyage d'étude en fin d'année, qui donnait lieu à la rédaction d'une synthèse sous forme d'un journal ou d'un magazine rassemblant tous les articles réalisés à cette occasion, et qui s'intitulait ESIJY-FORUM, « Journal expérimental des étudiants ».

Je relis par exemple avec un amusement rétrospectif celui de juillet 1975, où je nous revois accueillis en Centrafrique par le chef de l'Etat de l'époque, Président à vie et Maréchal de la République centrafricaine, Jean-Bedel Bokassa, qui n'était pas encore l'éphémère empereur autoproclamé qu'il allait devenir, avant de déclencher, entre plusieurs scandales personnels, une affaire qui entraînerait de fâcheuses conséquences, en 1981, sur le destin politique de Valéry Giscard d'Estaing. Prémonitoires ou judicieux, plusieurs articles du numéro insistent sur le rôle du commerce du diamant dans l'économie centrafricaine, notant en passant que *« l'exploitation artisanale rend la production et la commercialisation très difficiles à contrôler »*...

La liberté de ton du journal, dans la description d'un pays membre de l'Ecole et qui lui envoie chaque année plusieurs élèves, est évidemment mesurée avec soin, et se paie par la publication, en page quatre, d'un portrait en pied de Jean-Bedel Bokassa déguisé en dignitaire de l'Empire, un gros bâton de maréchal incrusté de diamants à la main, qui paraît plutôt une masse d'arme qu'un insigne honorifique, l'autre main posée sur la garde rutilante d'une épée dont le fourreau doré se perd dans les plis d'une grande cape richement armoriée. Tout est excessif et caricatural dans cette tenue d'apparat, depuis l'improbable bicorne empanaché jusqu'aux inattendues représentations solaires qui rayonnent sur les souliers vernis. Et je n'échappe pas à la photo qui voit le futur empereur m'entourant de ses bras, m'étouffant sur sa poitrine en m'appelant « mon cher vrai frère »...

Nous sommes déjà dans le rêve éveillé d'un homme que rien n'a préparé à l'exercice du pouvoir, qui bénéficie du soutien de la France et qui est sur le point de perdre le sens commun en s'imaginant au-dessus de toute loi humaine, sans limitation à ses désirs ou à ses délires. Je conserve, de mes rencontres avec celui qui n'est alors « que » Maréchal et Président à vie, une impression de malaise mêlée d'amusement. Il est précisément en train de se muer, de chef d'Etat bouffi d'orgueil qu'il était jusque-là, en une sorte de roi Ubu à la mode d'Afrique, égocentrique, paranoïaque et mégalomane, cruel mais soucieux d'offrir, par vanité, une image de munificence et de prodigalité.

Par-delà cette photographie obligée, concession au principe de réalisme que nous donnions à nos étudiants, à commencer par les Centrafricains, l'ensemble des articles rend assez précisément compte du stade de développement du pays, de ses richesses forestières inexploitées, de l'utilisation des voies d'eau et du problème du désenclavement à la fois nécessaire et difficile de la République centrafricaine, des progrès de l'agriculture, des communications, des transports, de l'urbanisation et d'une lente industrialisation, tandis que les problèmes culturels et religieux sont abordés par le biais d'un long entretien avec l'archevêque de Bangui et d'un article sur le rôle unificateur joué par le « sango », langue parlée sur tout le territoire centrafricain.

La capitale aux sept collines

Quelle était ma vie quotidienne à Yaoundé ? Elle était d'abord faite au jour le jour de tout le travail d'organisation de l'Ecole, de négociation avec les pays partenaires, de suivi des enseignements, d'animation pédagogique. La petite équipe des enseignants qui passaient toutes leurs journées à l'Ecole se retrouvait fréquemment le soir venu à la villa qui m'avait été attribuée par le gouvernement de Yaoundé : nous prolongions alors autour de poissons grillés ou de poulets « bicyclettes », bien différents des poulets en batterie, les séances de travail de la journée. Tous les problèmes qui s'étaient posés, les besoins qui n'étaient pas satisfaits, les projets qui avaient traversé l'esprit des étudiants, les propositions et les rêves du jour, défilaient dans nos conversations, en même temps que les nouvelles du pays, les rencontres, les surprises des uns et des autres.

Nous formions un club détendu et joyeux, nous nous recevions les uns les autres, et ma maison était ouverte en permanence aux enseignants, collègues camerounais, tout comme aux étudiants. L'atmosphère était aussi conviviale dans la détente que la discipline et la rigueur dans les études : tous complices dans l'accomplissement de la mission que nous nous étions donnée : développer à travers les pays africains la pratique d'un journalisme équilibré, ni outrancier dans la critique, ni bâillonné par la dévotion aux pouvoirs en place. Nous savions tous où nous voulions aller, avec l'impression, peut-être immodeste, d'être utiles à des pays qui faisaient, sous nos yeux, l'apprentissage de la démocratie et de la souveraineté, dont la colonisation les avait jusque-là privés.

La vie culturelle et intellectuelle camerounaise s'était largement développée depuis les années 50. J'ai évoqué dans *Les Cinquante Afriques* cette « intelligentsia en quête d'une pensée neuve » : toute une floraison de poètes, essayistes, romanciers, dont la célébrité avait déjà franchi les frontières au début des années 70. La position de l'Ecole, au cœur de l'université fédérale de Yaoundé, nous permettait d'être au centre d'échanges incessants avec les écrivains, les universitaires et les scientifiques, qui formaient des légions d'esprits remarquables, que ce soit en histoire, en économie, en sciences sociales... Pour ne citer que les disciplines dont nous étions les plus proches.

Je fus très rapidement sensible à la distorsion qui existait alors entre le statut social éminent et le respect accordé aux universitaires, et le soin mis à ne pas les intégrer à la vie politique, et à ne pas prendre en considération leurs travaux ou leurs opinions, même à titre symbolique, dans la conduite de l'Etat, et ce malgré les quelques exceptions représentées par l'accession de certains d'entre eux à des fonctions ministérielles, dans leurs différents domaines de compétences. Nourris d'idéologie libérale, beaucoup d'intellectuels camerounais s'accommodaient mal d'une société politique régie par le parti unique, même lorsqu'ils en admettaient historiquement la nécessité. Un petit nombre avait même rompu avec le pays, et choisi l'exil : mais parmi ceux qui restaient au Cameroun, beaucoup ressemblaient aussi à des exilés de l'intérieur, ne s'exprimant pratiquement pas dans la vie publique.

Les conséquences de cet état de fait étaient déjà sensibles : la littérature camerounaise ne se renouvelait plus, après l'âge d'or ouvert par Mongo Beti et Ferdinand Oyono, pamphlétaires anticoloniaux, dont tous les écoliers africains connaissent bien le nom. De même, les sources du talent semblaient asséchées, après l'épanouissement d'artistes aussi variés que Guillaume Oyono M'Bia, Francis Bebey, Benjamin Matip, Sengat Kwo, pour ne retenir que les plus célèbres. L'inspiration semblait s'être ralentie, et les mêmes thèmes étaient ressassés, réexploités, au besoin sur un mode humoristique et ironique, mais sans audace et nouveauté. Quant à la réflexion intellectuelle, c'est peut-être également par compensation qu'elle se tournait vers une réflexion à l'échelle du continent entier, comme le prouvèrent des essais comme *La Problématique philosophique dans l'Afrique actuelle,* de Marcien Towa, ou *La Signification humaine du développement,* de Njo-Moelle, que j'avais tenu à associer à l'équipe enseignante de l'école de journalisme de Yaoundé.

La musique restait pourtant une force fédératrice et un espace de dialogue entre les communautés, comme entre tradition et modernité. La musique, ou plutôt les musiques du Cameroun, ont des racines essentiellement communautaires, inséparables de la diversité des langues, des modes de vie et des cultures de ce pays protéiforme : elle est, elles sont, l'accompagnement permanent de la vie quotidienne. Francis Bebey symbolise probablement le mieux cette capacité de dialogue propre à la musique camerounaise, capable de concilier les héritages divers : au point qu'il est parvenu à lancer un pont entre les rythmes et les principes mélodiques les plus anciens et les attentes de publics différents.

De l'ouest à l'est du pays, du sud au nord, on retrouve l'éventail des traditions, des rythmes et des instruments représentés dans toute l'Afrique : musique bamoun, d'abord, où se rencontrent des instruments variés, et dont une des pages les plus caractéristiques est la lugubre *Musique pour la pendaison d'un ministre,* avec ses percussions de tambours et cloches de fer qui ponctuent imperturbablement l'approche du châtiment. Musique fali, du nord, qui se raille de la mort et la peint dérisoire lors des rites funéraires. Musique haoussa, où se croisent l'« alghaïta », sorte de hautbois, et la grave trompe « kakaki ». Musique des Pygmées de la forêt équatoriale, tous musiciens aussi bien que chasseurs : de caractère polyphonique, de construction rigoureuse, mais laissant parfois place à l'improvisation libre dans ce cadre contraint. Musique bantoue, enfin, commune au sud du Cameroun et aux Etats limitrophes, car les Beti la partagent avec les Fang, notamment pour ce qui concerne le célèbre « mvet », tout à la fois un instrument, une harpe-cithare, et un genre, le poème épique.

Dans cette formidable variété des manières et des interprètes, les années 70 furent celles du triomphe du « makossa », dont les plus grandes vedettes du Cameroun étaient les maîtres : Eboa Lottin, Ekambi Brillant, Anne-Marie Nzié, Rachel Tchoungui, tant d'autres encore, à commencer par le grand Manu Dibango, inventeur du « soul makossa ».

Contrairement à l'habitude de nombreux expatriés, ingénieurs ou diplomates, nous recevions surtout nos amis africains, et cela nous donnait une inquiétante étrangeté à leurs yeux. A l'inverse, je fus parfois frappé par la méconnaissance des situations politiques et sociales qui affligeait, en particulier, certains de nos diplomates, enfermés par les grilles de leur propre résidence et coupés des réalités humaines du pays : ils écoutaient le chef de l'Etat, recevaient les ministres à leur table, rencontraient leurs homologues européens qui pratiquaient les mêmes sports qu'eux, lisaient les notes de leurs collaborateurs, et vivaient en circuit fermé.

Il est vrai que sous l'impulsion d'Alain Juppé, puis d'Hubert Védrine, la modernisation du Quai d'Orsay a désormais été bien engagée, et que les caricatures que certains pays purent connaître ne sont plus aujourd'hui de mise. L'honnêteté oblige à dire que cette rénovation a été voulue, de plus haut, par Jacques Chirac et Lionel Jospin : la France a désormais besoin d'un corps diplomatique composé de représentants actifs de notre économie et de nos valeurs, capables de se fondre dans la réalité des nations parmi lesquelles ils sont placés pour faire comprendre à tous les choix qui sont les nôtres et défendre pied à pied nos intérêts. Et pour cela les diplomates doivent connaître, non seulement les politiques au pouvoir ou leurs opposants, mais aussi la société civile, les journalistes, les intellectuels, les enseignants, les militaires, les commerçants, le peuple des quartiers et les paysans de la brousse... Pour ne pas se laisser surprendre par des événements aussi spectaculaires qu'imprévus, comme ce fut le cas lors de la déposition rapide du Président Bédié en Côte-d'Ivoire en décembre 1999. Car la soudaineté de l'action n'empêche pas qu'elle ait été rendue possible par une progressive dégradation de la confiance de la population, et une soigneuse préparation d'un coup d'Etat en apparence improvisé.

Ainsi notre chance était que l'Ecole Internationale de Journalisme, au sein de l'Université de Yaoundé, ne fut jamais coupée du corps enseignant camerounais, qu'elle accueillait en permanence, pour des conférences ou pour des séminaires. J'eus la chance de me faire parmi ces universitaires, et parmi les journalistes du pays, des amis extrêmement proches et fidèles, au premier rang desquels Henri Bandolo, qui fut pour moi comme un frère, et dont seule la mort, cruellement prématurée, put me séparer. Nous nous étions connus en 1968, deux ans avant la création de l'école de Yaoundé : c'est le journalisme qui avait provoqué notre rencontre, au moment où j'avais entrepris le recensement des besoins en formation des pays africains. Henri Bandolo était un homme de liberté. Formé à l'Office de Coopération Radiophonique (OCORA) et diplômé de l'Institut français de Presse, il avait d'abord exercé son talent au micro. Dans son émission hebdomadaire, intitulée « Dominique », il parlait sans ambages de la société camerounaise, dont il dénonçait tous les travers, épinglant au passage les responsables politiques et administratifs, au point de s'assurer quelques inimitiés et même de se retrouver, un jour, au poste de police. Mais comment capturer l'intelligence et le talent qui déjà captivent un auditoire très large, au-delà même des frontières du Cameroun ? D'autant que sa conscience l'amène à s'appliquer à lui-même de très grandes exigences : toujours humble et sans prétention, avec le goût obstiné du travail bien fait. Sa liberté de ton et de pensée ne l'empêchera pas de devenir dans les années 90 ministre de l'Information et de la Culture.

Dans ce nouveau rôle, Henri Bandolo fut égal à lui-même, attaché à la liberté de la communication, développant la presse, mettant toute son énergie à promouvoir les jeunes talents, à éveiller leur sens des responsabilités et leur appétit de création. Pour ce qui concerne la culture, il eut à cœur de mettre en valeur les traditions orales, la musique et les arts de son pays, dont la diversité fait un patchwork des héritages africains : il parlait lui-même plusieurs langues camerounaises, comptant des amis dans toutes les parties et dans toutes les ethnies du pays, et répondant à ceux qui lui demandaient à quelle région il se rattachait : « *Littoral, Wouri, Douala d'une part, Centre, Mfoundi, Yaoundé d'autre part* », autant dire au Cameroun tout entier...

Retrouvant ses premières amours, mais passant à la presse écrite, Henri Bandolo trouva sa dernière incarnation à la tête de *Cameroon Tribune*, où il montra enfin ce qu'il était le plus profondément, et que ses amis connaissaient bien : un grand journaliste, tout simplement. J'ai écrit au lendemain de sa mort, le 16 juillet 1997, dans ce journal qui était le sien, qu'il était « sans doute le meilleur professionnel d'Afrique » : au-delà de la douleur ressentie avec sa perte, c'était le constat objectif d'un travail exemplaire.

Il était aussi à l'aise à Paris qu'à Yaoundé : à ma demande, il avait tenu en 1991 une étonnante chronique quotidienne sur la route du Paris-Dakar, pour France Télévision, afin de donner à nos compatriotes une autre image de l'Afrique. Longtemps après mon retour en France nous ne manquions jamais, lors de mes séjours à Yaoundé, de passer la première soirée ensemble à déguster un bon pangolin, mammifère à la chair succulente, qui se nourrit de fourmis. Nos agapes étaient fraternelles et joyeuses. Le nombre d'amis vrais est forcément limité, qui connaissent nos faits et gestes et à qui nous ne cachons rien, qui nous accompagnent parfois pendant des décennies, parfois pendant quelques années seulement, au gré des hasards de nos existences. Je sais que je serais toujours aussi proche d'Henri Bandolo, s'il était vivant, et que je me sentirais toujours aussi libre avec lui, de plain-pied avec cet homme qui m'était si familier, et si cher.

Manu Dibango...

Parmi les autres amis durables que je me suis faits au Cameroun, Manu Dibango est sans doute l'un des plus célèbres. Il l'était déjà, en Afrique tout au moins, lorsque je le croisais, fréquemment, au bord de la piscine de l'Hôtel du Mont Fébé : c'était à quelques kilomètres du centre-ville, au cœur d'un jardin extraordinaire dominant Yaoundé, ombragé par d'immenses arbres, les premiers d'une épaisse forêt qui escaladait les pentes. La route y pénétrait pour atteindre un peu plus haut le Safari, une invention d'esthète, un restaurant échafaudé en pleine nature, construit à même le sol et les racines, et intégrant les arbres comme piliers. Le Safari accueillait les visiteurs du soir au son d'« une musique pour les arbres », Bach ou Mozart habituellement, sous une voûte végétale impressionnante, et les baffles accrochés dans les branches oscillaient au gré du vent. Installés dans un étrange décor de troncs vivants, de colonnes sculptées, et de masques africains, les dîneurs y dégustaient les grosses crevettes grillées du Wouri, les poissons à la braise ou le délicieux Ndolé, en écoutant les joueurs de balafon, entourés de danseurs et de chanteurs. Ce lieu mythique disparut malheureusement en 1976, après la mort accidentelle de son propriétaire français, Robert Pucheu et toute une clientèle locale et cosmopolite déplora comme moi que le ministère du Tourisme ne lui ait pas trouvé de successeur.

C'est à la fin de l'année universitaire 1975-1976 que les étudiants de l'Ecole souhaitèrent organiser une fête de fin d'année, marquant l'achèvement de leur cycle d'études. Ils cherchaient désespérément quelle vedette pourrait animer cette soirée, qu'ils voulaient ouvrir aux autres étudiants et professeurs de l'université : je leur suggérai de contacter Manu Dibango et leur proposai de faire personnellement cette démarche. C'est ainsi que je le rencontrai, au Mont Fébé, et lui soumis notre demande. Il accepta immédiatement, avec cette générosité de caractère et cette chaleur que je lui ai toujours connues depuis.

Cette première fête sera suivie de nombreuses autres : Manu est pour moi aujourd'hui un véritable ami de trente ans, toujours aussi doué pour la fête et prêt à donner de lui-même, en mettant son immense talent au service de rejouissances communes. Ce don de la fête, il l'a doublement, parce qu'il l'a reçu en partage et parce qu'il le répand autour de lui, sans compter, à bras ouverts. Géant malicieux et génial, aussi joyeux dans sa musique que dans son rire, aussi fidèle aux siens qu'ouvert aux étrangers, aussi attentif qu'impétueux, Manu Dibango restera dans mon esprit éternellement associé à des moments précieux qui illuminent des pans de mon existence.

En 1978, directeur de l'Ecole supérieure de Journalisme de Lille, je lui demandai d'animer, sur une autre planète et pour d'autres étudiants, dans le grand hall de l'Hôtel de Ville, en présence de son maire, Pierre Mauroy, un grand bal africain avec l'Orchestre national de Côte-d'Ivoire, et le succès rencontré chez les gens du Nord fut à la mesure de l'énergie généreuse qu'il y déploya. J'ai retrouvé cette amitié en janvier 1999, lors des principaux événements qui ont marqué le dixième anniversaire du Conseil supérieur de l'Audiovisuel, à Paris, à l'occasion duquel il offrit de participer à la grande soirée que nous avions organisée au Palais de Chaillot, réunissant les principaux représentants de l'audiovisuel français et des grands corps de l'Etat. Quelques mois plus tard, lorsque le Conseil supérieur de l'Audiovisuel reçut les autorités de régulation de la communication de tous les pays africains, Manu Dibango tint à ouvrir symboliquement au CSA la Fête de la Musique, à l'issue de la présentation du rapport annuel du Conseil, qui avait lieu le 21 juin. La réunion s'étant prolongée, il fit attendre involontairement la ministre de la Culture, qu'il devait rejoindre à l'autre bout de Paris pour lancer avec elle cette journée. Comme je le remerciais d'avoir ainsi encouru pour nous les foudres gouvernementales, il répondit dans son bon rire inimitable : « *L'amitié passe avant la politique.* » Juste précepte, qui remet les choses à leur place, et qui suffit à peindre l'homme d'exception qui s'y conforme ! Je sais bien que Catherine Trautmann ne peut pas lui en avoir voulu de ces quelques minutes de retard, que la chaleur de sa présence aura eu tôt fait d'effacer.

Lorsque le travail m'accordait un répit, je me laissais aller à vivre au rythme de Yaoundé, ville profuse et multiple, agitée et active, « capitale de l'Afrique centrale ». La personnalité de cette ville hors du commun est un héritage de son histoire urbaine, une conséquence directe de la manière dont elle s'est constituée. Les 250 000 habitants qui peuplaient cette métropole en 1970 venaient des quatre coins du Cameroun, pays qui est lui-même un résumé de l'Afrique, un modèle-réduit du continent, dont il présente toute la diversité. Le petit village éwondo des origines, blotti au sommet d'une colline, a progressivement éclaté. Chaque nouveau chef de famille alla s'installer sur un coteau différent, séparé des autres par quelques buissons, mais à portée de tam-tam... Ces différents bourgs constituèrent la plupart des quartiers populaires de la ville. La « pacification » coloniale, qui ne fut pas exempte de violence, encouragea ensuite chaque nouvelle vague d'émigrants nationaux à recréer les villages quittés autour de la ville européenne, délimitée par le quartier administratif à l'ouest, le centre commercial à l'est, la mission catholique au sud et la paroisse protestante au nord. Le quartier résidentiel de Bastos, sur les pentes du Mont Fébé, ne verra le jour que bien plus tard.

La solidarité africaine facilitant les choses, les populations du sud et de l'est vinrent alors s'agglomérer à Yaoundé à l'aboutissement des routes qui desservent les différentes régions. Les contingents africains, auxiliaires de l'administration, supplétifs de l'armée coloniale ou simples commerçants, s'installèrent à côté des habitants auxquels ils étaient facilement assimilables : Nigérians, Tchadiens et Sénégalais musulmans chez les Foulbé, Centrafricains, Congolais à proximité des Camerounais de l'est, et Gabonais, Equato-Guinéens dans les quartiers boulou.

L'indépendance et la réunification apportèrent à tous les Camerounais d'origine ou d'adoption la liberté de s'installer où bon leur semblait. Le résultat en fut un brassage de langues, de rites et de coutumes, véritable ciment de l'unité nationale. Ainsi beaucoup de gens, et particulièrement les jeunes, parlèrent deux ou trois langues locales, dans un pays charnière entre peuples islamisés et animistes christianisés, à la croisée de l'Afrique occidentale et de l'Afrique centrale, trait d'union aussi entre le Nigeria d'expression anglaise et les pays francophones.

La vie des quartiers de Yaoundé me fascinait : j'y voyais les germes de la société africaine future. Les rues populeuses et colorées qui paresseusement sinuent au gré de la topographie étaient le théâtre d'un spectacle permanent sous un soleil éblouissant : le bruit de fond, salutations, rires, refrains à la mode hurlés par les points de vente de disques, constituait le premier élément, sonore, d'une ambiance inconnue des villes européennes. Des cases aux toits de tôle ondulée abritaient de part et d'autre de cette agitation perpétuelle une rangée quasi ininterrompue d'échoppes de petit commerce et d'artisanat. Centaines de petits métiers ou de petites industries qui témoignaient alors d'un dynamisme économique réel et d'une activité humaine impressionnante.

Lorsque la nuit tombait, le centre se trouvait brutalement désert, le cœur de la ville battant alors d'autant plus fortement dans « le quartier », là où il fait bon vivre : chaque soir, à l'heure où l'on s'amuse, la fête commençait dans les nombreux bars, si nombreux il y a trente ans qu'ils se substituaient aux noms et numéros des rues. C'est ainsi que le petit taxi jaune, rapide, pratique, sinon confortable, vous emportait vers « Nkondongo-Palladium Bar » ou « Briqueterie Taxi Bar » et autres enseignes qui invitaient à l'oubli, à la fête et à la fraternité. Gagne-petit, fonctionnaires et étudiants s'y côtoyaient, buvant une bière locale au rythme du makossa, cette musique dont Manu Dibango était un des maîtres, ou de celle du grand musicien nigérian Fela Kuti.

Rapidement, la foule débordait sur les trottoirs où des femmes proposaient agrumes, poisson à la braise ou viandes cuites sur des barbecues géants, de fabrication artisanale, chauffés par de larges feux de bois. Et dans les arrière-cours où l'on dansait au son du tam-tam, dans les restaurants plus ou moins tolérés, spécialisés dans le Ndomb Nnam local, où coulaient généreusement l'« apollo », l'« arki », toutes les variétés de l'alcool clandestin. Les nuits des étudiants de l'Ecole n'étaient pas différentes de celles des autres habitants de Yaoundé, et c'est dans un climat festif et souvent survolté que se passaient leurs fins de semaine : la musique, les filles et la bière locale, « la 33 », tenaient ensemble le premier rôle sur une scène changeante où la plupart se refusaient au sommeil.

Mémoire d'éléphants

Je profitais des week-ends, des vacances, et des « sorties sur le terrain » des étudiants, pour découvrir le pays, condensé de tous les climats et de tous les milieux africains. Immense territoire triangulaire qui s'appuie à l'ouest sur l'Océan au fond du golfe de Guinée, et sur la forêt équatoriale au sud, culminant au nord au bord du Sahara, sur les rives du lac Tchad. Comment ne pas être frappé par la beauté des sites et la profusion des images où se retrouvent tous les symboles du continent, du désert à la jungle, en passant par les savanes de la Bénoué et de la réserve de Waza, l'ombre des cocotiers sur le sable chaud de Kribi, les climats tempérés et les collines verdoyantes du pays bamiléké... Au cœur du pays, le « centre-sud » déroule jusqu'au rivage atlantique ourlé de palétuviers, son énorme masse végétale, enchevêtrée, où dominent des géants de plus de quarante mètres tendus vers la lumière. De Yaoundé, « capitale aux sept collines », à Kribi, « perle de l'océan », c'est le Cameroun de la forêt profonde, avec ses gorilles et ses buffles, ses plantations cacaoyères et caféières, ses villages et ses cases bordées de bananiers. Entre lesquelles je fus au premier abord surpris d'apercevoir ici ou là une Mercedes en stationnement, celle d'un ministre ou d'un nanti, venu « en brousse » pour rendre une visite dominicale à la famille.

Après des heures de route monotones à travers une forêt si haute et si dense qu'elle en est oppressante, on retrouve enfin la lumière en débouchant sur l'océan à Kribi, à l'extrême sud. Petit village de pêcheurs à l'origine, Kribi s'est transformée en station balnéaire qui étire sur des kilomètres ses plages de sable fin. Je me souviens de pique-niques improvisés : carpe rose achetée aux pêcheurs nigérians qui venaient de tirer leurs pirogues sur la plage, et que je grillai à la broche en quelques minutes, et noix de coco cueillies à la demande par de jeunes villageois.

La route de l'Ouest, au départ de Douala, capitale économique et porte du pays sur l'Atlantique, passe par Nkongsamba, et Dschang, étape reposante, et fleurie. C'est une station climatique, héritage de la colonisation allemande, placée dans un splendide cadre montagneux, et traditionnellement fréquentée par les coopérants et cadres européens. Nous sommes en territoire bamiléké, pays de bocages aux champs cultivés comme des jardins, occupant chaque pouce de terrain, séparés par des haies vives de deux mètres de hauteur qui mènent jusqu'à la maison du chef de famille. Population dense et laborieuse, aux traditions jalousement préservées, pratiquant un artisanat original (panneaux de bois sculpté, masques, piliers décoratifs, sièges, et poteries en terre cuite), les Bamilékés, adeptes de la tontine, sont les « Auvergnats » du Cameroun... Mais déjà, après Bandjoun, magnifique chefferie bamilékée où j'eus le plaisir d'être reçu avec les étudiants, voici le pays bamoun : la jolie ville de Foumban, étagée sur de vertes collines, est largement islamisée, et abrite toute une population d'artisans, fondant le bronze ou le cuivre, sculptant également le bois dur pour donner naissance à des statuettes, masques et coffrets, sièges sculptés, décors animaliers... J'y assistai à une sortie traditionnelle du sultan, impressionnant sur son cheval caparaçonné, abrité sous un dais, que portaient quatre serviteurs zélés aux parures chatoyantes.

Le Nord demeure la région la plus envoûtante : Ngaoundéré, sur le plateau de l'Adamoua, surprenante dans un austère décor de roches éboulées, Garoua, centre économique au bord de la Bénoué, Maroua, cité hospitalière aux larges et calmes ombrages, sont autant de haltes bienvenues au terme de longs parcours parfois accidentés ou d'itinéraires risqués. Il m'est arrivé de quitter la piste pour atterrir dans un champ de coton, sans avoir souhaité l'admirer d'aussi près...

L'intérêt de ces villes, pour le visiteur en quête d'authenticité, tient dans leurs marchés colorés où se retrouvent les populations rurales des hauts plateaux. Aux abords d'une de ces cités du Nord, je rencontrai deux splendides femmes peules portant sur la tête d'immenses calebasses emplies de lait, que je leur achetai, non point tant pour étancher ma soif que pour admirer à loisir la beauté de ces calebasses pyrogravées avec un art minutieux : tentation de « toubab » à laquelle je ne pus résister. Au hasard des itinéraires, je croisais les immenses troupeaux de zébus menés, au terme de longues pérégrinations, vers les abattoirs de Yaoundé, par quelques bergers peuls, inséparables de leur théière et de leur parapluie, qu'ils portaient à l'épaule.

A Rey Bouba, siège du plus prestigieux lamidat, je ne fus pas convié à m'attarder : le « saré » du lamido, chef local tout-puissant, est entouré d'une haute muraille jalousement gardée. C'est aussi de Garoua que, par une route montagneuse en direction du nord, je gagnai Rhumsiki, village cramponné à un piton rocheux, au cœur d'un cirque étrange, paysage fantastique hérissé de pics baroques, surgi d'une autre planète. C'est le fameux pays Kapsiki dont André Gide vanta le paysage comme *« l'un des plus nobles du monde »*. Au-delà, la réserve de Waza abrite à la fois girafes, éléphants, antilopes, hippopotames, autruches, lions, guépards, au milieu de dizaines de milliers d'oiseaux...

Il existe en Afrique des réserves d'animaux sauvages beaucoup plus fréquentées par les touristes amateurs de safari-photos, où les lions viennent pratiquement manger dans la main des humains : le Kenya et la Tanzanie offrent ainsi chaque année un dépaysement à bon compte à des centaines de milliers d'Européens à la recherche de grands espaces naturels et d'émotions fortes en voyage organisé. Mais l'Afrique recèle aussi d'immenses zones qui restent quasi inaccessibles au commun des mortels, parce que les routes, les conditions de transport, d'hébergement, d'approvisionnement, n'y sont pas encore aménagées. Ces domaines appartiennent encore à une faune sauvage inviolée, qui survit au braconnage, à l'exploitation industrielle, à la désertification, aux longues périodes de sécheresse. Le plus noble des animaux qui y vivent est l'éléphant.

Je suis tombé amoureux du plus grand mammifère terrestre vivant, depuis la disparition de son ancêtre préhistorique, le colossal mammouth. C'est en réalité à Zakouma, au Tchad, que je l'ai vraiment rencontré pour la première fois, en 1968. Et je n'ai eu de cesse, depuis, de tenter de croiser à nouveau son chemin, à chacune de mes pérégrinations africaines, que ce soit au Tchad, au Cameroun, au Gabon, en Tanzanie, au Togo, en Côte-d'Ivoire, en Centrafrique... Entre mes visites, j'ai lu tous les livres écrits sur ce géant de l'Afrique : après le roman de Romain Gary, Prix Goncourt pour *Les Racines du ciel* dont l'action se passe au Tchad, les livres de Georges Blond, ceux de Pierre Pfeffer, spécialiste incontesté des éléphants d'Afrique... Mais j'ai surtout eu le bonheur, habitant Yaoundé, de pouvoir prendre le temps nécessaire pour les retrouver dans la réserve de Waza, située à l'extrême nord du pays. Au Tchad, ma chance fut de partir quelquefois en compagnie de pisteurs qui connaissaient les habitudes des animaux, et savaient prévoir, en fonction de la direction du vent, de la température, de la saison, de l'heure, leurs déplacements et leur comportement. Ils relevaient les traces fraîches, remarquaient les dégâts récents causés aux épineux sauvages, vérifiaient l'état du crottin et en déduisaient la direction dans laquelle les éléphants étaient partis. Avec eux j'ai approché les petites hordes, comme les grands troupeaux, pour étudier la vie de cette société matriarcale fortement structurée.

J'eus l'occasion de croiser au Nord-Cameroun de célèbres chasseurs, comme Giscard d'Estaing et Michel Droit. Le Président avait la gâchette habile et abattait son gibier, l'académicien, moins assuré, tua l'un de ses compagnons de chasse, qu'il avait pris pour une cible, et je n'ai pour ma part jamais tiré un coup de fusil, me bornant à observer et à admirer.

Comme chacun sait, les éléphants vivent en clan, avec des liens sociaux très précis, connus de tous les individus du groupe, et dont pas un ne songe à s'abstraire. Cette discipline est intelligemment supportée, parce qu'elle est dans l'intérêt du groupe. Cette société modèle est pourtant aujourd'hui menacée d'extinction. Dans les années 60, il y avait 2 500 000 éléphants en Afrique. Il en reste aujourd'hui entre 300 000 et 600 000. Erosion violente et rapide, en un demi-siècle, par la disparition des milieux naturels qui les accueillaient, à commencer par la forêt tropicale, et malgré toutes les interdictions décrétées, par la valeur marchande de l'ivoire, dont le trafic semble inévitable, dans des économies encore faibles. A l'exception du Cameroun et du Gabon, où les effectifs d'éléphants semblent s'être stabilisés au cours de la dernière décennie, la régression est constante dans toute l'Afrique centrale et occidentale : en Mauritanie, ils ont disparu, et il en resterait à peine quelques dizaines au Sénégal, quelques centaines au Mali et au Niger, 3 000 au Tchad, à peine plus en Côte-d'Ivoire, 19 000 en Centrafrique, 85 000 au Zaïre (contre près de 400 000 en 1979), 19 000 au Kenya (contre 65 000 en 1979). Les seules populations en croissance sont celles du sud de l'Afrique : Botswana, Namibie, Zimbabwe et Afrique du Sud, pays qui ont mis en œuvre une gestion rigoureuse de leurs troupeaux, avec des prélèvements soigneusement encadrés permettant d'intéresser les habitants des régions concernées à l'accroissement de leur « cheptel sauvage ».

C'est qu'il faut aussi tenir compte des difficultés croissantes de cohabitation – même si l'éléphant est désormais partout protégé – avec les populations locales, dont il saccage les cultures : cible régulière de razzias d'éléphants, un département gabonais comme celui de la Dola est en 1999 victime des méfaits des pachydermes, les plantations de la zone n'arrivant plus à couvrir les besoins des populations en aliments, et ne leur permettant plus de commercialiser leurs productions pour se procurer d'autres biens de première nécessité, comme le déplorent les paysans : « *Nous défrichons de nouvelles plantations, mais nous n'en récolterons aucun fruit l'année prochaine, les éléphants vont encore tout ravager.* » Dans une région jadis réputée pour ses productions de taro et de manioc, les témoignages recueillis sont alarmants : « *Nous ne mangeons plus, parce que les éléphants, qu'il ne faut pas tuer, ravagent nos plantations.* » Et le chef du village de Ferra ajoute, avec un peu d'amertume : « *Ils viennent jusqu'aux maisons, à la recherche de tout ce qu'ils ne sont pas capables de planter**.* »

Tout est démesuré chez l'éléphant : l'appétit, la taille, la trompe, les oreilles, la trompe, le sexe du mâle. La nourriture dépasse les plus belles exagérations rabelaisiennes : un éléphant ingurgite chaque jour une à trois tonnes de buissons épineux, tondant l'herbe par touffes, la cueillant de sa trompe en larges coups réguliers, s'attaquant aux feuilles des arbres, et n'hésitant pas, en effet, quand la nourriture lui fait défaut, à anticiper sur les récoltes des paysans.

Il n'est pas rare que la razzia d'un troupeau détruise alors jusqu'aux habitations fragiles qui étaient au cœur des champs cultivés : les huttes et paillottes ne résistent pas à son passage, et certains de leurs occupants terrés, trop mal protégés, happés par la trompe puissante de l'animal, sont alors projetés en l'air à un ou deux mètres au-dessus de lui, et piétinés lorsqu'ils retombent au sol. J'ai recueilli sur de telles attaques

---

* *L'Union*, Libreville, 3 août 1999.

de nombreux récits concordants. Comment ne pas comprendre dans de tels cas la stupéfaction des villageois à qui on explique qu'il faut protéger les éléphants, et qu'ils doivent être heureux que ceux-ci soient encore assez nombreux aux alentours de leur village pour qu'ils aient pu en être victimes... D'autant plus que la chair d'un seul de ces animaux pourrait constituer un mets de choix pour des centaines de bouches pour qui la viande est un plat de fête ! J'ai vu, dans les années 70, des éléphants pénétrer jusqu'aux abords immédiats de la capitale du Tchad, N'Djamena, et j'ai assisté à des palabres entre chefs de villages et sous-préfet, le second consentant parfois, devant l'exaspération paysanne, à sacrifier de manière exceptionnelle la vie du géant des savanes et des forêts tropicales, en donnant une autorisation d'abattage pour un ou deux représentants de cette espèce protégée.

Les déplacements des éléphants ne sont pas conduits au hasard : la doyenne, qui marche en premier, a une mémoire précise des lieux et des distances. Parce qu'elle compte avec tous les dangers, dont la sécheresse, elle sait qu'il faut rechercher les points d'eau, dont elle connaît l'emplacement. Il faut à chaque éléphant adulte entre 80 et 90 litres d'eau quotidiens, et la survie du groupe lui impose de rester dans un périmètre pourvu de points d'eau. C'est donc le plus souvent près de mares isolées que nous allions les attendre, à l'aube, dans cette réserve de Waza où aucune trace d'intervention humaine ne vient gêner le face-à-face avec la nature sauvage.

On a beaucoup parlé des cimetières d'éléphants : aucun pisteur n'en a jamais vu, et je me fie plus à leur témoignage qu'aux fantaisies engendrées par l'aspect fantastique de l'éléphant d'Afrique. Certes, son intelligence est vive, certes, il semble garder en mémoire une cartographie complexe des régions où il vit, mais il est difficile de lui prêter une conscience de la transcendance, un rapport religieux au cosmos et des rites funéraires. Ce qui est vrai, c'est que les grands mâles qui ont, très tôt, quitté le troupeau, vont mourir solitaires, à l'abri des regards... Mais probablement l'homme a-t-il besoin d'imaginer ce mythe du cimetière des éléphants parce qu'il s'identifie profondément à eux : la mort du pachyderme qui paraît invincible nous place en effet devant notre propre fragilité, notre propre finitude. Comment échapperions-nous à la mort, si même l'éléphant peut mourir ! Et c'est sans doute ce qui nous bouleverse tellement lorsque nous nous trouvons devant ce scandale qui prend des proportions à la fois géantes et familières.

Du 16 au 24 février 1980, j'organisai un voyage d'études au Cameroun pour l'association des rédacteurs en chef de quotidiens de province, présidé par Jules Clauwaert *(Nord-Eclair)*, accompagné de Jean-Marie Trimbour *(Le Républicain Lorrain),* Raymond Silar *(Le Courrier de l'Ouest),* Bernard Rieu *(L'Indépendant),* Charles Galfré *(Var-Matin),* Jean-Marie Brisset *(La Nouvelle République),* Jean Bléas *(Le Télégramme de Brest),* Michel Fontaine *(La Voix du Nord),* Claude Dufour *(Sud-Ouest)* et j'en oublie... Le plus ancien d'entre eux, rédacteur en chef de *Ouest-France,* Eugène Brûlé, depuis disparu, avait tenu à faire le voyage malgré un mauvais état cardiaque. Le morceau de choix du séjour fut constitué, après les rencontres avec les milieux politiques, économiques, diplomatiques, culturels, journalistiques, et les débats organisés à l'Ecole supérieure de Journalisme de Yaoundé, par une découverte, en deux jours, de la réserve de Waza.

La saison était propice à l'observation des animaux : gazelles, cobs de Buffon, phacochères, girafes, lions : nous vîmes même un troupeau de buffles d'une cinquantaine de têtes, et, tout à fait en fin de journée, auprès d'un large marigot, près duquel notre pisteur foulbé nous embusqua, nous guettâmes les éléphants. Le pisteur avait pris soin, lançant en l'air une poignée de poussière, de choisir notre emplacement sous le vent, afin que les éléphants ne puissent percevoir notre présence dans la savane. J'eus peine à faire taire l'équipe des rédacteurs en chef, bavards impénitents, pendant deux heures de guet, qu'un bruit de voix humaines, perçu par le troupeau de pachydermes, pouvait rendre infructueuses. Car nous allions nécessairement les voir revenir au marigot, ainsi que nous l'assurait le second pisteur, qui avait passé la journée à les repérer et à les suivre à la trace, mesurant ici la fraîcheur des déjections, ailleurs les herbes écrasées ou la profondeur des pas marqués dans le sol. Et il ne faudrait alors surtout pas bouger de notre cachette.

Soudain nous les vîmes s'approcher, pesamment, sereinement, dégageant cette étonnante impression de force et de résolution qui frappe toujours à leur rencontre. Aucun barrissement : ils n'avaient pas détecté le moindre danger. Spectacle merveilleux de cette dizaine de bêtes, dont deux éléphanteaux, près du point d'eau boueux...

Soudain à notre grande stupéfaction Brûlé se lève, faisant fi des consignes données, et marche lentement vers le troupeau avec son appareil photo... Il est aussitôt repéré par l'éléphant de tête, qui ouvre ses oreilles, lève la trompe, commence à marteler le sol de ses deux pattes avant, aussitôt imité par les autres adultes... Le troupeau était prêt à foncer sur l'importun. Nos deux pisteurs foulbés jaillirent de notre poste de guet, le premier s'avança vers les éléphants, et commença à leur parler dans sa langue, d'une voix calme et régulière, tandis que l'autre se précipitant sur Brûlé le ramena rapidement en arrière. La scène n'avait duré qu'un instant : le premier pisteur resta encore quelques minutes à parlementer doucement avec le troupeau. Ils prirent le temps de l'écouter, puis retournèrent se désaltérer tranquillement, avant de repartir comme ils étaient venus, à nouveau puissants et sereins. C'est seulement après leur départ que le second pisteur nous raconta la tragédie qui s'était produite au même endroit, une semaine auparavant, quand une touriste suédoise imprudente avait été saisie, comme aurait pu l'être Brûlé, par la trompe de l'éléphant de tête, qui l'avait soulevée en l'air, avant de la précipiter au sol et de la piétiner, sans que ses compagnons puissent intervenir. « *Ils n'avaient pas la chance d'avoir avec eux Celui qui parle aux éléphants...* », conclut-il. Et c'est ainsi que j'appris le surnom du pisteur foulbé qui nous servait de guide.

La revanche du « petit Peul »

En un mot, du nord au sud et d'est en ouest, le Cameroun comporte toutes les facettes de l'Afrique : creuset de cette diversité, son unité apparaît comme miraculeuse, aux confins de pays où la présence de minorités ethniques a parfois engendré de douloureux déchirements, sans même parler du génocide rwandais, de tragique mémoire. Cette situation du Cameroun est encore renforcée par le site de la capitale : brisant la loi non écrite qui veut que les sièges des gouvernements africains se retrouvent dans des grandes villes à vocation économique, identiquement placées le long des côtes, Yaoundé est bâtie à l'intérieur des terres, au carrefour des axes routiers et ferroviaires nord-sud et est-ouest. C'est ainsi qu'elle a attiré de nombreuses instances internationales : en 1970, la plupart des organismes internationaux ou interafricains avaient ouvert un siège ou établi une représentation au Cameroun. C'était le cas de l'ONU et de l'OUA, mais aussi de la Banque mondiale et du Fonds européen de Développement, auxquels s'ajoutent, la liste est longue, l'UNESCO, l'Organisation mondiale de la Santé, la FAO, l'UNICEF, la Commission phytosanitaire africaine, l'Organisation de coordination pour la Lutte contre les grandes endémies en Afrique centrale, le Bureau international du Travail, le Conseil supérieur du Sport en Afrique...

Cette vocation internationale est à mettre à l'actif du président Hadj Ahmadou Ahidjo : la diplomatie du Cameroun s'est modelée sur le caractère de celui qui en fut le premier chef d'Etat : réalisme, discrétion, fermeté et non-alignement, suivant une ligne politique en permanence soucieuse d'indépendance nationale et d'ouverture multilatérale, favorable à tous les partenariats, pourvu qu'ils fussent à parts égales et sans volonté de prédominance. C'est assez naturellement que plusieurs accords interafricains importants furent signés à Yaoundé dans les années 60 : la ratification du traité qui crée Air Afrique, par exemple, en 1961, ou l'accord entre la CEE et 19 pays africains et malgache associés (EAMA) en janvier 1963. De même, l'accord de 1969 qui aboutit à la création de l'ESIJY traduisait le dessein de faire de la capitale du Cameroun un centre de rencontres internationales et d'échanges. Ne se rangeant ni dans le camp du socialisme, ni dans celui du capitalisme occidental, la stratégie du président Ahidjo était avant tout pragmatique et cherchait à concilier sa volonté d'indépendance avec les exigences du développement.

A partir de 1968, et jusqu'à son exil en France, mes responsabilités m'ont évidemment conduit à rencontrer à de nombreuses reprises Hadj Ahmadou Ahidjo. Un jugement objectif sur son action et ses méthodes de gouvernement vient tempérer la réussite de son œuvre majeure, l'unification du Cameroun : Ahidjo, comme la plupart des chefs d'Etat africains de la première génération, exerça le pouvoir sans partage, en dictateur.

Méfiant et peu expansif, ce Peul du Nord-Cameroun connaissait parfaitement l'histoire et la géographie humaine de son pays, aussi bien que, pour la France, l'évolution des IVe et Ve Républiques, dont il parlait avec justesse et clairvoyance, de sa voix lente et sourde, en mâchant son éternelle noix de kola. Petit fonctionnaire des postes au temps de la colonisation, il s'était imposé sur le chemin et dans l'exercice du pouvoir par une autorité incontestable, jusqu'à acquérir une véritable stature d'homme d'Etat.

Le Cameroun a en effet connu des débuts difficiles : ayant fait accepter le principe de l'indépendance par la France, Ahidjo livra une sévère bataille aux Nations Unies pour la levée du régime de « tutelle ». Contesté par l'Union des Populations Camerounaises (UPC) et le monde socialiste, mais aussi par André-Marie Mbida, son prédécesseur, Ahidjo sut habilement jouer de la tribune et des couloirs du « palais de verre » de Manhattan, en particulier lors de la « session camerounaise de l'ONU », au début de 1959, pour imposer sa propre légitimité et fixer l'indépendance de son pays au 1er janvier 1960. Jouissant des pleins pouvoirs pendant la période transitoire, il fit alors rédiger une Constitution de type présidentiel par un comité restreint, et la fit approuver par référendum le 22 février. Aux élections du 10 avril, son parti, l'Union camerounaise, rafla 51 sièges sur 100. Seul candidat devant cette assemblée acquise, il conclut sa rapide ascension en se faisant élire président de la République le 5 mai par une écrasante majorité des députés. La victoire devint totale et sans retour après le « coup de force légal » de juin 1962, grâce auquel l'Union camerounaise s'imposa comme parti unique au Cameroun oriental francophone, « parti national unifié », pour être plus exact.

Les grands partis d'opposition tentèrent bien de réagir, sous la houlette d'André-Marie Mbida et de Theodore Mayi-Matip, dénonçant « un autoritarisme, prélude à la dictature ». Mais le Cameroun étant toujours sous l'état d'exception du fait de la rébellion de l'UPC, Ahmadou Ahidjo accusa immédiatement les quatre principaux leaders d'« incitation au tribalisme et à la subversion », les fit juger sur l'heure et condamner à des peines de prison assorties de lourdes amendes. Cette victoire sur l'UPC, alors soutenue par Pékin et Moscou, vint s'insérer au milieu de plusieurs années de luttes violentes, dont les principales étapes jalonnèrent l'irrésistible ascension d'Ahidjo. Ce furent successivement, en septembre 1958, la mort au cours d'un affrontement armé de Ruben Um Nyobé, dont le nom reste pour beaucoup de Camerounais le symbole de la revendication nationale, l'empoisonnement mystérieux à Genève de Félix Moumié en octobre 1960, crime attribué à la « Main rouge », section des Services spéciaux français, la mort d'Albert Kingué dans son exil du Caire, en juin 1964, enfin l'exécution d'Ernest Ouandié, arrêté en août 1970, condamné à mort par un tribunal militaire à Yaoundé, et fusillé en public à Bafoussam, avec deux de ses compagnons, au cœur du pays bamiléké, où il opérait. Mgr Ndongmo, évêque de Nkongsamba, qui avait accepté de jouer un rôle d'intermédiaire entre Ouandié et Ahidjo, sera également accusé de complot, et, condamné à mort, verra sa peine commuée en prison à vie, jusqu'à ce qu'une grâce le libère, en 1975, lui permettant de s'exiler au Canada.

C'est par hasard qu'il m'a été donné d'assister à l'exécution d'Ernest Ouandié : à l'occasion d'une « sortie sur le terrain » de début d'année, avec les étudiants, nous avions décidé d'aller observer pendant une quinzaine de jours le mode de vie de la population bamiléké et nous devions passer plusieurs jours dans la chefferie de Bandjoun et dans la capitale régionale, Bafoussam. C'était un petit matin de la saison fraîche, le temps était brumeux, les élèves, leurs enseignants et moi-même avions décidé de quitter Bafoussam le jour même pour Bandjoun, et nous nous étions levés de bonne heure. Les premiers qui sortirent dans les rues nous rapportèrent très vite des nouvelles alarmantes et inattendues : la capitale du pays bamiléké était purement et simplement quadrillée par les forces armées et la police. Etaient-ce des manœuvres ? A quoi pouvait correspondre cette opération de sécurité de grande ampleur, dans un pays en paix ? Du coup, le départ fut remis, parce que nous voulions en avoir le cœur net. Qu'allait-il se passer et qu'est-ce qui justifiait de telles procédures d'intimidation de la population ?

Nous n'avons pas attendu longtemps pour avoir la clef de ce déploiement inhabituel : la place publique du centre de la ville, où nous résidions, fut entièrement dégagée, puis un camion militaire y déposa un homme, les bras ligotés dans le dos, qui fut placé devant un mur et fusillé, sous les yeux de la population, par un peloton d'exécution aussitôt constitué. Le nom du condamné courut immédiatement sur toutes les lèvres : Ouandié. Les soldats racontèrent peu de temps après qu'il avait refusé d'avoir les yeux bandés, et qu'il avait ironisé en se voyant seul sur la place : *« Où est Mgr Ndongmo ? »,* à moins qu'il n'ait simplement ignoré jusqu'à cet instant la mesure de clémence dont l'évêque de Bafoussam, condamné avec lui, avait seul fait l'objet.

L'événement avait glacé, comme on l'imagine, l'équipe enseignante et la plupart des étudiants. Le dernier chef historique de l'Union des Populations Camerounaises clandestine venait d'être rayé de la scène politique du Cameroun, sinon de son histoire. Lors de son arrestation, quelques mois auparavant, il sortait du maquis, affamé, et cherchait des vivres dans un champ de tubercules. Avec lui disparaissait le dernier héros populaire de cette sanglante aventure qu'a représenté la décolonisation du Cameroun. Jean-Paul Chailleux, le directeur des études, me dit quelques minutes plus tard : *« Je ne resterai pas un mois de plus dans ce pays ! »* Il dut rester un peu plus. Moi-même, j'eus un profond mouvement de révolte contre les conditions expéditives dans lesquelles Ahidjo venait de se débarrasser de celui qui était certes un rebelle, mais essentiellement un opposant irréductible.

La dernière victoire historique d'Ahmadou Ahidjo, moins sujette à controverse, est d'ordre institutionnel. Au moment de sa décolonisation, l'Angleterre avait tenté de faire purement et simplement absorber le Cameroun anglophone par le Nigeria. Au référendum de février 1961, la partie méridionale du Cameroun anglophone choisit de se joindre au Cameroun francophone, et en octobre 1961 le pays devint donc une fédération bilingue, dont Ahidjo était le président unique, et John Ngu Foncha le vice-président. Parce que cette fédération n'était pour lui qu'une étape, il nomma en janvier 1968 l'anglophone Salomon Tandeng Muna au poste de Premier ministre du Cameroun occidental et vice-président fédéral, préparant avec lui la fusion : le référendum provoqué sur ce thème le 20 mai 1972 lui donna raison, le peuple se déclarant à la quasi unanimité pour l'abandon de la Fédération... C'est ainsi que le douloureux accouchement, en une décennie, de la République unie du Cameroun avec ses deux langues officielles, le français et l'anglais, et l'unique étoile de son drapeau, doit beaucoup à l'habileté manœuvrière d'Ahidjo.

L'autorité absolue dont il faisait preuve était-elle le seul moyen de faire trouver les voies de l'unité politique à cent peuples divers brassés dans une commune destinée par les avatars et les vicissitudes de l'Histoire ? Ahidjo se faisait fort de retourner ce handicap historique en avantage : « *La diversité ethnique, linguistique, géographique qui caractérise le Cameroun a toujours été considérée, non sans raison, comme un obstacle majeur à l'unité nationale. Mais cette diversité n'est pas notre moindre richesse : le bilinguisme pour lequel nous avons opté, la défense d'un patrimoine culturel varié, la cohabitation des religions chrétienne, musulmane, animiste, indiquent assez que nous entendons sauvegarder et enrichir le pluralisme de notre civilisation. Tout en œuvrant sans relâche pour éliminer cet aspect négatif de la diversité ethnique que constitue le tribalisme...* »

Les intellectuels camerounais n'avaient pas grande considération pour celui qu'ils nommaient « le petit Peul ». Mais il était beaucoup plus doué qu'eux pour la chose politique, l'appréhension exacte des forces sociales de son pays, l'alchimie secrète à établir et à maintenir entre les différentes ethnies, aux clivages profonds et au passé sanglant !

Et il poursuivait en indiquant sa méthode : « *Equilibrer les grandes ethnies est une nécessité absolue ; et donner à chaque province sa place dans la nation. Le danger d'une certaine systématisation ne nous échappe pas, mais nous progressons : désormais, et de plus en plus, les responsables sont choisis en fonction de leur valeur personnelle, de leur compétence intellectuelle ou technique, de leur aptitude à servir l'Etat et le peuple. Si d'autres critères ont parfois prévalu, il nous faut parfaire sans cesse nos exigences.* » Manière de reconnaître que la prise en compte des équilibres ethniques peut parfois être en contradiction avec une juste évaluation des hommes... On notera dans ce langage sa démarche autoritaire, mais surtout sa volonté farouche de créer l'unité du pays, autour d'un patriotisme camerounais. C'est son successeur Paul Biya qui mettra fin au régime du parti unique, donnant une plus large latitude d'expression à l'opposition, tout en assurant à son tour l'unité et la stabilité du pays, comme la pérennité de ses institutions.

Le problème multiethnique n'est toujours pas parfaitement résolu aujourd'hui, où, par exemple, le Vatican se heurte à des résistances en nommant à Yaoundé un archevêque d'origine bamiléké, qui parle l'éwondo, pour remplacer Mgr Zoa, prélat d'origine éwondo. Au nom de l'universalisme de l'Eglise, un évêque éwondo a pourtant été nommé parallèlement à Bafoussam, capitale du pays bamiléké... Mais à Yaoundé, de bons catholiques du cru snobent un temps leur nouvel archevêque, et ne se rendent plus à la messe à la Cathédrale. Nous sommes au début de l'an 2000, et tous les serviteurs du Christ ne sont pas égaux aux yeux des fidèles camerounais !

Ahidjo abandonna le pouvoir assez brusquement, probablement parce que son médecin lui avait annoncé qu'il était atteint d'un mal incurable :

il annonça à son peuple en 1982 sa démission de la présidence, sans livrer les raisons de sa décision. Mais il garda malgré tout la direction du parti unique, créant ainsi toutes les conditions d'un dysfonctionnement au sommet d'un Etat temporairement bicéphale.

En 1983, le Président François Mitterrand fit au Cameroun un voyage officiel, et je fus invité à l'y accompagner. Au matin du deuxième jour de son séjour à Yaoundé, il me convia à venir prendre avec lui le petit déjeuner en tête-à-tête : comme il devait, ce jour-là, se rendre à Garoua pour rencontrer l'ancien président Ahidjo, toujours chef du Parti, je pensais qu'il me demanderait une synthèse exhaustive sur les rapports entre l'ancien chef d'Etat et son successeur, la manière dont se passait leur « cohabitation », terme encore inusité en France à l'époque, mais auquel nous nous sommes depuis accoutumés. J'avais donc préparé une fiche détaillée sur la situation politique ainsi créée. A ma grande surprise, François Mitterrand ne m'en parla pas. Assis sur la terrasse de la résidence du Mont Fébé, qui domine la ville, et où le Cameroun recevait son hôte français, nous parlâmes de la radio et de la télévision françaises, de l'actualité internationale, du climat du Cameroun et de sa cuisine, de la végétation de la forêt tropicale, de l'océan, de la musique... Quand le président Paul Biya vint chercher son hôte, il marqua son étonnement de nous trouver tous les deux en pleine discussion. Par la suite je n'arriverai jamais à le convaincre que je n'avais pas longuement exposé à François Mitterrand la situation politique conflictuelle qui régnait alors dans son pays, et que nos sujets de conversation étaient tout autres...

Les inévitables tiraillements se traduisirent par une tentative de coup d'Etat, alors même qu'Ahidjo s'était volontairement exilé en France, en semi-retraite politique, et afin d'y recevoir des soins médicaux réguliers. Le coup d'Etat échoua, réprimé dans le sang par les troupes loyalistes, fidèles au président Biya. Jusqu'à quel point l'ancien chef d'Etat l'avait-il suscité ? Difficile de le dire, mais il est certain qu'il fut profondément affecté par cet événement, qu'il en perdit le contrôle de ses nerfs, s'enfonçant rapidement dans une dépression obsessionnelle : il n'eut désormais qu'une hantise, qu'il confiait à ceux qui lui rendaient visite dans son appartement de l'avenue Maurice-Barrès, à Neuilly : « *Qu'attend Mitterrand pour contraindre Biya à quitter le pouvoir ?* » Un petit poste de radio constamment collé à l'oreille, bloqué sur la fréquence de RFI, il passait ses journées dans l'attente d'hypothétiques événements qui devaient, assurait-il, « secouer le Cameroun » et lui permettre, sinon de retrouver le pouvoir, du moins d'y placer l'un des siens. Triste fin qui vient clore, avec sa mort en 1985, deux décennies de pouvoir personnel et policier, mais qui ne doit pas faire oublier le travail d'unification du Cameroun accompli par Ahidjo dans les premières années de l'indépendance... Sa veuve, Germaine Ahidjo, n'eut pas l'autorisation de rapatrier son corps dans son pays, et il fut enterré à Dakar.

Quel retournement ! Mais il est vrai que l'histoire de l'Afrique, depuis les indépendances, ne pouvait être un long fleuve tranquille. Pour moi, qui avais connu le président Ahidjo dans sa période faste, et sous un jour plus positif, je dois souligner qu'il avait fortement appuyé le développement de l'Ecole de Yaoundé, à une époque où son implantation dans la capitale du Cameroun s'inscrivait il est vrai harmonieusement dans les ambitions qu'il nourrissait pour son pays...

Madeleines africaines

Que peut-on penser aujourd'hui de cette aventure de l'Ecole Supérieure Internationale de Journalisme de Yaoundé ? Je n'ai pas sur ce point d'opinion arrêtée. D'un point de vue institutionnel, la force de l'Ecole était d'être un foyer de formation et de rayonnement internationaux, statut protecteur et exigeant en même temps, qu'elle perdit malheureusement par la suite. Sur le plan pédagogique, les options essentielles, les principes retenus, la progression et la distribution des enseignements apparaissent justifiés, mais un tel projet exige beaucoup d'une équipe enseignante qui doit être convaincue du bien-fondé du travail entrepris en commun, prête à des concertations permanentes.

Quant à la notion du journaliste, « agent de développement », qui nous guidait, à l'époque cette formule s'imposait naturellement. Quel sens prenait-elle pour nous ? A nos yeux, les journalistes africains devaient être formés à la prise de décision, et à l'exercice direct des responsabilités : professionnellement aptes à appréhender et à décrypter des situations historiques et politiques compliquées par les réalités du sous-développement, et ainsi capables de s'engager pour faire évoluer ce contexte complexe, sans risquer d'y perdre leur âme ou leur vie.

A chaque époque sa phraséologie. Il y a une trentaine d'années, le développement était, dans l'esprit de tous, le moteur indispensable – nécessaire et suffisant – à la réussite de l'indépendance. L'expérience nous a enseigné que la démocratie, la liberté des marchés et la défense de l'exception culturelle étaient aussi indispensables que les grands chantiers, les plans quinquennaux et le protectionnisme douanier à l'abri du franc CFA.

Jusqu'à quel point notre entreprise fut-elle couronnée de succès ?

C'est à nos étudiants qu'il faut le demander : la plupart n'ont pas perdu leur temps, et je n'ai cessé d'en croiser à des postes de responsabilité, soit dans le monde politique soit dans le monde médiatique, en Afrique et au-delà. Chacun d'entre eux, à sa place, a pu ainsi contribuer à l'évolution des sociétés africaines vers la démocratie et le multipartisme, sensible depuis plusieurs années.

Non sans heurts et sans violences : c'est avec une grande émotion que je me souviens de ceux, anciens élèves ou collègues professionnels de Yaoundé, qui ont donné leur vie pour accomplir leur mission de journalistes, dans leurs pays. J'ai évoqué le Tchad, et je me remémore les visages de Mahamat Alkali, un Tchadien du Nord, et d'Ousmane Touadé, originaire du Sud. Le premier était l'un de nos meilleurs étudiants, le second un collègue de très grande qualité, auquel j'avais un temps pensé pour me remplacer à Yaoundé. Il fut ministre de l'Information dans son pays, où il travailla activement à la formation des journalistes, puis fut assassiné dans les geôles d'Hissène Habré, aujourd'hui en passe d'être poursuivi pour crimes contre l'humanité. Mahamat Alkali, personnalité attachante de la première promotion de l'Ecole, fut également abattu pendant la guerre civile qui ravagea le Tchad.

Combien de fois suis-je intervenu directement, depuis Paris, auprès de plusieurs chefs d'Etat africains pour obtenir la libération d'anciens élèves, brutalement arrêtés et souvent arbitrairement détenus, pour avoir parlé trop librement de leurs gouvernants ? Il fut parfois possible d'éviter l'engagement de lourdes procédures judiciaires dont l'issue trop prévisible fût devenue inéluctable. Ce fut le cas au Gabon, en Centrafrique, en Côte-d'Ivoire, au Togo et même au Cameroun, où certains anciens élèves furent arrêtés pour de simples délits d'opinion, considérés comme des actes de subversion, alors qu'en dehors de quelques outrances verbales, il ne s'agissait que d'un exercice normal de la profession de journaliste. En de pareils cas, une intervention discrète et rationnelle vaut souvent mieux qu'un bruyant communiqué, qui risque d'entraîner l'Etat cloué au pilori à saisir officiellement la justice et à engager dès lors son arsenal de répression. Il reste que l'action de diverses ONG et des associations de défense des droits de l'homme demeure irremplaçable.

Devenus chefs de stations, directeurs de programmes, patrons de journaux, les anciens élèves de l'école de Yaoundé ont connu des honneurs dangereux : leur parcours épouse le destin des nouveaux Etats africains... Et je ne peux que faire référence aux propos amers de Pierre Schaeffer, fondateur de la SORAFOM* et des radios africaines, lui-

---

* Société de Radiodiffusion de la France d'Outre-Mer.

même grand combattant pour le développement de la communication sur le continent : « *Il y a en Afrique toutes sortes de gouvernements, des bons et des moins bons ; il y a des tortures, des camps, des représailles en toute indépendance nationale... Je ne saurais oublier que bon nombre de mes amis ont assumé, à leurs risques et périls, l'idéal du service public que nous leur avions confié. Les noms, ici, seraient de trop ; la prudence s'impose. Il faudrait tout un livre pour raconter cela, et ce serait un livre indiscret, où la documentation serait malaisée et l'objectivité impossible. C'est assez dire que l'histoire des radiodiffusions coïncide avec l'histoire politique, ce qui n'est plus, hélas, à démontrer**. »

L'évolution de la communication et des sociétés africaines au cours des décennies qui suivent ne viendra pas contredire cette sage observation, pour le meilleur et pour le pire. Pour le pire : on sait que les journalistes africains ont souvent été les premiers à payer leur prise de conscience des dysfonctionnements des sociétés au sein desquelles ils travaillaient. Mais également pour le meilleur : le progressif mouvement de libéralisation des ondes et des journaux qui est intervenu en Afrique, avec des retards et des réticences, selon les pays, dans la dernière décennie du XXe siècle, est inséparable de la libéralisation politique et de la marche vers le pluralisme et la démocratie qui ont également caractérisé ces années.

C'est un privilège de l'âge, j'ai connu, parfois très bien, les artisans des indépendances, et je connais les dirigeants d'aujourd'hui. De nombreux cadres de la génération montante ont défilé dans les Ecoles que j'ai pu diriger en Afrique ou en France. Le journalisme est un creuset où se forgent des hommes de liberté et de responsabilité. C'est pourquoi l'Afrique que je connais et que j'ai appris à aimer, c'est d'abord les Africains, tous les Africains, tels qu'ils sont, dans leur plus grande diversité. Je ne poursuis, quand j'observe l'évolution du continent, aucune chimère tiers-mondiste et je sais que la démocratie est un combat permanent, adapté à la situation de chaque pays. C'est pourquoi je n'apprécie ni le conformisme cyclothymique et simplificateur du microcosme parisien, ni le discours filandreux de certains politiques qui n'apprécient l'Afrique que pour mieux déprécier les Africains. Homme de fidélité, je me tiens à l'écoute de tout ce qui change, heureux de voir que nombre d'évolutions enregistrées au cours des dernières années vont dans le bon sens.

De six ans passés au Cameroun, et de quelque trente années de contacts et de parcours africains, du Nord au Sud et d'Ouest en Est, je

---

* Pierre Schaeffer, *Les Antennes de Jéricho*, Paris, Stock, 1978.

tire une connaissance sans cesse renouvelée de ce continent qui continue de me fasciner et dont je ne cesse d'observer les réalités politiques, sociales, humaines, économiques, sans préjugés ni prévention. De ma première décennie d'observation est né un livre assez volumineux, *Les Cinquante Afriques**, dont la rédaction fut partagée avec Claude Wauthier, qui se chargea des zones anglophones et lusophones. J'ai pour ma part assumé l'histoire et la description contemporaine des pays du Maghreb, de l'Egypte et de la Libye, de l'Afrique francophone, et de l'océan Indien.

Cet effort de synthèse, pays par pays, me permet aujourd'hui d'identifier facilement, et avec une forme de familiarité spontanée, les mille visages de l'Afrique, comme un spécialiste de Proust est capable de reconnaître, à une phrase, tel ou tel volume de *La Recherche,* avec son phrasé, ses thématiques, ses digressions, ses surprises. Mais ce qui semble aujourd'hui sans effort n'était pas donné d'emblée. Je crois que l'on ne parvient à cette forme de connaissance immédiate qu'au terme d'un long et minutieux travail d'approche et d'appropriation. Il en est allé ainsi pour moi, de l'Afrique : je me suis appliqué à la comprendre, et je n'ai pas été déçu de ce qu'elle m'a révélé, sur les hommes, sur la nature et sur moi-même.

Les découvertes les plus marquantes, celles auxquelles on revient, ce sont d'abord des saveurs et des sensations : la cuisine, en premier lieu, dans toute la variété des types de cuisson et des accommodements. Souvent épicée et lourde, la cuisine africaine se fait parfois diététique et légère : cuisine vapeur au Cameroun, viandes et poissons cuits à l'étouffée dans les feuilles de palmier ou de bananier. Exotisme des mets aussi : depuis le pangolin que j'ai déjà évoqué, sorte de fourmilier que l'on cuisine au Cameroun, jusqu'au crocodile que j'ai goûté au restaurant La Porte jaune, à Douala, et dont le goût me déçut tant il ressemblait à du poulet fade, dans un lieu où le chef s'était fait une spécialité du succulent porc-épic. Au contraire j'ai apprécié chez mon ami aujourd'hui disparu, Thomas Melone, homme de lettres et homme public proche de l'UPC, la tortue d'eau douce ou d'eau de mer, à la saveur délicate et précieuse, qui est une des spécialités des Bassas et des Bakokos. Et chez monseigneur Zoa, archevêque de Yaoundé, les délices de la vipère cornue.

A de nombreuses reprises, j'ai effectué en voiture, le long de la mer, le trajet qui sépare les deux capitales : du Togo, Lomé, et du Bénin,

---

* Hervé Bourges et Claude Wauthier, Paris, Seuil, 1979, tome I : « Maghreb, Afrique du Nord-Est, Corne de l'Afrique, Afrique sahélo-soudanienne, Golfe du Bénin », 680 pages ; tome II : « Afrique Centrale, Afrique des Grands Lacs, Afrique Australe, Océan Indien », 680 pages.

Cotonou, suivant le superbe ruban de cocotiers qui ourle cette partie du littoral. Et je n'ai jamais manqué de faire halte auprès des « mamas » et de leurs marmites où cuit le délicieux agouti, sorte de rongeur apparenté au rat, à l'écureuil ou au lapin, qui bondit dans les champs avoisinants, comme un kangourou en modèle réduit. Autre rendez-vous, à l'occasion de mes passages au Sénégal, celui du vendredi, où j'étais sûr de trouver la famille de Farah et Mireille Ndiaye réunie autour de ce que j'ai toujours considéré comme le meilleur tiéboudienne du pays, une spécialité sénégalaise, à base de riz et de thiof, de carottes, d'aubergines, de patates douces, relevés par l'huile d'arachide, le piment, le basilic et le laurier.

Nous étions tous assis sur le tapis, déchaussés, autour de l'immense plat incurvé, empli de ce régal coloré, dont le fumet nous ouvrait l'appétit, et où nous puisions à pleines mains... D'autres fois, nous dégustions ensemble le yassa, poulet macéré à l'huile d'arachide et au citron vert, avec des oignons, du piment, des épices, accompagné de riz casamançais, concassé. Farah Ndiaye, emporté par une cruelle maladie en 1998, était l'un de mes meilleurs amis. Je l'avais connu député, secrétaire général du parti d'Abdoulaye Wade, c'est-à-dire bras droit de celui qui était alors le leader de l'opposition. Mireille Ndiaye, d'origine togolaise, était magistrate à Dakar, et Farah avocat, brillant juriste, passionné par les médias. Il voulait créer un quotidien indépendant qui puisse concurrencer le très officiel *Soleil*.

Je suggérai à Farah Ndiaye de déployer son énergie et son talent au service de la communication, qui est une autre manière de contribuer à la vitalité démocratique d'un pays. Je présidais alors à la création de Canal Plus Afrique, aujourd'hui rebaptisé Canal Horizon, et c'est en cette qualité que je m'employai à convaincre le Président Abdou Diouf que Farah Ndiaye ferait un excellent patron pour Canal Plus Sénégal, dont trois des principaux actionnaires, au moment du lancement de cette chaîne privée, étaient un industriel libanais, installé au Sénégal où il fabriquait des savons, et mes amis Habib Thiam, futur Premier ministre d'Abdou Diouf, et Moustapha Niasse, qui deviendra ministre des Affaires étrangères d'Abdou Diouf, puis Premier ministre de son successeur, Abdoulaye Wade. Tous les deux n'étaient plus, à ce moment-là, au cœur de la vie politique, même s'ils devaient un jour y retourner, et se consacraient à leurs activités privées. Abdou Diouf avait été camarade d'études de Farah Ndiaye, et il vit d'un bon œil sa candidature, qu'il encouragea vivement, pensant peut-être à cette époque priver son rival Abdoulaye Wade d'un sérieux atout en lui enlevant son bras droit. Mais quels qu'aient été ses motifs secrets, il est indéniable qu'en soutenant un adversaire politique à la tête de la première télévision privée sénégalaise, Abdou Diouf donnait un bel exemple de tolérance et de sens du pluralisme, comme il le ferait encore en acceptant démocratiquement sa défaite au deuxième tour de l'élection présidentielle de mars 2000.

Palabres mauritaniennes

J'ai évoqué à propos de l'Algérie et du Maroc les admirables méchouis que mes amis m'offraient quand nous nous retrouvions : le méchoui sénégalais n'est pas à dédaigner non plus, dont les moutons n'ont pas exactement la même saveur, mais sont préparés de la même manière. Je n'ai jamais manqué une occasion d'y goûter, que ce soit au Sénégal, au Niger, ou encore en Mauritanie, où le mouton et la datte constituent la nourriture de base des riches et des pauvres, des nationaux comme de leurs hôtes.

Je garde le souvenir durable de journées passées dans le désert mauritanien, écrasé de chaleur, et des très longues soirées qui les suivaient, prolongées sous la tente nomade en discussions infinies. Nuits surprenantes, pendant lesquelles nos amis maures s'entretenaient jusqu'au petit matin, avec une formidable lucidité, de la vie internationale, de la politique française, de ses acteurs et des anecdotes qui les dépeignaient le mieux, du sens véritable des échanges qui avaient eu lieu sur tel projet de loi, au Palais-Bourbon... Je croyais rêver en les entendant, perdus au fond du désert, à mille lieues de toute notre modernité urbaine, et pourtant tellement attentifs, informés, intéressés par les débats qui agitaient la société française et par les enjeux des relations internationales. Contraste grisant, je sortais par moments de la tente pour respirer l'air froid du désert, et je sentais en moi une secrète jubilation de cette nouvelle forme de grand écart mental, comprenant en ces instants comptés ce que serait véritablement la société de l'information à l'échelle de la planète : la possibilité de poursuivre à des milliers de kilomètres de distance une réflexion commencée avec d'autres, en un autre lieu, quelques instants avant. Et c'est le même vertige que je retrouve aujourd'hui lorsque les techniques les plus récentes se liguent pour nous permettre de réaliser ce vieux rêve d'ubiquité et de communication universelle auquel il me semblait accéder lors de nos longues nuits du désert de Mauritanie, sous l'immense tente nomade...

Nos palabres étaient entrecoupées des récits des griots, soulignés par le rythme sourd d'un tobol guerrier, et des chants lancinants et gutturaux des griottes, célébrant aventures, chasses, ancêtres, au croisement entre religion, mythes et traditions populaires, tandis qu'on nous offrait, toutes les heures à trois reprises, le thé à la menthe fumant, avec cet art consommé des serveurs pour le faire couler de très haut, en un filet rapide, dans les minuscules tasses de verre décoré. Ainsi parvenait aux narines, avant que nous y trempions les lèvres, l'odeur âcre et saturée du sucre brut, dont les blocs étaient cassés sous nos yeux avec un marteau de cuivre ciselé...

Le jour, nous dégustions d'exceptionnels méchouis, cuits sous le sable, et dont la chair crissait sous la dent, la saveur schisteuse apportant un sel inattendu à la viande de mouton... Dans les calebasses le lait de chamelle avait toujours cette petite pointe piquante sur la langue... Lorsque Marie m'accompagnait dans le désert mauritanien, les femmes s'empressaient autour d'elle, toutes générations confondues, pour bavarder, la plus jeune traduisant, et pour lui proposer de prolonger son séjour en leur compagnie, en profitant de leur cuisine, le temps de gagner les nombreux kilos qui la séparaient des canons de la beauté mauritanienne...

J'aimais cette société et sa civilisation adaptée avec minutie aux nécessités du pays. Le sol pauvre, le climat rigoureux, ont élevé ses habitants dans l'endurance physique, l'exaltation du courage, la défense de l'opprimé, le sens de l'hospitalité, une hiérarchie des valeurs qui repose sur la noblesse des origines et un sens de la justice que la crainte de Dieu tient toujours en éveil. Et je garde un souvenir très fort de mes rencontres avec le premier Président de la République mauritanienne, Mokhtar Ould Daddah, personnalité au calme flegmatique masquant une volonté tendue vers la protection d'un pays à l'avenir alors incertain, ainsi que de mes discussions avec son ministre des Affaires étrangères, qui avait d'abord été son ministre de la Culture, Hamdi Ould Mouknas, aujourd'hui disparu. Cet homme remarquable par ses connaissances comme par son intelligence, doté d'une grande sensibilité, m'a aidé à découvrir l'âme mauritanienne dont l'originalité ne finira jamais d'intriguer, voire de fasciner...

C'est en Mauritanie, en juillet 1983, alors que j'effectuais une mission pour RFI, que je reçus au cours d'un déjeuner en tête-à-tête avec le chef de l'Etat, un appel urgent de la présidente de la Haute Autorité de l'Audiovisuel, Michèle Cotta, qui m'informait de la démission du président de TF1, Michel May, et me demandait si j'accepterais, le cas échéant, de le remplacer. Elle pensait que j'avais de fortes chances d'être élu au cours de l'assemblée plénière qui allait suivre, et voulait s'assurer que je ne refuserais pas le poste qui pouvait m'être offert. Je la rassurai... La première personnalité qui fut avertie de mon imminente nomination fut donc le Président mauritanien, dont je pris congé le soir même pour regagner Paris dans la nuit et être auditionné, dès le lendemain, par la première instance de régulation de l'audiovisuel français.

La prime à la démocratisation

Je n'ai jamais été un afro-béat ; et je ne suis pas davantage un afro-pessimiste. Etre un afro-béat, ce serait rester aveugle et silencieux sur les excès et les faiblesses de l'Afrique : tout tendant à la démesure, les défauts y deviennent des tares dont certains pays ont beaucoup de mal à s'affranchir. Ainsi d'une adhésion excessive à l'irrationnel et à la magie qui non seulement affecte les pratiques animistes traditionnelles et les rapports sociaux, mais déforme parfois l'esprit des religions révélées, à commencer par le catholicisme, extrêmement vivace, entre autres lieux, dans certaines régions du Cameroun : le Centre, l'Est, le littoral. Et, en 2000, l'influence des sectes va grandissant. Par contre, à Yaoundé, moi qui ne pratique guère, j'observais parfois des formes de l'expression religieuse tout à fait conscientes et cohérentes, en me rendant le dimanche sur la colline de Melen, où en plein air et sous le soleil ardent quelques prêtres officiaient à l'intention de plusieurs milliers de fidèles, hommes, femmes, enfants de toutes conditions, et principalement de milieux populaires, qui chantaient et dansaient sur les chants grégoriens comme sur les musiques éwondo, accompagnés de tam-tam et de balafons : leur folklore venant se marier à propos aux rites séculaires de l'Eglise. Les femmes étaient toutes habillées de pagnes multicolores, la foule bigarrée et mouvante agitait des feuilles de palmiers, la danse donnait à l'ensemble une sorte de joyeuse ferveur, au fil de la célébration. A l'offrande, les femmes apportaient dans les calebasses les agrumes et les fruits du terroir, myondo, bananes plantain, macabo, ignames, oranges, ananas, mangues... succulentes petites mangues du Cameroun qui prolifèrent en pleine nature et n'ont rien de commun avec les grosses mangues greffées importées d'autres pays africains ou asiatiques que la société parisienne, en mal d'exotisme, se procure, à prix d'or, chez Fauchon.

A côté de débordements chaleureux et sympathiques, certains excès apparaissent désastreux : vis-à-vis de mes interlocuteurs et amis africains, j'ai bien souvent exprimé mon incompréhension et mes réserves face à trois dérives dont l'Afrique n'a pas le monopole, mais qui sont à mes yeux majeures : l'acceptation de disparités sociales colossales, la condition souvent inégale des femmes, et la gangrène de la corruption.

Dans tous les pays du tiers monde, et dans toutes les Afriques, ces disparités sociales ne semblent pas troubler outre-mesure les élites, ni choquer ceux qui ont, plus ou moins démocratiquement, accaparé le pouvoir politique et économique. Même si à la base, au sein d'organisations non gouvernementales, au sein d'associations, dans le monde paysan ou à l'intérieur des « clans » ou des « chefferies » qui perdurent, un travail de redistribution sociale a effectivement lieu, il est difficile d'admettre que les seules lois de la solidarité spontanée, de l'entraide, puissent se substituer à la revendication d'une plus grande égalité ou simplement d'une meilleure justice dans la répartition des ressources et des richesses.

Lié à ces disparités criantes, parce qu'il les favorise et les accentue, le phénomène de la corruption, trop souvent scandaleux, chaque fois notamment qu'il touche ceux qui monnayent leurs responsabilités publiques pour s'enrichir. Même si la corruption peut être l'une des clefs d'un système de redistribution clanique qui voit ceux qui ont un salaire fixe obligés de partager cette ressource avec une famille élargie. L'économie peut-elle se doter d'un fonctionnement sain tant que le sous-développement impose ses conséquences injustes : dans les pays du tiers monde, les salaires sont équivalents à ceux qui avaient cours dans les anciens pays de l'Est... Alors que les prix des produits courants importés sont ceux des pays de l'Ouest, multipliés par deux ou trois !

Pourtant j'ai toujours défendu l'idée que depuis leur indépendance politique, depuis qu'ils ont accédé à la souveraineté, les pays africains sont devenus responsables de leur propre destin, et ne peuvent éternellement blâmer les conséquences de la colonisation. Autant il est vrai que les pratiques économiques néocolonialistes ont longtemps été une réalité, autant les responsabilités doivent désormais en être partagées. Bien que prisonniers du système, les gouvernants africains auraient gagné à prendre plus vite leurs distances, à marquer leur indépendance et à forcer la main des anciennes grandes puissances pour exiger des rapports plus égalitaires. Bien souvent, ceux-là mêmes qui bénéficiaient des avantages d'une coopération qui, bien sûr, ne desservait pas les intérêts de l'ancienne puissance coloniale, critiquaient en même temps une assistance dont ils tiraient le plus grand profit personnel ! Ce double langage, ce double comportement, est l'une des clefs de la corruption, parce qu'il apparaît comme le premier renoncement, le renoncement fondamental.

Autre révolte, persistante, celle que j'éprouve devant la place et le rôle de la femme, que ce soit en Afrique du Nord ou en Afrique noire. Combien de fois ai-je été choqué, sans jamais m'y habituer, par des comportements misogynes ! Combien de fois ai-je observé dans le monde paysan la femme surexploitée, travaillant aux champs et à la maison, s'occupant des enfants, tandis que l'homme restait à peu de chose près inactif. Mais c'est un très long chapitre que celui de la condition des femmes, et je le laisse aux spécialistes, sachant cependant qu'elle évolue avec le développement de l'éducation, avec la prise de conscience et l'action sur le terrain de femmes africaines remarquables. Encore faut-il que les hommes acceptent de jouer le jeu et de remettre en question leurs prérogatives.

Pas question de jouer les donneurs de leçons. N'a-t-il pas fallu près de deux siècles pour que l'esprit de liberté soufflant sur la France et l'Angleterre traverse toute l'Europe ? On demande à l'Afrique de faire tout, tout de suite. Ce n'est pas raisonnable. Nous avons nous aussi nos égarements et nos erreurs, nous avons connu nos Terreurs et nos Restaurations, nos troubles républicains, nos avancées démocratiques et nos époques de régression... La fin de la guerre froide Est-Ouest n'a-t-elle pas largement contribué à débloquer les esprits sur le continent africain ? Il y a des faux-semblants, comme le discours sur le Nouvel Ordre mondial, consacrant le rôle des Etats-Unis comme première puissance. Mais il y a aussi des événements symboliques qui prennent une vraie dimension historique. La libération de Mandela a offert un signe emblématique d'indépendance aux hommes de tous les pays, bien au-delà de l'Afrique du Sud et du continent africain. Et en même temps, elle a ouvert la porte à la coexistence et au pardon. On n'efface jamais les blessures ; mais il faut les aider à cicatriser pour tirer les hommes vers le haut. Même si le pessimisme resurgit, quand l'on considère que le pays le plus peuplé d'Afrique, le Nigeria, en trente-huit ans d'indépendance, et avant d'instaurer la démocratie, a compté vingt-huit années de dictature militaire et dix coups d'Etat... Ou pire, quand on connaît les horreurs des conflits frontaliers, comme entre l'Ethiopie et l'Erythrée, des guerres civiles en Sierra Leone, à Brazzaville, et dans l'Afrique des Grands Lacs, sans compter les tragédies provoquées par des catastrophes naturelles, au Mozambique et ailleurs.

Les pays africains et leurs premiers dirigeants, après leur accession à l'indépendance, n'ont pas emprunté un chemin menant tout droit à l'idée d'alternance, et c'est une litote : sans doute ces jeunes Etats n'étaient-ils pas suffisamment assurés de leur identité et de leur solidité pour accueillir d'emblée les ferments de division civile que comporte toute vie démocratique. L'alternance est encore dans de nombreuses régions de la Terre une idée neuve. Certains dirigeants africains de la première génération, et pas seulement parmi ceux qui revendiquaient leur inspiration marxiste, la jugeaient même « contre-révolutionnaire ». Au demeurant, les voies de la démocratie ne sont pas évidentes pour certaines régions d'Afrique qui doivent aussi prendre en compte les traditions, les systèmes sociaux et les situations économiques dont elles héritent. Mais qui eût dit que l'Espagne moderne et follement éprise de liberté, que nous découvrons depuis vingt ans, naîtrait un jour de la succession de Franco et de la restauration d'un Bourbon sur le trône ? Et pour revenir à l'Afrique, ce qui est vrai de certains chefs d'Etat l'est parfois de leurs opposants... qui ont sans cesse le mot « démocratie » en bouche, mais qui, sitôt le pouvoir conquis par les urnes, perdent le goût de l'alternance et rechignent à le restituer par le moyen qui leur a permis d'y accéder...

Une citation tirée du discours de François Mitterrand au Sommet franco-africain de La Baule, le 20 juin 1990, met en rapport, d'une manière particulièrement explicite, démocratie et développement. On sait que ce discours et le message qu'il délivra infléchirent l'évolution de nombreux pays africains au fil des dernières années.

« *C'est le chemin de la liberté sur lequel vous avancerez, en même temps que vous avancerez sur le chemin du développement. On pourrait d'ailleurs inverser la formule : c'est en prenant la route du développement que vous serez engagés sur la route de la démocratie.* » Démocratie et développement sont deux phénomènes liés et simultanés. Cette idée-force est vraisemblablement l'une des clefs de la politique africaine conduite par François Mitterrand et de son renouvellement à partir du discours de La Baule, précisément.

Précédemment, entre 1981 et 1990, François Mitterrand s'est attaché avec constance et conviction à créer les conditions d'un démarrage économique du continent africain, en prenant des positions fortes et claires au sein de toutes les instances internationales, à toutes les réunions importantes auxquelles il a participé et qui traitaient des liens entre le Nord et le Sud. Dès son arrivée au pouvoir, il choisit en effet de donner à la France cette fonction : être l'interprète de la détresse d'un certain nombre de pays dont le développement était obéré par le poids de leur endettement. Décision exceptionnelle. La plupart des anciennes puissances coloniales ou des grandes puissances avaient alors tout bonnement abandonné l'Afrique à ses malheurs et au FMI.

Or la grande affaire du premier septennat, c'est d'éviter que l'Afrique ne soit économiquement étranglée. La bataille pour le développement se mène à l'occasion de chaque rencontre internationale, elle passe par les accords de Lomé, bien sûr, elle se joue au sein de la Communauté européenne, dans les sommets des Sept pays les plus industrialisés et dans le cadre du Fonds Monétaire International. Il s'agit de convaincre nos partenaires que l'on ne peut pas abandonner l'Afrique.

Hubert Védrine a rappelé en quelques lignes ce qu'étaient les enjeux de cette action diplomatique dans le livre remarquable qu'il y a consacré* : « *Dès les premières semaines de son mandat, le Président saisit les Dix à Luxembourg, les Sept à Ottawa, les participants de la conférence de Cancun, en octobre 1981, de la nécessité de se mobiliser pour réduire la fracture Nord/Sud...* » Et d'énumérer les acquis de cette politique : « *augmentation sensible de notre aide publique au développement, renouvellement favorable des accords de Lomé...*

... Une politique qui se porte de plus en plus vers l'allégement de la dette qui écrase les pays pauvres. A Dakar, en 1989, il annonce l'effacement par la France de la dette des pays les plus pauvres, pour un montant de 27 milliards de Francs... Au total, l'aide française au développement passe de 0,36 % du PNB en 1980 à 0,63 % en 1993... »

Effort constant, au service d'objectifs cohérents : recréer en Afrique les conditions d'un développement équitable et partagé. L'ultime étape de ce processus sera représentée par la dure dévaluation du franc CFA, le 12 janvier 1994, dévaluation destinée à rendre compétitives les économies africaines concernées, mais difficilement vécue, au quotidien, par les populations.

Désormais, libérée du poids excessif que sa dette faisait peser sur son développement, réintégrée aux circuits économiques et monétaires dont elle était pour une part déconnectée, toujours soutenue et accompagnée dans les nécessaires investissements qu'elle doit faire, l'Afrique est en situation de prendre un nouveau départ, à condition toutefois que le ballon d'oxygène financier qui lui est accordé coïncide avec une ouverture sociale et politique dont tout indique qu'elle est la condition ultime du démarrage global des économies africaines.

En liant démocratie et développement, à partir de 1990, François Mitterrand a souhaité faire contribuer la France, à sa place, de manière incitative, à une évolution nécessaire des pays africains vers le multipartisme, et une meilleure prise en compte du pluralisme politique.

Si l'on voulait étudier les strates de cette conviction qui nourrit la politique africaine qu'il a inspirée, il faudrait sans doute faire la part d'une approche marxiste des évolutions sociales, au nom de laquelle chaque stade du développement économique s'accompagne nécessairement d'un certain type d'organisation politique, et la part d'une approche plus libérale au nom de laquelle la prospérité ne peut pas connaître meilleur terreau qu'une certaine liberté politique, permettant l'éclosion d'initiatives individuelles de plus en plus nombreuses. Il faudrait aussi faire la part d'une approche pragmatique, réaliste, de l'évolution géopolitique internationale qui lui permettrait de reconnaître, à

---

* Hubert Védrine, *Les Mondes de François Mitterrand*, Paris, Fayard, 1996.

certains signes sûrs, les premiers craquements politiques d'un ordre institué, immédiatement après la décolonisation, pour répondre aux besoins de l'équilibre Est-Ouest.

1990 est en effet l'année charnière. L'année du virage de l'Afrique vers le troisième millénaire. Un virage qui commence avant La Baule, dès le début de l'année, avec la propagation de l'onde de choc due plus directement à l'exécution des Ceausescu qu'à la chute du mur de Berlin. « *Le vent qui souffle à l'Est*, avertit alors le ministre français de la Coopération, Jacques Pelletier, *va faire trembler les cocotiers.* »

Dès le mois de février, la tornade se lève sur le golfe de Guinée. Noix et palmes jonchent le front de mer à Cotonou. La « Conférence nationale des forces vives » du Bénin donne le signal des tempêtes politiques. Et d'une ouverture démocratique qui, sans être fulgurante, ni exclure certains retours en arrière, va accomplir des progrès marquants. En avril et en mai, le parti unique est aboli au Zaïre, en Côte-d'Ivoire et au Gabon. Dans un registre plus violent, toujours au mois de mai, des étudiants sont tués à Lubumbashi et des émeutes ont lieu au Gabon. Un ordre jusque-là relativement établi a commencé à céder, une nouvelle ère s'est ouverte pour l'Afrique.

Le discours de La Baule est donc essentiel, non pas parce qu'il serait prophétique, ou déclencheur de l'évolution des pays africains, mais parce qu'il est avant tout clairvoyant, et qu'il saisit avec précision le moment historique dans lequel il s'inscrit. Puisque ces événements doivent avoir lieu, le génie du politique est d'en paraître l'organisateur, ou au moins l'initiateur. Toute l'habileté du discours de La Baule, tellement diplomatique, tellement enveloppant, c'est de placer la France au cœur du processus qui est en train de se jouer, alors même qu'elle a été, et qu'elle paraît encore à ce moment-là, intimement solidaire de l'organisation politique antérieure, qu'elle a largement contribué à consolider.

L'habileté du discours de La Baule, c'est de faire épouser à la France le virage qu'est en train de prendre l'Afrique, en paraissant le souhaiter elle-même. Exercice particulièrement délicat, plutôt bien réussi si l'on en juge par ses effets, malgré les critiques, les incohérences, les contradictions, les dérapages, qui sont difficiles à éviter lorsque l'on négocie un virage aussi serré. Moindre mal, dira-t-on, à un moment où la France aurait pu, tout aussi bien, sortir complètement de la route, et être abandonnée sur le bord du chemin par des pays africains désormais soucieux d'oublier la part la plus récente de leur passé.

Le discours de François Mitterrand à La Baule a contribué à accélérer le processus qui s'amorçait, en lui donnant une légitimité plus grande. Il instituait en particulier ce que l'on a appelé la prime à la démocratisation. On ne l'a guère vue s'appliquer. Mais la plupart des opposants y ont vu un encouragement à s'exprimer librement, voire à renverser les régimes autoritaires, ou, plus simplement, à mettre en œuvre le changement dans les pays où la démocratie paraissait confisquée depuis les origines par un même parti, comme au Sénégal.

Depuis, les événements se sont précipités, et multipliés, en Afrique francophone. Je ne vais pas les égrener. Des chefs d'Etat – nombreux – ont perdu le pouvoir, plus ou moins vite. Trois d'entre eux l'ont retrouvé, dont les deux premiers, Mathieu Kérékou et Didier Ratsiraka, ont été manifestement très changés par leur traversée du désert. De nouveaux visages sont apparus.

De la mort du « Vieux » à la digne succession de Senghor

Le 7 décembre 1993, à l'âge officiel de 88 ans – il avait plus vraisemblablement 93 ans –, s'éteint Félix Houphouët-Boigny, qui fut longtemps la grande figure de l'Afrique noire francophone. Je ne souhaite pas parler des dirigeants africains qui exercent aujourd'hui encore des responsabilités : il faut attendre pour juger de leur action qu'ils aient eu le temps d'infléchir véritablement le destin de leurs nations ou qu'ils aient disparu de la scène politique. Les décisions qu'ils prendront demain peuvent éclairer d'un jour nouveau celles qu'ils ont prises hier, et dans un sens ou dans un autre faire de leur exercice du pouvoir une réussite, ou un échec. En revanche, certaines des hautes figures qui sont attachées à l'histoire des pays africains depuis leur indépendance sont particulièrement parlantes : j'ai évoqué mes discussions avec Léopold Sédar Senghor, je ne me souviens pas moins de mes rapports avec le « Vieux » : Félix Houphouët-Boigny.

Celui qui gouverna la Côte-d'Ivoire depuis l'Indépendance jusqu'à sa mort en décembre 1993 incarnait toutes les contradictions de cette Afrique francophone, anciennement française, dont il était l'un des fils prodigues. Son parti, le Rassemblement Démocratique Africain (RDA), avait été l'allié du Parti communiste au moment où il lui fallait conquérir l'indépendance, ce qui ne l'empêchera pas de devenir un anticommuniste primaire une fois parvenu au pouvoir. Lui qui avait combattu avec vigueur et éloquence pour la constitution d'une fédération franco-africaine, il sera l'un des premiers acteurs de l'indépendance des pays d'Afrique. Il lui arrivera de faire, d'un homme qu'il dépeignait hier comme son ennemi n° 1, l'un de ses ministres d'Etat. Lui qui avait été sous la IVe République un politicien madré s'adonnant aux délices et aux poisons de la vie parlementaire parisienne, à ses alliances et désunions, instaura dès son accession au pouvoir un parti unique, exerçant, selon une expression de Pierre Biarnès qui le dépeint bien : « un pouvoir personnel tempéré par la palabre », renouant avec les plus vieilles traditions politiques africaines. Le même homme, qui avait aboli avec hâte le travail forcé, allait pour sa part bafouer les libertés après quelques années de responsabilités publiques de premier plan. Mais pour autant, Félix Houphouët-Boigny, opposé fermement à la peine de mort, ne fit jamais exécuter un condamné dans son pays, et cette constance-là mérite aussi d'être signalée.

Je l'ai rencontré à plusieurs reprises dans mes fonctions audiovisuelles, et deux fois lors de voyages officiels de chefs d'Etat français que j'accompagnais en Côte-d'Ivoire, ainsi que lors de séjours qu'il fit à Paris au cours des vingt dernières années de sa vie. Nos rapports étaient singuliers : il me parlait comme un père, ayant le paternalisme assez spontané, et je tentais pour ma part d'être direct, avec tout le respect que je ressentais face au doyen des dirigeants africains, statut dont il aimait jouer.

Il se méfiait de François Mitterrand, qui l'avait détaché du Parti communiste pour le rallier à l'UDSR, socialiste et radicale, parti charnière de la IVe République... Je me souviens que, en 1986, après la publication de plusieurs articles un peu rudes sur la Côte-d'Ivoire dans le journal du Parti socialiste, *L'Unité,* et dans *Le Matin de Paris,* quotidien dont l'engagement était clairement affirmé, il m'avait téléphoné pour me faire part de son sentiment : *« C'est Mitterrand qui est derrière ces papiers, n'est-ce pas ? »* Je ne suis pas sûr d'être arrivé ce jour-là à le convaincre que le Président de la République ne lisait pas tout ce qui se publiait et que la liberté des journalistes n'était pas un vain mot. *« Un article, peut-être, mais plusieurs articles, je ne vous crois pas. »* De telles réactions étaient éclairantes sur sa propre pratique de la liberté de la presse, dont témoignait la parution, à Abidjan, d'un unique quotidien, bien cadré, *Ivoire Matin.* Il faut dire que l'âge aidant, il voyait partout et sans cesse des complots dirigés contre lui, pour le salir ou pour l'abattre.

C'est cette inquiétude caractéristique qu'avait éveillée une remarque de Valéry Giscard d'Estaing, probablement discrète et mesurée lorsqu'elle avait été formulée, mais qui avait enflé jusqu'à devenir obsessionnelle dans l'esprit d'Houphouët-Boigny : en 1976, lors d'un voyage officiel en Côte-d'Ivoire, celui qui était alors le plus jeune Président de la République que la France ait connu ne lui avait-il pas suggéré de *« préparer sa succession »* ? Le « Vieux » ne l'entendait pas de cette oreille, et n'avait pas digéré ce qu'il avait pris pour une invitation à quitter le pouvoir, alors que ce n'était qu'un conseil éclairé concernant l'avenir.

Bref, de Gaulle était le seul homme politique français qui lui parût digne de la fonction présidentielle, et il le prenait fréquemment pour référence. De lui, il disait ce qu'il pensait de très peu de dirigeants politiques : « *C'est un grand homme* », alors qu'il réservait à la majorité de ses homologues l'autre jugement, non moins péremptoire : « *C'est un bandit.* » C'est ainsi que je l'entendis joyeusement qualifier Sankara, au Burkina Faso, ou le capitaine Jerry Rawlings arrivé au pouvoir en 1981 au Ghana à la suite d'un coup d'Etat, ou encore leurs ennemis éternels : Sékou Touré et Kwame Nkrumah.

Même de Léopold Sédar Senghor, son grand rival, il me parla un jour sans aménité : « *Comment peut-on devenir chef d'Etat apôtre de la négritude en récitant des vers latins ? Cet homme est une énigme vivante...* »

Homme de terrain, très proche des paysans ivoiriens, Félix Houphouët-Boigny était fasciné par l'irrationnel et par la magie des féticheurs. C'est parce qu'un marabout lui avait prédit qu'il mourrait dans un accident d'avion qu'il redoutait les voyages aériens. Il se voulait pourtant bon chrétien, et fut le bâtisseur, à Yamoussoukro, de la plus grande cathédrale d'Afrique... Une cathédrale très controversée dans un pays où les catholiques sont loin d'être majoritaires. Africain et baoulé, Félix Houphouët-Boigny détestait les Arabes, qu'il accusait de racisme, et auxquels il reprochait des siècles d'esclavagisme. Lorsque, chef d'Etat, il était forcé de les côtoyer, il s'attardait le moins possible lors des réceptions et honorait à peine les invitations qui lui étaient faites. Le seul chef d'Etat du Maghreb qu'il supportait était Bourguiba, dont il disait : « *C'est un Européen.* » Invité au Caire par Nasser, il avait accepté d'assister à une soirée artistique donnée en son honneur. Elle devait commencer par une chanson arabe, mélopée émouvante par laquelle Nasser avait sans doute voulu l'apprivoiser : il s'endormit profondément dès les premières mesures. Comme les applaudissements de la fin du spectacle le réveillaient enfin, il se pencha vers Nasser : « *C'est comme le tam-tam africain : ça m'endort.* »

Il est vrai que Félix Houphouët-Boigny attribuait une importance bien moindre à la culture qu'à l'économie. Il m'avait dit un jour, en une formule synthétique : « *Les artistes et les intellectuels sont en Europe, c'est le monde de la culture ; les industriels, scientifiques et managers sont aux Etats-Unis, qui connaissent un développement économique spectaculaire : voilà plutôt ce que je veux pour la Côte-d'Ivoire.* » C'est cet homme pragmatique et complexe à la fois qui assura à son pays aux soixante ethnies l'unité, la paix sociale, et le développement économique, pays auquel il sut associer, en les considérant comme des « enfants de la Côte-d'Ivoire », tous les étrangers – le tiers de la population du pays – qui venaient y travailler, à commencer par les paysans burkinabés, main-d'œuvre indispensable à l'exploitation des plantations... Au-delà de la caricature facile, Félix Houphouët-Boigny fut un libre et fidèle ami de la France, et non une marionnette manipulable à volonté, comme d'autres chefs d'Etat africains, dont l'absence de réelle personnalité laisse prise à des dérives regrettables, en termes de corruption, d'abus de pouvoir ou de décisions arbitraires.

Il disparut le 7 décembre 1993, après une longue agonie. Ses obsèques eurent lieu dans sa basilique de Yamoussoukro, en présence d'une multitude de chefs d'Etat africains et européens. Le Président Mitterrand avait affrété le Concorde qui accueillit tout ce que la République comptait d'hommes d'Etat ayant approché Houphouët, l'ex-Président Giscard d'Estaing, les anciens Premiers ministres, Rocard, Fabius, Mauroy, les anciens ministres des Affaires étrangères, et les invités du Président ; le Premier ministre du moment, Edouard Balladur, se rendant en Côte-d'Ivoire par un autre avion pour éviter qu'en cas d'accident les deux têtes du pouvoir exécutif français ne périssent ensemble.

Laure Adler et moi-même étions assis côte à côte dans l'avion présidentiel, nous ne fûmes pas séparés dans la basilique. Au cours de la cérémonie, je vis des larmes couler sur le visage de Laure. Je m'en étonnai, lui disant simplement : « *Je ne savais pas que la mort d'Houphouët vous ferait autant de peine...* » Elle murmura : « *Je pense à mon fils, prématurément disparu...* » Les obsèques que nous suivions avaient ravivé en elle ce deuil cruel.

Au lendemain de la mort du « Vieux », c'est Henri Konan Bédié qui lui succéda, comme le prévoyait la Constitution, en sa qualité de président de l'Assemblée nationale. L'autre dauphin possible, Alassane Ouattara, avait été nommé Premier ministre par Houphouët-Boigny en 1990. J'avais eu l'occasion de le rencontrer quelques semaines avant le décès du Président et il m'avait fait forte impression : Ouattara me parut indiscutablement un esprit éclairé, une personnalité compétente et expérimentée, possédant une envergure d'homme d'Etat. Henri Konan Bédié ayant été élu Président, aux élections qui suivirent, avec une majorité trop écrasante pour être crédible, Ouattara rejoindra la direction du Fonds Monétaire International, à New York.

Bédié restera au pouvoir pendant près de six ans, sans génie, poursuivi par une odeur de favoritisme et des rumeurs de corruption qui atteignirent ses plus proches ministres, alors même que la baisse des cours du cacao, dont la Côte-d'Ivoire est le premier producteur mondial, et du café se révélait fatale à une économie qui baignait pourtant dans un environnement favorable avec 6 % de croissance annuelle et 1,5 % d'inflation, mais où s'étalaient les inégalités et les disparités sociales. Son impopularité croissante fit craindre à Bédié l'issue des élections présidentielles qui approchaient, et le convainquit d'instruire contre Alassane Ouattara, son principal rival, un procès en « ivoirité », l'accusant d'être d'origine burkinabée, donc étranger, et à ce titre inéligible.

L'année 1999 vit un phénomène nouveau en Afrique, et inédit en Côte-d'Ivoire, pays jusque-là d'une stabilité exemplaire, multipartiste, même s'il était dominé par le parti au pouvoir : l'intervention de militaires « vertueux », « volant au secours de la démocratie », sans prétendre dans un premier temps s'imposer eux-mêmes à la tête du pays par leur putsch. Le phénomène apparut d'abord au Niger, s'étendit au Nigeria, pour atterrir en Côte-d'Ivoire, avec la déposition de Bédié par le général Guei. Une telle pratique peut faire tâche d'huile et se révéler dangereuse : lorsque l'alternance paraît bloquée, les forces armées d'un pays choisissent de la précipiter... Inutile de souligner les risques inhérents à une telle habitude, lorsque la nation n'est pas encore un ferment d'unité suffisamment fort, ancré dans une histoire commune, et qu'elle peine à se construire contre les replis ethniques et les tentations communautaires.

Les actes du général Guei sont observés par tous les Africains et la communauté internationale : ce militaire habile et qui se dit républicain voudra se faire élire lui-même pour se poser en véritable successeur du Père de la nation ivoirienne, Bédié n'apparaissant plus, pour l'Histoire, que comme une courte parenthèse. Manière de récupérer une légitimité démocratique après s'être installé au pouvoir par la force. Certaines des réactions du général Guei au cours de ses premiers mois de pouvoir autoproclamé ont pourtant pu laisser dubitative la communauté internationale : ainsi du passage dans un camp d'entraînement militaire des joueurs de l'équipe de football nationale, rentrant au pays après avoir été éliminés de la Coupe d'Afrique des nations. Le nouveau chef d'Etat marquait ainsi sa conception du sport professionnel : « *C'est un premier avertissement : un patriote, quand il pratique un sport, doit le faire avec les valeurs et le sens du patriotisme. J'ai souhaité que vous vous battiez pour la nation, mais ce ne fut pas le cas**... » Plus grave, le poison distillé dans la tête des Ivoiriens sur la nationalité des candidats à la présidence de la République risque de faire tâche d'huile bien au-delà des frontières du pays, et constitue une source de division et de violence.

---

* *L'Equipe*, 4 février 2000.

En contrepoint de cette aventureuse succession d'Houphouët-Boigny à la tête de la Côte-d'Ivoire, il m'apparaît difficile de ne pas évoquer la figure d'Abdou Diouf qui est parvenu à s'imposer au Sénégal, la performance mérite d'être soulignée, comme le digne successeur de Senghor, lorsque le poète-président décida de donner au monde une éclatante leçon de philosophie en s'écartant lui-même du pouvoir, jugeant son œuvre politique accomplie, et estimant ne pas devoir s'accrocher à un fauteuil présidentiel par simple satisfaction d'amour-propre...

Abdou Diouf est un homme d'une grande rectitude morale, d'une claire intelligence, d'une compétence reconnue. Il dirigea pendant onze ans l'une des plus brillantes équipes gouvernementales d'Afrique noire, avant d'être élu à la Présidence du Sénégal. J'ai toujours eu un grand plaisir à le rencontrer, à chacun de mes passages dans son pays.

On ne peut dissocier la personnalité d'Abdou Diouf du contexte dans lequel il a exercé ses responsabilités : le Sénégal est un petit pays à l'étroit dans un budget public annuel cinq fois inférieur à celui de la Mairie de Paris... Dakar, énorme agglomération, est l'ancienne capitale de l'Afrique Occidentale Française : elle concentre à elle seule la moitié de la population sénégalaise. C'est une ville d'une variété inépuisable : sa vaste médina côtoie la vieille ville européenne et administrative. Ses quartiers sont bruissants de marchés fleuris, et résonnent de l'aube à la tombée du jour de l'appel des muezzins. Les corniches qui conduisent au cap Manuel, la proximité de l'île aux Serpents et de l'île de Gorée, où l'on visite aujourd'hui les lieux d'où partaient les vaisseaux des négriers... Tout cet ensemble invite à la découverte et à la flânerie, et constitue un haut lieu pour le tourisme.

Mais cette capitale hypertrophiée attire aussi les populations de l'intérieur, qui ont pour principale activité la culture de l'arachide, naguère quasiment imposée comme monoculture par la métropole... Les conséquences de ce choix, un siècle et demi plus tard, sont sensibles : paupérisation rurale, et exode vers Dakar d'une population où se sont intégrés paysans wolofs, pasteurs peuls et pêcheurs lébous... tous réunis dans la même pauvreté urbaine !

Se présentant pour un quatrième mandat à la présidence de la République, le 21 février 2000, Abdou Diouf savait devoir compter avec les impatiences diffuses de toute cette population : beaucoup estimaient qu'après dix-neuf ans de présidence c'était un septennat de trop, et qu'il aurait plutôt dû se rallier à l'exemple de Senghor, dont l'ancien conseiller Henry Jean-Baptiste, aujourd'hui député UDF de Mayotte, avait dit, quand il lui annonça son départ : « *Votre exemple sera plus souvent cité qu'imité...* » Ce discours était évidemment celui d'Abdoulaye

Wade, son principal adversaire, qui, à 73 ans, plus âgé que Diouf, est parvenu à se faire le héraut du « changement », se plaçant à la tête du mouvement « Sopi » (« changement » en wolof).

Il est vrai que, de plus en plus, en Afrique comme en France, le signe tangible d'un bon fonctionnement démocratique est l'alternance, qui devient une fin en soi, d'autant plus que les habitudes de démocratie sont parfois balbutiantes ou réduites. Le choix libre des électeurs apparaît ainsi curieusement aux opinions nationales et internationales comme moins important que le fait que se succèdent à la tête des Etats des personnalités et des sensibilités différentes ! La rapidité de roulement devenant la traduction paradoxale de la maturité politique...

Dans ces conditions, le slogan « Sopi » avait toutes les chances d'aboutir, et Wade l'éternel opposant, combattant héroïque et charismatique, put effectivement regrouper tous les responsables de l'opposition sur son nom, par leur désistement en sa faveur dès lors qu'Abdou Diouf n'était pas élu au premier tour. Changement, alternance, l'argument fut efficace, d'autant que deux des candidats à l'élection présidentielle de février 2000, Djibo Kâ et Moustapha Niasse, étaient des barons du régime, issus des rangs du Parti socialiste, formation d'Abdou Diouf, et ayant longtemps exercé eux-mêmes des responsabilités ministérielles dans son gouvernement ou des fonctions au sein du PS...

Les candidatures de Djibo Kâ et de Moustapha Niasse étaient en elles-mêmes intéressantes : tous deux ne manquent pas de talent... Ils furent tous deux, et successivement, directeurs de cabinet de Léopold Sédar Senghor. Djibo Kâ fut longtemps ministre de la Communication d'Abdou Diouf, et Moustapha Niasse son très brillant ministre des Affaires étrangères et son successeur tout désigné. Mais comme il me le dit à Lomé, en juillet 1999 : « *Que puis-je faire ? Abdou Diouf m'a congelé.* »

Ces deux ténors se retrouvèrent donc dans l'opposition, contestant moins le Président sortant que l'influence jugée néfaste et exclusive du secrétaire général du Parti socialiste, Ousmane Tanor Dieng. Cette bataille d'hommes reflète plutôt une lassitude à l'égard d'un pouvoir trop longtemps placé entre les mains des mêmes dirigeants, et le ralliement tardif de Djibo Kâ à Abdou Diouf entre les deux tours n'effaça pas dans l'esprit des électeurs les lourdes critiques qu'il avait exprimées à son égard durant toute la campagne...

Même les différences idéologiques entre Abdoulaye Wade, conservateur libéral, et Abdou Diouf, social-démocrate, relativement ténues, ne semblent pas engager des pratiques gouvernementales fondamentalement différentes. Le nouveau gouvernement sénégalais trouve face à lui les mêmes problèmes structurels, sous-développement endémique, ressources naturelles plutôt chiches, et développement de la corruption, qui creusent le fossé social entre une élite largement liée à l'appareil d'Etat et une population qui ne se voit d'avenir que dans l'émigration ou l'autosubsistance agricole...

Toutes ces difficultés accentuent encore le caractère exemplaire de la démocratie sénégalaise, capable d'assurer liberté d'expression, alternance politique, transparence électorale, multipartisme. Le pays natal de Léopold Sédar Senghor se montre régulièrement à la hauteur des attentes à juste titre portées en lui : il faut souhaiter que la croissance économique, un nouveau courant d'investissements étrangers, et une plus grande participation des citoyens au débat démocratique, lui permettent de faire face aux besoins de développement qui sont toujours les siens.

Le printemps des peuples

La démocratie, qui peut suivre en Afrique, quarante ans après les indépendances, un cheminement sinueux que les pays européens ont, de leur côté, mis deux siècles à effectuer, ne peut toutefois se résumer à l'émergence du multipartisme ou à l'alternance politique : c'est aussi la liberté de la presse, l'indépendance de la justice, la réduction des inégalités sociales, l'existence d'un sentiment républicain au cœur du sentiment national, la participation de la société civile... Tous les chefs d'Etat africains auront probablement compris au cours des dernières années du XXe siècle, qu'ils ne peuvent asseoir leur autorité que sur l'adhésion populaire, et que si celle-ci leur fait défaut, leur pouvoir sera fragilisé, et peut-être ébranlé, ou renversé, par la rue ou par les armes. Et la démocratie africaine ne peut perdurer, au-delà de l'existence formelle de partis politiques, sans adhésion profonde à la nation, transcendant le sentiment tribal et ethnique. En Afrique comme ailleurs, pas de démocratie sans citoyenneté, pas de citoyenneté sans progrès économique et progrès de l'éducation.

La France s'est abstenue d'intervenir directement dans la crise ivoirienne, refusant d'utiliser ses troupes, nombreuses à Abidjan, pour soutenir le Président déchu : elle a ainsi marqué clairement par une preuve concrète sa volonté de ne plus se mêler de la politique intérieure de ces pays : c'est l'ultime étape de l'évolution des relations franco-africaines, concrétisant la nouvelle ligne politique ouverte par François Mitterrand à La Baule, qui avait immédiatement fait sentir ses effets... En novembre 1994, quatre ans après La Baule, lorsque se réunit le sommet franco-africain de Biarritz, tous les pays participants ont déjà instauré le multipartisme, dix-sept d'entre eux ont adopté de nouvelles constitutions. On peut évaluer à une cinquantaine le nombre d'élections législatives, présidentielles, ou de référendums intervenus au cours de ces quatre années dans les pays africains francophones... Un vent nouveau a dès lors commencé à souffler.

Malgré des résistances ou des contre-courants... dus à des situations particulièrement complexes, ou complètement bloquées : le Zaïre du Président Mobutu, le Rwanda et le Burundi... où l'esprit nouveau de la vie politique africaine heurte de front des divisions ethniques dont nous avons à déplorer la profondeur et l'aveuglement.

Il ne paraît pas exagéré de dire cependant que les années 90 apparaîtront de plus en plus, dans l'histoire contemporaine, comme celles du « printemps de l'Afrique », ou plutôt du « printemps des peuples africains ». Sans oublier les orages de ce printemps, et en dépit, encore une fois, de l'effroyable génocide du Rwanda... Au sein de ces pays, comme entre la France et eux, *« rien ne sera plus comme avant »*. Mais l'époque qui s'ouvre devient propice à un dialogue qui sera d'autant plus fructueux qu'il sera moins contraint.

L'effacement du paternalisme ne détruit pas notre proximité, ce que l'on pourrait appeler, d'un mot plus affectueux qu'ironique, notre « connivence ». Nous la devons à un ensemble de références partagées qui forment le patrimoine des relations franco-africaines, notre culture francophone, notre histoire commune.

La désagrégation du bloc de l'Est n'explique pas à elle seule l'évolution politique de l'Afrique, qui tire aussi les dividendes de plusieurs décennies d'« assistance ». L'Afrique de l'ère des indépendances assistées, c'est d'abord du béton. Des kilomètres cubes de béton. Jusque dans les pays « les moins avancés », comme il convient désormais de dire. Les bourgades coloniales se sont métamorphosées en grandes villes. Les « wharfs » ont disparu, remplacés par des ports en eau profonde. Les barrages irriguent les campagnes, et fournissent l'électricité à des abonnés désormais nombreux. Les ponts rapprochent les hommes, le bitume a recouvert la latérite.

La forêt des sottises et des erreurs ne doit pas cacher les infrastructures utiles et les logements, aussi insuffisants et inégalement répartis soient-ils. Ensuite, des progrès spectaculaires ont été accomplis dans les domaines de l'éducation, de l'information et, dans une moindre mesure, de l'agriculture. Et même de la santé, malgré les tragiques revers de la dernière décennie, la persistance du paludisme et le développement de l'épidémie du sida.

On peut et on doit critiquer la qualité des soins médicaux, de l'enseignement et des médias qui existent aujourd'hui. Mais ils existent. Et des populations qui ont plus que doublé sont plutôt mieux nourries qu'à la veille de l'indépendance, ont accès à la télévision, au téléphone, et, au moins dans les grandes métropoles, s'informatisent et s'initient à Internet, ouvrant de nouveaux chantiers de développement.

Quant à l'instruction, il est vrai que son niveau a plafonné, justement parce que l'on a voulu aller trop vite. Les chiffres sont quand même significatifs et impressionnants. La situation est très différente suivant les pays, mais les moyennes pour l'Afrique noire sont assez parlantes : dans l'enseignement primaire, un tiers des enfants d'âge scolaire étaient scolarisés en 1959, ils sont plus des trois quarts aujourd'hui. Dans l'enseignement secondaire, ces proportions sont respectivement de 3 % et de plus d'un quart. Et sait-on que le nombre d'étudiants au Cameroun (42 000) et en Côte-d'Ivoire (48 000) en 1992 était à peu près, relativement à la population, ce qu'il était en France à la fin des années 50 ?

Les Africains, bien que deux fois et demi plus nombreux qu'il y a quarante ans, ont réussi à augmenter leur PIB par habitant d'à peu près 15 %. C'est très peu, en comparaison de l'Europe – ou des dragons d'Asie... Encore que des événements récents jettent un jour nouveau sur leur croissance tellement rapide... Mais ces 15 % de croissance du PIB par habitant signifient que globalement, malgré les baisses de pouvoir d'achat enregistrées ces dernières années chez les salariés, notamment fonctionnaires, malgré les licenciements dans le secteur public, la plupart des Africains vivent mieux aujourd'hui qu'il y a quarante ans.

Cette médaille a bien sûr un revers. L'échec de l'industrialisation est grave, par son ampleur. Dans bon nombre de pays, il est total. Par ses conséquences comme par ses causes, il prive les Africains de la valeur ajoutée à leurs produits primaires – sauf dans le cas de l'arachide, des palmes et palmistes, de la bauxite, du coton, du bois – si tant est que le sciage et un peu d'ébénisterie à usage local apportent une considérable plus-value... Et quelques exceptions plus décoratives que significatives.

Cet échec marque clairement la persistance du pacte colonial, autrement dit le poids de ce qu'il convient d'appeler le néocolonialisme, l'extraversion ou la dépendance. Il témoigne, notamment sur des projets grandioses et dispendieux avortés, d'un prodigieux mélange de mauvaise conception et de mauvaise gestion, mélange que nos afro-pessimistes ont souvent quelques bonnes raisons de qualifier d'endémique.

Tout le problème de l'évolution politique nécessaire de l'Afrique tient à la conciliation délicate voire impossible des deux faces de la médaille : d'un côté un développement qui permet à de plus en plus d'Africains de s'intégrer dans le monde contemporain, de mesurer exactement leur place, leurs moyens, la situation qui leur est faite. De l'autre, l'échec d'un essor industriel qui ne parvient pas à donner à l'Afrique les outils dont elle aurait besoin pour tirer le meilleur parti des ressources extraordinaires qu'elle recèle, et qui vont chercher leur valeur ajoutée ailleurs, alors que leur valeur de base, leur valeur primaire, est entre les mains de quelques spéculateurs qui jouent avec le cours des métaux, des matières premières ou des denrées, sur les principaux marchés du monde.

Les progrès de l'instruction, l'élévation du niveau culturel et l'accroissement des capacités d'information, de l'ouverture du continent africain sur le monde, ont rendu petit à petit intenable une situation où le développement de la conscience que les peuples africains pouvaient avoir d'eux-mêmes sur la scène régionale comme sur la scène internationale ne s'accompagne pas d'un partage réel du développement économique, à la fois à l'intérieur des différents pays, et entre chacun des pays et les pays du Nord, anciennes puissances coloniales, ou nouvelles grandes puissances...

Il y a donc bien incohérence entre la situation politique de l'Afrique, sa position géopolitique, et son niveau de développement. C'est la conscience croissante de ces distorsions, et de leur injustice, qui devait nécessairement amener une révision déchirante pour les différents régimes en place. Et l'on sait combien le discours de La Baule, malgré toutes les précautions oratoires dont il s'entourait, fut reçu froidement par certains chefs d'Etat africains en place, car il sonnait, par avance, pour un certain nombre d'entre eux en tout cas, le glas d'une certaine toute-puissance.

Que le développement de l'Afrique, au stade où il en était arrivé en 1990, doive nécessairement se traduire désormais par une démocratisation du continent, beaucoup en étaient conscients en Afrique même, et à travers tous les régimes alors institués. La route du développement était nécessairement celle de la démocratie.

Nouveau départ dont témoignent déjà de nombreux observateurs impartiaux : depuis cinq ans, plus de la moitié des quarante-huit pays « Afrique-Caraïbes-Pacifique » ont un taux de croissance supérieur à 5 %. On constate que leur situation et leur image ressemblent beaucoup à ce qu'étaient, il y a cinquante ans, celles des pays asiatiques que l'on a baptisés depuis les tigres ou les dragons de l'Asie. Il n'y a pas de fatalité du sous-développement.

Et le facteur le plus décisif de renaissance est la propension de l'Afrique à devenir un grand marché, et un partenaire économique qui compte. On ne saurait négliger l'arrivée des commerçants et investisseurs jusque-là inconnus du continent africain : Malaisiens, Sud-

Coréens, Chinois, Taïwanais, et non pas seulement Américains et Français... Pour ce qui est des Français, je me contenterai de citer un homme qui sait compter, Vincent Bolloré : « *L'Afrique,* dit-il, *est une région appelée à connaître dans l'avenir une importante prospérité. Elle possède des cadres de bon niveau... regorge de matières premières facilement accessibles. Elle a tout pour réussir...* » Et Bolloré joint le geste à la parole en investissant près d'un milliard de francs par an en Afrique noire.

Dans ce nouveau départ, la France doit continuer à être aux côtés de l'Afrique, non plus dans une logique de protection ou d'assistance, mais dans une logique de partenariat. L'intégration du ministère de la Coopération au Quai d'Orsay met clairement en évidence cette nouvelle étape des relations franco-africaines. Les pays africains d'aujourd'hui ne sont plus la France d'Outre-Mer, « *le temps de la colonie est passé »,* comme l'avait dit le Général de Gaulle à Jacques Foccart, dès 1966, en évoquant, déjà, la nécessité de mettre un terme à la séparation ministérielle entre Coopération et Affaires étrangères. Quelque trente ans plus tard, Hubert Védrine affirme que la France sera fidèle à ses amis, tout en s'ouvrant à de nouveaux partenaires, et qu'elle va *« adapter sa politique à une Afrique qui change ».*

Lionel Jospin a donc posé la dernière pierre à l'édifice cohérent que représente l'évolution de la politique française vis-à-vis des pays africains. Cette histoire qui, en quatre décennies, va de la dépendance directe à l'indépendance réelle, débouche tout naturellement sur un « partenariat privilégié », au sein d'une « zone de solidarité prioritaire ». Clarification réalisée en plein accord avec le Président de la République, Jacques Chirac, qui accompagnait depuis des années l'évolution de la politique africaine. Cette évolution politique revêt à mes yeux une portée symbolique majeure. Elle donne toute leur dignité aux Etats africains.

La France se doit désormais de les considérer pour ce qu'ils sont : c'est-à-dire des Etats comme les autres. Comme les Affaires européennes, qui dépendent du Quai d'Orsay, les Affaires africaines et la Francophonie ont leur place au sein du ministère des Affaires étrangères. Ce qui n'empêche pas, bien entendu, le maintien de l'aide française, autant, sinon plus, nécessaire dans cette nouvelle phase de notre histoire commune, et l'élaboration d'une véritable politique de partenariat, une coresponsabilité prenant notamment en compte les problèmes liés à l'émigration.

C'est en ce sens que le ministre de la Coopération Charles Josselin négocia au début de l'an 2000 les accords de Souva, dont la signature, le 31 mai, permettra de pérenniser les conditions commerciales préférentielles appliquées aux échanges entre les 15 Etats de l'Union européenne et les 71 pays Afrique-Caraïbes-Pacifique (ACP), dont 38 sont aussi dans la liste des pays les plus pauvres de la planète. Les principaux points de cette cinquième convention reflètent l'évolution du monde et des préoccupations des signataires : si en matière commerciale l'exemption préférentielle des droits de douane au bénéfice des pays ACP est maintenue, des accords de partenariat économique régionalisés se développeront, constituant zone par zone de véritables unions douanières, comparables à l'Union européenne. Contrepartie des aides financières importantes prévues, le respect des droits de l'homme, des principes démocratiques et de l'Etat de droit sont des conditions suspensives des versements européens, ainsi que les cas de corruption avérés dans l'utilisation des sommes allouées. Enfin les Etats ACP s'engagent à réadmettre tous leurs nationaux illégalement présents sur le territoire d'un Etat de l'Union européenne... Pour vingt ans, le cadre des échanges économiques entre l'Afrique et l'Europe est donc fixé, créant les conditions d'un partenariat durable au service du développement.

Mitterrand l'Africain

En juin 1994, était réuni à l'UNESCO, où je représentais alors la France comme ambassadeur, un symposium dont j'avais été l'organisateur, autour du thème du développement, sur une suggestion de François Mitterrand, et avec le soutien de Federico Mayor, alors directeur général de l'Organisation. De retour d'Afrique du Sud, le Président avait tenu à y prendre lui-même la parole, pour brosser un tableau synthétique de l'action qu'il souhaitait voir la France mener, à un niveau international, pour donner aux pays africains, en particulier, le droit à un « *développement durable et équitable* ».

« *On ne va pas continuer à produire des richesses, puisqu'il s'agit de cela, pour qu'elles soient confisquées par une minorité* », avait-il lancé, marquant une fois encore la symétrie qu'il traçait entre développement, indépendance, démocratie. Avant d'évoquer dans une formule ambitieuse et volontaire « *un nouveau concept de sécurité collective, comprenant la sécurité économique* ». Il reste encore du chemin à parcourir dans cette voie...

A ceux qui se demanderaient aujourd'hui pour quelle raison il tenait tellement à la poursuite de cette politique africaine, et pourquoi il prit tellement à cœur l'évolution de ce continent, il a répondu par anticipation dans les années 50 : « *Sans l'Afrique,* écrivait alors François Mitterrand, *il n'y aura plus d'histoire de France au XXIe siècle.* »

Et pour revenir à ma propre histoire, nul doute que sans l'Afrique et sans l'alternance de mai 1981, je n'aurais probablement jamais fait la connaissance de François Mitterrand...

En 1981, en effet, je connaissais bien Pierre Mauroy, Claude Cheysson, Claude Estier, Georges Fillioud, Roland Dumas, Jacques Delors et Jean-Pierre Chevènement, que je tutoyais tous, à l'exception du dernier, et avec qui mes relations étaient anciennes, faites de combats communs ou de rencontres professionnelles. Je n'avais jamais rencontré François Mitterrand. A qui allaient mes sympathies politiques ? Je gardais de l'admiration pour le Général de Gaulle, l'homme du 18 Juin, et celui qui avait réussi à sortir la France du guêpier algérien. Mais ma référence principale restait Pierre Mendès France, pour la rigueur de son parcours, la netteté et la hauteur de sa pensée, l'ambition de sa vision politique. A défaut, en 1980, j'avais vu en Michel Rocard le candidat idéal de la gauche, et je me souviens d'avoir envoyé de Belgrade, où je suivais la conférence générale de l'UNESCO en tant que porte-parole et directeur des services d'information de l'Organisation, un télégramme personnel à Pierre Mauroy pour l'appeler à soutenir Michel Rocard après son fameux « appel de Conflans-Sainte-Honorine ». C'est dire combien j'étais loin de François Mitterrand.

Je fis pourtant sa connaissance directe, peu de temps avant l'élection de mai 1981, lors de l'organisation, à l'UNESCO, d'une convention du Parti socialiste consacrée à la Culture. Représentant du directeur général Ahmadou Mahtar M'Bow, j'accueillis place de Fontenoy celui qui n'était encore que le Premier secrétaire du PS, candidat à la Présidence de la République. J'ai conservé un souvenir très précis du petit homme un peu boudiné qui, à l'entrée de l'UNESCO, m'aperçut, fixa mon regard et me tendit la main. *« Je vous souhaite la bienvenue à l'UNESCO au nom du Directeur général »,* dis-je en déclinant immédiatement mes nom et qualités. Et à ma grande surprise, je l'entendis me répondre : *« Ah ! C'est donc vous Hervé Bourges ! »* Ainsi quelqu'un lui avait parlé de moi : j'ignorerai toujours qui, et ce qu'on lui avait dit, mais à en juger d'après son air mi-interrogateur mi-amusé, il est certain qu'on n'avait pas dû lui en dire que du bien. Cette rencontre fut sans lendemain.

Je ne le revis qu'en octobre 1981, lorsque nommé directeur général de RFI par Michèle Cotta, alors présidente de Radio-France, je vins présenter mes civilités au nouveau Président de la République. Michèle Cotta m'a plus tard raconté les réserves de François Mitterrand à l'énoncé de mon nom : *« Etes-vous sûr de faire le bon choix, Hervé*

Bourges est très engagé... Et puis ancien rédacteur en chef de Témoignage Chrétien, *il doit être CFDT, et rocardien !* » Soutenue par Pierre Mauroy et Claude Cheysson, Michèle Cotta maintint sa décision, et je me retrouvai, quelques jours plus tard, devant François Mitterrand. J'eus avec lui une très longue conversation, d'abord et avant tout à propos de l'Afrique. De l'Afrique, en général, et aussi pays par pays. De l'Afrique telle que je l'avais vécue et telle que je la voyais évoluer. Depuis ce jour, il m'est difficile de donner aux relations très confiantes que j'eus désormais avec François Mitterrand une autre toile de fond que l'Afrique. Nous en vînmes ensuite à parler, plus précisément, du rôle de RFI, de la nécessité de restaurer une voix de la France hésitante, sinon muette dans certaines zones. Et la discussion se porta sur le rôle des médias dans la vie publique et sociale, sur la nécessité d'aménager le paysage de la communication, sur l'Europe et la construction d'une identité culturelle commune, déjà commencée, mais encore inachevée...

Il en fut ainsi à chacune de nos nombreuses rencontres : les points précis qui justifiaient notre rendez-vous étaient rapidement évacués, et la conversation partait dans des directions inattendues, comme si le Président cherchait à tout savoir de son interlocuteur, curieux de toutes ses réactions, aux événements d'actualité comme aux thèmes philosophiques fondamentaux.

Au cours des années qui suivirent, j'eus l'occasion d'accompagner François Mitterrand en Afrique à de nombreuses reprises, soit comme son invité personnel, soit du fait de mes responsabilités à RFI puis à TF1. En mai 1982, je l'accompagnai au Togo, en Côte-d'Ivoire, au Sénégal et en Mauritanie. En octobre, ce fut le tour du Burundi, du Rwanda, du Zaïre, et en novembre de la même année de l'Egypte... J'ai le souvenir notamment de nos discussions en mai-juin 1983 au Cameroun, au Gabon et au Congo. En octobre 1983, je fus son invité au Sommet franco-africain de Vittel, de même qu'en décembre 1988 à Casablanca, et en juin 1990 à La Baule. C'est donc bien à partir de l'Afrique et dans un cadre africain que se sont nouées et déroulées, pour l'essentiel, mes relations personnelles avec François Mitterrand.

Pour des raisons qui me sont demeurées mystérieuses, et qui n'ont cessé de m'étonner, il s'intéressait à moi, s'informait de mon opinion sur les sujets les plus divers, voulait connaître mes convictions et ma manière d'envisager les réalités africaines et françaises, selon une démarche bien conforme au personnage qui nous est devenu plus familier avec le temps, mais qui me surprenait à l'époque où il portait, avec la charge, le masque présidentiel. En décembre 1988, au cours du Sommet de Casablanca, une journée fut organisée au sud du Maroc, dans l'Atlas, pour inaugurer le barrage de Aït Chouant à 150 kilomètres de

Marrakech, avec au programme fantasia et méchoui : de superbes tentes multicolores avaient été dressées sur un plateau pierreux, entre lesquelles furent répartis les convives lors du méchoui : au centre de ce campement fastueux, une tente centrale, la plus magnifique et la plus ornée, était disposée pour le Roi et son proche entourage, ainsi que pour François Mitterrand, Roland Dumas, ministre des Affaires étrangères, et quelques autres. Le protocole m'avait pour ma part placé dans une tente qui regroupait les responsables de médias français et marocains, ainsi que quelques envoyés spéciaux couvrant le Sommet. Mais je vis soudain accourir vers nous, criant mon nom, un fidèle du Roi et son proche parent, Moulay Ahmed Alaoui, alors ministre du Tourisme, éditorialiste au *Matin du Sahara,* considéré au Maroc comme le « journal du Palais », sa grande djellaba beige flottant au vent, babouches jaunes aux pieds, et me disant enfin : *« Sa Majesté veut te voir ! »* Je me demandais bien quel événement nécessitait ma présence urgente, et je me rendis sans tarder sous la tente royale, saluant d'abord le Roi, qui eut quelques mots aimables, mais anodins... Je compris rapidement que c'était François Mitterrand qui avait demandé à ce que je les rejoigne, pour participer à leur discussion, qui n'avait pas de sujet précis ni d'enjeu stratégique, et qui porta essentiellement sur la qualité des moutons marocains, ou le talent des cavaliers et des chevaux qui participaient à la fantasia. Tout François Mitterrand était là : caprice de prince, il avait souhaité me faire venir sous leur tente, sans nécessité, à la fois pour se distraire d'une compagnie trop protocolaire, et probablement pour faire dans ma direction un geste d'amitié dont il savait que je l'apprécierais.

Entre janvier 1982 et ma nomination par la Haute Autorité comme président de TF1, en juillet 1983, il me reçut ainsi à plusieurs reprises à l'Elysée pour des entretiens particuliers, dont certains n'étaient pas inscrits à l'agenda : on me faisait alors rentrer par la « grille du coq ».

Lors de notre premier entretien de ce type, qui dura près de deux heures, je m'étais demandé quel intérêt il pouvait trouver à nos discussions à bâtons rompus... Nous avions parlé d'Afrique, bien sûr, de radio, de télévision, mais aussi des sujets les plus divers : outre un questionnement incessant sur la coopération, les relations internationales, le rôle que la France pouvait jouer vis-à-vis du continent noir, il m'interrogeait aussi sur mes goûts cinématographiques et littéraires, sur mes références historiques... J'étais moi-même sur le gril, éprouvant la sensation, très curieuse, pour un journaliste, de voir inversés les rôles de l'intervieweur et de l'interviewé, convaincu pourtant que mes opinions devaient bien peu lui importer... Je lui exprimai crûment ma surprise : la réponse fusa, précise et nette : *« J'aimerais mieux vous connaître. »* C'était, comme souvent dans sa bouche, une non-réponse, qui ne délivrait pas sa propre clef.

En octobre 1982, je proposai au Président un entretien sur Radio-France Internationale au cours duquel il pourrait s'exprimer longuement sur les orientations qu'il comptait donner à la politique africaine française. Il me demanda d'assurer moi-même l'interview, jugeant qu'ainsi sa prestation serait plus naturelle, et s'inscrirait dans le droit-fil de nos discussions africaines. Il en profita pour marquer nettement ce qui serait désormais l'attitude constante de la France vis-à-vis des affaires intérieures de ses alliés : *« Si la force des armes ou l'adhésion populaire va vers celui-ci plutôt que vers celui-là, dès lors que l'on va vers l'unité ou l'intégrité ou l'indépendance de l'Etat africain reconnu par la France comme une vérité ou une évidence historique primordiale, je n'ai pas à chercher autre chose. Je peux avoir, personnellement, des émotions. Je peux être inquiet ou heureux de telle ou telle évolution. Mais devant une évolution qui se produit et qui ne dépend pas de moi, je veux que la France, mettant de côté tous les vieux réflexes impérialistes ou colonialistes, avançant d'un pas sûr sur le sol africain, en tendant la main avec le regard et la foi de l'amitié, et surtout du respect mutuel, aborde ainsi tous les problèmes, étant entendu que la France continuera de signer des accords de coopération et d'entente, et d'alliance le cas échéant. »* J'entendais d'autant mieux ce langage-là que c'était celui que je tenais moi-même, contre tous les fantômes du passé, depuis le début de l'ère des décolonisations. Sous son impulsion, j'avais soudain le sentiment que la France allait enfin instaurer des relations normales, assainies, majeures, avec les pays d'Afrique francophone.

En fait je m'aperçus peu à peu qu'à partir de ce moment et jusqu'à son départ de l'Elysée, François Mitterrand m'entourait de son estime et de son attention. Je n'appartenais pas au cercle des confidents et des intimes, ceux qu'il voyait chaque semaine, et je ne sacrifiai nullement aux rites d'un entourage rapproché que je ne fréquentais guère, n'allant ni à Solutré, ni à Latche, ne participant à aucun des pèlerinages de la geste mitterrandienne. En revanche il me marqua son amitié constante en me conviant à plusieurs reprises, le dimanche soir, à dîner avec ma femme dans les appartements privés de l'Elysée, ou le plus souvent rue de Bièvre, où il recevait en compagnie de Danielle, et en présence de Christine Gouze-Rénal, Roger Hanin, parfois aussi son fils Jean-Christophe, des amis proches tels que Georges Kiejman, Jack Lang, ou autres. Le rite était immuable : à 20 heures 30, nous nous retrouvions dans une salle à manger accueillante mais exiguë. Un soir où nous étions plus nombreux que d'habitude, Danielle Mitterrand resta assise en toute simplicité sur l'escalier qui menait à la mezzanine... Autour de la grande table ronde les sièges étaient plutôt serrés, et le menu familial et savoureux, habituellement construit autour d'un plat unique : bœuf en daube, bourguignon, pot-au-feu ou timbale de fruits de mer... La conversation était générale, et portait sur tous les sujets du jour, rarement sur la vie politique, plus souvent sur l'actualité littéraire ou théâtrale. Le silence se faisait parfois, religieusement, lorsque François Mitterrand évoquait en quelques mots Chateaubriand, Montaigne ou telle ou telle œuvre de François Mauriac, Albert Cohen ou Marguerite Yourcenar... Ses goûts le portaient avant tout vers les auteurs de facture classique, de style, sinon académique, du moins rigoureux, limpide et bien phrasé. La qualité de la langue était à ses yeux un signe sûr de l'élégance et de la clarté de la pensée. Il aimait le français, tout simplement, et les écrivains qui savaient le renouveler et l'illustrer tout en respectant ses règles.

J'ai toujours été sensible à la manière dont il pouvait, partout où il se trouvait, en France ou à l'étranger, après les séances de travail, faire abstraction des soucis de l'heure et de l'environnement pour se retrouver avec quelques amis autour d'une bonne table, dans un véritable bain de convivialité. Ainsi lors du Sommet franco-africain de La Baule, il m'avait convié à déjeuner avec quelques membres de son entourage, parmi lesquels Hubert Védrine et son épouse, dans un restaurant du bord de mer, où il avait fait dresser un somptueux plateau de coquillages et de crustacés, où figuraient ses huîtres préférées, les belons. Le déjeuner fut gai, enjoué, animé, il y fut question de tout, sauf de la conférence de La Baule...

Ce qui ne signifie pas pour autant qu'il n'était pas extrêmement concentré sur la ligne qu'il souhaitait imprimer à ses déclarations du jour, et qui fixerait pour longtemps une réorientation de la politique française : il se trouve que lors de la séance inaugurale, je me retrouvai à côté de celui qui passait pour rédiger les discours du Président, le futur académicien Erik Orsenna, qui m'avait glissé à l'oreille au moment où il allait prendre la parole : « *Vous verrez, je lui ai préparé un discours très structuré.* » Au fur et à mesure que François Mitterrand parlait, je voyais à côté de moi le visage d'Orsenna s'allonger. Je sus la raison de sa pâleur dans les dernières phrases, quand mon voisin me murmura : « *Il n'a pas retenu un mot de mon texte !* » En fait, François Mitterrand aimait à demander à plusieurs collaborateurs des schémas, des plans, des propositions de discours, grappillant par-ci par-là : mais les discours finissaient toujours par être sinon rédigés de sa propre main, du moins profondément remodelés par lui, qui en accommodait à sa propre sauce les moindres tournures.

La dixième Conférence des chefs d'Etat de France et d'Afrique, tenue à Vittel les 3 et 4 octobre 1983, fut pour moi l'occasion d'organiser une soirée mémorable dont beaucoup d'Africains se souviennent encore : j'avais été nommé président de TF1 trois mois plus tôt, et je décidai de faire à cette occasion, symboliquement, un clin d'œil à l'Afrique. Connaissant le goût des Africains pour la musique et sachant combien ils savaient recevoir de manière festive avec leurs propres formations orchestrales et groupes folkloriques, j'avais proposé à François Mitterrand de préparer une soirée au cours du Sommet, qui pourrait être enregistrée et diffusée sur l'antenne de TF1. La responsabilité en fut confiée à Marie-France Brière, responsable du secteur des variétés, mais je m'investis personnellement dans le choix des musiciens : Laurent Voulzy et Catherine Lara, Manu Dibango, que François Mitterrand appréciait beaucoup, les frères sénégalais Touré Kounda, Lamine Konté et sa kora, et deux jeunes lauréats du concours de RFI, Nahawa Doumbia et Canjo Amissi... Je ne sais plus si c'est à cette occasion que je demandai à un autre lauréat du prix RFI de la chanson africaine, le Congolais Zao, de chanter son *Ancien combattant* acerbe et virulent ! J'avais transpiré pendant toute la soirée, craignant que les répétitions n'aient pas été assez nombreuses, que la sono soit défaillante, et l'acoustique insuffisante... Ce fut une réussite. On vit ce soir-là François Mitterrand et les présidents africains, Omar Bongo en tête, battre la cadence avec leurs mains, entraînant toute la salle dans une joyeuse frénésie musicale : la musique réalisait une communion des genres et des styles, par-delà les diversités culturelles et les soucis protocolaires.

A l'occasion de ma nomination, en juillet 1983, à la présidence de TF1 par la Haute Autorité, François Mitterrand m'avait reçu, posant les règles du jeu en quelques mots : *« Je suis heureux de cette décision, mais vous êtes seul responsable de votre chaîne, je n'ai rien à vous demander, et si par hasard j'ai des reproches à vous adresser ou des questions à vous poser, je le ferai moi-même, ne tenez pas compte de ceux qui voudraient vous parler en mon nom. »* J'eus parfois l'occasion de rappeler ses paroles à certains ministres socialistes, ou Premiers ministres, qui habillaient leurs propres réactions d'un prudent « le Président pense que... » ou « le Président n'a pas du tout aimé que... » Ma réponse était invariable : *« Vraiment ? Il me l'aurait dit lui-même ! »*

Il est effectivement intervenu une seule fois entre 1983 et 1987, à la suite d'une information erronée, lourde de conséquences diplomatiques, donnée au journal de 20 heures, lors du bombardement par l'aviation israélienne d'un camp palestinien de Tunisie, qu'un journaliste commenta en rapprochant des faits qui n'étaient pas liés. Je me souviens de la voix blanche avec laquelle il me parla : *« Comment peut-on dire une chose pareille sans s'être informé, et alors que ce n'est pas le cas ? »* Son exaspération, à cette occasion, ne me parut pas déplacée.

Le temps passant, les souvenirs des voyages effectués en Afrique avec François Mitterrand se rapportent de plus en plus au monde de la communication hexagonale. Ainsi d'une discussion décisive au retour du Sommet franco-africain de Casablanca en décembre 1988 : nous nous trouvons dans l'avion présidentiel, avec Michel Rocard, Catherine Tasca, Alain Decaux, Roland Dumas, Thierry de Beaucé, alors au cabinet du Président, Jacques Attali. Comme pour tous les déplacements présidentiels, à l'heure du repas, l'aide de camp du Président va chercher discrètement ses invités, et tout l'avion retient son souffle pour savoir qui seront les heureux élus, au nombre desquels chacun espère se trouver ! Ce jour-là, le choix de François Mitterrand s'arrête sur Roland Dumas, Thierry de Beaucé et moi. Nous nous retrouvons autour de lui : sitôt les hors-d'œuvre servis il tire son stylo de sa poche. La cartouche n'a pas résisté à l'altitude et les doigts du Président sont immédiatement barbouillés d'encre noire : une hôtesse s'empresse pour essayer de les détacher, tandis qu'il fait semblant de n'en être pas affecté.

Quelques minutes plus tard, il est de nouveau à même d'écrire : « *Alors, avez-vous des idées pour la composition du Conseil supérieur de l'Audiovisuel ?* » D'emblée, François Mitterrand précise en s'adressant à moi : « *Bien évidemment, vous, il n'en est pas question, vous êtes un homme d'action, ça ne peut pas vous intéresser aujourd'hui, je suis sûr que vous préférez attendre !* » J'acquiesce : que faire d'autre ? Une liste de noms est immédiatement constituée. Pour la présidence du CSA, je propose Jean-Denis Bredin, dont j'ai apprécié les qualités intellectuelles et humaines ainsi que la réussite lorsqu'il a été placé à la tête d'un groupe de réflexion sur l'audiovisuel... Roland Dumas réagit contre cette suggestion. Sourire et murmure de Mitterrand dans ma direction : « *Rivalités d'avocats...* » Et celui qui est alors le ministre des Relations extérieures avance le nom de Jacques Boutet, qui après avoir été directeur général des Relations techniques culturelles et scientifiques au Quai d'Orsay, a rejoint le Conseil d'Etat : lui, au moins, ne lui fera pas d'ombre. Le Président note la proposition et s'en tient là : il s'en souviendra en effet.

A son retour à Paris, il reçoit Jean-Denis Bredin et lui propose la présidence du CSA. Le brillant avocat décline l'offre en raison de ses activités professionnelles et littéraires.

Dînant avec Jack Lang chez Lipp, Mitterrand lui dit : « *Bredin était comme un premier communiant.* » Jack Lang avance le nom de Georges Kiejman. La réponse fuse : « *Vous n'y pensez pas ! C'est une idée saugrenue...* »

Mitterrand suivra le conseil de Roland Dumas et nommera plus tard Kiejman ministre délégué à la Justice, puis à la Communication.

Parmi les noms de membres que nous proposons pour le CSA, le Président trouve qu'il y a trop peu de femmes. Je lui suggère Laure Adler dont j'apprécie le charme, la vivacité, la culture, l'engagement au service des idées qui l'habitent. J'ai eu affaire à elle comme éditrice, alors chez Plon, et je souligne sa participation à des émissions emblématiques, comme « Les Nuits magnétiques », ajoutant : *« C'est une femme qui rayonne... »* François Mitterrand, qui ne la connaît pas, cligne les yeux, note encore, n'ajoute rien mais paraît s'y intéresser.

A quelque temps de là, un samedi matin, me trouvant à Avoriaz au Festival du film fantastique, je serai joint au téléphone par Jean-Louis Bianco, secrétaire général de l'Elysée : *« Cher ami, le Président voudrait recevoir Laure Adler, je ne sais pas où la trouver, avez-vous son numéro personnel ? »* Je le lui donnai, me hâtant de la prévenir qu'elle allait sans doute recevoir un message de l'Elysée.

Le soir même elle m'appela pour me raconter son entretien un peu surréaliste avec François Mitterrand : elle avait rendez-vous à 15 heures 30, et elle avait été introduite sur-le-champ dans son grand bureau où la télévision était allumée : la retransmission d'un match du tournoi des Cinq Nations venait de commencer. *« Vous aimez le rugby ? »* Elle resta évasive... *« Ça ne vous dérange pas que nous regardions le match ? »* Elle eut donc droit, pendant une grande partie de l'après-midi, aux commentaires incessants du Président sur le jeu, le style des joueurs, les différentes phases de la rencontre, les moments où le sort semblait devoir tourner. François Mitterrand avait en effet du sport une vision d'homme d'action ou d'homme de guerre : il suivait la succession des séquences du jeu en évaluant à chaque instant les chances qui se présentaient, les occasions saisies ou manquées, replaçant l'ensemble de ces informations partielles dans le cadre général de la partie et traçant à chaque instant un pronostic sur son issue. Sa personnalité se révélait tout entière dans ces moments : stratège, attentif à tous les détails, projetant vers l'avenir la situation présente et imaginant avec jubilation ce qu'elle allait devenir.

C'est à l'issue de cette étonnante après-midi qu'il lui indiqua en quelques mots qu'il avait pensé à elle comme membre du Conseil supérieur de l'Audiovisuel. Laure Adler ne se doutait pas qu'il lui ferait cette proposition, mais elle ne fut pas désarçonnée : elle concevait aisément ce que pouvait signifier un tel poste, et son incompatibilité avec toute activité professionnelle dans le secteur de la communication. Elle n'hésita qu'un instant, avant de lui répondre calmement, car elle n'avait pas froid aux yeux : *« Je ne m'en sens pas l'âge... »* Eclat de rire de Mitterrand, à qui sa rapidité de réaction et sa lucidité plurent : *« Et vous sentiriez-vous l'âge d'entrer à mon cabinet comme Conseiller pour la*

Culture ? » Ce n'était pas la même chose... Laure Adler passa donc quelques années au cabinet du Président de la République : ses relations avec François Mitterrand étaient confiantes et efficaces, il appréciait sa netteté et son sérieux.

Pourtant, après ma nomination à la tête des chaînes publiques que j'allais bientôt regrouper sous le drapeau de France Télévision, je retrouvai Laure pour déjeuner dans l'un de ces restaurants de poisson qu'appréciait tout particulièrement le Président, Le Divellec, près des Invalides. Elle me dit ce jour-là qu'elle estimait avoir fait à l'Elysée tout ce qu'elle pouvait faire, et qu'elle souhaitait venir travailler pour la télévision publique. Je n'y voyais aucun inconvénient, et je lui proposai de devenir conseillère, à la présidence de France Télévision, ou de prendre directement, à France 2, la responsabilité des émissions culturelles de la chaîne. A la condition que le Président de la République n'en soit pas affecté, évidemment... Quelques jours plus tard, elle m'indiqua qu'il avait été surpris de sa demande, mais qu'il l'avait comprise, qu'il l'avait même trouvée normale et logique, et qu'ils conserveraient de bonnes relations quelle que soit sa décision.

Le 21 juin 1992, alors que j'assistais, avec Marie, au concert donné par Julien Clerc dans la Cour de l'Elysée pour la Fête de la musique, à l'invitation de François Mitterrand, le protocole nous plaça tout près du couple présidentiel. A la fin du concert, le maître des lieux me prit par le bras et me dit, mi-ironique, mi-fâché, avec ce ton un peu insaisissable qu'il savait prendre : « *Vous en avez de bonnes, vous : vous m'avez proposé Laure Adler, et j'apprends que vous me la reprenez !* » Et comme j'étais indécis sur la réponse à lui faire il ajouta : « *Je plaisante... Elle sera parfaite à la télévision.* »

Et pour me prouver qu'il n'était pas fâché, il m'emmena à La Cagouille, à Montparnasse, excellent restaurant de produits de la mer dont le Président était à bon droit un habitué. Il y venait avec quelques proches le mercredi, après le Conseil des ministres. Comme je le félicitais pour sa cuisine et son service, le patron de La Cagouille, le paisible Charentais Gérard Allemandou, Gargantua souriant et profondément bon, me livra son secret : « *Quand je demande à l'école hôtelière du personnel, je ne précise pas, comme certains restaurateurs mal embouchés, que j'exclus les beurs ou les Noirs : je réclame au contraire qu'on m'en présente aussi. Ils veulent réussir, donc ils font un travail parfait...* » Sympathique aveu d'un militant de l'intégration au quotidien.

Chirac, autre Africain

C'est également en grande partie en raison de nos liens avec l'Afrique que j'entretiens de bonnes relations avec le successeur de François Mitterrand, Jacques Chirac. A l'époque où j'étais président de TF1, j'avais été invité à la table du maire de Paris, à l'Hôtel de Ville, avec Maurice Ulrich, et toute notre conversation avait ce jour-là porté sur l'Afrique, nos appréciations sur les différents chefs d'Etat, sur les conflits en cours... A l'époque les combats faisaient rage en Angola, et nous n'étions pas d'accord, Jacques Chirac et moi, sur la personnalité de Savimbi, opposant au président Dos Santos, chef de file du MPLA.

Lorsqu'il fut élu Président de la République, Jacques Chirac me fit l'honneur de me considérer comme son invité personnel à trois occasions : lors du Sommet de la Francophonie de Cotonou, en 1997, lors de la rencontre franco-africaine de Ouagadougou, en 1998, et lors de son voyage présidentiel en Guinée, au Togo, au Nigeria et au Cameroun, en juillet 1999, voyage qui fut accéléré et raccourci par le décès du Roi Hassan II du Maroc, aux obsèques duquel Jacques Chirac se rendit directement de Yaoundé sans pouvoir poursuivre ses escales à Douala et Garoua.

Quelles que soient nos différences d'approche sur tel ou tel aspect de la politique africaine de la France, j'eus trois fois l'occasion de constater sa connaissance approfondie du continent, et la sincérité de son attachement à la terre, aux civilisations et aux hommes de l'Afrique. C'est peu dire qu'au cours de ces voyages j'eus l'occasion de l'approcher : je fus même à deux reprises assis à ses côtés dans l'avion présidentiel. Jacques Chirac est un homme sympathique et direct. Sympathique parce que totalement libre dans les rapports humains, et direct dans ses propos, sans détour. D'une simplicité sans faux-semblants dans les échanges, d'une totale décontraction dans les conversations privées. Lors du premier voyage auquel il me convia, à Cotonou, je le lui dis d'ailleurs aussi nettement que je le ressentais : *« Vous savez que mes relations avec le Président Mitterrand étaient plus étroites qu'avec vous... Mais avec vous, elles sont tellement plus faciles ! »* Par rapport à François Mitterrand, dont l'attitude était toujours composée, souvent même dans ses relations les plus privées, Jacques Chirac se laisse aller à une liberté absolue : je fus surpris de le voir, sitôt l'avion en vol pour le Bénin, s'isoler rapidement, tomber veste, cravate, chemise et pantalon, pour reparaître quelques instants après en survêtement, avant de solliciter rapidement du steward, aux alentours de 11 heures du matin, quelque chose de consistant à se mettre sous la dent, renvoyant le plateau du petit déjeuner pour réclamer une nourriture plus substantielle, invitant immédiatement ses invités à partager avec lui force cochonnailles, dévorées de bon appétit, comme s'il sortait d'un jeûne prolongé... Il en fut ainsi presque à chaque voyage. La Corona, bière mexicaine, accompagnait la collation aérienne, présente à bord de l'avion, même si elle est désormais bannie des repas officiels à l'Elysée au profit d'une marque française. Appétit d'ogre, alimentant une méchante rumeur sur son état de santé...

On a souvent eu l'occasion de constater l'activité déployée par le Président lors de ses voyages officiels, pour accélérer la signature de contrats importants par les industriels français : l'audiovisuel et le cinéma profitent aussi de ce type d'interventions décisives. Lors d'un voyage dans une ville du sud-ouest des Etats-Unis, Jacques Chirac, alors maire de Paris, rencontra le réalisateur Elie Chouraki, qui voulait y tourner une fiction... Et qui se heurtait au veto absolu de Jack Valenti, l'actif délégué de la Chambre syndicale du Cinéma américain. Qu'à cela ne tienne, Jacques Chirac appela immédiatement son grand ami Gregory Peck, à qui il demanda d'intervenir. Valenti demeurait inébranlable. Le maire de la capitale ne resta pas à court d'arguments : il appela sur-le-champ le secrétaire général de la Ville de Paris, Jean-Michel Hubert, aujourd'hui président de l'Autorité de Régulation des Télécommunications, à qui il demanda de lui indiquer si un réalisateur américain n'avait pas récemment demandé à tourner à Paris... Effectivement, Paul Newman s'apprêtait à y interpréter plusieurs scènes d'extérieur, au risque évidemment de perturber gravement la circulation de la capitale et la vie quotidienne de ses habitants... L'affaire fut vite réglée : Jack Valenti plia, et Elie Chouraki, comme Paul Newman, obtinrent, des deux côtés de l'Atlantique, les autorisations nécessaires. Jacques Chirac ne tint pas rigueur à Gregory Peck de l'insuccès de ses premières démarches : leur amitié résiste au temps, et lorsque l'acteur séjourne à Paris, ils ne manquent pas de se retrouver, avec leurs épouses et Claude Chirac, autour d'une bonne table française, comme celle du Père Claude, près de l'UNESCO, restaurateur chaleureux, adepte d'une cuisine traditionnelle, roborative, composée à partir de produits de qualité et d'abord d'excellentes viandes rôties.

Autre réalisateur qui bénéficia des interventions présidentielles alors qu'il se heurtait à des freins administratifs à l'étranger, Jacques Perrin, qui tourne actuellement en Suède un film, *Le Peuple migrateur*, notamment sur les oies sauvages, dont la sortie est prévue pour la fin de l'année 2000. Pour approcher de près et sans danger les oies en vol, le cinéaste doit utiliser un ULM. Mais le bruit de l'appareil pouvant les effrayer, il a dû accoutumer une compagnie d'oies, dès l'œuf, au vrombissement de ce moteur, en accord avec un élevage suédois qui accepta de tenter cette expérience. C'était compter sans les ligues écologistes et les atermoiements des services administratifs suédois qu'elles intimidaient... Le hasard d'une rencontre donne l'occasion inattendue à Jacques Perrin de raconter au Président de la République ses difficultés. Or celui-ci devait quelque temps plus tard effectuer un voyage officiel en Suède : qu'à cela ne tienne, il en parla naturellement à la Souveraine, au chef du Gouvernement et au ministre de l'Environnement... Et Jacques Perrin a obtenu satisfaction, ce qui nous vaudra des images inédites sur la vie quotidienne des oies sauvages !

Souvent, même lors de conversations politiques, je me trouvais en peine de reconnaître en Jacques Chirac l'homme de droite qu'il est censé être, lui trouvant plutôt les traits d'un radical-socialiste, héritier en terre corrézienne du petit père Queuille, libéral au sens noble du terme. Chirac fut toujours l'adversaire de la peine de mort et a souvent des accents progressistes lorsqu'il évoque les problèmes du tiers monde et s'insurge contre le racisme...

A son actif, l'initiative de créer quai Branly un Musée des Arts premiers, qui ouvrira au printemps 2004, et symbolisera l'ouverture de la France en direction du tiers monde. Les Arts premiers sont en effet ceux d'Afrique, d'Asie, d'Océanie et des Amériques, ils concernent plus de 75 % de l'humanité... Me recevant le 7 décembre 1999, Catherine Trautmann, ministre de la Culture et de la Communication, m'indiqua que le lendemain, à l'issue du Conseil des ministres, Jacques Chirac la retiendrait avec le Premier ministre pour arrêter d'un commun accord leur choix entre les différents projets architecturaux proposés. Et Catherine Trautmann de souligner, amusée : *« Il faut bien avouer que cette décision du chef de l'Etat de créer un musée des Arts premiers aurait pu être prise par la gauche... »* Il est vrai que cette mesure s'imposait, les Arts premiers ayant nourri les œuvres de Picasso, Braque, Derain, Vlaminck, et inspiré André Breton et tous les surréalistes... Ce musée sera aussi une reconnaissance du caractère multiculturel de la société française contemporaine, qui est une réalité à laquelle je suis tout particulièrement sensible. Il est vrai que pour ce qui me concerne, entre les europhiles débridés et les souverainistes échevelés, je me suis toujours défini comme ardent partisan d'une Europe ouverte au dialogue Nord-Sud, et de la prise en compte de l'évolution de notre société, qui, pour attachée qu'elle soit à son terreau culturel gaulois, doit savoir s'enrichir des multiples apports des civilisations et cultures auxquelles elle est historiquement liée : méditerranéennes, antillaise, créole et africaine. Un repli frileux sur nous-mêmes nous condamnerait soit au dépérissement, soit à une dilution dans un modèle mondial imposant sa pensée unique et ses seules références. Face au nivellement des cultures par un marché mondialisé, la grandeur et la force de la France est de prôner la diversité des traditions et des héritages, et le droit de chaque peuple à enrichir le patrimoine mondial d'une nouvelle source d'inspiration et de pensée. Ce monde multiple et ouvert dont la France peut être le champion, il commence à notre porte, dans nos esprits, dans la manière dont nous apprenons à accueillir l'art et les usages des autres peuples sur notre sol. C'est aussi l'enjeu, symbolique et concret à la fois, de la constitution de ce grand Musée des Arts premiers, au bord de la Seine.

En de multiples circonstances, Jacques Chirac m'a témoigné sa sympathie, ce qui n'était pas toujours le cas de son entourage ou de sa famille politique, bien plus conservatrice, voire réactionnaire, que lui. Il alla même très loin dans ses initiatives à mon égard lorsque, à ma grande stupéfaction, au cours d'un déjeuner à l'Elysée de juillet 1995 en compagnie du regretté et talentueux Jacques Pilhan, il me déclara que Philippe Séguin lui avait fait « l'excellente suggestion » de me nommer ministre de la Coopération... Il me demanda si j'accepterais, ne me cachant pas par ailleurs qu'Alain Juppé se faisait tirer l'oreille et que Dominique de Villepin faisait plutôt grise mine... Et le Président d'ajouter : « *Non seulement vous seriez parfait pour ce rôle, mais en plus vous êtes de gauche !* » Je lui répondis en souriant que j'étais extrêmement honoré que Philippe Séguin et lui-même aient pensé à moi, mais qu'il me paraissait inconcevable, quelques mois après ma nomination par François Mitterrand à la présidence du CSA, d'abandonner les responsabilités qu'il m'avait confiées, sans même parler des difficultés et des désaccords politiques qui ne manqueraient pas de surgir... Il n'en fut plus question. Je me suis interrogé sur les motivations réelles de cette éventualité. J'ai, par la suite, vite oublié cette proposition surprenante, et me suis souvenu que les promesses politiques n'engagent que ceux qui les... reçoivent.

Vingt ans plus tard

Le développement de la communication est intrinsèquement lié à l'avancée de la démocratie en Afrique. Lequel a précédé l'autre, de la poule ou de l'œuf ? Pour mesurer le chemin parcouru par les pays africains en direction du pluralisme et d'un véritable fonctionnement démocratique, le meilleur baromètre est sans doute l'évolution de leurs médias : la floraison de titres de presse, de stations de radio, dans une moindre mesure de chaînes de télévision, au cours de cette décennie.

Ce développement-là est doublement révélateur : révélateur de l'entrée de l'Afrique dans le nouvel environnement économique international qui sera celui de la société de l'information, d'abord. Révélateur aussi de l'avancée inexorable du pluralisme, par une ouverture du champ médiatique, et donc des possibilités de débats, de controverses, d'expressions diverses ; en dépit des résistances, de la censure, de l'éternelle tentation de tous les pouvoirs de célébrer la liberté de l'information tout en bridant son développement.

Face aux objectifs tracés dans les années 70, les statistiques récentes sont éloquentes : 46 titres de presse au Bénin, dont 40 créés depuis 1990, 6 radios privées, 1 télévision privée... 17 titres de presse écrite créés au Burkina Faso, 18 radios privées, 4 télévisions privées... 35 titres sont nés en Côte-d'Ivoire, 9 radios privées, 12 titres de presse à Madagascar, qui en comptait 2 avant 1990, 70 radios privées, 3 télévisions privées... Au Mali, 20 titres nouveaux sont apparus, et l'on compte aujourd'hui 113 radios privées, dont 17 à Bamako... Et je pourrais continuer, et montrer, pays après pays, que les moyens de communication se développent à pas de géant à travers le continent africain.

L'avènement d'une nouvelle presse d'opinion privée en Afrique francophone a accompagné la fin du monopartisme : parfois, il la précéda et d'une certaine manière la précipita, comme au Mali, au Bénin ou au Niger. Le plus souvent, l'apparition de cette diversité dans les médias fut une conséquence heureuse de l'ouverture au pluralisme politique, comme au Zaïre, au Togo ou en Côte-d'Ivoire.

Le Sénégal, héritage de Senghor exige, a eu un rôle pionnier dans ce domaine. La libéralisation politique et médiatique entreprise depuis 1976 s'est poursuivie avec l'arrivée du Président Abdou Diouf en 1981... Renforcement du pluralisme des hebdomadaires avec *Wal Fadjri* en 1984, puis *Sud Magazine* et *Sud Hebdo* en 1986... Rayonnement de la première publication satirique en terre africaine, *Le Politicien*, créé du temps de Senghor par le regretté Mamm Less Dia... Naissance de son concurrent *Le Cafard libéré*.

C'est à Dakar que fut fondée le 15 juin 1986 l'Union des journalistes de l'Afrique de l'Ouest, lien entre les associations de journalistes des pays francophones, anglophones, et même lusophones, travaillant ensemble au développement, et à la défense de la liberté de la presse. Il est certain que le modèle démocratique sénégalais a exercé une forte influence sur les pays voisins à la fin des années 80. Depuis 1993, les quotidiens se sont multipliés, autour du *Soleil* : Dakar compte déjà 4 quotidiens... J'ai évoqué la presse, mais j'aurais pu aussi bien parler de la radio, puisque le groupe Sud Hebdo a obtenu une fréquence en 1995 sur Dakar et Thiès, qu'une autre radio, Dunya FM, a également démarré en 1995, ainsi que Radio Nostalgie Dakar, filiale de la société française Radio Nostalgie internationale... La situation évolue rapidement... Des télévisions privées verront le jour, ajoutant sur ce marché une alternative plus nationale aux émissions de Canal Horizon.

Bien sûr, il existe parfois, dans un pays ou l'autre, des tentations de retour en arrière, et l'on compte trop d'atteintes à la liberté de la presse... Sur les 64 journalistes « disparus » dans le monde en 1996, 12 ont « disparu » en Afrique, dont 3 en Algérie, 3 en Ethiopie, 2 au Burundi, 2 au Nigeria... Sur les 85 journalistes emprisonnés dans le monde au 30 janvier 1998, 26 l'étaient sur ce continent, 10 en Ethiopie, 10 au Nigeria, 1 au Cameroun, 1 en Erythrée, 1 au Congo, 1 en Zambie, 2 au Rwanda. Comme dans d'autres régions du monde, l'association « Reporters sans frontières » en tient la liste à jour et réclame leur libération.

Il faut compter aussi avec les difficultés matérielles : la distribution des journaux laisse à désirer dans certains pays, et les équilibres financiers sont précaires... Le marché publicitaire est réduit par le pouvoir d'achat, le lectorat limité par l'analphabétisme. Un grand nombre de titres sont nés, avant de disparaître très vite, passé l'effet de surprise... D'autant que cette presse très jeune souffre parfois encore de péchés de jeunesse : professionnalisme balbutiant, culture générale des journalistes approximative, manque de sources d'information fiables, répétitivité, excès de polémiques, qui entraînent une lassitude du public. Toutefois le paysage médiatique général commence à se dessiner. La presse africaine doit jouer son rôle dans le développement économique et l'avènement d'une démocratie solide. Son avenir est à ce prix.

Ce sont les ennemis de la liberté de la presse qui pensent qu'il y a trop de journaux. Aussi longtemps que la liberté d'édition et de diffusion est mesurée, il est essentiel de défendre tous les titres, en dépit de leurs faiblesses et maladresses : un pluralisme imparfait n'est-il pas préférable à une presse conformiste et alignée ? Je fais confiance aux journalistes africains pour améliorer leurs résultats. Je fais surtout confiance au public. Le succès des paraboles et l'écoute des radios internationales sont sans doute la sanction d'une information laissant un arrière-goût d'insincérité et d'approximation, tendant parfois vers la provocation et la diffamation... C'est aussi la marque d'un besoin nouveau d'information internationale et d'ouverture sur le monde.

Les 21 et 22 février 2000, je participai, à Bamako, à l'initiative du Président malien Alpha Omar Konaré et de la Fondation suisse du Devenir, à une rencontre internationale sur les usages d'Internet au service du développement. Cette conférence était en elle-même un événement, puisqu'elle s'était donné pour fin de défricher les enjeux de l'utilisation d'Internet pour les pays du Sud. La première des conclusions fut évidente, au vu du succès qu'elle remporta : le dynamisme et l'élan des populations africaines en direction des nouvelles technologies de communication n'a d'égal, jusqu'ici, que les difficultés à surmonter pour qu'elles puissent véritablement en profiter. Mais cette conclusion que le Sommet mondial des Régulateurs, organisé à l'initiative du Conseil supérieur de l'Audiovisuel à l'UNESCO, à Paris, les 30 novembre et 1er décembre 1999, avait commencé à esquisser, les rencontres Bamako 2000 l'ont amplifiée et concrétisée, en présence de multiples acteurs des télécommunications, de l'informatique, et de l'audiovisuel de l'Afrique et du reste du monde. La qualité des débats et la puissance des attentes qui s'exprimaient, le nombre des initiatives relatées, la vitalité et la jeunesse des intervenants, faisaient de cette semaine de réflexions tous azimuts un véritable laboratoire pratique des actions à engager pour accélérer l'entrée de l'Afrique dans la société de l'information.

Ce fut également pour moi l'occasion de rencontrer une nouvelle fois, très longuement, le Président Alpha Omar Konaré, seul Président africain en exercice que je citerai, universitaire respecté, ancien fonctionnaire international de l'UNESCO, homme de culture et de dialogue. Exemplaire à plusieurs titres, cet homme d'Etat me paraît résumer les atouts d'une Afrique moderne, authentiquement démocratique, consciente de ses besoins et capable d'y répondre : après avoir été élu dans les règles pour un premier mandat de cinq ans, il fut réélu contre plusieurs adversaires politiques, et il était, à cette date, à mi-parcours de son second mandat. Il avait déjà annoncé clairement sa volonté de ne pas se représenter, faisant passer dans la Constitution de son pays la limitation de la longévité à son poste de président de la République à deux mandats de cinq ans, et s'appliquant à lui-même cette règle inflexible, destinée à assurer la mise en œuvre régulière d'une alternance apaisée. Cohérence des positions et des actes, clarté de la vision politique, ses propos n'en étaient que plus crédibles sur les différents problèmes que nous avons abordés ensemble. « *Dans un pays où la démocratie est neuve, fragile, où les partis d'opposition sont virulents, je veux par cet exemple assurer la pérennité républicaine et institutionnelle. Même si mon âge ne constitue pas un handicap, puisque je n'ai pas atteint cinquante-cinq ans, je pense qu'il ne serait pas sain que je passe plus de dix années à la tête de l'Etat. Dix années, c'est suffisant pour faire avancer un projet de société, sans risquer la sclérose du pouvoir, et en laissant à un successeur le soin d'y insuffler au contraire un nouvel élan, avec ses propres qualités.* » Evoquant les développements nouveaux de la communication dans son pays, Alpha Omar

Konaré me dit alors : « *C'est dans cette perspective d'ouverture démocratique, d'apprentissage de la liberté politique, que je souhaite voir fructifier les vertus de la libre parole et de l'esprit de responsabilité. Nous sommes un pays pauvre, démuni, quasi sahélien, qui n'a pas d'accès à la mer et dont les ressources naturelles sont limitées. Il nous faut vivre selon nos possibilités, en répondant à nos besoins les plus criants... C'est dans ce cadre que la liberté de la presse et de la communication me paraît un élément essentiel de la démocratisation, avec la participation des citoyens et la lutte contre les inégalités sociales. Au Mali, même si les capacités économiques ouvertes au marché de la presse sont très faibles, des titres indépendants et des stations de radio privées existent. Si elles peuvent trouver des ressources suffisantes, des télévisions privées seront les bienvenues. Notre télévision publique elle-même doit être améliorée, qui est pauvre en crédits, en matériels et en professionnels. Il est indispensable que nous adaptions la liberté de la communication aux conditions culturelles, historiques, économiques et sociales du Mali. C'est pourquoi nos journalistes devraient être meilleurs que sur d'autres continents, plus professionnels, aguerris, responsables. Il ne s'agit pas pour eux d'écrire ou de parler pour leur propre entourage ou pour les seules élites du pays : ils doivent être entendus par toutes les catégories de la population, à des niveaux d'éducation et d'ouverture différents. Informer, éduquer, sans se muer en instruments de propagande, nos médias ont un rôle social essentiel à accomplir : l'information et les programmes qu'ils dispensent ne sont pas neutres, ils doivent contribuer à l'évolution et à l'adaptation citoyenne de nos sociétés.* »

Les paroles d'Alpha Omar Konaré forment un juste contrepoint aux réflexions que j'avais pu conduire, à partir de Yaoundé ou de Dakar, au début de mon expérience africaine : les préoccupations sont identiques, les aspirations jumelles. L'enjeu du journalisme en terre d'Afrique est chaque jour un peu plus d'actualité, et chaque jour un peu mieux compris. L'homme qui avait choisi de faire de son pays, pour une semaine, la capitale africaine du multimédia et d'Internet pouvait-il parler autrement ?

Il est donc important de saluer des initiatives comme celle de l'OLPED en Côte-d'Ivoire : l'Observatoire de la Liberté de la Presse, de l'Ethique et de la Déontologie a été constitué au sein de l'Union Nationale des Journalistes de Côte-d'Ivoire, pour travailler à rendre le métier de journaliste respectable et respecté, par l'observation de quelques principes simples, mais essentiels : souci de l'équilibre dans le traitement de l'information, exclusion de tout discours injurieux, ou mettant en cause la dignité humaine, de toute incitation au tribalisme, au racisme ou à la xénophobie, de toute incitation au fanatisme religieux, ou à la violence. Principes apparemment très généraux, mais il arrive parfois qu'ils ne soient pas appliqués, en Afrique, par de soi-disant journalistes... qui ne méritent pas ce nom. L'OLPED leur refusera ce titre. Cette initiative d'autorégulation de la profession, indépendamment de tout contrôle politique, va dans le bon sens. Le développement de la liberté de la communication est inséparable d'une attitude de plus en plus responsable des journalistes et des médias.

Quand j'enseignais à Yaoundé, j'avais pour formule : « *Ni griots serviles, ni détracteurs stériles !* » La connaissance du droit, le respect dû à la personne humaine, fût-elle chef d'Etat ou homme politique, font aussi partie des règles démocratiques. La communication n'est jamais sans cadres ni limites. Je me souviens d'avoir parfois cité, pour faire prendre conscience à mes étudiants de l'obligation de responsabilité qui s'impose à tout journaliste indépendant, une phrase particulièrement forte de Gandhi, revenant dans son *Autobiographie* sur son expérience du journalisme en Afrique du Sud : « *Je me rends compte que le seul et unique but du journalisme doit être de servir. La presse est une force énorme mais comme le torrent déchaîné recouvre de ses eaux des campagnes entières et dévaste des récoltes, de même la plume sans contrôle ne sert qu'à détruire**. »

Le rôle d'une instance comme le Conseil supérieur de l'Audiovisuel, en France, ou comme les organismes de régulation africains, n'est pas de créer une bulle de droit audiovisuel dans un monde médiatique déréglé, mais d'aider les pouvoirs publics, les opérateurs, les professionnels et le public à transposer, dans l'univers un peu magique de l'audiovisuel, les principes fondamentaux de *L'Esprit des lois*. La loi est la même pour tous, et son respect s'impose à tous, puissants et faibles, chefs d'Etat et simples citoyens.

Il faut se féliciter que les pays africains se soient désormais dotés d'instances de régulation de la communication indépendantes du pouvoir politique. Du 13 au 17 avril 1998, s'est tenue à Libreville l'Assemblée constitutive du Réseau des instances africaines de régulation de la communication (RIARC), qui s'est réuni une seconde fois en France en juin 1999 à l'invitation du CSA, et qui se réunira à nouveau en fin d'année 2000 à l'invitation de l'instance d'Afrique du Sud, qui en assumera la présidence pour les deux prochaines années. L'Afrique avance à marches forcées.

Ces organismes de régulation audiovisuelle viennent à peine de naître, car ils constituent la marque des pays démocratiques, et ne pou-

---

* Mahatma Gandhi, *Autobiographie, Mes Expériences de Vérité*, P.U.F., 1964

vaient exister dans des régimes de parti unique, de dictature ou de pouvoir personnel. Que 31 pays d'Afrique aient réussi à signer une convention, créé un réseau permettant à leurs instances de régulation de travailler ensemble, d'échanger des informations, des expériences, de se concerter pour préparer les mutations de la communication, c'est un élément absolument décisif. La constitution du RIARC est donc à mes yeux une date majeure dans l'histoire des médias africains, dans leur marche vers la responsabilité et la reconnaissance. Il faut souligner que la force de ce réseau est aussi de rassembler des pays francophones, anglophones, lusophones... Les instances de régulation africaines sont-elles vraiment indépendantes ? Comment l'assurer absolument, dès lors qu'il s'agit d'organismes d'Etat ? Mais elles savent qu'elles ne seront reconnues et respectables que si elles parviennent à le devenir.

Dans ce domaine un pays comme la France peut être utile à ses partenaires, à condition de ne jamais oublier qu'il lui a fallu près de deux siècles pour que la liberté d'opinion et d'expression, inscrite dans la Déclaration des Droits de l'Homme et du Citoyen, trouve sa traduction dans la liberté de communication audiovisuelle. Il s'agit en effet d'une conquête récente, dans un siècle qui a connu deux guerres mondiales et plusieurs génocides. Les premiers à comprendre l'importance de l'enjeu furent en France Jacques Chaban-Delmas, pionnier de l'ouverture de la télévision à la liberté, et François Mitterrand, qui libéra les ondes, et créa la première instance de régulation de l'audiovisuel...

Dans un premier temps, les nouveaux réseaux de communication du Sud recourent essentiellement aux productions des pays du Nord, dont une vingtaine environ développent une capacité de production significative... Il n'est pas nécessaire que cette dépendance perdure. L'audiovisuel n'est pas une culture vivrière, et tous les pays du monde sont a priori égaux lorsqu'il s'agit de concevoir des contenus pour les nouvelles industries liées à la communication.

Le principal média consacré à l'Afrique demeure Radio-France Internationale, qui a effectué une réelle percée d'audience sur Paris ; il faut aussi citer la radio franco-gabonaise Africa n° 1. C'est peu. C'est trop peu. Nous nous en étions émus avec le commandant Cousteau et lorsque nous avions présenté notre projet de chaîne panafricaine par satellite devant l'ONU, à New York, en novembre 1996, certains nous avaient pris pour des rêveurs. Certes, le commandant Cousteau est aujourd'hui décédé, mais l'utopie d'hier peut devenir la réalité de demain. Et il est révélateur que l'un des sites Internet les plus fréquentés aux Etats-Unis soit justement un « portail » tourné vers l'Afrique, et la culture africaine, à destination de la communauté noire américaine.

Les mêmes services devraient être offerts par des créateurs français et africains en direction du monde francophone. Internet ouvre déjà de nouvelles chances pour la communication africaine, offertes aux artistes, aux intellectuels, aux créateurs de tous les pays africains, qui seront en mesure de s'adresser, et d'adresser leurs images et leurs musiques, à un public universel, sans devoir en passer par les groupes qui contrôlent aujourd'hui les principaux marchés audiovisuels et musicaux.

Les mutations en cours avec le développement du numérique vont avoir des conséquences rapides : les coûts de production et de diffusion seront fortement réduits. L'Afrique doit trouver à brève échéance sa voie sur le terrain audiovisuel, parce qu'elle seule est à même de produire les programmes qui répondront parfaitement à la diversité de ses caractères, de son histoire, de ses traditions.

Nous sommes sur le point de dépasser ainsi le débat sur l'uniformisation culturelle, par une prise de conscience générale de la nécessité de maintenir vivaces toutes les cultures.

La démocratisation et l'ouverture progressive de la création audiovisuelle sont encore en germe en Afrique : il faut pour l'heure protéger chaque culture, et lutter pour que toutes aient également accès aux modes de production et de diffusion numériques. C'est à condition de maintenir la diversité culturelle que la mondialisation permettra un dialogue des identités, et non un affadissement général des esprits autour d'un petit nombre de stéréotypes : la présence de l'Afrique est essentielle pour apporter au monde une autre dimension, largement absente des cultures rationalistes ou protestantes qui dominent les pays du Nord, celle de la sensation, de l'émotion brute, de l'intensité naturelle de l'existence.

Cette leçon de l'Afrique, elle seule peut l'apporter au monde. Malgré Mao, malgré Hong Kong, la Chine n'a pas perdu son âme. Malgré les satellites, les Bédouins demeurent des hommes du désert. L'identité, c'est justement ce qui ne s'efface jamais, ce qui résiste à toutes les alliances, à toutes les influences...

La communication est aussi une parade contre les tentations de repli, une promesse et un gage de maturité politique. Il n'est pas exclu que l'Afrique puisse y trouver une revanche économique. La croissance rapide de ce secteur d'activités témoigne de la prise de conscience générale qui a lieu : la communication va devenir l'un des principaux ressorts du dynamisme économique à l'échelle du monde. L'Afrique ne peut pas s'en tenir à l'écart. Elle doit au contraire en profiter pour prendre le train du développement à grande vitesse, et sans retard. Ce développement-là ne peut que s'accompagner d'une ouverture politique · tant mieux, le défi vaut alors doublement d'être relevé.

6
Lille

J'avais prévu de ne rester qu'une année ou deux à Yaoundé, et j'y passai six ans. Je ne m'étais engagé que pour le lancement de l'Ecole, mais pour passer la main à un successeur africain, il me fallut patienter et temporiser... Au moment où je m'apprêtais à rentrer en France pour travailler au sein de Paris II Assas, et m'occuper du département Coopération et Développement de l'Institut Français de Presse, me parvint l'annonce du départ en retraite de Robert Hennart, directeur depuis 1948 de l'Ecole supérieure de Journalisme de Lille, poste auquel il avait succédé à son beau-père, Paul Verschave, fondateur de l'établissement en 1924.

Le Conseil d'Administration, présidé par Jules Clauwaert, âme de l'école et patron de *Nord-Eclair*, cherchait un successeur à celui qui incarnait l'histoire de l'institution depuis près de trente ans : plusieurs noms furent évoqués, parmi lesquels celui de Loïc Hervouët, alors enseignant au Centre de Formation professionnelle des Journalistes, rue du Louvre, et le mien. Jules Clauwaert et Robert Hennart prirent tour à tour contact avec moi, pour me demander si j'accepterais cette succession difficile. C'était ainsi l'occasion d'un retour aux sources : j'ai dit l'importance qu'avait eue ma formation à Lille, dans cette maison qui a fêté en novembre 1999 son soixante-quinzième anniversaire... Ma réponse fut positive.

Le départ de Robert Hennart venait au terme d'un progressif essoufflement de l'école qu'il dirigeait depuis si longtemps, et qui avait subi de plein fouet le contrecoup des contestations de Mai 68... Il n'est pas inutile de revenir sur le cheminement de l'établissement au cours des quelques années qui précèdent mon arrivée, afin de mieux saisir l'esprit dans lequel j'y ai travaillé.

Les remises en cause étudiantes avaient été douloureuses à Lille, même si elles étaient intervenues pour l'essentiel avec un temps de retard par rapport aux « événements ». Le 6 mai 1968, trois jours après l'intervention des forces de l'ordre en Sorbonne, l'Association des étudiants de l'ESJ avait décidé une grève de solidarité de 24 heures, reconduite ensuite de jour en jour jusqu'au 14 mai. A cette date, les étudiants décident la poursuite de la grève, et le contact n'est vraiment renoué que le 17 mai. Dans le même temps, Lille est en ébullition, des réunions publiques se tiennent dans la salle du théâtre du Pont-Neuf, au Couvent des Carmes, dans les établissements publics, tandis que le soir venu les étudiants se massent dans le centre-ville dans l'attente des nouvelles de la capitale, où certains des étudiants de l'école se ruent en deux-chevaux pour participer aux rassemblements, voire aux affrontements. Maurice Deleforge, le directeur des études, faisant œuvre de mémorialiste et d'historien, a réuni les éléments intéressants de cette geste des étudiants lillois dans son ouvrage *L'ESJ racontée par des témoins de sa vie**. *Le Petit Théo,* journal interne édité par l'Association des Etudiants, « la Corpo », se fait évidemment l'écho des controverses et des débats. Un article signé Didier Eugène en rend compte de manière explicite : *« Le mécontentement en face de l'enseignement à l'école était quasi général. »*

Mais ce mécontentement recouvrait plusieurs impatiences contradictoires : certains réclamaient que les techniques de l'écriture retrouvent leur place d'honneur dans l'enseignement, d'autres attendaient une meilleure application des formations dispensées aux nouveaux médias audiovisuels, qui n'avaient pas encore droit de cité à l'ESJ, d'autant plus qu'ils venaient d'éprouver, au fil des heures brûlantes du Quartier latin, l'importance de la radio. Face à ces revendications modernes, le discours de Robert Hennart était constant : *« Le primat de la culture générale ne saurait être remis en cause. »* En somme, l'affrontement général entre les anciens et les modernes se cristallisait aussi à l'école de Lille sur des positions de principe rapidement raidies.

D'autant que le personnel enseignant savait parfois être caricatural : une note rédigée en 1965 classait la totalité des enseignements de l'école en trente matières réparties sous cinq rubriques dont les intitulés permettent de mesurer la vocation universaliste : « L'homme – L'espace et la matière – Le temps (passé, présent) – La société, la cité, le droit – Les concepts et les idéaux ». Demander à des étudiants qui s'enga-

---

* Maurice Deleforge, Cahiers de l'ESJ, 1994.

geaient pour devenir journalistes, à la fin des années 70, de couvrir l'ensemble des connaissances humaines sans orienter un peu plus les enseignements vers l'apprentissage des techniques mêmes de leur future profession, c'était bien sûr leur donner un socle de connaissances solides qui leur serait précieux par la suite, mais c'était aussi leur faire éprouver des frustrations que les revendications des élèves de l'école, à partir de 1968, ne vont pas cesser d'exprimer, de manière de plus en plus pressante. Comme l'écrit Maurice Deleforge, témoin privilégié : *« Les lieux et les moments sont rares, où parler du métier, les interlocuteurs plus rares encore, s'il s'agit d'interlocuteurs que les étudiants tiennent pour qualifiés. »*

La contradiction entre les attentes des uns et les exigences des autres n'était pas si grande que chacun le ressentait alors : affaire de discours et de génération essentiellement. Mais ce malentendu profond empêchait un rapprochement raisonnable des points de vue autour d'actions ou de positions médianes qui auraient permis de sortir de ces affrontements, surtout verbaux, par le haut en renouvelant un peu les enseignements de l'école et en les ouvrant sur la société contemporaine...

Voilà pourquoi le malaise, larvé en 1969, explose en une crise brutale au printemps 1970 : le refus à la fois symbolique et farouchement argumenté de 17 étudiants de deuxième année de participer aux examens prévus au début du mois de février est suivi d'une mesure d'éviction des contestataires, à laquelle réplique une mobilisation générale de leurs condisciples, solidaires de leur protestation. Le 16 février une Assemblée générale des étudiants décide une grève générale avec occupation des locaux : la réaction de la direction est alors non seulement rapide, mais précipitée. Refusant toute négociation, Robert Hennart, inflexible, demande au secrétaire général d'appeler le commissaire de police pour faire évacuer l'école par la force publique. Le commissaire de police en réfère au préfet, qui en réfère au ministère de l'Intérieur.

Sans doute influencé par le souvenir des jours de Mai, que le pouvoir redoute de voir revenir, Raymond Marcellin, ou son cabinet, se hâtent de donner leur aval à une évacuation « ferme mais sans brutalité ». L'ensemble du processus de mise en route des forces de l'ordre réclame tout de même quelques heures : dans la nuit froide de février, deux escouades de gardiens de la paix entrent rapidement dans le bâtiment, sans faire usage de leurs matraques, les étudiants choisissant de ne pas leur opposer de résistance. A minuit, l'école est vide, les portes sont closes. Rapidement elle sera couverte de slogans vengeurs parmi lesquels certains résonnent cruellement aux oreilles des anciens de l'école : *« Humaniste, montre ta sale gueule : matraque ! »* Après six semaines de tractations et de palabres, pendant lesquelles d'autres écoles de journalisme françaises témoigneront leur solidarité, pour certaines par la grève, la rentrée, enfin fixée au 14 avril, ne dissipera pas une atmosphère délétère, tendue, et pour beaucoup des enseignants ou des élèves, plutôt amère, cet armistice disputé ayant laissé chacun sur ses positions initiales.

Ce climat pèsera longtemps... Les mesures radicales qui s'imposaient ne pouvaient pas émaner des mêmes hommes qui avaient été les acteurs du drame. L'école cherchait un nouveau souffle. J'en retrouve le témoignage objectif sous la plume de Maurice Deleforge : au départ de Robert Hennart de l'Ecole supérieure de Journalisme de Lille, « *la pauvre est en convalescence, elle a perdu beaucoup de sang et l'on pourrait donner les noms de ceux qui n'auraient pas donné cher de sa peau*[*] ».

Et pourtant les ferments de la résurrection étaient bien présents : le cinquantième anniversaire de l'école, en 1975, réunit sur une même estrade Jean Marin, l'emblématique président de l'Agence France-Presse, Jules Clauwaert, Pierre Mauroy, maire de Lille, et Norbert Ségard, alors ministre du Commerce extérieur de Raymond Barre, Premier ministre. C'est dire qu'il serait possible de fédérer les énergies des « anciens », la confiance et l'affection que portent à l'école les « grands » de la profession, et les moyens d'action de tous ceux qui veulent faire de la plus ancienne école de journalisme d'Europe, et sans doute la meilleure, une des pièces maîtresses du pôle d'enseignement supérieur rénové dont doit se doter le Nord de la France, aux prises avec les mutations économiques fondamentales qui transforment ses industries et ses activités traditionnelles. Certes, cette séance solennelle avait lieu à « l'Hospice Comtesse », et le nom de ce lieu prestigieux parut à certains mauvais esprits un clin d'œil bien involontaire à la désuétude des méthodes et des habitudes de l'école... Mais d'autres surent y voir un signe optimiste, l'hirondelle qui annonçait le printemps. J'étais de ceux-là : l'Hospice Comtesse est l'un des monuments de Lille que je préfère, et le cadre superbe de son immense « Salle des Malades » a abrité nombre des grandes heures musicales auxquelles il me fut donné d'assister dans la capitale du Nord.

La lettre formelle de candidature qui m'avait été demandée traçait en cinq points le « portrait robot » de l'homme que j'imaginais à la tête de l'ESJ : « Un homme neuf, qui n'ait pas été mêlé aux événements de ces dernières années, capable de comprendre la jeunesse d'aujourd'hui. Un homme d'expérience, professionnel averti, administrateur ayant fait ses preuves et pédagogue confirmé. Un homme de caractère, ouvert au

---

[*] Maurice Deleforge, *op. cit.*, Cahiers de l'ESJ, 1994, p. 141.

dialogue et aux contacts humains, entretenant de bons rapports avec la profession, l'université, et possédant, si possible, une dimension internationale. Un "ancien", nourri dans le sérail sans en être prisonnier, apte à travailler en équipe en s'appuyant sur le corps professoral. Un homme d'imagination – un créateur – capable de repenser l'enseignement en fonction de l'évolution des techniques et des modifications intervenues au sein de la profession, mais aussi un homme concret, tenant compte des réalités et des pesanteurs. »

Je ne prétendais pas être cet homme-là mais j'ambitionnais de lui ressembler...

Restait à départager les candidats par un vote du Bureau du Conseil d'administration de l'école. Robert Hennart, directeur sortant, fut l'un des plus solides soutiens de ma candidature : souhaitant que l'école sorte clairement des querelles de famille et des débats internes, qu'elle s'ouvre sur le large, et que cette élection manifeste une vraie rupture par rapport à sa propre gestion, il exprima avec netteté son désir de me voir lui succéder. Se souvenait-il des paroles par lesquelles il avait résumé notre dernier entretien à ma sortie de l'école, et que son confident d'alors rapporta bien plus tard : *« Je me sentais dans la peau d'un respectable patricien romain dont le fils aurait adhéré à la secte fondée par quelques juifs obscurs, les Chrétiens* »* ? Ce témoignage révèle la secrète sympathie qui, malgré les différences, voire les oppositions, subsiste toujours entre les « anciens » de l'école de Lille, ceux qui les ont formés et ceux qu'ils formeront à leur tour : une forme de complicité attentive et patiente qui est avant tout l'expression d'une confiance réciproque et d'une tacite compréhension. Même si les apparences et les méthodes purent parfois nous opposer, ces quelques mots donnent la clef d'une continuité véritable, d'un directeur à l'autre, d'une génération à l'autre.

Jules Clauwaert me confirma l'issue du scrutin qui avait eu lieu au sein du Bureau par une lettre du 27 mai 1976 : *« J'ai le plaisir de vous confirmer votre engagement comme directeur de l'Ecole Supérieure de Journalisme de Lille, à compter du 1er septembre 1976. ».* Formellement, il fallait encore que le Conseil d'administration, dans son entier, accepte le candidat proposé par le Bureau. Les résultats du scrutin organisé au début de l'été furent nets : 15 voix sur 22 votants, 3 abstentions, 4 bulletins blancs, que l'on attribua à des réticences politiques. J'entrai en fonction le 1er octobre 1976, n'occupant effectivement mon bureau, après un séjour d'un mois à Yaoundé, qu'à partir du début novembre.

L'un de mes premiers gestes fut symbolique : l'école n'étant plus

---

* *Ibid.*

confessionnelle, j'enlevai la croix de laiton qui était l'une des rares décorations de mon bureau. Quelques jours plus tard, alors que j'accompagnais une promotion en voyage d'études en Tchécoslovaquie, une partie du plafond de la pièce s'effondra. Plus qu'un signe du ciel, j'y lus le besoin d'une rénovation profonde de notre cadre de travail, des conditions dans lesquelles l'école vivait, refermée sur elle-même, progressivement encroûtée, vieillie, enserrée dans ses traditions, ses références, son passé.

Non seulement son passé pédagogique et confessionnel, mais aussi son folklore propre : ainsi le « Bal à Jules », qui réunit annuellement les étudiants et les anciens, et qui est régulièrement l'occasion de débordements réprouvés par les bons bourgeois lillois... Le nom du bal lui vient d'une personnalité importante de la culture estudiantine : l'ancien élève mythique Jules Michelot a également donné son nom à un couloir de l'école, menant aux cabinets, solennellement baptisé « impasse Jules-Michelot » au cours d'une grande cérémonie le 18 décembre 1964 au cours de laquelle la plaque gravée à son nom fut dévoilée... Le tout n'était qu'un canular, mais il marqua les mémoires, défraya la chronique locale, largement orchestré dans *La Voix du Nord* par le journaliste Paul Hardy... La biographie de Michelot s'alimentait de tous les heurs et malheurs, de toutes les vertus et de tous les vices de cette profession de journaliste dont il était censé être le parangon. Toutes les traditions ne sont pas antipathiques, celle ouverte par cette aventure anthologique qui institua cette forme de « soldat inconnu » du journalisme est plutôt drôle : mais sa ritualisation la rend elle-même stérile et vaine, comme une bonne histoire trop souvent racontée et dont on ne sourit plus que par politesse.

Je décidai donc, peu de semaines après mon arrivée, d'ouvrir les portes et les fenêtres, de faire circuler un grand courant d'air entre les portraits des ancêtres et de faire s'envoler la poussière. Les résistances avaient été d'emblée vaincues, par plusieurs années d'épuisement progressif : je dois dire que le mouvement préconisé puis engagé emporta l'adhésion de toute la communauté formée par les étudiants et le corps enseignant. Somme toute, c'est cet air frais que, dès mon arrivée, chacun avait attendu de moi, en le redoutant ou en le souhaitant. Personne ne fut déçu, ni surpris.

Ouvrir l'école sur le monde, cela signifiait bouleverser les pratiques d'enseignement, renforcer l'acquisition des connaissances en histoire ou en géographie humaine contemporaines, multiplier les sorties sur le terrain pour faire prendre aux élèves la mesure exacte du travail du journaliste, de son implication dans l'actualité. Je ne voulais pas que l'école continue de vivre en marge de la grande métropole lilloise : son cœur devait battre à l'unisson de celui de la région, connaître les mêmes émotions, les mêmes événements, accompagner ses mutations. L'école de journalisme devait montrer le journalisme en action, donner elle-même sa leçon pratique de journalisme au lieu de se retrancher derrière la sérénité de ses hautes façades et d'enseigner à ses étudiants une connaissance théorique du monde qui les entourait. Devant eux, la ville de Lille était un univers aussi riche et divers, à défricher, que les campagnes du Cameroun ou du Mali : j'y avais moi-même fait mes premières armes, je savais de quoi je parlais. Il fallait que les étudiants y apprennent par l'expérience les réalités et les exigences quotidiennes de cette carrière à laquelle ils se destinaient.

C'est en ce sens que les habitudes pédagogiques mêmes de l'école furent rapidement revues. Le premier défi à relever fut celui de l'équipement : le matériel audiovisuel mis à la disposition des étudiants était plus que succinct. En tout et pour tout un gros magnétophone Philips à couvercle amovible, aussi lourd que malcommode, utilisé pour réaliser des reportages dans le cadre des travaux pratiques... Mais bien évidemment, aucun studio, pas de matériel de montage digne de ce nom, pas de caméras, de magnétoscopes, et très peu d'écrans. Il est vrai que la seule ressource de l'école était la taxe d'apprentissage versée par les entreprises de presse qui choisissaient de la lui attribuer. Maigre budget, timidement reconduit, et qui n'avait pas permis, pendant des décennies, de mettre en œuvre une politique d'équipement satisfaisante.

Un « grand cœur », Pierre Mauroy

Je pris le taureau par les cornes, et je décidai de rencontrer Pierre Mauroy, maire de Lille, et son directeur de cabinet à la Région, Michel Delebarre, tout en rassurant autant que je pouvais le faire un Conseil d'administration soudain très préoccupé par l'indépendance de l'école, et effrayé par la perspective de la participation directe des collectivités locales, tout particulièrement socialistes, à son financement. Il fallait aussi, en interne, que les vieilles pendules démocrates-chrétiennes ou gaullistes se mettent à l'heure, et acceptent de tourner au rythme du siècle. Ni Mauroy ni Delebarre n'envisageaient, pas plus que ne l'avaient fait Maurice Schumann ou Norbert Ségard, de s'assurer une mainmise idéologique sur les enseignements de l'école en contribuant à son développement...

Les locaux du 67, boulevard Vauban, m'avaient donné des signes explicites de leur état de fatigue et de vétusté : ils ne résisteraient pas aux installations audiovisuelles et bureautiques qui m'apparaissaient nécessaires pour assurer désormais la formation des étudiants. C'est grâce à Pierre Mauroy que je réussis à trouver un vaste espace à aménager, à l'intérieur de l'ancien Institut de Physique, rue Gauthier-de-Châtillon, vacant depuis le déménagement de la Faculté des Sciences. Le 8 mars 1978, *Nord-Eclair* reprenait les annonces que je venais de faire du « transfert de l'Ecole », après réaménagement complet des locaux, grâce aux aides combinées du Conseil régional et de la Ville de Lille. En pratique, le déménagement lui-même attendra jusqu'en septembre 1981, et j'en serai le spectateur, et non l'acteur, ayant volontairement quitté mes fonctions en septembre 1980, pour me consacrer entièrement à l'UNESCO... C'est à André Mouche, que j'avais précisément chargé de préparer l'aménagement des nouveaux locaux, avec le titre de directeur du développement, que sera confiée la direction de l'école à mon départ, sur une décision du Conseil d'administration que je préparai d'un commun accord avec son président du moment, Philippe Vasseur, plus tard maire, député, ministre, qui ne ménagea jamais sa peine et qui déploya ses talents au service de l'école.

Le renouveau immobilier était une chose, mais nous ne pouvions nous en tenir là : des crédits d'investissement furent débloqués à hauteur de 4 millions de francs par la Ville de Lille et la Région Nord, pour créer des studios de télévision et de radio, des moyens de régie et de montage, des outils audiovisuels performants, caméras, magnétoscopes, magnétophones modernes, circuits de diffusion internes... En quelques années, l'Ecole de Lille devint l'école française de journalisme la mieux dotée pour la formation des journalistes aux métiers de l'audiovisuel.

Cet essor à la fois national et international de l'école de Lille dut beaucoup aux relations de confiance que j'ai d'emblée établies avec Pierre Mauroy, qui fut à partir de cette date l'un des plus solides soutiens de l'institution. Je ne le connaissais pas personnellement lors de mon arrivée à la tête de l'ESJ. J'ai un peu de scrupule à le dire aujourd'hui, mais je n'étais pas extrêmement bien prédisposé à l'égard d'un homme qui était longtemps apparu comme le « dauphin » de Guy Mollet, son voisin du Nord, maire d'Arras, dont je n'avais jamais admis la politique algérienne, et que j'ai toujours considéré comme l'un des symboles de cette gauche « en peau de lapin » que j'abhorre. Je dois reconnaître que j'abordais donc mes premières négociations avec lui avec une forme de méfiance. Elle n'était pas justifiée et ne fut pas durable.

Je trouvai en Pierre Mauroy un homme ouvert, intelligent, prompt à comprendre les problèmes et à leur trouver des solutions, profondément démocrate et républicain, et plus que tout passionné par l'avenir de la métropole lilloise et le sort de ses habitants. C'est dans cet esprit qu'il ne cessera jamais, sa vie durant, d'aider l'Ecole supérieure de Journalisme de Lille et de faire son éloge partout en Europe, tout en lui apportant le soutien permanent de la Ville et de la Région.

Je me suis très vite trouvé de plain-pied avec la personnalité chaleureuse et généreuse d'un homme qui a mis sa vie au service de ses concitoyens, et qui n'en tire ni avantage personnel ni vanité gratuite, se bornant à répandre autour de lui sa bonne humeur spontanée et son humanité à la fois indulgente et attentive, même s'il est de bon ton, aujourd'hui, de lui trouver un côté « ringard ». Solide sur ses propres convictions et ses engagements depuis toujours socialistes, ancré dans le terreau populaire et authentique de ce pays de mines et d'usines, Pierre Mauroy est à lui seul un morceau de cette terre flamande, le résumé de ses qualités et de son histoire, de tout ce qui fait son bonheur de vivre sous la dureté des conditions sociales et la tristesse des paysages urbains. De son élection en 1973 au siège de député de Roger Salengro, que la gauche avait laissé échapper en 1958, il garde le souvenir émouvant du cadeau que lui firent alors les militants socialistes de Wazemmes : l'écharpe de Roger Salengro, ministre de l'Intérieur du Front Populaire, qu'ils conservaient, comme une relique, depuis la mort tragique de cette victime de la rumeur et de la délation. Il en est aujourd'hui à son tour le gardien. L'autre grande émotion politique qu'il a gardée de cette époque, c'est évidemment la cérémonie du 8 avril 1973, passation des pouvoirs municipaux entre Augustin Laurent et lui, au terme de laquelle il se retrouve seul, assis dans ce fauteuil de maire où il va si bien se carrer.

Il faut pour comprendre la vraie dimension de cet homme avoir passé des soirées en compagnie de Pierre, ingurgitant force moules-frites arrosées de Gueuse, la voix haute, le visage rubicond, la chaleur communicative, décrivant avec passion la condition des mineurs et ouvriers des industries textiles, les premiers temps de la lutte sociale, le militantisme des travailleurs, son propre engagement au sein de la Fédération des Clubs Léo-Lagrange, créée en 1951, avant d'évoquer la nécessaire remise en valeur des quartiers populaires, le développement de nouvelles activités de production, la rénovation des infrastructures locales, l'ouverture européenne d'une région naturellement proche des grands courants économiques des Pays du Nord...

Nous nous apercevions tout à coup qu'il était près de 3 heures du matin : tous les convives étaient harassés autour de lui, tandis qu'il continuait de déployer avec la même énergie la geste ouvrière et les nouveaux chantiers à ouvrir. Au-delà de cette personnalité volontaire et authentique, qui me rendit rapidement Pierre Mauroy profondément sympathique, j'eus par la suite l'occasion d'apprécier la manière dont il prit à cœur son rôle de Premier ministre, et dont il incarna cette fonction difficile aux côtés de François Mitterrand. L'un de ses premiers gestes fut de faire ressortir des combles de l'Hôtel Matignon, où il était oublié, le propre bureau de Léon Blum en 1936, qu'il fit placer au rez-de-chaussée. Ce n'est pas tout à fait par hasard que les vieux caciques de la SFIO, qui avaient refusé de remettre les clefs de la Cité Malesherbes, siège du parti, à François Mitterrand, avaient accepté de les placer entre les mains de Pierre Mauroy...

Réellement tolérant, je ne le vis jamais appeler le responsable d'un média public ou privé pour intervenir sur une programmation ou sur l'information, ni pendant la période où je dirigeais RFI, ni quand je fus président de TF1 : les Premiers ministres qui l'ont précédé ou qui lui ont succédé, toutes sensibilités confondues, n'eurent pas tous la même discrétion. La création de la première instance de régulation indépendante de l'audiovisuel, la Haute Autorité, doit beaucoup à cet homme qui avait pour principe de laisser travailler les journalistes selon leur conscience, sans essayer d'en disposer selon ses propres attentes.

Les politiques ont trop rarement, face aux médias, la même sagesse et le même recul. D'une manière générale, on peut dire qu'au cours des dernières décennies, les responsables politiques les plus solides furent ceux qui tremblèrent le moins devant leur image cathodique, ceux qui furent le moins esclaves de leur représentation, et le moins tentés de la construire eux-mêmes. A l'inverse, ceux qui accordèrent le plus grand prix à la définition précise de leur propre image se révélèrent assez vite les plus fragiles devant l'opinion, les moins durablement assurés.

Pierre Mauroy s'était d'abord installé à Lille dans un appartement qu'il louait rue Charles Saint-Venant, entre la mairie et la gare : c'est au début des années 80 qu'il s'installa rue Voltaire, dans le Vieux-Lille : cela fit de lui mon voisin, car j'habitais alors la même rue, à une centaine de mètres, sur le trottoir d'en face. Son domicile est à son image : philosophique, reposant, à la fois simple et disparate. Il a été aménagé par la réunion de plusieurs petites constructions de ce quartier ancien, édifiées à différentes époques : grandes et petites pièces, niveaux différents, escaliers inattendus... Un univers en réduction qui forme son monde protégé, à l'image du petit jardin retiré, insoupçonnable de la rue, sur lequel aucune fenêtre ne donne sinon les siennes...

C'est parce qu'elle dit beaucoup de choses sur son propriétaire et son équilibre profond que, président de TF1, j'ai en partie contribué à faire connaître le secret de cette demeure, lorsque je conseillai à Anne Sinclair et Pierre-Luc Séguillon, animateurs de « Questions à domicile », de demander à l'ancien Premier ministre le privilège de l'interroger dans son habitation lilloise. Une fois l'idée acceptée, la mise en œuvre fut épique. Ce fut la révolution dans cet univers préservé où tout inclinait à la sérénité et à l'intimité : l'intrusion des caméras bouleversait l'ordre naturel des choses. Mais ce passage brutal des équipes de télévision fut vite oublié : vanité étonnante des cavalcades contemporaines, l'herbe a tôt fait de repousser là où les hordes de l'audiovisuel sont un jour passées. La parenthèse cathodique refermée, la paix revient.

L'intelligence pratique de Pierre Mauroy ne se perd pas en subtilités : elle est immédiate et tournée vers la réalisation, la création, la transformation du réel. En un mot : une intelligence couplée à une volonté. Telle est la clef d'un personnage que ses adversaires, au sein de son propre parti, trouvent plus bonhomme que brillant. Je fus ainsi choqué par la phrase condescendante de son ami Michel Rocard, alors son ministre de l'Agriculture, qui, comme je sollicitais son avis sur le Premier ministre, me répondit, mi-figue, mi-raisin : *« Oh, un bien brave homme ! »* En effet, loin de Pierre le parisianisme, ses délices et ses poisons, ses petites phrases assassines que l'on distille entre gens d'esprit. Pierre Mauroy est la gaieté, la fécondité et la vie, sans façon : il la dispense sans compter, dès le matin, et quittant rarement son bureau de la mairie avant 21 heures.

C'est bien ce qui lui donne une stature d'homme d'Etat, capable de frayer sa voie et de définir son action sans se laisser obnubiler par les remous quotidiens, ceux que tout le monde aura oubliés demain, parce qu'ils ne sont que l'écume de l'information du microcosme.

S'il lui arrive d'avoir un langage militant et partisan, c'est un homme ouvert à toutes les suggestions, à tous les dialogues, à toutes les rencontres, jamais méfiant ni sectaire. Un « grand cœur », au sens de Corneille, qui fait fondamentalement confiance aux hommes et à la parole duquel, à l'inverse, on peut toujours se fier. Tel est le secret des rapports durables et solides qu'il a bâtis à Lille avec des collaborateurs de la première heure, venus des deux horizons du réformisme social du Nord. Première école : la tradition catholique sociale des industriels du textile, que représentait auprès de Pierre Mauroy Gérard Thieffry, fidèle au Sillon de Marc Sangnier... Deuxième école : la tradition socialiste populaire, et d'abord ouvrière, celle des maires Delory, Salengro, Laurent, de la « révolution sociale » de Guesde, de l'humanisme de Jaurès ou Blum, que représentait au Conseil municipal Pierre Dassonville, ou son fidèle premier adjoint Raymond Vaillant. Réunissant ainsi les deux grands courants de la pensée politique du Nord, le socialisme et le christianisme, Pierre Mauroy a découvert le secret de la durée : les hommes pourront changer, les principes restent, et il demeure le fédérateur de ces énergies combinées, lui qui a été façonné par son double héritage, celui de son père, instituteur, hussard noir de la République, républicain avant tout, et celui de sa mère, très pieuse, issue d'une famille catholique qui comptait plusieurs religieux ou religieuses.

Qui étaient ses collaborateurs les plus proches ? Le premier d'entre eux, son directeur de cabinet au Conseil régional, puis bientôt son collaborateur à la Mairie et plus tard à Matignon, était Michel Delebarre : il deviendra par la suite plusieurs fois ministre, et maire de Dunkerque. A défaut de remplacer Pierre Mauroy à la Mairie de Lille, sa grande ambition déçue, il présidera le Conseil régional. C'est un homme de grand talent, travailleur et directif, qui sait toujours se caler dans un dossier, même inextricable, pour en tirer l'essentiel et se sortir d'une situation délicate en prenant rapidement la décision qu'il estime nécessaire. Je dois citer aussi Bernard Derosier, ancien des Clubs Léo-Lagrange, maire d'Hellemmes, qui dirigera avec rigueur le Conseil général du Nord, tandis que Bernard Roman conduisit le Parti socialiste dans le département avec habileté, avant de prendre des responsabilités nationales au PS et de devenir président de la Commission des lois à l'Assemblée. Tous furent rapidement convaincus de la nécessité de faire de l'école de Lille un des atouts du rayonnement régional, à la fois sur un plan national et international. Plus tard, le directeur de cabinet du maire de Lille, Bernard Masset, deviendra un interlocuteur efficace du nouveau directeur de l'école, Loïc Hervouët.

De mon côté, je pris le parti de manifester la nouvelle ouverture de l'école par quelques signes forts : à commencer par le nom et la qualité des intervenants qui vinrent plancher devant les étudiants. Je fis appel à des personnalités aussi diverses que Roland Leroy, directeur de *L'Humanité*, ou Michel Debré, ancien Premier ministre du Général de Gaulle, Sean MacBride, alors président d'Amnesty International, ou encore Dom Helder Camara, évêque de Recife, porte-drapeau du catholicisme engagé d'Amérique du Sud. Sans parler de tous ceux qui me firent l'amitié de venir partager avec les étudiants de l'école les leçons de leur expérience : Claude Cheysson, commissaire européen, Bernard Stasi, député-maire d'Epernay, Claude Estier, aujourd'hui président du Groupe socialiste au Sénat, Jean Daniel, Jean Lacouture, Jean-François Kahn, le Président Léopold Sédar Senghor, à l'invitation duquel Pierre Mauroy associa la ville en jumelant Lille à Saint-Louis-du-Sénégal.

Les futurs journalistes qui questionnaient ces personnalités publiques pouvaient alors s'exercer à ce qui ferait leur principal atout : leur liberté de jugement, le refus de tous les préjugés et des idées reçues, qu'elles soient celles de leur milieu ou de leur génération. Faire venir à l'école des hommes qui faisaient l'actualité, et dont les opinions ou les actions étaient diverses voire contradictoires, c'était pour moi accoutumer les élèves à l'idée qu'il n'y a pas une seule vérité, mais que chacun en détient une part, qu'il faut gratter la surface des déclarations pour aller jusqu'à la réalité des actes et des faits. Scrupule, enquête contradictoire, recherche de la vérité, honnêteté dans le compte rendu des événements et des prises de position : telles étaient les qualités essentielles que devaient acquérir tous ceux qui auraient mission de servir l'information et à travers elle la démocratie.

Cette réaction immédiate contre la naïveté, la facilité, le mensonge, le « bidonnage » et la manipulation est peut-être le seul réflexe conditionné acceptable de la part d'un journaliste. Et l'important, dans cette politique d'invitations, restait évidemment que chacun de ceux que nous recevions ait quelque chose à dire, et puisse être longuement questionné : que les auditeurs en sachent plus, après cette rencontre, qu'ils n'en savaient jusque-là, sur une institution, un mouvement, une idéologie.

Nous eûmes alors l'idée d'un autre exercice pratique de journalisme tout à fait original pour l'époque : l'organisation, à Lille, dans les locaux de l'école, de grandes « soirées électorales » sur le modèle des soirées télévisées qui commençaient alors à se sophistiquer. A ceux qui seraient demain les animateurs du débat public, il fallait donner une pratique concrète du contact avec les politiques lors d'un moment crucial de la vie de la cité : les élections.

Evidemment, les déclarations recueillies, les débats orchestrés sur notre modeste plateau, dans notre décor provisoire et minimal, restaient circonscrits dans les murs mêmes de l'école, seulement retransmis sur les récepteurs que nous avions installés dans divers espaces, le hall, la grande salle tendue de bleu du rez-de-chaussée. Les premières soirées furent organisées pour les municipales des 13 et 20 mars 1977 : elles furent immédiatement réussies, parce que les différents candidats acceptèrent de se prêter au jeu, tandis que nos invités profitaient de commentaires et d'analyses moins « langue de bois » que celles des soirées télévisées des chaînes nationales, et évidemment plus détaillées, les duels locaux étant mieux retracés et expliqués.

Avec la complicité des responsables locaux de tous les partis politiques, les débats étaient vivants et animés. On notait la présence d'Alain Bocquet, maire de Saint-Amand-les-Eaux, qui allait être élu député en 1978 et deviendrait plus tard le président du Groupe communiste à l'Assemblée nationale, de Claude Catesson, dirigeant historique du Mouvement des Radicaux de Gauche à Lille, d'André Diligent, futur maire de Roubaix, sénateur centriste du Nord, qui serait un jour à ce titre membre du Conseil d'administration de France 3. André Diligent, par parenthèse, qui a dit et redit que je lui avais sauvé la vie lorsqu'il s'était trouvé imprudemment mêlé à la rivalité sanglante des mouvements nationalistes algériens durant la guerre d'Algérie, sans qu'il me soit, à moi, possible de savoir si les paroles que j'avais prononcées à son propos avaient effectivement une part dans son salut... Etaient également présents Norbert Ségard, alors ministre dans le gouvernement de Raymond Barre, homme de grande qualité qui, comme secrétaire d'Etat aux PTT, assura la modernisation de notre réseau téléphonique, et Pierre Mauroy, bien sûr, alors député du Nord et président du Conseil régional Nord-Pas-de-Calais, sans compter les autres noms qui représentent alors à Lille les autres sensibilités politiques importantes : Durieux pour le Parti Républicain, Theuriez pour le RPR...

L'école entière s'était mobilisée pour l'occasion : les passages et les circulations avaient été redécorés, dès le porche deux rangées de panneaux couverts d'affiches électorales et de statistiques conduisaient à la salle de presse, où arrivaient les informations, à la salle Verschave, où un buffet avait été installé, et jusqu'au premier, où l'équipe de télévision s'affairait tandis que la rédaction était agitée en permanence par les dépêches qui tombaient, les résultats à afficher, les informations à transmettre aux journalistes-animateurs... Sur les petits écrans de notre réseau interne les politiques invités réagissaient en direct, en alternance avec des « plages musicales » assurées par le groupe Marieke en Bart, au son des cornemuses et des refrains traditionnels flamands.

L'expérience fut réitérée pour les cantonales de 1979, qui ne me laissèrent pas un souvenir impérissable, ainsi que pour les deux soirées « législatives » des 12 et 19 mars 1978, qui furent des réussites mémorables, toujours selon les mêmes principes. Il est difficile d'évoquer la vie politique lilloise sans s'arrêter aussi sur la figure historique de Maurice Schumann, qui faisait partie des soutiens traditionnels de l'école, et que je retrouverai à Paris, quelques années plus tard, comme président de la Commission des Affaires culturelles du Sénat, moi-même portant ma casquette de président de chaîne publique, TF1 d'abord, France Télévision ensuite. Je n'ai jamais songé à lui rappeler une anecdote qui l'aurait certainement amusé... ou irrité. Avait-il pu reconnaître en face de lui ce jeune homme irrespectueux qui avait osé l'interrompre au cours d'un meeting politique à Lille, en 1954, en lui demandant des comptes sur la répression exercée à Madagascar en 1947 par son ami Pierre de Chevigné, qui fit des milliers de morts, et sur sa propre politique coloniale au Maghreb et notamment en Tunisie ? La réponse qu'il m'avait faite : *« Coupons-là, jeune homme ! »* avait alors précédé de peu ma sortie de la salle, accompagnée par la diligence d'un service d'ordre musclé.

Dans mes responsabilités audiovisuelles, je n'eus pourtant qu'à me louer des relations suivies que nous entretenions : il était attentif à l'évolution de la télévision publique, aimant qu'elle soit forte et en bonne santé. Sa sympathie à mon égard dépassa d'ailleurs la simple courtoisie. Il me manifesta plusieurs fois son soutien, et écrivit d'ailleurs en ce sens à Jacques Chirac et au Premier ministre Edouard Balladur, en décembre 1993, lorsque ce dernier me dit qu'il ne souhaitait pas mon maintien à la tête de France Télévision, alors que selon toute vraisemblance le CSA m'y aurait reconduit : *« Vous avez très bien réussi, Monsieur le Président, mais ma majorité aimerait bien voir à votre place une tête nouvelle, plus proche de nous... »* Refrain connu, à droite... comme à gauche ! L'intelligence de Maurice Schumann et sa connaissance des hommes lui permettaient pour sa part de se hausser au-dessus du simple esprit de parti, qui dicte malheureusement à beaucoup de politiques leurs réactions et leurs comportements et qui permet aux courtisans de surenchérir.

J'avais eu le temps de passer une bonne dizaine de fois devant la Commission sénatoriale qu'il présidait, et que préside désormais Adrien Gouteyron, secrétaire général du RPR. Deux anecdotes amusantes dépeignent l'idée qu'il se faisait de la télévision publique et de son rôle : en 1992, il me demanda solennellement de rediffuser les *« chefs-d'œuvre du passé que la France entière avait admirés »*. Je lui en expliquai alors la difficulté : certes, l'exemple des *Perses* d'Eschyle en première partie de soirée était resté fameux, mais c'était à une époque où les téléspectateurs n'avaient le choix, lui dis-je, *« qu'entre Les Perses et la couette »*... Bien sûr, *Jacquou le Croquant* avait remporté un grand succès... Mais l'œuvre de Stellio Lorenzi, en noir et blanc, date de 1969, et les téléspectateurs préfèrent un quart de siècle plus tard les feuilletons en couleur...

Il me souffla alors : *« Et Les Rois maudits ? »* Le destin voulut que Claude Barma, qui avait adapté à l'écran l'œuvre de Maurice Druon, décédât quelques mois plus tard : je décidai donc, en hommage à ce grand réalisateur de télévision, de programmer *Les Rois maudits,* dont la première partie passa le 1er septembre 1992 : face à eux, TF1 programma *Y a-t-il un pilote dans l'avion ?* qui obtint 48 % de l'audience et France 3 proposa *Jeux interdits,* qui en retint 33 %, le résultat de cette adaptation impérissable s'établissant à 5 % seulement ! J'avais, et je continue d'avoir, de bonnes relations avec Maurice Druon : nous avons tous pu constater, à cette occasion, qu'une adaptation audiovisuelle vieillit plus vite qu'une œuvre littéraire ! Maurice Schumann, que j'informai précisément des résultats, eut du mal à l'admettre, lui qui devant mes réticences m'avait assuré quelques mois auparavant que *« tous les téléspectateurs suivraient »*...

La grande culture de ce proustien érudit, ancien khâgneux, resté un lecteur insatiable, le conduisait parfois à d'amusantes méprises lorsque nous évoquions la télévision... Ainsi un jour, alors que président de France 2 et France 3, j'évoquais la difficulté à établir une programmation efficace le samedi soir face à TF1, je me laissai aller à constater, quelque peu désabusé : « *Rien ne tient face à Foucault* ». Schumann me regarda avec surprise, et laissant enfler sa forte voix : « *Mais mon cher ami, Foucault est mort !* » Je compris qu'il avait cru que je parlais du philosophe Michel Foucault, et je m'empressai de le détromper : il s'agissait évidemment de Jean-Pierre Foucault... Dont il prétendit ignorer jusqu'à l'existence... Avait-il fondamentalement tort ? Il est vrai qu'il n'avait pas encore vu : « Qui veut gagner des millions ? »

Homme de plume, homme politique, il restait tout de même fondamentalement homme de communication, et il tenait particulièrement à ce que ses propres œuvres littéraires soient adaptées pour la télévision : il me demanda ainsi ce que le service public pourrait faire pour son dernier roman, *Concerto en Ut majeur*. Je le confiai aux équipes de la fiction pour qu'elles me disent si cette œuvre méritait d'être portée à l'écran : est-ce de Françoise Verny ou de Didier Decoin que me revint la réponse laconique : « *Comme tant d'autres...* » qui précisait ensuite « *un gros effort sera à faire sur le scénario* ». Je me retrouvais donc seul pour décider. Avait-il senti que j'hésitais ? L'académicien ne négligea plus de me relancer presque quotidiennement... Et je finis par céder : le titre devint *Meurtre en Ut majeur*, et je fis un clin d'œil à ce gaulliste de la première heure en programmant son œuvre le vendredi 18 juin 1993.

Le personnage de Maurice Schumann n'a jamais été si bien résumé que par lui-même en une formule ternaire où s'adapte la trilogie classique du sage, du saint et du héros, mariée à l'orgueilleuse modestie du disciple : « *Qu'aurais-je été si Alain ne m'avait appris à douter, Marc Sangnier à aimer, et de Gaulle à combattre ?* »

L'âme du Nord

Pour revenir à la rénovation pédagogique de l'Ecole de journalisme de Lille, j'adoptai une autre méthode d'ouverture, dans la droite ligne de ce que j'avais organisé à Yaoundé au sein de l'ESIJY : les voyages d'étude. En 1977, je conduis moi-même la 51e promotion, dans ce qui s'appelait alors encore la Tchécoslovaquie, à l'invitation de la très communiste « Organisation Internationale des Journalistes » : les étudiants de Lille firent l'expérience de la langue de bois officielle des Pays de l'Est, là où ils avaient rêvé de multiplier les rencontres avec les intellectuels dissidents et la population. L'année suivante, c'est au Portugal que les « deuxième année » sont entraînés, pour un voyage préparé avec soin avec João Gomes, lui-même issu de la 41e promotion de l'école, et devenu entre-temps ministre de la Communication sociale dans le gouvernement Soarès.

Le principe pédagogique était constant : le voyage n'était pas dissocié de la production, au retour, d'une plaquette précise réunissant tous types d'articles et permettant aux étudiants qui y participaient de s'exercer à la rédaction sur des sujets divers. De Lisbonne à Porto, Coimbra et Braga, et jusqu'à l'Algarve, plusieurs groupes étaient formés qui étudiaient des aspects différents du pays, et tous se retrouvaient enfin dans la capitale pour y être reçus par le Premier ministre. La brochure qui en sortit, intitulée *Esquisses portugaises,* fut tirée assez tôt pour pouvoir être envoyée à Valéry Giscard d'Estaing, à la veille de son départ pour Lisbonne, cette même année : je ne saurais dire si l'ouvrage lui fut utile... Mais nous n'allions pas laisser échapper l'occasion de faire connaître au Président de la République le travail de la plus ancienne école de journalisme d'Europe !

D'autres déplacements, sur le même principe, furent aussi organisés en Belgique, en 1979, ou en France même : la Bretagne, l'Aquitaine, l'Alsace, la région Centre virent ainsi débarquer pendant plusieurs années notre cohorte d'enquêteurs et de reporters, armés de leur volonté de bien faire et de leurs principes pédagogiques récemment assimilés.

Il manquerait à la chronique de ces quatre années purement lilloises tout ce qui fait la saveur du quotidien, si je n'évoquais pas le plaisir que j'avais à me retrouver dans une ville où j'avais passé mes années d'étudiant, et dont j'assistais alors au renouveau : ce quartier du Vieux-Lille, où j'habitais, est un quartier unique où l'atmosphère de la métropole européenne que la capitale du Nord représentait à l'époque médiévale reste à chaque pas perceptible : au début des années 70, le quartier sortait d'une longue période où promoteurs et investisseurs l'avaient consciencieusement délaissé, organisant sans se donner le mot une progressive décrépitude de bâtiments qui paraissaient ne pas pouvoir être réhabilités de manière fonctionnelle. « L'association pour la Renaissance du Lille ancien » venait tout juste d'être créée : l'un des premiers dossiers plaidés par Pierre Mauroy fut celui de l'inscription du quartier dans la procédure des « secteurs sauvegardés » inventée par André Malraux.

Les travaux commencèrent peu à peu dans les années qui suivirent, d'abord pris en main par la municipalité : la place aux Oignons, au bord de la ruine, fut la première sauvée par l'office HLM. Il en alla de même rue des Célestines pour une ancienne filature, ou rue d'Angleterre pour une vieille imprimerie... Lorsque nous nous sommes installés dans ce quartier, le mouvement était donné, il allait être confirmé d'année en année. Comme pour beaucoup de centres urbains, les années 1975-1980 furent donc celles de la résurrection du Vieux-Lille, et c'est avec chaque fois de nouvelles surprises que nous nous promenions les soirs d'été ou les dimanches entre ces façades redécouvertes, sortant une à une de cette gangue de crasse qui les masquait jusque-là : le centre médiéval et renaissant reprenait ses couleurs, de la Grand-Place à la rue de la Monnaie, en passant par le quartier de la Treille et du Palais de Justice, sans oublier le quartier populaire de Saint-Sauveur, aujourd'hui voué aux commerces et aux habitations luxueuses. Les rues piétonnières du pourtour du Vieux-Lille s'animaient : la rue de Béthune, la rue Nationale, la rue Faidherbe, où sont implantés magasins, cinémas, bistrots, restaurants... Nous nous retrouverons, pour les grandes occasions, à l'heure du dîner, dans un restaurant réputé, quartier général de l'establishment lillois, L'Huîtrière, institution gastronomique au décor Belle Epoque, avec ses faïences anciennes, où l'on sert, comme son nom l'indique justement, des fruits de mer de grande qualité.

Autre point focal régulier de nos agapes, où nous terminions tous les mois les réunions du Bureau du Conseil d'administration de l'école, Chez Alcide, restaurant plus modeste, non loin de la Grand-Place et de l'ancienne Bourse, construite en 1652 dans ce magnifique style hispano-flamand qui témoigne de la vitalité économique de la ville au XVIIe siècle, et qui était encore dans l'attente de sa magnifique rénovation dans les années 90 par un mécénat industriel.

Depuis la création de l'école, il y a plus de soixante-quinze ans maintenant, ses directeurs successifs et tous ses enseignants ont fréquenté un estaminet bon marché et haut en couleur, caché derrière ses petits rideaux rouges, La Triboulette, place du Marché de Wazemmes, au cœur de ce quartier populaire bien vivant. On y sert une cuisine roborative et simple : moules-frites, steak-frites, lapin-frites... Nécessairement arrosés d'une bonne bière des Flandres ! C'était une de mes adresses favorites.

J'aimais me promener le long de la Deule et dans le quartier de la Basse-Deule, dont les bras de rivière furent comblés dans les années 70 et les maisons rénovées dans les années 80... Parmi les lieux que je préférais, j'ai déjà cité l'Hospice Comtesse, fondé par Jeanne de Constantinople, comtesse de Flandre, au XIIIe siècle, qui fut l'hôpital de la Ville au Moyen Age avant de devenir un hospice pendant la Révolution et d'abriter aujourd'hui le Musée Régional, ses collections et ses expositions temporaires, ses concerts exceptionnels

Mais il est une autre institution lilloise où j'ai passé beaucoup de temps : Le Furet du Nord, première librairie européenne, spacieuse, inépuisable, jamais prise en défaut, entre les rayons de laquelle les heures passent bien vite dès lors que l'on a le goût de fouiner, de s'arrêter sur les textes, de feuilleter à droite et à gauche avant de faire son choix, dès lors qu'on aime se laisser surprendre par les trésors inattendus de tous les types d'ouvrages qui y sont proposés. C'est pour les lecteurs lillois une caverne d'Ali Baba : pour prendre une métaphore plus parlante encore, en écho aux réalités locales, c'est une mine d'où l'on ne ressort jamais sans emporter un bloc de ce minerai brut : l'écrit, stocké là à profusion pour le plus grand bonheur de tous ceux qui en savent le prix, à l'ère de l'audiovisuel.

Non loin de là se trouve le siège de *La Voix du Nord,* où ne subsistent plus que quelques bureaux, à côté du bâtiment ancien du Corps de Garde, qui est échu au Centre dramatique du Nord, dont je fus aussi un habitué, pendant toute ma période lilloise, et qui fut dirigé longtemps par Daniel Mesguich. Toujours au bord de la Grand-Place, sur le même trottoir que *La Voix du Nord,* un haut lieu de nos fins de soirées lilloises, concluant aussi bien les assemblées politiques que les réunions plus culturelles, La Chicorée, seul restaurant de la ville à rester ouvert 24 heures sur 24. Je me souvenais d'y avoir convié, dans les années 1953-1956, comme président de la « Corpo », les personnalités politiques qui avaient accepté de débattre avec les étudiants de l'école : en 1954, une discussion échevelée s'y termina à l'aube, qui réunissait l'inénarrable Triboulet, ministre gaulliste traditionnel, Maurice Schumann, qui traversait alors sa période MRP, et Léo Hamon, qui n'avait pas encore rejoint le camp gaulliste, et qui représentait alors la Jeune République, éphémère et confidentiel mouvement politique héritier du Sillon de Marc Sangnier. Le débat entre eux d'abord, entre eux et nous ensuite, ne put s'éteindre qu'avec l'épuisement complet des combattants et après que nous eûmes ensemble réinventé – ah, le cher, disert et regretté Léo Hamon – la République. Plus tard, les mêmes lieux me voyaient inviter, comme directeur de l'école, les conférenciers de passage, venus pour une journée ou une soirée dispenser leur leçon magistrale aux élèves.

Enfin, j'ai passé beaucoup de temps dans ce quartier Saint-Sauveur, aujourd'hui transfiguré, qui avait pour limite « La Porte de Paris », et dans le quartier de la Mairie, bâtiment colossal, dont le beffroi construit dans les années 20 domine la ville de ses 140 mètres de hauteur, et qui abrite un hall immense, qui n'est pas sans évoquer les grandes stations du métro moscovite, tandis que le bureau du maire est heureusement de proportions plus modestes... C'est dans ce hall impressionnant de l'Hôtel de Ville, dont l'atmosphère paraissait pourtant difficile à réchauffer, que l'Ecole supérieure de Journalisme de Lille organisa en 1979 une grande fête africaine, avec Manu Dibango et l'orchestre de la Radio-Télévision de Côte-d'Ivoire, pendant laquelle les rythmes de makossa, de salsa ou de musique congolaise remuèrent inévitablement les mânes du P'tit Quinquin et des héritiers du folklore nordiste, dont la culture est nécessairement aux antipodes de celle-ci... Pourtant, qui connaît les gens du Nord sait que leur tradition festive ne demande qu'une étincelle pour se réveiller : il ne fallut pas longtemps pour que le public, Pierre Mauroy en tête, soit conquis et se laisse emporter dans la danse, à l'unisson des étudiants de l'école et des musiciens africains...

A mon arrivée à la tête de l'école, je vivais le plus souvent seul à Lille, ma femme ayant gardé son poste à Paris où elle enseignait une partie de la semaine, et venant me rejoindre le jeudi. Je menai donc la première année une existence de moine, dans un studio proche du boulevard Vauban où siégeait l'école, entre mes activités de directeur et mes travaux personnels de lecture ou d'écriture.

Je m'étais attelé depuis plusieurs années, avec Claude Wauthier, à la rédaction d'une somme encyclopédique consacrée aux Etats africains, qui fut publiée en 1979 aux éditions du Seuil, dans la collection « l'Histoire immédiate », sous forme de deux gros volumes de 680 pages et sous le titre général : *Les Cinquante Afriques**. Cette tâche accompagnera presque quotidiennement mes soirées pendant mes deux premières années à Lille : en approfondissant la connaissance directe que j'avais eue de l'Afrique par de longues et précises recherches sur le passé de chaque région, et par la reprise détaillée de tout ce qui avait fait l'histoire et la géographie humaine de ces nouveaux pays au cours des premières décennies de leur indépendance, je m'efforçais de dessiner, pour chacun d'entre eux, un portrait aussi fidèle et rigoureux que possible.

Ce n'est que dans un deuxième temps que nous nous sommes installés rue Voltaire, au cœur du Vieux-Lille rénové, dans un immeuble qui abritait aussi le chef d'orchestre Jean-Claude Casadesus, aujourd'hui depuis vingt ans à la tête de l'Orchestre National de Lille, et qui contribue largement à la vitalité culturelle et artistique de la métropole du Nord. Nos rapports de voisinage immédiat nous ont permis de tisser d'excellentes relations avec ce spécialiste de Mahler, aussi à l'aise dans le répertoire moderne que dans la redécouverte du patrimoine classique, et dont l'engagement personnel dans l'animation musicale de la Ville l'a amené à jouer, avec ses musiciens, aussi bien dans les prisons, dans

---

* Hervé Bourges et Claude Wauthier, *op. cit.*

les écoles, dans les usines, faisant découvrir à ceux qui n'en auraient pas eu l'occasion la joie de connaître la musique. Jean-Claude Casadesus, chacun le sait, est un de ces maîtres hors pair pour qui l'art est une religion, mais aussi une manière de vivre, et une inépuisable richesse à partager. Il y parvient, non seulement dans cette région du Nord qu'il a tellement bien servie, mais aussi dans ses tournées à travers le monde entier. Sans doute les authentiques musiciens se mesurent-ils à cette générosité des émotions qu'ils veulent offrir à tous, sans compter. C'est en tout cas à ce trait de caractère que je mesure souvent l'engagement véritable d'un artiste dans son art : il refuse l'idée que certains puissent y rester sourds.

Contrairement à sa légende, le charme du Nord est puissant : ma femme y était naturellement sensible par ses origines, et c'est ainsi que nous avons fait l'acquisition d'une maison flamande, à une quarantaine de kilomètres de Lille, et à égale distance des plages de la mer du Nord, dans la plaine de Flandre intérieure, à Staple, village dont le nom atteste l'origine à la fois rurale et romaine (du latin *stabulum*), comme celui de plusieurs lieux voisins : le village de Caestre (de *castra*), ou le mont Cassel (de *castellum*). Les Flandres françaises, autrefois couvertes de forêts, furent en effet envahies par les Romains, et elles portent les traces de cette occupation durable. Disputées ensuite entre Flamands, Espagnols et Français, elles traversèrent douloureusement la fin du Moyen Age et la Renaissance, jusqu'à leur conquête définitive par les armées de Louis XIV et leur rattachement à la France.

L'un des pignons encadrant l'entrée de cette « pittoresque maison de Staple », baptisée « Vert Bocage », comme l'écrivait une notice parue dans *La Voix du Nord* le 7 décembre 1991, portait une devise en flamand qui mérite d'être citée : « *In Dien god my bewardt vam storm donder regen binnen honderd taer ben ik nog hier* ». La traduction pourrait en être : « Si Dieu me protège de la tempête, du tonnerre, des éclairs et du feu, dans cent ans je serai encore ici. » Pari gagné : la maison avait été bâtie en 1878 par le docteur Isaïe Reumaux, un humaniste franc-maçon et un original. Elle tient encore fièrement tête aux éléments : de part et d'autre de la porte, deux niches ménagées dans le mur abritent un personnage de bois de fantaisie, chevalier ou saint. Ils peuvent témoigner par leur seule présence du passage du temps et des propriétaires, ainsi que de la solidité de la bâtisse.

Les terres agricoles qui s'étendaient tout autour de Staple se sont dépeuplées au fil des dernières décennies, au fur et à mesure de la mécanisation de l'agriculture. J'aimais marcher des heures le long des champs, à travers cette campagne productrice de pommes de terre, de betteraves, de fourrage et de houblon : au loin au-dessus du plat pays la ligne douce des Monts de Flandre, buttes-témoins qui résistent encore à l'érosion générale, le mont Cassel, le mont des Récollets, le mont Noir, cher à Marguerite Yourcenar, et le mont des Cats, et, au-dessus, la « grande chasse du ciel où courent les nuages » qu'évoque ailleurs Aragon, lignes de fuite à l'infini et amoncellements toujours soufflés et précipités par le vent de toutes les nuances du gris.

Le romantisme impétueux de cette terre froide du Nord où la nature gouverne m'a toujours impressionné, aussi bien à l'intérieur des terres qu'au bord de la mer du Nord, large masse que l'on sent remuée de forces non maîtrisées, non maîtrisables, indifféremment bénéfiques ou dangereuses. La force du vent à laquelle rien ne s'oppose, la détresse régulière et fière de la terre et des hommes, cette fragilité permanente que la durée transmue en robustesse paradoxale. L'âme du Nord est là, dépourvue d'orgueil, parce qu'elle se mesure à la vérité des éléments, et arrimée à quelques valeurs fortes qui caractérisent ses enfants : réserve prudente, sens du travail, fidélité en amitié.

Mon propre potager, qui faisait ma fierté, nous donnait chaque saison, bon an mal an, des pommes de terre, carottes et poireaux tirés de cette terre lourde et argileuse, des salades, dont la pluie accompagnait généreusement la croissance. Vivant à Lille toute la semaine, je passais à Staple mes week-ends, bien accepté, je crois, par les habitants. Lorsque je vins me présenter au maire, et que j'évoquai ma profession de journaliste, je vis sa femme lever les yeux au ciel, hocher la tête, et dire dans un souffle : « *Il n'y a pas de sot métier !* » J'ai profité le plus possible de mes séjours dans ce village où l'on parlait encore flamand dans certaines maisons, et où la messe dominicale n'accueillait pas seulement quelques bigotes ou dévots, mais aussi de simples ouvriers agricoles qui me confiaient qu'ils votaient communiste, ou qui défendaient avec énergie leur élu, le socialiste Noël Josèphe, alors président du Conseil régional, député et maire de Beuvry.

Bien des fidèles qui assistaient au prêche du curé se retrouvaient ensuite au Café de la place, lieu de réunion spontané où ces Flamands « taiseux » soudain déliaient leurs langues, sortant de leur silence pour manifester leur chaleur et le plaisir de se retrouver ensemble et de partager un moment de paix. Après avoir quitté la direction de l'Ecole de Lille, et singulièrement pendant mes années parisiennes d'audiovisuel, je reviendrai de temps à autre à Staple pour retrouver cette atmosphère, et nous ne nous séparerons de cette maison de réunions familiales qu'à l'heure de la disparition, à Hazebrouck, de ma belle-mère.

Président de TF1 ou de France Télévision, je ne manquais pas d'être interpellé par les gens du village sur nos choix et horaires de programmation, jugés tardifs. Mon voisin le plus proche, André Dumes, ancien ouvrier agricole, avec qui nous étions plus particulièrement liés, me disait aimer les informations, les films, tout comme les émissions de variétés que nous programmions, même s'il se plaignait, avec sa femme, de ne plus avoir « les directs du passé », regrettant plus que tout « Au théâtre ce soir ». Inutile de lui vanter les émissions culturelles plus tardives : il se levait et se couchait avec les poules. Un jour il me demanda qui était ce « Joseph Poli » dont Bruno Masure parlait si souvent à la fin de son journal de 20 heures... Je lui indiquai qu'il s'agissait du présentateur de l'édition de la nuit : il sourit en haussant les épaules, indiquant par là qu'en effet, il ne risquait pas de le connaître, s'il passait toujours aussi tard... Il me faisait penser, tout rapprochement de fortune mis à part, à Francis Bouygues, qui au lendemain de la privatisation de TF1 en 1987, alors que je lui parlais de Michel Polac et de « Droit de réponse », le samedi aux alentours de 23 heures, me répliqua : *« Comment voulez-vous que je le connaisse, je me couche après le bulletin télévisé. »*

Cette région était au Moyen Age une région de marécages, elle en garde encore quelques traits, comme ces brumes hivernales qui stagnent parfois plusieurs jours au-dessus des champs. Mais quand l'été est favorable, ce qui arrive souvent, les mois de juillet et d'août sont plus agréables en Flandre que sur la Côte d'Azur surpeuplée, que valent bien les immenses plages de la mer du Nord, Malo-les-Bains, Hardelot, plage favorite de Pierre Mauroy, Bray-dunes, et toutes les plages belges si propices au char à voile et aux marches infinies, au bord des grèves, ou à travers les dunes, entre le sable, l'eau et le ciel, coupées de bains revigorants.

Hazebrouck et ses environs furent à partir du XVIIIe et surtout du XIXe siècle dépendants de l'activité industrielle textile d'Armentières et de Lille, qui s'essouffla à partir des années 50 et périclita jusqu'à la fin des années 80, remplacée par des activités de services : symbole de la fin d'une ère révolue, c'est en janvier 2000 que s'éteignit l'un des fleurons de cette industrie : la Lainière de Roubaix. Mais en même temps Hazebrouck est restée au cœur d'un bassin agricole extrêmement dynamique, dont témoigne un marché animé qui réunit chaque lundi, sur la Grand-Place, les producteurs et paysans d'alentour, parlant autant flamand que français. Ce marché alimentaire se double d'un marché de fripes et vêtements divers : spectacle hebdomadaire coloré et vivant comme les tableaux de Bruegel.

L'été, les traditions rurales perdurent à travers les fêtes successives de tous les bourgs de cette Flandre intérieure, coincée entre la métropole lilloise et la région côtière, parsemée de chapelles votives, et dont les églises sont placées sous l'invocation de saints locaux. S'y ajoutent les festivités profanes, fêtes des « Géants », des moissons, ou du houblon, constituant un joyeux calendrier estival. Jusqu'en 1950, chaque village produisait sa bière artisanale, mais dans les années 1970-1980, les innombrables brasseries d'antan avaient déjà disparu du paysage : n'en subsiste qu'une seule production, fraîche, amère, peu alcoolisée, la bière « des Trois Monts », de la Brasserie de Saint-Sylvestre, dont je suis resté amateur. On ne peut aimer une région, une ville, une terre, sans apprécier en même temps ses habitants, ses traditions, ses productions, tout ce qui lui donne son caractère vivant. Je me suis souvent senti profondément chez moi sur cette terre des Flandres : je lui dois beaucoup de souvenirs heureux et d'utiles méditations. Même si l'Afrique continuait de m'habiter... Sa présence était même quotidienne, car nous avions agrémenté la salle de séjour du « Vert Bocage » de tabourets, tables et coffres sculptés au Cameroun, par des artisans bamilékés.

« Décoloniser l'information »

Rayonner, faire connaître l'Ecole de Lille, c'était aussi à mes yeux la doter d'un outil de diffusion des réflexions qu'elle fédérait autour du métier de journaliste : une véritable revue indépendante, consacrant des dossiers à des thèmes précis, faisant le point des recherches, et ouvrant ses colonnes à toutes les analyses qui nous sembleraient apporter une contribution à la connaissance ou à la pratique du journalisme : ce fut *Trimedia,* trimestriel dont le premier numéro parut en juillet 1977. La revue, centrée sur l'école, n'avait pas pour fonction d'accueillir les articles des étudiants, qui faisaient l'objet de publications internes, sinon à l'occasion des « entretiens » sollicités auprès des hôtes de passage de l'école : Pierre Viansson-Ponté, Jean Lacouture, Georges Hourdin, Jean-Claude Guillebaud, entre autres, y répondront ainsi aux questions des étudiants.

La revue vivra six ans sous sa forme initiale. Elle se voulait délibérément indépendante de l'école, et le plus possible coupée de l'activité pédagogique elle-même, afin de donner à l'institution un rayonnement plutôt intellectuel que simplement éducatif. Il s'agissait de concevoir et de faire vivre, pour le journalisme, l'équivalent de ce qu'a pu devenir la revue *Hermès* publiée par le CNRS, pour la théorie de la communication. Deux ans après mon départ de l'école, elle subit une triple mutation, dans son concept, dans son titre et son format : ce sont aujourd'hui les *Cahiers de l'Ecole Supérieure de Journalisme* qui en ont pris le relais... Prêchant d'exemple, afin de mobiliser les chercheurs qui tournaient autour de l'Ecole de Lille, j'avais donné moi-même au quatrième numéro de *Trimedia* une première version du livre que je ferais paraître en 1978 sous le titre *Décoloniser l'information*.

La problématique de cet ouvrage m'avait été dictée par ma pratique quotidienne des médias en Afrique et en Europe, ainsi que par une série de réflexions qui avaient eu l'UNESCO pour cadre ou pour point de rencontre : la conférence générale réunie à Nairobi, au Kenya, en novembre 1976, avait lancé l'idée-choc d'un « Nouvel Ordre mondial de l'Information », sur le modèle de celle du « Nouvel Ordre économique ». Bien entendu, de nombreux responsables politiques et des analystes de la vie internationale avaient déjà mis l'accent sur la nécessité de développer des moyens d'information dans les pays neufs, en essayant de rétablir un équilibre mondial dans la conception et la circulation des informations. Ainsi la deuxième conférence des pays dits « non alignés », réunie à Alger en septembre 1973, avait vu s'élever des voix réclamant un « rééquilibrage » de l'information entre le Nord et le Sud. Je voulus apporter ma part à cette réflexion internationale.

Les sémiologues structuralistes notaient avec justesse, au même moment, la prégnance des cadres intellectuels et des modèles qui organisent la connaissance, réseaux de références, méthodes de pensée, institutions normatives délimitant le savoir et les conditions de la constitution d'une culture. Alors même que les travaux d'un Lévi-Strauss prouvaient l'immense richesse des cultures ignorées, ceux de Michel Foucault ou, chez les marxistes, de Louis Althusser, révélaient l'inévitable contrainte sociale exercée sur les œuvres de l'esprit et les « superstructures intellectuelles » légitimant les rapports de forces qui travaillent toute société humaine.

Soudainement, toute une pensée claire et lucide remettait la culture à sa place, et montrait, en même temps que la diversité contradictoire de ses fonctions, sa véritable fragilité. Le mot de Valéry révélant aux civilisations qu'elles sont aussi « mortelles » prenait désormais tout son sens : il était possible de comprendre comment les rapports de forces entre les peuples pouvaient aussi entraîner des phénomènes de domination culturelle, et à terme la disparition des cultures économiquement défavorisées.

Le livre *Décoloniser l'information* est donc né de la prise de conscience double de cette contradiction tragique : richesse confirmée de tous les héritages et toutes les traditions, fragilité accentuée de ce patrimoine universel des mille facettes de l'esprit humain. A ma place, comme ambassadeur du Sud dans les pays du Nord, ou comme ambassadeur du Nord dans les pays du Sud, j'en avais mesuré les effets et je pouvais en porter témoignage. Allais-je me taire et n'en rien faire ? Je pris le parti d'écrire. Les prises de position qui étaient les miennes à ce moment-là se confirment à la lumière de l'évolution des échanges économiques mondiaux de « produits culturels » et « d'information » au cours de ces vingt dernières années, et des perspectives qu'engage le développement d'Internet, ouverture d'une « nouvelle économie » qui privilégie pour commencer les « pays riches » : « *L'information est un pouvoir technologique aussi bien que politique. Or ce pouvoir est mal partagé... Les pays développés, de par la puissance même des moyens techniques dont ils disposent, exercent une influence sur les pays en voie de développement qui n'est pas seulement d'ordre économique ou technologique, mais aussi psychologique et social.* »

Décoloniser l'information analysait donc les phénomènes en cause de manière objective, avant de proposer des pistes de réflexion pour infléchir les situations décrites. Après avoir dénoncé les principes essentiels d'une « information à sens unique », puissance des grandes agences et domination technique par les moyens de production et de diffusion de la télévision et des principaux services de communication, je m'attardai sur les images réductrices du tiers monde véhiculées par les différents courants idéologiques occidentaux, avant d'examiner à partir de la situation de l'Afrique noire francophone et de l'Algérie, les déficits d'information ressentis dans les pays du Sud. Le livre se concluait sur la nécessité de trouver d'autres voies : « *Pour que la prophétie du sociologue canadien McLuhan – Le monde est un village global – devienne réalité, il faut abolir les systèmes de domination, transformer les mentalités des nations industrialisées, aménager dans les pays du tiers monde le pouvoir d'informer**. »

Vingt ans ont passé, et le développement d'Internet nous place avec plus d'urgence encore au début du XXIe siècle face à ce même défi. Ce sont les mêmes accents qui ont été entendus lors du « Sommet mondial des Régulateurs sur Internet et les nouveaux Services » que le Conseil supérieur de l'Audiovisuel organisa, sous l'égide de l'UNESCO, du 30 novembre au 1er décembre 1999 : il me suffirait de reprendre les paroles de plusieurs délégations parmi les 65 pays représentés à nos débats, en écho desquelles je prononçai mes propres conclusions : « *Les inégalités dans les possibilités d'accès aux services du Web sont un enjeu démocratique d'égalité sociale, au sein de chaque pays, et d'équilibre culturel et économique mondial, si l'on considère les disparités qui peuvent exister sur ce point entre les pays du Nord et la plupart des pays du Sud. Les régulateurs se doivent d'attirer l'attention sur*

---

* Hervé Bourges, *Décoloniser l'information*, Paris, Cana, 1978, p. 155.

cette fracture nouvelle qui est en train d'apparaître "entre les pays info-pauvres et les pays info-riches*". »

D'un discours à l'autre, de 1978 à 1999, les cohérences sont apparentes, le souci et la démarche sont identiques : faire des pays du Sud des partenaires à part entière du nouveau jeu économique et social mondial qui s'organise autour du développement des échanges d'information. Chaque nouvelle étape du développement humain peut être saisie pour combler les fossés qui existent et limiter les disparités entre les peuples comme au sein de chaque nation. A condition que l'on veuille bien s'en donner les moyens, réglementaires, diplomatiques, économiques, et que l'on mette l'innovation technologique au service de ce rattrapage global, et non du creusement de nouvelles inégalités[5].

C'est au mois d'avril ou de mai 1980 que je reçus, à l'improviste, un coup de téléphone d'Amadou Mahtar M'Bow, alors Directeur général de l'UNESCO, que je ne connaissais pas personnellement jusque-là, et qui me dit dès les premières minutes de notre conversation que, cherchant un directeur de la communication pour cette institution internationale, il pensait à moi. « *Je viens de lire* Décoloniser l'information *: nous sommes d'accord sur le constat comme sur les moyens à mettre en œuvre, sur les réticences que l'on peut avoir face aux positions extrêmes des deux bords. Acceptez-vous de me rejoindre pour y travailler avec moi ? Si vous le vouliez bien, vous seriez aussi mon porte-parole, et vous auriez la haute main sur l'ensemble des actions de communication de l'Organisation...* »

Après quatre années pleines passées à Lille, je commençais à y tourner en rond. La province, même quand on l'aime, engendre la monotonie : mêmes visages, mêmes rencontres, mêmes lieux, mêmes conversations. Et puis Hazebrouck n'est pas Cannes... La communication téléphonique d'Amadou Mahtar M'Bow sonna pour moi comme l'appel du large : je ne pouvais pas y résister. Mais j'avais à mener à son terme l'année universitaire, à conduire les examens et le concours d'entrée : c'est pourquoi je ne pris mes fonctions à l'UNESCO qu'en septembre 1980. Entre-temps, mon successeur, André Mouche, était désigné. Je ne quittai pas vraiment l'école de Lille : j'y assumai bientôt la présidence du Conseil d'administration, pendant dix ans, avant de laisser la place à d'autres, et de la retrouver en 1998, à la demande pressante de Jules Clauwaert et des autres membres de cette instance associative, où le bénévolat est la règle.

---

* Hervé Bourges, Conclusions du « Sommet mondial des Régulateurs sur Internet et les nouveaux Services », reprises dans les *Actes* du Sommet, Paris, CSA, janv. 2000. Cf. note 5 en annexe.

Où en est aujourd'hui l'école supérieure de Journalisme de Lille ? La 73ᵉ promotion a quitté l'Ecole en juin 1999 : elle comprenait 60 diplômés, parmi lesquels 13 mentions « très bien », 37 « bien » et 10 « assez bien ». 23 étudiants penchaient pour la presse écrite, 18 pour la télévision, dont 5 avec une formation de journaliste reporter d'images, 14 pour la radio et 5 pour l'agence. Autant que l'on puisse le dire quelques mois après leur sortie, le placement des diplômés dans les différents organes de presse auxquels ils se destinaient apparaît assez rapide, notamment grâce aux bons résultats obtenus par certains d'entre eux aux concours professionnels : dix concours sur les douze qui existent ont en effet été remportés en 1999 par les étudiants lillois. Cette même année 1999, le prix Albert-Londres était remis à un ancien élève, Michel Moutot, tandis qu'un autre ancien, Sylvain Cottin, remportait un prix de la Fondation Varenne. Le 23 mai 2000, Jean-Marie Cavada, président de Radio-France, m'accueillait à la Maison de la Radio pour l'inauguration des nouveaux locaux de la station, entièrement numérisés, des studios jusqu'aux bureaux des journalistes. A ses côtés, Pascal Delannoy, directeur, Francis Tyskiewicz, directeur adjoint chargé de la rédaction, Bruno Denaes, rédacteur en chef : tous trois anciens élèves de l'Ecole de Lille.

De tous les anciens élèves étrangers de l'école, les Africains sont les plus nombreux ; beaucoup occupent des responsabilités professionnelles ou politiques majeures : directeurs de journaux, de radios, de télévision, ministres... ou simplement journalistes. Certains ont connu la mise à l'écart ou les geôles de pouvoirs autoritaires. D'autres exercent en France. C'est le cas de la Franco-Camerounaise Elisabeth Tchoungui : Arte, Canal J, M6, France 2. Elle dit de l'école : *« Je garde de cette période dans le Nord des souvenirs très forts. Entre les reportages dans les quartiers difficiles de Lille et des chroniques judiciaires pour* Nord-Eclair, *j'ai connu des expériences formidables, notamment en matière d'écriture... J'ai choisi ce métier pour aller à la rencontre des autres mais aussi pour être fidèle à mes engagements. Lorsque je passe à l'antenne, je représente un exemple pour les gens de couleur*... »*

Témoignage à relier au combat mené par le Collectif « Egalité » animé par la romancière Calixte Beyala. Juste revendication d'une meilleure exposition sur nos antennes, surtout dans le contenu des œuvres, de la diversité culturelle de la communauté française. Mais proposition erronée, celle de l'instauration de quotas identitaires, notion antirépublicaine, anti-égalitaire, accentuant la ghettoïsation, l'exclusion et source

---

* In *Le Monde*, 17-18 septembre 2000.

de médiocrité. En revanche aucun *talent* ne doit être exclu « *en raison de son origine, de sa race, de sa religion* ». Le respect de l'article 1ᵉʳ de notre Constitution est, dans la réalité audiovisuelle, souvent bafoué...

Où se recrutent aujourd'hui les élèves de l'école ? Le concours « généraliste » de 1999 a été tenté par 641 candidats français et 40 candidats étrangers ; 120 furent retenus à l'oral, et après l'oral, 35 filles et 21 garçons, âgés en moyenne de 23 ans, furent finalement admis. Il suffit pour concourir d'être titulaire d'un DEUG, mais nombreux sont les candidats à posséder déjà leur licence, leur maîtrise, voire un doctorat...

Tout cela témoigne de la bonne santé d'une école qui a pourtant de nouveau, dans les années 90, traversé une période difficile, notamment sur le plan financier, comme plusieurs autres écoles françaises de journalisme : mais ces difficultés provenaient d'une excessive rapidité de développement, et n'affectèrent jamais ni la formation, ni la bonne tenue des engagements économiques de l'école, ni le maintien des emplois créés. Aujourd'hui placée sous la houlette de Loïc Hervouët, succédant à Patrick Pépin, l'ESJ va passer le cap de l'an 2000 avec un socle économique sain et des capacités de développement retrouvées, confirmées par les résultats de l'exercice 1999, mais évidemment toujours fragiles, et avec des ressources très insuffisantes.

L'une des dimensions essentielles de ce développement est la coopération internationale : non seulement pour la formation des élèves de l'école eux-mêmes, qui peuvent désormais effectuer un trimestre à l'étranger, dans les écoles partenaires de Londres, Louvain, ou Laval (au Québec), mais aussi pour le développement de la formation au journalisme dans les régions du monde qui en ont le plus besoin. Une école a ainsi été ouverte en 1999 à Sarajevo, pour former de jeunes journalistes bosniaques, ainsi qu'un centre de formation au Vietnam, tandis que la direction de l'école instruit le projet d'un centre de journalisme multimédia à Pristina, au Kosovo. Cette activité internationale a un sens : elle correspond au triple souci de l'école de marquer une solidarité avec les autres centres de formation, de contribuer au développement des médias dans les nouvelles démocraties, et de montrer que la langue française peut être un atout pour valoriser une formation de journaliste.

Ce triple engagement de l'école de Lille est aussi à relier à l'animation du réseau francophone des écoles de journalisme, le « Réseau Théophraste », que préside Loïc Hervouët, et que viennent de rejoindre les écoles de Moscou et du Caire, preuve que la Francophonie est bien vivante et toujours inspirante dans les pays qui veulent orienter leur journalisme en toute indépendance, avec esprit critique, rationalité et rigueur.

Ce développement intervient à un moment où, en France même, le défi que représente la formation des journalistes apparaît de plus en plus difficile : depuis une dizaine d'années, sur les 1 500 à 2 000 nouveaux journalistes intégrés chaque année avec l'onction de la Commission de la Carte (en 1999, 2 180 nouvelles cartes ont été distribuées !), seuls 400 à 500 ont reçu une formation dans l'un des huit centres reconnus. Les autres se forment souvent sur le tas, sans acquérir auparavant les réflexes et les principes que les diplômés des écoles de journalisme connaissent, eux, par cœur. Le développement de l'information sur Internet donne à ce problème une plus grande urgence encore : les jeunes responsables éditoriaux de ces services ont rarement la carte de journaliste, et les grandes règles déontologiques de cette profession n'ont pas toujours beaucoup de sens pour eux.

Plusieurs orientations sont actuellement explorées et il est sans doute essentiel d'écarter quelques « fausses bonnes idées », qui n'apporteraient pas de véritable solution à moyen ou long terme, ou qui poseraient des problèmes de principe difficiles à résoudre. C'est le cas par exemple du projet de création d'une nouvelle grande école de journalisme « de référence », créée à l'initiative de l'Etat : ce projet risquerait d'être vite catalogué comme une tentative « archaïque » d'établir un contrôle étatique sur la formation de journalistes « bien-pensants », tout en affaiblissant injustement les autres filières de formation qui, bon an mal an, assurent tout de même depuis des décennies le développement d'une certaine qualité de journalisme, bien reconnue en France et à l'étranger.

C'est le cas aussi de toute tentative étatique de réglementation de la profession. Paradoxalement, il est vrai que l'on pourrait rêver, s'agissant d'une profession de haute responsabilité sociale, d'un « permis de conduire » journalistique qui attesterait que l'on connaît au moins le code et les principes de comportement essentiels. D'autres ont, dans le passé, rêvé de constituer un « Ordre des journalistes », aux relents vichyssois, compétent pour prononcer des sanctions, des exclusions, des règlements. Mais la profession de journaliste doit rester diverse et ouverte. Il est vrai que cette ouverture paraît aujourd'hui béante. Mais elle est la condition de la liberté de l'information. L'irruption d'un nouveau type de journalistes sur Internet confirme le fait que cette ouverture est, en régime de liberté, à la fois inévitable et féconde : laissons à la conscience des journalistes, au libre arbitre du public et à un régulateur de la communication indépendant de l'Etat le soin d'imposer des comportements de responsabilité...

En revanche d'autres solutions pourraient être envisagées : un observatoire des médias pourrait utilement promouvoir une connaissance plus approfondie des réalités du métier de journaliste, des mutations qui l'affectent, des conditions dans lesquelles il est pratiqué. Par ailleurs, la nécessaire harmonisation européenne des niveaux de formation supérieure peut être l'occasion de définir différents degrés de formation professionnelle, cohérents entre les différentes écoles, avec une définition équivalente des contenus enseignés à chaque stade. Enfin, pour améliorer la formation des jeunes journalistes engagés sans diplôme spécifique, on pourrait songer à des formules incitatives qui les conduiraient à suivre des stages où les connaissances de base du métier leur seraient dispensées, leur assiduité à ces modules d'apprentissage agréés par les professionnels étant récompensée par une exonération de charges pendant la première année d'embauche...

Il n'est pas interdit d'imaginer d'autres voies, en ayant soin de toujours préserver ce qui fait à la fois le seul objectif, la valeur et la force du métier de journaliste : l'indépendance de la profession et l'honnêteté de l'information.

7

Unesco

Mon débarquement à l'UNESCO intervint en pleine bataille : l'enjeu du « Nouvel Ordre mondial de l'Information », tel qu'il avait été défini par Amadou Mahtar M'Bow, divisait profondément l'organisation et suscitait une polémique internationale largement reflétée par les grands quotidiens américains. Le Directeur général avait pourtant usé de la plus grande prudence, confiant le soin de préparer sur ce point la réflexion de la Conférence générale à une Commission présidée par Sean MacBride, ancien ministre irlandais des Affaires étrangères, à la fois titulaire du Prix Nobel de la Paix et du Prix Lénine de la Paix. Mais les conclusions de cette commission, remises en novembre 1979, et communiquées à l'ensemble des Délégations, avaient largement eu le temps de mettre le feu aux poudres lorsque la Conférence générale s'ouvrit à Belgrade, capitale de ce qui était encore la Yougoslavie, le 23 septembre 1980.

Or c'est dans une circulaire datée du 15 septembre, à peine une semaine avant le début des hostilités, que le Directeur général annonça à tous les sous-directeurs généraux ma nomination et le rôle qu'il entendait me voir remplir : « *J'ai décidé de nommer un coordonnateur qui aura la responsabilité générale de la supervision de l'élaboration des communiqués de presse et fera fonction de porte-parole du Directeur général pendant toute la session de la Conférence générale. Ce coordonnateur sera M. Hervé Bourges, qui vient d'être affecté à l'Office d'information du public (O.P.I.) et sous l'autorité duquel sera placée l'équipe de rédaction.* »

En un mot, j'étais jeté dans l'arène. Je n'eus que le temps de terminer formellement l'année universitaire, et je rejoignis Belgrade à un moment particulièrement difficile, celui où Yasser Arafat et Sékou Touré s'adressèrent aux délégués de tous les pays dans un tohu-bohu indescriptible... C'était le désordre, et c'était l'avenir : j'eus immédiatement cette double vision de l'UNESCO : grande machine administrative, véritable paquebot diplomatique armé pour la haute mer, avec son invraisemblable force d'inertie bureaucratique, son gâchis financier, et en même temps forum unique pour toutes les nations du monde, à commencer par les plus pauvres, les moins écoutées, qui peuvent s'y exprimer à égalité avec les pays plus puissants, et y faire valoir leurs arguments.

Un « Nouvel Ordre mondial de l'information » ?

La bataille qui se livrait à Belgrade n'était pas totalement neuve pour moi : j'y retrouvais les thèmes principaux que j'avais développés dans *Décoloniser l'information,* à commencer par une forme de dénonciation, exagérée (mais l'excès même peut être fécond), de la domination des grands médias internationaux sur l'information mondiale. L'actualité ne subit pas la même hiérarchisation, lorsqu'elle est regardée d'un œil occidental et lorsqu'elle est présentée par un esprit formé dans une autre civilisation, une autre culture, une société différente.

Une différence sensible m'apparaissait pourtant immédiatement : le même constat, lorsqu'il était avalisé par l'UNESCO, devenait un acte politique international et appelait des mesures concrètes. Et c'est à partir de là que les choses devenaient soudain plus compliquées. Car comment mettre en œuvre le rééquilibrage souhaitable ?

Certes, l'intention du Directeur général de l'UNESCO et de tous ceux qui avaient travaillé sur ce thème était louable : il s'agissait de permettre aux sans-voix de se faire entendre et de s'exprimer dans le concert de l'information mondiale, dans lequel jusque-là seules les voix du Nord étaient reprises. Mais fallait-il envisager des mesures coercitives ? Sûrement pas... Comment empêcher la mise en place d'un échange inégal, sans toucher à l'indispensable liberté des courants d'information ? La presse américaine se déchaîna contre les conclusions de la Commission MacBride, et plus encore contre les discussions auxquelles elles donnèrent lieu dans le cadre de la Conférence générale de Belgrade.

De nombreux délégués occidentaux furent explicites dans leur rejet. Parlant du rapport MacBride, le délégué britannique lança : « *Toutes ses parties sont excellentes, mais l'ensemble est mauvais et il ne nous plaît pas.* » Mais au-delà de ces oppositions prévisibles fondées sur les craintes de voir l'UNESCO s'en prendre à la liberté de la presse, il est particulièrement révélateur que même un journal comme *Jeune Afrique*, dont le lectorat se recrute sur l'ensemble du continent africain, ait publié des prises de position très hostiles au « Nouvel Ordre mondial de l'Information et de la Communication » : le 24 septembre 1980, Raphaël Mergui y signe une longue tribune intitulée *« Pour un désordre mondial... »*, où il stigmatise dans le rapport MacBride *« un monument d'inculture théorique... »*, ses *« centaines de pages de platitudes et d'incohérences... »*, où il voit avant tout *« la meilleure justification de soumission de la presse au pouvoir »*, pour conclure brutalement : *« Comme elle serait insipide, une presse inspirée par l'UNESCO ! »* Les dernières lignes de sa diatribe résument assez bien les positions des adversaires du Nouvel Ordre mondial de l'Information : *« Entre les deux maux d'une liberté sans retenue et du contrôle bureaucratique – national ou international – de la presse, le moindre est certainement le premier. Pour avoir donné dans la vision facile et vulgaire de la communication-instrument, les auteurs du rapport MacBride se sont condamnés – probablement malgré eux – à légitimer la fusion de la presse et de l'Etat. Au lieu de proclamer très haut qu'on ne les séparera jamais suffisamment. L'UNESCO ne peut pas, par nature, comprendre ce genre de vérité. Elle aurait mieux fait de s'abstenir*. »*

Décidément, le débat s'engageait mal... Des erreurs avaient indéniablement été commises dans la présentation même du projet : son nom, déjà, et plus particulièrement le mot « Ordre », associé à l'adjectif « Nouvel », semblait vouloir faire table rase de l'existant pour définir un cadre sans précédent, dans lequel l'information devrait se couler. Il n'était pas question de cela, mais cette idée ne pouvait que révolter tous les esprits libres, que ce soit dans les pays occidentaux ou, plus encore, peut-être, dans ceux où l'information était déjà contrainte et bâillonnée par des pouvoirs politiques totalitaires. Pour eux, le rôle de la presse occidentale était souvent perçu comme libérateur : elle était l'indispensable ouverture qui leur donnait la certitude qu'ailleurs autre chose existait que la tyrannie subie dans leur pays. Les priver de cette ouverture, et de la libre circulation des informations du Nord au Sud, c'était fermer cette fenêtre sur la démocratie dont ils ressentaient tellement le besoin.

C'est ce qu'exprimait avec force Amin Maalouf à la fin de la Conférence générale de Belgrade : *« A partir d'un certain seuil, la critique virulente dont fait l'objet la presse occidentale ne sert plus qu'à donner*

---

* *Jeune Afrique*, n° 1029, 24 sept. 1980, p. 61.

bonne conscience aux dizaines de régimes qui, sous prétexte de lutter contre les menées de l'étranger, privent leurs peuples de toute information. Dans ce domaine la contradiction entre les intérêts des peuples et ceux des despotes est bien plus importante que la contradiction entre les intérêts des Etats du tiers monde et ceux des grandes puissances. C'est pour cela que le déséquilibre des échanges informationnels ne peut être traité de la même façon que celui des échanges commerciaux*. »*

La bataille menée par Sean MacBride et Amadou Mahtar M'Bow eût peut-être été mieux comprise si, dès le départ, l'accent avait été mis sur la deuxième revendication qu'ils exprimaient : celle d'une réelle liberté de la communication dans les pays du Sud. Car la véritable question était là : comment faire pour que toutes les voix du monde fussent entendues, et toutes les voix de tous les pays du monde, comment faire pour que partout sur terre les journalistes fussent libres et indépendants, les médias pluralistes, et les peuples à même de s'exprimer ? Pas une déclaration d'Amadou Mahtar M'Bow qui n'ait longuement insisté sur la nécessité d'une communication démocratique et d'une information libre. Dans sa réponse au débat de politique générale, il déclarait ainsi notamment : « *Les notions de démocratisation ou de liberté d'information ont été longuement traitées, selon des approches naturellement diverses étant donné la pluralité du monde contemporain, mais aussi selon des approches souvent nouvelles. La corrélation entre la liberté de l'information au niveau international et à l'intérieur de chaque pays a fréquemment été établie. En effet, nombre d'orateurs ont relevé qu'œuvrer afin que chaque peuple dispose des capacités nécessaires pour informer comme pour être informé, oblige aussi à faire en sorte que, dans chaque pays, tout homme, toute collectivité, puisse aussi bien écouter que se faire entendre. L'accroissement de la capacité de communiquer pour les nations qui en sont aujourd'hui le plus démunies ne peut entraver la liberté de l'information et, au contraire, cette liberté ne pourra s'épanouir pleinement que s'il est remédié au déséquilibre profond qui existe actuellement dans la répartition des moyens de communication***. ». C'était clairement évoquer la nécessité de démocratiser l'information dans beaucoup de pays en voie de développement.

C'est la position que le Directeur général de l'UNESCO défendait avec énergie lorsqu'il se rendait dans les pays africains ou dans les pays d'Amérique latine : en juillet 1980, à Yaoundé, il avait ainsi plaidé

---

* *Jeune Afrique*, n° 1034, 29 octobre 1980, p. 48.
** Amadou Mahtar M'Bow, Conférence générale de l'UNESCO, Belgrade, 9 octobre 1980, *Réponse du Directeur général au débat de politique générale*, vingt-septième séance plénière, 21C/INF. 18 – p. 11.

devant les ministres de l'Information des pays d'Afrique pour que tous leurs pays « *fassent un pas vers la démocratisation de la communication*[6] ».

Il était bien évident pour M'Bow que remettre en cause les termes de l'inégalité des échanges d'information ne devait pas conduire à prôner la fin de la liberté de la presse et à mettre un frein à la liberté de circulation des nouvelles : c'eût été absurde. Il était lui-même assez profondément attaché à l'idée de démocratie, ayant été opposant pendant l'essentiel de sa vie... Mais ce deuxième volet de son discours ne fut pas réellement entendu, ou pas suffisamment en tout cas pour mettre fin à la violente campagne personnelle dirigée contre lui : campagne démesurée, cruelle, brutale, mais qui tenait aussi aux lourdeurs administratives inhérentes à l'UNESCO, dont il fut désigné comme le premier responsable. De la nécessité d'une bonne communication pour ne pas travestir ou mésinterpréter un message juste...

Le petit paysan du Sahel

Qui était Amadou Mahtar M'Bow et pourquoi cette campagne était-elle particulièrement injuste à son égard ? C'était d'abord un homme charmant, d'une extrême courtoisie, très attentif aux autres, et travaillant énormément. Il n'avait presque pas de vie familiale, et connaissait l'UNESCO comme s'il y avait grandi : en tant que porte-parole, je recevais des projets de discours à son intention en provenance des différents secteurs de l'Organisation. Il relisait immédiatement chaque texte, et il lui arrivait fréquemment de corriger tel ou tel détail concernant un programme d'action, qui n'était pas exact, ou pas conforme à ce qui avait été décidé, ou simplement exagéré par rapport à ce qui avait été effectivement accompli. Et pourtant le discours et les documents avaient évidemment été préparés par le secteur qui suivait ces activités, et le tout avait été visé par le sous-directeur général qui en était responsable.

Parce qu'il travaillait lui-même beaucoup, il était également très exigeant vis-à-vis de ceux qui travaillaient autour de lui. Il choisissait pour les principaux postes exécutifs ceux qu'il estimait le mieux répondre aux besoins qu'il avait définis, et n'hésitait pas, lorsqu'il était déçu par les performances d'un de ses collaborateurs, à le lui signaler et à accélérer son départ. Ce type de gestion humaine n'est pas toujours parfaitement compris, et peut même parfois être douloureusement ressenti : il est plus facile de se solidariser avec celui qui subit une sanction qu'avec celui qui l'inflige, d'autant qu'il n'est pas toujours possible à ce dernier d'entrer publiquement dans les détails de ses motivations. Néanmoins les décisions internes de M'Bow firent rarement l'objet de polémiques : sans doute parce que l'ensemble des fonctionnaires de l'UNESCO avaient pour lui une réelle estime, méritée par un parcours exemplaire...

Peu de temps après sa naissance, en 1921, à Dakar, ses parents l'avaient amené à Louga, dans le Sahel, où vivait toute sa famille, famille élargie, à l'africaine, aux oncles, tantes, cousins, grands-parents... Louga était alors une petite bourgade rurale, de quelques milliers d'habitants, tant wolofs que peuls, toucouleurs ou berbères. Son père, musulman, respecté, était à la fois artisan et paysan, travaillant le cuir en maroquinerie et cultivant sa terre, élevant aussi des bêtes, moutons, bœufs, chevaux. D'une grande probité, il léguera à son fils un sens de la dignité et de l'honnêteté qui lui rendra d'autant plus cruelles les attaques brutales dont il fera l'objet. Notabilité locale, même s'il ne parle pas le français, son père fera par exemple partie de la délégation sénégalaise invitée à Paris pour l'Exposition universelle de 1900.

La première éducation de M'Bow avait donc été traditionnelle : initiation aux techniques agricoles et à l'artisanat, connaissance du milieu naturel, des plantes, de la faune : « *Je connaissais toutes les plantes, celles qui guérissent et celles qui tuent... Même ici, à Paris, il m'arrive encore de prendre des infusions de plantes africaines que je fais venir...* » S'y était ajoutée, très vite, l'expérience de la vie, et de sa dureté : de 1928 à 1930, la grande sécheresse qui frappe le Sahel se traduit par une famine terrible, dont peu d'échos parviennent en Occident : visions d'êtres humains réduits à l'état de squelettes, mendiant leur subsistance, vision d'enfants qui n'ont même plus la force de pleurer... « *Enfant, j'ai côtoyé la faim. J'ai vu des hommes, des femmes, mourir de faim. La faim, ce n'est pas une figure de rhétorique : il faut l'avoir vécue pour en comprendre l'angoisse.* »

En novembre 1929 commence une deuxième époque de sa formation : celle qu'il recevra à l'école régionale française de Louga. L'histoire qu'il y apprend est forcément un peu différente de celle qui était transmise, par tradition orale, dans sa famille : Louga appartient à l'ancien royaume du Kayor qui résista très longtemps, au XIXe siècle, à la pénétration coloniale. Amadou Mahtar M'Bow prend ainsi très jeune l'habitude de se situer au carrefour des cultures et aux confins de conceptions du monde presque antagonistes... Il s'en souviendra longtemps : « *L'enfance de beaucoup d'entre nous,* dira-t-il bien plus tard, *a été bercée par des récits qui n'avaient rien de commun avec l'histoire telle qu'elle était enseignée dans les écoles coloniales et missionnaires.* » Il obtient dans ces conditions son certificat d'études primaires à

14 ans, suivi d'un diplôme d'études commerciales, et commence une troisième formation, celle de la vie, dans un emploi de commis d'administration au cabinet du gouverneur, à Dakar.

La guerre transforme alors son destin, puisqu'il s'engage, de manière décisive, après le débarquement des Alliés en Afrique du Nord. De l'école de l'air d'Agadir, au Maroc, il sortira major de sa promotion, seul « sergent spécialiste » noir de l'armée française. Démobilisé en 1945, il reprend ses études, passe son baccalauréat, puis est admis en classe préparatoire aux écoles d'ingénieur : il n'y reste pas, car il découvre sa vocation : revendiquer et défendre la richesse du patrimoine culturel africain. Désormais, il ne veut plus être ingénieur, mais historien et géographe, pour mieux connaître et faire connaître les réalités du peuple noir.

C'est une nouvelle formation, qui coïncide avec un nouvel engagement : dès 1948 il est président de l'association des Etudiants africains de Paris. En 1950, il devient président de la Fédération des Etudiants d'Afrique noire en France, sans ralentir son parcours intellectuel pour autant, qui lui fait franchir les différents grades universitaires. Il devient enseignant, et réclame d'enseigner au Sénégal. Rapidement chargé des « programmes d'éducation de base », qui doivent mener de front alphabétisation, éducation sociale et développement communautaire, il passe cinq années à sillonner le Sénégal, en camionnette, avec sa petite équipe de médecins, d'infirmiers-vétérinaires, de moniteurs, de formateurs, de techniciens agricoles, d'artisans parfois, construisant des écoles, des centres de soins, organisant des coopératives de paysans, introduisant les engrais, et luttant contre tous les maux du sous-développement qui se résument en une cause fondamentale : l'ignorance...

Cette action concrète et inlassable de terrain, région par région, village par village, est rapidement connue et reconnue. Quand la France amorce le processus de décolonisation et installe en 1957 un gouvernement sénégalais dans le cadre de l'autonomie interne, c'est à Amadou Mahtar M'Bow qu'est confié le premier ministère de l'Education nationale et de la Culture... Qu'il quitte après avoir refusé de voter en faveur de la « Communauté » proposée par le Général de Gaulle aux peuples jusque-là colonisés... Et qu'il retrouvera lorsque Léopold Sédar Senghor, désormais Président d'un Etat indépendant, et souhaitant une coopération de toutes les forces vives du Sénégal, l'y rappellera en 1966, pour amorcer l'« africanisation » de l'université, lui donnant aussi la mission de conduire la délégation sénégalaise aux Conférences générales de l'UNESCO de 1966 et de 1968. Membre du Conseil exécutif, président du groupe des Etats membres africains, et du groupe des « 77 » membres appartenant au tiers monde, c'est à lui que René

Maheu, alors Directeur général, propose de diriger les programmes « Education ». Et sa réussite dans ce domaine essentiel de l'activité de l'Organisation le met alors en piste pour lui succéder. Ce sera chose faite le 14 novembre 1974.

M'Bow était profondément loyal à l'égard de ceux qui étaient de ses amis, et il le fut aussi à plusieurs occasions à l'égard de ceux qui n'en étaient pas : un fonctionnaire iranien de l'UNESCO qui avait poussé son pays à ne pas soutenir la candidature de M'Bow au poste de Directeur général se retrouva emprisonné à Téhéran, après la révolution islamique et l'arrivée au pouvoir de Khomeyni. L'apprenant, Amadou Mahtar M'Bow se mit immédiatement à agir pour obtenir sa libération, réussit à le faire sortir d'Iran, et lui procura un emploi à l'UNESCO, à Paris : « *Il faut savoir oublier, et l'injustice n'est jamais tolérable* », disait-il en riant... Même lorsqu'elle atteint un adversaire !

Il était diplomate dans le contact humain mais peu désireux de s'embarrasser de toutes les procédures bureaucratiques, préférant construire le consensus par le mouvement que dans l'immobilisme des bureaux, prendre en main un dossier brûlant plutôt que d'attendre qu'il refroidisse. « *J'aurais été heureux de pouvoir, comme on le fait sous le baobab en Afrique, arriver à faire la confrontation de toutes les opinions, trouver une voix moyenne acceptable par tous... Je me méfie un peu de l'humanisme universaliste qui cache souvent un européo-centrisme. Je préfère le pluralisme qui accepte l'identité particulière de chaque peuple. J'ai été élevé dans l'acceptation des différences... Je suis le frère de tout humain, quels que soient sa race, ses croyances, le lieu où il vit. A partir de là, on peut bâtir une véritable solidarité.* »

Le commentaire de Pierre Kalfon, lors de son élection au poste de Directeur général de l'UNESCO, est particulièrement explicite : « *L'itinéraire qui a conduit le petit paysan du Sahel africain à la tête de l'une des plus prestigieuses organisations des Nations Unies est peut-être exemplaire de l'émergence d'un autre monde longtemps asservi, méprisé sinon ignoré, celui des peuples déshérités.* » Il est parfaitement juste qu'Amadou Mahtar M'Bow avait conscience d'en être le symbole. Il est également juste que ce symbole gênait, non pas tant les anciens pays colonisateurs, dont la mauvaise conscience trouvait ainsi à s'objectiver donc à s'apaiser, mais les nouvelles grandes puissances de l'après-guerre qui déployaient désormais leurs propres zones d'influence.

Sa conception de l'humanité était celle d'une authentique communauté universelle : sa culture était sans frontières, et il n'en reniait rien. Son horizon n'était pas limité par les préjugés habituels qu'avaient dans les années 70 la plupart des représentants des pays du tiers monde. Mais il avait gardé leur sensibilité, et il ne pensait pas, comme certains intellectuels ou responsables des pays du Sud, fascinés par le modèle occidental, que tout ce qui venait du Nord était bon, ni comme ceux qui faisaient à l'inverse un rejet absolu de la civilisation « capitaliste », qu'une idée ne pouvait être légitime que si elle était portée par les nations pauvres. C'est très précisément ce qu'exprime sa défiance, maintes fois réaffirmée, à l'encontre de tout système de pensée protecteur ou paternaliste, fût-il l'humanisme généreux qui servait souvent de légitimation ou de masque à des comportements néocolonialistes.

Venant du tiers monde, il était particulièrement attentif à ne pas heurter les sentiments de dignité et d'amour-propre national de tous ceux qui avaient dû lutter pour l'indépendance de leur pays : il le manifestait par son respect pour ses collègues, qu'ils soient haut placés ou moins importants, hommes ou femmes, et quels que soient leur origine géographique. Mais il savait ensuite ne s'entourer que des plus compétents, laissant le moins de place possible à ceux qui lui étaient imposés par les différents gouvernements, et qu'il ne pouvait éviter, la nature interétatique de l'Organisation et ses équilibrages diplomatiques délicats lui imposant parfois des choix qu'il regrettait.

N'importe : il n'avait pas de temps à perdre en vaines querelles, il fallait avancer, malgré les résistances et les délais imposés, dans tous les autres domaines qui étaient et sont encore de la compétence de l'UNESCO, avant même la communication et l'information : l'éducation, la science, la culture, les droits de l'homme, la paix, la préservation du patrimoine de l'humanité... Car la singularité de cette organisation, au sein du système des Nations Unies, est de devoir mener de front une réflexion sur l'avenir culturel et intellectuel de l'humanité, la définition de grandes orientations internationales, et la mise en œuvre pratique de programmes d'intervention ciblés, dans tous les pays qui en font partie : or en avril 1981, le Samoa occidental et les Bahamas devenaient les cent cinquante-quatrième et cent cinquante-cinquième membres d'une famille qui en compte désormais cent quatre-vingt-huit... Alors que le 4 novembre 1946, seuls vingt Etats acceptaient l'Acte constitutif rédigé un an plus tôt à Londres, dont trois pays d'Asie et uniquement un Etat africain...

A l'inverse, en 1980, il est bien clair que les pays en développement représentaient la majorité, à l'issue du processus de décolonisation amorcé dans les années 1959-1969 : ainsi dix-sept pays africains venant d'accéder à l'indépendance étaient entrés à l'UNESCO pendant la seule année 1960... L'élargissement de cette communauté des nations libres avait alors considérablement diversifié les champs d'action et les méthodes de l'Organisation.

Les grands chantiers

Tous ceux qui y travaillaient restaient fidèles à l'idéal que proclame la première phrase de l'Acte constitutif, inspirée par Clement Attlee, Premier ministre du Royaume-Uni, et par le poète américain Archibald MacLeish, membre de la Commission qui l'élabora : « *Les guerres prenant naissance dans l'esprit des hommes, c'est dans l'esprit des hommes qu'il faut élever les défenses de la paix.* » : leurs objectifs restaient « *de contribuer au maintien de la paix et de la sécurité en resserrant, par l'éducation, la science et la culture, la collaboration entre les nations, afin d'assurer le respect universel de la justice, de la loi, des droits de l'homme et des libertés fondamentales pour tous, sans distinction de race, de sexe, de langue ou de religion* ». Mais la portée plus concrète de ces engagements humanistes était chaque jour à réinventer, dans un monde où se manifestent de manière croissante l'ampleur véritable des besoins ressentis dans les sociétés défavorisées : la généralité des buts à atteindre par l'UNESCO la confrontait à des tâches aussi multiples qu'urgentes.

Au commencement de toutes, l'éducation paraissait le ferment de toutes les autres missions qui étaient confiées à l'Organisation : parce qu'elle avait été reconnue en 1948 comme l'un des Droits humains fondamentaux, puis comme la base du développement des peuples ayant récemment acquis leur souveraineté nationale, les efforts déployés par l'UNESCO pour assurer une plus grande égalité d'accès à l'éducation changèrent rapidement de nature et d'envergure. Il s'agissait en effet, à l'origine, de reconstruire les écoles détruites par la Seconde Guerre mondiale, et de rétablir les échanges entre enseignants interrompus pendant le conflit. Mais très vite, c'est la formation des maîtres, dans le tiers monde, qui apparut comme une priorité absolue pour la mise sur pied de systèmes éducatifs adaptés aux besoins et aux spécificités de chaque pays.

Ainsi dans les années 50, en Amérique latine, moins de 19 millions d'enfants, sur une population en âge scolaire d'environ 40 millions, recevaient une instruction élémentaire, faute d'enseignants en nombre suffisant (il fallait en former 500 000), et faute d'écoles (il fallait en construire presque autant). De la Conférence régionale sur l'enseignement gratuit et obligatoire convoquée par l'UNESCO en 1956 à Lima était ainsi né le « Projet majeur relatif à l'extension et à l'amélioration de l'enseignement primaire », qui marqua le début d'une gigantesque réforme éducative : pendant près de dix ans, les experts recrutés par l'UNESCO participèrent à l'organisation de centaines de séminaires et cours de formation pour améliorer la qualité de l'enseignement. 2 000 écoles normales furent créées, un programme de bourse permit de former plusieurs milliers de spécialistes de la préparation des manuels scolaires, des statistiques, de la recherche pédagogique. Au début des années 70, les effectifs scolaires du premier degré en Amérique latine représentaient entre 87 et 95 % de la population des différents pays concernés âgée de 7 à 14 ans. La plus grande partie du chemin était faite, mais le combat n'était pas encore définitivement gagné.

En décembre 1979, à Mexico, l'UNESCO convoquait une Conférence des ministres de l'Education et des ministres chargés de la Planification économique, puis à Quito, du 6 au 11 avril 1981, une réunion intergouvernementale, afin de définir les objectifs et les stratégies d'un nouveau « Projet majeur » qui se fixa pour objectif l'accroissement progressif des budgets éducatifs, appelés à passer de 3,9 % en 1977 à 7 ou 8 % des actions engagées à la fin du projet : ces sommes supplémentaires étaient destinées en priorité aux populations des régions rurales et des banlieues misérables des grandes villes, laissées dans une large mesure en marge de l'éducation. Les efforts portèrent alors sur une coordination entre la planification économique et celle du développement éducatif afin d'améliorer les rapports entre éducation et monde du travail, notamment par le développement de l'enseignement scientifique et technique et la formation de professeurs qualifiés.

Il est bien évident que mon expérience propre de la formation supérieure dans les pays africains me rendait particulièrement sensible aux problèmes liés à cet essor progressif de l'éducation dans les pays les moins avancés. Mais en Europe, les projets de l'UNESCO prenaient, face à des besoins très différents, d'autres formes : c'est également en décembre 1979 qu'une convention est adoptée pour résoudre l'épineux problème des équivalences entre les diplômes et les titres universitaires des Etats européens, facilitant ainsi la mobilité des étudiants, des savants et des chercheurs.

Sans la force de persuasion du biologiste britannique Sir Julian Huxley, qui avait dirigé à Londres le secrétariat de la Commission préparatoire à l'organisation et devint son premier Directeur général, l'UNESCO eût risqué de demeurer UNECO, s'en tenant à l'éducation et à la culture, sans englober le soutien aux disciplines scientifiques. Pourtant la « Science » entra rapidement au nombre des compétences de la nouvelle organisation, dans deux directions privilégiées : le développement dans le monde de la science et de la technologie, et l'application de la science et de la technologie au développement.

C'est dans le domaine des sciences exactes et naturelles que l'UNESCO se montrait, déjà en 1980, la plus active et la plus utile :

ainsi l'exploration scientifique de la mer a représenté l'une des sphères où les programmes intergouvernementaux trouvèrent à se déployer, parce que les océans, zone sans frontières, formaient un cadre idéal pour une action collective. De 1959 à 1965, l'expédition internationale de l'océan Indien avait été l'un des programmes les plus achevés : des experts de 25 pays prirent part à cette entreprise que coordonnait la Commission océanographique intergouvernementale et 40 navires de recherche sillonnèrent des itinéraires jusqu'alors inexplorés au cours de près de 200 expéditions scientifiques, permettant d'établir des cartes en relief précises du fond de cet océan, des données définitives sur les planctons et leur variation en fonction des saisons, ainsi que des relevés météorologiques complets tout au long de l'année. Les travaux réalisés dans d'autres domaines, hydrologie, géologie, recherches sur les différentes énergies, nourrissaient en 1980 plusieurs périodiques scientifiques tels que *Impact-Science et Société* ou *Nature et Ressources*.

Sans omettre, bien entendu, parmi les publications assurées par l'UNESCO, la *Revue internationale des Sciences Sociales,* trimestrielle, qui se donnait pour objectif de favoriser l'essor de ces disciplines afin qu'elles puissent contribuer à comprendre et à résoudre les difficultés nées de la différence qui apparaissait entre le développement des sciences exactes, l'explosion des capacités technologiques de l'humanité, et la lenteur des progrès de la conscience humaine dans les disciplines classiques... Le fossé n'a pas cessé de se creuser depuis entre ce que l'homme peut faire et sa capacité à comprendre le sens et la portée de ses actes : et de plus en plus la fonction propre de l'UNESCO sera de réfléchir à cette inadéquation entre science et conscience, possibilités techniques et responsabilité de ceux à qui elles sont offertes. Au seuil du troisième millénaire, la partie n'est pas gagnée, et la nécessité de travailler à la constitution de cette responsabilité partagée des hommes est de plus en plus apparente.

C'est précisément au croisement de la technique et de la responsabilité sociale que se situent les grands chantiers de l'UNESCO, en l'an 2000 : la réflexion sur le génome humain en a été la première réussite, celle sur l'avenir d'Internet et l'aménagement des conséquences prévisibles de son développement est aujourd'hui l'une des plus importantes. La réflexion sur le génome humain, d'abord, a été un modèle de ce que l'UNESCO peut seule réaliser : la réunion des moyens et des compétences d'un très grand nombre d'analystes et de chercheurs, philosophes, médecins, généticiens, biologistes, théologiens, venant croiser leurs réflexions en un faisceau d'éclairages divers pour tenter de faire ensemble œuvre d'anticipation. Comment admettre et justifier les capacités d'intervention directe de l'homme sur sa propre essence, que ce soit dans un but médical ou dans un but de confort, et où placer alors la frontière entre la thérapie reconnue et l'intervention de complaisance ?

Autre grand programme pour l'UNESCO aujourd'hui, la gestion de l'environnement humain, et la préservation des ressources naturelles : le MAB, programme sur l'homme et la biosphère, implique à la fois l'écologie, la géologie, l'hydrologie, la microbiologie, la recherche sur les énergies renouvelables, l'océanographie. C'est en effet au croisement de toutes ces disciplines qu'il est possible de réfléchir un peu à l'avance sur les effets du développement, sur la sauvegarde de la biodiversité, et sur la nécessaire satisfaction des besoins alimentaires des populations. Comprendre les évolutions en cours, gérer les ressources, préserver ce qui peut l'être d'un environnement soumis à des risques sans cesse accrus par la croissance du peuplement et la diffusion des outils et modes de vie les plus modernes...

Les problèmes posés par le développement d'Internet n'apparaissent pas moins essentiels. La constitution progressive d'un réseau d'information universel constitue une première dont les conséquences sont considérables. Jusque-là, l'histoire humaine a largement été déterminée par l'avancée des techniques de communication et d'échanges immatériels. La découverte de l'écriture d'abord, puis les différents systèmes de codification sociale, le principe de la loi et du contrat, constituent les divers moments d'une virtualisation croissante du monde humain. A chaque étape, un système d'organisation sociale et politique correspondait, pour des communautés de plus en plus larges. Désormais, l'âge de la communication universelle impose aussi que soit pensé un système d'organisation sociale universel, que précède déjà l'apparition, au cours de la dernière décennie, d'une forme d'« opinion publique » mondiale.

Comment faire en sorte que cette « opinion publique mondiale » ne soit pas victime d'emballements, comme purent l'être les opinions publiques nationales lors du développement des premiers médias de masse ? Comment faire pour que les cadres dans lesquels elle s'incarnera l'organisent en même temps qu'ils l'exprimeront ? Comment faire en sorte, surtout, qu'elle ne détruise pas en se développant la diversité prodigieuse des cultures et des traditions qui fonde une réalité humaine tellement complexe, multiple, contrastée...

Si le Conseil supérieur de l'Audiovisuel a choisi, en novembre 1999, d'organiser dans les bâtiments de la place de Fontenoy, le premier Sommet mondial des Régulateurs sur Internet et les nouveaux Services, c'est parce que cette réflexion ne peut nulle part trouver sa place, mieux qu'à l'UNESCO, qui est au croisement de toutes les exigences posées par Internet : l'exigence d'une connaissance scientifique partagée par tous, qui seule permet la marche en avant du progrès à l'échelle planétaire, l'exigence d'éducation pour tous, sans laquelle ce progrès n'a pas de sens, l'exigence de préservation de la formidable richesse culturelle de l'humanité.

Car cette dernière exigence est l'un des chantiers sur lesquels l'UNESCO a le mieux réussi : en mars 1980 s'achevait l'un des programmes phares de l'action de l'organisation pour la préservation du patrimoine mondial : le sauvetage des temples de la Nubie égyptienne et soudanaise, après la construction du barrage d'Assouan. Commencée en mars 1960, cette campagne exemplaire se déroula en deux étapes spectaculaires : d'abord avec le démontage, le déplacement et la reconstruction des deux temples d'Abou Simbel ainsi que de ceux de l'île sacrée de Philae, la « perle de l'Egypte ». Découpés en 1086 blocs pesant entre 7 et 30 tonnes, les temples d'Abou Simbel furent reconstruits sur la montagne qui dominait leur emplacement primitif, selon l'orientation exacte donnée par leurs bâtisseurs, pour que deux fois par an, exactement, les rayons du soleil parviennent au cœur même des sanctuaires. Jusqu'en 1972, l'île de Philae était submergée toute l'année, le niveau des eaux s'élevant à un tiers environ de la hauteur des monuments, progressivement rongés à leur base. L'ensemble sacré fut démonté en 40 000 blocs, et transporté pour être remonté sur l'île voisine d'Agilkia, agrandie de 13 000 mètres carrés et spécialement redécoupée pour ressembler à Philae. Travail titanesque, pharaonique, dont l'Egypte prit en charge la moitié, l'autre moitié étant réunie par un élan de solidarité suscité et entretenu par l'UNESCO.

Parallèlement, la Nubie devint le plus immense chantier de fouilles archéologique de tous les temps, quarante expéditions de quinze pays explorant sa partie égyptienne, une trentaine d'autres de douze pays travaillant à l'identique au Soudan... Et les programmes lancés à ce moment-là se poursuivent encore, pour certains, aujourd'hui ! J'avais dressé une liste, non exhaustive, des chantiers réalisés « à Venise et à Borobudur, à Moenjodaro et à Carthage, dans la vallée de Katmandou et à Fez, à Haïti ou à Malte, au Machu Picchu et en Mauritanie, à l'île de Gorée et à Angkor Vat, ou pour l'ancienne ville impériale de Hué, au Viet-Nam », dans un numéro spécial d'*Informations UNESCO,* daté de 1981 *... La philosophie de toutes ces interventions fut bien exprimée par Amadou Mahtar M'Bow lors de l'inauguration du nouveau site de Philae : « *D'abord conserver, pour aujourd'hui et pour demain, les monuments qui témoignent du génie créateur de l'homme, de ses luttes*

---

* Hervé Bourges, « L'UNESCO, ce qu'elle est, ce qu'elle fait » in *Informations UNESCO,* n° 38, 1981, p. 11.

et de ses espoirs, mais aussi de son aspiration à se dépasser, de sa quête d'absolu, pour ensuite rendre ces trésors accessibles au public le plus large ».

Depuis lors, les actions se sont encore multipliées, et l'inscription au « Patrimoine mondial » est devenu un bon moyen de sauvegarder des sites importants, que ce soit pour leur originalité architecturale, culturelle, historique, voire écologique. Car le patrimoine humain est aussi ce dont il a hérité, et qui forme son cadre de vie. Aujourd'hui plus de 400 sites, qui apparaissent les plus intéressants de la planète, et qui sont répartis dans 95 pays, figurent sur la liste du « Patrimoine mondial ». En Afrique et dans le monde méditerranéen, les programmes sont de plus en plus nombreux : les mosquées de Tombouctou, de Djenné, le ksar d'Aït Ben-Haddou au Maroc, le site de l'antique Palmyre, le palais des rois d'Abomey, au Bénin, les cités-mémoires du désert en Mauritanie, Chinguetti, Ouadane, Tichitt et Oualata...

Et au cœur du patrimoine, Amadou Mahtar M'Bow plaçait la connaissance culturelle, historique, philosophique, littéraire, des diverses civilisations. A l'Afrique, qui n'avait pas véritablement d'histoire écrite, le fils du Sahel sénégalais a fait un cadeau fabuleux : lui restituer son passé. C'est ainsi que sont parus en 1981 les deux premiers tomes d'une gigantesque entreprise, l'*Histoire générale de l'Afrique*, engagée par l'UNESCO et qui durerait jusqu'en 1985. Il s'en était clairement expliqué dans sa préface à l'ouvrage : « *Les sociétés africaines passaient pour des sociétés qui ne pouvaient avoir d'histoire... On refusait de voir en l'Africain le créateur de cultures originales qui se sont épanouies et perpétuées, à travers les siècles, dans des voies qui leur sont propres et que l'historien ne peut donc saisir sans renoncer à certains préjugés et sans renouveler sa méthode...* » L'immensité de la tâche, la diversité des sources, l'éparpillement des documents firent de cette entreprise scientifique une véritable Odyssée : plus de trois cents auteurs mobilisés, parmi lesquels deux tiers d'Africains.

Mais cette somme historique concernant des peuples sur le passé desquels les connaissances manquaient sera suivie dans les années 80 et 90 de plusieurs autres grandes entreprises : une *Histoire de l'Asie centrale* est aujourd'hui en cours, dont plusieurs volumes sont parus, ainsi qu'une *Histoire des Caraïbes,* et une *Histoire de l'Amérique latine...* Par ailleurs, l'UNESCO faisait traduire dans des langues de grande diffusion des œuvres représentatives d'une soixantaine de cultures : en 1981, environ 650 titres étaient diffusés de la sorte, traduits d'une cinquantaine de langues orientales, de vingt-cinq langues européennes, de diverses langues d'Afrique et d'Océanie... L'immensité de la tâche d'édition et de traduction qui est réalisée année après année par l'UNESCO mérite d'être soulignée parce qu'elle est rarement reconnue : aujourd'hui le catalogue est superbe, enrichi à chaque édition d'une centaine de titres nouveaux, et riche de livres publiés en quatre-vingts langues différentes...

Quel était, au cœur de cette activité internationale débordante, à l'intersection de tous les programmes engagés et de tous les projets en préparation, mon rôle précis ? J'étais le chef d'orchestre de la communication de cet immense paquebot lancé vers l'avenir mais enlisé dans la bureaucratie : au-delà de tout ce qui était réalisé, il fallait faire connaître et reconnaître l'importance de cette implication directe de l'UNESCO dans la défense des domaines qui lui avaient été confiés. Travail incessant, forcément dépassé par l'ampleur d'une tâche protéiforme, et souvent malaisée à expliciter dans les colonnes des grands journaux. Qu'une réflexion internationale occupe pendant des mois scientifiques et chercheurs, très bien, mais comment y intéresser des médias plus soucieux d'événements ponctuels et spectaculaires ? La gageure se répétait régulièrement, et il fallait, à chaque nouvelle occasion, trouver les moyens d'y répondre, pour transformer l'essentiel en sensationnel, la réflexion en coup de théâtre, sans risquer pour autant de muer le débat – enrichissant – en polémique stérile.

De cette période, je garde pourtant le souvenir d'un travail à la fois exaltant et utile, ainsi que d'une succession de rencontres qui ont donné naissance à des amitiés durables. Nous étions tous embarqués ensemble, au service de projets dont aucun d'entre nous n'aurait jamais contesté l'utilité sociale : nous avions l'impression de servir des idéaux et des causes qui nous dépassaient, en agissant chacun, au quotidien, dans son propre domaine de compétences.

Changements d'horizons

Tout le travail de réflexion que j'avais accompli sur l'histoire contemporaine du continent africain aboutit en outre, le 30 janvier 1981, à 14 heures 30, dans la Salle des Actes de la Faculté des Sciences juridiques, politiques et sociales de l'Université de Lille II, à la soutenance d'une thèse de doctorat d'Etat intitulée *« Pouvoir, Information et Développement en Afrique »,* devant un jury présidé par le professeur Legrand, président de l'Université Lille II, et où siégeaient, entre autres, les professeurs René Rémond et Pierre-François Gonidec, directeur du Centre Recherches et Etudes sur le tiers monde à la Sorbonne.

Le 10 mai 1981, c'est-à-dire quelques mois plus tard, je vécus la victoire de François Mitterrand à la Maison de la Radio, où Jacqueline Baudrier, présidente de Radio-France, m'avait convié avec quelques centaines d'invités du microcosme parisien pour suivre la soirée électorale en direct. Des écrans géants étaient installés dans le Grand Hall, et dans la galerie du premier étage. Jean-Pierre Elkabbach et Jean-Marie Cavada officiaient chacun sur sa chaîne. Lorsque, le visage décomposé, ou incrédule, ils annoncèrent le résultat final, et qu'apparut progressivement la tête de François Mitterrand, ce fut comme si un souffle de stupéfaction pétrifiait l'assistance. Il se fit un silence de plomb et je me souviens de l'instant où, tranchant sur cette atmosphère gelée, ma femme et moi nous sommes mis à applaudir à tout rompre. Nous étions bien seuls dans cette société médiatique et politique parisienne habituée depuis des décennies aux victoires régulières de l'autre camp : tout juste si nous ne nous sentions pas gênés, soudain, par les regards choqués, contrits ou désapprobateurs qui nous entouraient.

Je quittai l'UNESCO en janvier 1982, lorsque Michèle Cotta me demanda de prendre en charge les destinées de Radio-France Internationale. En un an, j'avais œuvré pour tenter de rendre l'action du Directeur général et des services mieux perceptible par le grand public et par le monde intellectuel : fort de cette conviction que l'UNESCO devait être avant tout le lieu d'une réflexion internationale et ouverte sur l'avenir du monde, réunissant les intellectuels, les savants, les philosophes, pour jeter des passerelles vers l'organisation sociale, économique, culturelle de demain, qui ne doit pas être perpétuellement subie comme une contrainte, mais conçue, par avance, comme un projet. Je ne suis pas persuadé que ces efforts aient abouti à des résultats durables...

L'UNESCO s'est parfois coupée de la plus grande partie du monde intellectuel, même si elle garde son rôle vis-à-vis des pays en voie de développement : ce n'est plus en son sein que les écrivains ou les penseurs prennent position, lorsqu'ils souhaitent toucher l'opinion mondiale. Certains rendez-vous avec l'Histoire ont été manqués, notamment au moment de l'ouverture du mur de Berlin, et de l'éclatement du bloc soviétique... L'UNESCO, en effet, ne doit pas créer à elle toute seule les concepts nouveaux qui sont nécessaires à la compréhension du monde qui apparaît, cela serait illusoire : mais elle doit être au carrefour des pensées, le chaudron où bouillonnent pour se fondre les analyses et les réflexions de tous les peuples qui y convergent. Elle ne doit pas être une Tour de Babel évanescente, mais une Salle du Jeu de Paume, où les délégations des Trois Mondes, l'Est, l'Ouest, le Sud, décident de dialoguer ensemble...

« Mes respects, Monsieur l'Ambassadeur »

Je devais retrouver l'UNESCO, après douze ans de responsabilités audiovisuelles, en janvier 1994, lorsque je fus nommé, par le Premier ministre Edouard Balladur, ministre plénipotentiaire, ambassadeur représentant permanent de la France auprès de l'UNESCO, décision exécutée, à son corps défendant, par son ministre des Affaires étrangères, Alain Juppé. J'y restai une seule année, jusqu'à ma nomination à la présidence du Conseil supérieur de l'Audiovisuel par François Mitterrand, le 24 janvier 1995.

Alors que je quittais, contraint et forcé, la présidence de France Télévision, je me souviendrai toujours de mon arrivée dans les locaux tristes et mal entretenus de mon « ambassade », nom pompeux donné à quelques bureaux du bâtiment situé rue Miollis, qui avaient mal vieilli, et n'étaient ni équipés, ni rafraîchis... L'après-midi, dès 18 heures, la climatisation s'arrêtait, et l'on étouffait, ou bien on gelait, selon les saisons. Il fallait du cœur pour y travailler, selon mon habitude, du matin au soir.

Le Quai d'Orsay m'affubla, par-dessus le marché, en guise de principal collaborateur, et « Premier conseiller » de l'être le plus caricatural que la diplomatie française ait engendré, de l'avis même de ses collègues. Monsieur P., qui est aujourd'hui ambassadeur quelque part dans le monde, exige probablement de ceux qui travaillent avec lui le comportement d'un autre âge qui était le sien face à moi. Chaque matin, il se présentait dans mon bureau en claquant les talons sitôt la porte franchie, me saluant, plié en deux, en usant de la même formule rituelle : *« Mes respects, Monsieur l'Ambassadeur. »* Chaque soir, de la même manière, il prenait congé en claquant à nouveau les talons : *« Je vous présente mes devoirs, Monsieur l'Ambassadeur. »*

Entre les deux, ses journées se passaient à épier mes faits et gestes, et à en rendre compte au Quai, lorsque je lui paraissais avoir un comportement étrange, ce qui, on l'imagine, dut se produire souvent. Il avait, un jour qu'il était en veine de confidences, déclaré glorieusement à l'une de mes assistantes : *« Je suis ici pour surveiller l'ambassadeur... »* Et c'est ainsi qu'il avait réclamé que tous nos bureaux restent ouverts, pour qu'il puisse voir à chaque instant qui passait *« par l'ambassade »*. A plusieurs reprises, ses agissements me placèrent dans une situation délicate, car dès que je devais m'absenter d'un débat, il se hâtait de prendre ma place, et de se prononcer pompeusement au nom de la France à la tribune de l'UNESCO.

Je reçus un jour un appel alarmé de Federico Mayor, Directeur général de l'UNESCO, me demandant : « *Mais Monsieur l'Ambassadeur, la France a-t-elle quelque chose contre moi ?* » Je ne comprenais pas de quoi il s'agissait, et je le rassurai immédiatement. Monsieur P. venait, en séance, de se lever pour déclarer solennellement que « la France ne tolérerait pas... » l'adoption d'un des projets défendus par Federico Mayor... La coupe était pleine : j'eus le temps, avant mon départ, de faire un rapport précis sur son comportement à l'administration du ministère des Affaires étrangères, que je lui fis lire avant de l'envoyer... et dont j'ignore quelles suites précises il put avoir.

Lors de la première manifestation officielle au cours de laquelle je conduisais la délégation française, à l'occasion d'une conférence internationale, mes collègues spécialistes des ronds de jambe et des discours ampoulés furent ébahis de voir le chef de la délégation algérienne, mon ami Abdellatif Rahal, traverser la salle et se précipiter dans mes bras pour une accolade chaleureuse qui n'avait rien de protocolaire. Ce style de relations internationales me convenait mieux que les chuchotis des antichambres. Je retrouve aujourd'hui encore Abdellatif Rahal, conseiller spécial d'Abdelaziz Bouteflika pour les Affaires étrangères.

Je ne me privais pas pour ma part de prendre position, au nom de la France, sur les sujets culturels, sur la communication, sur la défense des droits de l'homme, chaque fois qu'une cause me semblait juste et conforme aux principes défendus par mon pays : à plusieurs reprises je pris la parole pour dénoncer la situation faite à tel ou tel écrivain, scientifique ou intellectuel, incarcéré sans jugement dans son pays, privé de liberté. J'intervins lors de la tentative d'assassinat perpétrée contre l'écrivain égyptien Naguib Mahfouz. Au cours d'un Conseil exécutif, en 1994, j'évoquai le sort de l'écrivain nigérian Wole Soyinka, Prix Nobel de Littérature en 1987, empêché de sortir de son pays par le régime militaire, qui refusait de lui laisser rejoindre le « Parlement des écrivains » réuni à Strasbourg : je m'engageai publiquement à ce que la France lui délivre un passeport français, s'il ne pouvait obtenir de passeport nigérian.

L'auteur de *Cet homme est mort* put ainsi prendre part à cette réunion internationale et sa voix y fut entendue, parmi celles de ses pairs... Je ne le connaissais pas personnellement jusque-là, mais il me semblait que la France était dans son rôle lorsqu'elle défendait les hommes de culture, dans toutes les parties du monde où l'on tentait de les bâillonner. J'eus ensuite l'occasion de le rencontrer et de lui parler longuement, mesurant dans cette discussion combien j'avais eu raison d'agir comme je l'avais fait. Pourtant cette déclaration m'attira un coup de téléphone gêné du fonctionnaire du Quai d'Orsay en charge du suivi des « Organisations internationales » qui m'avait alors demandé, inquiet :

« *Croyez-vous que ce soit bien opportun ? La France a des intérêts importants au Nigeria...* » Je répondis en riant que notre principal intérêt dans ce pays, à court, moyen et long terme, était Wole Soyinka, et que notre pays trouverait toujours son compte à intervenir ainsi. Lorsque je publiai, en 1995, dans *Le Monde* un article sur l'avenir de l'UNESCO*, sous un titre provocateur, je reçus un appel du même fonctionnaire, de plus en plus inquiet : « *Vous auriez dû nous soumettre votre texte... Est-ce bien la position de la France ?* » C'était une position de bon sens, qui prenait la défense de l'Organisation et montrait la nécessité de la réformer : la France pouvait-elle en avoir une autre ?

La ruche et les abeilles

Quelle est aujourd'hui l'utilité de l'UNESCO et quelle forme peut prendre son avenir ? Les débats qui ont eu lieu au moment de l'élection du successeur de Federico Mayor, à l'automne 1999, ont permis à la réflexion permanente qui est conduite sur l'avenir de cette organisation unique en son genre de faire des progrès considérables. L'ambassadeur français auprès de l'UNESCO, Jean Musitelli, aussi efficace que modeste, a fait devant le Conseil exécutif un discours remarqué, qui replaçait bien l'évolution des missions à accomplir dans le contexte de l'ouverture actuelle des frontières et de la globalisation des échanges culturels : « *L'irruption de la mondialisation, cette combinaison détonante de dérégulation économique et d'innovation technologique, constitue en effet une chance et un défi pour l'UNESCO. Elle peut en sortir régénérée ou laminée. La mission première de notre organisation est d'organiser le partage planétaire des connaissances, au profit du plus grand nombre, à commencer par les plus démunis... Dans ses domaines de compétence – éducation, sciences, culture, communication – qui, notons-le, constituent par leur interaction les carrefours stratégiques de demain, elle contribuerait ainsi, selon une formule d'Hubert Védrine, à "civiliser la mondialisation".* »

L'UNESCO doit aujourd'hui inspirer des initiatives internationales exemplaires, qui en feront le forum permanent où les grands scientifiques, intellectuels, artistes de toutes les nations se croiseront pour réfléchir ensemble à l'évolution de ce « monde commun » que, mondialisation aidant, nous allons avoir à façonner. Pourquoi le Parlement des écrivains n'est-il pas hébergé, lorsqu'il se réunit, dans les murs de

---

* « L'UNESCO : inutile comme Mozart », *Le Monde*, 27 octobre 1994.

l'UNESCO ? Pourquoi l'Organisation ne communique-t-elle pas mieux sur les grandes réunions de réflexion qui y rassemblent déjà les scientifiques et les penseurs du monde entier, et dont j'ai donné quelques exemples ?

Il n'est pas vrai que les enjeux mondiaux de la culture se résument à deux immenses causes, la préservation du patrimoine et la lutte contre l'analphabétisme... Toutes les disciplines culturelles sont aujourd'hui confrontées à des mutations fondamentales, à la massification, à la globalisation. Ce phénomène n'est pas réservé, *horresco referens,* à l'économie : il doit être accompagné, pensé, compris, afin que ses conséquences, pour toutes les cultures du monde, soient réellement bénéfiques. Comme l'indiquait Koïchiro Matsuura dans son premier discours de Directeur général, en citant pour l'occasion Arnold Toynbee : « *Aujourd'hui, plus aucune île n'est une île, no island is an island !* »

L'intelligence et l'habileté de Federico Mayor ont permis à l'Organisation des Nations Unies pour l'Education, la Science et la Culture de survivre à la crise politique engendrée par le retrait des Etats-Unis, qui claquèrent la porte en 1984, rapidement suivis par la Grande-Bretagne et Singapour. Les reproches faits à M'Bow avaient une origine : l'indépendance et la pugnacité de ce fils du tiers monde étaient vues à Washington comme une manière de dresser les pays en voie de développement contre les intérêts de l'Occident, au bénéfice du camp soviétique. Ils prirent la forme d'une dénonciation des méthodes budgétaires de l'Organisation, accusée d'engloutir 70 % de son budget en frais de fonctionnement : c'était méconnaître volontairement la fonction de cette administration internationale, qui n'est pas de financer elle-même l'éducation et la science dans le monde entier, mais de convaincre les Etats, de fédérer les initiatives, d'impulser et non de nourrir l'action.

Il est indéniable que la vitalité organique de l'UNESCO en a été affectée : son rôle diplomatique fut freiné et son budget brutalement amputé de 30 %. L'action patiente et mesurée du successeur de M'Bow, élu en 1987 et réélu en 1993, n'a pas suffi à redonner confiance à ces quelques partenaires perdus. Nombreux sont ceux qui espèrent aujourd'hui que l'une des premières conséquences de l'élection du Directeur général, le Japonais Koïchiro Matsuura, sera de rallier enfin les Etats-Unis d'Amérique à une Organisation qu'il convient de débarrasser de défauts criants : bureaucratie, inefficacité, gabegie financière, dispersion des actions.

Tout nouvel élan passe par un travail de deuil : le deuil des illusions adolescentes, le deuil d'un demi-siècle de demi-paix, traversé par les courants idéologiques de la guerre froide et les soubresauts de la décolonisation, sans oublier la déchirure du conflit israélo-palestinien ni le démembrement du bloc communiste. Il est temps de libérer l'UNESCO de ses fantômes, parfois tellement aimés ! Le XXIe siècle remet beaucoup de pendules à l'heure, et nous oblige à regarder tous les problèmes d'un œil neuf. Non pas parce qu'ils ont disparu, mais parce que la page blanche de l'époque qui s'ouvre doit permettre de leur apporter des solutions inédites. Dans cette volonté d'innovation et de régénération des idées et des actions à mener, l'Organisation peut être à la fois, et selon les cas, source, ressource, ou fédératrice des énergies des pays membres.

Il n'est pas indifférent non plus que le siège de l'UNESCO soit à Paris. Quelques gestes symboliques l'ont marqué : Jacques Chirac avait su soutenir Amadou Mahtar M'Bow, injustement mis en cause. François Mitterrand avait choisi la Place de Fontenoy pour l'une de ses dernières grandes interventions internationales : le symposium de juin 1994 sur le développement. Mais la France, souvent exemplaire en matière culturelle, avec André Malraux ou Jack Lang, s'est trop longtemps désintéressée de la vie de l'Organisation : n'a-t-elle pas autre chose à lui apporter qu'une protection sans défaut ?

Parmi ses besoins essentiels, à l'époque médiatique où nous vivons, il y a celui d'une plus grande visibilité, d'une audience plus large, et d'un rayonnement dans tous les pays et dans toutes les catégories sociales. Le nouveau Directeur général doit relancer la dynamique de l'UNESCO, en hiérarchisant les priorités, en donnant plus de transparence à son action, et en ouvrant les portes à tous ceux qui imaginent, créent, inventent, conçoivent la culture et la communication de demain.

Chacun sait désormais qu'il n'y a pas de place pour un gouvernement mondial des idées. Riches et pauvres ont compris qu'il n'existe pas de modèle universel, en matière de formation et de recherche. L'Organisation doit aussi faire sienne l'idée que les besoins sont si nombreux, en matière d'éducation ou de protection du patrimoine, que seules des solutions locales peuvent y répondre utilement. Sans les initiatives des acteurs de terrain et le soutien des différents gouvernements, l'action publique est vouée à l'échec. L'UNESCO n'a pas pour vocation d'être une agence de développement.

En revanche, le monde a besoin d'éclairer un peu mieux son propre chemin, de voir à l'avance quelles voies emprunte son développement. L'UNESCO dit aujourd'hui trop de choses, et ne dit pas assez fort ce qui est essentiel. Elle doit retrouver sa force d'attraction, accueillir les grands débats culturels, scientifiques et philosophiques qui structureront l'avenir de l'humanité et lui donneront ses véritables couleurs. Les problèmes de demain sont liés à l'essor des nouveaux modes de communication, qui ne sauraient se réduire à des échanges marchands arbitrés par l'Organisation mondiale du Commerce. Qui mieux que l'UNESCO peut encourager le dialogue des cultures, soutenir la diversité contre la standardisation, le pluralisme des idées contre la pensée unique, l'accès de tous aux connaissances, définissant petit à petit les contours d'un espace public mondial* ?

En effet, la mondialisation ne peut pas faire l'économie d'un travail véritable sur les conditions d'expression d'une conscience universelle. Parce que le futur de l'humanité ne peut pas être subi, mais doit être compris et construit, avec l'accord et la participation de tous les hommes, une institution comme l'UNESCO a sa place, aux avant-postes du XXIe siècle, parmi les défricheurs de notre avenir.

L'UNESCO est une communauté humaine à nulle autre pareille, ruche multinationale où se côtoient des femmes et des hommes de toutes origines, de tous horizons, maniant plusieurs langues et parfois plusieurs cultures... Et pas seulement, comme on le croit parfois, bureaucrates et gratte-papiers ! C'est, plus encore que les qualités et les défauts de l'institution, ce que je retiens de cette période de ma vie : des visages, des silhouettes, des sourires, qui viennent de tous les coins du monde, des façons de parler ou de se taire, qui tantôt me séduisent et tantôt me déroutent. Je croise une demi-douzaine de nationalités différentes lorsque je prends l'ascenseur de la Place de Fontenoy.

Lorsque j'aborde l'univers de l'UNESCO, je suis frappé d'emblée par cette réalité kaléidoscopique. J'ai l'impression de feuilleter une mappemonde. La scène se passe à Belgrade, en septembre 1980, donc, à l'occasion de cet extraordinaire jamboree diplomatique que constitue une Conférence générale : défilé ininterrompu de chefs d'Etat et de gouvernements, de ministres de la Culture et de l'Education, qui viennent s'ajouter pour quelques jours aux représentants permanents des Etats membres et à un nombre respectable de fonctionnaires du siège parisien : un bon millier de personnes déplacées, avec d'invraisemblables problèmes de logistique, le tout bouillonnant dans un chaudron de quelques centaines de mètres carrés. C'est une zone de campement extraterritoriale plantée dans une Yougoslavie que Tito vient de quitter, et dont on pressent déjà, bizarrement, le proche crépuscule.

Après l'accueil chaleureux du Directeur général sénégalais et de son directeur de cabinet algérien, je me trouvai lâché, seul, au cœur d'une planète dont j'ignorais à peu près tout. C'est alors que je fis la connaissance des « jumeaux », Adel Rifaat et Bahgat Elnadi.

---

* Cf. Hervé Bourges, « L'UNESCO doit être une boussole », contribution au débat organisé à l'occasion de l'élection du successeur de Federico Mayor, *Le Figaro*, août 1999.

On m'avait dit qu'ils me piloteraient et m'aideraient à faire mes premiers pas dans cette foule hétéroclite. Je savais seulement d'eux qu'ils étaient égyptiens. Je m'attendais à me trouver en présence de diplomates chevronnés à l'allure policée et passe-partout : je rencontrai deux « intellos », presque aussi déplacés que moi dans l'univers, plutôt compassé, des affaires internationales. Ils avaient sur moi l'avantage d'être dans la place depuis deux ans. Mais que venaient-ils y faire ?

Les jumeaux : Mahmoud Hussein

Ils appartenaient au cabinet du Directeur général, avec pour tâche première de préparer ses discours. Comment se répartissaient-ils la tâche ? Qui faisait quoi ? Comme je leur pose cette question somme toute banale, ils partent d'un grand éclat de rire. Ils font les discours ensemble, plusieurs par semaine. C'est tout.

Ce n'est que le premier des nombreux étonnements qui m'attendent avec les jumeaux. Fait unique pour l'UNESCO, leurs descriptions de poste sont rigoureusement identiques, leurs responsabilités sont interchangeables. Lorsque le Directeur général les reçoit, c'est toujours ensemble. Ils signent l'un pour l'autre. Je saurai plus tard qu'ils se sont choisi un pseudonyme littéraire commun, Mahmoud Hussein, sous lequel ils ont publié chez Maspero, au Seuil, à La Découverte, plusieurs livres importants.

Ils parlent très peu d'eux-mêmes. Pourtant leur histoire, leurs deux histoires tressées en une seule, est un vrai roman, une saga égypto-française.

On le devine, ma rencontre à Belgrade avec les jumeaux allait avoir une suite. Elle allait déborder le cadre de l'UNESCO, traverser tous les remous de ma carrière, créer entre nous trois un rendez-vous permanent, un havre fraternel. C'est au fil des années, au hasard de conversations et d'une amitié sans faille, que j'ai pu surprendre un passé qui mérite, me semble-t-il, qu'on s'y attarde, image peu commune d'une traversée militante et intellectuelle de la deuxième moitié du XXe siècle.

Lorsque leurs parcours se croisent pour la première fois, en 1955, ils habitent tous les deux Le Caire. Bahgat a 18 ans et Adel 17. Ils sont étudiants dans un contexte politique où les étudiants sont le seul groupe social à s'exprimer encore librement. Nasser met peu à peu l'Egypte en coupe réglée. Il entend briser définitivement le règne des partis, et casser également les traditions contestataires estudiantines. Il est porté par une situation mondiale favorable, où les anciens colonisés, ayant recouvré leur souveraineté politique, entendent affirmer une voie de développement originale, celle du non-alignement. Cette voie leur offre une marge d'initiative provisoire entre l'Est et l'Ouest, en leur permettant notamment de tirer profit de la concurrence que se livrent les Etats-Unis et l'URSS.

Au cours des années 1950 et 1960, le non-alignement donne aux principaux dirigeants du tiers monde un prestige et une capacité de manœuvre qu'ils utilisent, le plus souvent, pour bâillonner leurs peuples. Bahgat et Adel font connaissance dans un « Comité Bandoeng* », que la police interdira même s'il soutient le principe de non-alignement suivi par Nasser. Le projet du comité est d'utiliser ce thème comme tremplin de revendications démocratiques sur la scène politique intérieure égyptienne. Il n'aura qu'une existence éphémère, mais Bahgat et Adel continueront de se voir, dans le cadre semi-clandestin d'un groupuscule marxiste intitulé « La lutte continue », bien sûr. Pour eux, elle ne fait d'ailleurs que commencer. Comment va-t-elle rapprocher deux garçons si éloignés l'un de l'autre par leurs origines et leurs sensibilités ?

Bahgat est l'aîné d'une famille modèle de la classe moyenne égyptienne : le père est professeur, la mère est à la maison, tous les enfants même les filles font des études universitaires. Un islam sunnite, modéré, ouvert, une tradition politique wafdiste** très laïque ; une fibre anticoloniale et démocratique à la fois. Mais la génération nouvelle se radicalise par rapport à la précédente. Bahgat passe naturellement du wafdisme de son père au marxisme...

Adel est l'aîné d'une famille juive, dont l'installation en Egypte doit remonter au XIXe siècle. Milieu commerçant, libéral, très peu pratiquant sur le plan religieux. Dans les quartiers chics, on n'est pas seulement apolitique, on vit en dehors de la société égyptienne, en circuit fermé, en liaison avec des Français, des Anglais, des Grecs, des Italiens, mais pas avec la population du pays...

Lorsque Nasser, en 1955, prend son virage antioccidental, puis lorsqu'il nationalise en 1956 le canal de Suez, il fait l'unanimité du peuple égyptien derrière lui – mais s'aliène les communautés étrangères ou semi-étrangères qui voient d'un seul coup tous leurs privilèges menacés. La rupture est irrévocable lorsque l'Egypte est agressée en

---

* Bandoeng : ville d'Indonésie où s'est réuni, en 1955, le premier Sommet des chefs d'Etats d'Afrique et d'Asie ayant récemment accédé à la souveraineté politique.
** Le « Wafd » est le grand parti national, qui, à l'instar du parti du Congrès en Inde, a dirigé la lutte pour l'indépendance en Egypte à partir de la fin de la Première Guerre mondiale.

octobre 1956, par les Israéliens, les Français et les Anglais. Nasser s'en sort la tête haute, grâce à l'appui bruyant de l'Union soviétique et surtout au soutien tacite des Etats-Unis. Il devient l'un des hérauts du nouveau tiers monde. Sa popularité est à son zénith. Même les jeunes étudiants en colère des « Comités Bandoeng » s'enrôlent dans les forces de la résistance populaire encadrées par son régime. Dans la foulée de ce triomphe politique, les colons français et anglais, ainsi que la plus grande partie de la communauté juive, ne songent qu'à s'en aller. La plupart quittent précipitamment l'Egypte, sans espoir de retour. La famille d'Adel est dans le lot. Mais Adel reste.

Durant la crise, il a quitté sa maison. Il a rejoint Bahgat et les autres. Il a pris fait et cause pour l'Egypte. Contre les colonisateurs, certes, mais aussi contre une partie de lui-même – tout ce qui dans sa vie, jusque-là, s'est précisément inscrit dans le sillage de la colonisation : le noyau familial, le milieu social et culturel, un certain mode de vie protégé, capitonné, où l'on agite des idées à l'abri de tout besoin... Il a choisi de plonger, de tout remettre en question, alors qu'il est encore lycéen, sans métier et sans moyen de subsistance, pour tenter une aventure dont les risques personnels sont énormes.

Il ira jusqu'au bout de son choix. Il va travailler, pour gagner sa vie, tout en s'engageant dans un militantisme révolutionnaire qui le place désormais, avec ses camarades, dans l'illégalité. Il va se convertir à l'islam, ce qui lui permet d'épouser une jeune Egyptienne rencontrée sur les bancs du lycée, en même temps que de se fondre plus aisément dans la société égyptienne qu'il commence alors seulement à intégrer.

Adel ne m'en dira pas plus, sur ce geste radical, qui ne me semble pas avoir de connotation religieuse mais qui, en revanche, a comporté une forte charge symbolique, marquant une volonté d'insertion définitive dans une réalité nationale égyptienne où la communauté juive ne paraissait plus avoir sa place. Je soupçonne pour ma part que cette conversion a signifié encore autre chose pour Adel. C'est une page de sa vie qu'il a tournée de sa propre main, sa signature au bas d'un règlement de comptes global avec son passé...

Fin 1958, Nasser donne un nouveau tour de vis à sa politique de répression intérieure. Alors que ses rapports se tendent avec l'Union soviétique, il décide de mettre un terme à la tolérance, toute relative, qu'il accordait jusqu'ici aux activités d'une gauche pourtant placée sous haute surveillance.

Plusieurs vagues d'arrestations se succèdent, à partir du premier janvier 1959. Vers la fin de cette même année, tout ce que l'Egypte compte d'étudiants, d'intellectuels, de journalistes, connus pour s'opposer à la dérive dictatoriale du régime, se voit embarqué « pour une destination inconnue ». En fait, plusieurs destinations très précises : différents camps d'internement, où les groupes de prisonniers se retrouvent pour des périodes variables, soumis à des régimes de détention plus ou moins durs...

Bahgat et Adel ne sont pas arrêtés en même temps. Ils se perdent alors de vue pendant deux ans, pour se retrouver, en 1960, dans le camp où sont infligés les traitements les plus durs. La tradition du lieu est d'offrir aux nouveaux arrivants un « accueil » soigné : ils sont forcés de courir, nus, entre deux haies de geôliers armés de gourdins. Certains d'entre eux, couchés sur le dos, sont ensuite plus particulièrement frappés sur la plante des pieds. Dès le lendemain de cette « réception », ils sont tous conduits au pied d'une montagne proche, où, sous un régime de travaux forcés, ils sont tenus de fournir plusieurs sacs de pierres qu'ils ont préalablement réduites, au marteau, en petits morceaux.

Bahgat est déjà dans la place, depuis plusieurs mois, lorsque Adel y est transféré à son tour. Leurs retrouvailles ne sont pas banales. Elles ont lieu sur le chemin découvert, de quelques centaines de mètres, qui conduit des baraques où les prisonniers sont confinés la nuit, au flanc de la montagne où, le jour venu, ils vont casser des pierres. Ce chemin est jonché de toutes sortes d'objets tranchants, pierres pointues, éclats de verre, clous, sur lesquels les prisonniers marchent, évidemment, pieds nus.

La veille, durant la cérémonie de « réception », Adel, qui faisait partie des nouveaux arrivants, a eu les pieds littéralement charcutés. Sans pansement, les blessures encore ouvertes, il est incapable de marcher dans ces conditions. Au bout de quelques pas titubants, la douleur est trop forte, il perd pied et s'effondre. Les coups de bâton s'abattent sur son dos. Il ne sait plus...

C'est alors qu'il se sent puissamment soulevé par les hanches, hissé et calé sur deux épaules protectrices. Un autre corps marche pour lui, et reçoit les coups à sa place. Il a retrouvé Bahgat.

Après leur séjour dans ce camp, ils seront encore une fois séparés jusqu'en août 1961. A cette date, le régime change encore de politique. Il se rapproche à nouveau de l'URSS, et nationalise l'ensemble de son système bancaire et industriel. C'est le *« virage socialiste »* de Nasser, qui décide par ailleurs d'élargir une grande partie des prisonniers politiques et d'en regrouper le dernier carré au même endroit. Quelque quatre cents « éléments considérés comme les plus durs » sont alors conduits dans le camp d'internement des Oasis, en plein désert Libyque. Là, pendant près de trois ans, ils seront « oubliés », c'est-à-dire soumis à un régime de moins en moins sévère. La torture est abolie. Les visites, la cantine, rétablies. Les prisonniers se déplacent librement à l'intérieur du camp, reçoivent des livres, du papier, se mettent à écrire. Ils font du théâtre, réalisent des spectacles.

Ce climat général de détente favorise l'évolution des marxistes égyptiens vers une allégeance à ce régime, qui est somme toute en train de « *bâtir le socialisme* »... La plupart d'entre eux sont prêts, début 1964, à prendre le tournant qu'espérait Nasser : une autodissolution de leurs organisations et leur entrée dans le Parti unique, « l'Union socialiste ». Au printemps 1964, à l'occasion de la visite en Egypte de Nikita Khrouchtchev, le maître de l'Union soviétique, qui inaugure avec Nasser le lancement des travaux de la dernière phase de construction du haut barrage d'Assouan, le camp des Oasis est fermé. Toute la gauche est dans la rue, pour acclamer l'entrée du régime dans le « *camp des forces socialistes* »...

Toute la gauche, à l'exception d'une poignée de gauchistes impénitents, pour qui l'adoubement de Nasser par Khrouchtchev ne signifie qu'une chose : l'embourgeoisement de l'URSS. Bahgat et Adel sont de ceux-là, qui tournent à cet instant leurs yeux vers Mao...

Ils sont libres, désormais, mais bien seuls. La femme d'Adel, comme la fiancée de Bahgat, les ont quittés au cours des cinq longues années de leur incarcération (à vingt ans, c'est une éternité, surtout quand on en ignore le terme). La plupart de leurs anciens camarades de camp leur tournent le dos, voire se méfient d'eux : ils sont une voix dissonante dans le consensus général... Tandis que la police secrète ne les quitte pas des yeux.

Ils se disent alors qu'ils feraient bien de quitter l'Egypte pour un temps. De prendre du recul, pour mieux s'informer de « *l'état de la révolution dans le monde* ». Sortir du pays devient pour eux une priorité, et si possible aller jusqu'à Pékin, où, pensent-ils, l'étendard de la vraie révolution est encore levé. Sur le chemin de la Chine, Paris n'est d'abord qu'une étape. C'est ici que les frères et la sœur d'Adel entrent en scène.

Une décennie est passée depuis leur départ d'Egypte en catastrophe. Ils sont installés et intégrés en France. Ils y ont grandi, et poursuivent leurs études universitaires. Peut-on parler de hasard ? Ce sont tous des militants gauchistes.

Le plus jeune, Benny Lévy, qui entre à l'Ecole Normale Supérieure, va bientôt fonder sous le pseudonyme de Pierre Victor, avec Alain Geismar, Serge July et quelques autres, le mouvement baptisé la Gauche Prolétarienne...

Ils vont se charger d'organiser, au début de l'année 1966, la venue en France du grand frère, ainsi que, bien entendu, d'un nouveau frère, adoptif celui-là... A leur arrivée, les jumeaux ne se retrouvent donc pas seuls en France. Ils sont immédiatement accueillis dans ce milieu de jeunes militants, aussi brillants que fougueux, qui leur vouent non seulement de l'affection, mais aussi le respect, l'admiration, que l'on doit à des aînés au palmarès chargé, et qui ont payé leur engagement au prix fort... C'est ainsi qu'à leur arrivée à Paris, Adel et Bahgat sont d'abord hébergés dans les « thurnes » de jeunes normaliens, 45 rue d'Ulm, au cœur du Quartier latin, et plus particulièrement dans celles de Benny Lévy et de Philippe Barret, aujourd'hui inspecteur général de l'Education nationale, après avoir été très proche collaborateur de Jean-Pierre Chevènement, et époux de Michèle Cotta : le monde est petit.

Les années passent vite, puis les décennies. Ce qui pour Adel et Bahgat devait être, au départ, un voyage de formation révolutionnaire passant par la France puis la Chine, pour les ramener en Egypte, est insensiblement devenu une installation définitive en France.

Entre les deux guerres arabo-israéliennes de juin 1967 et d'octobre 1973, les jumeaux mènent une triple activité : études (la Sorbonne et l'Ecole pratique des Hautes Etudes en Sciences Sociales – études qui seront finalement couronnées par une thèse de doctorat d'Etat, soutenue en commun, naturellement), écriture (publication de leur premier livre) et action militante de soutien au Fatah de Yasser Arafat. Du fait des contacts privilégiés qu'ils ont par ailleurs avec les dirigeants de la Gauche Prolétarienne, ils aident au rapprochement des deux organisations pour ce qui est d'assurer le soutien palestinien en France.

Les voici, alors, au cœur d'un épisode qu'ils n'ont jamais raconté : au début des années 70, une tendance s'affirme, au sein du Fatah palestinien, en faveur de l'action terroriste en Europe. Il se trouve qu'au même moment, la Gauche Prolétarienne ébauche un virage vers l'action violente, à l'instar des mouvements gauchistes italien et allemand. Les membres du réseau palestinien contactent les jumeaux dans l'espoir qu'ils les aideront à établir avec les gauchistes français une collaboration qui, du niveau de l'agitation et de la propagande politique, passerait au niveau de l'action de type terroriste.

Ils s'y opposeront absolument. A partir de l'attentat de Munich, ils interviendront même régulièrement, auprès de certains intellectuels français que le terrorisme fascine, pour en démonter le mécanisme suicidaire. Les conversations sont passionnées, les esprits échauffés, les impatiences s'expriment avec éloquence : eux ne varieront jamais dans leur refus de la violence aveugle. Leurs arguments ne laissent évidemment pas indifférents les dirigeants de la Gauche Prolétarienne, qui finissent par récuser le principe de l'action terroriste en France.

Maurice Grimaud, qui était le Préfet de police de Paris en mai 1968, a plus tard reconnu, dans une interview donnée au *Nouvel Observateur*, que Benny Lévy avait joué, au moment crucial, un rôle déterminant pour empêcher qu'en France le gauchisme ne dégénère en terrorisme – comme ce fut le cas dans les pays voisins.

Lorsque les jumeaux me racontent cet épisode, presque par inadvertance, un jour que nous déjeunons ensemble chez Al Wady, excellent petit restaurant libanais du 15e, comme souvent, entre la poire et le fromage, il me faut une explication. Pourquoi et comment, en ce début des années 70, alors qu'ils étaient sentimentalement et intellectuellement très proches des mouvements révolutionnaires, ont-ils adopté une attitude si catégorique, à contre-courant des tendances du moment et qui allait les couper de nombreux militants palestiniens.

Dans cette résolution à première vue paradoxale, en contradiction avec leurs propres écrits, qui prônaient alors la violence révolutionnaire dans le monde arabe, il me semble que je mets le doigt sur l'un des secrets de leur évolution intellectuelle.

« *Déplacer l'axe du combat des Palestiniens hors de leur territoire et l'orienter vers l'Europe, c'était un dévoiement de ce combat. Il ne s'agirait plus d'une lutte populaire, légitime, contre une occupation. Il n'y aurait plus que des actions individuelles menées au milieu de populations étrangères à cette lutte. Cette option impliquait un double mépris, à l'égard des Palestiniens comme à l'égard des Européens.* »

Leur thèse se résumait à deux idées simples : ils acceptaient et même justifiaient la violence face à un régime d'oppression, mais la rejetaient fondamentalement en régime démocratique ; ils acceptaient la violence lorsqu'elle était l'expression directe d'aspirations populaires, mais la rejetaient si elle était le fait de petits groupes isolés, de justiciers autoproclamés.

Comment conciliaient-ils ce respect de la démocratie avec l'objectif de la révolution socialiste ? A l'époque, ils ne voyaient pas de contradiction entre les deux. Mieux même, ils pensaient qu'en Egypte, comme dans la plupart des sociétés non européennes, l'un n'allait pas sans l'autre.

Dans ces sociétés, le primat du religieux, les traditions figées, l'héritage de l'exploitation coloniale conjuguent leurs effets pour créer de formidables obstacles au changement. Le processus d'émancipation n'a de chances d'aboutir que s'il est à la fois collectif et individuel, national et démocratique. Or les dirigeants de ces pays, à commencer par Nasser, ont préféré mettre l'accent sur les seules réformes orchestrées d'en haut, sur la dimension collective des évolutions, reportant la démocratie aux calendes grecques. On sait ce qui s'est ensuivi : une corruption généralisée, en même temps qu'un échec économique et des inégalités sociales effrayantes.

Les jumeaux, pour leur part, pensaient qu'il ne pouvait y avoir de vrai changement sans une participation active des classes populaires, qui les motive, les éduque et par là même démocratise les structures politiques en confortant les individus dans leur rôle de citoyens.

Et le marxisme dans tout cela ? Au lendemain de la Seconde Guerre mondiale, les élites du Sud sont à la recherche d'une boussole, pour s'orienter dans un monde ou tous leurs repères sont brouillés. Le marxisme leur apparaît comme un repère providentiel, instrument de pensée à la fois moderne, séculier et radical, offrant une vision rationaliste de l'Histoire, puisée dans la grande tradition intellectuelle de l'Occident, tout en offrant une machine de guerre idéologique contre le système d'exploitation mis en place par lui.

Fort bien, mais la tragédie des pays où a triomphé cette vision de l'Histoire – l'Union soviétique, l'Europe de l'Est, la Chine, Cuba... – ne forçait-elle pas ces élites à réfléchir, à revenir sur leurs certitudes ? Sans aucun doute, me répondent les jumeaux, mais avec beaucoup de retard. Dans des pays où la presse est bâillonnée, où l'information est orientée, on met des années à savoir, et bien plus longtemps encore à intégrer ce qu'on sait dans une réflexion cohérente... Et ce n'est pas la seule explication. Il y a des choses que l'on préfère ne pas voir, parce que leur claire vision ferait trop mal. Pour les intellectuels du Sud, la croyance en un camp socialiste « *ami et soutien des peuples opprimés* » représentait un double réconfort. D'une part, la présence de ce camp signifiait en elle-même un contrepoids à l'arrogante toute-puissance de l'Occident ; d'autre part, les succès de ce camp suggéraient un modèle, un développement possible, pour les sociétés qui n'avaient aucune chance de rejoindre à court terme le stade de prospérité de l'Occident.

C'est pourquoi l'effondrement de l'image du camp socialiste, au cours des deux dernières décennies du XXe siècle, a créé un grand vide dans la conscience déchirée des élites du monde musulman. Un vide que les intégristes islamistes sont facilement parvenus à remplir.

Les jumeaux s'effacent volontiers derrière des analyses globales. Leur propre itinéraire n'est pas pour eux un sujet de conversation. C'est souvent frustrant pour leurs amis, qui sentent que cet itinéraire, si singulier, est une histoire en elle-même, reflet révélateur du dernier demi-siècle où se sont inscrits d'un même élan leur pensée et leurs combats. Au cours d'une époque ou tant de choses changeaient autour d'eux, ils ont eux-mêmes beaucoup changé. Que reste-t-il, aujourd'hui, des militants clandestins de l'Egypte nassérienne, dans ces deux écrivains connus, vivant à Paris, qui tutoient la plupart des intellectuels de la gauche française et qui de surcroît se sont payé le luxe d'un passage par la haute fonction internationale ? Comment tout cela les a-t-il marqués ?

J'ai fini par me faire ma propre idée là-dessus. Ils ont trouvé un talisman. Ils ont réussi à traverser toutes les tempêtes du demi-siècle avec une innocence, une candeur, stupéfiantes. Ils ont absorbé les chocs, négocié les virages, surmonté les désillusions, en restant intimement fidèles à leurs rêves d'adolescents. Ils sont devenus français, en demeurant égyptiens. Ils ont dépassé le cadre de référence marxiste, sans le renier. Ils ont changé de perspectives, sans regret pour ce qu'ils furent ni pour ce qu'ils sont devenus. Ils s'interrogent, ils doutent, ils peuvent changer d'avis, mais en gardant une sorte de stabilité intérieure, un sentiment de confiance tranquille, qui est peut-être leur part de vérité égyptienne. Curieusement, ils n'ont pas de problème d'identité. Ils ont fait les soudures nécessaires entre leurs différentes appartenances, entre leurs différentes vies. Contrairement à nombre d'intellectuels arabes ou africains, ils ne se sentent pas en permanence tenus de se justifier à leurs propres yeux. Ils n'ont rien à prouver à personne.

Leur secret, bien sûr, c'est leur amitié, leur fraternité cimentée par les cinq années qu'ils ont passées dans les mêmes cellules. L'extraordinaire sentiment de pouvoir faire face à toutes les épreuves, en comptant les yeux fermés l'un sur l'autre, dans les cheminements de la pensée comme sur les sentiers caillouteux des camps. Une alchimie qui ne cesse d'étonner, de les étonner eux-mêmes, je crois. Cette manière d'être à deux, qui frappe si fortement ceux qui les approchent, me semble, parfois, les dépasser. Et ce qui m'apparaît le plus mystérieux – j'y pense tout à coup en écrivant ces lignes – c'est que cette gémellité, au lieu de se fermer sur elle-même et d'exclure les autres, les accueille au contraire naturellement, dans un espace de convivialité ouvert, avec une générosité et une disponibilité jamais démenties...

Les principaux ouvrages que les jumeaux ont publiés en France reflètent bien leur liberté d'esprit, l'originalité d'une pensée sans œillères. Ce sont des livres pionniers, toujours en avance sur la réflexion contemporaine. Dès 1969, ils s'attellent à la rédaction de *La Lutte des classes en Egypte,* impressionnante critique de gauche du nassérisme, où ils osent dire que, derrière l'unanimité nationale, s'exacerbent des intérêts et des conflits sociaux. Ils présentent à François Maspero leur manuscrit. L'éditeur le lit, acquiesce, mais exprime une réserve : il lui paraît difficile de publier un livre avec deux noms d'auteurs inconnus, ce n'est pas « vendeur », il vaut mieux n'en choisir qu'un. Ils se mettent en devoir de trouver une solution... Marier leurs patronymes ou croiser leurs prénoms ? Adel Elnadi ? Bahgat Rifaat ? Cela n'a guère de sens... Ils optent alors pour un nom égyptien très commun, sans connotation particulière. Le livre sort sous un nom unique : Mahmoud Hussein.

L'ouvrage connaît un très grand succès : traduit en une dizaine de langues et bientôt tiré en livre de poche, il devient le livre de chevet de l'extrême gauche, dans le monde arabe, en Asie, en Afrique et en Amérique latine. Vingt-cinq ans plus tard, il leur arrive encore de croiser de lointains lecteurs, émus de les rencontrer pour la première fois et leur disant l'importance de ce livre dans leur propre cheminement. C'est à partir de la publication de *La Lutte des classes en Egypte* qu'ils font la connaissance de nombreux intellectuels français, prenant part avec eux à tous les débats qui leur paraissent importants, de Charles Bettelheim à Jean-Paul Sartre, de Michel Foucault à Edgar Morin, de Régis Debray à Alexandre Adler...

Sartre et Benny

Charles Bettelheim, longtemps théoricien de l'économie socialiste, qui allait comme eux-mêmes évoluer sur cette question, restera cependant un ami et un confident. Leurs rencontres avec Jean-Paul Sartre furent beaucoup plus distantes : la première fut ménagée, en 1972, par Benny Lévy, le petit frère d'Adel, alors très proche du philosophe. Ils parlèrent surtout de la situation au Moyen-Orient, sachant que les sympathies de Sartre allaient d'abord à Israël. Ils lui posèrent la question : « *Israël occupe, depuis la défaite des armées arabes en 1967, à la fois le Golan, le Sinaï, et la "rive Ouest" du Jourdain. Les Israéliens refusent d'évacuer ces territoires. Considérez-vous que les Arabes ont le droit de faire valoir leurs droits par la force, et de libérer ces territoires occupés ? Même si cela provoque une nouvelle guerre ? Serait-ce légitime ?* »

L'interrogation était provocatrice. La réponse de Sartre fut aussi nette. Il n'hésita pas une seconde : « *Oui, les Arabes ont le droit de reprendre ces territoires occupés. Oui, ils ont le droit d'utiliser pour cela la force, même si cela mène à la guerre.* » Et Sartre de reprendre le terme en vogue à l'époque : « *Cela serait une guerre légitime.* » Sartre estimait-il, comme beaucoup d'autres pendant cette période, que les Arabes n'étaient pas en mesure de déclencher cette guerre ?

Toujours est-il que le 6 octobre 1973, à la surprise générale, les armées arabes entament les hostilités. L'armée syrienne essaie de récupérer le Golan et l'armée égyptienne traverse le canal de Suez et s'installe dans le Sinaï. Et voilà que Jean-Paul Sartre publie dans *Libération* un article condamnant avec virulence l'agression arabe. Etonnement des jumeaux. Les raisons de ce changement leur sont restées inconnues, mais leur déception fut profonde.

Quelques mois plus tard, Benny les appela, au retour du voyage qu'il venait de faire avec Sartre en Israël. Ils s'étaient promenés ensemble dans les territoires occupés, ils y avaient rencontré des Palestiniens et avaient discuté avec eux. A leur retour, Sartre avait rédigé un texte que Benny souhaitait leur montrer, avant de l'envoyer au *Nouvel Observateur*. Dans un café de Montparnasse, Adel et Bahgat écoutèrent le texte en silence. Ni pro-arabe, ni anti-israélien, il défendait simplement « *les droits légitimes du peuple palestinien* ». Quand Benny sollicita leur avis, ils lui demandèrent s'ils croyaient vraiment, Sartre et lui, que ce texte avait la moindre chance d'être publié... Benny n'en doutait pas : comment le *Nouvel Observateur* refuserait-il un texte signé de Sartre ? Pourtant le texte ne sortit jamais... Non que l'hebdomadaire l'ait rejeté, mais parce que certains proches de Sartre, dont Simone de Beauvoir, intervinrent et obtinrent que le texte ne soit pas publié.

Mais l'inconsistance de Sartre sur les problèmes israélo-arabes auxquels les jumeaux étaient pourtant si sensibles ne leur a pas fait perdre de vue les autres dimensions du philosophe, et le rôle mondial qu'il a joué dans toutes les années de l'après-guerre et de la guerre froide. Ils lui reconnaissent même une vision historique dont peu d'intellectuels européens saisissent aujourd'hui la cohérence. Elle concerne en particulier son anticolonialisme. On veut bien admettre que Sartre ait été la conscience morale de l'Occident, au moment où les peuples colonisés s'efforçaient d'affirmer face à lui leur identité et leur souveraineté. Mais on n'admet pas le corollaire historique de cette attitude, l'alliance avec le bloc communiste, sans laquelle le mouvement anticolonial n'avait aucune chance d'atteindre rapidement ses objectifs. C'est à la faveur de la confrontation Est-Ouest que le Sud a pu trouver le levier nécessaire à son émancipation.

Sartre est l'un des rares penseurs à avoir pris la mesure de cette donnée fondamentale, l'intégrant à sa vision historique, donc à son action politique. Il en accepta les conséquences, l'alliance stratégique entre les démocrates européens mus par l'exigence de libérer l'Occident de son excroissance impériale, les mouvements nationalistes du tiers monde et le camp socialiste.

Au regard de l'évolution ultérieure des sociétés du Sud, comme devant l'ampleur des crimes commis dans le Bloc de l'Est, il est facile, aujourd'hui, de s'indigner de cette alliance contre nature. Mais il faut se placer du point de vue des combats de l'époque. Que Sartre ait pu être manichéen, excessif, intolérant... Dont acte. Il allait tout droit à ce qu'il considérait comme l'essentiel. Ceux qui ne lui pardonnent pas son indulgence à l'égard des crimes du communisme au cours de ces années-là se pardonnent pourtant facilement la leur, face aux crimes du colonialisme... Même si la comparaison n'est pas de mise en histoire, il n'y a pas encore, il n'y aura jamais, de bilan scientifique du coût humain de l'esclavage, de l'aventure coloniale, et de l'exploitation capitaliste des inégalités dans les échanges Nord-Sud !

Cette appréciation des choses permet d'éclairer sous un jour nouveau les mérites politiques comparés de Sartre et d'Aron. C'est en Occident que l'on peut donner la palme à ce dernier, parce qu'il aura été plus constant dans sa défense du modèle démocratique, à condition de faire silence sur la face cachée de ce modèle, la brutale dictature des arrière-cours coloniales. Dans une perspective plus vaste, véritablement cosmopolitique, comme dirait Kant, c'est Sartre qui voyait juste, sentait juste. Et les opinions du tiers monde savent auquel des deux adresser leur reconnaissance.

Il n'est pas facile d'arracher aux jumeaux un jugement sur l'évolution de Benny Lévy, ne serait-ce que parce qu'ils sont peu enclins à juger qui que ce soit, qu'Adel est son frère, et que tous deux admirent son intelligence, sa culture, n'ayant aucun doute sur sa probité et l'exigence intérieure qui lui dicte ses choix et ses attitudes. Ils ont vécu avec lui les moments, très durs, où Simone de Beauvoir l'accusa de violer la conscience d'un Sartre diminué. Connaissant la vénération qu'il portait au philosophe, et la joie qu'il éprouvait à l'aider, jour après jour, à surmonter l'obstacle de sa cécité, à continuer d'exercer cette liberté de penser qui a toujours été son bien le plus précieux, les jumeaux m'ont dit avoir apprécié le refus de Benny d'entrer dans une polémique et le courage qu'il marqua en gardant le silence, par respect pour Sartre.

Mais, cela étant dit, que penser du virage religieux de Benny Lévy au cours des décennies suivantes ? Comment passe-t-on de Mao au Talmud, de la révolution culturelle au judaïsme le plus orthodoxe ? Benny a certes changé de système de repères, mais il a déménagé avec armes et bagages, en emportant avec lui toute sa culture philosophique, en gardant intacte son acuité intellectuelle. Les centaines d'élèves de philo qui ont continué de suivre ses cours à Paris VII en témoignent avec ferveur : c'est un prof hors pair lorsqu'il s'agit de faire comprendre Platon ou Philon d'Alexandrie.

Ce n'est pas sur son retour au religieux que les jumeaux se séparent de lui radicalement. D'autres membres de sa génération révolutionnaire ont pu faire de même, que ce soit vers le judaïsme ou vers l'islam. Ce qu'ils rejettent, en revanche, c'est son choix de se refermer sur une identité exclusivement définie par une religion particulière, dans une communauté précise, alors que l'humanité en est à explorer les fondements d'un humanisme placé au-delà de tous les compartiments religieux ou culturels.

Cette identité à l'échelle de l'espèce ne dissout pas les entités plus précises ou les autres systèmes de références. Elle se cherche à travers eux, dans une quête tortueuse, contradictoire, jalonnée depuis un siècle par des guerres et des massacres. Mais cette quête est rendue plus nécessaire que jamais par l'évolution des communications, elle est désormais la seule qui vaille pour épargner aux hommes de nouveaux déboires. Et le reproche fondamental que l'on pourrait faire à Benny, c'est de ne plus en être.

La déception éprouvée par les jumeaux face à Sartre sur la question israélo-arabe fut contrebalancée par l'amitié confiante qui s'établit entre eux et Michel Foucault. Ils purent apprécier chez lui, tout à la fois, une formidable rigueur intellectuelle et une proverbiale générosité. Ils m'ont par exemple raconté être allés le voir, après l'arrestation, par Sadate, de plusieurs centaines d'intellectuels égyptiens, qui se retrouvèrent du jour au lendemain en prison, sans avoir fait l'objet d'aucune accusation. Adel et Bahgat décidèrent de rédiger un projet d'appel à Sadate qu'ils demandèrent aux plus célèbres intellectuels français de signer : Sartre, Aron, Barthes, furent parmi les premiers à s'y associer.

Ils se rendirent ensuite chez Michel Foucault, avec le texte rédigé et signé par tous les autres. Il le lut, réfléchit quelques instants, puis le leur rendit en hochant la tête : *« J'ai déjà signé tant d'appels de ce genre, et je ne suis pas convaincu de leur utilité, j'ai plutôt l'impression que les signatures finissent par se dévaluer à force d'être multipliées... »*

Ils lui firent simplement observer que son objection tenait sans doute en France, mais ne valait pas pour l'Egypte. Certes, un tel appel ne contraindrait pas Sadate à ouvrir les portes de ses prisons. Mais l'écho qu'il recueillerait, le prestige de ses signataires, mettraient du baume au cœur des détenus. C'était un acte fort parce qu'il leur donnerait le sentiment de n'être pas seuls. C'était un rayon de soleil dans leurs prisons. Ils virent une lueur dans le regard de Foucault. Inutile d'aller plus loin : il tendit la main vers la feuille, la reprit, chercha son stylo, signa, et leur rendit l'appel. Sans un mot.

Quelque temps plus tard, après l'entrée triomphale de Khomeyni à Téhéran, les jumeaux se retrouvaient souvent avec Michel Foucault pour faire le point sur les enjeux de cet événement. Le philosophe avait, on s'en souvient, commencé par saluer dans cette victoire l'avènement d'une « spiritualité politique » nouvelle. Il avait vite déchanté, mais il restait persuadé que quelque chose de décisif venait de se passer, comme une relève de l'espoir en pays d'Islam... La promesse de l'intégrisme venait de l'emporter sur celle du communisme. Où cela mènerait-il ? Politique et religion avaient-elles un avenir commun ? Quelle place laisseraient-elles à la liberté ?

Mes amis, peu suspects de la moindre tendresse pour le fanatisme religieux, n'en étaient pas moins frappés par cet événement qui, à la fois révolutionnaire et populaire, les forçait à repenser ces deux notions sous un jour inattendu. Ils commencèrent alors, avec Foucault, à déblayer le terrain pour fixer leurs idées, face à un magnétophone. Après avoir enregistré une dizaine d'heures de dialogue, ils se dirent qu'il ne leur restait plus qu'à faire une enquête sur place. Ils la proposèrent aux Editions du Seuil, qui en acceptèrent aussitôt le principe. Mais il était trop tard : déjà les frontières se refermaient sur l'Iran de la Révolution islamique et sa pensée totalitaire.

Entre-temps, les jumeaux avaient heureusement pu s'exprimer à loisir sur des sujets qui ne requéraient l'autorisation de personne : cinq ans après *La Lutte des classes en Egypte,* ils surprenaient en effet tous ceux qui auraient voulu les cantonner dans un gauchisme à vie, annonçant avec clairvoyance que dans un contexte historique nouveau, la pensée se devait d'explorer de nouveaux territoires.

Après la guerre arabo-israélienne de 1973, les jumeaux osèrent en effet dire que le temps était peut-être venu d'explorer avec Israël d'autres voies que la guerre totale. Les Arabes avaient recouvré leur fierté, les Israéliens venaient de perdre leur arrogance, une chance se présentait. L'intégration dans la région de l'Etat juif, revenu à ses frontières de juin 1967, conjointe avec l'installation d'un Etat palestinien devenait un objectif plausible. Il avait entre autres, à leurs yeux, l'avantage d'offrir aux Palestiniens une alternative au terrorisme, et aux Arabes une perspective politique pouvant favoriser le combat de certains d'entre eux pour la démocratie. Le voyage de Sadate à Jérusalem vint confirmer, et avec quel éclat, leur analyse. Mais la suite ne fut pas à la hauteur de ce que l'on pouvait en attendre. Au geste inspiré de Sadate ne répondirent que les calculs de Begin...

Au même moment, Jean et Simonne Lacouture, que les jumeaux avaient rencontrés en Egypte à la fin des années 50, leur proposèrent de nouer un dialogue avec l'historien israélien Saül Friedlander, qu'ils connaissaient déjà par ses ouvrages. Ils acceptèrent en s'accordant avec leur interlocuteur sur une double exigence de départ : Israël devait libérer les territoires occupés depuis juin 1967 et reconnaître les droits nationaux des Palestiniens en Palestine. Leur discussion donna lieu à la publication, fin 1974, d'un beau livre : *Arabes et Israéliens : un premier dialogue*, co-signé avec Jean Lacouture*. En février 1975, Bernard Pivot les invita, fait rarissime, à un numéro d'« Apostrophes » qui fut exclusivement consacré à leur dialogue.

L'expérience de ce passage en direct, et surtout des suites qu'il eut pour eux, les a marqués. Ils se rendirent compte, brusquement, de la force que pouvait avoir une idée, si elle venait au bon moment et qu'elle était relayée par une émission très regardée à la télévision. Ils venaient de tester par eux-mêmes un rouage essentiel de la démocratie moderne.

Cinq ans plus tard j'ai revu cette émission. L'émotion qu'elle dégage est restée intacte. Une tension contenue de part et d'autre et qui peu à peu libère une chaleur communicative. Pivot y intervient avec doigté et douceur, le visage comme éclairé par l'ampleur de l'enjeu. Outre le public qu'« Apostrophes » commençait alors à fidéliser, toutes les cités universitaires de France avaient organisé des projections collectives, où se côtoyaient étudiants pro-arabes et pro-israéliens. Ni les jumeaux ni leur interlocuteur ne cherchèrent à polémiquer. Ils avaient une conscience commune de l'occasion qui leur était offerte de clarifier leurs positions respectives devant un immense auditoire, qui assistait pour la toute première fois à un vrai dialogue sur ce thème, confrontation d'arguments, non seulement de passions, où l'émotion, toujours présente, resta de bout en bout guidée par la raison.

La plus grande surprise fut dans les suites de l'émission. Après avoir quitté les studios de Cognacq-Jay, vers 23 heures, ils décidèrent d'aller marcher, pour dissiper la tension accumulée. Et voici que, brusquement, au détour d'une rue, ils se voient entourés par un groupe de cinq ou six jeunes, aux visages basanés... Ils se souviennent d'un instant de silence, les jeunes ne disant rien et eux-mêmes étant à mille lieues d'imaginer ce qu'ils leur voulaient. Puis l'un des inconnus leur lança : « *C'était formidable... – Quoi donc ? – Tout à l'heure, à la télévision...* » Et un autre : « *Nous nous sommes sentis fiers d'être arabes en vous écoutant...* »

Pendant des mois, presque chaque jour, ils seraient arrêtés dans la rue, dans le métro, dans les cafés, par d'autres inconnus, pour la plupart arabes, qui leur diraient, chacun avec ses mots : bravo, ou merci.

Outre cette leçon politique grandeur nature, l'émission d'« Apostrophes » allait avoir une conséquence absolument inattendue : leur entrée à l'UNESCO ! En effet, parmi les téléspectateurs qui l'avaient suivie se trouvait Amadou Mahtar M'Bow, qui fit alors part à des amis communs de l'impression favorable que les jumeaux lui avaient faite.

---

* Publié aux éditions du Seuil, Paris, 1974.

Par leur intermédiaire, un déjeuner fut organisé, puis un dîner chez le Directeur général de l'UNESCO, au cours duquel il proposa à l'un des jumeaux, à leur guise, de rejoindre son cabinet.

Ils refusèrent poliment. Ils ne travaillaient qu'ensemble. Mais ils comprenaient très bien que ce double recrutement ne soit pas concevable. Et entrer à l'UNESCO n'était pas dans leurs projets. Un an plus tard, Amadou Mahtar M'Bow leur fit savoir qu'il était prêt à créer un second poste pour les engager tous les deux. Ils ne purent pas refuser cette deuxième offre...

Ils n'avaient certes pas, au départ, une très haute idée de l'UNESCO (l'une de ces organisations internationales « vaguement inféodées à l'Amérique ») mais l'élection de M'Bow, premier Africain à la diriger, lui conférait une nouvelle respectabilité. Il y avait peut-être, en s'appuyant sur ce levier, des choses à faire évoluer... En tout cas, ils se trouvaient en confiance avec cet homme. Et c'est ainsi qu'ils se sont trouvés engagés dans une expérience tout à fait imprévue, celle de fonctionnaires internationaux, nommés il est vrai à des postes très privilégiés, d'où ils pouvaient surplomber la machine bureaucratique sans y être trop lourdement assujettis.

Dix ans plus tard, après le départ de M'Bow, son successeur, Federico Mayor, leur offrira – ensemble, bien sûr – la direction du *Courrier de l'UNESCO,* que venait de quitter leur ami, le grand écrivain antillais Edouard Glissant. Ils auront carte blanche, et ils feront de la revue un superbe instrument de prospection et de dialogue intellectuel, chacun de ses numéros mensuels en trente-deux langues apportant sur un thème original les réflexions croisées d'écrivains, de savants, d'artistes, de philosophes, de différentes nationalités.

Au cours des quelque vingt années que les jumeaux ont passées à l'UNESCO, ils n'ont eu le temps d'écrire qu'un seul essai, mais un essai résolument novateur, auquel ils ont réfléchi pendant une pleine décennie. Ils y analysent les sociétés du Sud selon une grille de lecture que personne n'a explorée avant eux. Dans *Versant Sud de la liberté, essai sur l'émergence de l'individu dans le tiers monde**, les sociétés non européennes ne sont plus seulement présentées comme les victimes d'une histoire faite par d'autres, simples objets de la colonisation et du pillage impérialiste. Elles sont saisies de l'intérieur, elles s'animent sous nos yeux, à travers la lente apparition d'un nouvel acteur social, l'individu moderne.

Cet individu, né de la greffe introduite par l'Occident dans le tissu des sociétés communautaires traditionnelles, a un parcours chaotique,

---

* Editions de La Découverte, Paris, 1988.

contradictoire. Il est à la fois rattaché à ses assises sociales et culturelles locales, et arraché à elles par des aspirations et des besoins nouveaux. A la fois attiré par l'Occident et rattrapé par les valeurs de son terreau originel. A la fois séduit par la liberté et effrayé par elle. L'histoire des peuples du Sud prend une tout autre consistance lorsqu'elle est lue à travers l'aventure de cet individu, sa quête d'identité à la fois personnelle et collective, sa lente construction d'un espace politique où il tente de concilier ses vérités immémoriales et son insertion dans la modernité.

J'ai été très heureux de donner aux jumeaux le moyen de travailler à l'adaptation audiovisuelle de cet essai, puis à la production d'un beau film, diffusé sur France 2 quelques jours avant que je ne quitte la présidence de France Télévision.

Je ne veux pas oublier de noter aussi l'importance d'un petit livre passionnant, publié en 1998, sur l'expédition de Bonaparte en Egypte*, où ils présentent des extraits croisés des chroniques de deux témoins, le Français Vivant Denon et l'Egyptien Abdel Rahman El Gabacti. Ce double journal, qui se lit comme un roman, réserve des surprises à chaque page. Là aussi, l'originalité de la démarche des jumeaux est frappante.

Marianne et Pharaon

Ce n'est évidemment pas par hasard que les jumeaux furent si sensibles à ce moment double, à cette extraordinaire rencontre de Marianne et de Pharaon... Ce choc inaugural de l'histoire du monde moderne est aussi le lieu où se nouent leur fidélité à l'Egypte et leur loyauté à la France. Ils sont eux-mêmes la vivante incarnation de cette complicité improbable et mystérieuse que l'Egypte et la France ont développée depuis lors, tout au long des deux derniers siècles.

C'est d'ailleurs à travers mes conversations avec eux et après avoir effectué une douzaine de séjours et de rencontres en Egypte entre 1975 et 1998, que j'ai fini par me faire moi-même une idée de l'intensité des liens culturels qui se sont tissés au cours de cette période entre nos deux pays, dont témoigne bien une anecdote, rapportée par eux, sur la visite officielle du Président Chirac au Caire en 1989...

Réunions officielles, visite du métro du Caire construit par la France, échanges de vues avec Hosni Moubarak sur la paix au Proche-Orient,

---

* *Sur l'expédition de Bonaparte en Egypte*, Actes Sud, 1998.

tout était réglé comme du papier à musique, jusqu'au dîner privé avec quelques-uns des écrivains et journalistes égyptiens les plus en vue. Conversation décontractée, sans surprise, jusqu'au moment où l'un des convives égyptiens pose au Président une question tout à fait inattendue : « *Et l'expédition de Bonaparte, Monsieur le Président ?* »

Ce sujet explosif n'était pas dans la liste des points que le Président se proposait d'aborder au cours d'une rencontre amicale. Mais quelle n'est pas sa surprise de découvrir que, loin de vouloir le passer sous silence, ses hôtes tiennent à lui faire partager leurs réflexions, et leurs dilemmes, à ce propos... Car l'événement déchaîne alors les passions à longueur de journaux !

Pour un certain courant d'opinion, où se rejoignent les traditionalistes et les fondamentalistes, l'expédition est une tentative de colonisation, heureusement avortée, qui ne promettait rien de mieux pour l'Egypte que le traitement réservé par la France à l'Algérie trente ans plus tard.

Mais pour le courant moderniste, il s'agit d'un événement beaucoup plus complexe, avec une dimension émancipatrice et progressiste évidente. L'expédition aura été un choc traumatisant, mais salutaire, qui a définitivement arraché l'Egypte à son passé médiéval pour la projeter dans l'aventure moderne... La France que les Egyptiens retiennent n'est pas celle d'une armée de conquête, mais celle d'une armada de savants venus poser sur l'Egypte un regard séculier, attentif, respectueux. C'est cette France qui vient d'accomplir la plus grande Révolution de l'Histoire, mettant fin à l'absolutisme de droit divin et inaugurant l'ère de la liberté individuelle et des droits de l'Homme.

Pour la France, en miroir, que va représenter l'expédition d'Egypte ? La découverte de la plus ancienne des civilisations humaines apporte aux Français embarqués dans l'aventure infiniment plus qu'une curiosité muséologique. Elle offre une réponse à une question cruciale que se posait le Siècle des Lumières. Lorsque Champollion décrypte le code secret de l'écriture hiéroglyphique, perdu depuis plus d'un millénaire, il permet le dévoilement du message de l'époque pharaonique, et par là de toute cette vie antérieure de l'humanité, qui ne cessera plus de hanter l'Europe, parce qu'elle lui offre le repère manquant, la source et le sens d'une histoire qui, cessant d'être uniquement européenne, gréco-romaine et chrétienne, devient enfin universelle.

Fort heureusement, l'expédition n'a duré que trois ans. Elle n'eut pas le temps d'infliger les lourdes humiliations de la conquête étrangère. Elle laisse même un vide, avec le regret de voir disparaître les aspects libérateurs de la présence française, la fin de l'arbitraire médiéval, l'introduction de conseils représentatifs, ouverture aux idées de droit des personnes, d'éducation... Avec la monarchie qu'instaure bientôt Mohamed Ali, c'est une véritable modernisation à la française que le pays va connaître : conseillers, experts, officiers, ingénieurs, pédagogues, philanthropes, tous français, vont être reçus, de plus en plus nombreux, pour contribuer sur place à cette modernisation, tandis que des dizaines, puis des centaines de boursiers égyptiens seront envoyés en France.

C'est tout ce passé paradoxal où la France ne joue pas le rôle d'une puissance oppressive ou colonisatrice, mais d'un pôle de culture et d'ouverture intellectuelle, partenaire respectueux de la modernisation de l'Egypte, que je découvre dans les mémoires de mes hôtes égyptiens, avec qui je parle des heures, assis face à la mer Rouge, profitant de la douce chaleur des premiers jours de septembre, lors d'un des séjours que j'ai effectués à l'occasion du Festival de cinéma du Caire, à l'invitation de mes amis égyptiens.

Le premier des boursiers égyptiens en France, et le plus célèbre, Al Tahtawi, fraiera avec les Saint-Simoniens et réfléchira avec Enfantin à une réforme révolutionnaire de l'éducation en Egypte. Il vivra la révolution de Juillet à Paris, et sera fasciné par les idéaux républicains. C'est aussi à Paris qu'il découvrira les origines pharaoniques de l'Egypte, dont l'histoire officielle, jusque-là, ne commençait qu'avec l'ère musulmane ! Sa pensée est si avancée pour son époque qu'il sera exilé au Soudan par le successeur de Mohamed Ali, le Khédive Abbas Helmi, qui, affolé par les progrès du rationalisme et de la pensée critique, décide même de stopper l'envoi de boursiers en France. Mais l'élan est donné, on ne peut plus l'arrêter... « *C'est pour tout cela que nous considérons que la France a fait à l'Egypte le cadeau de la liberté...* » me disent mes hôtes.

Les décennies suivantes ne feront que confirmer cette fraternité. Le Khédive Ahmed Saïd, ayant eu pour précepteur Ferdinand de Lesseps, se laisse convaincre par ce dernier de lancer le formidable projet du creusement du canal de Suez, dont l'inauguration, sous le règne du Khédive Ismaïl, fera converger sur l'Egypte les regards du monde entier : toute l'élite politique, savante et artistique de l'époque sera là, pour relayer l'événement. Dès cette époque, Napoléon III apparaît comme l'ami et le protecteur du pays, en butte à l'endettement colossal que ce grand mouvement de modernisation a suscité.

Lorsque après l'abdication de l'Empereur, la Grande-Bretagne, en 1882, décide d'occuper l'Egypte, la France devient naturellement le refuge de ses grands exilés et le centre d'inspiration du mouvement nationaliste naissant. Les grands réformateurs de la pensée islamique dite de la Nahda, la Renaissance, Al Afghani et Mohamed Abdou, sont directement influencés par leur dialogue avec Ernest Renan et son approche rationaliste et relativiste de l'histoire religieuse. Mansour

Fahmi tente même une véritable révolution culturelle de l'Islam dans un livre sur la *Condition de la femme* auquel il a travaillé avec Lévy-Bruhl et Durkheim... Après lui, le doyen des lettres égyptiennes, Taha Hussein, retrouvera la grande tradition rationaliste oubliée de l'Islam andalou, à travers la culture française et sa composante hellénique. Il sera recteur de la première université créée en Egypte, par les Français, où enseigneront Koyré et Massignon. Enfin, le mouvement de fondation de l'Egyptologie, guidé par Mariette Pacha puis Gaston Maspéro, ouvre une page nouvelle de la pensée historique. Sur le plan intellectuel au moins, le compagnonnage franco-égyptien ne connaîtrait plus d'éclipse.

C'est ce qui a permis de dépasser les quelques heurts diplomatiques, voire militaires, liés aux soubresauts de la décolonisation, comme l'aventure de Suez où la IVe République s'enfonce, alors qu'elle sera vécue en Egypte comme une trahison... De Gaulle et son discours sur la décolonisation permettra de panser les plaies, redonnant aux relations franco-égyptiennes un tour plus tranquille. François Mitterrand vint, rituellement, chaque hiver, rêver sur les bords du Nil, à Assouan, et y préparer son passage de la vie à la mort. Ce n'est pas par hasard que tous les Français qui visitent l'Egypte, et c'est également ce que j'ai pu y éprouver à chaque séjour, sentent cette solidarité profonde, solide, historique et psychologique, entre nos deux pays.

Chaque partie trouve dans l'autre un versant de sa propre quête de soi. Le temps retrouvé, grâce à l'Egypte, la modernité reconquise par la France. C'est le véritable secret de la vague égyptienne qui déferle périodiquement sur la France, comme de cet engouement pour la langue et la culture françaises qui suscite aujourd'hui, sur les bords du Nil, la fureur des intégristes, fureur qui se manifeste en effet beaucoup plus violemment contre l'amitié de l'Egypte pour la France que contre son alliance avec les Etats-Unis... La France résume tout ce qu'abhorrent les traditionalistes islamiques : le bouillonnement intellectuel mis au service des valeurs de 1789, les Droits de l'Homme et du Citoyen, Voltaire et Rousseau, Malraux et la Chine, Sartre et l'Algérie... Alors que l'Amérique les fascine parfois, par son pragmatisme et son efficacité technologique. Aux yeux des Egyptiens, la France gardera toujours, quoi qu'elle fasse, le visage de la liberté.

Et je suis sûr que les jumeaux ont adopté la France comme une forme de célébration de la liberté. En même temps que la France adoptait les jumeaux. Ils ont en effet été naturalisés, il y aura bientôt vingt ans, avec le soutien de Jack Lang, qui, devenu ministre de la Culture, s'était fait un point d'honneur d'ouvrir les portes de la nationalité française à une pléiade d'intellectuels, de savants, d'artistes, d'écrivains, installés sur notre sol, et où ils se sentiraient désormais toujours chez eux. A cette occasion comme en beaucoup d'autres, j'ai retrouvé chez Jack Lang cet engagement sincère pour la pensée, contre les préjugés, pour l'intelligence contre les réticences politiciennes, pour les valeurs qui font la force et la grandeur de la France contre tous les réflexes de protection et de repli qui parfois la rapetissent. Le goût de Jack Lang pour les caméras et les micros est évident, mais il n'est jamais gratuit et pas seulement narcissique. Ses gestes politiques revêtent un sens pratique. Son imagination toujours en alerte a donc su marquer par des initiatives durables la prééminence de la création. Il irrite évidemment tous ceux qui peinent à le suivre et mettent un peu de temps à le rejoindre. Et pas seulement en matière culturelle... Serait-ce une abeille déguisée en papillon, une fourmi déguisée en cigale ? Cocteau résume tout d'une formule : « *Jouer cœur est simple. Il faut en avoir, voilà tout.* » Jack Lang n'en manque jamais.

Nos rapports personnels ont été facilités par les relations décomplexées qu'il entretient avec les médias. Proposant souvent d'intervenir en direct sur un plateau quand j'étais président de chaîne, m'appelant directement pour me demander d'être invité, mais admettant sans amertume que les priorités de l'actualité ou les choix éditoriaux des rédactions fassent passer au second plan ses déclarations. Je savais en raccrochant qu'il serait à nouveau disponible... dès le lendemain. C'est sur cette base qu'une véritable confiance s'est établie entre nous, et que nous consultons au moment d'accomplir des choix importants, sans nous sentir liés par nos échanges.

Le cercle de l'UNESCO

Parmi les amis des jumeaux, qui devinrent les miens, l'écrivain haïtien René Depestre, lui aussi devenu français, après un passé révolutionnaire. Il avait connu la IIIe Internationale, voyagé un peu partout en Amérique et en Europe avant d'atterrir à Cuba, chez Fidel Castro, qui l'avait tout d'abord bien accueilli. Puis ses relations avec le régime castriste s'étaient tendues, et il avait pris la mesure d'un régime totalitaire dont il se sentait en définitive prisonnier. Lors de la visite d'Amadou Mahtar M'Bow à Cuba, il s'arrangea pour le rencontrer et lui demander de l'aider à quitter l'île. C'est ainsi qu'il vint s'installer à Paris, et fut recruté à l'UNESCO.

René Depestre est un fabuleux conteur. C'est l'exubérance caraïbe, la profusion de détails, les couleurs vives et les saveurs épicées, les parfums lourds et envoûtants. C'est à leur croisement que le génie de

Depestre fait naître l'émotion : tous les sens en alerte, sa langue éveille en nous des échos étonnants : d'abord la sensation physique de cette richesse verbale, ensuite, le bouquet puissant d'une surabondance presque végétale. Au-delà de l'apparente spontanéité du torrent de mots qui nous emporte, le peintre maîtrise chaque touche, qu'il fait réagir par elle-même avant qu'elle se fonde dans le tableau. Depestre aurait pu vivre dans un pays oriental, être l'auteur des *Mille et Une Nuits*. Reçu en Chine, où il fut traité en hôte illustre, il en rapporta des tombereaux d'images et d'impressions à faire chatoyer dans ses récits. C'est un écrivain né, qui n'existe que par le verbe et pour le verbe. Nous aimions, autant que le lire, évoquer entre autres avec lui cette œuvre incandescente et passionnée, hymne à la femme et à l'amour, *Alléluia pour une femme-jardin**. Comment résister au plaisir d'en citer quelques lignes, qui parlent, précisément, des femmes ? « *Elles étaient la marée montante de la vie. Elles étaient le nombril électrique de la terre, le grand influx nerveux qui protège le soleil, la lune, les saisons, et les récoltes...* » René Depestre est un poète, et d'abord un poète amoureux des femmes : son passage comme fonctionnaire international fut rapide, mais lumineux, et tous ceux qui le rencontrèrent à l'UNESCO se souviennent de son énergie, de sa faconde, de son immense talent d'écrivain.

Autre poète, le Mauricien Edouard Maunick, dont l'imaginaire transcendait le quotidien : il était difficile, lorsqu'il racontait une scène à laquelle on avait pourtant assisté, d'en reconnaître les acteurs ou les détails. Son imagination débridée prenait le pas sur la réalité, et il donnait ainsi à nos discussions une dimension différente, quasiment surréaliste. Le monde d'Edward Maunick discordait sensiblement de l'univers de l'UNESCO : même parmi les romanciers, les essayistes, les diplomates, les journalistes, de toutes les nationalités et de toutes les cultures, le poète reste une espèce à part. C'est un rêveur, et Maunick rêvait.

Il ne mentait pas, il n'arrangeait pas la réalité intentionnellement, pour qu'elle soit plus conforme à ses vœux ou pour lui donner plus d'allure : il n'était pas conscient des transformations qu'il lui imposait, il était dans son monde.

L'UNESCO avait déjà abrité en son sein Odysseus Elytis, poète grec à la fois influencé par le surréalisme et engagé dans les combats sociaux de son époque : il ne resta pas longtemps dans le cadre trop rigide de l'administration internationale, qui le rejeta comme un corps étranger... Et fut vengé, quelques années après avoir quitté la Place de Fontenoy,

---

* René Depestre, *Alléluia pour une femme-jardin*, Paris, Alluec, 1980. Comment ne pas citer aussi *Adrienne de mes rêves*, Paris, Gallimard, 1988.

par un éclatant Prix Nobel de Littérature. La chance d'Edouard Maunick – ou sa malchance ? – fut au contraire d'être apprécié par deux directeurs généraux successifs, Amadou Mahtar M'Bow et Federico Mayor, qui le protégèrent.

Figure plus connue du monde intellectuel français et parisien, Edgar Morin était également associé à de nombreux travaux de l'UNESCO. Lors de notre première rencontre, la discussion prit rapidement un tour inattendu, portant sur la France de 1943 et sur l'attitude de François Mitterrand. Il brossa un tableau passionnant de l'époque, de l'abaissement de l'Etat, de la psychologie collective d'un pays, à la fois occupé et désespérément réfugié dans la fiction d'une souveraineté partielle, sauvegardée par Vichy, et qui s'incarnait dans la persistance des signes extérieurs des pouvoirs régaliens : les uniformes des gendarmes et des policiers français, les structures préservées des services publics et des divisions administratives... La description d'Edgar Morin épousait de manière fascinante la complexité de ces heures dramatiques où la France n'était plus qu'un *« cadavre de France »,* pour reprendre les mots de l'historien renaissant Estienne Pasquier, parlant des guerres de religion...

La recomposition de l'historiographie gaullienne, après la Libération, voudrait que la voix du Général ait été d'emblée fédératrice d'une foule d'initiatives de résistance, à travers tout le pays : mais cette image d'Epinal est bien loin de la réalité vécue par les témoins... Bien peu l'entendirent dès juin 1940, et bien peu connaissaient, dans les années qui suivirent, aveuglés par la censure, aussi bien ce qui se passait à l'étranger que les événements qui avaient lieu sur le sol français : dans cette situation beaucoup pensaient d'abord à sauver ce qui pouvait l'être, leur vie, leurs proches...

La rupture décisive a lieu avec l'année 1943, pendant laquelle la situation bascule : l'épuisement des Allemands face à Stalingrad, la bataille d'El Alamein au Sud... les Allemands ne sont pas invincibles, on peut leur résister. Le fait accompli n'est pas inéluctable, la France doit se relever. Et c'est dès qu'il sent la possibilité de ce relèvement que François Mitterrand, évadé de son camp de prisonniers de guerre en Allemagne, prend ses premiers contacts avec la Résistance, après avoir découvert à Vichy la pauvre réalité de cette fiction d'Etat que perpétuait Pétain.

La force de la démonstration d'Edgar Morin tenait à la justesse de sa peinture des réalités de l'Occupation, en même temps qu'à la rigueur des arguments qu'il développait : ce n'était pas un partisan qui nous parlait ce jour-là, c'était un enquêteur scrupuleux, sans idée préconçue, attaché à l'exactitude de son analyse... Je resterai marqué, dans tous les rapports que j'aurai par la suite avec lui, par cette première discussion, pendant laquelle ce philosophe ouvert à la « complexité » du réel m'apparut d'abord comme un penseur *honnête*.

Dans l'imposant Alexandre Adler je trouvais une autre forme de profusion cérébrale : tête à la fois bien faite et bien pleine. Son savoir, encyclopédique, est constamment enrichi et mis à jour. Sa mémoire n'est jamais prise en défaut, et son regard aux aguets n'attend que l'occasion propice pour mettre cette imposante mécanique intellectuelle en branle. Et dès lors il compare, raisonne, replace en cohérence ce qui paraissait désordonné et brouillon. L'événement devient clair, lisible. Difficile ensuite de l'interrompre, non parce qu'il manquerait de courtoisie, mais parce que l'idée n'en vient même pas : séduit, on se laisse prendre au piège de sa pensée. Les références sont nouvelles, le cadre historique est restitué, les actes difficiles à comprendre recèlent une logique cachée... Et le tout est servi avec en prime l'humour, le pétillement de l'esprit, et l'attention payée, de temps en temps, d'un grand éclat de rire.

Tahar Ben Jelloun tient une place à part : c'est pour Adel et Bahgat l'ami de tous les jours. Ils se voient n'importe quand, dès que possible, pour le plaisir. Pas besoin d'occasion particulière, l'amitié signifie que l'on ne met plus de gants, que l'on n'a plus de précautions à prendre, de susceptibilités à ménager, de détour pour poser les questions. Tout est là, sur la table, on partage. En décrivant cette relation de confiance mutuelle, je m'aperçois que je décris aussi exactement notre amitié : la liberté et l'intégrité ensemble. Ils vous écoutent, ils vous comprennent, nulle bassesse à craindre, ils ne sont en compétition avec personne, nulle ambition poursuivie, sinon celle de dire aussi précisément que possible ce qu'ils pensent.

J'ai retrouvé chez Tahar ce même sentiment de paix, cette sérénité tranquille que j'éprouve dans les moments que nous passons ensemble : non que nous soyons toujours d'accord, mais parce que nous ne nous forçons pas, ni les uns ni les autres, à nous présenter autrement que comme nous sommes. Quel loisir : c'est l'oasis de nos existences, la halte de fraîcheur, entre nos courses surchauffées. Tahar Ben Jelloun a d'ailleurs consacré à Adel et Bahgat quelques pages très justes, dans son beau livre sur l'amitié, intitulé *La Soudure fraternelle*. C'est peut-être en les lisant que je me suis dit que je ne pourrais pas faire moins, en rassemblant mes souvenirs, que de les évoquer à mon tour.

Je retrouvai aussi un autre ami des jumeaux, Jean Lacouture, que je connaissais depuis longtemps, bien avant eux, et dont j'appréciais les qualités intellectuelles et humaines. Son talent propre est curieusement plus difficile à expliciter, alors même qu'il est plus évident lorsqu'on le rencontre. S'y conjuguent plusieurs traits aussi frappants que rares : justesse d'analyse et bonheur d'expression y rejoignent une forme d'à propos. Il est l'esprit exact de la grande tradition française, et il sait porter son regard sur toute une diversité de sujets, de l'histoire à la politique, de l'art à la littérature, de la tauromachie au rugby, sans perdre ni son acuité ni son agilité, et en leur insufflant chaque fois un supplément d'âme. D'où tire-t-il cette puissance de feu singulière qui lui permet de faire crépiter ses propos dans toutes les directions ? De ses origines bordelaises ? De sa parfaite maîtrise du milieu intellectuel parisien, de la connaissance précise des affaires internationales ? De sa formidable culture livresque ou de l'expérience directe des événements et des hommes qui ont façonné notre siècle ? C'est un peu de tout cela, sans doute, qui compose l'alchimie unique de cet homme attachant, et auquel je resterai toujours lié.

Jean Daniel tient une place à part dans notre groupe, où tous apprécient d'abord son honnêteté intellectuelle, et le fait qu'il n'hésite pas à payer de sa personne pour aider ses amis. C'est en octobre 1973, en pleine guerre israélo-arabe, au lendemain de la « percée » réussie par les Israéliens dans le Sinaï, que Jean Daniel avait souhaité rencontrer les auteurs d'une tribune publiée dans Le Monde par Mahmoud Hussein sous le titre : « *La fierté retrouvée* », qui évoquait la traversée du canal par l'armée égyptienne... La justesse du ton l'avait frappé, et un ami commun les avait rapprochés.

Ils se rencontrèrent dans un restaurant, à la mi-journée, alors que le sort des armes s'était inversé, désormais contraire à l'Egypte. Jean Daniel les accueillit d'une phrase : « Tout est donc à recommencer ! » Naquit d'emblée une grande complicité entre eux, en premier lieu dans la perception du conflit israélo-arabe : la « fierté retrouvée » des armées arabes, c'était aussi la possibilité d'une coexistence avec l'Etat hébreu qui apparaissait.

Nous nous sommes retrouvés bien souvent en accord, Jean Daniel et moi, sur de nombreux thèmes, à commencer par tout ce qui concerne le monde arabe, la question palestinienne, l'évolution des rapports de forces dans le monde, les inégalités entre le Nord et le Sud, les difficultés du tiers monde. J'ai pour la plupart de ses engagements à la fois respect et sympathie. Mais cette proximité ne nous a pas empêchés non plus de nous affronter, ayant tous deux le sang chaud : en novembre 1992, après la parution dans le *Nouvel Observateur* d'un portrait qui me paraissait chargé, je lui fis passer un mot très bref : « *Merci pour la caricature et l'article dignes de* Minute *et de* Présent. *Adieu Jean.* » Sa réponse me parvint le jour même, par retour de télécopie : « *Une lecture moins égocentrique du* Nouvel Observateur *aurait pu te conduire à penser que je suis absent de Paris depuis plus de trois semaines. Malgré les impératifs de solidarité que je m'impose, je désapprouve cette caricature. Cela dit, puisque tu remets nos rapports en question, depuis plus de six mois, tu ne réponds ni à mes coups de téléphone, ni à mes lettres, ce qui n'est pas exactement une attitude attentive, ni même polie. Et comme tu le sais, je ne suis pas très bien traité sur les deux chaînes dont tu as la présidence. Ces dernières précisions ne sont encore une fois données que du fait de ta volonté de prendre congé après des relations qui n'existent plus, après une vive amitié. Je ne suis pour rien ni dans l'article, ni dans le dessin qui se présente comme un portrait. Au revoir Hervé. »* Les torts étaient partagés, l'amitié survivrait à l'humeur. Plus sage que mon « *Adieu* » blessé, son « *Au revoir* » gardait la porte ouverte. Mais quel parisianisme, au fond, dans cet échange épistolaire entre deux représentants du « microcosme » !

C'est avec Jean Daniel et Régis Debray qu'Adel et Bahgat organisèrent, après avoir pris la responsabilité du *Courrier de l'UNESCO,* une sorte de Club international, « Intellectuels pour un seul monde », qui mit sur pied plusieurs séminaires, notamment en Egypte et en Inde.

Le cas de Régis Debray est encore différent : sa biographie hors norme en a fait l'un des météores intellectuels du demi-siècle, au centre de débats passionnés, jalousé par tous ceux qui n'ont pas eu le courage de faire passer dans leurs actes leurs engagements d'un moment, gardant pour beaucoup d'universitaires conventionnels l'odeur de soufre éternelle dégagée par le jeune normalien qui interrompit son cursus tout tracé pour aller combattre l'impérialisme aux côtés de Che Guevara...

Il ne se défait jamais de cette mélancolie glacée qu'il a contractée, une fois pour toutes, dans les prisons boliviennes, à un moment où tout le monde intellectuel français, autour de Jean-Paul Sartre, se coalisait pour lui sauver la vie. Est-ce le deuil du Che dont il ne se remet pas, ou l'effritement de tant d'idéaux au nom desquels il se battait ? Il porte aujourd'hui sur notre univers de communication, à l'orée du XXIe siècle, un regard très personnel : élevant au rang de discipline universitaire à part entière l'étude du fonctionnement des médias, il est l'observateur critique qui donne aux phénomènes de société actuels leur sens véritable, en dévoilant les mécanismes de leur apparition, et de leur construction, par les grands moyens de communication.

Sa pensée gêne-t-elle parfois ? C'est parce qu'elle est authentique et volontaire, parce qu'elle répond à un engagement total de l'homme dans ce qu'il entreprend, et mène à bien, contre vents et marées, au risque de choquer ou de ne pas être compris. J'eus aussi l'occasion d'apprécier, quand il travaillait auprès de François Mitterrand, que les ors de la République ne changeaient ni son caractère, ni sa manière d'être, et le cas est suffisamment rare pour être souligné. Il reste, comme tous les amis que j'avais pendant mon séjour à l'UNESCO, quelqu'un que j'aime retrouver pour discuter. Ce qui ne signifie pas que nous soyons toujours d'accord, au contraire : de même ses discussions étaient bien souvent des passes d'armes épiques, dont la véhémence, l'ironie, la virulence brillante, renforçaient notre connaissance respective des réalités du tiers monde. De même je trouve réductrice, souvent injuste et méprisante sa vision des médias, comme nouvel ordre moral, et du journalisme, comme moderne avatar du cléricalisme. La charge à laquelle il se livre dans son dernier ouvrage, *L'Emprise,* est trop brutale et caricaturale pour être juste...

Parlant de Régis, je pense à Bernard-Henri Lévy, comme par ricochet. Ces deux-là ne s'aiment pas, c'est le moins que l'on puisse dire. Pourtant, il est permis de les apprécier tous les deux. A mon grand étonnement – un de plus – les jumeaux partagent avec moi un vrai sentiment de sympathie à l'égard de BHL. Je sais qu'il est de bon ton, dans les dîners parisiens, de parler de lui avec une moue légère... « Trop médiatique », sous-entendu : pas assez profond, pas assez sérieux. Je passe sur le fait, évident, que tous ceux qui lui font le reproche d'être « trop médiatique » rêvent surtout de l'être autant que lui. Cela s'appelle de la jalousie, et c'est courant dans le monde intellectuel et médiatique. Je ne compte pas ses erreurs d'appréciation, mais j'apprécie la constante générosité avec laquelle il met sa notoriété au service des causes auxquelles il croit. On ne déploie pas autant de fougue et d'énergie depuis tant d'années à défendre les *boat-people,* les Bosniaques ou les Tchétchènes, si l'on reste indifférent à eux. Pour tout dire, j'en vois très peu qui soient capables de ces engagements directs. Il se retrouve parfois seul dans des combats perdus d'avance : il m'arrive alors de penser qu'il le fait en notre nom à tous.

Au terme de la galerie de ceux qui peuplèrent ces années-là de leur verbe et de leurs passions, je laisse le mot de la fin à Baghat, qui me confia un jour comment il avait, à l'adolescence, « perdu ses illusions » sur l'éternité. « *La perte de cette certitude a ouvert une grande porte : celle de l'angoisse face à la mort, de la solitude devant la vie.* » Pour solde de tout compte, il ne reste que l'amour et l'amitié. Tous autant que nous étions, nous avions franchi la porte d'angoisse, celle qui donne sur la liberté, au risque de se perdre.

8
Les années lumière

Néophyte dans l'univers audiovisuel, j'ai fêté mes 50 ans, le 2 mai 1983, à Radio-France Internationale dont j'étais devenu directeur général. Ce jour-là, autour de moi, sont réunis la plupart des compagnons de mon expérience africaine présents à Paris, et ceux qui vont m'accompagner dans l'aventure audiovisuelle. Une aventure que j'appellerai, par opposition aux « années de braise » de la décolonisation, « années lumière ». Lumière des projecteurs, de la presse et des médias, parce que rien ne compte pour les étoiles filantes de la galaxie audiovisuelle que l'éclair par lequel tout s'illumine. Mais lorsque le projecteur s'éteint, il reste une image où se distinguent seulement les niveaux de gris.

Nous sommes réunis dans mon bureau de la Maison de la Radio, au quatrième étage. La direction générale de RFI se situait à l'époque entre le bâtiment central, réservé aux directions de Radio-France et de FR3 et la porte F, étrange portail par lequel défilent, suivant les heures, les spectateurs des émissions publiques de télévision, se pressant pour approcher les vedettes du studio 102, les journalistes des rédactions polonaise, serbo-croate ou lusophone des ondes courtes ; les producteurs de Radio Bleue, et des centaines de plantons, de magasiniers et d'administratifs. La Maison ronde, conçue et édifiée au début des années 60, est un monde à part, une île au cœur d'un quartier destructuré, où l'on aperçoit d'un côté l'Auteuil 1900 d'Hector Guimard, et de l'autre, le moderne hâtif du quai Louis-Blériot, construit après guerre, lorsque les ateliers commencèrent à déserter Paris, bien avant que les anciennes usines Citroën ne laissent place, sur le quai d'en face, à un front de Seine aux gratte-ciel disparates, dont les monuments se nomment l'hôtel Nikko, le centre Beaugrenelle, la Tour Cristal... et la Tour Mirabeau où viendra, à la fin des années 80, s'installer le CSA.

J'ai 50 ans, et je n'ai pas le sentiment d'avoir changé, fût-ce d'apparence. D'Afrique, j'ai rapporté le goût de ces tenues simples et fonctionnelles, sahariennes sans cravate, qui font un peu « missionnaire laïc » à ce qu'on dit, mais qui ne trompent pas sur l'homme. Je ne porte pas l'uniforme des bureaucrates, je ne sors pas du sérail, malgré mon lointain séjour au cabinet Michelet. Mon parcours l'a montré, je ne confonds pas les apparences et la réalité, les engagements personnels et les discours partisans. Dans ces prémices de mon destin audiovisuel, j'avais été préservé des « médiacrates », de toutes catégories. Autour de moi, il n'y avait pratiquement que des professionnels, des journalistes, des hommes de terrain.

J'avais été appelé à la direction générale de RFI par Michèle Cotta, alors présidente de Radio-France, dont nul n'ignore le talent et la finesse de journaliste, depuis les grandes années de *L'Express*. Elle allait démontrer dans d'autres fonctions, à la tête de la rédaction de TF1, et plus tard encore à France 2 comme directrice générale, des qualités proprement féminines dans l'exercice du pouvoir, sans pour autant prêter à l'ironie des misogynes, lesquels sont encore légion dans la presse et les arrière-cours politiques. Jean-Noël Jeanneney devait lui succéder lorsque la présidence de la première instance de régulation française, la Haute Autorité de la Communication audiovisuelle, créée par la loi de 1982, lui serait confiée l'année suivante. Normalien, historien de l'époque contemporaine progressivement spécialisé dans l'histoire des médias, il deviendra plus tard ministre de la Communication. La finesse d'analyse et l'habileté rhétorique de l'universitaire qui aimait comparer les époques et les « conjonctures humaines » furent confrontées à forte partie lorsqu'il dut ainsi se muer en gestionnaire d'une société de programmes...

Derrière toutes ces nominations, les observateurs s'amusaient à voir la main de François Mitterrand, dont les proches en matière audiovisuelle venaient des horizons les plus divers. On y trouvait, bien entendu, des socialistes, comme le fidèle Georges Fillioud, ancien d'Europe 1, mais aussi des familiers, comme les couples Pierre Sabbagh/Catherine Langeais, Christine Gouze-Rénal/Roger Hanin : l'inventeur du journal télévisé, l'ancienne reine des speakerines, la productrice de Brigitte Bardot, le futur commissaire Navarro. Christine et Roger devinrent des amis que ma femme et moi-même rencontrerons régulièrement à dîner.

François Mitterrand n'était pas homme de médias ; mal à l'aise au petit écran, il avait vécu la campagne présidentielle comme une série d'épreuves pénibles et hostiles, malgré le soutien de quelques proches, spécialistes de l'audiovisuel, comme le réalisateur Serge Moati, le publicitaire Michel Caste ou le journaliste Jean-Claude Héberlé. Sans doute cette campagne de 1981 est-elle aussi à l'origine de l'estime particulière que l'ancien candidat malheureux de 1965 et de 1974 vouera à Jacques Boutet, magistrat qui avait présidé la commission de contrôle de la campagne électorale radio-télévisée de 1981. Il se retrouvera à la présidence de TF1, brièvement, en 1981-1982 ; puis quelques années plus tard président du Conseil supérieur de l'Audiovisuel, pendant six ans, durée de son mandat.

Parmi les traces qu'aura laissées François Mitterrand derrière lui, l'homme de Château-Chinon aura eu le mérite particulier d'agir en défenseur des libertés – un « républicain de souche » – dans la France de l'après-de Gaulle et de l'après-Mai 68. Cette affirmation s'applique pleinement à l'audiovisuel. De Gaulle avait gouverné, on pourrait même dire régné, par les médias : allocutions télévisées, conférences de presse, paroles historiques prononcées à l'occasion des voyages officiels, couverts in extenso ou presque par une télévision pauvre en images, mais totalement dévouée à la voix de son maître. Il était le metteur en scène d'un pouvoir théâtralisé, centré sur lui-même. Génie de la communication, stratège et tacticien à la fois, grand maître d'une symbolique médiatique qui aujourd'hui a bien vieilli, le Général avait choisi de faire entendre sa « drôle de voix » comme dirait Bécaud, à la radio, pour clore la parenthèse des événements de Mai 68, pressentant déjà peut-être que son visage appartenait à une époque révolue, et pas seulement à l'Histoire. L'arme radiophonique dont il avait si souvent usé comme d'une carte maîtresse, depuis Londres jusqu'au putsch d'Alger, et son « quarteron de généraux à la retraite », jouait une dernière fois ce rôle civique suprême, la télévision allait bientôt la supplanter.

1968 avait d'ailleurs été un bouleversement étrange, fantasmagorique et non télévisé ; c'est sur Europe 1, sur RTL, et non dans les journaux de l'ORTF en grève, que la France envahie d'ennui, décrite quelques semaines plus tôt dans *Le Monde* par Pierre Viansson-Ponté, avait tenté de distinguer ce qui se passait, à l'intérieur du triangle formé par le boulevard Saint-Michel, la Sorbonne et la rue Gay-Lussac, au-delà des slogans « CRS-SS » ou « Nous sommes tous des juifs allemands », dans cet enchaînement de discours et de violences où se désagrégeait une certaine France du passé.

1968 a été le dernier bouleversement non télévisé, comme la guerre d'Algérie a été la dernière guerre sans images. Les reporters de télévision américains au Vietnam allaient ouvrir la voie royale que balisent depuis les équipes de CNN, et des grandes chaînes nationales, en Somalie, en Irak, ou en ex-Yougoslavie. Désormais, l'Histoire s'écrit en direct, avec emplacements-caméra réservés et liaisons satellite : la fuite de Nixon après le Watergate, la chute du mur de Berlin, la guerre du Golfe, Sarajevo, l'Affaire Monica Lewinsky, etc.

L'éclatement de l'ORTF en 1974 permettra au pouvoir politique de briser le pouvoir syndical, apparu comme dangereux. Cependant, les changements attendus par l'opinion et les professionnels depuis 1968 n'auront pas eu lieu immédiatement. Le talent et le courage des journalistes ne sont pas seuls en cause. Giscard n'avait pas osé tourner la page jusqu'au bout : faute de véritable indépendance, voire de véritable concurrence, la radio-télévision d'Etat ne se distinguait pas exagérément de celle d'avant 1974, notamment par son souci du pluralisme.

C'est sur la bande en modulation de fréquence que le premier barrage allait céder. En 1978, les étudiants de l'Ecole supérieure de Journalisme de Lille n'avaient pas hésité à participer au mouvement des « radios-pirates », que leurs promoteurs avaient astucieusement baptisées « radios libres ». Dans les rangs des pirates des ondes, comme on les appelait aussi, se trouvaient le futur écologiste Brice Lalonde, mais aussi des hommes comme Pierre Bellanger, futur patron de Skyrock, ou Jean-Paul Baudecroux, futur propriétaire de NRJ, qui inventeront de nouveaux formats et une nouvelle manière de faire de la radio. François Mitterrand, Premier secrétaire du PS, sera lui-même inculpé pour les émissions non autorisées de la radio de son parti.

L'ex-ORTF, et les sociétés qui avaient été mises à sa place en 1975 – TF1, Antenne 2, FR3, Radio-France, Télédiffusion de France, la Société Française de Production et l'Institut National de l'Audiovisuel – demeuraient figées dans le carcan du monopole. La loi avait certes créé un Haut Conseil de l'Audiovisuel, mais il était dépourvu de pouvoir ; même les expériences minimalistes du câble à Grenoble, menées à l'image des télédistributions canadiennes par Daniel Populus, apparaissaient comme des brèches presque insupportables dans l'autorité de l'Etat... Ce fut donc un acte hautement symbolique de la part du nouvel occupant de l'Elysée de couper le lien direct entre les médias et l'Etat.

Après avoir confié à une commission indépendante, présidée par le magistrat et écrivain Pierre Moinot, le soin de permettre à tout le monde de s'exprimer – aussi bien les partisans de la reconstitution de l'ORTF que les plus virulents animateurs des radios libres –, le gouvernement de Pierre Mauroy, au sein duquel Georges Fillioud portait encore le titre de secrétaire d'Etat chargé de l'Information, proposait le texte fondateur de la libération de la communication audiovisuelle en France. Sa clef de voûte : une institution à l'anglo-saxonne, inspirée de la Federal Commission of Communications américaine ou du *Conseil pour la Radio-Télévision* canadien, ayant mission non de réglementer, mais de réguler l'audiovisuel et, en même temps, de garantir l'indépendance des chaînes de radio et de télévision, la Haute Autorité.

On percevra mieux, au milieu des années 80, la mesure – et la limite – du premier pas franchi, mais aussi la résistance des idées reçues à bousculer encore, pour entrer dans l'univers de la communication moderne. En 1985-86, la radio et la télévision françaises « de papa » se retrouvèrent totalement désorientées lors du lancement de Canal Plus, puis de la Cinq et de l'éphémère chaîne musicale TV6, préfiguration de M6 ; les radios périphériques, RTL, Europe 1, Radio-Monte-Carlo et Sud Radio, avaient pareillement été ébranlées jusque dans leurs fondements par les réseaux NRJ, Nostalgie, Europe 2, Fun Radio, etc.

L'un des derniers acquis des travaux de la Commission Moinot ne fut pas le moindre à mes yeux, puisque c'est là que pour moi l'histoire audiovisuelle commence : les pouvoirs publics français avaient pris conscience à cette occasion de la faiblesse de Radio-France, dans le domaine des émissions internationales. Lors de l'éclatement de l'ex-ORTF, Radio-France Internationale (RFI) avait en effet vu le jour en 1974 dans des conditions détestables : l'arrêt de nombreuses émissions vers l'étranger, et l'absorption de l'Office de Coopération Radiophonique (OCORA), qui s'occupait jusque-là de coopération avec les radios des nouveaux Etats indépendants africains. L'action radiophonique internationale n'était même pas une direction à part entière de Radio-France, devenue seule maîtresse de la Maison ronde.

Libérée de son cousinage historique avec la télévision, Radio-France rêvait davantage de communication locale, le terrain où elle pourrait contrer les « radios pirates », que d'émissions en ondes courtes vers le monde entier. Selon des logiques peu pénétrables, les émissions en français avaient quasiment toutes été supprimées pour être remplacées par un simple relais de France-Inter, avec des décrochages pour l'information spécifique, le sport en particulier. Restaient des émissions vers les pays de l'Est, des programmes en anglais et en portugais vers l'Afrique, et, survivances de l'époque de la Seconde Guerre mondiale, des émissions en espagnol et en allemand vers nos pays voisins et désormais amis. La « Voix de la France » n'était peut-être pas tout à fait muette, mais, disons-le, fort éteinte, tombée loin derrière la BBC et la Voix de l'Amérique, au vingt-huitième rang mondial, au même niveau que la Bulgarie. *« En 1981-1982, la classe politique quasi unanime prit conscience de l'erreur commise au moment du démantèlement de l'ORTF en 1974. On avait cru alors que l'ère des ondes courtes touchait à sa fin ; on avait donc réduit considérablement les émissions vers l'étranger destinées, pensait-on, à disparaître. Sept ans plus tard, on s'apercevait qu'il n'en était rien, que les concurrents étrangers* *avaient continué à investir, à se développer, à accroître leur audience, et que, dans ce concert mondial, "la voix de la France" était devenue inaudible*...* » Il fallait, là aussi, pour lui rendre sa place naturelle, couper le cordon ombilical, trancher le nœud gordien.

Témoin de cette traversée du désert des ondes courtes françaises, le rédacteur en chef de la station, Fouad Benhalla, allait me seconder à RFI, puis dans d'autres entreprises de radio et de télévision extérieures ; il avait réalisé, et fait circuler, une étude écrite pendant ses années de « placard », consacrée à l'univers des ondes internationales, et à la nécessité d'assurer le rayonnement radiophonique français. Le destin a voulu que nos chemins se rencontrent. Nous avons formé une excellente équipe.

Au pot organisé pour fêter mes 50 ans, Fouad était présent, tout comme mon équipe « africaine », celle des compagnons fidèles, à laquelle s'adjoignent Philippe Gaillard, ami de longue date, journaliste talentueux, bien connu des lecteurs de *Jeune Afrique*, grand spécialiste de ce continent, dont j'ai croisé le chemin souvent, à Alger, à Yaoundé, à Dakar. Je lui avais demandé de donner une structure éditoriale à Médias France Intercontinents (MFI), agence écrite destinée à succéder à la Nouvelle Agence de Presse. Jean-Paul Chailleux m'avait pour sa part aidé dès 1982 à bâtir le premier plan quinquennal de développement de RFI. Présents également Paul Fels et Bernard Schaeffer, chargé de la Coopération, qui faisaient aussi partie des meilleurs spécialistes de l'Afrique.

Les voix de la France

C'est grâce à eux que j'ai pu prendre sans tarder, malgré la mission que je devais achever à l'UNESCO, la mesure de l'ouvrage à accomplir ; la relance de RFI impliquait des dotations budgétaires importantes. Les négociations interministérielles ne furent pas aisées, face à la Rue de Rivoli (les Finances ne résidaient pas encore à Bercy), mais aussi face à la Coopération, aux Affaires étrangères, et au Service Juridique et Technique de l'information (SJTI), gardien de la continuité de l'indifférence de l'Etat à l'audiovisuel extérieur, et qui était alors sous la houlette de Bertrand Cousin, futur parlementaire RPR, qui rejoindrait plus tard le groupe Hersant, puis Havas.

---

* Philippe Gaillard, « Voix de la France ou langue de bois », *in Jeune Afrique*, n° 1328, 18 juin 1986.

Je découvris sans tarder le fonctionnement parfois surprenant de toute cette administration publique qui chapeaute les entreprises de communication, et qui les accompagne à la fois économiquement et juridiquement, préparant les modifications des Cahiers des Missions et des Charges, les évolutions structurelles des sociétés, mais aussi leurs budgets annuels avant leur passage au Parlement. Car les entreprises audiovisuelles publiques voient leurs finances annuellement discutées par la représentation nationale, qui décide une année à l'avance du montant de la redevance comme de leurs ressources publicitaires... Comme s'il était possible, un an à l'avance, et alors que nul ne peut connaître ce que seront les rapports de forces entre les chaînes, de deviner l'état du marché !

Le SJTI est le principal artisan des réunions interministérielles qui rassemblent autour des grandes tables de l'hôtel Matignon les conseillers techniques des administrations compétentes, Premier ministre, Economie et Finances, Budget, Culture, Communication, et dans le cas de médias tournés vers l'étranger, Quai d'Orsay et Coopération... La plupart sont jeunes, sérieux, attentifs aux intérêts de leurs supérieurs et de leur département, soucieux d'en faire progresser l'influence. Sont-ils toujours très avertis des réalités des entreprises et du marché audiovisuel ? Ils le croient, et tranchent en toute bonne foi. Dire que je comprenais toujours leurs arbitrages serait exagéré : je devais souvent m'y heurter et insister lourdement pour faire entendre la voix de l'audiovisuel extérieur, et en défendre les budgets.

A ces réunions interministérielles siégeait également le singulier représentant d'un étrange organisme : Martin Even, conseiller technique du président de la Sofirad. Comment cet ancien journaliste du *Monde,* adjoint d'Yvonne Baby, chef du service des pages culturelles, était-il arrivé là ? Sans doute sa grande indépendance d'esprit, et son refus des conventions, l'avaient-ils conduit à préférer s'occuper des médias africains contrôlés par la Sofirad, holding public financé à l'époque par les bénéfices d'Europe 1 et de RMC, plutôt que de régner par la plume sur le Paris des Arts et des Spectacles. C'est Michèle Cotta qui m'a soufflé son nom ; il deviendra l'un de mes proches collaborateurs.

Face au SJTI et au ministère du Budget, avec l'appui de Régis Debray, de Claude Cheysson, et avec la complicité de Michèle Cotta qui en mesurait l'importance, je défendis une option qui, pour l'avenir de RFI, m'apparaissait fondamentale : son autonomie véritable au sein de la galaxie Radio-France, par la constitution d'une société indépendante qui porterait les activités radiophoniques vers l'étranger. Cette nouvelle société, préparée tout au long des Conseils d'Administration de Radio-France de l'année 1982, à partir de celui du 10 mars où Michèle Cotta exprima pour la première fois l'idée d'une *« nouvelle société filiale de Radio-France avec capital d'Etat, mais dans laquelle le directeur général de cette filiale a la responsabilité totale du budget »*, verrait donc le jour au 1er janvier 1984.

Dès ma nomination à RFI, j'avais reçu l'un de mes anciens élèves de l'Ecole de Journalisme de Lille avec qui j'avais déjà des affinités et qui souhaitait, disait-il, *« travailler à mes côtés »*. Pascal Josèphe porte un nom réputé dans le Nord de la France. Son père, Noël Josèphe présidait alors la Région Nord-Pas-de-Calais ; il était l'un des piliers de l'équipe nordiste autour de Pierre Mauroy. Son appartenance familiale au monde dirigeant de la Région nordiste n'avait d'ailleurs pas été d'une immense utilité à Pascal Josèphe : il s'occupait, pour l'heure, d'un média en dessous de ses capacités, le bulletin municipal de Lille. Mais le temps et les circonstances lui donneront l'occasion de faire la démonstration de ses multiples talents et d'un caractère bien trempé. Pascal Josèphe a certes renoncé à un destin tout tracé dans la Sparte flamande, mais il est aujourd'hui l'un des premiers dans la Rome de l'audiovisuel. Son écoute, son esprit pratique, sa clarté de jugement en font l'un des meilleurs experts de la communication et l'un des rares dirigeants prometteurs de l'audiovisuel français. Il est économe de mots et efficace dans l'action. Ses choix sont aussi mesurés et lucides qu'ambitieux et énergiques. Il est aussi devenu un véritable ami, mieux, un jeune frère. Raccourcis sans doute trop rapides et simplificateurs : l'estime réciproque, la qualité humaine et une fidélité à toute épreuve nouent des liens parfois plus solides et profonds que ceux du sang.

Bien d'autres étaient présents ce soir-là à la Maison de la Radio. En particulier Henri de Camaret, le vétéran, et Alain de Chalvron, ancien envoyé spécial de la radio publique au Proche-Orient, devenu le premier rédacteur en chef du Service Mondial en français de RFI. Nos chemins se croiseront de nouveau à Radio-Monte-Carlo, où je l'appellerai à la tête de la rédaction en 1989, puis à Antenne 2 qu'il rejoindra en 1991. Dans une profession où les hommes de terrain s'intéressent rarement à l'actualité internationale, sauf lorsqu'il s'agit de couvrir des « crises », Chalvron possède des qualités d'analyse géopolitique qui complètent son goût, hérité de son père, ancien ambassadeur, pour le grand large.

Parmi les animateurs de RFI, la vedette incontestable à l'époque était Gilles Obringer, dont le « Canal Tropical » allait rapidement devenir le hit-parade le plus suivi d'Afrique. Avec de véritables journalistes comme Camaret, Ben Alla, Chalvron, et des animateurs comme Obringer, nous pouvions entreprendre la reconstruction de RFI à partir du Service Mondial en français. En faire une véritable radio. Bien entendu, le jeu se jouait largement en coulisses, à coups de subventions et de dotations budgétaires. Les Finances continuaient de penser qu'il fallait redéployer les objectifs, les moyens, et les hommes... Comme si, dans le domaine des langues, on pouvait transformer des journalistes germanophones en présentateurs crédibles d'émissions en espagnol ou en roumain. Mais nous avancions, portés par la qualité de cette antenne renaissante. On parlait enfin de RFI dans la presse pour évoquer autre chose que des mouvements de grève. A quoi faut-il attribuer cette ébauche de succès ? A la chance, sans doute. Michèle Cotta n'a-t-elle pas affirmé que j'ai la « baraka » ? Mais aussi à la rencontre d'une équipe motivée, et de nouveaux arrivants pour lesquels RFI n'était pas un « placard », comme auparavant, mais au contraire une entreprise ambitieuse, susceptible de se prolonger dans le long terme.

La concrétisation de notre volonté passa par un document de février 1982, qui s'intitule de manière explicite *« Développement des activités de Radio-France internationale 1982 – 1983 – 1984 et au-delà »*. Les premières lignes de ce texte résolu sonnent comme une alarme : *« L'activité de Radio-France internationale est actuellement limitée par des contraintes techniques et financières, tenant à l'insuffisance de ses émetteurs comme de ses crédits. Ainsi la voix de la France reste absente ou insignifiante dans de nombreuses régions. »* Suit un réquisitoire contre le flou de la politique gouvernementale en matière de développement radiophonique et d'action audiovisuelle extérieure et la réaffirmation du caractère prioritaire de ce volet trop souvent méconnu du service public.

Quels sont les axes de développement définis ? C'est d'abord l'idée d'offrir un service d'information mondial vingt-quatre heures sur vingt-quatre. *« L'objectif à atteindre est la constitution d'une grande rédaction de journaux français fonctionnant vingt-quatre heures sur vingt-quatre, qui aura la charge de préparer des éditions spécifiques destinées à telle ou telle région, compte tenu des fuseaux horaires. »*

C'est ensuite le développement des émissions en langues étrangères, dont six seulement étaient pratiquées en 1982 : *« A côté du service français seront développées les émissions en langue étrangère vers l'Afrique, le Proche-Orient, l'Amérique latine, l'Europe de l'Est et l'Asie : 17 langues en plus du français. »*

Le plan de développement détaillé dénombrait ensuite, chapitre par chapitre, l'ensemble des initiatives à prendre et des moyens à mobiliser, avant de conclure sur un appel à l'ensemble des ministères concernés par l'action de RFI, Relations extérieures, Coopération et développement, Commerce extérieur, Recherche scientifique, Plan, Culture et bien entendu Communication.

Trois actions complémentaires étaient réclamées par ce plan de développement. La première concernait Médias France Intercontinents, agence à la fois écrite et sonore, qui, en plus du « monitoring » desservant les radios africaines, devint une véritable « agence de presse », proposant aux mêmes radios, aux télévisions, aux journaux écrits d'Afrique noire, du Maghreb, du Proche-Orient et progressivement d'Amérique latine et des Antilles, un service de dépêches et de fiches documentaires. La seconde concernait la coopération, et le développement de partenariats fondés sur l'aide à la création. C'est ainsi que furent étendus les concours de la nouvelle, du théâtre, et surtout de la chanson à d'autres zones géographiques que l'Afrique. En dernier lieu, l'aide à la formation des jeunes journalistes était un axe important de l'activité de RFI : accueil de stagiaires africains, organisation de stages à l'étranger pour les personnels de la maison, développement de rencontres internationales...

Avec le recul du temps, il peut paraître tout simple de mettre en perspective les grandes lignes de la stratégie éditoriale qui réussissait à RFI, et devait inspirer la plupart des campagnes que je mènerais par la suite à la tête des médias placés sous ma responsabilité. J'emploie à dessein le terme de « campagnes », car aussi bien à TF1, qu'à la présidence des chaînes publiques France 2-France 3, mais aussi à Radio-Monte-Carlo et à la Sofirad, les défis à relever dépassaient l'ambition d'une simple nomination à la tête de ces entreprises, qu'il ne suffisait pas de diriger au jour le jour.

Pour réussir, et à RFI en premier lieu, il fallait d'abord redresser, relancer, convaincre, agir promptement, mais aussi dans la durée. De telles perspectives sont peu communes dans l'univers des médias où l'on vit dans l'instant. L'urgence ne me fait pas peur ; cependant je sais la nécessité de reconstruire, sur des bases solides, et de préférence consensuelles. Je crois à la puissance de la volonté, pour canaliser la force des choses. Et les mots-clefs de ma stratégie, ont été : « Ne pas se tromper, ne pas dévier, ne pas subir ». Ne pas se tromper : réfléchir avant d'agir, consulter avant de décider, puis trancher sans ambiguïté.

Ne pas se tromper à RFI, cela voulait dire, par exemple, faire comprendre à des journalistes, mortifiés par des années de quasi-silence, qu'ils devaient pratiquer un journalisme d'exigence. A ceux qui réclamaient d'être des journalistes « comme les autres », faire mesurer l'honneur et la responsabilité de ne pas être des journalistes comme les autres. A RFI, pas de trêve des confiseurs, le monde n'a pas les moyens de s'arrêter de vivre ; à RFI, la terre tourne 24 heures sur 24, l'Afrique de l'Ouest vit en temps universel (c'est-à-dire une heure ou deux plus tôt que Paris suivant les saisons) ; Washington s'éveille à 12 heures

T.U., l'Asie ferme ses places boursières alors que Paris ouvre les yeux. Instruments privilégiés du dialogue Nord-Sud, nous avons participé au mouvement d'ouverture de la politique française vers d'autres axes que les seules relations Est-Ouest.

La vocation internationale de RFI ne se limitait pas à ajouter une bouffée de tiers-mondisme dans l'air du temps des années 80 : nous voulions que RFI soit un forum qui compte, une manière de vivre l'actualité du monde hors des frontières d'un pays ou d'un continent, en accordant le même regard à tous les événements et à toutes les régions.

Bien entendu, le programme de RFI devait aussi continuer d'être l'ambassadeur de notre pays dans le monde. Pas une radio officielle, pas une station de propagande, pas la radio du gouvernement, mais une vitrine transparente au service d'une information indépendante, impartiale, complète, portant haut les couleurs de nos principes civiques, humains, journalistiques. La hiérarchie de l'information sur RFI n'applique pas le fameux théorème du *mort par kilomètre* qui veut qu'un assassinat dans un village vosgien soit par définition plus intéressant pour les auditeurs que cent morts népalais. On y parle de réunions internationales importantes, qui ne font pas une brève sur Europe 1, de faits divers survenus dans des régions du monde ignorées par RTL, de sommets sportifs dont le résultat ne sera jamais donné sur France-Inter. Nos magazines de reportage les plus écoutés étaient « Carrefour », tourné vers l'actualité internationale, et « Priorité Santé » : une information cruciale pour l'Afrique, toujours aux prises avec les épidémies les plus diverses, les plus cruelles, les plus injustes. Hier le paludisme, aujourd'hui le virus Ebola et le sida.

Malgré mon intérêt passionné pour l'Afrique, et ma connaissance approfondie de cette partie du monde, je me suis attaché à lancer de nouveaux programmes vers les autres continents, dans toutes les directions – car le rayonnement de la France ne peut s'arrêter à son « pré carré », et nous avons restructuré en premier les programmes vers l'Est. Je me souviens aujourd'hui encore de ma rencontre avec Simone Signoret et Yves Montand, venus plaider devant un convaincu la nécessité, au moment des événements de Varsovie et de l'émergence du syndicat Solidarité, de développer des émissions en polonais.

Au lendemain du Sommet de Cancun (Mexique), la voix de la France se devait aussi de porter vers l'Amérique latine. Ce fut rapidement chose faite. Les crédits avaient été votés avec l'approbation du Quai d'Orsay. La nuit, RFI parlait l'espagnol, ou le portugais, diffusant vers le continent sud-américain par les émetteurs tout neufs de Monsinery en Guyane. RFI s'ébrouait comme un jeune pur-sang faisant l'apprentissage du galop. Peut-être, avec l'expérience acquise aujourd'hui, aurais-je demandé davantage de temps pour la réflexion. Car le bilan de l'aventure latino-américaine ne sera pas totalement glorieux.

Nos diffuseurs, Télédiffusion de France, et Thomson, nous avaient « vendu » des études techniques incontestables sur le papier, garantissant la propagation des ondes courtes sur de vastes régions de l'Amérique latine ; mais ils s'étaient bien gardés d'informer les pouvoirs publics et les députés votant les budgets d'équipement que l'onde courte n'est pas écoutée sur ce continent, sauf sans doute par les ambassadeurs, les marins, les guérilleros et les personnes isolées. Personne n'avait mené d'étude de marché. Je m'en étais inquiété. Mais après des années d'assoupissement la radio nationale avait le vent en poupe et devait se faire entendre tous azimuts. Quitte à parler dans le vide, tant que n'auraient pas été faits les ajustements nécessaires...

Cette mésaventure latino-américaine n'est d'ailleurs pas la seule illustration de l'étrange volontarisme qui saisit parfois les pouvoirs publics français en matière d'audiovisuel international, entre deux longues phases d'inertie et d'indifférence. Quelques saisons plus tôt, un ingénieux petit Français, Jacques Rouzaud Baker, fils adoptif de la grande Joséphine Baker, avait su ouvrir pour trois francs six *« cents »* une fenêtre en français sur le câble de New York. Il eut l'astuce d'y accueillir une heure durant le Président Valéry Giscard d'Estaing qui put, le soir même, s'entendre sur le réseau new-yorkais. La Sofirad, holding publique dirigée alors par Xavier Gouyou Beauchamps reçut mission de s'allier avec Gaumont au sein de Téléfrance USA pour transformer ce sympathique petit radeau du câble en porte-avions intercontinental louant, à coups de dollars, réseaux et satellites pour n'atteindre finalement, dans tous les Etats-Unis, que les habitués de l'Alliance française, dans un fiasco financier d'où rien ne réchapperait, pas même la première antenne sur New York...

Les soubresauts velléitaires qui ont accompagné le lancement de TV5, la chaîne francophone et de CFI, la banque d'images françaises dans le monde, les intrigues de cabinets pour le pilotage de ces chaînes destinées à porter les images françaises à l'extérieur, ont sans doute été la cause d'autant d'occasions perdues. Retards irrattrapables à l'heure de se lancer dans la course au satellite, au numérique, à la communication globale. En même temps, malgré les avertissements dispensés en temps voulu, je n'éprouve aucune satisfaction d'avoir vu juste, et alerté en temps utile tous les responsables politiques compétents, puisque je n'ai pas été suffisamment entendu. Etait-il trop tôt pour lancer nos émissions avec une ambition de dimension planétaire ? Ou plus simplement le cadre des chaînes publiques, et les réunions interministérielles, apportaient-ils le terrain fertile dont nos programmes ont besoin pour servir au-delà des frontières le rayonnement de notre pays ? La santé retrouvée de RFI pouvait alors le laisser penser ; d'autres voies s'ouvriront ensuite. Je dirai plus loin comment la Sofirad a permis d'entrevoir des pistes d'avenir pour l'audiovisuel français dans le monde. Nous avons mis sur pied Canal Plus Afrique, devenu depuis Canal Horizons : un modèle d'engagement où l'action publique, alliée à l'initiative privée, a permis de réaliser un projet innovant et durable.

Je suis resté peu de temps à RFI, dix-huit mois, mais cette expérience m'a profondément marqué, et les leçons que j'y ai apprises méritaient d'être retenues. RFI a poursuivi depuis sur l'élan acquis d'un projet novateur et de l'exécution de son premier « plan quinquennal de développement ». Au volume croissant des heures-fréquences en ondes courtes sont venues s'ajouter de nouvelles émissions de langues, des stations terrestres en MF, des transmissions par satellite, des reprises de signal sur le câble, en Amérique et en Europe ; enfin aujourd'hui Internet, où *www.rfi.fr* est l'un des sites radio les plus consultés de France, et depuis l'étranger.

La vocation de RFI est chaque jour un peu plus nette : fournir partout dans le monde une information non marquée, aussi honnête que l'historien, qui, comme le voulait Fénelon, doit n'être « d'aucun temps ni d'aucun pays », et se contenter de dire ce qu'il sait honnêtement, sans jugement préconçu. Cette attitude a une cause profonde : le respect des identités, de la variété des cultures, des traditions, et des hommes. Il n'est pas de modèle unique, et le journaliste de RFI est simplement à l'écoute du monde tel qu'il se présente à lui, sans tenter de le réduire à des schémas, toujours simplificateurs. Les dérapages sont toujours possibles : ils sont rares.

Radio internationale, RFI apporte aujourd'hui une réponse originale à ce défi nouveau posé aux médias à l'aube du XXIe siècle : comment se situer entre le local et le global, entre les identités nationales, culturelles, philosophiques, et l'élargissement des moyens de diffusion aux dimensions de notre planète ? Le pari est tenu : à un auditoire mondial, Radio-France Internationale donne des nouvelles du monde entier sans effets de perspective, sans déformations optiques, en s'exerçant à tout voir et tout entendre. C'est l'enjeu crucial d'une « globalisation » réussie, attentive à préserver la personnalité de chaque peuple, et travaillant à l'émergence d'une opinion publique mondiale respectueuse des différences.

C'est en juillet 1983 qu'un autre coup de téléphone de Michèle Cotta, alors présidente de la Haute Autorité, m'apprend que je suis nommé président-directeur général de TF1, en remplacement de Michel May, lequel avait lui-même succédé à Jacques Boutet, dix mois plus tôt. C'est un nouveau défi, qui ne se refuse pas.

Rue de l'Arrivée

17, rue de l'Arrivée, à Montparnasse. Une adresse qui marque, surtout pour un départ. Car l'aventure télévision débute là. A vrai dire, lorsque la crise de TF1 commença à s'amplifier, notamment dans les colonnes des quotidiens, en mai-juin 1983, j'étais loin d'envisager que je me retrouverais un jour à la tête de ce qui allait redevenir le « premier média d'Europe ». Je lisais ce qu'écrivaient les journaux : ils comparaient TF1 au *Titanic*. Un navire qui coule. Certains rajoutaient, ironiques, qu'il n'y avait « même pas d'orchestre ». TF1 avait une mauvaise image, TF1 était délaissée par le grand public, TF1 n'avait jamais plu dans les salons, bref, TF1 allait mal.

Je regardais la télévision de loin. Sauf pour l'actualité, les grands documentaires et les bons films, mes goûts en matière de cinéma me portant davantage du côté de Bergman que des Charlots. Je ne connaissais les héros de la série américaine *Starsky et Hutch* que de réputation, et j'avais du mal à prononcer leurs noms sans les écorcher. Bref, c'était pour moi une découverte totale : un univers neuf. Ma chance fut d'arriver précisément à un moment où la télévision traversait une mutation : face aux nouvelles règles du jeu, les vieux routiers de l'audiovisuel n'étaient pas mieux armés que moi, et parfois même leur expérience risquait de les induire en erreur...

Ayant rencontré le Président de la République, pendant cette période, j'avais pourtant commencé à réfléchir à l'évolution de la télévision, rédigeant à sa demande une petite note dans laquelle j'expliquais à François Mitterrand que les téléspectateurs ne voyaient pas sur le petit écran le reflet du « changement espéré ». A vrai dire, il n'était pas aisé d'affirmer ce que désiraient réellement les électeurs de « la force tranquille » en matière d'audiovisuel : certains voulaient le retour de l'ORTF, d'autres rêvaient de médias sans contrôle, certains souhaitaient seulement changer de têtes. La seule manifestation du 10 mai 1981 au sujet de la télévision mériterait d'être effacée à jamais des mémoires, car c'est une ombre pour un pays démocratique ; ce soir-là, à la Bastille, les « sectionnaires » de la première « génération Mitterrand » réclamaient la tête d'Elkabbach sur l'air des lampions. Je n'accepterai jamais le lynchage, qu'il soit médiatique ou populaire et quelque justifiés que soient les reproches faits à une information partisane. François Mitterrand lui-même devait rapidement s'inquiéter de l'évolution de la télévision, et de la désaffection qui s'était fait jour, dès le début de 1982. *« Ceux qui ont voté pour moi n'ont pas voté contre Guy Lux »*, confiait-il en aparté à Serge Moati, nouveau responsable des programmes de la troisième chaîne, FR3.

Or c'est un peu comme cela que bon nombre de « revanchards » de l'audiovisuel public voyaient les choses, défendant l'ambition d'une télévision soucieuse d'éducation et de culture, capable de consacrer tous ses efforts à « élever le niveau ». Quel niveau ? A quel prix ? Et à quelle aune le juger ? Je partageais, à mon arrivée, certaines de leurs illusions, avec pourtant déjà un premier doute : une télévision haut de gamme, était-ce nécessairement une télévision rébarbative ? J'allais très vite découvrir que malgré tous les discours de principe dont nous étions bercés, nous n'avions ni les moyens ni le droit d'être ennuyeux.

Je fus accueilli sur la Première chaîne avec humour par un canular signé Bruno Masure, qui raillait gentiment mon itinéraire passé... Une fausse note de service fit rapidement le tour des bureaux, et mystérieusement transmise à *Minute*, servit à démontrer aux lecteurs de l'hebdomadaire d'extrême droite que les salariés de TF1 s'effrayaient de mon arrivée. L'humour a toujours plusieurs niveaux de lecture, et Bruno Masure fut le premier affligé de se voir ainsi détourné... au premier degré. Voici le recueil des décisions fictives qu'il me prêtait : *« Le service étranger est légèrement renforcé. Ses effectifs passent de 12 à 197 journalistes, dont 179 pour la rubrique "Afrique". Le Bureau de Washington est transféré à N'Djamena. Celui de New York à Addis-Abeba, celui de Moscou à Nouakchott, celui de Londres à Tombouctou... L'interphone est supprimé, il sera remplacé par un tam-tam. La séquence boursière de 13 heures 45 commencera par le cours de l'arachide. Le feuilleton "Dallas" est déprogrammé, et remplacé par "Dar-es-Salaam", coproduction mozambico-tanzanienne de 358 épisodes. "La maison de TF1" s'appellera désormais "La case de TF1". Les communiqués syndicaux devront, pour être recevables, être rédigés en swahili. En ce qui concerne les notes de frais, seuls les "couscous" seront remboursés. Les journalistes de TF1 ayant fréquenté l'ESJ de Lille sont nommés rédacteurs en chef adjoints. Leurs attributions seront précisées ultérieurement. Les journalistes de TF1 connaissant personnellement A. Ben Bella sont nommés rédacteurs en chef. Les journalistes de TF1 ayant fréquenté l'ESJ de Lille et connaissant Ben Bella sont nommés directeurs de l'Information.*

Une prière sera dite, au début de chaque conférence, pour le repos de l'âme de tous ceux qui dorment dans les placards. »

Au terme de ce canular, la dernière notation, concernant les placards, témoigne, comme souvent l'humour de Bruno Masure, d'un trouble réel : une appréhension diffuse existait dans la chaîne, à l'idée de voir débarquer ce « tiers-mondiste » que son parcours original ne semblait pas particulièrement qualifier pour diriger le vaisseau amiral en perdition de la télévision française, et dont on pouvait craindre qu'il ne fasse des choix avant tout politiques... J'étais déjà très différent de cette image publique, et j'aurai soin de le démontrer dans les mois qui suivront mon arrivée, m'attachant à ne pas faire entrer de considération partisane dans le choix de mes collaborateurs et dans l'évaluation de leur compétence professionnelle. Mais il n'est pas inutile, précisément parce que cette image était trompeuse, de se souvenir de ce qu'elle était alors.

Quel était l'univers où je me trouvais jeté, avec pour seule mission de réussir à enrayer le déclin auquel il semblait promis ? Le journaliste Jean-Louis Guillaud, gardien des intérêts gaullistes pendant la grande grève de l'ORTF en 1968, avait été le véritable créateur de TF1, et son maître absolu de 1975 à 1981 ; successivement directeur général, puis président, c'est lui qui avait conçu la division singulière sur laquelle il allait régner six années durant.

A l'instar de la Gaule de César, l'héritière de la chaîne unique de la RTF était divisée « *in partes tres* » : l'administration et la direction des programmes à Montparnasse, au pied de la Tour où siégeait la régie publicitaire ; le journal télévisé et les plateaux rue Cognacq-Jay ; enfin, les grandes émissions demeuraient à l'époque le quasi-monopole de la SFP, la Société française de production et de création audiovisuelles. En quête d'un nouveau souffle, celle-ci était en train de quitter ses studios historiques des Buttes-Chaumont pour le site lointain de Bry-sur-Marne : tout restait à écrire aux portes de la ville nouvelle.

A posteriori ce déménagement de la SFP apparaît comme la clôture d'une grande époque, celle des réalisateurs qui, comme Serge Moati ou Claude Santelli, avaient fait, en fiction, le succès de « l'école des Buttes-Chaumont » : l'un comme l'autre continueront bien sûr de réaliser des œuvres de qualité, mais dans d'autres conditions, plus contraintes. La loi Tasca, établissant la dichotomie diffusion/production, allait prendre acte de cette évolution, et renforcer l'initiative privée en matière de création et de fabrication de programmes.

Protégée par la loi et la tutelle, la Société Française de Production, héritière de l'Age d'Or de la télévision française, continuait jusque-là d'abriter dans ses murs l'essentiel du talent audiovisuel. Ses dirigeants, le self-made-man Jean-Charles Edeline, l'aristocratique Antoine de Clermont-Tonnerre ou le tenace Bertrand Labrusse ont tenté, chacun à son tour, de conduire cet immense navire vers les mutations du monde de l'image. Des transformations de l'offre et de la demande difficilement imaginables au début des années 80, quand la télévision, toutes chaînes confondues, proposait bon an mal an une grosse centaine de téléfilms, des feuilletons et des variétés hebdomadaires, quasiment tous produits par la maison.

Sans évoquer complètement l'économie soviétique, il y avait quelque chose dans les studios de Bry-sur-Marne qui s'apparentait au fonctionnement des studios Mosfilms ou de la Gostelevision de la grande époque des apparatchiks. On y parlait de projets, d'émissions, de choix artistiques bien entendu. Mais tout était subordonné à l'infernale planification des moyens, au plan de charge de la production ; voire à la pression des manitous du petit écran, qui avaient tous des relations, politiques ou syndicales. Chaque émission faisait l'objet d'une lutte confuse, indécise. Avec le recul du temps, ces combats de tous les jours semblent banalisés. Mais, dans l'instant, il s'agissait d'affrontements épiques. La ligne de fracture se situait malgré tout entre l'Ancien et le Nouveau, pour parler comme Mao.

De leur côté, les couloirs du 17, rue de l'Arrivée évoquaient, par leur architecture aveugle de la fin des années 60 et leur moquette sans teinte, les antichambres de n'importe quelle administration de compagnie d'assurances. Par contraste, le bureau présidentiel, face à la gare et à la Tour, ressemblait à la passerelle d'un navire amiral. Marque d'une époque, il n'y avait, lorsque je suis arrivé, que deux téléviseurs, pour suivre les émissions de la « Une » et de la « Deux », dans le bureau présidentiel. Pourtant, sous l'impulsion précisément de Serge Moati, la troisième chaîne avait déjà commencé à sortir de l'ombre. Les téléspectateurs d'aujourd'hui ont du mal à s'en souvenir. En ces temps pas si lointains, Antenne 2 démarrait ses émissions à partir de la mi-journée, TF1 bouclait à peine ses après-midi (et l'été diffusait la mire, une fois le Tour de France achevé), tandis que FR3 relayait encore les programmes de TF1 jusqu'en avant-soirée, car la duplication en couleurs du réseau national VHF de la première chaîne était encore en cours d'achèvement. Rares étaient les occasions, hormis la période des fêtes, et le ciné-club hebdomadaire, où le petit écran avait la permission de minuit. Au total, l'offre de télévision française s'élevait à moins de deux cents heures par semaine. Symbole absolu de ces temps archaïques : les actualités régionales étaient diffusées simultanément sur les trois chaînes.

Il n'est pas possible de prendre la mesure des faits, voire de comprendre les évolutions de la communication et des mentalités que je vais évoquer, sans avoir ces chiffres-là présents à l'esprit. Aujourd'hui, en additionnant les seules émissions hertziennes en clair disponibles sur l'ensemble du territoire sans acquitter de péage, plus de cent heures quotidiennes sont offertes au choix des téléspectateurs. Avec les offres du câble et du satellite, le chiffre est multiplié par dix.

Avais-je conscience, en regardant face à face, sur les deux écrans de mon bureau, un jeu insipide animé par Anne-Marie Peysson sur TF1 et le pétaradant « Petit théâtre de Bouvard » d'Antenne 2, que nous étions à la veille de pareille explosion médiatique ? Je n'aurai pas l'audace de l'affirmer. Mais j'avais formulé un diagnostic intuitif : la fin de la « télévision de papa ». On ne referait jamais l'ORTF. Tant pis ou tant mieux, c'était ainsi.

Je connaissais l'évolution des télévisions outre-Atlantique. Là-bas, le maître du jeu n'était plus le directeur des programmes, mais le patron de la *programmation,* celui qui choisit les horaires des émissions en fonction des spectateurs disponibles et de leurs attentes. Le contraire de ce qui se faisait depuis bientôt deux ans à TF1, où la plupart des émissions populaires, victimes de l'érosion du temps, comme le « Numéro 1 » des Carpentier ou les bonnes blagues de « Eh bien raconte », avaient été remplacées par des programmes dont l'ambition première était d'élever le niveau culturel du public en faisant appel à l'idée que l'on se faisait de son intelligence et de sa curiosité. De l'émission scientifique en début de soirée, au débat précédant le film de ciné-club, sans oublier le rock n'roll à la place de Guy Lux, TF1 n'avait reculé devant aucune nouveauté.

Résultat : les téléspectateurs les moins motivés par cette nouvelle télévision se sentaient perdus face à une chaîne qui, pensaient-ils, ne s'adressait plus à eux. De plus en plus désorientés, ils se tournaient en masse vers Antenne 2, dont les programmes jouaient la carte de la convivialité, en appliquant les trois premiers commandements de la télévision généraliste moderne : équilibre des genres, qualité et diversité des programmes, recherche de l'audience. Signe des temps, les animateurs avaient fui la chaîne un à un : le meilleur d'entre eux, Michel Drucker, était le dernier à avoir quitté le navire, attendant depuis des mois que son président, Jacques Boutet, consente à le recevoir... Pierre Desgraupes, PDG d'Antenne 2, n'avait pas hésité une seconde, lui, trop content de l'accueillir à bras ouverts.

A la direction des programmes, le même Jacques Boutet avait fait confiance à André Harris pour « changer TF1 ». Son successeur, Michel May, arrivé de la Cour des Comptes avec son éternel cache-nez, n'était pas parvenu à éviter d'attraper froid. Lui avait fait appel à l'ancien réalisateur Jean Lallier, producteur de bonnes émissions scientifiques, et proche de Michel Rocard, nommé directeur général sur les conseils, pas nécessairement désintéressés, de Pierre Desgraupes, lequel pouvait avoir vu dans ce transfert une occasion supplémentaire de démarquer la Deux de TF1. Jean Lallier avait rassemblé autour de lui des grands noms de la télévision des années 60 et 70 : Jean-Emile Jeannesson et Claude Otzenberger aux documentaires, Charles Brabant et Marcel Moussy à la fiction. Le divertissement, honni par les groupes de réflexion socialistes qui se réunissaient à la veille des élections de 1981, se vit rapidement exclu des grilles de programmes, qu'il fallait avant tout utiliser pour faire remplir à la télévision sa pleine mission de formation et d'élévation culturelle des masses.

C'est sans ironie que j'évoque ce moment historique : j'en ai partagé certaines illusions, et je ne les renie pas. Toujours est-il qu'à mon arrivée, les expérimentations hasardeuses en matière de programmation et un management soumis aux pressions internes et externes de toutes sortes avaient eu raison de la bonne santé de l'antenne et du dynamisme de l'entreprise.

A l'information, Jean Lanzi avait mis dans la balance toute son expérience, sa crédibilité et sa gentillesse, pour faire régner la paix dans une rédaction où certaines sensibilités « de gauche » manifestement étouffées sous Pompidou et sous Giscard, se révélaient soudain. Les résistants de la dernière heure ne sont pas les moins acharnés, on le sait ; et le talent n'est pas toujours évident derrière l'esprit militant. Pouvait-on mieux faire que l'équipe en place ? Pourrait-on effectuer de meilleurs choix que les siens ? J'en avais l'intuition, mais pas de formule toute faite, ni d'équipe de rechange.

A RFI, mon équipe « africaine » m'avait accompagné : celle-ci s'était constituée au fil des ans, sur le terrain, et s'était vite amalgamée avec les anciens de la radio. A TF1, en revanche, j'imaginais mal Philippe Gaillard face à Yves Mourousi, ou Jean-Paul Chailleux relancer les émissions de variétés. J'entrepris bien sûr d'acclimater des anciens de *Témoignage Chrétien* comme Jean Offredo au journal télévisé ou Pierre-Luc Séguillon au service politique : plus tard, le second devait s'adapter beaucoup mieux que le premier, mais ils n'avaient pas en 1983 l'expérience audiovisuelle indispensable. J'eus beaucoup de mal à convaincre Pierre-Luc Séguillon de quitter la presse écrite pour la télévision. Contrairement à tous les autres, Pierre-Luc, loin de s'enthousiasmer pour ma proposition, freinait des quatre fers : *« J'aime l'écriture et je suis fait pour la presse écrite ! »* se défendait-il. Pourtant je parvins à le décider en lui assurant qu'il avait « une gueule pour faire de la télé ».

J'arrivai à TF1 avec deux hommes seulement : Pascal Josèphe et

Martin Even. Au fil de mon parcours professionnel, dans les dix années qui suivront, ils constitueront mon « équipe » de base : Josèphe en chef d'état-major, Even en tête chercheuse. D'autres nous accompagneront sur la barque audiovisuelle. Alain Denvers, qui avait fait ses armes de journaliste à France-Inter et à RTL, était déjà à TF1 quand j'y arrivai : il sera l'artisan du redressement du 20 heures, puis me rejoindra comme directeur de l'information de France 2 et France 3. Roger-André Larrieu, dont la main heureuse avait coproduit *Trois hommes et un couffin* pour TF1 Films Productions, futur responsable des programmes de Radio-Monte-Carlo puis de France 3, Marie-France Brière venue d'Europe 1 et de Radio Bleue, dont la minuscule poigne de fer allait réveiller les variétés avec des formules inédites comme le « Cocoricocoboy » de Stéphane Collaro, ou le show de Bernard Tapie, « Ambitions », au grand dam des beaux esprits.

Il y aura bien d'autres compagnons de route, aux noms prestigieux ou à la célébrité éphémère, sur cette Piste aux Etoiles, mais je n'en citerai qu'un ici : Pierre Grimblat, merveilleux complice, personnage de roman, échappé du *Comte de Monte-Cristo,* prince fastueux et entrepreneur inépuisable, malgré un souffle court de fumeur de cigares repenti ; c'est Pierre Grimblat qui pour TF1 produisit, à ma demande, avec sa société Hamster Films, les collections « Série Noire », « L'Ami Maupassant », « L'Heure Simenon », « L'Ami Giono ». C'est aussi à lui que pour France 2, plus tard, je demanderai de créer *L'Instit.* Des œuvres de qualité, qui furent chaque fois des succès populaires.

Bien d'autres noms, bien d'autres visages, ont marqué la mémoire des chaînes de radio et de télévision dont j'ai eu la charge. De vraies et de fausses vedettes, des auteurs de commande et d'authentiques artistes, des syndicalistes de salon et des baroudeurs fatigués. J'évoquerai ceux qui ont compté pour moi. Beaucoup sont demeurés des proches ; d'autres se sont éloignés, au gré des événements politiques – car les années 80, 90, avaient encore beaucoup de progrès à faire en matière de séparation de l'audiovisuel et de l'Etat – mais comme le disait Edgar Faure, *« ce ne sont pas les girouettes qui tournent, c'est le vent qui les fait tourner ».*

Griserie audiovisuelle ?

La caricature m'a prêté les traits du « Roi Hervé ». Nul besoin d'être grand clerc pour deviner ce qu'un tel sobriquet sous-entend : je serais mégalomane. Sans doute faut-il l'être d'une façon ou d'une autre pour se dédier, corps et âme, nuit et jour, hiver comme été, à ce métier, passionnant comme une partie de poker, mais aussi peu enrichissant, en définitive, sur le plan humain. Etre à la tête d'une chaîne de télévision, c'est accepter d'y sacrifier une bonne part de sa vie, pour incarner à chaque instant l'entreprise. Il n'y a pas de répit, il faut être sur le pont avec ses équipes, à minuit le 31 décembre, et à midi le 1er janvier, parce que l'actualité ne s'arrête pas, que le monde continue de tourner, et que des décisions doivent se prendre, qui ne souffrent pas d'être différées. Cette couronne dont les polémistes m'affublaient n'était pas la mienne de droit divin, il fallait la reconquérir chaque jour, sur tous les fronts, pour que la chaîne soit de nouveau la première. Je me voyais plutôt en capitaine de navire, devant tenir compte de la mer, du vent, de la cargaison, des autres vaisseaux, sans négliger par-dessus tout le facteur humain, le plus attachant mais aussi le moins prévisible.

L'audiovisuel est un domaine où l'inflation du « moi », l'hypertrophie de l'ego sont monnaie courante, surtout chez les étoiles d'un soir ou d'une saison qui vous dévisagent avec la certitude qu'elles ne sont pas encore à leur place, mais qu'un jour viendra... De tous ces personnages, qui vont et viennent, font leur chemin ou disparaissent, la chronique de la télévision s'emplit au quotidien, nourrissant la curiosité et l'affectivité du public.

Les émissions, les stratégies, les projets, les combats qui furent alors les nôtres se déroulaient, pour l'essentiel, sous les projecteurs. Je leur ai consacré trois livres, écrits à chaud, des livres de témoignage et d'engagement professionnel : *Une chaîne sur les bras**, *Un amour de télévision***, *La Télévision du Public****. Certes, on n'a jamais tout dit. Mais beaucoup a été écrit : les journalistes-historiens des coulisses du pouvoir audiovisuel des années 80, Philippe Kieffer et Marie-Eve Chamard ont été les Joinville de ces Croisades-là, dans leur excellent ouvrage : *La Télé, dix ans d'histoires secrètes*****. Loin de moi le projet de récrire cette histoire. Je me propose simplement d'évoquer des temps forts, des moments privilégiés, à travers lesquels peuvent se tirer les leçons d'une expérience, et aussi se dessiner des pistes d'avenir.

Dès mon arrivée, en juillet 1983, je constituai un « Groupe de réflexion sur l'image et les programmes de TF1 ». Le projet parut déjà iconoclaste, et les « Burgraves » de la chaîne regroupés autour de Jean Lallier s'empressèrent de me le faire savoir : l'image de TF1 c'était les programmes, et les programmes, c'était eux. Martin Even m'avait sug-

---
* Le Seuil, 1987.
** En collaboration avec Pascal Josèphe, Plon, 1989.
*** Flammarion, 1993.
**** Flammarion, 1992.

géré de faire appel à Pierre Sabbagh, l'inventeur du Journal Télévisé, le « papa » de la « télévision de papa », pour mener ce Groupe de réflexion : j'avais trouvé d'emblée son idée saugrenue, mais elle résista mieux à un second examen... Qui, mieux que Sabbagh, pouvait servir de trait d'union entre ce que nous voulions mettre en œuvre et ces intellectuels ou artistes, au demeurant excellents professionnels, mais embarqués, fourvoyés, dans une politique de programmes idéaliste – et exclusivement habités par cette vérité, sociologique, qu'il n'existe pas « un public » mais « des publics » ? Nous rêvions tous à notre manière d'une télévision ambitieuse, et dépourvue de nostalgie, créative et attentive aux attentes des téléspectateurs. Il fallait relier ces rêves entre eux, avant de passer à l'action.

Sabbagh n'avait qu'une idée en tête, un peu courte : relancer « Au théâtre ce soir ». Mais il accepta d'animer ce groupe, car la situation l'amusait. Au passage, il me souffla un excellent conseil : donner la parole à Michel Souchon, sociologue averti, pour analyser les attentes réelles du public, et ses modes de fonctionnement. Michel Souchon a été l'un des bons génies de la télévision publique, par sa générosité d'esprit, mais aussi par son réalisme éclairé. Nous nous sommes retrouvés lors de la création de France Télévision.

Parmi les participants aux discussions, un autre personnage, énigmatique et haut en accent, Bochko M. Givadinovitch, président de la régie publicitaire de TF1, serbe de cœur et français de drapeau, apportait une note franchement différente à ce conclave, très orthodoxe en définitive, de professionnels de la télévision. Ancien patron de IP, Information et Publicité, filiale de Havas et de la Compagnie Luxembourgeoise de radio-télévision (CLT), Bochko Givadinovitch ne jurait que par RTL, média rassembleur s'il en est.

A son initiative, nous avons entendu des publicitaires, des annonceurs et des agences ; ceux-ci nous dirent quel formidable média TF1 représentait à leurs yeux. Au passage, ces intervenants nous rappelèrent une équation sans doute ignorée des esprits savants, et, en tout cas, de l'assemblée des responsables de TF1 en 1983 : perdre des parts d'audience, en bref baisser dans « l'audimat », c'est devoir vendre et diffuser davantage de minutes de publicité, pour réaliser les objectifs commerciaux indispensables à l'équilibre du budget. En clair, une télévision « publiphobe » est condamnée à avoir de l'audience, si elle veut contenir l'inflation de la durée des tunnels de publicité.

Ce paradoxe n'est pas le seul de la télévision moderne, puisque les chaînes « publiphiles » ne vivent également que par et pour l'audience. Il leur faut de l'audience, encore de l'audience, toujours de l'audience. Le carburant de la télévision, publique ou privée, c'est l'audience. Reste à voir ce que l'on en fait, et dans quelle direction on veut entraîner le téléspectateur. C'est ce choix-là qui fait la différence. J'y reviendrai en évoquant l'évolution de la télévision publique. Ce n'est pas l'audience qui doit distinguer télévision publique et télévision privée : l'audience est de toute manière la seule évaluation possible de la satisfaction du public. C'est par les moyens mis en œuvre pour provoquer cette satisfaction qu'une chaîne conçue comme un service offert à tous diffère d'une chaîne commerciale.

Les « vérités » de l'audimat, même nuancées par les ambitions qui nous animaient tous, avaient évidemment de quoi contrarier les convictions des défenseurs sincères de la télévision *d'auteur* rassemblés autour de Jean Lallier. Sans tomber dans la vision radicale d'un service public débarrassé de la publicité – pour lequel militeront toujours quelques nostalgiques de l'ORTF d'avant 68, et, quelques années plus tard, pour des raisons évidentes, les opérateurs des chaînes privées – ces grands professionnels de télévision, venus pour la plupart de la réalisation, vivaient dans l'idée un peu théorique d'un public segmenté par les démarches d'auteurs, à l'instar des cinéphiles longtemps partagés entre les choix des *Cahiers du cinéma* et ceux de la revue *Positif*. Ils ne comprenaient guère en revanche les innovations, l'interactivité, les programmes de la nuit et du matin, les multidiffusions...

Tout cela n'allait pas, il est vrai, de soi. Les intellectuels, les militants culturels, et de nombreux responsables politiques, prêtaient d'autres connotations aux mots création et Service Public. Mais comment leur expliquer ? Ils voulaient aller de l'avant, avec les superbes références qui se trouvaient derrière eux : *Les Perses* d'Eschyle télévisés par Jean Prat ; le *Dom Juan* de Molière par Marcel Bluwal ; « Lectures pour tous », « Cinq Colonnes à la Une », les magazines de Pierre Dumayet et Pierre Desgraupes... De grands hommes de télévision, de grands souvenirs du petit écran ; une histoire d'amour entre les Français qui possédaient un téléviseur dans les années 50 et 60 et les pionniers de l'ORTF. Belle époque, mais logique révolue, du programme unique.

A la fin de l'année 1983, près de six mois après ma nomination à la tête de la première chaîne, l'audience de TF1 ne s'était pas encore redressée, son image restait brouillée, et les rumeurs allaient bon train. Faut-il croire que mes expériences antérieures, et pas seulement l'Afrique, m'avaient doté de la sérénité apparente du crocodile dans le marigot ? En tout cas, j'avais une perception du temps très différente. Je mesurais bien l'agacement, ou l'inquiétude de cet univers impatient, pour lequel chaque soirée perdue, chaque rendez-vous manqué fait figure de fin du monde. Mais j'avais tracé une voie, et j'entendais bien m'y tenir, toujours attentif, bien entendu, à ne pas me tromper, et à « *laisser du temps au temps* ».

Certes, on n'a pas toujours raison dès la première tentative. C'est ainsi que l'expérience Jean Offredo, auquel j'avais songé pour devenir présentateur du JT, fit long feu. Erreur de casting. Offredo avait beau être un bon journaliste, il n'a pas su « regarder la France dans les yeux ». Il n'avait dans sa prestation à l'antenne ni le professionnalisme et l'aplomb d'un Poivre d'Arvor, ni la présence souriante d'un Masure, ni l'éclat d'Anne Sinclair, ni l'aisance d'un Sérillon. Roger Gicquel n'avait toujours pas de successeur. Et encore avait-on échappé à Jacques Duquesne qui, à ma stupéfaction, me dit au cours d'un déjeuner au restaurant Le Récamier qu'il « *incarnait la France profonde* » et que je serais bien avisé de penser à lui pour présenter le 20 heures. Comme l'a écrit Bruno Masure, *« la télé rend fou »*... Même les esprits apparemment les plus équilibrés.

Le rapport Sabbagh, auquel le regretté sociologue Jules Gritti, aux allures de Professeur Nimbus, apporta son concours, fut épais – on moque volontiers et à raison mon peu de goût pour les textes brefs... Cependant, sa philosophie pourrait se résumer en une phrase de Pierre Sabbagh, que je finirai par faire mienne après avoir surmonté mille réserves de tous ordres : *« La principale raison d'être de la télévision, c'est le public. »*

Ce principe ne constituait pas la doctrine sur laquelle TF1 allait établir sa politique des programmes ; en revanche, il nous servira d'instrument d'aide à la décision, précieux pour mettre en œuvre le mot d'ordre que j'ai évoqué plus haut : *« Ne pas se tromper »*. Ne pas se tromper de télévision. Ne pas se tromper de public. Ne pas se tromper d'époque.

Parmi les participants au groupe de réflexion présidé par Pierre Sabbagh, j'avais particulièrement apprécié la méthode et la finesse d'analyse de Pierre-Marie Guiollot, ses méthodes d'expertise et son absence de préjugés. Guiollot représentait la filiale française de l'agence de publicité anglo-saxonne Lintas, dont le principal client à l'époque était le groupe Unilever. Les consultants audiovisuels, qui préparent et déterminent depuis les coulisses les principaux choix des dirigeants des grandes chaînes d'aujourd'hui, n'existaient pas encore. La tradition de la télévision française était de tout pratiquer à la maison, y compris les études. C'est précisément pour faire évoluer l'entreprise que je décidai d'avoir recours à des éclairages extérieurs.

Je crois que le renouveau de TF1 a largement bénéficié de l'apport de ces regards neufs. Lintas, pour la communication institutionnelle (le fameux slogan : *« Il n'y en a qu'une, c'est la Une »*) et le marketing des programmes, mais aussi Médiamétrie : le premier institut de mesure de l'audience indépendant de la télévision française, qui venait de voir le jour, et que Pascal Josèphe sut d'emblée utiliser pour connaître de manière plus fine les attentes et les besoins réels des téléspectateurs. Sans oublier les producteurs privés qui faisaient alors leur apparition dans le paysage audiovisuel, et imposaient leurs idées originales à la place de la production maison...

A l'évidence, le heurt fut rude entre les équipes qui avaient bénéficié de l'alternance politique et ceux qui m'entourèrent, alors même que j'avais été nommé par une Haute Autorité majoritairement proche du même bord. Il me fallut presque une année pour comprendre le fonctionnement du système télévisuel, deviner les transformations en cours, sonder les arcanes des sociétés, et jauger les hommes qui les animaient, les réseaux qui les soutenaient. Car la télévision est au cœur de la société, et elle en réplique le jeu complexe : elle est au centre de la circulation de l'information, imagée et en temps réel, comme elle participe du monde du spectacle, peuplé d'hommes d'affaires et autres imprésarios, qui ont besoin d'elle pour faire exister leurs artistes, comédiens, chanteurs... Prise aussi entre tous les impératifs de l'économie réelle : principes stricts de gestion publique, et objectifs de performance de toute entreprise placée dans un secteur d'activités concurrentielles. La priorité fut donc donnée à la satisfaction du public et de ses attentes, sans pour autant choisir le chemin de la facilité.

A partir de 1984, je dus me résoudre à rompre avec quelques chantres de la télévision militante, et avec quelques défenseurs de l'art pour l'art en télévision, décidant de faire passer au premier plan l'efficacité, et de rendre coup pour coup aux équipes des chaînes concurrentes, et d'abord d'Antenne 2.

Le match TF1-Antenne 2

Vécu au jour le jour, le match TF1-Antenne 2 était en même temps l'affrontement de deux équipes : l'équipe Desgraupes, tenante du titre, l'équipe Bourges dans la position de « challenger ».

Desgraupes avait conquis ses galons d'indépendance pendant les années de Gaulle, avec « Cinq Colonnes à la Une », coproduit avec les deux autres Pierre – Lazareff et Dumayet – avant de faire triompher son style d'intervieweur matois, déjà éprouvé sur les plateaux de « Lecture pour Tous » et dans les colonnes du *Point* pendant sa traversée du désert, après 1974.

Devant Desgraupes, statue du Commandeur, nous faisions figure de compagnie de fortune. Du côté d'Antenne 2, on parlait, sur le ton condescendant des vieux de la vieille, des *« touristes de l'audiovisuel »*.

Et comment nier que je n'étais pas, pour ma part, un briscard des Buttes-Chaumont ? Mais j'allais justement m'ingénier à faire mentir ce surnom, en m'efforçant de faire preuve d'un professionnalisme sans défaut. Face à nous, l'équipe Desgraupes commença à se disperser en 1984-1985. Pierre Desgraupes partit à la retraite, victime du couperet de l'âge limite des 65 ans, et peut-être de l'affaire de la grue de Latche, dont le retard d'acheminement avait empêché le relais des vœux du Président de la République qui devaient être retransmis depuis sa résidence landaise. A l'époque, le bruit avait couru que la loi fixant la retraite des dirigeants d'entreprises publiques à 65 ans avait été adoptée, sur mesure, pour se débarrasser du président emblématique d'Antenne 2 : vérification effectuée, il n'en est rien. Mais il en fut la victime la plus médiatique.

Autre coup fatal pour Antenne 2 : le départ des meilleurs jeunes talents de la chaîne, Pierre Lescure, Michel Thoulouze, pour Canal Plus, qu'André Rousselet préparait à l'abri du groupe semi-public Havas. Nous mesurerons le double effet de cette saignée d'Antenne 2, à la tête et dans ses « forces vives », quelques années plus tard, lorsque la main aura passé. Mais, en 1984 encore, la Deux de Pierre Desgraupes était parée de tous les atours du succès, et TF1 n'était qu'un vieux monstre boiteux. Ariel et Caliban.

Par comparaison avec la féroce compétition des télévisions d'aujourd'hui, et malgré quelques coups fourrés, nous nous livrions une guerre en dentelle, sous la férule parfois un peu désabusée de la Haute Autorité. Celle-ci, un jour, lasse de notre bras-de-fer quotidien, finit par nous recommander de proposer une « soirée sans audience » chaque semaine. C'était une idée, sympathique mais irrecevable, de Daniel Karlin. Comme s'il était possible de suspendre la concurrence par intervalles, cette soirée sans audience aurait été le repos hebdomadaire du programmateur, et le cauchemar des publicitaires... Proposition inimaginable dans les années 90, après l'ouverture de la concurrence des chaînes commerciales... A l'époque, elle était déjà peu plausible et ne fut pas suivie.

Car les joutes audiovisuelles sont quotidiennes... Nos paladins respectifs étaient Pascal Josèphe, nommé secrétaire général de TF1, et Pierre Wiehn, alors directeur de la programmation d'Antenne 2. Tous deux se retrouvaient chaque semaine pour des « réunions d'harmonisation » dans les bureaux de la Haute Autorité. Leurs discussions étaient arbitrées par Michèle Cotta, qui s'efforçait de rendre complémentaires deux logiques de programmation concurrentes, dont l'intérêt était pourtant de marquer des points en s'opposant frontalement.

Pierre Wiehn était un maître incontestable dans l'art du duel rhétorique et de la simplification éclairante. Sa grille était une architecture, elle créait le style de la chaîne. Wiehn était un Palladio, quand il le voulait ; un Le Corbusier lorsqu'il le fallait. A TF1, nous n'étions encore que dans la phase de reconstruction fonctionnelle : la recherche des cases où pourraient s'insérer des émissions conçues chacune comme une pièce unique. Pour reprendre la métaphore architecturale, nous étions des Perret, le reconstructeur du Havre, ou des Pouillon, le bâtisseur des immeubles du Point-du-Jour.

Antenne 2 avait inventé la télévision « de flux », où le médium petit à petit devient le message – pour paraphraser le sociologue canadien des médias Marshall McLuhan – alors que nous n'en finissions toujours pas avec l'héritage de l'ORTF et la télévision « de l'offre ». Ce n'est pas faire injure à la Haute Autorité d'estimer aujourd'hui que l'intérêt principal de ces réunions hebdomadaires d'harmonisation fut d'ordre pédagogique.

Pascal Josèphe a su refréner l'impatience qui le saisissait parfois en écoutant les leçons de télévision de Pierre Wiehn – lequel, d'ailleurs, venait de la radio – mais il se produisit ce qu'il advient souvent : l'élève allait rattraper le maître. Et je m'étais juré, quelle que fût mon estime pour lui, d'en remontrer à Pierre Desgraupes, trop ancré dans ses certitudes absolues et son sentiment de supériorité inébranlable.

En ce début des années 80, des pouvoirs publics aux professionnels du petit écran, en passant par les critiques, tout le monde parlait de la télévision comme si elle existait de façon transcendante. Tout se passait comme si des milliards de francs de redevance et de publicité, trois milliards et demi à l'époque pour TF1, se transformaient en programmes par un coup de baguette magique. Tout se passait comme si les deux bouts de la chaîne étaient quantités négligeables : le contribuable et le téléspectateur. Lesquels, dans la majorité des cas, ne faisaient pourtant qu'un.

L'effort à fournir pour relancer TF1 nécessitait de réparer en premier cette omission, ou plus exactement cette dénégation, des réalités économiques de la production et de la diffusion audiovisuelles. A l'égal de la « soirée sans audience » préconisée par la Haute Autorité, les frilosités des politiques et des militants culturels à l'égard de la télévision, les malentendus qui guidaient leurs critiques, procédaient d'une même démarche : leur oubli volontaire de la dimension proprement économique de l'activité télévisuelle les plaçait dans une position d'apprentis sorciers.

Ces magiciens sentaient confusément le pouvoir des médias leur échapper. C'est le public qui choisissait. Le téléspectateur votait avec sa télécommande, la télévision était passée sous le contrôle de l'opinion.

Contrairement aux attentes des pionniers, et de ceux qui n'avaient pas vu le changement s'opérer, la télévision n'était en définitive ni une école, ni un journal, ni un théâtre, ni un cinéma, ni un music-hall ; ce n'était pas non plus une Maison de la Culture, ni une bibliothèque, ni un autre TNP. Enfin, au grand dam de quelques contemporains de la Nouvelle Vague qui avaient eu l'audace généreuse de préférer le petit écran au cinéma, de Jean-Christophe Averty à Maurice Cazeneuve en passant par Claude Santelli, la télévision n'était pas non plus devenue un Huitième Art. Le rêve était évanoui : il ne pourrait s'incarner que sur des chaînes à vocation thématique et à faible audience.

Le récepteur de télévision était présent dans tous les foyers, depuis la fin des années 60 – le parc de téléviseurs était passé en dix ans d'un million à dix millions de postes – mais l'effet multiplicateur n'avait pas produit le résultat escompté ; et le partage du public s'effectuait comme avant, suivant des clivages plus ou moins prévisibles : plutôt le Tournoi des Cinq Nations que *Le Soulier de satin,* plutôt le « Palmarès des Chansons » et les « Dossiers de l'Ecran » que *Le Vaisseau fantôme.*

On ne change pas la télévision par décret. Sans doute est-il indispensable d'expliquer, à ceux qui ne connaissent pas cet univers de l'intérieur, pourquoi le nouveau dirigeant arrivant à la tête d'une chaîne n'a pas la possibilité matérielle de changer beaucoup de choses, et en tout cas pas rapidement : il faut plus d'un an pour lancer une série de fiction ou des dessins animés ; une saison pour des documentaires. Des kilomètres de projets de variétés et de jeux sommeillent dans les cartons, mais est-il réellement nécessaire de les en sortir ? Les bonnes idées et les bons animateurs sont rares.

En définitive, la palette du nouveau dirigeant est modeste : il peut changer le présentateur et le décor du journal télévisé. Nous avions tenté l'expérience sans effet immédiat, il fallait donc patienter. Il peut aussi changer le « logo » de la chaîne – on ne parlait pas encore d'« habillage d'antenne » – et, enfin, bouleverser la grille. Toutes les hypothèses furent envisagées, y compris celle d'avancer le « Journal Télévisé » d'une heure, pour se mettre au rythme d'une France qui se couchait encore tôt et éteignait, qu'il pleuve, neige ou vente, son petit écran peu après 21 heures. Enfin, c'est ce qu'affirmaient les statistiques... Je laissais dire, j'écoutais les propositions les plus farfelues, et je commençai par décider de conserver le sigle original de TF1 créé par Catherine Chaillet. Il serait simplement modernisé : du relief, de la luminosité, du bleu franc à la place des couleurs layette, et il trouverait un nouveau dynamisme, incarnant un nouvel élan. La marque de TF1 ne changera plus, jusqu'à sa privatisation en 1987.

Alors, comment donner un sens au changement, après deux saisons de nouveautés perçues comme autant de ruptures par le public au cours des années 1981-1982 ? Dès les premiers mois de ma présidence à TF1, je ressentis la nécessité d'effectuer un travail de pédagogie auprès de tous ceux qui « font la chaîne », les journalistes, les producteurs, les présentateurs, mais aussi les gens de l'ombre, les techniciens, les administratifs. Est-il utile de le souligner ? L'expérience était sans précédent. Bien entendu, il ne m'appartenait pas, compte tenu de mon parcours personnel, marqué par la presse écrite, et l'enseignement du journalisme, d'apprendre la télévision à des gens dont c'était le métier depuis trente ans déjà, pour quelques-uns. Malgré tout, j'avais justement la chance de ne pas sortir du sérail. Je pouvais tout dire. Et pour cela, il fallait que je sois explicite et exhaustif, que j'explique clairement. J'étais dispensé des sous-entendus complices : je les exclus par principe. La complicité viendrait plus tard, quand je serais sûr de m'être fait comprendre.

C'est ainsi qu'au fil des saisons, de cérémonies des vœux en présentations de grilles, j'entrepris de nouer un dialogue sur le fond, avec les professionnels et avec le public. J'estimais nécessaire une communication globale, pour donner les clefs de compréhension d'une politique d'ensemble. Il n'entrait pas dans mon intention de me contenter d'effets d'annonce : des noms des vedettes et des titres d'émissions. Je voulais situer nos choix dans un contexte : des faits, des chiffres, une prise en considération des téléspectateurs, une stratégie éditoriale. Rien n'était laissé au hasard, nous ne prenions pas de décision gratuite, toutes concouraient au but que nous nous étions fixé en définissant l'identité de la chaîne.

Aux journalistes de TF1, je demandais d'être « à la source de l'information ». La première chaîne n'est pas une chaîne de commentaires, ni de petites phrases assassines ou provocatrices. Elle doit tenir sa crédibilité des faits qu'elle relate et des événements exclusifs qu'elle accueille sur son antenne, qu'elle porte à la connaissance des téléspectateurs. Innovation technique qui venait à son heure, la caméra électronique portable Bétacam permettait de rapporter des images du bout du monde. Le reportage d'investigation ouvrait des portes, montrant les gens, les faits de politique et de société, au-delà des discours. Le génie du direct d'un Yves Mourousi, sur son plateau de la mi-journée, fut une marmite magique où se pressaient du lundi au vendredi ceux qui faisaient l'air du temps ; et c'est à Yves Mourousi que François Mitterrand songea naturellement, un jour de 1985, pour s'adresser à l'opinion, à un moment où il avait l'intuition que le discours politique traditionnel ne passait plus.

Yves Mourousi suscitait la curiosité culturelle de millions de Français, en les incitant à aller au théâtre, au cinéma, dans les musées, leur faisant aimer les comédiens, les chanteurs, artistes de tous genres, révélant le rôle d'incitation, et non de substitution, de la télévision, qui est un outil de transmission et de communication, plus qu'un vecteur d'expression artistique à proprement parler.

J'eus à maintes reprises l'occasion d'expliquer à des interlocuteurs réticents cette dimension propre du média audiovisuel, que l'on ne peut pas utiliser aussi facilement qu'on le croirait, qui ne permet pas d'imposer, mais oblige à persuader, voire à séduire. Je me souviens d'une longue discussion avec Jean-Pierre Chevènement, alors ministre de l'Education nationale, qui avait invité le président de TF1, chaîne publique, à prendre le « Train de l'Education », qui de gare en gare traversait la France, nous permettant de rencontrer dans chaque ville les enseignants, et les élèves, pour des débats et des conférences... *« Pourquoi ne proposez-vous pas plus d'émissions culturelles en première partie de soirée et aux horaires de grande écoute ? »* me demandait Jean-Pierre Chevènement... Je lui expliquai que le public quitterait alors TF1 et que l'audience des programmes concernés ne serait pas supérieure s'ils étaient programmés plus tôt... Parce que, après une journée de travail, le public souhaitait se détendre, et non suivre un cours. *« Mais alors avant le journal, pourquoi pas une émission du CNDP*, à la place de "Cocoricocoboy", qui n'honore pas grandement TF1... »* Je me perdais en explications : l'émission d'avant-soirée, placée juste avant le journal télévisé, jouait un grand rôle pour attirer les téléspectateurs sur la chaîne sur laquelle ils suivraient ensuite les informations. Placer à ce carrefour stratégique une émission pédagogique, c'était mathématiquement affaiblir le journal... Aucun programmateur digne de ce nom ne voudrait faire ce sacrifice...

Aucun politique non plus, d'ailleurs ! Car au moment d'accepter une invitation sur une chaîne ou sur sa concurrente, les hommes politiques, de gauche comme de droite, regardent d'abord quelles sont ses performances en termes d'audience. A ce jeu, le journal de 20 heures de TF1 perdrait tous ses invités politiques, si les téléspectateurs étaient moins nombreux à la regarder. Les mêmes qui salueraient hautement les programmes de qualité placés à un horaire de grande écoute ne réclameraient plus d'être invités sur la chaîne et s'étonneraient ensuite de ses mauvais résultats financiers, au moment d'examiner son budget... Par ailleurs, la culture ne passe pas par le petit écran comme dans le cadre

---

* CNDP : le Centre National de Documentation Pédagogique était alors producteur d'émissions pour la classe et s'associera plus tard à des magazines pour les télévisions éducatives, comme la Cinquième...

scolaire : les enseignants ne sont pas préparés à enfiler les oripeaux et à adopter les techniques des professionnels du spectacle, ceux des passeurs, des transmetteurs, des éveilleurs, intermédiaires nouveaux qui créent des attentes, entraînent des phénomènes d'imitation ou d'émulation.

Je voyais bien que Jean-Pierre Chevènement ne comprenait pas mes arguments, et qu'il m'en voulait de les lui opposer... A vrai dire, il ne comprenait rien à la télévision, la regardant extrêmement peu ! Ce qui me navrait d'autant plus que j'ai toujours eu beaucoup d'estime pour cet homme d'Etat courageux, à défaut d'être lui-même toujours compris ou suivi, et dont le bilan, dans chacun des ministères qui lui furent confiés, fut presque toujours exemplaire. A l'Education nationale, il parvint à délivrer un message clair et positif à l'intention de tous les personnels, mobilisant les énergies autour des objectifs fondamentaux de l'Ecole républicaine. Mais il rêvait à l'évidence d'une télévision au service de l'école, alors qu'il fallait convertir les enseignants à l'apprentissage de la télévision et les élites à la lecture et à l'utilisation de ce média.

Je me suis retrouvé avec lui à de nombreuses occasions, sur le tiers monde, sur le Monde arabe : dès la fin de la guerre du Golfe, il démissionna de son poste de ministre de la Défense, parce qu'il avait été opposé à la « logique de guerre » américaine à laquelle la France s'était ralliée. Comportement exemplaire : il avait accompli sa mission au mieux pendant le conflit, taisant soigneusement ses divergences pour ne pas affaiblir la position de la France parmi ses alliés. Il attendit que Bagdad eut déposé les armes, le 28 février 1991, et se fût retiré du Koweït, pour donner sa démission à François Mitterrand, le 29 février.

Geste de courage, de droiture et de constance dans ses convictions, car il vécut une traversée du désert, au cours de laquelle je le croisais souvent dans le restaurant chinois de mon ami Quach, avenue Raymond-Poincaré, à deux pas des bureaux de la Sofirad, qui étaient alors les miens. Je me souvenais de deux rencontres de hasard, dans les années 70, à l'aéroport de Bagdad, d'où il revenait alors que je m'y rendais : en un temps où le régime de Sadam Hussein n'était pas le pestiféré qu'il est devenu par la suite, ces visites n'étaient pas surprenantes. Mais Jean-Pierre Chevènement est l'un des rares responsables occidentaux qui se soient opposés, dès l'origine, au honteux embargo qui tue les enfants irakiens, faute de pouvoir abattre le tyran.

Je garderai toujours une sympathie profonde pour cet homme de culture, authentiquement démocrate, hostile à toute logique communautariste et soucieux de favoriser l'intégration, au sein du creuset démocratique et égalitaire que lui paraît devoir être la République. Ministre de l'Education nationale, il avait témoigné aux instituteurs et aux professeurs la place centrale qu'il leur attribuait, pour assurer le bon fonctionnement et la respiration de la société française. Ministre de l'Intérieur, il avait également une haute idée des missions de l'ensemble des fonctionnaires qui servent sous ses ordres, qu'ils soient préfets ou policiers. Dans un cas comme dans l'autre, cela lui permet d'être d'autant plus exigeant à leur égard : de la Défense à l'Intérieur en passant par l'Education, ce jacobin est l'homme des fonctions régaliennes de l'Etat républicain, il en incarne à la fois les principes et la générosité, ayant manifesté, quand il pensait le devoir, qu'il mettait ce qu'il considère comme l'intérêt général au-dessus du sien propre et ses convictions avant ses propres sympathies. Dût-il en payer le prix fort.

Le paradoxe des politiques est de prôner, pour la télévision, et d'abord pour la télévision publique, tout autre chose que ce qu'en privé ils avouent eux-mêmes regarder : pour s'en tenir aux présidents successifs de la Ve République, le Général de Gaulle ne jurait que par « Intervilles » et Guy Lux ; Georges Pompidou adorait *Les Rois maudits* de Maurice Druon, Valéry Giscard d'Estaing me confia ne regarder que les Actualités régionales de FR3-Clermont-Ferrand et le feuilleton « Santa Barbara », François Mitterrand me demanda pourquoi « Dallas » n'était plus programmé, et Jacques Chirac est un fanatique d'« Ushuaïa », le magazine de Nicolas Hulot...

Si, progressivement, le regard des politiques sur la télévision et ses fonctions a évolué, la toute-puissance du petit écran n'a-t-elle pas joué un rôle, à l'inverse, dans les transformations récentes du discours politique ? La dialectique entre médium et message est complexe. Mais les chiffres sont formels : les débats politiques traditionnels sont usés. Temps forts de la télévision des années 60, les émissions des campagnes officielles font désormais fuir le téléspectateur. Leur existence est prévue par la loi, et il est normal dans un pays démocratique que les représentants de tous les courants d'opinion puissent s'exprimer, surtout s'ils éprouvent des difficultés à se faire entendre.

Mais qui peut dire l'impact réel d'une image, d'un discours, d'une émission ? Toutes les initiatives ne sont pas bonnes, et il faut faire un usage exact, ni excessif ni trop rare, de la communication politique. Un jour, Laurent Fabius, Premier ministre, voulut donner rendez-vous à nos concitoyens, au coin du feu, comme Roosevelt, Mendès France ou Pompidou l'avaient fait avant lui. L'émission, intitulée « Parlons France », sur TF1, sera une expérience éphémère, offrant la démonstration, un peu cruelle, que ce qui est en jeu, au petit écran, n'est pas seulement l'intérêt ou la clarté du discours, l'intelligence et le talent de l'intervenant... L'alchimie de la communication n'est pas simple. Nous sommes tous prêts à entendre quelqu'un qui s'adresse à chacun d'entre nous, en particulier. Mais au bon moment.

Les politiques, dont beaucoup sont ignares en la matière, auront toujours de la difficulté à comprendre cet étrange instrument qu'est le petit écran. S'ils en sont absents, c'est le signe qu'ils n'existent pas ou n'existeront bientôt plus ; mais trop de présence lasse, et détruit jusqu'à la caricature. Pire, les discours s'envolent, mais les images s'incrustent dans les mémoires.

Pour prendre un grand exemple étranger, dans l'esprit des Français, le chancelier allemand Helmut Kohl, l'homme de la réunification, restera celui qui a tenu la main de François Mitterrand pour rendre hommage aux morts de Verdun, qui a pleuré à ses obsèques, dans la nef de Notre-Dame, et salué l'élection de Jacques Chirac, une chope de bière à la main, dans un Weinstube strasbourgeois. Les séances de l'Assemblée nationale, retransmises tous les mardis et mercredis, et celles du Sénat, retransmises un jeudi sur deux, sur France 3, sont un exercice périlleux pour ceux que la caméra dévoile distraits, somnolents, chahuteurs, agressifs ou incompétents. Elles donnent parfois une piètre image de la démocratie et constituent souvent une caricature de l'activité parlementaire. Certains politiques en ont clairement conscience et savent que la télévision ne s'utilise qu'à bon escient, et qu'elle a ses propres règles... Me recevant le 13 juin 2000 à l'Hôtel de Lassay, le Président de l'Assemblée nationale, Raymond Forni, ancien membre de la Haute Autorité, me confessa avoir été *« abasourdi par la médiocrité du débat sur l'audiovisuel et la méconnaissance du sujet par nombre d'intervenants »*...

Une télévision « populaire de qualité »

Partant de l'axiome que la télévision n'existe pas dans l'absolu, et que TF1 n'était pas, n'était plus, heureusement, le prolongement de l'action gouvernementale par l'audiovisuel, il fallait trouver les formules réalistes et simples qui fixent des lignes de conduite lisibles et applicables pour un média indépendant et capable de toucher à nouveau son public dans toute sa diversité. Dans toute activité de communication, la question essentielle est de déterminer à qui l'on s'adresse, et en quels termes. En définissant clairement le « public cible » de nos émissions, nous nous sommes donné les moyens de travailler intelligemment sur nos émissions et leur programmation.

Une formule résume et symbolise cette démarche : aux producteurs, aux animateurs, aux journalistes et aux programmateurs, je demandai de faire une « *télévision populaire de qualité* ». Populaire et qualité doivent aller de pair. A TF1, la formule allait se muer en cri de ralliement. C'est en acceptant cette alliance essentielle, et en l'appliquant dans les différents types d'émissions, avec méthode, que nous devions parvenir, de plus en plus souvent, à ne pas nous tromper.

Lorsque Haroun Tazieff entraîne les téléspectateurs au cœur des volcans, nous ne risquons guère de nous tromper. Les documentaires que le public attend sont d'abord de grandes découvertes. Tel était le génie de Tazieff, du commandant Cousteau, tel est l'attrait, dans un autre genre, des séries de Daniel Karlin... Des voyages au centre de la terre, vingt mille lieues sous les mers, ou derrière les murs du quotidien. Les grands documentaires apportent l'espace, la respiration et la dimension humaine que nombre de projets, plus ambitieusement « culturels », ne posséderont jamais. Avec une collection intitulée « Les nouveaux mondes », nous consacrons des œuvres durables à l'Australie, aux Philippines, à l'Alaska, au Brésil, parallèlement à une magnifique série sur Jérusalem... Dans le même temps, j'engage TF1 dans une série documentaire intitulée « Racines », préfiguration de ce que France 3 fera plus tard sous le titre « Un siècle d'écrivains » : une galerie de portraits des grands de notre temps, en commençant par Jorge Amado, Carlos Fuentes, Leonardo Sciascia, Kateb Yacine... Nous ne négligeons pas non plus les sciences et la connaissance, avec « Les Sciences et la vie » de Joël de Rosnay et Jean-Pierre Cottet, « De bonne source » de Michèle Cotta et Jacques Audoir, et « Médecine à la Une » d'Igor Barrère... A Françoise Verny et Josée Dayan, je commande une série de quatre documentaires, *Le Deuxième Sexe,* titre du livre de Simone de Beauvoir. Mais la véritable réussite dans le genre « magazine culturel décalé » est sans conteste le « Droit de réponse » mené de main de maître par Michel Polac, génie de la provocation, aujourd'hui trop souvent réfugié dans l'aigreur.

De même, lorsque Frédéric Mitterrand a lancé ses premiers *Bonsoir !* – comme des échos insolents au *Bonjour !* de Mourousi – nous ne nous sommes pas trompés. Même si le talent et l'amour du cinéma de ce Mitterrand-là méritaient sans doute une meilleure carrière que celle qui l'attendait : lointain successeur de Léon Zitrone commentant les cérémonies officielles ou les enterrements des rois. Il saura rebondir et utiliser diversement sa culture, sa sensibilité, et sa faconde jubilatoire.

Nous ne nous sommes pas tellement trompés non plus en fiction française : *Les uns et les autres* de Claude Lelouch, *Les Misérables* de Robert Hossein, *Un métier de seigneur,* d'Edouard Molinaro, d'après

Pierre Boulle. La collection « Série Noire » accueillera des œuvres de Maurice Dugowson, Marcel Bluwal, José Giovanni, Bernard Giraudeau... et Jean-Luc Godard ! Enfin des « films de télévision » seront signés Michel Deville (*Les Capricieux*), Fabrice Cazeneuve (*L'Epi d'Or,* sur une idée de Jean-Jacques Beineix), Jean-Christophe Averty, Pierre Boutron (*Christmas Carol,* avec Michel Bouquet).

Dans le même esprit, le travail de coproduction de la filiale cinéma de TF1 au cours de ces quelques années mérite d'être salué, avec des films comme *L'Eté meurtrier* de Jean Becker, *Subway,* de Luc Besson, *Péril en la demeure,* de Michel Deville, *Trois hommes et un couffin,* de Coline Serreau, *La Lune dans le caniveau,* de Jean-Jacques Beineix, *Tartuffe* interprété par Gérard Depardieu, *Adieu Bonaparte* de Youssef Chahine, *Train d'enfer,* de Roger Hanin, ou *La Dernière Image,* de Mohamed Lakhdar-Hamina. Ouverture, jeunesse, modernité, diversité... Les choix de TF1 reflétaient assez bien ce qu'était alors la création cinématographique française, et ils restent aujourd'hui, pour la plupart, des films qui ont marqué leur époque.

En transférant Bruno Masure du service politique à la présentation du Journal Télévisé, en 1984, j'eus la main heureuse. Je n'appréciais pas trop son goût immodéré pour les calembours approximatifs et les canulars de potache, et il ne m'avait pas épargné, on l'a vu, à mon arrivée. Candidat au JT, n'avait-il pas placardé sur les murs de TF1 un portrait-robot supposé du présentateur idéal, qui lui ressemblait comme deux gouttes d'eau ? N'avait-il pas baptisé sur l'antenne Joseph Poli *« présentateur à vie »,* à l'époque de la chute de Ceausescu ? Il incarnait bien le ton nouveau de la télévision, après les *« anchormen »* à la Gicquel, volontiers graves et solennels. Lui au moins n'était pas suspect de se prendre trop au sérieux, et il avait vis-à-vis de son personnage une distance suffisante pour l'interpréter avec naturel. Regrette-t-il aujourd'hui l'époque où il incarnait l'information du service public ? Ou, gardant le même recul, a-t-il su se détacher aisément de sa propre image ?

Lorsque nous avons conclu, avec la famille du football, le premier grand accord d'exclusivité entre les instances fédérales du sport le plus populaire et une chaîne de télévision, beaucoup ont hurlé en calculant que nous investissions le budget de 10 téléfilms en échange des droits de quelques retransmissions de match de l'équipe de France de Platini et de Tigana, et de la poursuite du magazine « Téléfoot » ; mais ce choix était le bon, là encore. Le football en direct est devenu un moment essentiel de la vie des grandes chaînes de télévision. Je ne savais pas, ce jour-là, en serrant la main de Jean Sadoul, le rusé Cévenol qui présidait à l'époque la Ligue nationale de Football, que les Bleus deviendraient champions du monde, douze ans plus tard.

La mise en œuvre d'une stratégie de promotion des programmes sur l'antenne constitua un atout non négligeable pour le succès des émissions de création que nous souhaitions aussi voir fleurir à l'antenne : de nombreuses bandes-annonces et des collections bien présentées permirent de rassembler les plus larges audiences autour de « Série Noire », de l'« Heure Simenon », et de « L'Ami Maupassant ». Sans oublier, bien sûr, *Les Oiseaux se cachent pour mourir,* le feuilleton record des années 80. Certaines expériences montrèrent que les émissions pouvaient trouver leur public à d'autres horaires qu'à 20 heures 30 : ainsi « Droit de réponse » réunissait régulièrement des audiences supérieures à 10 % le samedi en fin de soirée.

Je ne prétends pas pour autant que nous ne nous soyons jamais trompés. D'autres choix auraient pu être retenus. Mais l'évolution de la télévision était inéluctable. Je suis fier que nous y ayons participé, en anticipant parfois les mutations en cours, dans la mesure de nos moyens et de ce qu'il était possible d'imaginer de l'avenir de l'audiovisuel au milieu des années 80. L'important, à mes yeux, est que nous ayons toujours su progresser en conservant une vision d'ensemble de la chaîne.

Cette conception globale de l'identité et de la vie d'une télévision passait par sa déclinaison tout au long de la journée, car la vie d'une télévision ne commence pas à l'angélus du soir, et elle ne s'achève pas au couvre-feu. Or la France avait vingt ans de retard en matière de télévision, comparée aux pays anglo-saxons, ou même à l'Espagne ou à l'Italie. Un jour, à l'occasion d'un colloque organisé par *Télérama,* le publicitaire Philippe Michel m'a interpellé à propos de nos écrans noirs après minuit, comparant nos chaînes à *« des télévisions d'Europe de l'Est ».* Il n'avait pas tout à fait tort. Mais que lui répondre ? Contre l'avis de notre actionnaire, l'Etat, et du contrôleur financier, pour lesquels toute dépense nouvelle était inutile, nous étions alors en train de préparer les « Nuits de TF1 ». Un projet bien timide : d'abord un samedi par mois, puis un samedi par semaine. Dorénavant, quelle chaîne éteint ses émetteurs avant 2 heures du matin ?

Avec les « Nuits de TF1 », nous avons ouvert les antennes de la télévision publique à des thèmes et à des genres, absents des écrans : la poésie, la science, les Droits de l'Homme... Nous avons lancé « Télévision sans Frontières » : une porte ouverte au dialogue des cultures. Nous avons diffusé une « Nuit du Cameroun » en duplex de Yaoundé, une « Nuit Ivoirienne », depuis Abidjan, les « Nuits du Ramadan » (eh oui, Bruno Masure l'avait prédit !)... Afin de répondre aux attentes du public, TF1 procéda donc à un développement rapide de l'antenne : elle diffusait 110 heures par semaine au premier semestre 1987, contre 81 heures en 1983, soit 33 % d'émissions de plus en trois ans.

J'évoquais plus haut l'archaïsme des actualités régionales diffusées sur les trois chaînes en même temps. Lorsque Antenne 2 reçut l'autorisation de lancer « Télématin », j'arrachai à Georges Fillioud, dont le ministère avait été rebaptisé secrétariat d'Etat aux Techniques de la Communication, son accord pour supprimer les décrochages de FR3 sur l'antenne de TF1. A la place du journal régional, nous avons installé un jeu qui ne devait durer qu'une seule saison, « Anagram ». L'émission n'était pas inoubliable, loin de là, mais il ne fut plus jamais question de revenir en arrière.

L'innovation ne fait pas nécessairement la couverture de *Télé 7 Jours,* pour laquelle les services de presse des différentes chaînes se livrent chaque semaine une lutte au couteau. Prenons l'année 1985 : Steve Jobs met au point le premier Macintosh ; Thomson imagine avec une douzaine d'années d'avance l'entrée de l'ordinateur à la maison, et tente de commercialiser un clavier associé au téléviseur, le T07, enfin France Telecom offre le minitel gratuit dans tous les foyers. C'était quinze ans seulement avant l'an 2000, et chacune de ces innovations nous paraît déjà si éloignée : elles étaient l'ébauche de ce monde technologique entièrement neuf que nous connaissons aujourd'hui.

Avec l'appui de Laurent Fabius, alors ministre de l'Industrie, TF1 se lance immédiatement dans la sensibilisation à l'informatique. Des magazines d'initiation, des événements : une cellule de production travaille sur le dessin animé par ordinateur et les décors virtuels. Coup d'envoi donné un petit peu trop tôt, sans doute, mais c'est de bon augure, cette fois : TF1 n'est plus à la traîne. Et il n'est pas indifférent que nous ayons été parmi les premiers à faire ces quelques pas dans le sens de la convergence technologique, dont certains mettront encore dix ans à comprendre le sens et la nécessité.

Nous commençons à raisonner comme un groupe de communication. La régie publicitaire et la filiale cinéma existaient déjà. Nous créons trois entités nouvelles : un club de téléspectateurs, une filiale informatique, et un GIE chargé de commercialiser nos programmes sur le câble. Là aussi, tout est expérimental : sous l'égide de la Mission Câble, dirigée par Bernard Schreiner, nous participions à des expériences à Evry (Essonne), à L'Isle-d'Abeau (Isère), à Hérouville-Saint-Clair (Calvados) ; c'est ainsi, avec quelques milliers de francs, que nous produisons l'un des premiers jeux interactifs, inspiré de « Donjons et Dragons », pour quelques centaines de téléspectateurs équipés d'un visiophone sur le réseau de Biarritz...

Nous sommes aussi à la pointe de la technologie en nous lançant sur les pistes du Paris-Dakar, grâce à des liaisons mobiles par satellite :

celles-ci sont devenues monnaie courante depuis la guerre du Golfe, mais elles étaient à l'époque exceptionnelles.

« Cocoricocoboy » a également marqué l'entrée des sponsors au petit écran, ouvrant ainsi la dernière phase de l'évolution de l'audiovisuel. Faut-il le regretter en regardant les émissions de ce début de millénaire ? En 1984, les images des téléviseurs ne ressemblaient pas à ce qu'elles sont devenues par la suite : des émissions bigarrées comme des maillots de coureurs du Tour de France, surchargées de « partenaires » qui offrent des lots ou parrainent la météo, et marquées comme au fer rouge de l'affichage permanent du logo de la chaîne, dans l'un des angles de l'écran.

Publicité et programmes sont en théorie toujours séparés par des génériques plus ou moins austères et la présence des annonceurs dans les émissions reste interdite : qualifiée de « publicité clandestine », elle est toujours pourchassée par le Conseil supérieur de l'Audiovisuel. Ces barrières solides préservent la France de l'évolution que connaissent certains pays, où tout programme devient support de publicité – encore faut-il s'interroger sur la volonté de certaines chaînes thématiques de produire à la demande des reportages très favorables vantant certains biens ou services... La fermeté des contrôles exercés évitera-t-elle longtemps toute dérive marginale, et toute confusion des genres, préjudiciable à la bonne information du public ?

Lorsque TF1 a choisi de s'engager sur la voie des « partenariats » et des « parrainages » avec des annonceurs, cela ne se fit pas sans débat ; mais existait-il d'autres solutions, sans sortir du cadre fixé par la loi ? Le budget de la chaîne était voté par le Parlement, précisant le montant de la redevance attribuée à TF1 et plafonnant les recettes attendues de la publicité de marques. Les pouvoirs publics feignaient d'ignorer, pour des raisons politiques aisément compréhensibles en ces années marquées par une inflation difficile à juguler, l'augmentation spectaculaire et constante des coûts des programmes de télévision. Le prix des émissions augmentait sur un rythme de dix pour cent par an, tandis que nos recettes progressaient au mieux de trois ou quatre pour cent. Comment offrir plus et mieux avec des recettes bloquées ?

Nous avons lancé une grande campagne d'économies, dès l'hiver 1983. Réduction des budgets des unités de programmes, chasse aux coûts de gestion, négociations de plus en plus serrées avec la SFP qui répercutait naturellement dans ses devis le glissement infernal des coûts, renforcé par la lourdeur de son organisation interne... Et économies aussi pour les contrats avec l'INA, auquel les chaînes devaient des commandes obligatoires... Les programmes « parrainés » par des annonceurs seront, au demeurant, exceptionnels ; après « Cocoricocoboy », sponsorisée par Orangina, il y eut la Coupe de l'America, dont les tours préliminaires deviendront la Louis Vuitton Cup. Mais la Haute Autorité s'opposera en revanche à ce qu'une chaîne de magasins de distribution homonyme inscrivît « But » dans le fond des filets de football. Ce n'était pourtant qu'un début : la crise du financement de l'audiovisuel public allait entraîner la télévision plus loin. Beaucoup plus loin.

Avant d'évoquer la privatisation de TF1, décidée en 1986, je crois indispensable d'évoquer cette crise structurelle du financement de la télévision publique. Depuis l'éclatement de l'ORTF, en 1974, dont elle fut en partie la cause, la fuite en avant budgétaire était devenue permanente : les Finances serreraient de toutes leurs forces le frein de l'augmentation de la redevance, tandis que les politiques, de droite comme de gauche, redoutaient les effets de l'accroissement du financement des programmes par la publicité. Il fallait donc faire plus et mieux, afin de répondre aux attentes des téléspectateurs, sans ressources nouvelles.

L'élargissement de l'offre, la création de chaînes privées – lesquelles étaient déjà suivies par un téléspectateur sur dix début 1987 – conduisaient à l'explosion inéluctable d'un système contrôlé par l'Etat-actionnaire, mais déjà déréglé par la concurrence effrénée qui se profilait à l'horizon. Inutile d'être grand clerc, ou énarque, pour constater que si aucune ressource budgétaire nouvelle n'apparaissait, il existerait bientôt une chaîne publique de trop. C'est pourquoi Antenne 2 s'apprêtait de longue date à être celle qui changerait de camp, en passant du public au privé.

TF1 avait choisi, pour sa part, de jouer la carte d'un service public modernisé. A la limite, nous imaginions que nos émissions pourraient être de plus en plus largement autofinancées. Ainsi, au lieu de considérer les programmes comme des dépenses administratives, nous avions entrepris de rechercher les formules qui nous permettraient à la fois d'atteindre les plus larges audiences aux horaires où nécessité publicitaire fait loi, tout en maintenant des émissions ambitieuses aux grands rendez-vous de l'antenne. C'est dans ce contexte que nous avons fait entrer les fameux « *soap operas* » sur l'antenne de TF1. Leur producteur était la firme Procter & Gamble, inventeur aux Etats-Unis de ces feuilletons à l'eau de rose qui ont captivé des générations de ménagères américaines, dont on ne précisait pas encore à l'époque qu'elles avaient nécessairement moins de 50 ans.

Mais nous avons refusé d'appliquer pour autant le modèle de la télévision à l'américaine. Grâce à la présence constante d'innovations et de créations, facilitée par la montée en puissance des producteurs indépendants de fictions, de documentaires et de dessins animés, la télévision avait aussi changé de visage dans le domaine artistique. Cette mutation de l'industrie audiovisuelle française, encouragée par Jack Lang, ministre de la Culture aussi inventif qu'efficace des années Mitterrand, a eu des effets définitifs : les lignes de programmes traditionnelles, les feuilletons de papa, les dramatiques, les vies des hommes illustres coproduites en réciprocité avec les grandes télévisions publiques européennes avaient fait leur temps, remplacés par des personnages plus proches, plus familiers, comme Marie-Pervenche, la contractuelle au grand cœur. Pendant ces quatre années passées à TF1, la télévision s'est également ouverte sur le monde réel, avec le concours des artistes. Ce sont les chanteurs qui ont donné sur nos antennes le retentissement populaire dont avait besoin SOS Racisme pour faire dire par tous les lycéens de France : « *Touche pas à mon pote* » ; et c'est sur TF1 que furent lancés, par Coluche, les « Restos du cœur ».

Le jeu des alternances politiques, à la suite des élections législatives de 1986, décida qu'en définitive ce serait la Une, et non la Deux, qui quitterait le secteur public. La rumeur prête à certains l'idée que cette privatisation aurait été décidée pour se débarrasser de moi. Quel honneur ! Je ne reviendrai pas sur les conditions de la vente de TF1, dont je considère, on le sait, qu'elle a été une grave erreur historique, une faute, car on ne vend pas la mémoire audiovisuelle d'un pays.

Moins de quatre ans après mon arrivée, à l'heure de la victoire, celle du redressement de la première chaîne du service public, il fallut paradoxalement passer la main à des repreneurs privés... Un article de Gilles Anquetil, dans *Le Nouvel Observateur,* du 16 janvier 1987, intitulé « La revanche de Monsieur TF1 », constate notre bonne santé : « *En janvier 1986, TF1 battait tous les records d'audience. Un an plus tard, Hervé Bourges annonce un excédent budgétaire de plus de 100 millions de francs. Le triple redressement – celui de l'image, de l'audience et de la gestion financière – est réalisé. Hervé Bourges peut donc, à trois mois de la privatisation de "sa" chaîne, s'offrir le luxe provocateur d'afficher sur tous les murs de France : "Il n'y en a qu'une, c'est la Une"... Si cette autosatisfaction peut irriter, force est de constater qu'il laissera à Hersant, Lagardère, Bouygues ou les autres une chaîne flambant neuve... Mais à trois mois de la privatisation, son plus bel exploit est d'avoir su faire garder intact à ses troupes un esprit de mobilisation. "C'est la dynamique du succès, explique Pascal Josèphe, son directeur de cabinet. Pas de sabordage, ni d'états d'âme. La marche forcée est devenue notre marche normale." Baroud d'honneur à TF1 : quelques semaines avant d'être dévorée par le privé, TF1 a une pêche insolente. Un sacré pied de nez !* »

A la toute fin de mon mandat, et au moment de remettre mes responsabilités entre les mains des nouveaux dirigeants de la chaîne, je tins à présenter en détail le bilan de l'action qui avait été la mienne. Les paroles prononcées lors de mon « compte rendu de mandat », délivré lors d'une conférence de presse, le 6 avril 1987, à l'hôtel Lutétia, constituent le meilleur épilogue à cette aventure menée tambour battant, comme une campagne militaire.

« *Je suis arrivé à la tête de TF1 avec pour mission de redresser l'image et l'audience d'une station qui avait perdu son leadership. Les professionnels de la télévision et ceux de la communication consultés, nous avons conclu qu'il n'y avait pas deux manières de faire la Une : il fallait retrouver les recettes d'une télévision populaire de qualité, restaurer des rendez-vous, lancer des collections de fictions et de documentaires, donner un nouvel élan au journal, être à l'écoute de la nouveauté, attirer les stars, faire rire et faire pleurer, mais sans jamais décevoir, être populaire sans être vulgaire, et exigeant sans être élitiste.*

Aujourd'hui, TF1 est en tête de l'audience ; ses initiatives sont appréciées. Mieux même, tout va très bien : grâce à l'effort de tous, les équilibres budgétaires, un moment menacés, sont restaurés ; les objectifs publicitaires dépassés ; le portefeuille de programmes bien garni, les projets nombreux. D'ailleurs, notre cri de ralliement est sur toutes les lèvres : "Il n'y en a qu'une... C'est la Une !"

Mais ce n'est pas un cri de victoire. Puisque c'est l'heure d'un bilan. Puisque les circonstances l'exigent et que la loi l'a décidé : mon second mandat à la tête de TF1 s'achève contre mon gré, et sans que l'action pluriannuelle que nous avons engagée puisse parvenir à son terme. J'ai cependant tenu à porter à votre connaissance tous les éléments d'appréciation afin de témoigner de la santé de la Société Nationale de Télévision Française 1, à la veille de sa transformation en entreprise de droit commun. »

En une vingtaine de pages, je livre donc ces éléments factuels qui constituent l'héritage sur lequel Patrick Le Lay, que Francis Bouygues placera à la tête de la chaîne, pourra s'appuyer :

« *Le rétablissement des grands équilibres de la chaîne après des résultats négatifs en 1984 et 1985, s'est opéré de façon spectaculaire, et a été confirmé par les différents audits. Tous les indicateurs ont quitté le rouge. En 1986, TF1 a réalisé un excédent budgétaire de 102 millions de francs, le résultat d'exploitation est excédentaire de 142 millions de francs, la trésorerie offre un solde positif de 30 millions de francs. Les comptes consolidés du groupe TF1, qui intègrent les résultats des filiales, s'élèvent à 44,7 millions de francs en 1986, contre – 193 millions de francs en 1985.* »

La transition vers le statut d'entreprise privée impliquait l'abandon de toute ressource publique en provenance de la redevance, et son remplacement par des ressources publicitaires nouvelles, avec ce que cela signifiait en termes de recherche de nouveaux annonceurs. Là encore, la mission fixée a été accomplie de manière à ce que la chaîne ne subisse pas de choc brutal : « *Dès l'automne 1986, la régie de TF1 a mis en place une politique de commercialisation de son antenne en vue de subvenir dès le 1er janvier 1987 à la quasi-totalité des frais de fonctionnement de la chaîne. Une nouvelle société, TF1-Publicité, filiale à 100 % de TF1, a succédé à la régie RFP-TF1. Sur la campagne 1987, TF1-Publicité réalisera un chiffre d'affaires brut hors taxes supérieur à 3,5 milliards. Ceci représente un accroissement des recettes d'une année à l'autre de 50 % environ.* »

De même, au moment où TF1 sort du giron de l'Etat, elle dispose d'une appréciable réserve d'images : « *Qu'il s'agisse de sa production propre ou des achats de films, téléfilms et séries, TF1 dispose d'un confortable portefeuille de droits, pour sa programmation de 1987 et pour l'horizon 1988. Fin 1986, la valeur des stocks de programmes disponibles s'élevait à 671 millions de francs, contre 558 millions de francs fin 1985.* »

C'est fort de ces résultats économiques durablement consolidés que je décris alors les résultats en termes de programmation : « *En quatre ans, TF1 qui avait perdu le leadership traditionnel de la première chaîne, a reconquis les préférences du public français. Sa prépondérance est globale, selon les critères retenus : écoute cumulée, durée par individu, et parts de marché. En février 1987, TF1 est leader dans tous les groupes de la population, sauf les inactifs.* » En effet, l'audience cumulée a bondi de 56 % en janvier 1983 à 61,6 % en janvier 1987. La durée d'écoute quotidienne moyenne par individu a explosé de 60 minutes en janvier 1983 à 82 minutes en janvier 1987. En termes de parts de marché, le jeu avec Antenne 2 et FR3 s'est inversé : en janvier 1983, Antenne 2 venait en tête avec 46,4 % de l'audience, suivie de TF1 à 39,4 % et de FR3 à 10,7 % ; en février 1987, TF1 est en tête avec 41,5 % de l'audience, suivie d'Antenne 2 à 35,1 % et de FR3 à 10 %. L'apparition des autres télévisions, La Cinq et Canal Plus, a donc uniquement mordu sur le public d'Antenne 2 et de FR3, laissant même une marge de progression à TF1 !

Ma conclusion : « *Au fond, TF1 possède l'énergie vitale avec laquelle on franchit les caps difficiles. C'est en son sein, parmi tous ceux qui font la chaîne, les géomètres, les saltimbanques, les journalistes, les techniciens, que s'est produit l'élan qui a permis à la Une de reconquérir sa place, la première.* »

La dernière soirée de la première chaîne publique fut donc organisée comme une fête en l'honneur de tous ceux qui avaient été les artisans de son nouvel élan : de 20 heures 30 à 23 heures 35, les vedettes de TF1 défilèrent pour évoquer, en alternance avec des chanteurs, des comédiens, des artistes, les grands moments de ce que Bruno Masure décrivait comme une « aventure formidable »...

Ce n'est pas sans émotion que lors des dernières minutes de la soirée je m'étais moi-même mué en présentateur pour évoquer « le futur de la chaîne », en appelant alors Anne Sinclair, Alain Denvers, puis Michel Polac, avant que toutes les équipes viennent nous rejoindre sur le plateau, juste avant le journal du soir, qui précéda immédiatement la passation de pouvoirs, organisée à minuit précis. Le tout avait été mené de main de maître par nos équipes, il n'y eut pas de retard dans nos adieux, et ce qu'il fallait de nostalgie fut équilibré par l'humour décalé de Frédéric Mitterrand et la qualité des artistes présents. Cela resterait comme une très belle soirée de télévision, éclectique, ouverte, tournée vers l'avenir. Un feu de paille, aussi, comme beaucoup de ces œuvres éphémères que sont les émissions qui passent sur le petit écran : feux d'artifice pareils à celui qui fut tiré ce soir-là, et dont bien peu se souviennent encore précisément... Mais les fusées tirées et le poste éteint, est-on bien sûr qu'il y ait eu autre chose qu'une pure illusion ?

Francis Bouygues souhaitait que je reste à TF1, et il m'offrit d'œuvrer au sein de son groupe et de sa chaîne, nanti d'une rémunération conséquente et de quelques titres flatteurs, dont je compris à la réflexion qu'ils seraient plus virtuels que réels. Je refusai de jouer les utilités, n'ayant aucune envie de me survivre à moi-même après la privatisation, au milieu d'équipes que j'avais jusque-là dirigées et qui prendraient désormais ailleurs leurs consignes.

Lors de la cérémonie de passation de pouvoirs, qui fut organisée à l'hôtel Hilton, à Paris, je fus d'abord entraîné, dès le hall, dans une suite où Maxwell s'était installé. *« Je ne vais pas assister à cette cérémonie. Je me méfie beaucoup de Bouygues, je tiens à vous le dire. »* Ainsi dès les premières minutes après la privatisation, j'eus le spectacle de voir se déchirer entre eux les mammouths qui s'étaient vu adjuger TF1. Comme j'arrivai dans la grande salle, pleine de monde, François Léotard, qui redoutait que je fasse un esclandre, me prit à part : *« Je compte sur vous, restons-en aux convenances, si vous élevez le ton, je serai forcé de répliquer... »* Que craignait-il ? Mon seul discours n'aurait pas eu le pouvoir d'annuler la procédure de privatisation, validée par l'Assemblée nationale ! Le même François Léotard me raconta un jour comment il fut accueilli sur TF1, peu après l'annonce de la privatisation, par un journaliste sportif de même sensibilité politique, délégué de la CGC, Daniel Pautrat. Comme Léotard lui disait *« Vous verrez, vous vous sentirez plus libre après la privatisation...* », il eut la surprise de s'entendre répondre du tac au tac : « *Mais je ne me suis jamais senti aussi libre que depuis que Bourges est là !* »

Aujourd'hui, même si TF1 a considérablement changé, la chaîne conserve la colonne vertébrale que nous lui avons donnée voici maintenant quinze ans. Il est hors de doute que ses dirigeants ont agi depuis lors avec beaucoup de savoir-faire et un immense sens commercial, en sachant faire évoluer leurs programmes avec le goût du public. Je n'en dirai pas davantage : les fonctions que j'occupe, à la tête du Conseil supérieur de l'Audiovisuel, m'imposent pour ces dernières années un devoir de réserve, en ce qui concerne tous les opérateurs publics et privés placés sous le contrôle du CSA.

Je m'abstiendrai d'ailleurs plus généralement de tout commentaire sur ce qui est advenu dans l'audiovisuel depuis ma nomination au CSA, en janvier 1995, me bornant à livrer quelques réflexions personnelles, les remarques que m'inspire l'évolution de la télévision, au cours des vingt années écoulées, et les interrogations qui se posent pour la période à venir, face à l'explosion des modes de diffusion, du nombre de chaînes, et plus particulièrement face à l'essor d'Internet et des nouveaux réseaux.

L'Audiovisuel extérieur

Après mon départ de TF1 je traversai un certain nombre de sociétés de l'« audiovisuel extérieur », c'est-à-dire des chaînes et des stations de radios détenues par la France hors de ses frontières, ou émettant depuis la France vers d'autres contrées, plus ou moins lointaines.

La plus importante de mes expériences extérieures, en ampleur et en durée, fut franco-monégasque, à RMC puis à la Sofirad, entre 1988 et 1990. Une expérience aux résultats mitigés, même si elle fut à bien des égards, surprenante, et porteuse d'espoirs.

Je retire plus de satisfactions du lancement heureux de Canal Plus Afrique, projet né en 1987, et que je pilotai dans un premier temps. L'objectif était d'assurer le développement de la chaîne cryptée sur le continent africain : une télévision commerciale à péage à destination des pays francophones. Une volonté que j'étais parvenu à faire partager à André Rousselet, tout-puissant patron de Canal Plus. Il ne connaissait pas l'Afrique, mais il apprendrait à l'aimer, lui qui serait le premier président de cette société, avant de m'en confier la responsabilité.

Avec l'aide de Marc Tessier, jeune polytechnicien passé par l'Ecole nationale d'Administration, intelligent, passionné et habile, dont je ne pouvais me douter qu'il serait un jour un de mes successeurs à la tête d'un groupe qui n'existait pas encore, France Télévision, nous avions constitué une société d'études et de réalisation, dont le siège avait été installé à côté de ses bureaux de directeur du développement international de Canal Plus, boulevard Montmorency. L'idée tenait de la gageure, mais mon expérience m'ouvrait les portes des Etats africains, et celles de l'audiovisuel ne m'étaient pas inconnues. Je pouvais aussi compter sur des appuis comme celui de Fouad Benhalla, à l'époque conseiller à Télédiffusion de France, pour les études techniques indispensables, les relais, le cryptage... La connaissance du terrain et les relations personnelles firent le reste. En Afrique, comme on le sait, le reste est généralement l'essentiel.

Comment faire accepter une chaîne étrangère dans de jeunes pays, encore jaloux de leur monopole audiovisuel ? Comment franchir le mur de leurs bureaucraties et de leurs censures ? Comment rassurer des interlocuteurs soucieux de leur souveraineté, sur des images qui arriveraient du ciel ? De nombreuses péripéties n'auguraient pas du succès de l'entreprise, telles que les fermetures régulières du réémetteur d'Antenne 2 à Tunis, voire la suppression de la chaîne francophone TV5, exclue du réseau câblé marocain parce que Gilles Perrault était venu un soir y présenter son livre *Notre ami le Roi,* extrêmement critique à l'égard des relations franco-marocaines sous Hassan II.

J'avais repris mon bâton de pèlerin. Paris-Dakar, Paris-Abidjan, Paris-Libreville, Paris-Tunis, Paris-Yaoundé, Paris-Lomé, Paris-Le Caire. Joie des retrouvailles. Mais aussi difficulté réelle des discussions, et des négociations. Nous avons fini par trouver des compromis à l'africaine : la chaîne française pourrait s'installer au Sénégal, en Côte-d'Ivoire, au Gabon, en Tunisie, parce qu'elle serait une chaîne nationale, sénégalaise, ivoirienne, gabonaise, tunisienne... dans chacun des pays intéressés. Les partenaires locaux pourraient également produire des émissions pour le réseau ; celui-ci prit le nom de Canal Plus Afrique, avec deux actionnaires, Canal Plus à hauteur de 66 % et la Sofirad, avec une participation de 34 %, progressivement remplacée au fil des augmentations de capital. Serge Adda, l'expert auquel avait été confiée l'étude du dossier Tunisie, devait ensuite prendre, sur ma proposition, la direction de la chaîne, devenue Canal Horizons, dont Catherine Tasca assura un temps la présidence. Aujourd'hui, grâce au satellite, Canal Horizons ne connaît plus de frontières.

En cette fin des années 80, l'argent était roi dans l'univers de la télévision. Les télévisions privées avaient besoin de jouer à coup sûr, et d'offrir des critères de choix indépendants à leurs actionnaires. Gilbert Gross, champion du monde de poker, et son frère Francis, qui avaient révolutionné en leur temps le marché publicitaire en créant leur centrale d'achat d'espace GGMD, avaient une nouvelle fois une longueur d'avance sur leurs concurrents. Les frères Gross avaient su apprécier le talent de Pascal Josèphe pour l'expertise de programmes, et il avait rejoint à leur demande le groupe Carat, pour inventer et développer ce métier nouveau dans lequel il était passé maître.

J'aurais pu également m'engager dans cette voie. Mon expérience m'ouvrait grandes les portes du métier de consultant. Mais à quoi bon accepter ici ou là, ce que j'avais refusé à Francis Bouygues, malgré le confortable contrat qu'il m'avait proposé ? On ne dirige pas impunément des structures comme RFI ou TF1 pendant cinq ans. Je cherchais un nouveau rôle à tenir dans les médias, dans la production. Compte tenu des circonstances dans lesquelles TF1 avait été privatisée en 1987, je n'avais guère d'espoir de retrouver à court terme un poste dirigeant dans le secteur public. Les principaux projets que je fus amené à étudier se trouvèrent placés dans le sillage du mystérieux et omniprésent magnat de la presse britannique, Robert Maxwell, que j'avais rencontré, au nombre des associés de Francis Bouygues lors du rachat de TF1. L'homme était séduisant. Avec lui, rien ne paraissait impossible... Pourtant, ni la reprise du *Matin de Paris,* pour laquelle je fus un moment pressenti, mais qui allait bientôt disparaître, ni le lancement d'une société européenne de production audiovisuelle ne devaient avoir de lendemain. Pour une fois, l'alternance politique, qui, à deux reprises, sonna l'heure de mon départ, de TF1 puis de France Télévision, ne joua pas à mon encontre. C'était au surlendemain de l'élection présidentielle de 1988, et des élections législatives qui avaient été organisées dans la foulée : Michel Rocard était devenu Premier ministre. J'étais fort éloigné de penser à la direction générale de Radio-Monte-Carlo. Mais d'autres y pensèrent pour moi...

L'annonce que je pourrais me voir confier le dossier de Radio-Monte-Carlo, station privée en perte de vitesse, appartenant conjointement aux Etats français et monégasque – un héritage de l'Occupation qui vit la création de cette radio en zone libre, sous les auspices de la Sofira, officine française ancêtre de la Sofirad –, plongea Martin Even dans une excitation que je compris difficilement. Mais cet ami fidèle, auquel j'avais déjà connu des sympathies nordistes, des ancêtres bretons et une terre d'élection en Limousin, se révéla bientôt natif de Monaco, et gendre d'un supporter de l'OM. Il sera, bien entendu, de l'expédition RMC.

Radio-Monte-Carlo avait vécu son Age d'Or au temps des grandes ondes, grâce à une faveur du prince démocratique français, lequel avait accordé au Prince héréditaire monégasque la licence d'implanter son émetteur sur notre territoire, contrairement à RTL et Europe 1, cantonnées par le droit d'émission au-delà des frontières. Il est vrai que ce périphérique-là ne se distinguait pas par son insolence de ton, ni par son impertinence de programmation. Sous la direction de mon ancien condisciple de l'Ecole de Journalisme de Lille, Michel Bassi, Pierre Lescure avait bien donné une touche de jeunesse aux programmes, et lancé des programmes thématiques : RMC Rock et RMC Classique. Mais les sujets favoris des journaux de RMC demeuraient le sport et les incendies de forêt.

Au reste, le problème éditorial de RMC n'était pas la principale cause de la crise que la station traversait. Sa crise existentielle se doublait d'une crise économique. Grâce à l'émetteur de Roumoules, opérationnel au début des années 70, RMC avait rêvé de devenir une véritable station nationale, comme Europe 1 ou RTL ; c'est-à-dire de conquérir Paris. Elle n'y parvint jamais : les grandes ondes cessaient d'être captées au-delà de Dijon ; quant à la fréquence FM obtenue plus tard sur la capitale, elle ne figura jamais parmi les champions de l'écoute en Ile-de-France. A la fin des années 70, près d'un Français sur dix l'écoutait et les bénéfices de RMC assuraient la prospérité de son actionnaire public, la Sofirad. Station riche, Radio-Monte-Carlo s'était développée fastueusement : outre le siège en principauté, des studios près des Champs-Elysées, dans le Triangle d'Or de la communication, rue Magellan, ce qui supposait pour le directeur de la station une navette incessante entre Paris et Monaco, des implantations dignes d'une radio publique, à Marseille, Lyon, Bordeaux, Toulouse, Clermont-Ferrand... Mais en 1988, lorsque j'y arrivai, les illusions se dissipaient, RMC avait perdu un auditeur sur deux.

Dorénavant, les stations en modulation de fréquence, certaines radios locales comme Radio Services, mais aussi les réseaux nationaux et les relais plus ou moins autorisés de RTL et Europe 1, auxquels venaient s'ajouter France-Info et Radio Nostalgie, étaient partis à la conquête de son bastion méridional en dessous de la ligne Bordeaux-Limoges-Lyon-Genève : la France *qui a de l'accent,* et qui se définit en tournant le dos à Paris, chaque fois que c'est possible, la France du Sud, qui soutiendra toujours l'OM, le « Téfécé » de Toulouse, ou les Girondins de Bordeaux, contre le PSG...

La déconfiture de ce grand média du Sud avait été accentuée par des zigzags éditoriaux, qui me rappelaient quelque chose, dans la mesure où ils n'étaient pas loin d'évoquer les folles années de TF1 en 1981-1982 : départ des animateurs vedettes, émissions « sérieuses » à la place des jeux, « jeunisme » de la programmation musicale, parisianisme des invités. Au pays de Fernandel et de Paul Ricard, on ne pouvait pas faire pire. Fût-ce avec les meilleures intentions du monde.

Ce qui aurait été un « accident industriel » à TF1, pour parler à la manière du nouveau patron de la Une, Patrick le Lay, devenait un risque mortel à Monte-Carlo. Car rien n'allait plus dans le groupe RMC : la Somera, qui diffusait vers le Liban, avait vu s'enfuir la prospérité des années d'avant la guerre civile à Beyrouth. De plus Télé-Monte-Carlo, l'une des plus anciennes télévisions commerciales d'Europe, était louée, antenne, matériels et personnels compris, à M6, laquelle venait de dénoncer son bail. Et voilà que Nostalgie s'en allait.

Radio Nostalgie, aujourd'hui l'un des principaux réseaux de radio FM, avait grandi à l'ombre de Radio-Monte-Carlo, qui mettait à sa disposition sa discothèque et ses studios, boulevard Princesse-Charlotte à Monaco. L'inventeur de Radio Nostalgie, le « ferrailleur » Pierre Alberti, était un entrepreneur monégasque. Autant dire, un fonceur qui connaissait la vertu de l'argent, des appuis solides et des idées simples. Radio Nostalgie reposait sur un concept moins sophistiqué que les réseaux « adultes » qui se développaient à la même époque, comme Europe 2 ou RFM. On n'y parlait ni « positionnement », ni marketing. Nostalgie, c'était la station qui diffusait les airs que tout le monde avait aimés – et la discothèque de RMC en regorgeait.

Pendant que Radio-Monte-Carlo périclitait, Nostalgie volait de conquête en conquête, en vendant son programme sous « franchise » à de petits opérateurs locaux, lesquels le plus souvent étaient aussi gérants de boîtes de nuit, qui exploitaient les fréquences accordées par la Haute Autorité, masqués derrière la fausse barbe des radios associatives voulues par la loi de 1982. Je ne vais pas revenir ici sur l'histoire du développement des « radios libres », mais ces informations sont indispensables pour comprendre la situation de RMC en 1988. Radio Nostalgie, diffusant sur toute la France et même au-delà des frontières, avait quitté les locaux du boulevard Princesse-Charlotte, pour s'installer à Paris ; Radio Nostalgie n'avait plus besoin de RMC ; Radio Nostalgie était à vendre, et Radio-Monte-Carlo n'était pas certaine d'avoir les moyens de l'acheter, alors que RTL et le groupe CLT, voire le groupe Europe 1, s'y intéressaient de très près.

A RMC, j'avais reconstitué une petite équipe, en nommant aux programmes Roger-André Larrieu, ancien collaborateur à TF1, et à la tête de la rédaction Alain de Chalvron, qui avait quitté la direction de l'information de RFI, assisté de l'excellent éditorialiste et intervieweur politique Philippe Lapousterle. Un nouveau venu nous avait rejoints : Jean-Noël Tassez, ancien rédacteur en chef du journal communiste *La*

Marseillaise, et promoteur d'un hebdomadaire de gauche, *L'Hebdo,* aussi ambitieux qu'éphémère, dans la capitale phocéenne. Jean-Noël Tassez n'a jamais l'air de travailler, mais il entreprend beaucoup, sait communiquer, possède un beau carnet d'adresses, et il réussit souvent, habile à s'adapter aux circonstances.

J'avais voulu, à mon arrivée à RMC, prendre le temps de la réflexion. Ecouter, analyser, proposer des solutions susceptibles de convaincre les deux Etats actionnaires, et de remotiver les personnels. L'occasion nous en serait fournie par la rédaction d'un Livre blanc, auquel je devais associer aux principaux cadres de la station des intervenants extérieurs, tels Marie-France Brière, Pascal Josèphe et Pierre Wiehn. Parmi les participants à nos discussions, Marc Lavédrine, responsable des services de publicité, un ancien de *L'Express,* ne se berçait pas d'utopies : pour survivre, RMC devait retrouver une ligne éditoriale, un « positionnement » cohérent, mais surtout la station devait arrimer Nostalgie à son offre d'espace publicitaire. Le meilleur produit dont il disposait était en effet le couplage de publicité entre le programme des grandes ondes et les émissions FM de Radio Nostalgie, qualifiées avec un peu de mépris de « *pousse-disque* » par les personnels de la radio monégasque. Un malheur n'arrivant jamais seul, le sudiste Jean-Pierre Foucault annonçait son départ de la station qu'il avait incarnée pendant près de vingt ans : il partait pour RTL.

Nous aurions pu céder alors à la tentation luxembourgeoise : RTL et RMC avaient traditionnellement un même public populaire, et des zones d'écoute qui se complétaient presque parfaitement. RTL possédait, elle aussi, une station de télévision périphérique, dont elle souhaitait redessiner l'avenir en fonction de la montée en puissance du câble et du satellite. Enfin, RTL, partie en retard dans la course aux radios thématiques, avait jeté son dévolu sur Nostalgie, et s'apprêtait à l'acheter.

Parallèlement à la rédaction du Livre blanc, débuta donc un grand jeu de tractations en coulisses, dont les principaux acteurs seraient, outre les Etats actionnaires de RMC, les frères Gross et leur centrale d'achat, Carat, des représentants de la banque protestante versés dans le cinéma, et la Compagnie générale des Eaux. Celle-ci s'intéressait à l'audiovisuel, bien avant de devenir Vivendi sous la houlette de Jean-Marie Messier. Dans nos discussions, les représentants de la firme présidée à l'époque par Guy Dejouany étaient deux personnages aussi intelligents que dissemblables : Etienne Mallet, ancien journaliste au *Monde,* fin stratège et communicateur discret, et Philippe d'Amalric, aristocrate et marseillais, qui se targuait à la fois d'être le premier salarié de sa famille, et d'avoir un lien de parenté avec l'évêque Amalric, massacreur des Albigeois.

Nous avons finalement été en mesure de trouver des solutions monégasques, à ce qui avait failli devenir une affaire d'Etats. Car on imagine mal les intérêts nationaux de la Principauté et du Grand-Duché s'associer durablement sans que Paris s'en inquiète.

Enfin, j'imagine rétrospectivement l'accueil que nous aurait réservé César Charles Solamito, l'homme de confiance du Prince Rainier dans la station. Président monégasque de RMC et de la TMC, il veillait aux intérêts de l'Etat princier avec une onctuosité féroce, acquise dans l'exercice périlleux de la politique monégasque et de la diplomatie vaticane. Solamito jouait une fois par an les patrons du XIXe siècle en remettant lui-même dans son bureau des enveloppes en liquide, pour les gratifications au personnel.

Le destin, et le travail discret de toute mon équipe, ont permis que les couleurs monégasques continuent de flotter sur le mont Agel. Avec le concours de sociétés financières situées dans la mouvance de la Générale des Eaux, dont l'une était présidée par l'ancien ministre des Postes, Gérard Longuet, le groupe de Guy Dejouany a « porté » l'achat de Nostalgie par RMC ; et nous avons trouvé, en temps voulu, c'est-à-dire avant le 1er juillet 1989, date d'échéance du contrat avec M6, une solution pour TMC.

A l'époque, j'avais évoqué l'idée d'une chaîne qui saurait faire rêver, une « *Télé Sissi* » ; mais nous n'avions pas les moyens d'une telle ambition, ni les films, ni les programmes, ni les possibilités de production, malgré le vivier princier de Monaco, le Grand Prix, le Rallye, l'Open et le Casino.

Dans ces conditions, la chaîne musicale MCM apparut vite comme un format d'avenir pour cette station de dimension régionale dont les émetteurs portaient jusqu'à Marseille, mais dont les programmes avaient pris un terrible coup de vieux avec l'arrivée des premiers grands de la télévision privée, Canal Plus et la Cinq. Là aussi, nous avions privilégié la solution monégasque, en rejetant une offre de MTV. Plus tard, nous devions, toujours avec la Générale des Eaux, et devant le repli de MCM sur le câble, entamer une seconde relance de TMC. Cette fois, la station diffusait ses propres émissions, sous l'égide d'une nouvelle société d'exploitation, la Monégasque des Ondes, dont Philippe d'Amalric serait le premier président.

Du côté de Radio-Monte-Carlo, l'horizon s'éclaircissait également : Laurent Cabrol, qui a fait depuis carrière dans le télé-achat sur TF1 et la météo sur Europe 1, rejoignait RMC pour assurer les matinales en remplacement de Jean-Pierre Foucault. Ce Tarnais originaire des monts de Lacaune avait une sympathie directe, établissant un dialogue juste avec les auditeurs, incarnant bien le choix éditorial que nous avions fait. Un « Cap au Sud » qui se matérialisait par l'arrivée d'un soleil dans l'ellipse du logo de RMC.

Au sondage suivant, nous étions rassérénés. Laurent Cabrol avait su retenir les auditeurs de Jean-Pierre Foucault. Eclaircie passagère. Nous ne nous étions certes pas trompés, mais pour combien de temps ? Les solutions monégasques que nous avions trouvées étaient-elles stratégiquement les meilleures ? En rattachant Nostalgie à RMC et en consolidant TMC, nous avions évité le naufrage : mais la route était-elle bien tracée au-delà ? L'Histoire en a décidé depuis, et le groupe a finalement été vendu par appartements, après mille péripéties, dix ans plus tard. Est-ce pour cela que nous nous étions battus ?

L'histoire de RMC est indissociable de celle de la Sofirad. L'une et l'autre sont nées dans les années noires de la Seconde Guerre mondiale ; leur période la plus florissante, l'apogée de ces deux entreprises se situe au tournant des années 70/80 ; sauf profondes remises en cause et nouveaux axes de développement, ni l'une ni l'autre ne semblent désormais avoir un avenir flamboyant.

La Sofirad est une de ces officines dont la France a le secret. Son actionnaire est le Trésor, ses administrateurs sont des hauts fonctionnaires, souvent des politiques. Parmi ses dirigeants passés, le gaulliste Pierre Lefranc, le centro-gaulliste Denis Baudouin, et le giscardien Xavier Gouyou Beauchamps. Trois proches collaborateurs des chefs de l'Etat qui s'étaient succédé à l'Elysée.

Le président de la Sofirad, qui à la belle époque détenait dans son portefeuille les participations privées de l'Etat dans Europe 1, Radio-Monte-Carlo, Sud Radio et la Compagnie libanaise de télévision, est nommé en Conseil des ministres.

Est-ce parce que la gauche n'a pas le sens des officines ? Est-ce la décadence des périphériques, qui ont perdu la moitié de leur audience – et donc une grande part de leurs profits – en vingt ans, face aux réseaux FM ? Est-ce aussi une marque de l'époque, puisque le temps est aux privatisations ? Toujours est-il qu'un à un les diamants se sont détachés de la couronne : Europe 1 a été vendue dès mars 1986 au groupe Lagardère, après Sud Radio, cédée au groupe pharmaceutique toulousain Pierre Fabre... qui devait également reprendre en 1998 Radio-Monte-Carlo.

Au temps des recettes faciles, la Sofirad avait constitué une cagnotte audiovisuelle échappant à la plupart des contrôles de l'administration, et même du gouvernement, puisqu'elle était pilotée depuis l'Elysée. D'où son odeur légèrement sulfureuse, et son action compliquée. C'est ainsi que, réussites et échecs confondus, les principales innovations audiovisuelles des années Giscard d'Estaing avaient été menées depuis l'immeuble cossu de la place Victor-Hugo, dans le 16ᵉ arrondissement.

J'ai déjà évoqué Téléfrance USA, qui devait couvrir les Etats-Unis de programmes tricolores, et qui fit long feu. Ce n'est pas la seule mésaventure de l'histoire de la Sofirad : le groupe public assura par exemple le pilotage de la partie non technique du satellite français de diffusion directe, que la presse baptisa un jour à juste titre le Concorde de la télévision, sans oublier des participations cinématographiques incertaines, comme l'achat du catalogue Republic Pictures, un vrai mistigri, et de singuliers accords avec des industriels brésiliens qui avaient promis en contrepartie d'acheter du matériel français... à nos frais ! D'une manière générale, avant 1981, et tous dirigeants confondus, il est difficile de prétendre que la Sofirad ait souvent été bien inspirée dans ses investissements en télévision.

En radio, en revanche, la Sofirad avait souvent eu la main plus heureuse. Suivant la voie ouverte par la Somera, qui avait repris le secteur des émissions en langue arabe abandonné à l'époque par RFI, deux nouvelles stations avaient vu le jour, dans le cadre de partenariats bilatéraux. Avec le Gabon, la Sofirad avait su trouver une solution pour exploiter le très puissant émetteur de Moyabi, vendu quelques années plus tôt par Thomson au Président gabonais Omar Bongo désireux d'arroser toute l'Afrique en ondes courtes : « Africa n° 1 », première radio commerciale d'Afrique centrale et de l'Ouest, diffuse peut-être autant de mérengué et de makossa que de bulletins d'informations, mais sa couverture régionale lui a permis d'échapper à la tradition de propagande des radios nationales, et de compléter ainsi pour les auditeurs d'Afrique francophone l'offre de RFI.

« MEDI 1 », à Tanger, devait être la première radio arabe en grandes ondes. Elle fut aussi la première à passer sans encombre du français à l'arabe et de l'arabe au français, la première également à appeler un chat un chat : la première à cesser d'appeler Israël « l'entité sioniste ». « Africa n° 1 » et « MEDI 1 » ont contribué à leur façon à renouveler la coopération audiovisuelle franco-africaine : en définissant des objectifs de concert avec nos partenaires locaux, et en les cofinançant à des hauteurs décisives, la Sofirad avait ouvert la voie à une nouvelle forme de présence française au-delà des frontières. En l'occurrence, la culture « monégasque » de la Sofirad avait été une excellente école.

La France de François Mitterrand avait su exprimer une ambition globale dans le domaine de l'audiovisuel international. Au-delà de RFI, depuis 1982, dont le succès ne se démentait pas au fil des ans, les responsables politiques cherchaient également une clef qui permettrait d'ouvrir les écrans étrangers à nos images. La première initiative fut le développement de TV5. Au départ cette chaîne était l'émanation d'un simple club réunissant entre elles les télévisions publiques francophones de l'hémisphère Nord. Sur les réseaux où elle était distribuée, principalement en Europe septentrionale et au Canada, on pouvait ainsi regarder sur TV5, dans un patchwork savamment négocié, des jeux culturels belges, un excellent magazine d'actualités suisse, des reportages sur les poubelles à Montréal, et des téléfilms sortis de derrière les fagots de l'INA, sans oublier, en alternance, les journaux d'Antenne 2 et de TF1.

La privatisation de TF1 conduisit à transformer progressivement TV5 en structure autonome. Mais il faudra attendre la nomination en 1997 de Jean Stock, solide Lorrain formé à l'école de RTL, pour que la réflexion sur les programmes et sur les attentes du public dans les différentes régions du monde l'emporte sur la satisfaction de compromis diplomatiques réussis. Il reste encore beaucoup à faire pour imposer cette chaîne dans le concert des grands du satellite international, à côté des chaînes américaines comme CNN ou des « bouquets » de programmes commercialisés par Rupert Murdoch, mais c'est déjà un sensible progrès, une révolution psychologique.

A la fin des années 80, la France comprit que, la nature et le ciel ayant horreur du vide, il ne serait pas possible de laisser les satellites internationaux arroser l'hémisphère Sud, sans y assurer également la présence des images françaises. Le projet Canal France International (CFI), initié sous le gouvernement Chirac en 1987, allait voir le jour sous le gouvernement Rocard de 1988. Fouad Benhalla lancerait bientôt vers l'Afrique puis vers le Proche-Orient les premières émissions par satellite de cette banque de programmes français.

Que trouvait-on au guichet de cette banque singulière ? Les mêmes téléfilms que sur TV5, des émissions de plateau dont les droits étaient détenus par les chaînes publiques, des feuilletons, des dessins animés. Bref, tout ce que l'on envoyait précédemment sous forme de cassettes bien protégées par messageries postales ou aériennes pouvait désormais être capté sans support physique, au moyen de vastes paraboles installées au siège des télévisions nationales. Bientôt, les journaux télévisés et le sport allaient donner à CFI un attrait renouvelé : le satellite permettrait de suivre les principaux événements du monde, en temps réel. Et, par la grâce du sponsoring, la Coupe d'Afrique des Nations serait vécue en direct.

Mais tout va désormais très vite. On dénombrait en 1990 sur les toits d'Alger autant de paraboles, en principe illégales, pour recevoir le satellite que de couscoussiers dans les cuisines. TV5 et CFI vont se livrer une singulière course-poursuite pour étendre leurs émissions vers l'Afrique et le Proche, puis l'Extrême-Orient, ainsi que vers l'Europe de l'Est... Pourtant, les négociations d'Etat à Etat pour les relais terrestres n'avancent pas très vite, cependant que le public de ces pays, affamé d'images du monde entier, s'équipe de toutes les technologies nouvelles, et capte directement CNN International, la chaîne de Ted Turner.

Consciente des limites des actions gouvernementales, comme de l'importance du rayonnement audiovisuel extérieur pour la diffusion des artistes et des créateurs français, l'efficace Catherine Tasca, qui deviendra bientôt ministre de la Francophonie, pensait alors que la Sofirad était mieux placée que les diplomates et les fonctionnaires de la Coopération pour aller sur le terrain. C'est la nouvelle mission que l'on me confia donc, à la fin de 1989, date à partir de laquelle j'occupai un troisième bureau, devenant mon propre actionnaire de contrôle. A la direction générale de RMC, partagée entre le boulevard Princesse-Charlotte à Monaco et la rue Magellan à Paris, vint en effet s'ajouter la présidence de la Sofirad, principal actionnaire de Radio-Monte-Carlo, place Victor-Hugo, où Didier Sapaut, jeune normalien, agrégé d'histoire, passé par l'ENA et ancien sous-directeur du Service juridique et technique de l'information (SJTI), me seconda très efficacement. Je lui proposerai d'ailleurs de me rejoindre à la présidence commune d'Antenne 2-FR3, comme Secrétaire général, l'hiver suivant, et il poursuit depuis un parcours sans faille dans l'audiovisuel français, public ou privé.

L'expérience Sofirad ne dura en effet qu'une seule année. Trop peu de temps pour que les projets poursuivis puissent être menés à bon port. Mais quel enthousiasme nous avons rencontré, dans tous les pays où nous nous rendions pour préparer des accords ! Concrètement, nous avons tout juste eu le temps de tracer les perspectives : une meilleure synergie entre TV5 et CFI, une organisation de la distribution internationale des images françaises, l'agence d'actualités...

Avec Images Sud-Nord, nous avons ouvert la voie du marché international aux productions africaines ; les premiers « Paris Screenings » que je lance en 1990 vont favoriser les contacts entre producteurs et diffuseurs audiovisuels français, et les grands acheteurs internationaux. HMI, la filiale publicitaire spécialisée dans les médias du Sud, va permettre de diffuser de grands matches de la Coupe d'Afrique des Nations, grâce au parrainage. On a vu comment Canal Horizons, où la Sofirad était à l'origine fortement impliquée, prendra peu à peu son envol. Les perspectives étaient justes. Mais aurions-nous eu réellement, avec le temps, les moyens de les mettre en œuvre de façon plus globale ?

Dans la mesure où les radios périphériques ne gagnaient plus guère d'argent, il restait une seule ressource pour financer l'action audiovisuelle internationale : l'argent du contribuable. Au temps de l'aisance financière, le Conseil d'administration de la Sofirad était un simple organisme de contrôle. Désormais, il devenait un véritable organe stratégique, bloqué bien souvent par son indécision : Bercy n'était jamais d'accord avec le Quai d'Orsay sur les priorités, et leur financement, tandis que la Rue Monsieur, siège du ministère de la Coopération, ne voulait pas se dessaisir totalement des dossiers. Le succès de RFI m'incite à penser qu'il ne faut jamais désespérer de Matignon, ni des interminables discussions interministérielles ; mais la Sofirad était devenue une chauve-souris, mi-mammifère, mi-oiseau, toujours sous statut privé, mais liée aux décisions publiques et donc subordonnée aux choix budgétaires de l'Etat. Capable de voir les obstacles dans la nuit, mais éprouvant de la difficulté à voler de ses propres ailes.

Ainsi, devant le regard indifférent, voire agacé des chaînes publiques, jalouses de leurs droits sur des programmes qu'au demeurant elles avaient produits ou financés, les efforts de la Sofirad pour structurer le rapprochement de CFI et de TV5 ressemblaient un peu, d'un point de vue franco-français, à un souffle de vent dans le désert.

Depuis, l'Histoire a suivi son cours. L'ambition internationale de François Mitterrand a été reprise à son compte, et à sa manière, par Jacques Chirac, toujours à l'écoute lorsqu'il s'agit de l'Afrique en particulier et de la promotion de notre langue et de notre culture de manière plus générale. De son côté, le gouvernement de Lionel Jospin n'a pas ménagé son soutien financier à l'action internationale.

Alors, d'où viennent ce sentiment de temps perdu, d'efforts gaspillés, de bricolage, ces polémiques autour d'une illusoire « *CNN à la française* », formule dont les politiques usent pour ne pas préciser leurs attentes, sans songer qu'une telle chaîne réclamerait d'abord des moyens beaucoup plus larges que ceux qu'ils sont prêts à lui allouer... La légitimité de notre action internationale réside dans l'affirmation de notre identité éditoriale, de l'indépendance de nos journalistes comme de la qualité et de la rigueur de leur travail. Aujourd'hui, nos programmes de télévision publique sont déjà présents sur tous les continents, grâce à TV5, à CFI, mais aussi à RFO, notre Réseau France Outre-Mer, trop longtemps négligé, qui a su attraper le satellite au vol et fonctionner à la fois en banque de programmes et en diffuseur, rayonnant sur trois océans et quatre continents...

L'âge numérique, qui débute aujourd'hui, ouvre la porte à des entreprises innovantes, et l'on constate que le rapprochement des industriels de la communication avec les usines à rêves, du cinéma et du disque, constitue l'un des événements centraux de la mondialisation. Hier, Sony et Columbia ; aujourd'hui Time Warner et la vedette d'Internet, le fournisseur d'accès AOL, Microsoft devra demain trouver de nouvelles alliances pour échapper aux lois antitrust américaines...

Etions-nous trop en avance, trop volontaristes, dans les années 90, lorsque nous avions l'ambition de faire porter les images françaises dans le monde entier par des satellites tricolores ? Fallait-il que les frontières s'abaissent, en Europe, dans le monde, avant que l'on puisse imaginer des relations nouvelles entre pays, entre cultures, entre individus ? Fallait-il Internet, qui n'est pas seulement un moyen de diffusion audiovisuelle, mais aussi un kiosque à données, à images, à transactions commerciales de tous ordres, pour libérer notre télévision de ses vieilles inhibitions ?

En tout cas, notre « souveraineté culturelle » ne sera féconde que si nous savons ouvrir nos portes aux échanges, et regarder vers le large pour engager de nouveaux projets avec des partenaires du monde entier, devenant les hérauts de la diversité culturelle. La diversité culturelle doit être vue comme un pari, dans un esprit offensif, et comme un atout sur les nouveaux marchés des images. Contre l'uniformisation et grâce à l'imagination de nos créateurs, de nos auteurs, de nos réalisateurs. Nous trouverons ainsi les moyens de nourrir des projets qui auront une âme, fidèles à ce qui définit notre identité, notre langue, notre histoire, en particulier celle que nous avons en commun avec les peuples d'Afrique et de la Méditerranée.

La communication audiovisuelle est entrée dans une nouvelle ère. En France, Canal Plus, avec à sa tête Pierre Lescure, excellent professionnel devenu grand manager, a contribué à changer fondamentalement les mentalités. Ses développements internationaux, son poids dans l'industrie cinématographique des deux côtés de l'Atlantique, démontrent à l'envi qu'il n'existe pas de fatalité hexagonale pour nos entreprises et pour nos œuvres.

Il me reste à évoquer la part que j'ai prise à l'édification du groupe France Télévision à partir des anciennes sociétés Antenne 2 et FR3, ces deux chaînes publiques qui deviendront en 1992, à mon initiative, France 2 et France 3, réunies dans un groupe solide. France Télévision attendra pourtant jusqu'au seuil du troisième millénaire sa concrétisation juridique sous la forme d'un holding cohérent, institué par une nouvelle loi audiovisuelle, restée plusieurs années en chantier et définitivement adoptée au début de l'été 2000.

France Télévision : la présidence commune

J'avais quitté la télévision lors de la privatisation de TF1. J'y revenais trois ans plus tard, en décembre 1990, nommé à la présidence des deux chaînes publiques, Antenne 2 et FR3. J'y arrivai armé par toutes les expériences, nationales et internationales, que je venais d'accumuler, et conscient de la nécessité de donner, face aux nouvelles concurrences qui apparaissaient année après année, un nouvel élan et une nouvelle ambition au service public.

Antenne 2 restait marquée par les temps chaotiques de l'après-Desgraupes, et FR3, détrônée de son rang de « chaîne du cinéma » par Canal Plus, était à la recherche de son identité. Ces « sociétés nationales de télévision en couleurs », ainsi que la loi les avait définies, étaient les seules chaînes publiques qui existaient alors, aux yeux des téléspectateurs : la Sept n'était encore présente que sur le câble et le satellite – et faisait une timide apparition le samedi soir à travers une fenêtre sur FR3. La Cinquième ne verrait le jour qu'en 1994.

Face aux deux chaînes issues de l'ORTF, la télévision privée bénéficiait d'un atout de taille : la dynamique du succès et la légitimité historique de TF1. Les deux autres chaînes commerciales, la Cinq et M6, tentaient d'imposer leur marque et leurs programmes à un public atteint de boulimie de télévision. Comme toutes les révolutions, l'explosion audiovisuelle de la fin des années 80, apportera le meilleur – un authentique pluralisme – et le pire. Ainsi, le CSA, tout juste créé en 1989, devait rapidement estimer que sa première mission était d'endiguer la dérive des programmes vers les films, les téléfilms et les dessins animés hyper-violents. La protection de l'enfance et de l'adolescence fournira l'occasion de mises en demeure des opérateurs et de sanctions, appliquées sous le contrôle du Conseil d'Etat, dont la plus spectaculaire sera l'obligation faite à TF1 de publier sur son antenne un communiqué à propos du dessin animé « manga » japonais *Dragon Ball Z*.

En face, la télévision publique semblait désorientée, dépourvue de stratégie : elle vivait au jour le jour, murée dans les idées reçues, les nostalgies, les jalousies. Trop longtemps, télévision publique et monopole avaient été indissolublement liés dans les esprits de tous et de chacun. Il fallait inventer un service public adapté à un contexte concurrentiel, violemment concurrentiel. Lui permettre de se faire entendre de tous, tout en faisant entendre sa différence. L'affaire n'était pas aisée. Il était en même temps indispensable d'assurer une restauration symbolique de l'institution publique, sans pour autant reconstituer l'ORTF. La loi de 1989 décida de confier cette mission à un président commun.

Mission impossible, aurait-on été tenté de dire à l'époque. Le premier président d'Antenne 2 et de FR3, Philippe Guilhaume, à qui l'on ne fit pas de cadeau, ne parvint pas à mener cet attelage plus de seize mois. Les manifestations d'impatience et de dépit étaient nombreuses : lors de la soirée des 7 d'Or 1990, Frédéric Mitterrand avait déposé sur le sol le prix qui venait de lui être remis, indiquant que le service public ne pouvait tomber plus bas ; fin 1990 également, les rédactions régionales de France 3 s'étaient rebellées et l'écran des chaînes publiques s'était figé sur la mire...

La présidence commune se trouvait sur la colline de Chaillot lorsque le CSA me nomma président d'Antenne 2-FR3, en remplacement de Philippe Guilhaume, en décembre 1990. Nos bureaux étaient installés dans un ancien hôtel particulier 1900 aménagé de façon biscornue pour Michel Mouillot, qui avait été président de la régie publicitaire de FR3, avant de partir à la conquête de la Ville de Cannes, dont il prendra pour un temps la mairie avant d'être rattrapé par les affaires...

La présidence « commune » n'était pas un chef-d'œuvre d'architecture d'intérieur : faux plafonds, fausses cloisons, volumes absurdes... De mauvais esprits pouvaient y voir une métaphore de l'état des deux sociétés issues de l'ORTF, réunies par la loi sous une même tête en 1989. Cloisonnées, mal calibrées, dotées d'une mauvaise distribution intérieure. Nous nous en arrangeâmes aussi bien que possible, pendant les trois années que nous y avons passées : il est vrai que l'absurdité où se trouvait le groupe France Télévision, éparpillé entre une douzaine d'implantations différentes à Paris, nous conduisit rapidement à envisager de rapprocher physiquement toutes les équipes dans un bâtiment unique, pour lequel j'eus le temps, avant de quitter la présidence, de proposer deux implantations : Issy-les-Moulineaux, et le site actuel sur lequel les sociétés ont emménagé, en bord de Seine, dans le 15e arrondissement, tout près du Parc André-Citroën. Cette perspective de déménagement ne nous inclinait pas à entreprendre des travaux de décoration dans le petit hôtel particulier de la présidence, avenue d'Iéna, saine gestion oblige...

Résumé symbolique des quiproquos ayant présidé à la naissance de cette organisation, une discussion digne du débat sur le sexe des anges avait opposé tenants de la présidence « *commune* » et partisans de la présidence « *unique* ». Catherine Tasca, la « fine lame » que François Mitterrand avait dépêchée naguère au sein de la Commission nationale de la Communication et des Libertés, la CNCL, était chargée du portefeuille de la Communication dans le gouvernement de Michel Rocard. Malgré les oppositions (de droite), les divergences (de gauche) et les chausse-trappes (de tous bords) qui ne lui furent pas épargnées tout au long du débat parlementaire, elle était parvenue à mener le chantier législatif à son terme, avec les convictions, la compétence et l'énergie qu'on lui connaît, et qui sont restées les siennes. Sur les dossiers de la culture, de la communication et de la Francophonie la connaissance aiguë des problèmes et des acteurs rejoint chez elle de vraies passions. J'ai toujours tenu en haute estime Catherine Tasca, qui m'honore en retour d'une solide amitié, renforçant notre confiance mutuelle.

Cependant, au-delà de l'anecdote, cette réforme, que je n'étais pas le seul à appeler de mes vœux depuis la privatisation de TF1, paraissait mal partie.

Les chaînes publiques avançaient toujours en ordre dispersé, méfiantes l'une vis-à-vis de l'autre, guidées par une seule arrière-pensée : se démarquer. Tout se passait comme si la principale rivale d'Antenne 2 était FR3, et réciproquement. Les équipes d'information s'ignoraient, les coproductions étaient plus que rares. L'harmonisation entre les deux chaînes tenait du rôle du pion en cour de récréation. Là où l'on aurait pu imaginer des synergies, le rôle de la présidence se cantonnait à limiter les dégâts. Mais les missions de bons offices suffisent rarement : il fallait que cette idée simple, doter les deux chaînes d'un même président, trouve sa traduction dans une stratégie et un calendrier. De l'imagination et de la suite dans les idées, qui permettraient de trouver du temps et de l'argent. Les quatre faisaient défaut.

Dans quel contexte se situait en effet cette refondation de la télévision publique ? Antenne 2 et FR3 réunies n'étaient plus regardées que par un téléspectateur sur trois ; d'une certaine façon, la place de la télévision de service public et ses modalités de financement se trouvaient indirectement mis en cause par ce déficit de fréquentation. D'un côté, les porte-parole des chaînes privées appuyaient l'idée d'une dichotomie simple : « *Argent privé, chaînes privées ; argent public, chaînes publiques.* » De l'autre, les nostalgiques d'un audiovisuel introuvable agitaient le mythe d'une télévision originelle, pure de tout péché commercial.

Il faut dire que le « péché commercial » avait une incarnation bien visible : les nouvelles chaînes qui avaient « ouvert » le paysage audiovisuel français... Autour d'Antenne 2 et FR3, les chaînes de télévision privées avaient en effet fleuri entre 1985 et 1990. Afin de préserver notre pays de ce que Jack Lang appelait le « satellite Coca-Cola », les gouvernements successifs, celui de Laurent Fabius d'abord, puis le gouvernement de cohabitation dirigé par Jacques Chirac à partir de 1986, avaient tenu à multiplier les programmes de télévision privée soumis à la réglementation française, c'est-à-dire aux fameux « quotas » d'œuvres d'expression originale française ou européenne. La Mission

Câble de Bernard Schreiner avait encouragé les premières chaînes thématiques, Canal J pour les enfants, ou Eurosport. Certes, le câble progressait lentement, et l'on voyait mal à l'époque comment franchir le seuil fatidique du million de prises. Les ingénieurs débattaient à l'infini des vertus respectives du coaxial et de la fibre optique, sans que le nombre de raccordements effectifs suive leurs projections volontaristes.

Canal Plus, qui allait rencontrer un succès croissant et durable, était née à l'automne de 1985, dans l'incrédulité générale. Utilisant habilement à son profit la première rumeur négative suscitée par les multidiffusions des programmes, André Rousselet, président d'Havas et des Taxis G7, profitait de sa proximité avec François Mitterrand pour obtenir les nombreuses dérogations au droit commun de l'audiovisuel qui allaient faire de Canal Plus la chaîne incontournable du cinéma. Première chaîne française à vivre de ses abonnés, Canal inventait son propre chemin, à l'écart des modèles préexistants, s'appuyant sur des programmes attrayants qu'elle était seule à proposer, sport, cinéma, érotisme, soit qu'elle en ait acheté les droits exclusifs, soit que son régime juridique singulier lui en réserve l'accès en priorité. La course à la télévision privée était lancée, mais Canal, diffusée en crypté, ne progressait qu'au rythme, nécessairement lent, de la souscription des abonnements, et l'Elysée s'impatientait.

A la hâte, on vit Jack Lang et Georges Fillioud faire assaut de diplomatie secrète, contre leur gré, mais à la demande de François Mitterrand, pour susciter la naissance de « la Cinq », en ouvrant nos frontières audiovisuelles au maître de Milan, Silvio Berlusconi, pape de la télévision commerciale transalpine et futur leader de la droite italienne, qui passait alors pour un proche du socialiste Bettino Craxi. « La Cinq », qu'il ne faut pas confondre, bien sûr, avec « la Cinquième », qui en prendra dix ans plus tard la place, commençait là son existence tapageuse et dispendieuse, au terme de laquelle elle serait la première chaîne privée d'Europe à déposer son bilan et à disparaître corps et biens, le 12 avril 1992.

Au moment même où la Cinq était portée sur les fonts baptismaux, et afin de faire contrepoids, le projet de TV6 était lancé : ce serait la chaîne musicale dont rêvaient ceux qui avaient déjà pu voir MTV outre-Atlantique. Parmi les principaux actionnaires : le groupe Publicis de Marcel Bleustein-Blanchet et NRJ, le réseau musical de Jean-Paul Baudecroux. Singulière revanche pour ce dernier, qui avait été mis au ban de la loi par la Haute Autorité : NRJ était parvenu en l'espace de quatre ans à transformer des radios associatives en un réseau commercial qui étendrait bientôt son influence au-delà des frontières françaises. N'était-il pas désormais considéré comme le futur concessionnaire d'une télévision ayant pignon sur rue ?

Mais en ces temps-là, le cordon ombilical entre la télévision et l'Etat était décidément mal coupé, puisqu'une loi devait être votée par le gouvernement Chirac, issu des élections législatives de 1986, qui reprendrait les concessions de la Cinq et de TV6, et rebattrait les cartes au profit d'une nouvelle Cinq, soutenue par le groupe Hersant, et de M6, dont les opérateurs seraient liés à la Lyonnaise des Eaux et à la Compagnie luxembourgeoise de radio-télévision (CLT), en même temps que TF1 serait attribuée au groupe Bouygues et à ses associés, parmi lesquels se trouvaient l'éditeur international Robert Maxwell, *Le Point,* et Bernard Tapie.

L'échec de la Cinq nouvelle version n'était pas écrit. La chaîne tenta de marier la culture de la télévision privée italienne – des jeux, des variétés, des fictions, du rire et de la violence – à l'atout qui a toujours fait la force des radios périphériques en France, une information de qualité, et libre de ton. De nombreux talents choisirent la Cinq, offrant une palette des plus diverses, de Jean-Claude Bourret à Guillaume Durand, en passant par Gilles Schneider à l'information, conduite par Patrice Duhamel. Les stars de TF1 y furent souvent transférées comme des footballeurs : Patrick Sabatier, Patrick Sébastien, qui voisinaient sur l'antenne de la Cinq avec des séries-culte comme *Twin Peaks* ou *Perry Mason.* Lorsque le groupe Hersant jeta l'éponge, Hachette prit sa place et fit appel à Pascal Josèphe pour animer l'équipe des programmes, souhaitant donner un nouvel élan et une nouvelle inspiration à la chaîne, dont l'identité et l'image étaient déjà trop fortement marquées pour pouvoir être redressées.

Aucune de ces greffes successives ne prit vraiment. S'agissait-il pour autant d'une malédiction ? Existait-il réellement la place pour une chaîne leader entre TF1 et Antenne 2 ? La réussite de deux « petites » chaînes aux ambitions plus modestes, M6 dans le secteur privé et France 3 dans le secteur public, manifeste que les jeux n'étaient décidément pas faits il y a dix ans, mais simplement que l'accouchement des challengers ne pouvait pas se faire aux forceps. Le public de télévision, même à l'âge du zapping, ne se manœuvre pas à la hussarde. Il faut l'accoutumer, l'apprivoiser, le reconnaître avant même de le faire évoluer. La Cinq mourut sans doute d'avoir voulu aller trop vite, transformer dans l'instant ses intuitions en réalisations et ses ambitions en réussites. Désorienté, le public ne fut pas séduit, mais rebuté.

Après avoir constitué pour les chaînes du service public une concurrence commerciale particulièrement vive, la Cinq s'éteignit définitivement le soir du 12 avril 1992. Pascal Josèphe, qui venait d'être victime d'un grave accident, dans lequel il avait eu les deux chevilles brisées, administra une fois encore la preuve de son courage et de sa force de caractère, insistant pour être porté sur le plateau et participer à la dernière soirée de la chaîne, pour vivre avec ses collaborateurs les dernières minutes qui précédèrent l'écran noir.

Même si elle succombait essentiellement à la concurrence de TF1, qui avait été impitoyable pour sa rivale naissante, la disparition de la Cinq constituait aussi une victoire pour le service public : le concept d'une télévision de masse entièrement conçue sur des recettes commerciales avait vécu, et la pertinence, pour répondre aux attentes du public français, d'une programmation généraliste équilibrée, valant aussi bien pour les télévisions privées que pour les chaînes publiques, s'en trouvait renforcée.

Le contre-exemple commercial avait dans l'intervalle admirablement servi les arguments de ceux qui rêvaient à l'inverse d'une télévision à l'écoute des artistes, des penseurs, des créateurs... Leurs modèles se nommaient BBC – mais pour qui la BBC n'est-elle pas un modèle ? Est-elle réellement regardée attentivement par ceux qui la vantent le plus ? – ou PBS, chaîne culturelle créée par le président Lyndon B. Johnson en 1968 aux Etats-Unis, à l'audience confidentielle, et qui n'a jamais joué le rôle rassembleur d'une télévision généraliste. Plus près de nous était née la Sept.

Voulue par François Mitterrand, à l'issue d'une séance du Collège de France, au cours de laquelle les plus grands esprits de l'Université, de Pierre Bourdieu à Georges Duby, étaient venus exprimer leur déception à l'égard des étranges lucarnes, lesquelles selon eux n'avaient rien à dire, la Sept allait devenir, comme les initiales qui composent son nom l'indiquent, une « Société d'édition de programmes de télévision ». Pas tout à fait un diffuseur, sauf sur le câble et le satellite, mais plutôt un éditeur d'émissions ambitieuses, obligé de les coproduire avec les autres chaînes. Ce concept, au départ, était intéressant et méritait d'être suivi. Mais la nature humaine étant ce qu'elle est, les responsables de la Sept n'eurent de cesse de dépasser le cadre initial de leur mission pour en faire une chaîne comme les autres, c'est-à-dire une télévision hertzienne en clair, que chacun pourrait recevoir avec une antenne ordinaire.

Avec des préoccupations nouvelles d'image et d'audience, ce nouveau statut entraînerait immédiatement une réelle difficulté à coopérer avec les autres chaînes, y compris les chaînes du service public : tant il est difficile d'imposer à des sociétés concurrentes la consigne de travailler ensemble. La situation que nous connaissons aujourd'hui reflète ces difficultés structurelles et la manière dont elles furent dépassées : ARTE a toujours un nombre insuffisant de téléspectateurs, mais ses programmes de qualité, ses soirées thématiques en particulier, où tous les sujets sont abordés, de la crise industrielle à Staline, en passant par Charles Quint, Dalida, ou la vie quotidienne en Iran, ses grands documentaires, les films de jeunes auteurs coproduits enrichissent notre paysage audiovisuel. J'ai été de ceux qui ont douté : pourtant ARTE, à sa place, est devenue une véritable chaîne de télévision, rayonnant sur plusieurs pays, largement sous la houlette de celui qui assura longtemps, avec efficacité et habileté, la présidence de cette chaîne, devenue franco-allemande, Jérôme Clément.

Les débuts de la Sept n'avaient certes pas été évidents. Dans un premier temps, elle occupa les samedis de FR3, ce qui ne fit le bonheur de personne. Il fallut attendre près de deux ans pour qu'une solution soit imposée par le gouvernement : associée par la grâce d'un traité franco-allemand au programme culturel ARTE, diffusé outre-Rhin sur le câble et le satellite, la Sept-ARTE se voyait attribuer par décret la priorité sur le réseau de fréquences abandonné par la Cinq.

La lecture de la presse de l'époque est éclairante sur la situation dans laquelle se trouvaient Antenne 2 et FR3 lorsque j'en acceptai la charge : *Libération* titrait en Une « *Bourges à la rescousse* », et sur les pages deux et trois, en titre courant « *Guilhaume démissionne, Bourges reprend le fardeau* », en précisant : « *Le PDG d'A2-FR3 laisse derrière lui un déficit de trois à six cents millions de francs* ». *France-Soir* me lançait en Une un défi : « *L'homme qui a redressé TF1 au secours d'Antenne 2-FR3* ». *Le Maine Libre* était plus dubitatif sur nos chances de succès : « *Télé publique cherche docteur miracle...* » *La Croix* filait des métaphores du même genre : « *La Télé publique en réanimation* », voyant en la personne du nouveau président des chaînes publiques « *le Red Adair du Paysage Audiovisuel Français* », suivie dans son inspiration par *Le Nouvel Observateur* qui parlait du « *pompier du PAF* ». Tandis que *L'Est Républicain* me faisait immédiatement crédit : « *Bourges va prendre la crise à bras-le-corps* »...

Les chaînes étaient-elles sinistrées ? Elles étaient surtout désorientées par les transformations du paysage, et exsangues parce qu'elles ne s'y étaient pas adaptées. Désorientées pour deux raisons fondamentales et symétriquement opposées : tout d'abord, TF1, qui avait représenté longtemps l'étalon du service public, se retrouvait chaîne leader de la télévision commerciale, tandis que l'existence de la Sept remettait en partie en cause, aux yeux de certains commentateurs, la légitimité des missions culturelles et éducatives des chaînes généralistes. Exsangues ensuite parce que l'agressivité commerciale des chaînes privées avait mis à mal les recettes publicitaires de la télévision publique, alors même que les effets bénéfiques attendus du rapprochement des deux chaînes avaient conduit les pouvoirs publics à ne pas augmenter la redevance, dont par ailleurs TF1 ne bénéficiait plus. Prises dans cet effet de ciseaux financier, les sociétés avaient donc vu leurs trésoreries fondre, et leurs résultats se dégrader, à grande vitesse.

Le cercle vicieux de l'affaiblissement économique et éditorial risquait donc d'entraîner les deux chaînes dans une situation irrémédiable, l'amenuisement de leurs ressources ne leur permettant plus d'investir dans des programmes suffisamment puissants pour qu'elles retrouvent leur public, entraînant une perte d'audience continue qui amplifierait encore leurs difficultés à assurer leurs rentrées publicitaires. Le cercle vicieux deviendrait alors une spirale infernale, comparable à celle que connaîtrait la Cinq quelques mois plus tard.

Tel était le diagnostic, partout publié. Il fallait donner un coup d'arrêt à l'évolution engagée, et répondre point par point aux maux que nous avions reconnus. Premier défi : la crise d'identité. Son traitement : redonner à la télévision publique une ligne d'horizon et surtout une ambition, voire deux, puisqu'il y avait deux chaînes. Réconcilier les professionnels avec leur entreprise, réconcilier les téléspectateurs avec les programmes de la Deux et de la Trois, et inversement, retrouver l'élan communicatif, rétablir le dialogue avec celui ou celle qui regarde, leur offrir ce qu'ils attendent réellement de la télévision, particulièrement des chaînes publiques.

A TF1, chaîne publique, l'équipe que j'avais réunie autour de moi avait fondé la reconquête des téléspectateurs, sur le concept d'une « *télévision populaire de qualité* ». De même Antenne 2 et FR3 avaient besoin d'un projet fédérateur, qui ne pouvait qu'être ambitieux et mobilisateur : mais il ne le serait qu'à la condition que l'Etat nous en fournisse les moyens, en donnant aux sociétés, lourdement déficitaires, un ballon d'oxygène financier qui libérerait les énergies. Ce fut donc le contrat que je passai avec le gouvernement de Michel Rocard, avec le soutien de son talentueux directeur de cabinet, Jean-Paul Huchon : la recapitalisation d'Antenne 2 et de FR3, aurait pour contrepartie l'élaboration et la mise en œuvre d'un plan stratégique et d'un plan social, le tout devant permettre aux deux chaînes de repartir sur de nouvelles bases.

Les choix stratégiques qui seront arrêtés donneront le jour, un an plus tard, au groupe France Télévision. Ils sont résumés par l'expert Michel Souchon : « *Après une longue période de concurrence entre les chaînes publiques, la loi a amorcé un rapprochement par la création d'une présidence commune. La complémentarité ainsi rendue possible doit permettre d'élargir l'éventail de choix des téléspectateurs. Deux* *réseaux harmonisés et fortement cohérents peuvent présenter des programmes différents tout au long de la journée. Ainsi, à tout moment, la télévision publique peut ouvrir un choix plus riche et s'opposer à la dérive souvent constatée : "Plus il y a de chaînes, moins il y a de choix*." »*

« Une télévision pour tous »

La fin de la Cinq permit à Pascal Josèphe de me rejoindre à France Télévision. En sa compagnie, nous allions mettre en œuvre les choix arrêtés dans le Plan stratégique, rédigé avant son arrivée. Une *« télévision pour tous »*, dont le projet se déclinait ainsi : *« Tous les programmes, tous les genres, pour tous les publics »*. Une authentique télévision généraliste, telle que l'avait analysée Michel Souchon, pouvait néanmoins marcher sur ses deux jambes, en offrant une véritable alternative de programmes harmonisés :

« Le rapprochement entre les deux chaînes ne doit pas conduire à présenter les mêmes programmes sur chacune. Il convient de marquer les spécificités pour que les deux offres soient nettement différentes. Chaque chaîne doit garder son identité. France 2 est une chaîne généraliste et s'adresse au plus large public. France 3 a une mission décentralisatrice : c'est la télévision des régions et des émissions de proximité. Visant une part de volume d'écoute moins importante, elle est aussi la chaîne de la découverte et des missions éducatives**. »

L'essentiel de ces réflexions se retrouve d'ailleurs dans des documents publics, dans les notes et rapports que j'avais demandés à Michel Souchon et Martin Even, qui m'avaient rejoint à Antenne 2-FR3. Deux autres conseillers, Monique Sauvage, solide fille de notaire du Nord, ancienne collaboratrice de Jean-Noël Jeanneney au ministère de la Communication, et Alain le Diberder, qui apportait un modernisme de vues éprouvé au cabinet de Jack Lang, complétaient l'équipe constituée, Avenue d'Iéna, avec, pour la communication, un vieux routier de la presse, Bernard Montanier, et un jeune espoir, Alain Gouzon, qui deviendront, au sein de cette équipe, de fidèles collaborateurs, avant d'investir ailleurs, pour l'un ses réseaux et son savoir-faire, pour l'autre sa compétence professionnelle et son dynamisme.

---

* *Télévision publique, La Télévision pour tous*, Plan stratégique 1991-1994, juillet 1991.
** *Ibid.*

Toutes les émissions qui ont concouru au succès de France Télévision n'étaient pas inscrites dans le Plan stratégique. Mais la ligne directrice fixée dans ce document fut appliquée jusqu'au bout. Et sa mise en œuvre fut l'affaire des responsables, hommes et femmes, qui participaient à mes côtés à l'entreprise. Le redressement de la gestion eut deux artisans courageux : les directeurs généraux, Eric Giuily sur la Deux, Dominique Alduy sur la Trois. Les négociations rudes qu'ils durent mener face aux organisations syndicales d'Antenne 2 et de FR3 leur valurent deux méchants surnoms : le futur PDG de l'AFP se vit affubler d'un sinistre « Pol Pot », la « dame de fer » de la chaîne régionale se contentant d'un plus féminin « Cruella ». Les sobriquets sont souvent excessifs, mais ils manifestent à quel point les obstacles sociaux à surmonter étaient difficiles. Lorsque Georges Vanderschmitt succéda à Eric Giuily à la tête de la Deux, il ne rencontrera pas la tâche ingrate de son prédécesseur, et pourra engager le nouvel élan d'une entreprise restructurée, dont les programmes avaient désormais acquis une nouvelle lisibilité et rencontraient leur public, grâce au travail de Pascal Josèphe et de Bibiane Godfroid, responsable de la programmation de France 2, qui exerce désormais son grand talent à Canal Plus.

L'honnêteté exige que l'on porte au crédit du premier exercice de la présidence commune, celui de Philippe Guilhaume, la mise en place en début de soirée sur les deux chaînes de trois programmes emblématiques : « Envoyé Spécial », « La Marche du Siècle » et « Thalassa » ; ceux-ci constituent toujours des marques fortes de la télévision publique : je ne tardai pas, dès mon arrivée, à conforter leurs responsables en les assurant qu'ils pourraient poursuivre leur travail dans les mêmes conditions.

J'ai raconté comment Laure Adler nous avait rejoints. C'est grâce à elle que le « Cercle de Minuit », dont nous avions eu l'idée avec Jacques Chancel, pour accueillir et susciter le débat culturel sur la Deux, est devenu, plusieurs saisons de suite, une émission de référence. Lors de la centième de son émission, organisée le 11 mars 1993, parmi les manèges figés du musée des arts forains, je revois quelques visages joyeux, marionnettes d'un soir dans ce décor tournant qu'est la télévision : François Périer, Georges Fillioud, Claude Brasseur, Michel Field. Jacques Chancel est là, ainsi que Laure Adler et, bien entendu, Pascal Josèphe.

Ce ne fut pas le seul programme à faire date. De nouveaux formats de magazines apparaissent, que l'on n'avait encore jamais pu voir en France : viendront s'installer « Bas les Masques » de Mireille Dumas, « Frou-Frou », de Christine Bravo, « Taratata », de Nagui. Des noms et des visages émergent : Thierry Ardisson, Christophe Dechavanne... Et, malgré l'insistance de certains hebdomadaires de télévision, comme de l'intéressé, je refuserai le retour de Patrick Sabatier, devenu le symbole d'une télévision de facilité.

Bernard Pivot est le plus bel exemple de longévité : titulaire d'une case convoitée, celle du vendredi soir en deuxième partie de soirée, qu'il échangea un temps avec celle du samedi soir pour les débuts de « Bouillon de Culture », avant de reprendre son ancienne programmation, il justifie selon les époques par des émissions un peu différentes, accordées à l'air du temps et aux vœux des directeurs d'antenne successifs, l'une des plus longues présences audiovisuelles, qui ne fut jamais frappée de la moindre discontinuité.

Parfaitement maître de ses émissions, soigneusement préparées et construites, mesurant exactement le temps de parole de chacun et l'intérêt de chaque invité, il a su faire de son émission, dans ses divers avatars, le premier rendez-vous culturel des chaînes généralistes, réussissant le prodige de recevoir, d'année en année, tous les grands noms de l'écriture et de la pensée contemporaine, n'hésitant pas à défricher d'autres littératures et d'autres terres que la nôtre, et à accueillir les monstres sacrés de la littérature universelle contemporaine, américains, africains, allemands, russes, anglais, italiens, espagnols...

Les archives d'« Apostrophes » ou de « Bouillon de Culture » sont pour les chercheurs ou les documentaristes le filon d'inépuisables découvertes, montrant sous un jour vif et souvent juste la plupart des intellectuels significatifs de la deuxième moitié du xxe siècle. L'œil pétillant et la voix tonique, il poursuit son action inlassable et indispensable, et chacun s'en félicite, même si, la multiplication des chaînes et des programmes aidant, il n'est plus aujourd'hui la seule référence des acheteurs et des libraires, comme il le fut si longtemps... Mais il faut souligner qu'il est dans ce domaine à l'origine d'une véritable « exception française », l'émission littéraire, dont nos voisins européens, même la BBC, ne proposent aucun équivalent, ni sur les chaînes privées, ni sur les chaînes publiques. En France, en revanche, il a fait école, et les chaînes commerciales elles-mêmes programment des émissions équivalentes, comme celle que TF1 confie à Patrick Poivre d'Arvor, Paris Première à Franz-Olivier Giesbert et à Thierry Ardisson, qui sait montrer les multiples facettes d'un grand talent que je ne regrette pas d'avoir découvert et poussé...

Je me souviendrai longtemps de l'accueil de Soljenitsyne à France 2, invité unique du « Bouillon de Culture » du 17 septembre 1993, et de ma rencontre avec cet homme grave et placide, au visage émacié et encore allongé par son immense front dégarni et par sa longue barbe grise : vivante image des persécutions totalitaires, personnage droit sorti des drames politiques du dernier demi-siècle, et qui en projetait la douleur sourde par l'éclat métallique de ses yeux.

Une autre grande émission, politique celle-là, de France 2, était « L'Heure de Vérité », de François-Henri de Virieu, où se succédaient chaque semaine les politiques nationaux et internationaux dont les interventions étaient guettées. La force de « L'Heure de Vérité » fut de structurer autour d'elle le débat public, pendant plusieurs saisons. L'intervention de l'invité du dimanche nourrissait les articles de la presse quotidienne à chaque début de semaine : la difficulté du jeu était renforcée, pour les politiques, par la succession face à eux de quatre journalistes qui, tour à tour, se voyaient accorder un quart d'heure d'entretien. Dans cette ronde où tous les thèmes étaient traités par un spécialiste reconnu, les invités avaient affaire à forte partie, et beaucoup redoutaient l'épreuve... J'avais plaisir à suivre ces joutes oratoires dont tous ne sortaient pas indemnes, et c'est de bonne grâce que nous avons fêté les dix ans de l'émission le 17 mai 1992 avec l'invité du jour, Jacques Delors, encore président de la Commission européenne, et en présence de Martine Aubry, sa fille, qui était alors ministre du Travail dans le gouvernement d'Edith Cresson et qui sera en mars 2001 maire de Lille, se préparant à un destin national... Un immense gâteau d'anniversaire avait été disposé sur une table, installée dans la cour de l'immeuble qu'occupait France 2, avenue Montaigne, et nous avons ce jour-là profité joyeusement des premiers rayons du soleil estival. Les occasions de fête ne manquant jamais dans cet univers joyeux que sait être la télévision, l'année d'après, le 30 mai 1993 exactement, c'est avec Mikhaïl Gorbatchev et sa femme Raïssa que nous fêtons la 200e émission de la série : quel invité pouvait être plus symbolique, à cette date, que l'homme qui avait eu en 1990 le Prix Nobel de la Paix pour avoir définitivement mis fin à la guerre froide, en engageant l'Union soviétique sur la voie de la démocratie ?

Sur France 3, un nouveau talent fit merveille : Elise Lucet, « le petit bijou », irradiait l'antenne, d'abord en tandem avec l'excellent Paul Amar, puis avec d'autres coéquipiers, seule, enfin. Elle allait donner un visage, de la clarté et de la rigueur, la touche nouvelle des femmes modernes, à cette édition à trois étages qu'était devenu le « 19-20 ». Aux journaux nationaux et régionaux venaient en effet s'ajouter des modules de 6 minutes, tournés à proximité des téléspectateurs : de Lille à Nantes, de l'Iroise au Pays Basque, de Catalogne en Genevois, d'Alsace à La Rochelle, de Mayenne à Toulon, les « pays » trouvaient un espace pour s'exprimer en dehors du découpage administratif traditionnel, avec un succès croissant. La télévision de proximité demeurera l'un des principaux atouts de France 3, dans l'avenir. C'était l'un des axes de développement essentiels que nous avions fixés à la chaîne, dans le cadre du plan stratégique du groupe.

Jean Réveillon était directeur régional à Lille : cet ancien champion cycliste, passé par *La Voix du Nord,* fut, à ma demande, l'artisan du rapprochement des services des sports d'Antenne 2 et de FR3. Sous son impulsion, il est devenu naturel que les rencontres de Roland-Garros ou les étapes du Tour de France bondissent d'une chaîne vers l'autre, comme les journalistes ou les commentateurs sportifs. « Sport 2/3 » sera l'une des réussites durables du rapprochement des deux chaînes publiques, permettant d'utiliser les deux antennes en fonction de leur programmation propre pour assurer le suivi des grandes manifestations, le plus souvent, en continu.

Et pourtant ce ne fut pas l'avis d'une partie du monde politique qui, de gauche comme de droite (et surtout de droite : témoins les sorties à l'Assemblée de Michel Péricard ou de Robert-André Vivien), fustigeait les « contrats exorbitants » du football, de Roland-Garros, du Tour de France, ou du rugby, qui devaient à leurs yeux rester l'apanage des chaînes privées, comme si les grandes épreuves sportives pouvaient à terme être réservées aux mieux lotis, et ne plus être accessibles à tous !

Plusieurs grands souvenirs jalonnent l'histoire de ce rapprochement des services des sports sous la houlette de Jean Réveillon : celui des J.O. d'Albertville est évidemment le plus marquant, car du 8 au 23 décembre 1992 la télévision publique prouva qu'elle était capable de devenir le radiodiffuseur-hôte d'un événement qui mobilisait les journalistes de toutes les télévisions du monde : depuis les installations de presse très complètes à Albertville, jusqu'aux liaisons opérées en direct et simultanément depuis tous les sites sur lesquels des épreuves étaient organisées, les défis technologiques et humains relevés par les équipes d'Antenne 2 et de FR3 étaient quotidiens.

La réussite de l'ensemble de l'opération fut à la mesure de l'enjeu : sur le plan de l'organisation matérielle, des hommes comme Pierre-Henri Arnstam ou Jean-Claude Morin en avaient été les chevilles ouvrières, prouvant que la télévision publique était capable d'alimenter le monde entier, en temps réel, avec les images des exploits sportifs qui se déroulaient au même moment dans plusieurs vallées alpines. Pour ce qui est des journalistes, qui arboraient joyeusement les couleurs des deux chaînes, leur implication fut à la fois volontaire et enthousiaste : l'esprit sportif était contagieux, et en dépit de la charge de travail très lourde qu'ils représentèrent pour nous tous, les Jeux olympiques d'Hiver 1992 furent une fête, à l'antenne comme hors antenne. Il en resta plusieurs années une forme de complicité amicale entre tous ceux qui avaient contribué à leur réussite.

Il en resta également une jeune filiale des chaînes publiques : France Supervision, chaîne en 16/9e, format d'avenir, première télévision haute définition d'un bout à l'autre de la chaîne de l'image, née pour retransmettre avec une qualité technique hors du commun les grands moments de quelques épreuves reines, et notamment du patinage artistique. France Supervision mettra progressivement sa technologie au service de grands événements culturels, avant de changer de nom pour offrir un programme complet et de haute tenue, intitulé « Mezzo », et diffusé aujourd'hui sur le câble et le satellite.

Le principe même de « Sport 2/3 » est l'illustration parfaite, à mes yeux, des avancées liées à la constitution du pôle France Télévision : une offre audiovisuelle combinée, donc plus complète, permettant au groupe d'obtenir de meilleurs prix pour l'achat des droits que les chaînes commerciales rivales, tout en montrant aux téléspectateurs plus d'images fortes. Jean Réveillon, prudent et mesuré, est l'excellent négociateur qui parvint à obtenir, année après année, les meilleures conditions lors de l'achat des droits exclusifs des grands événements du calendrier sportif.

Mais même si le fait d'accueillir les sports les plus fédérateurs sur les deux chaînes publiques était pour moi une nécessité absolue, j'avais une autre préoccupation : montrer à l'antenne les sports les moins connus ou les moins créateurs d'audience, qui devaient eux aussi, à mes yeux, pouvoir accéder à une couverture télévisée. Ce fut donc le cas de dizaines de disciplines dont les statistiques révélaient l'absence totale dans les programmes des chaînes privées, alors qu'ils étaient suivis par France 2 ou France 3 : du canoë aux disciplines d'athlétisme en passant par le fleuret ou le kick-boxing...

Le Tour de France est devenu à cette époque, en même temps qu'un des moments phares de l'audience de France 2 et France 3, le rite annuel d'une communion avec l'Hexagone où la télévision publique remplit en une seule fois toutes ses missions : proximité, divertissement, information, culture. C'est l'occasion d'une plongée à travers toute la diversité des paysages et des régions de France, collectionnant les sites et les découvertes, les rappels historiques et les aperçus touristiques, tout au long d'une aventure sportive où se succèdent les émotions et les surprises, même si elle a été entachée, comme d'autres épreuves, par le fléau du dopage.

Je n'ai jamais manqué de me rendre chaque année sur une étape du Tour, auquel j'ai associé durablement les couleurs de France 2 et de France 3, par un accord signé avec le Président Amaury Sport Organisation, sur le plateau du « Vélo-Club » de Gérard Holtz, le 15 juillet 1992, en présence de Jean-Claude Killy, et de Jean-Marie Leblanc, qui furent longtemps les deux grands maîtres de cette cérémonie annuelle qui déroule sur les routes de France son ruban coloré et sonore...

Je retrouve toujours avec le même bonheur la voiture de Jean-Marie Leblanc, directeur de la course, qui suit au plus près chaque minute d'un parcours qu'il connaît par cœur, dont il a arpenté auparavant chaque étape : il comprend les tactiques des équipes et des coureurs, il en calcule les suites possibles, prenant les mesures qui s'imposent pour donner plus de champ aux échappés, ou prévoyant, les yeux sur les écarts mesurés en permanence, le moment précis du retour du peloton.

Le Tour de France a deux visages : celui d'une kermesse populaire à laquelle toute la population des villes et villages traversés participe, au long des routes ensoleillées, pour inaugurer l'été ; et celui d'une mécanique bien huilée, cirque ambulant qui déplace plusieurs milliers de personnes dans un élan éreintant, réglé comme un orchestre symphonique, de l'installation à l'aube du village départ au démontage, le soir venu, du village arrivée, l'ensemble chargé dans des camions qui roulent la nuit vers le site de la prochaine étape, tandis que les coureurs vont reprendre des forces et que les dizaines de mécaniciens, entraîneurs, chauffeurs, journalistes, techniciens, motards de la Garde républicaine, accomplissent pendant la nuit les tâches invisibles : vélos à préparer et à régler, plans de course à élaborer, moteurs à vérifier, papiers et commentaires à rédiger et à envoyer en télécopie... Toute une fourmilière diligente et compétente, dont les gestes professionnels ne souffrent ni délai ni approximation. Le plaisir que nous avions à nous associer pour plusieurs années au Tour de France, c'était aussi celui de marier les énergies de « Sport 2/3 » à toutes celles de cette grande famille qui se retrouve, année après année, pour ce long rendez-vous estival vers lequel tous les efforts ont été bandés, onze mois durant.

Difficile de ne pas citer Jacques Chancel, ambassadeur permanent de France Télévision tout au long de cette épreuve, qui pour rien au monde ne manquerait ces trois semaines exténuantes où il est emporté, jour après jour, tard couché et tôt levé, dans le tourbillon de la course. Plus que le « Grand Echiquier », le Tour de France a rendu populaire Jacques Chancel, qui, assis au bord du toit ouvrant de sa voiture, aime en présence du président de sa chaîne, comme en juillet 1992, faire montre de sa notoriété, tandis que résonnent au long de la route les *« Bravo Chancel ! »* ou plus simplement *« Bonjour Jacques ! »*... Me décidant à passer aussi l'épreuve, je sortis après lui par le toit : il y eut évidemment moins de *« Bourges »* qu'on n'avait entendu de *« Chancel »*, mais suffisamment tout de même pour que, impatienté, il relève, soudainement, la vitre de sa portière, par laquelle je me maintenais : j'eus les doigts en sang.

Année après année, le Tour est un formidable réservoir d'anecdotes, dont ses habitués aiment à se souvenir. Léon Zitrone, par exemple, adorait recueillir les applaudissements des spectateurs du Tour, qui ne manquaient pas dès qu'il se laissait voir. Accompagné par le regretté Bernard Giroux, il lui avait un temps cédé sa place lors de la traversée d'un village. Constatant que Bernard Giroux était applaudi lui aussi, il eut cette phrase : « *Je ne savais pas que vous aviez de la famille ici...* » D'autres souvenirs sont plus émouvants, comme celui des témoignages d'affection que les spectateurs exprimaient sur leurs banderoles, au bord de la route du Tour, à Robert Chapatte, lorsque pour la première fois il ne fut pas là pour le commenter.

Au-delà de ses évidentes qualités de présentateur et d'animateur, et à côté de sa finesse et de sa culture, on ne connaît pas Jacques Chancel si l'on ignore cette passion et cette fidélité au cyclisme qui le jettent chaque année lui-même dans le marathon du Tour, dont il aime à raconter les grandes heures, partagées jadis avec des plumes mythiques, comme Antoine Blondin. Jacques Chancel est encore avec nous les 6 et 7 juillet 1993, alors que le Tour de France passe à Lille où nous saluons Pierre Mauroy, à l'arrivée de l'étape, avec Jean Réveillon et Jean-Claude Killy, qui nous ont aussi conduits cette année-là sur les pistes du Paris-Dakar. Jean-Claude, dont j'apprécie la rectitude, la rigueur et l'aura morale, est devenu un véritable ami : nul besoin de se parler beaucoup pour se comprendre.

Cette année-là, pour la première fois, les nouvelles couleurs de France Télévision, rouge pour France 2, bleu pour France 3, s'étalent largement le long des itinéraires des étapes, sur de longues banderoles que les équipes de communication des chaînes viennent fixer tôt le matin, avant le passage de la caravane, et qu'ils récupèrent tard le soir, après l'arrivée et la dispersion de tous les suiveurs vers les hôtels qui les hébergent... Manière de populariser une identité visuelle que les cadreurs, juchés sur leurs motos, essaient d'accrocher au passage, à l'arrière-plan des efforts des coureurs. Parce que la télévision publique se veut la télévision de tous, et qu'elle doit désormais être associée, dans l'esprit de ceux qui la regardent, à ces moments magiques où l'élan d'admiration pour les exploits des champions se mêle au frisson ressenti devant les risques qu'ils assument.

Ces banderoles déployées le long de la route du Tour sont aux yeux de tous la concrétisation des différents rapprochements opérés entre les deux chaînes après le lancement de la marque France Télévision et des deux nouveaux noms de baptême d'Antenne 2 et de FR3 : France 2 et

France 3. Nous avions choisi deux couleurs primaires, issues du drapeau national, mais pas de tricolore, puisque TF1 s'était déjà emparée de la cocarde pour son logo.

Le lancement de cette nouvelle identité du Groupe France Télévision eut lieu le 7 septembre 1992, lors d'une grande soirée organisée au théâtre de l'Empire, cadre habituel des émissions du dimanche de Jacques Martin et qui appartenait à la SFP, complice historique des chaînes publiques. L'arrivée dans le paysage de ce beau *2* rouge et du grand *3* bleu ne se fit pas sans résistances ni réticences : la ligne en italique qui séparait et reliait les deux chiffres annonçait sobrement France Télévision. Mais ces deux mots accolés sonnaient comme un coup de clairon : l'ambition d'un pôle public reconstruit et affermi, capable d'engager une politique de production et de diffusion offensive, en France même, et au-delà de nos frontières.

J'éprouvais ce soir-là une certaine jubilation à voir prendre forme et vie cette nouvelle entité dont tant d'observateurs prédisaient, quelques mois plus tôt, qu'elle n'aurait jamais d'existence réelle. Debout sur la scène du théâtre de l'Empire, face à tous les personnels des deux chaînes, rassemblés pour l'occasion, avec derrière moi la projection immobile de ces nouveaux logos, j'éprouvais une forme de satisfaction où il entrait probablement une part d'orgueil. Mais ce groupe que je portais de force sur les fonts baptismaux, en dépit des hésitations des politiques et des préoccupations de tous ceux qui craignaient de voir leur place ou leur influence diluées, j'avais surtout conscience qu'il vivait le premier jour d'un long combat. Une histoire commençait ici, ou recommençait, que d'autres ensuite seraient chargés de continuer. Rien n'était encore acquis, rien ne le serait jamais définitivement. Mais il ne serait plus possible de revenir en arrière.

C'est à l'agence BDDP que l'on doit cette nouvelle identité visuelle de la télévision publique, qui s'inscrivit le même soir, à 19 heures, sur tous les écrans de la télévision publique, sur France 2 et France 3, à Paris et dans les régions. Huit ans plus tard, ni le graphisme ni la luminosité de ces enseignes n'ont pris une ride.

Beaucoup pourtant redoutèrent que France 3 ne masque l'identité régionale de FR3, dont la dénomination développée était France Régions 3. C'est l'inverse qui s'est produit. France 3 Ouest, France 3 Méditerranée, France 3 Alsace et les nombreuses autres stations régionales ont fait savoir à chaque téléspectateur qu'elles étaient les seules à être aussi proches de lui : leurs diverses enseignes sonnent comme autant de déclinaisons d'une même identité, et les nouvelles conditions de transmission numérique dont elles commencent à profiter sont en train de les affranchir des limites de leur zone de diffusion hertzienne directe, pour permettre à chacun de rester proche de ses racines, même s'il s'en éloigne géographiquement : Internet, la chaîne thématique *Régions* et le numérique terrestre marquent les étapes suivantes de l'essor de ces télévisions de proximité conçues au sein du service public.

Deux grands chapitres du Plan stratégique de 1991 pour la télévision publique n'ont pas été publiés dans leur version initiale ; ils concernent le rapprochement des filiales de production cinématographique d'Antenne 2 et de FR3, et le regroupement des rédactions. Je les avais écartés, percevant à quel point les réticences corporatistes des milieux concernés pouvaient mettre en cause l'entreprise globale de redressement des chaînes et la création de France Télévision.

Le cinéma d'abord : en concentrant les filiales de France 2 et de France 3, la télévision publique aurait pu disposer d'un instrument d'une taille décisive pour influencer réellement la production cinématographique en France, face à Canal Plus. Ce rapprochement aurait dû se faire suivant le modèle de la SACIS, filiale cinéma des trois chaînes de la RAI, la radio-télévision italienne, qui a coproduit les films essentiels de la Péninsule au cours des vingt dernières années.

Mais les représentants de l'industrie cinématographique redoutaient que ce rapprochement ne se traduise par la disparition d'un « guichet », c'est-à-dire d'un interlocuteur possible, et d'une source de financement. Un seul décideur à la place de deux, ce serait deux fois moins de chances pour leurs scénarios de tomber sur le bon lecteur, prêt à y investir des fonds importants. En matière de subsides publics ou parapublics, le cinéma français est extrêmement conservateur et vit replié sur lui-même, son statut, ses problèmes, ses cadres réglementaires. Il forme ainsi un lobby puissant capable de s'opposer au vote d'une disposition législative ou à l'adoption d'une clause réglementaire dont il estime qu'ils contrarieraient ses intérêts.

Ai-je suffisamment parlé du cinéma ? Je lui dois des moments de joie ou d'émotion sans pareils. Mais surtout, compte tenu de la position privilégiée que j'ai occupée dans l'audiovisuel, les sept années au cours desquelles j'ai pu travailler avec les acteurs, les auteurs, les producteurs, les réalisateurs, les distributeurs, en qualité de partenaire institutionnel du grand écran, sont riches de souvenirs émouvants et de découvertes étonnantes.

J'ai eu l'occasion de rencontrer des personnalités rares comme Claude Berri, Francis Girod, Robert Hossein, Roger Hanin, Jacques Weber, Jeanne Moreau, Isabelle Adjani, Sophie Marceau, Gérard Depardieu, Alain Delon, Michel Piccoli, Yves Montand, et bien d'autres, mais aussi Daniel Toscan du Plantier, somptueux ambassadeur de la création et des créateurs français, prince libéral et joyeux d'un univers d'artistes et de démesure. J'ai croisé des géants de la création cinématographique, emportés par leur passion et leurs dons, et des entrepreneurs qui avaient le goût du risque, mais qui savaient mesurer leurs excès. J'ai accompagné des projets à la mesure du grand écran : *Germinal, La Reine Margot, Les Visiteurs,* et tant d'œuvres qui feront encore demain la richesse et l'émotion de nos salles obscures.

Notre cinéma n'est pas Hollywood, mais il existe dans les grandes œuvres françaises un je-ne-sais-quoi d'universel. Dans les genres les plus différents, de Claude Chabrol à Bertrand Tavernier, sans oublier mes amis Mohamed Lakhdar-Hamina et Youssef Chahine, dont l'un des derniers films, *Le Destin,* devait être l'instant d'émotion du 50ᵉ Festival de Cannes, les cinéastes donnent son véritable sens à cette idée juste, traduite par une expression au juridisme discutable, « l'exception culturelle ».

Il n'y a pas de culture, il n'existe pas d'art, sans démarche d'exception. La France a su, en mobilisant les ressources des entrées dans les cinémas au service du financement de nouveaux films, par le biais du système d'avance sur recettes, favoriser l'existence d'une production indépendante, variée, forte d'une centaine de titres par an. C'est ainsi que notre industrie cinématographique est la seule de toute l'Europe de l'Ouest à avoir affronté sans trop de dégâts le choc de la télévision, et qu'elle reste la troisième au monde après les Etats-Unis et l'Inde.

Dans les autres grands pays européens, la déconfiture des studios romains de Cinecittà, après ceux de Babelsberg à Berlin, n'est pas compensée par la survie des studios anglais, assurée par des superproductions transatlantiques. Le cinéma français, lui, vit toujours, il a traversé la mauvaise passe, et il prospère aujourd'hui paradoxalement grâce à la télévision, qu'il a longtemps considérée comme son ennemie mortelle. Les héritiers de la Nouvelle Vague font aujourd'hui du cinéma grâce au soutien du petit écran. Les accords négociés au début des années 80 ont permis aux chaînes de télévision d'avoir les films français dont elles ont besoin, et à notre industrie du cinéma de trouver plus de la moitié de son financement dans ce partenariat.

Ces accords ont été l'œuvre de dirigeants qui voyaient loin. Pierre Viot, président du Centre national du Cinéma, qui allait ensuite prendre en main jusqu'en 2000 les destinées du Festival de Cannes, et Nicolas Seydoux, patron de Gaumont, auteur d'un rapport mettant en place une chronologie des médias qui fait toujours référence, prévoyant le développement des nouveaux marchés de la vidéo et de la télévision payante. Pierre Viot et Nicolas Seydoux avaient su comprendre que l'avenir du cinéma n'était pas seulement dans les salles ; même si des « indépendants » comme Marin Karmitz trouvent dans la distribution et l'exploitation des films les moyens de produire et de montrer des films qui n'auraient pas spontanément leur place à la télévision.

Certains diront que c'est justement là, le vrai cinéma. Un art d'auteur qui ne doit pas transiger avec les impératifs de l'audimat. Sans doute, mais les miracles sont rares. Et déjà, rares sont les films français qui renversent les pronostics. C'est ainsi qu'avec France 3 Cinéma, dirigée d'une main sûre par le regretté Patrick Lot, nous avons coproduit deux des jolis succès cinématographiques du début de la décennie : *La Discrète,* de Christian Vincent, et *Les Visiteurs,* projets auxquels la profession ne croyait guère, sur le papier. Les rapports entre petit et grand écrans ne seront jamais simples.

Je garde le souvenir de quelques autres films auxquels les filiales cinéma de France télévision ont pu apporter une contribution financière décisive : *Tous les matins du monde* d'Alain Corneau, sur un scénario original de Pascal Quignard, film austère et puissant, qu'on aurait envie de dire « janséniste », et où Jean-Pierre Marielle incarne avec justesse l'intériorité laconique de Monsieur de Sainte-Colombe, aristocrate solitaire, virtuose de la viole de gambe, face à Marin Marais, campé de la jeunesse à l'âge adulte par Guillaume, puis Gérard, Depardieu. Le génie de la musique suppose ascèse et repli : Alain Corneau réussit à toucher profondément le grand public par des scènes d'émotion claire, savamment distillées, ponctuées ou soulignées d'interprétations bouleversantes de pièces pour instruments à cordes, mesurant à la fois le passage inexorable du temps et l'exigence de l'œuvre à accomplir. La fin de l'année 1991 voit *Tous les matins du monde* couronnés du Prix Louis-Delluc, tandis que la cérémonie des Césars 1992 y reconnaît le meilleur film de l'année : lauriers qui vont aussi un peu à France Télévision, coproducteur...

Le 8 mars 1993, la 18e Nuit des Césars est encore une fête pour France Télévision : triomphent cette année-là *Un cœur en hiver,* de Claude Sautet, sacré meilleur réalisateur, tandis qu'André Dussollier est salué comme meilleur second rôle masculin. Belle histoire triste, où l'implacable force des sentiments s'allie, encore une fois, aux expressions puissantes du violon, dans un scénario conçu comme une partition précise jouant sur le clavier des passions... C'est aussi l'année du *Souper,* d'Edouard Molinaro, d'après la pièce de Jean-Claude Brisville, où Claude Rich est décoré du César du meilleur acteur pour son interprétation éblouissante de Talleyrand, face à Claude Brasseur en Fouché. La qualité des dialogues y sert une étonnante réflexion sur le pouvoir, replacée dans un contexte historique privilégié, celui des renversements successifs de la Royauté, de la République et de l'Empire. Autant de grands moments de cinéma que France Télévision peut s'enorgueillir d'avoir coproduits. Je garde un souvenir très vif de cette soirée des Césars, passée aux côtés de Michèle Morgan et de Gérard Oury.

Comment ne pas citer également, parmi les films que nous avons coproduits, le *Van Gogh* de Maurice Pialat ? Jacques Dutronc a reçu le César du meilleur acteur en 1992 pour cette interprétation difficile d'un homme fragile, maladroit, incompris, à mille lieues de l'image d'Epinal du génie, traversant ses derniers jours, à Auvers-sur-Oise, après avoir quitté l'asile de Saint-Rémy-de-Provence... Et je ne suis pas mécontent non plus d'avoir pu soutenir l'entreprise ambitieuse et héroïque de Patrice Chéreau réalisant *La Reine Margot,* d'après le roman d'Alexandre Dumas, et restituant pour le grand écran l'un des épisodes les plus noirs de l'histoire de France, la Saint-Barthélemy, qui vient éclabousser de sang la fin misérable et mouvementée des derniers Valois : le parti pris d'une mise en scène crue et cruelle a dérangé, mais il épousait les choix romanesques de Dumas... Le film obtiendra le Prix du Jury au Festival de Cannes ; Isabelle Adjani, pleine d'énergie, campant une Reine Margot franche et loyale, au milieu de ses frères débauchés et menteurs, sera récompensée par le César de la meilleure actrice, Jean-Hugues Anglade obtenant le César du meilleur second rôle pour son interprétation tragique d'un Charles IX malade et malheureux, Virna Lisi, en Catherine de Médicis jalouse et meurtrière, emportant le César du meilleur second rôle féminin. Belle reconnaissance pour une performance cinématographique dont certaines scènes terribles restent gravées dans nos mémoires, et qui peint une période d'outrances et de désordres, ce royaume déchiré des *Tragiques* d'Agrippa d'Aubigné.

J'ai encore présente à l'esprit cette phrase de Charles Brabant, responsable de la fiction à TF1 en 1983, à propos d'un téléfilm confié à Jacques Doillon : « *La télévision tourne les films que le cinéma n'a pas l'audace de produire.* » L'avenir prouvera que si cette réflexion n'était pas inexacte, la réciproque est également vraie. C'est pourquoi j'eus à cœur, à France Télévision, de jouer sur les deux tableaux, faisant des filiales cinéma des chaînes publiques des partenaires loyales des projets cinématographiques les plus déroutants, tout en essayant de promouvoir, pour le petit écran lui-même, une production audiovisuelle renouvelée.

C'est tout le sens de la collaboration prolifique que nous avons engagée avec Pierre Grimblat, fabuleux producteur de fictions télévisées dont les titres défient le temps, et les grilles successives de programmes : en avant-première à sa diffusion le 17 février 1993, nous projetons le 9 février le premier épisode de *L'Instit,* l'un des « héros récurrents » de la télévision française, selon le principe éditorial particulièrement efficace créé par Pierre Grimblat et Didier Decoin, romancier que j'avais chargé de diriger la Fiction sur France 2. Gérard Klein ne se doutait pas sans doute ce soir-là que ce personnage attachant et courageux deviendrait comme sa deuxième peau. Jacques Boutet, alors président du Conseil supérieur de l'Audiovisuel, me dit sa joie de voir le service public reprendre l'initiative par des programmes qui s'adressent au grand public. Avec ses valeurs simples, robustes, républicaines, *L'Instit* est un peu le juge de paix et la référence d'une société française dont les repères changent, et où les situations traditionnelles évoluent...

Au-delà de cette série triomphale, plusieurs autres œuvres audiovisuelles réalisées pour le petit écran ont montré la même volonté de mettre la création de fiction au cœur de notre politique de production : ainsi de la relance de la série des *Maigret,* avec l'arrivée de Bruno Cremer, dès 1991, qui incarne un commissaire solide, humain, attentif et souvent impassible, face aux turpitudes qu'il découvre. Ainsi du feuilleton de l'été resté mythique : *Le Château des Oliviers,* où Brigitte Fossey se bat pour faire revivre une vieille maison de famille, sur laquelle pèsent les convoitises d'un promoteur immobilier ambitieux, joué par Jacques Perrin. Emouvante et belle, la série sera un succès mondial, vendue pendant plusieurs années à de nombreuses télévisions, du Japon au Brésil, prouvant que la production audiovisuelle française pouvait réaliser des succès commerciaux sans demander à ses auteurs de renoncer à leur ambition...

Ambition qui est aussi apparue, dans le genre difficile des fictions audiovisuelles en costumes, avec *La Controverse de Valladolid,* œuvre très réussie de Jean-Daniel Verhaeghe sur un scénario de Jean-Claude Carrière, servi par un trio d'acteurs magnifiques, Jean-Pierre Marielle, Jean-Louis Trintignant et Jean Carmet, qui rendent avec justesse les discussions théologiques qui se tinrent en 1550, en Espagne, autour d'une question qui paraît aujourd'hui révoltante : *« les Indiens ont-ils une âme ? »* Jean Carmet incarnait dans ce téléfilm mémorable le légat du pape, chargé d'arbitrer les débats et de trancher, en définitive, en faveur de l'une des thèses opposées.

Le succès remporté par cette œuvre nous convaincra de réaliser un autre grand défi : le *Charlemagne* de Clive Donner, sur un scénario auquel travailla Marcel Jullian, avec Anny Duperey dans le rôle de la reine Berthe et Christian Brendel en empereur d'Occident. Cette saga en trois parties suit les différentes étapes de l'ascension du premier des Carolingiens, à partir de son avènement à l'âge de 26 ans jusqu'à son couronnement impérial par le pape, comme protecteur de la Chrétienté... Mais l'œuvre n'arrivera à l'antenne qu'en février 1994, alors que j'aurai, moi-même, quitté France Télévision. C'est souvent la fatalité de l'audiovisuel : les délais de production sont longs, les mandats courts, et l'effet des décisions prises est décalé...

La tête haute

Dans le domaine de l'information aussi, le Plan stratégique envisageait dans sa première version des rapprochements entre France 2 et France 3 qu'il ne me parut pas possible de faire entrer dans les faits, et que je pris soin de gommer lorsque le Plan fit l'objet d'une communication large. Nous avions en effet dans un premier temps envisagé de réunir au sein d'une même entité le millier de journalistes des rédactions de France 2 et de France 3. Le modèle de la BBC était là, sous nos yeux : une rédaction centrale, regroupant les équipes de reportage et les grands services (politique intérieure, étranger, économie, société, sports, culture) et des équipes d'édition fabriquant les différents journaux de chaque chaîne.

Nous pouvions envisager, sur le papier, de faire de même, avec des équipes d'édition placées aussi bien à Paris que dans les régions pour les décrochages de France 3. Avec un tel potentiel, la rédaction centrale aurait fonctionné un peu à la manière d'une agence à l'égard des différents journaux. Et le « fil » de cette agence aurait pu servir de base à l'Agence française d'images dont on parlait depuis le Général de Gaulle, capable de rivaliser avec Reuter et Visnews sur les écrans du monde entier : cette ambition ne me paraissait pas hors d'atteinte, dès lors qu'elle aurait été engagée en partenariat avec l'Agence France-Presse.

La défense des intérêts catégoriels a prévalu. Combien de rédacteurs en chef, combien de petits chefs auraient perdu leurs lauriers, et prérogatives, dans ces courses lointaines ? La France est le pays de la propriété privée et de la polyculture. *Touche pas à mon poste !* Les mieux introduits des journalistes de la Deux et de la Trois surent trouver l'oreille des politiques, et leur faire valoir que ce projet était *« une menace pour le pluralisme »*. D'autres motifs plus terre à terre, tels l'écart des rémunérations entre les journalistes de France 2 et de France 3, ont sans doute pesé dans la balance... Au demeurant, l'harmonisation des salaires à poste égal, qui est inéluctable, aurait-elle été plus coûteuse en définitive qu'un développement parallèle, quand ce n'est pas concurrentiel, des deux rédactions, tant en effectifs qu'en moyens ? Nous avons eu sous les yeux le spectacle désolant des envoyés spéciaux de France 2 et de France 3 face à face pendant la guerre du Golfe, tandis que les écrans du monde entier diffusaient les mêmes images... américaines ! Médiocre illustration du service public, qui ne profite à aucune des deux chaînes censées s'illustrer.

Je n'ai pu mener à son terme l'exécution du Plan stratégique de

France Télévision. Faute de moyens. Faute de volonté politique. Faute surtout de temps. En matière de télévision publique, les trois vont souvent de pair. Malgré les bons résultats enregistrés, le redressement de l'écoute, l'équilibre financier retrouvé, ma dernière année en qualité de président de France Télévision, 1993, s'est déroulée dans un climat de polémique politicienne : les mêmes critiques, les mêmes rengaines, plus ou moins préélectorales, la « dérive du service public, la course à l'audimat... » A la suite des élections du printemps 1993, à peine plus de deux ans après mon arrivée, je compris vite que les jeux étaient faits. Une « commission » avait été mise en place auprès du ministre de la Communication Alain Carignon. Présidée par un conseiller maître à la Cour des Comptes, la Commission Campet avait pour vice-présidents Jean-Pierre Elkabbach et Jean-Marie Cavada, candidats à ma succession. Son ambition : redéfinir pour la nième fois les missions du service public, et m'évincer.

J'eus, entre le mois de juin et le mois de novembre 1993, de très nombreuses rencontres avec les responsables gouvernementaux de la nouvelle majorité. Deux fois, je rencontrai Edouard Balladur, plusieurs fois Nicolas Bazire, et je vis presque chaque semaine celui qu'ils avaient désigné comme leur intermédiaire auprès de moi, et qui devint un ami, Philippe Faure, qui était conseiller « officieux » au cabinet du Premier ministre, et qui venait du Quai d'Orsay, où il fut notamment le directeur de la Communication de l'Ambassade de France à Washington, au moment où Dominique de Villepin, qui était devenu directeur de cabinet du ministre des Affaires étrangères Alain Juppé, y exerçait des fonctions de Premier conseiller. Philippe Faure dirigea plus tard le mensuel gastronomique *Gault et Millau,* avant d'être nommé en juin 2000 ambassadeur à Mexico. C'est avec lui que je dus réfléchir aux diverses fonctions que je pourrais occuper, dans l'hypothèse où, comme on m'en priait, je ne me représenterais pas à la présidence de France Télévision. On évoqua d'abord une nomination à la Cour des Comptes (« *un vrai club de gentlemen* » me dit Nicolas Bazire pour me convaincre...) puis au Conseil d'Etat. Observant depuis longtemps la manière dont nombre de ceux qui sont nommés dans ces corps prestigieux s'enfuient à toutes jambes pour pantoufler dans les entreprises, publiques ou privées, j'étais convaincu que ce n'étaient pas des lieux propres à l'homme d'action et d'initiative que je pensais être. Je refusai ces premières propositions.

Le Quai d'Orsay, en revanche, me tentait, du fait de mon goût permanent pour les relations internationales. Philippe Faure fut chargé d'évoquer avec moi deux ambassades qui allaient se libérer, dans deux pays passionnants, mais qui m'éloigneraient trop longtemps de Paris... Je savais que Jean-Pierre Angrémy, plus connu sous son nom de plume de Pierre-Jean Rémy, était sur le point de quitter l'Ambassade de France à l'UNESCO, pour rejoindre la Villa Médicis, Académie de France à Rome, dont il était nommé directeur : je gardais d'excellents souvenirs de mon passage à l'UNESCO, je ne serais pas fâché d'y revenir.

C'est à peu près à ce stade de nos discussions qu'Edouard Balladur, Premier ministre, me fit savoir clairement qu'en dépit de la *« réussite incontestable de mon action »*, il ne lui paraissait *« pas opportun, la majorité parlementaire ayant changé, que je me présente »* comme candidat à ma propre succession. Je savais qu'il ne servirait à rien de me maintenir contre la volonté de l'Etat-actionnaire, qui avait les moyens de faire payer très cher au groupe public l'éventuel entêtement de son président.

Mais je ne voulais à aucun prix lâcher la proie pour l'ombre, et je tins à négocier précisément la contrepartie de mon retrait : l'Ambassade de France à l'UNESCO ne fut pas trop difficile à obtenir, mais ce poste étant à la discrétion du gouvernement, qui pouvait me remercier du jour au lendemain, j'exigeai en même temps mon intégration au corps diplomatique, comme ministre plénipotentiaire. Philippe Faure ne put me répondre immédiatement, et je sentis bien que mon passé algérien, mal compris, restait en travers de la gorge de certains de ceux qui orchestraient alors la diplomatie française, et qui restant leur vie durant « droits dans leurs bottes », se révèlent incapables de suivre la démarche d'autrui... Cette réticence lui paraissant déplacée, Philippe Faure lui-même, outrepassant le cadre de la mission d'intermédiaire qui lui avait été confiée, me déclara un jour les yeux dans les yeux : *« Je ne suis que le porte-parole du Premier ministre auprès de vous... Mais à titre personnel, permettez-moi de vous dire qu'à votre place... je me représenterais ! Après un mouvement d'humeur, ils seront bien obligés d'accepter votre reconduction par le CSA... En outre le Premier ministre cède plus aux pressions de quelques excités de poids qu'à une conviction personnelle de la nécessité de votre remplacement ! »* Quelques jours plus tard, il revenait vers moi, porteur de la décision favorable : mon intégration au corps diplomatique prendrait effet à la date de la fin de mon mandat à France Télévision.

Dans le même temps, mon entourage et mes collaborateurs m'incitaient à résister à la pression politique. J'étais assuré que le Conseil supérieur de l'Audiovisuel voterait à une large majorité ma reconduction à la tête de France Télévision. Et François Mitterrand m'encourageait vivement à me représenter, ne comprenant pas que je ne prolonge pas une mission qualifiée par lui en novembre 1993 d'*« aussi réussie que la précédente, sur TF1 »*.

Ai-je alors manqué de courage, de ténacité ? Je me le suis demandé... Ou étais-je lucide ? Pour conserver jusqu'au bout mon autorité et garder intacte la mobilisation de l'entreprise et des personnels, je m'accordai encore un délai avant d'annoncer mon choix, le plus tard possible.

Après avoir pris ma décision, je rencontrai le Président de la République. Le 10 novembre 1993, notre discussion eut lieu autour d'une table du restaurant Le Divellec, en compagnie de Roger Hanin. Ce jour-là, je lui confirmai ma décision de jeter l'éponge. Il me rappela que ma reconduction n'était pas entre les mains du Premier ministre mais bien entre celles du Conseil supérieur de l'Audiovisuel. Roger Hanin plaidait dans le même sens, soulignant que je pouvais m'appuyer sur mon bilan. Je crus saisir, dans l'insistance de François Mitterrand et dans son expression, une sorte de déception à mon égard, comme s'il pensait *« Je n'aurais pas cru cela de vous ! »* L'homme qui m'avait confié un jour *« L'intelligence est la chose du monde la mieux partagée... La volonté, ça, c'est plus rare... »* devait m'estimer plus courageux et capable de prendre des risques pour me maintenir...

J'eus du mal à convaincre le Président que mon autorité sur les chaînes serait irrémédiablement affaiblie, dès lors qu'il serait clair que l'Etat ne me soutenait pas : fragilisé vis-à-vis de mes équipes, je placerais alors les deux sociétés dans une situation défensive, et non plus offensive, où elles perdraient toute marge de manœuvre, redoutant de choquer ou d'innover, incapables d'accepter les risques qui doivent être pris quotidiennement à la tête d'un groupe de communication. La psychologie des entreprises en serait affectée, leur dynamisme interne enrayé. Je ne voulais pas faire courir à France Télévision, projet audacieux auquel je venais de donner forme, le risque de voir son élan cassé, d'autant que sa structure juridique n'était pas encore assurée par la loi.

Nous avons alors évoqué les noms qui circulaient pour ma succession, et d'abord ceux des deux vice-présidents de la Commission Campet, Jean-Pierre Elkabbach et Jean-Marie Cavada, qui tous deux se présentaient en dauphins désignés : la préférence de François Mitterrand se portait sur le premier. Je restais, pour ma part, muet. Un troisième nom se profilait, celui de Xavier Gouyou Beauchamps.

Au moment du dessert, le Président s'aperçut qu'André Rousselet déjeunait à une autre table, et l'invita à prendre le café avec nous, élargissant notre discussion informelle à celui qui avait été l'un de ses plus proches collaborateurs, et reste l'un des meilleurs analystes du monde de la communication. André Rousselet semblait comprendre ma décision : l'auteur ironique de la formule restée fameuse, *« Edouard m'a tué »*, qui s'étalerait insolemment quelques semaines plus tard à la

Une du *Monde,* vivait sans le savoir, à travers ma propre aventure, un avant-goût de son éviction prochaine de Canal Plus, son œuvre, le 17 février 1994 : il dénoncerait alors avec vigueur la lâcheté des grands groupes actionnaires de la chaîne cryptée, La Générale des Eaux et Havas, face à la mainmise du gouvernement Balladur sur les médias... Dont il serait alors la deuxième victime. Il est amusant de constater que c'est un ancien conseiller technique d'Edouard Balladur, Jean-Marie Messier, qui se retrouve aujourd'hui à la tête du groupe Vivendi, héritier rebaptisé de la CGE et d'Havas fusionnées.

Pour sa part, ce jour-là, André Rousselet défendit Xavier Gouyou Beauchamps, d'une formule ambiguë : « *C'est celui des trois qui fera le moins de dégâts...* » François Mitterrand haussa les épaules, concluant : « *Mais lui, je ne le connais pas !* »

C'est Jean-Marie Cavada, dont j'apprécie le talent professionnel et la personnalité riche et complexe, qui avait à cette date les faveurs et le soutien d'Alain Carignon, et de... Madame Balladur, épouse du Premier ministre, qui aimait particulièrement « La Marche du siècle ». Mais alors que nous agitions ces diverses perspectives, chacun d'entre nous était conscient que la décision que prendrait le Conseil supérieur de l'Audiovisuel, présidé par Jacques Boutet, ne devrait probablement pas grand-chose aux arguments que nous pouvions avancer pour les uns ou pour les autres.

Pour ma part, mon seul souci, où entrait peut-être une part de lâcheté, était de partir la tête haute, sans avoir fait l'objet d'une campagne violente, sans avoir eu à soutenir les attaques de mon actionnaire majoritaire, sans entraîner dans une aventure personnelle ce groupe à la constitution duquel j'avais tellement travaillé. C'est le 6 décembre que je vins devant le Conseil supérieur de l'Audiovisuel présenter mon bilan, et annoncer ma décision de ne pas briguer un second mandat, au grand soulagement, me sembla-t-il, de certains membres... Le soir même, je fus l'invité de Bruno Masure, réservant ainsi au journal de 20 heures de France 2 la primeur de l'information et des explications que je pensais devoir donner au public. Dans la foulée, le 10 décembre, une réunion informelle avec les personnels des chaînes me permit de prendre congé des deux sociétés dans les formes : les combats que nous avions menés avaient été victorieux, les téléspectateurs nous donnaient raison, nous avions servi, tous ensemble, la télévision publique. Pourquoi le cacher ? Ces adieux ne se firent pas sans émotion, de part et d'autre. On stigmatise souvent, à raison, la versatilité du milieu audiovisuel : il lui arrive aussi de manifester des sentiments sincères, de la chaleur et de la loyauté, et ces moments doivent aussi être reconnus.

J'ai gardé de la double expérience de TF1 et de France Télévision la conviction que la télévision publique a un rôle spécifique à jouer, au sein du paysage audiovisuel, pour défendre la qualité sans élitisme, pour faire partager une culture collective, sans arrogance, pour donner du plaisir à tous et contribuer à faire vibrer à l'unisson son public, face aux grands moments de l'actualité sportive, politique, institutionnelle, intellectuelle. La télévision publique, c'est un peu la définition qu'une société donne d'elle-même, sa signature. D'où l'exaltation que j'ai ressentie en me voyant confier cette charge, à deux reprises. J'espère m'être montré à la hauteur de la chance qui m'a été donnée.

Parmi les lettres très nombreuses et sympathiques que je reçus à mon départ de France Télévision, celle, manuscrite, de Philippe Séguin m'a particulièrement touché : inattendue dans un monde politique souvent sectaire, elle faisait suite à plusieurs interventions directes de sa part auprès d'Edouard Balladur, pour infléchir en faveur de mon maintien à France Télévision la décision qui avait été prise en sens contraire. « *Je voudrais,* m'écrivait Philippe Séguin le 7 décembre 1993, *vous confirmer combien je déplore que les conditions que vous aviez fixées pour envisager un nouveau mandat n'aient pu être réunies. Je le déplore pour le service public qui perd le meilleur des présidents. C'est peu dire que vous partez la tête haute. Je ne doute pas que vous saurez donner à vos nouvelles fonctions toute la dimension possible. J'espère que vous vous tiendrez prêt, néanmoins, à apporter à l'audiovisuel une contribution que je juge irremplaçable...* »
Les mots de celui qui était alors président de l'Assemblée nationale me rassérénaient d'abord pour une raison simple : ils me prouvaient qu'il était possible à des hommes de conviction et de caractère de passer outre aux différences idéologiques pour reconnaître le travail bien fait et la compétence professionnelle. Autre geste qu'il eut à ce moment-là, auquel rien ne l'obligeait, et qui montre que c'est un homme de cœur : lors de la « Dictée de Pivot », organisée par France 2 dans l'hémicycle de l'Assemblée nationale, le 11 décembre 1993, Philippe Séguin avait convié à déjeuner Bernard Pivot et toute son équipe. C'était quelques jours après l'annonce officielle de ma décision de ne pas me représenter, et je ne pensais pas me joindre à eux, même si la désignation de mon successeur n'interviendrait que le lundi 13, sa prise de fonctions étant fixée au 19 décembre... Quelle ne fut pas leur surprise de me retrouver l'invité d'honneur du président de l'Assemblée nationale, qui, le matin même, m'avait téléphoné pour me demander de le rejoindre à déjeuner. Ils furent encore plus étonnés lorsque, prenant place pour le tournage de l'émission, il exigea une nouvelle fois ma présence à ses côtés, ce qui n'avait pas été prévu.

Philippe Séguin a une double image, celle du gaulliste social, représentant la tendance ouverte d'une famille politique conservatrice, et celle du tribun, homme de tempérament et de culture. J'ai souvent été frappé par la dureté de ses propos publics à l'égard de ses adversaires politiques, qui ne correspondaient ni aux relations que je lui connaissais avec des hommes de pensée différente, ni à nos propres dialogues. Comme c'était parfois le cas de François Mitterrand, Philippe Séguin a aussi la dent dure contre ceux de ses compagnons dont il ne se sent pas proche, et sa moue est dédaigneuse devant certaines de leurs initiatives. Nos discussions ont toujours été franches et directes et nous nous sommes le plus souvent retrouvés sur la même longueur d'ondes à propos du Maghreb, de l'Afrique et du tiers monde... Sans même parler de l'audiovisuel ! Je partage avec cet homme entier, imprévisible, sanguin, ombrageux, chaleureux, de nombreuses passions, pour le football, le cinéma, la civilisation méditerranéenne, et la même aversion pour les crétins de tous bords.

Autre geste épistolaire auquel je fus très sensible, la lettre adressée à Alain Carignon, ministre de la Communication, par Margaret Menegoz, Jeanne Moreau, Claude Berri, Jean-Claude Carrière, Patrice Chéreau, René Cleitman, Charles Gassot, Costa-Gavras, Jean-François Lepetit, Jean-Marie Poiré, Jean-Paul Rappeneau, Alain Rocca, Yves Rousset-Rouard, Bertrand Tavernier, Alain Terzian, Daniel Toscan du Plantier, Claude Sautet et Michel Seydoux, qui ensemble protestaient contre mon éviction, en écrivant : « *L'audience du service public et sa capacité à faire au moins jeu égal avec le privé est notre meilleur soutien. Le Président Bourges a rendu ce premier service au cinéma : rétablir le niveau concurrentiel entre le public et le privé. Mieux encore : il a permis à de grands films de voir le jour :* L'Amant, Tous les matins du monde, Le Souper, L'Accompagnatrice, Van Gogh, Un cœur en hiver, La Reine Margot... *En télévision, comme dans le cinéma, tout est surtout une question de personne. Il nous paraît dangereux de changer une équipe qui gagne.* »

Je pris mes fonctions à l'UNESCO en février 1994, et je les assumai jusqu'en janvier 1995. Entre ces deux dates, je revis plusieurs fois François Mitterrand. J'organisai en accord avec le Directeur général Federico Mayor, ce symposium sur le développement, évoqué par ailleurs, où son intervention constituerait sa dernière grande prise de position en faveur des pays du Sud et du nécessaire rééquilibrage Nord-Sud. A deux ou trois reprises il m'appela au téléphone, sans motif particulier, pour s'informer de la manière dont se déroulaient mes activités à l'UNESCO et de l'intérêt que j'y prenais, continuant ainsi à m'honorer d'une amitié attentive.

Le Conseil supérieur de l'Audiovisuel

Le mandat de Jacques Boutet, président du Conseil supérieur de l'Audiovisuel, s'achevant le 24 janvier 1995, dès la fin de l'année 1994 les noms d'hypothétiques successeurs commencèrent à circuler. Le samedi 21 janvier 1995, en fin de matinée, je reçus un appel téléphonique de Jacques Pilhan, qui m'informa qu'après avoir pris son avis et celui d'Hubert Védrine, François Mitterrand leur avait annoncé sa décision de me nommer président du CSA. Le secrétaire général de l'Elysée me précisa quelques minutes plus tard que le Président me recevrait le lundi 23 janvier à 12 heures. Le jour venu, Hubert Védrine me mit au courant, très vite, en m'accueillant, des modalités pratiques de ma nomination, fixée au lendemain, celle de la passation des pouvoirs étant le mercredi 25...

A midi et quart, François Mitterrand me faisait entrer dans son bureau. Il se leva avec difficulté comme s'il voulait venir à ma rencontre et je me hâtai de le rejoindre. Un vigoureux soleil d'hiver entrait à flots par la fenêtre, et baignait le parc, ce qu'il me fit remarquer, avec un sourire, comme étant de bon augure. J'eus le cœur serré à l'idée qu'il saisissait chaque moment de ce bonheur qu'il savait devoir perdre bientôt. Je le trouvai fatigué et affaibli, mais sa voix était toujours ferme, son regard vif et perçant. Notre conversation fut confiante et dura trois quarts d'heure : je me souviens du coup métallique de l'horloge marquant une heure.

« *J'ai pris ma décision depuis longtemps,* me dit-il. *Le mandat de Jacques Boutet prend fin ce soir à minuit, et vous serez, à partir de là, son successeur, si vous en êtes d'accord.* » Après un temps de silence, il reprit : « *Je veux attirer votre attention sur trois points, essentiels dans la charge qui va être la vôtre : d'abord, vous devrez veiller au pluralisme de l'information. Cette mission n'est pas seulement symbolique, elle fonde la légitimité du CSA. Ensuite, vous devez vous attacher à la défense et à la sauvegarde du service public. La radio et la télévision publiques ont une importance sociale et culturelle pour la communauté nationale, et leur rôle ne doit pas être remis en cause : c'est aussi une de vos responsabilités essentielles que de les protéger. Et le troisième point : aidez notamment votre successeur.* » Le président, sur ces derniers mots, eut un sourire...

Je lui répondis qu'il pouvait compter sur moi sur les trois points : sans aucune restriction sur les deux premiers, évidemment. Sur le troisième, j'étais convaincu que le devoir du président du CSA était d'appuyer les présidents des chaînes publiques, sans se substituer aux responsabilités éditoriales, et de gestion, qui étaient les leurs, mais sans endosser non plus leurs erreurs ou leurs fautes, s'ils en commettaient. François Mitterrand ne répondit pas, et donna à partir de là un tour plus familier à la conversation, évoquant plusieurs sujets d'actualité avec humour et détachement. Je me souviens qu'il feuilleta, en ma compagnie, les pages de *Paris-Match* consacrées au domicile des Balladur... Le soleil qui illuminait le bureau contribuait à donner à cette audience une forme de vitalité joyeuse, qui gagnait même le Président. Etaient-ce le plaisir et l'émotion que je ressentais à constater qu'il plaçait en moi sa confiance ? Je garde de cet entretien un souvenir très vif et je peux, à volonté, me remémorer chaque impression éprouvée.

J'avais quitté la radio et la télévision avec résignation et sans nostalgie ; je les retrouvai alors avec une sérénité indispensable dans ce nouveau rôle, qui me surprit un peu moi-même. Je ne regarderais plus dans le rétroviseur. Il m'appartiendrait désormais de faire appliquer la loi audiovisuelle par des opérateurs dont je connaissais les pensées... voire les arrière-pensées. Mais je le ferais sans états d'âme, en essayant d'être suffisamment professionnel pour comprendre et assez impartial pour ne pas être dupe.

Seuls de mes anciennes équipes à m'accompagner dans cette nouvelle aventure, Martin Even, qui resta trois années au CSA avant de rejoindre France 3, et Maryse Boutet, mon assistante, dont la compétence, le dévouement, la loyauté, m'ont servi d'appui à partir de Radio-Monte-Carlo, jusqu'à aujourd'hui, en passant par France Télévision et l'UNESCO... J'allais éprouver au Conseil les qualités souvent exceptionnelles de nouveaux collaborateurs, directeurs généraux du Conseil et directeurs de cabinet successifs, David Kessler, Anne Durupty, Jean-Claude Moyret, Olivier Zegna Rata. Chacun mériterait, comme aussi tous mes collègues membres du Conseil, que je parle d'eux longuement. Mais sur le quotidien des années 1995-2000 qui ont suivi ma nomination, je ne peux encore revenir.

Je me bornerai à souligner que j'ai été, spectateur engagé, aux premières loges des profondes mutations qu'a connues, durant cette période, l'audiovisuel français : le nombre des chaînes de télévision et des stations de radio accessibles en France par la plus grande partie de nos compatriotes a bondi de quelques-unes à plusieurs centaines, de nouveaux modes de diffusion sont apparus et se sont généralisés, numérique, satellite, Internet... De nouveaux modes de consommation se sont développés... Tandis que des mouvements de capitaux majeurs remodelaient sans cesse l'économie nationale et internationale de l'audiovisuel.

Et les principes fondamentaux de l'action du CSA sont restés les mêmes : veiller au pluralisme politique et à la pluralité des opérateurs, à la diversité et à la richesse du paysage radio et télévision, à l'honnêteté de l'information et au respect des règles en matière de programmes, à commencer par les quotas... Pourtant, pour s'adapter aux nouveaux marchés, les modalités pratiques de la régulation, ses moyens et ses techniques ont dû évoluer, tandis que les formes mêmes de notre action changeaient imperceptiblement, et que sa dimension internationale s'accentuait.

L'esprit de la régulation audiovisuelle, telle que nous nous attachons à la pratiquer, mes collègues et moi, est résumé en quatre mots dans l'allocution que je prononçai au Palais de Chaillot, le 25 janvier 1999, lors de la réception organisée en l'honneur du dixième anniversaire du Conseil supérieur de l'Audiovisuel : indépendance, médiation, concertation, adaptation [7].

Sans contredire le respect de mon devoir de réserve par rapport aux dossiers traités par l'instance de régulation, on me permettra de souligner le rôle essentiel tenu par le CSA dans la modernisation de la télévision et de la radio en France au cours des onze dernières années : nous sommes passés sans coup férir de la préhistoire des trois chaînes uniques du service public et des quatre grands réseaux Ondes Longues à près de deux cents chaînes thématiques et 1200 radios FM... La communication audiovisuelle a explosé, et le CSA a été le chef d'orchestre de cette explosion, pour notre pays, veillant à la préservation des valeurs politiques, culturelles, linguistiques qui sont les nôtres...

Je me trouvais en Afrique, au Cameroun plus précisément, à la fin de l'année 1995, et je rentrai à Paris le 3 janvier 1996. Marie me dit qu'elle venait d'apprendre de Christine Gouze-Rénal, très abattue et ne s'exprimant qu'à demi-mots, que François Mitterrand déclinait et vivait ses derniers jours : jusqu'à la dernière extrémité, le Président faisait preuve d'une lucidité entière, se préparant sereinement à mourir. Il décéda le 8 janvier.

Les fidèles, la famille, les proches et les moins proches, rassemblés par l'événement, se relayèrent à son chevet, avant les obsèques officielles, célébrées à Notre-Dame de Paris, tandis que l'inhumation se ferait à Jarnac, comme chacun sait. Le 9 janvier, Christine m'informa que je pouvais venir, dès que je le souhaitais, saluer la dépouille de François Mitterrand. En fin de matinée, elle m'attendit en bas de l'immeuble de la rue Frédéric Le Play pour m'accompagner à l'étage. Dans le vestibule, je croisai Michel Charasse, très ému.

J'entrai avec elle dans la chambre mortuaire. Tout était calme, sérénité. J'observai François Mitterrand : son visage était pâle et apaisé. Cette volonté si longtemps bandée, ce regard toujours exercé à ne pas faillir, à guider exactement la flèche, cette sagacité toujours en éveil venaient de s'endormir à jamais. C'était l'image même du repos, profond, durable, dans l'absence définitive de celui qui semblait ne s'autoriser aucune défaillance. Les larmes me vinrent aux yeux. Je respectais profondément et j'aimais cet homme-là.

Le combat du sens

Au cours des trois années que j'ai passées à France Télévision, la communication audiovisuelle est entrée dans une période de mutation dont elle n'est pas encore pleinement sortie. Les cadres anciens de l'univers de la télévision ont commencé à craquer, et il ne serait bientôt plus possible de penser les métiers de l'image dans les mêmes termes.

Aux vœux que je présente à la presse le 6 janvier 1992, j'ai autour de moi mes prédécesseurs que je n'avais pas manqué de convier : Marcel Jullian, Maurice Ulrich, Claude Contamine, et Pierre Desgraupes. Pourquoi les photos qui sont prises ce jour-là sont-elles en noir et blanc ? Le 8 octobre 1993, c'est précisément le nom de Pierre Desgraupes, décédé le 17 août, que je donnerai au studio de France 2, avenue Montaigne, où étaient tournées la plupart des émissions de plateau de la chaîne. Une page se tourne. Cela n'empêche ni l'estime ni la mémoire, qu'il faut garder, de ceux qui furent les précurseurs. Mais l'univers de la télévision n'est plus le même.

L'ère du numérique, du satellite, de l'interactivité et d'Internet, l'ère des bouquets de chaînes payantes et de la multiplication des canaux, n'a plus rien à voir avec l'ère de l'information administrée et des premiers directs.

Les cinq dernières années du XXe siècle ont vécu un basculement de la communication qui, touchant tous les médias et tous les modes de relation et d'échanges, posent d'une manière radicalement neuve les questions, essentielles, du patrimoine et de la création. Plus la capacité de transmettre des informations à un grand nombre de personnes s'accroît, moins les informations transmises semblent devoir être enregistrées, fixées, archivées. Dans l'exacerbation des flux de données, chacune d'entre elles perd sa pérennité : la multiplication des connexions évoque un gigantesque feu de paille où grille dans l'instant tout ce qui vient d'être exprimé. L'information est consumée en même temps qu'elle est consommée, sa portée est d'autant moins grande, sa signification s'affaiblit.

C'est dans ce nouveau contexte qu'un combat permanent redevient actuel : celui du sens. Rendre à chaque acte et à chaque création son sens, c'est parvenir à construire dans la durée, des œuvres capables de défier le temps, et la loi de l'éphémère fascinant sur lequel nos yeux sont rivés. Face aux étincelles des nouveaux réseaux d'informations, chaque culture peut et doit puiser dans ses propres ressources pour éclairer des phares, grâce auxquels chacun peut se situer. Car la conscience humaine réclame ces ancrages stables, indifférents aux va-et-vient des modes. Et l'audiovisuel peut être un outil qui contribue à les lui fournir.

Le marché des images se trouve donc à un moment décisif de son développement, et nous devons trouver les moyens de tourner, avec le numérique, la page de la rareté des fréquences et de la pauvreté des programmes, en relevant deux défis très distincts : le défi de la proximité et celui de la Francophonie.

Tourner résolument la page de la pauvreté en fréquences, c'est passer aux modes de diffusion nouveaux : câble numérique, bien sûr, dans les zones qui ont la chance d'être câblées, et qui, en France même, ne sont pas assez nombreuses, mais aussi numérique satellitaire, et demain, partout où cela sera possible, hertzien terrestre numérique.

Il est évident que la diffusion numérique par satellite est d'ores et déjà une chance pour toutes les zones de peuplement dispersé, pour toutes les zones qui ne pourraient évidemment pas envisager le déploiement d'un réseau câblé, et qui ne s'équiperont pas tout de suite en numérique hertzien : cela concerne des régions entières du globe ! Un bouquet satellite représente en effet une chance immédiate, celle de démultiplier le nombre de programmes reçus sur une zone de couverture importante, qui peut avoir la taille d'un continent, ou celle d'un océan.

Cette prise de conscience ne peut qu'accélérer, dans beaucoup de parties du monde, le recours à la réception satellitaire pour accéder à des programmes provenant de pays voisins comme de continents différents. Et il faut saluer le progrès que cette évolution constitue en matière de démocratie, d'échanges internationaux, de connaissance mutuelle des différents continents, des pays et des peuples.

Mais attention : le progrès n'est pas une donnée de la technique, le progrès est uniquement le fait des hommes, qui utilisent la technique, et la font servir à des objectifs utiles. Cette évolution ne sera un progrès que si nous savons la mettre vraiment au service des valeurs de connaissance, de tolérance, d'humanisme que nous défendons.

Car en même temps qu'elle représente une chance formidable, la diffusion des images par satellite qui ouvre soudain nos horizons pose d'abord et avant tout le défi de la proximité.

Le satellite peut bien arroser un continent tout entier, il l'arrose avec un même bouquet de programmes. Et des programmes adressés à un continent tout entier ne sont pas des programmes spécifiques et locaux, mais des programmes fédérateurs capables de rassembler une audience indifférenciée : programmes internationaux d'information en continu, grandes chaînes généralistes du monde, programmes thématiques tournés vers le cinéma ou vers le sport, reflétant les grands événements internationaux.

Or le « local » est la nouvelle frontière audiovisuelle qu'il ne faut absolument pas abandonner aux sirènes de la diversité numérique promise par le satellite. Approfondir la communication locale, la consolider, c'est aujourd'hui une nécessité si nous voulons maintenir les spécificités culturelles, les traditions, les mémoires diverses de chaque territoire.

« Un homme cultivé, disait le philosophe personnaliste Jean Lacroix, c'est un homme qui se situe ». A l'heure du satellite et du numérique, nous ne devons pas perdre cette conscience de l'enracinement, du lieu, en nous laissant emporter par le raccourcissement apparent des distances. L'apparence n'efface pas la disparité des situations, l'inégalité aussi devant la technologie et devant la culture.

Si la communication locale parvient à être pleine de vitalité, nourrie de création et de production originales, si elle parvient à exprimer la personnalité des lieux et des peuples, qu'elle fait vivre leurs héritages variés à travers des œuvres contemporaines, alors nous pourrons dire que la mondialisation de la communication a été profitable, qu'elle a permis un meilleur rayonnement de chaque culture et de chaque peuple. Mais c'est une condition nécessaire, et une tâche urgente à accomplir. A l'ère de la communication planétaire, il faut faire vivre la communication locale à l'échelle de la planète, et donc mieux exprimer les spécificités culturelles de chaque région et de chaque nation, en travaillant à partir d'une identité propre qu'il s'agit d'approfondir et de faire vivre, en l'alimentant d'œuvres nouvelles.

Dans cet esprit, l'évolution du Réseau France Outremer vers une galaxie de télévisions régionales, chacune centrée sur un territoire particulier, est nécessaire, et forme le nouvel horizon de la télévision publique dans les départements et territoires d'Outre-Mer, tandis que de plus en plus les émissions des chaînes généralistes nationales, publiques ou non, trouveront des moyens de diffusion directe en dehors de RFO, dans toutes les parties du monde, comme les grandes chaînes généralistes anglo-saxonnes.

Car parallèlement à cette démarche de proximité, des bouquets satellite reprennent progressivement sur tous les continents les offres concurrentes francophones de Canal Satellite et de TPS, démultipliant l'offre de programmes en français, ce qui est particulièrement bienvenu dans un univers où l'offre la plus abondante est anglophone.

Le deuxième défi du satellite, au Sud comme au Nord, est en effet le défi de la *Francophonie*. Car avec l'élargissement des capacités de diffusion, il est nécessaire que se constituent des ressources nouvelles en programmes francophones de qualité, pour déployer une diversité de chaînes, ciblées sur des thèmes différents, et destinées à des continents ou à des aires géographiques qui peuvent parfaitement n'être que partiellement francophones. La production audiovisuelle francophone doit reprendre l'offensive, et conquérir des parts de marché dans tous les pays du monde, si elle ne veut pas être attaquée elle-même devant son public naturel – qui n'est pas aussi captif que certains le souhaiteraient.

La *Francophonie* apparaît plus que jamais comme une chance : c'est la possibilité d'accéder à un ensemble de programmes différents, venus des quatre coins du monde, et délivrés en français, donc immédiatement compréhensibles. Mais cet atout est également fragile : si nous ne parvenons pas à fédérer une telle alternative, face à l'offre pléthorique de programmes anglophones à bas prix, il ne faudra pas s'étonner de voir des régions du monde où le français était traditionnellement une langue courante se tourner vers l'anglais, qui apparaîtrait alors comme la langue d'avenir d'une communication audiovisuelle universelle.

Cette responsabilité est portée par chacun d'entre nous. Par les chaînes généralistes nationales, qui ne doivent pas hésiter à briser les frontières et les tabous en la matière. Par les grands groupes de communication qui ne doivent pas privilégier les dividendes du court terme sur les indispensables investissements dans la production, et en particulier dans la fiction. Par les producteurs eux-mêmes qui doivent trouver des moyens nouveaux pour porter la distribution de leurs œuvres en dehors des marchés nationaux. Par les spectateurs enfin, qui ont le droit, comme ils le font en effet depuis quelques années, de se montrer exigeants et de marquer leur préférence pour les créations originales, de qualité, qui méritent vraiment le nom d'*œuvres* audiovisuelles.

Désormais, toutes les cultures doivent concevoir leur zone de rayonnement à l'échelle de la planète. Certes, les Etats-Unis se trouvent aujourd'hui dans la position *sans précédent* d'être la seule grande puissance mondiale. Mais cette hégémonie ne justifie pas que les autres cultures, les autres traditions, les autres langues, les autres mémoires doivent se fondre dans la culture, la mémoire, les traditions américaines. D'autant moins qu'aucune hégémonie n'est éternelle, que l'histoire des hommes est celle de leurs remises en cause, et que le temps se charge de rabaisser les empires les mieux établis. Qui aurait prédit, à la fin des années 70, la soudaineté de l'éclatement du « bloc soviétique » ?

Le message de la *Francophonie* ne peut pas être un message exclusif, dans un duel entre deux langues, le français et l'anglais, qui se disputeraient la première place : ce n'est pas Athènes face à Sparte. Le message francophone doit être ouvert, tolérant, au service de la diversité culturelle et de la pluralité, contre l'homogénéité et l'assimilation des différences. Notre richesse tient à ce dialogue permanent, et pacifique, de nos personnalités et de nos histoires différentes. La Francophonie doit être dans le monde audiovisuel d'aujourd'hui le porte-drapeau de la multiplicité et de la tolérance.

Cette cause dépasse la seule *Francophonie*. Elle recoupe des enjeux essentiels : car l'humanisme de la Renaissance nous a appris à aller vers la vérité par des chemins multiples et alternés. Il nous a appris qu'il n'y avait pas qu'un seul message, mais que le sens montait progressivement du dialogue et de la diversité des interprétations. Il nous a appris à nous méfier de l'univocité. Les *Dialogues* d'Erasme sur la diversité des religions comme les notations de Montaigne sur la diversité des tempéraments, des peuples et des cultures, et leur égale dignité doivent nous rester présents à l'esprit. C'est tout ce que nous perdrions si notre monde ne parlait plus qu'une seule langue, expression d'une seule vision culturelle.

Le deuxième enjeu de la diffusion numérique par satellite, que nous devons avoir toujours en tête, est donc celui de la diversité et de l'enrichissement d'une offre plurielle. Dans le cas de notre pays, il se confond avec un mot : la *Francophonie*. C'est sur elle que nous devons nous appuyer pour faire vivre la diversité des cultures et des créations. Mais ce combat ne doit pas être un combat à courte vue : il est mené au nom de toutes les langues et de toutes les cultures. C'est le combat de la « souveraineté culturelle », qui préserve la possibilité pour un peuple de soutenir par des mesures particulières sa création et notamment sa création audiovisuelle. Pour que les écrans de demain soient vraiment de toutes les couleurs.

Cette réflexion sur l'avenir de l'audiovisuel à travers la diffusion numérique ne peut faire l'économie d'une réflexion sur l'avenir d'Internet. Avec la diffusion prochaine des technologies de télécommunication « large bande », notamment par satellite, Internet va permettre demain à tous les pays du globe terrestre de diffuser des images de télévision et des émissions de radio à destination de tous les citoyens du monde.

Nous entrerons alors dans l'ère de la communication libre. Est-ce à dire qu'il ne faudra rien faire ? Non : le renforcement de nos capacités de production et de diffusion en sera d'autant plus urgent. Songeons qu'aujourd'hui encore, il y a 80 millions d'internautes aux Etats-Unis, et qu'ils ne sont qu'un million et demi en Afrique, de l'Egypte à l'Afrique du Sud et de la Côte-d'Ivoire jusqu'à Madagascar. Songeons aussi que sur ce million et demi d'internautes africains, plus de 90 % sont anglophones, principalement en Afrique du Sud, et moins de 5 % sont francophones ! Comment ne pas voir que les mêmes problèmes se posent, dans des proportions aggravées ?

Comment douter, dès lors, qu'il y ait un effort à faire pour développer la diffusion de programmes audiovisuels francophones diversifiés, grâce au satellite, mais aussi via Internet, en encourageant la création locale, en aidant au développement d'unités de production dans toutes les régions de l'Hexagone et dans les DOM-TOM, en favorisant l'éclosion de programmes nouveaux et de qualité partout où c'est possible en s'opposant au débarquement de la télé poubelle, voyeuriste et dégradante mais pourvoyeuse d'audience et donc d'argent...

Rapidité, caducité, brièveté

La communication audiovisuelle change d'univers et de dimensions. A nous de prendre les mesures qui s'imposent pour accompagner ces mutations et les mettre, sans frilosité, au service des valeurs auxquelles nous croyons et des cultures que nous représentons.

Car les principes à défendre sont les mêmes, quelles que soient les technologies. Pour mieux comprendre ce qui évolue au cœur même des activités audiovisuelles traditionnelles, il est donc nécessaire de s'interroger de manière lucide sur les effets des nouveaux médias sur la pratique de la communication.

Ils tiennent tout d'abord à des contraintes *temporelles* qui leur sont dictées par la technique : rapidité, caducité, brièveté. Parce que les médias travaillent essentiellement sur le temps et dans le temps, ces contraintes temporelles ne sont pas accessoires, elles se révèlent fondamentales.

La *rapidité* dans la constitution de l'information, dans sa recherche, dans sa formulation, et dans sa transmission est le premier avantage affiché par les nouveaux médias. En 1994, un grand reporter canadien indépendant nommé Tom Koch, apprenant la mort d'un enfant lors d'une opération dentaire réalisée sous anesthésie, décide de réaliser une enquête sur la fréquence de ce type d'accident. Interrogeant en ligne les banques de données scientifiques, les archives des principaux quotidiens canadiens, ainsi que des journalistes spécialisés par l'intermédiaire des groupes de discussion auxquels il est abonné, il apprend en vingt-quatre heures que le type d'anesthésie utilisé est connu comme dangereux chez les enfants et que de nombreux cas ont été recensés. Et il parvient à composer en un temps minimal une enquête approfondie, précise, qui sort en Une et qui remporte un franc succès*. Indéniablement, l'utilisation d'Internet comme source d'informations lui a permis de gagner un temps précieux dans la conduite de son enquête, qui aurait pris plusieurs jours, voire plusieurs semaines, si elle avait été menée selon des méthodes d'investigation traditionnelles.

Bravo. Pourtant, cette rapidité dans le traitement de l'information a reposé sur la confiance qu'il a accordée à toutes les sources qu'il a consultées, et qu'il a, il le dit lui-même, recoupées entre elles. Le temps de la conceptualisation, de l'approfondissement, de la mise en perspective des données recueillies, n'a à l'évidence pas été aussi long que s'il avait eu plusieurs jours pour y réfléchir. Même si dans son cas, ce temps a existé, on peut légitimement s'interroger sur l'effet pervers de cette rapidité, qui peut conduire à la reprise hâtive d'informations erronées, ou partielles, ou enfin partiales.

Car il ne suffit pas qu'une information figure sur Internet pour qu'elle soit exacte. Une information sur Internet, c'est comme un bruit dans la rue, comme un écho recueilli d'un témoignage ponctuel. Elle a toutes les apparences d'un fait, et elle est présentée comme telle. Pour parler comme Roland Barthes, il y a un « *effet de réel* » d'Internet. Mais cet apparent réel réclame d'être vérifié, confirmé et validé.

Or, dans de nombreux cas, au cours des années 1999-2000, on a vu l'ivresse de la rapidité l'emporter sur les scrupules de la vérification et la recherche du « scoop » sur la réalité des faits. Et la presse écrite, la radio, la télévision, ont emboîté le pas aux nouveaux services, par crainte d'être dépassées aux yeux de leurs lecteurs, auditeurs, spectateurs, dans une course effrénée à la recherche de la nouvelle. Nous savons que l'image numérique multiplie les risques de manipulations, dont l'histoire de l'audiovisuel, depuis le *Potemkine* d'Eisenstein, jusqu'aux faux charniers de Timisoara, a présenté tellement d'exemples !

Il ne s'agit pas de condamner tel ou tel égarement, tel ou tel dépassement, telle ou telle falsification, mais plutôt de constater la dérive d'un système d'information qui se nourrit de plus en plus de lui-même, et de moins en moins d'un dialogue avec la réalité des faits qui passe, dans la conscience soigneusement cartésienne qui doit être celle du journaliste, par un doute préalable, suivi d'un questionnement ouvert et sans préjugé.

Or la multiplication des partenariats croisés entre sites Internet,

---

* Tom Koch, « The Reporter in the Information Age », *Cahier Journalistiek en Communicatie*, n° 11, Culemborg, Pays-Bas.

agences de presse, journaux de presse écrite, radios et télévisions conduit, en réalité, non à une diversification croissante de l'information offerte, mais à une croissante redondance des articles et des thèmes traités. L'Agence France-Presse, tout comme Associated Press ou Reuter, fournit une sélection de ses dépêches, en ligne, sur des centaines de sites Internet, qui intègrent directement ce service à leur propre programmation. Mais une dépêche d'agence n'est que de l'information brute. Il faut beaucoup expliquer et beaucoup enrichir une dépêche pour lui donner tout son sens. Il est à craindre que cet éparpillement de l'information que représente la reprise directe par des milliers de sites de dépêches d'agences qui ne sont ni enrichies, ni remises en perspective, ne se traduise à la fois par un effet de répétition permanente des mêmes formulations et de moindre compréhension des événements relatés.

La rapidité, dans ce sens, c'est aussi l'effacement de l'esprit critique, un danger de propagation aléatoire de rumeurs invérifiées, l'appauvrissement d'une information réduite à une redondance simplifiée. La rapidité, c'est pour le journalisme le danger de la paresse et de la facilité, au mépris des règles déontologiques qui fondent la valeur du travail journalistique.

A la rapidité s'ajoute une autre contrainte nouvelle : la *caducité*. Certes, la valeur de l'information a depuis toujours décru avec le temps. Le coureur de Marathon meurt en apportant à Athènes la nouvelle de la bataille qui vient d'être gagnée de l'autre côté de la montagne : il fallait que l'assemblée la connaisse aussitôt pour décider des mesures à prendre. Mais cette nouvelle devait être enrichie, développée, élargie, dans les heures qui suivraient, et la campagne de Xerxès ne s'arrêtait pas là.

La nouveauté est que la valeur d'une information semble désormais ne plus exister qu'en fonction du temps. A l'instant où elle est donnée, on s'arrache la primauté d'une information. Deux heures après, elle devient presque difficile à retrouver sur les nouveaux médias. A l'instant où la dépêche est tombée, elle a été offerte par des centaines de sites, qui l'ont reprise telle qu'elle, et par des milliers de journalistes, qui l'ont sagement plagiée. Deux heures après, la dépêche est effacée par une autre, et l'information, à nouveau transcrite partout, a changé. Après l'ivresse de la vitesse, c'est la griserie de la nouveauté.

Or c'est par ses causes et ses conséquences qu'un fait a, ou non, de l'importance. Le déferlement de l'événement n'apporte pas d'enseignement, ni sur sa signification, ni sur ses suites. Le travail du journaliste n'est pas de noyer le public dans une pluie de faits sans cohérence : il est de travailler à donner de la cohérence à un monde où les choses apparaissent de manière singulière et séparée, même lorsqu'elles ont les mêmes causes et concourent à produire des conséquences communes.

Il faut savoir que moins de 10 % des informations diffusées par les agences de presse trouvent un écho dans les journaux, à la radio, et moins encore à la télévision. Diverses études ont démontré que seulement 10 % des informations reçues grâce à ces différents médias étaient ensuite retenues par le public. Un calcul rapide indique donc qu'un citoyen moyen, normalement informé, ne retient qu'un pour cent de la somme d'informations qui sont déversées quotidiennement. Sur cette minuscule proportion, plusieurs études sérieuses ont démontré que le public retenait en priorité les informations qui lui ont été communiquées plusieurs fois, et sous diverses formes. C'est au demeurant une évidence qu'il faut *répéter* pour connaître, qu'on ne lit vraiment que ce que l'on relit, et que l'attention est meilleure lorsqu'une information est déjà familière : on n'écoute que ce que l'on a déjà entendu. C'est sur cette intuition que vit aussi toute la littérature occidentale, depuis Homère jusqu'à Proust. C'est aussi elle qui, différemment, fonde l'art et la pensée de l'Asie, comme réélaboration et perfection du même.

La caducité de l'information sur les nouveaux réseaux entraîne à l'inverse la conscience dans une sorte de kaléidoscope d'informations bigarrées et toujours renouvelées : le journaliste devient alors, à son corps défendant peut-être, l'instrument d'un décervelage généralisé, dans lequel l'incohérence croissante des événements ne trouve plus d'explication.

D'où le désintérêt observé du public pour les informations politiques et internationales, qui lui paraissent de moins en moins porteuses de sens, et le besoin qu'il a de concentrer son attention sur des figures stables : vedettes du show-business, sportifs célèbres ou leaders politiques médiatiques ou sur des problèmes qui le touchent de très près *comment rester svelte ou nettoyer les taches de fruits, quels sont les boulangers ouverts dimanche dans le quartier, pourquoi les bancs sont-ils peints en vert dans le square ?* La proximité et l'utilité immédiate de l'information devient le seul refuge du sens. Pour le reste, il n'y a rien à comprendre, le monde fonctionne comme une fatalité sur laquelle il serait vain de vouloir peser, puisqu'elle est incompréhensible au commun des mortels.

Ainsi les nouvelles contraintes temporelles qui pèsent sur les métiers de la communication sont-elles progressivement en train de les priver *de sens* ? L'ère de l'information risquerait-elle d'être l'âge bête de l'humanité ?

C'est malheureusement ce que laisserait également penser la troisième contrainte qui apparaît, celle de la *brièveté*. Là encore, ce n'est pas une contrainte radicalement nouvelle. Tout habitué de la presse écrite sait comment les articles sont souvent rognés, en partant de la fin, pour tenir sur la page des journaux papier. La différence est que la présentation des informations sur écran entraîne des principes de brièveté décuplés, que les jeunes rédacteurs de services d'information sur Internet sont appelés à prendre en compte dès le stade de la conception de leur papier.

Une école de journalisme a mis en ligne il y a quelques mois un document intitulé « La lisibilité des textes sur le Web », dont je me bornerai à citer quelques lignes : « *Le lecteur ne lit que rarement une page Web mot à mot (...) Survoler un document impose l'emploi d'un vocabulaire simple, dénué de tout mot technique ou complexe. Le déchiffrage du texte doit être rapide (...) Il faudra alors réduire les textes papier d'environ 50 % avant de les récrire en ligne (...) L'écriture s'apparente plus au langage parlé (...) La qualité de l'information est réduite à l'essentiel.* » Toutes ces recommandations sonnent comme des condamnations, et il n'est sans doute pas souhaitable que les futurs journalistes s'en inspirent trop.

S'ajoutant à la rapidité et à la caducité, la *brièveté* est le dernier terme d'un appauvrissement global de l'information offerte, réduite à n'être plus qu'un contenu indéterminé et fragile, dont la valeur s'effrite en même temps qu'il s'efface, gommé par un nouveau contenu, sans lien ni cohérence, que la place disponible ne permet pas de développer, et dont l'esquisse fugace sortira encore plus vite de l'esprit.

On comprend mieux, dans ces conditions, comment les médias du monde entier ont pu être obnubilés pendant des mois par les pseudo-rebondissements de l'affaire Monica Lewinsky, seul fil rouge offert d'un jour à l'autre à la conscience humaine pour qu'elle s'y raccroche, toutes les autres informations proposées étant incompréhensibles, décousues, donc oubliées.

La déontologie des journalistes passe donc aujourd'hui par un acte de résistance délibéré contre ces nouvelles contraintes temporelles dictées par les nouveaux médias, et par un effort tendant à restaurer la durée dans toutes ses dimensions : réflexion nécessaire sur les faits, mémoire à garder des événements, cohérence logique à reconstruire dans leur enchaînement. Si cet effort n'est pas fait, le journalisme perd son sens et la communication sa finalité.

Ce n'est pas le seul défi que doivent relever les nouveaux médias : il y a aussi la nouvelle *plasticité* qui s'impose aux *contenus*. On ne parle plus d'article d'information, ni même d'information tout court, on parle de contenu, et ce mot peut recouvrir des textes, des images ou des sons bien différents : des articles de journalistes, mais aussi des éléments d'archives bruts, des dépêches d'agences, des données météorologiques, des prévisions astrologiques, des témoignages, des présentations promotionnelles, des documents officiels ou officieux. Tout est contenu.

Et la tendance des nouveaux médias est de traiter tous ces éléments hétérogènes et de provenances diverses comme une même matière à communiquer, maniée dans les mêmes mains, et placée sur le même plan. Très concrètement, un portail touristique donnera accès indifféremment, à propos de la Côte-d'Ivoire, aux sites officiels du ministère du Tourisme, à des informations sur le climat ou l'histoire disponibles sur certains sites encyclopédiques, mais aussi au site personnel d'un Australien qui montrera des photos d'éléphants, à l'article d'un journal brésilien sur les évolutions économiques en cours en Côte-d'Ivoire et au site d'une agence de voyages proposant à la fois des renseignements pratiques et la vente en ligne de séjours en Afrique de l'Ouest.

Chaque élément de cette galaxie de contenus n'a pas la même valeur en termes d'information, et ne présente pas les mêmes garanties d'objectivité ni d'authenticité. Chacun doit être lu de manière critique dans la perspective des attentes et des souhaits des différentes sources rassemblées. Mais leur présentation sur un même plan risque fort d'entraîner une forme de contagion de crédibilité, faisant paraître toutes ces affirmations aussi solides les unes que les autres.

Or les images du touriste australien ont peut-être été prises ailleurs qu'en Côte-d'Ivoire, le point de vue économique du Brésil n'est pas celui de l'Italie, les préférences de telle agence de voyages ne sont pas les choix d'une autre, et les sites officiels sont de parti pris. L'utilisateur des nouveaux médias doit donc être critique, et ne jamais se fier à l'information qui lui est spontanément proposée.

D'autant plus que ce n'est évidemment pas par hasard si le portail choisi l'a entraîné vers l'agence de voyages avec laquelle il a conclu un accord commercial, ni vers le journal brésilien qui lui fournit en échange un lien permanent sur son propre site. Les choix du portail ne sont ni gratuits ni innocents, même lorsqu'ils sont invisibles à l'utilisateur, qui n'y voit que la providence des moteurs de recherche...

La responsabilité des journalistes se dilue alors dans la pluralité et l'hétérogénéité des contenus : il faut redouter une forme d'entropie de l'information qui perd toute assurance et toute garantie. Et qui n'est plus que marginalement réalisée par des journalistes formés à leur métier : le directeur général adjoint de Wanadoo, principal portail français, développé par France Telecom, déclarait ainsi dans le magazine *Broadcast* en février 1999 : « *Nous n'avons pas vocation à développer le contenu nous-mêmes. Toutefois, nous nous occupons de mettre en scène et de réactualiser les dossiers, les sujets d'actualité et les sélections de sites.* »

La « réactualisation » des informations par des équipes éditoriales ayant une formation de marketing plutôt que de journalisme est la norme pour à peu près tous les portails. Quelle est leur approche déontologique ? Sur quels principes appuient-ils leurs choix, sinon la ligne définie par le plus grand nombre de connexions potentielles, c'est-à-dire le plus petit dénominateur commun à la fois culturel, politique, et moral ? La dictature des grands nombres est aussi celle des simplifications et de la « pensée unique » réfractaire aux affrontements et aux contradictions.

Le journalisme se voit donc confronté à ce nouveau défi : la plasticité de contenus interchangeables, où l'information perd son statut particulier et n'est plus qu'un élément, parmi d'autres, d'un contenu rédactionnel sans garantie de fiabilité et sans critère d'évaluation autre que commercial. Et l'on peut être inquiet d'entendre le directeur d'un grand quotidien américain déclarer : « *Je ne suis pas le rédacteur en chef d'un journal, je suis le patron d'une entreprise de contenus**. »

L'autre contrainte pratique qui apparaît dans le nouvel univers médiatique en cours de constitution, c'est la *« pluridisciplinarité professionnelle »* : les évolutions qui ont lieu actuellement dans la presse, la radio et la télévision confirment les analyses de Nicolas Negroponte, qui prédisait il y a quelques années la fusion de toutes ces entreprises travaillant dans la communication de contenus numérisés : le multimédia est une logique de concentration industrielle avant même d'être, avec Internet, un support pour de nouveaux médias.

Eric Klinenberg, chercheur de l'Université de Californie à Berkeley, a étudié de près les effets de ces concentrations médiatiques sur le travail des journalistes d'un groupe multimédia particulièrement avancé dans ce domaine, la Tribune Company, qui publie notamment le *Chicago Tribune* : l'équipe des journalistes de ce groupe compose à la fois huit versions locales et trois éditions du journal, sept émissions d'information télévisée et plusieurs services sur Internet.

Que constate-t-il ? Un reporter doit désormais écrire un article pour l'édition du soir, puis aller présenter à l'antenne la même information de manière plus concise, enfin étoffer au contraire son papier de prolongements ou de liens possibles vers des sources complémentaires pour sa mise en ligne sur Internet**. Qu'observe-t-on quelques années plus

---

* « I am not the editor of a newspaper, I'm the manager of a content company » (cité par Ken Auletta, « Synergy City », *in American Journalism Review*).
** Eric Klinenberg, « Journalistes à tout faire de la presse américaine », *in Le Monde diplomatique*, « Révolution dans la Communication », juillet-août 1999.

tard ? Le groupe Tribune & Co, éditeur du *Chicago Tribune,* a racheté en 2000 le groupe Time Mirror, dont le titre phare, le *Los Angeles Times* était en perte de vitesse... La rapidité d'adaptation aux « nouveaux médias » a fait la différence entre ces deux groupes historiques*.

Lorsque l'on visite la salle de rédaction du groupe multimédia Bloomberg à New York, on est frappé par cette dimension pluridisciplinaire du travail des journalistes, qui à la fois rédigent des dépêches d'agence, développent des analyses plus fournies pour les journaux écrits du groupe, enregistrent en numérique leur commentaire pour les stations de radio économique de Bloomberg, et vont s'asseoir un instant devant l'une des caméras installées au centre de la salle de rédaction pour présenter l'information en direct sur l'une ou l'autre des chaînes d'information boursière du groupe... En un quart d'heure, un même journaliste peut avoir accompli quatre fonctions d'information qui étaient jusque-là bien distinctes. L'intégration des médias connaît là, sans doute, son maximum.

Elle entraîne bien évidemment une « adaptabilité rédactionnelle » : les journalistes subissent une pression à la fois consciente et inconsciente, qui les conduit à écrire de manière à pouvoir transférer avec un minimum de transformation leur prose d'un média à un autre. Avec le risque que tous les médias s'alignent alors peu à peu sur celui qui offre le moins de place, c'est-à-dire la télévision. On sait en effet qu'un journal télévisé tout entier contient à peu près autant de texte qu'un article à la Une d'un grand quotidien anglo-saxon. Les articles de presse écrite sont ainsi de plus en plus calibrés en fonction de contraintes d'espace qui ne tiennent plus à la taille de la page, mais au temps de lecture orale nécessaire.

Ce n'est plus une contrainte, mais une simple tendance naturelle, née de la pluridisciplinarité. Comment y faire obstacle, et préserver la spécificité de chaque support ? Comment éviter que la brièveté n'entraîne la pauvreté, la caricature et l'imprécision ? Telles sont les responsabilités déontologiques nouvelles des journalistes, sur tous les médias, classiques ou nouveaux, face à la logique pluridisciplinaire qui va s'imposer à eux.

L'une des solutions possibles était avancée par Patrick Pépin, ancien directeur de l'Ecole supérieure de Journalisme de Lille, aujourd'hui directeur des Stations locales de Radio-France, qui préconisait une formation des journalistes à des compétences complémentaires ou différentes : systèmes informatiques, télévision, infographie, permettant à la nouvelle génération de professionnels de maîtriser et non de subir les

---

* Cf. les éditions des *Echos* et de *La Tribune*, en date du 14 mars 2000.

nouvelles conditions de travail et les nouveaux outils qui leur sont proposés.

En tous les cas, la déontologie des journalistes s'exprimera demain à travers une bonne connaissance des nouvelles techniques d'information, et d'une claire conscience des avantages et des inconvénients de l'interpénétration des différents médias. Les réflexions des responsables des écoles de journalisme devront traiter ces problèmes, essentiels pour l'avenir. Le réseau Théophraste qui regroupe les centres francophones de formation au journalisme en a déjà conscience : la charte de ce réseau est l'expression même du souci déontologique qui anime ses membres.

Une nouvelle déontologie de la communication

Toutes ces contraintes nouvelles ne seraient pourtant rien si elles n'étaient pas plus fondamentalement accompagnées d'une nouvelle rationalité économique du secteur de la communication, qui est en train de poser des barrières autrement plus graves à l'information.

En vingt ans, la place consacrée à l'information internationale par les grandes chaînes américaines est passée de 45 % à 13,5 % du volume d'informations diffusées. Au cours des dernières années, les plus grands fiascos en termes de vente du magazine *Time* furent les Unes sur la Somalie, Eltsine, la Bosnie, et Benyamin Nétanyahou... Et les plus grands succès furent les numéros qui couvrirent la mort de la princesse de Galles les 8 et 15 septembre 1997. On doit rapprocher ces résultats du nombre de Unes consacrées à des événements ou à des personnalités internationales par le même magazine durant les dernières années : *onze* en 1987, *une seule* en 1997. Autant dire que les rédacteurs en chef des principaux médias ont compris quelles étaient les accroches les plus lucratives, et que désormais cette logique commerciale prévaut sur leur volonté de donner une information complète et de qualité sur les événements du monde.

Le plus curieux est cette myopie croissante des médias qui arrêtent leur univers de référence au coin de la rue, et cessent de prendre en compte les évolutions géopolitiques ou les rapports de forces qui structurent la politique internationale, tout en se ralliant paradoxalement au discours dominant, qui prétend au contraire que l'ère de l'information sera celle de la communication mondiale, de la connaissance universelle et d'une conscience humaine qui transcendera les différences des nations. Nous vivons le grand écart entre une réalité dans laquelle l'information se spécialise de plus en plus sur des communautés réduites, et une idéologie dominante qui chante l'avènement de l'homme global et d'une communication sans frontières.

Dans le même temps, la myopie médiatique internationale devient sur bien des dossiers gênants une sincère cécité. Qui s'est ému du fait que les Etats-Unis, poursuivant leurs bombardements quotidiens de l'Irak, aient largué presque autant de bombes sur ce pays en 1999 qu'ils en larguèrent sur la Serbie pour obtenir la libération du Kosovo ? Aucun média. Seul le Sénat américain a soulevé le problème posé par cette action militaire permanente ! Pour des raisons budgétaires... Parce que l'intérêt de cette dépense colossale ne lui paraissait pas évident. Mais de nouveau, l'information ne fut reprise nulle part, alors que l'orchestration médiatique des interventions au Koweït et plus récemment au Kosovo avait au contraire été totale. Deux poids, deux mesures ? Selon quels intérêts ? Qui décide, en l'occurrence, de l'intérêt du public et de la pertinence d'une information ? Pourquoi la presse mondiale fait-elle dans un cas chorus, et dans l'autre silence ?

Il est à craindre que cette myopie obéisse, soit à la rationalité d'intérêts politiques plus puissants, soit à l'irrationalité d'engouements médiatiques produits par des phénomènes d'entraînement ou d'aveuglement réciproques. Mais rarement à des décisions éditoriales librement réfléchies.

On sait en outre que les opérateurs de téléphone américains sont parvenus à faire des Etats-Unis la plaque tournante des échanges sur Internet. Non pas seulement parce qu'ils furent les premiers à développer des sites, et à compter un grand nombre d'Internautes : plus fondamentalement, parce qu'ils ont pris un avantage décisif en termes de coût de raccordement au réseau mondial.

On a entendu dans le monde très peu de réactions lorsque la FCC américaine, la Federal Communication Commission, a décidé unilatéralement en janvier 1998 d'abandonner le système des « taxes de répartition » qui permettait, lors d'un appel international, de répartir moitié/moitié le prix d'un appel téléphonique international entre le pays d'appel et le pays de réception. Il est vrai que le déséquilibre entre le trafic entrant et le trafic sortant causait un manque à gagner apparent aux Etats-Unis. Et que la mesure apparaissait essentiellement technique.

Mais la finalité de la mesure ne tenait pas vraiment au trafic téléphonique, dont on estime qu'en 2002, il ne constituera qu'un pour cent du trafic Internet : elle tenait au fait que les treize premiers fournisseurs d'accès mondiaux sont tous américains : désormais le système de facturation des communications internationales n'imposant plus de répartition paritaire, il profitera entièrement à l'opérateur offrant l'accès au réseau. Or les accès les plus efficaces en termes de bande passante, et les moins onéreux en termes de coût sont désormais systématiquement américains, et quiconque veut ouvrir un service Internet a intérêt à le faire par le biais d'un prestataire américain.

Un rapport de l'administration européenne vient d'établir que la Virginie est devenue le principal point de passage des liaisons intra-européennes... De même, en Asie, plus de 93 % de l'infrastructure Internet est tournée vers les Etats-Unis, et un rapport du Conseil supérieur de l'Audiovisuel a montré comment les réseaux câblés français étaient actuellement largement rachetés par des capitaux américains pour développer justement les accès à Internet depuis la France et tournés vers les Etats-Unis.

Le même déséquilibre qui existe entre les réseaux de communication privés américains et ceux qui appartiennent au reste du monde développé existe aussi entre les réseaux des pays développés et ceux des pays en voie de développement, qui n'ont pris que très récemment le virage d'Internet.

De sorte que nous assistons à une structuration fondamentalement inégalitaire des réseaux d'échanges d'information, dans laquelle les formidables masses de capitaux investis par les plus grands groupes de téléphonie et de communication mondiaux, qui appartiennent évidemment aux pays riches, leur permettent de construire les infrastructures par lesquelles ensuite tous les échanges devront se faire, afin de bénéficier des meilleures prestations techniques et des coûts les plus réduits. C'est déjà aujourd'hui dans leur propre intérêt que des sites européens utilisent de préférence des prestataires d'accès au réseau situés en Californie.

Cette considération dépasse peut-être, en apparence du moins, la stricte question de l'évolution des contenus audiovisuels. En réalité, elle y touche de très près. Il est traditionnel que les autorités de régulation de la communication s'intéressent aux conditions dans lesquelles un service audiovisuel est offert : l'accès en est-il démocratique, les tarifs sont-ils adaptés aux prestations, la diversité des services proposés reflète-t-elle la diversité du choix disponible ou la réduit-elle, et dans ce cas pourquoi ? Au nom de quoi se fait ce choix ? Qui l'effectue ? En bref, la liberté de la communication est-elle réellement respectée, ou est-elle confisquée au profit d'intérêts particuliers ?

La déontologie de la communication est à ce prix. Il est vain de croire qu'elle puisse s'exercer par une pure et simple autorégulation entre les principaux acteurs d'un marché aussi fructueux que celui de la communication. Elle ne peut s'exercer que si des instances internationales reconnues y apportent leur garantie, agissant au nom de valeurs partagées, comme la préservation de la démocratie à un niveau international, la préservation de la paix entre les nations, la promotion d'une meilleure répartition des fruits du développement mondial, le renforcement de l'éducation et des échanges culturels entre les pays, le partage du progrès des sciences et des techniques, la vitalité de toutes les langues qui expriment la féconde diversité des traditions humaines.

Cette dernière valeur est sans doute la plus essentielle : nous avons en commun avec beaucoup de pays du monde l'usage du français. Notre langue est porteuse d'une mémoire, d'une histoire, elle est le véhicule d'une pensée nourrie dans le triple héritage de l'hellénisme, du monde latin, et des religions du Livre. C'est toute la richesse de son origine méditerranéenne. L'Histoire l'a donnée en héritage à de multiples nations, qui toutes la font vivre de manière indépendante, l'enrichissent de leurs propres traditions. Il faut que le français de France, mais aussi le français du Québec, le français du Sénégal et le français des Antilles, le français du Cambodge et le français de Guyane soient tous présents sur le Web...

C'était le principal chantier ouvert par la conférence des chefs d'Etat francophones qui eut lieu à Moncton, au Canada, à la fin du mois d'août 1999. Il faut que nous nous dotions d'outils nouveaux pour donner aux cultures francophones une plus grande place sur « la Toile ». Car c'est par l'explosion des échanges francophones que nous pourrons conforter à la fois le développement économique de tous les Etats qu'ils concernent. C'est par l'essor du commerce électronique au sein de la communauté francophone que notre langue commune continuera à être porteuse de créations, d'inventions, de concepts neufs.

Cet effort volontariste pour le rayonnement de la diversité francophone sur Internet, il faut aussi qu'il soit fait par chaque communauté linguistique en direction de sa propre langue, et de sa propre culture. La richesse de ce monde commun que les nouveaux moyens de communication nous permettent de bâtir sera d'être la somme de toutes les cultures et de toutes les traditions humaines. C'est l'un des enjeux d'un véritable rééquilibrage des échanges d'information entre les autres pays développés et les Etats-Unis, comme entre les pays du Sud et les pays du Nord. Des pays aussi vivants et pleins d'énergie que le Brésil ou l'Australie sont déjà prêts à relever avec nous ce défi, auquel leurs intellectuels et leurs entrepreneurs réfléchissent.

Toutes les cultures doivent pouvoir accéder à Internet pour s'exprimer, et notre responsabilité est d'éviter ce qui serait une forme d'apartheid technologique, laissant les pays les plus démunis à l'écart des mutations des pays déjà privilégiés : les nouveaux réseaux doivent combler les fossés qui existent, non creuser de nouvelles inégalités.

Ce fut l'une des conclusions les plus nettes du Sommet mondial des Régulateurs organisé à l'UNESCO, à Paris, les 30 novembre et 1er décembre 1999, et où 65 pays étaient représentés par plus de deux cents régulateurs venus des cinq continents.

Le monde que nous sommes en train de construire sera à n'en pas douter dominé par les valeurs de la communication : à nous de faire en sorte que ces valeurs ne soient pas seulement boursières, mais également humanistes, démocratiques et morales. Ce n'est pas par hasard si cette réunion avait lieu à l'UNESCO : cette organisation ayant en charge le développement de l'éducation, de la culture, des sciences et de la communication dans le monde, elle offrait une tribune naturelle à une réflexion mondiale sur les enjeux du passage à l'ère de l'information.

Parce que les nouveaux réseaux peuvent être le moyen d'un accès facilité de tous aux ressources culturelles, scientifiques et intellectuelles du monde entier. Parce qu'ils peuvent être l'instrument de l'apparition de cette conscience universelle prophétisée par Teilhard de Chardin ou par les scientifiques utopistes qui furent les précurseurs d'Internet, comme par les dirigeants du monde entier qui portèrent l'UNESCO sur les fonts baptismaux.

Au moment de conclure ce parcours qui suit précisément les mutations récentes de l'audiovisuel français, il est possible de concevoir une ambition immense pour le prochain siècle : celle d'offrir à tous les hommes la possibilité d'une parole libre, et d'un égal accès à ce qui constitue le patrimoine des peuples du monde. Il y faut simplement un peu de rigueur, la volonté de privilégier des valeurs universelles sur des considérations de profit à court terme, et une réelle confiance dans nos principes démocratiques, élargis aux rapports entre les nations. La ligne n'est pas forcément facile à tenir, mais le jeu en vaut la chandelle.

9
Des victoires perdues ?

En cette fin d'été 2000, du dernier étage de la Tour Mirabeau où se trouve mon bureau ouvert sur le panorama de Paris, j'écoute Apollinaire : « Sous le pont Mirabeau coule la Seine, et nos amours, faut-il qu'il m'en souvienne, la joie venait toujours après la peine, vienne la nuit, sonne l'heure, les jours s'en vont, je demeure. »

Au moment de tenter de donner de la cohérence à cet ensemble d'épisodes entre lesquels j'ai un peu de mal à lancer des passerelles solides, je sens en moi une sourde réticence, le refus de tirer un bilan, pour solde de tout compte, qui demain m'enfermerait dans une image trop nette de moi-même. A supposer qu'elle soit juste aujourd'hui, le sera-t-elle encore après la prochaine aventure, et la tâche la plus exaltante n'est-ce pas toujours celle qui reste à accomplir ?

J'ai eu un parcours insolite, qui s'organise autour du journalisme, de l'enseignement, de l'audiovisuel, des relations internationales. Ces quatre passions se partagèrent ma vie : elles passèrent successivement au premier plan, mais jamais aucune d'elles ne s'effaça tout à fait. Elles croisèrent des lieux auxquels je me suis profondément attaché, le Maghreb, l'Afrique, le Nord, certains quartiers de Paris... C'est toujours en changeant de théâtre que j'ai alterné les rôles et les fonctions, happé par le hasard des rencontres et des propositions que l'on m'a faites.

A jouer, pour ce livre, le rôle du chroniqueur, je m'aperçois que j'ai toujours aimé cette place : spectateur de ma vie, témoin, en même temps qu'acteur, et gardant une certaine distance par rapport aux personnages que j'interprétais, que j'étais heureux d'incarner comme par rapport à ceux que je rencontrais. Est-ce d'avoir souvent pris le risque de m'exposer en première ligne, d'accepter d'être incompris, voire rejeté ? J'ai pris de plus en plus goût au bonheur. Sans passer d'Epictète à Epicure, car je n'ai jamais été un ascète, je me suis rallié progressivement aux plaisirs de la vie : est-ce une trahison des rêves de ma jeunesse ? Je me le demande parfois. Il est certain que le tranchant de mes convictions s'est émoussé peu à peu au contact du réel. L'Afrique m'a appris la patience, et la nécessité de composer, de faire avec les moyens du bord, sans perdre de vue ses objectifs ni ses principes, mais sans vouloir tout, tout de suite. Etait-ce prémonitoire ? Montant *Antigone* en Algérie, face à Salan, c'est le rôle de Créon que je m'étais réservé. Rien n'est simple, et le temps se charge de rendre relatif ce qui sur le moment était vécu comme une aventure ou un exploit.

Oser dire la vérité sur la torture systématique en Algérie, comme je l'ai fait avec mes compagnons de *Témoignage Chrétien,* c'était s'exposer à être incompris, poursuivi, honni, parfois pourchassé, menacé dans sa vie même. Quelques-uns furent assassinés, qui avaient pris le même parti. Pourtant aujourd'hui, les généraux Massu et Bigeard, dans leurs articles, sur les plateaux, à la barre, reconnaissent très naturellement que la torture était une pratique quotidienne de leurs unités, que les conditions dans lesquelles elle était infligée étaient connues des dirigeants politiques de l'époque, Guy Mollet en tête, qui juraient pourtant leurs grands dieux qu'en répandant ces « bruits et mensonges affreux » on insultait l'armée française. Mais la Nation ne doit-elle pas plutôt se sentir déshonorée par cette tromperie instituée, cette hypocrisie officielle, auxquelles succéda l'amnésie générale qui dure encore aujourd'hui ?

Un pays doit se regarder en face. Dans une situation de guerre, lorsque l'enjeu des combats se chiffre en vies humaines, certaines méthodes peuvent s'expliquer. Encore faut-il les assumer. Quelle estime pouvaient avoir les jeunes Français, soldats en Algérie, pour des politiques dont les déclarations officielles contredisaient leur expérience directe ? Et les drames de cette époque historique laissent des traces profondes sur la France d'aujourd'hui. La situation injuste vécue par les pieds-noirs, dont les plus extrémistes ne sont pas aussi innocents qu'ils veulent paraître, commence à peine à être oubliée, les tragédies terribles subies par les harkis sont loin d'avoir été réparées. La France n'a pas eu vis-à-vis d'eux, qu'elle avait entraînés à se battre pour elle, une attitude très digne.

Je me suis trouvé pendant et après le conflit algérien dans la position à la fois fragile et nécessaire du passeur, de celui qui essaie de garder unies les deux rives, qui évite que la déchirure ne se creuse trop profondément. Mission impossible, et je m'y suis brûlé, à tous les sens du terme. Mais aujourd'hui des hommes comme Abdelaziz Bouteflika ou

Abderrahmane Youssoufi, que j'eus en d'autres temps beaucoup de peine à faire accepter sur le territoire français, sont reçus avec de grands égards dans nos palais nationaux, lors de leurs visites officielles de Président algérien ou de chef du Gouvernement marocain... Ce n'était pas, comme aujourd'hui, pour y dîner avec le ministre de l'Intérieur Jean-Pierre Chevènement, que mon vieil ami Bachir Boumaza, aujourd'hui président du Sénat de la République algérienne et deuxième personnage de l'Etat, franchissait les grilles de la Place Beauvau, mais pour y être longuement interrogé et torturé par la DST, comme responsable du FLN en France. Le temps se charge de renverser les situations, et de donner à tous les événements qui se produisent un sens différent de celui qu'ils semblent revêtir sur l'instant.

En l'occurrence, la suite de l'Histoire semble aujourd'hui avoir donné raison à certains de mes choix et de mes engagements. Mais ces victoires, quand il y en eut, ont-elles toujours été pérennes ? Sont-elles encore durables ? L'indépendance de l'Algérie, replacée dans la grande vague de la décolonisation de l'Afrique et de l'Asie, paraît aujourd'hui avoir été une évidence. Elle aurait sans doute pu se faire différemment, sans déchirure, si le sens de l'Histoire avait été mieux compris, mieux expliqué, mieux accompagné, par ceux dont c'était la charge. Mais cette victoire a-t-elle conduit l'Algérie sur les chemins pavés de roses de l'autogestion, de la raison et du socialisme ? Trois décennies plus tard, le pays s'enfonçait dans un sanglant cauchemar islamiste dont il s'efforce aujourd'hui d'émerger, meurtri et un peu hébété. Le pays frère exemplaire, la Yougoslavie, n'existe même plus, réduit à un champ de ruines démembré entre plusieurs Etats ethniques, ennemis apparemment irréductibles. Victoire perdue ? Aujourd'hui, les mêmes efforts sont à faire, et la relance du grand projet algérien est toujours pour demain. De retour à Alger, à plus de trente ans de distance au printemps 2000, il me fut donné de rencontrer des jeunes : ils ignoraient tout, ou presque, des combats et des débats de leurs aînés, et ne comprenaient plus les lignes de partage qui opposaient hier radicalement les révolutionnaires algériens... L'intuition majeure d'Abdelaziz Bouteflika, dans sa démarche de concorde civile, est justement celle d'un dépassement des rivalités et des désaccords d'hier pour entraîner toute l'Algérie dans la construction d'un avenir collectif : c'est le sens par exemple de la réhabilitation de Messali Hadj, ou de la reconnaissance de l'apport des juifs d'Algérie.

L'action menée en Afrique a été une action de précurseur : on le voit à l'importance du rôle que jouent désormais les médias dans la formation et l'évolution des opinions publiques africaines. Elle a été utile, donnant une vraie culture professionnelle à la première génération d'hommes de médias, écrits et audiovisuels, qui suivit l'indépendance. Mais là encore, victoire perdue ? C'est un peu le sentiment éprouvé face aux balbutiements des démocraties africaines, aux arrestations de journalistes ou de patrons de presse, aux intimidations dont les médias sont victimes dans de nombreux pays.

Pourtant les quinze dernières années ont vu une floraison de titres nouveaux, des télévisions privées ont fait, timidement, leur apparition, pour faire pièce aux chaînes internationales diffusées par satellite, les radios sont de plus en plus diverses et libres. Dans l'histoire des indépendances africaines, j'ai la conviction que l'ouverture médiatique des régimes institués représentera une étape essentielle de leur évolution démocratique. Elle servira une prise de conscience civile, une structuration des identités nationales autour de valeurs fortes, diminuant l'arbitraire des gouvernants et l'inégalité des conditions. La démocratie apparaît aujourd'hui pour tous les pays d'Afrique comme la condition essentielle d'un essor économique partagé. Elle seule oblige les dirigeants d'un Etat à prendre en compte quotidiennement l'intérêt du plus grand nombre, elle seule les place face à leurs responsabilités lorsque la pauvreté et l'inégalité sont insupportables.

Seule la démocratie, au sens large du terme – multipartisme, liberté d'expression, séparation des pouvoirs, indépendance de la justice, participation de la société civile – permet l'expression pacifique de la volonté de changement. Des pas décisifs ont été faits en ce sens en Afrique de l'Ouest ; le Sénégal, une fois encore en l'an 2000, vient d'être exemplaire. Le Maghreb connaît une ouverture sensible. L'Afrique du Sud, débarrassée de l'apartheid, cherche à construire un modèle de société équilibrée, malgré les fossés de la misère et l'insécurité des quartiers périphériques des grandes métropoles. Restent les tensions endémiques d'Afrique centrale et d'Afrique orientale, les rivalités ethniques sous-jacentes, les démons de l'exclusion et du racisme réveillés au Zimbabwe ou en Côte-d'Ivoire pour des raisons bassement électorales. Or la jeunesse des Etats du continent leur interdit de céder à des tentations qui ont tôt fait d'y prendre un tour sanglant.

Je n'ai jamais eu le goût de regarder en arrière, et je m'étonne d'avoir enfin réussi à me livrer à cet exercice, sans doute y ai-je été aidé par plusieurs deuils, que j'ai évoqués au fil de ces pages, et qui m'ont conduit à accomplir ce retour sur moi-même. Mais qu'ai-je découvert de nouveau ? La seule certitude que j'en dégage est que les chantiers que l'on croit avoir terminés se rouvrent toujours, et qu'il faut alors reprendre le travail, pour le mener un peu plus loin. L'audiovisuel est dans ma vie, toutes proportions gardées, l'exemple même d'une œuvre toujours inachevée, sans cesse recommencée. C'est ce que Mounier entendait par « *inespoir* », l'absence d'illusions, mais non de volonté, car les victoires perdues nous incitent à pratiquer, toujours et encore, un même pessimisme actif.

L'élan d'une chaîne comme TF1 une fois assuré, elle fut privatisée, et je dus m'en écarter : tout était à rebâtir. J'ai repris l'ouvrage en créant France Télévision, pour relancer la télévision publique, qui venait de perdre son vaisseau amiral, par la constitution, contre vents et marées, d'un groupe uni, à partir de deux chaînes alors rivales, mais qui, ensemble, harmonisées, coordonnées, allaient trouver les moyens de constituer autour d'elles une flottille de chaînes thématiques pour mieux remplir leurs missions.

Un slogan hier brocardé, celui de « chaîne populaire de qualité », devient aujourd'hui un signe de ralliement du service public. Enfin des décisions combattues avec brutalité, comme celle de conserver à France Télévision les droits de diffusion des grands événements sportifs que sont le Tour de France, Roland-Garros, le Tournoi des Cinq et désormais Six Nations, sont désormais l'un des titres de gloire de deux chaînes qui restent capables de fédérer la majorité du public autour de manifestations exceptionnelles. Dans le même temps, l'oubli a jeté son manteau de brume sur les décisions catastrophiques prises ailleurs par l'Etat, qu'il s'agisse des milliards dissipés en pure perte pour les satellites TDF1 et TDF2, qu'il s'agisse de l'échec ruineux du Plan câble... Autant de stratégies irréalistes conçues dans l'isolement des cabinets, par des fonctionnaires dits gestionnaires et des ingénieurs dits techniciens, sans réelle expérience professionnelle, sans connaissance des réalités humaines ou économiques, sans intuition des jeux et des enjeux de la vie.

Face à ces belles banqueroutes publiques, il faut souligner la justesse de certains choix, parfois mal exploités : ainsi de l'adoption des quotas francophones ou européens, nécessaires à la préservation de l'exception audiovisuelle française, composante de la diversité culturelle mondiale. Même s'ils ne doivent pas être considérés comme éternels, et même si la responsabilité des producteurs et des créateurs français est de profiter de ce sursis pour adopter une attitude offensive sur les marchés culturels mondiaux, afin de se donner les moyens de conforter demain, par le succès, la position et le financement que le droit européen, pour un moment, leur garantit. La numérisation générale des réseaux impose en outre la réalisation d'œuvres de qualité en nombre croissant, capables d'assurer une véritable diversité de l'offre. Les industries audiovisuelles américaine ou indienne se donnent les moyens de répondre à ces nouveaux besoins en programmes. Il est à souhaiter que notre production parvienne aussi à se mobiliser en ce sens.

Le temps que j'aurai passé au Conseil supérieur de l'Audiovisuel formera l'une des plus longues étapes de ma vie, où alternèrent les phases d'action et de réflexion, les périodes d'expansion et les moments de rassemblement. Ma chance, très grande, fut de pouvoir puiser dans cette variété les éléments qui s'accordaient le mieux à mes intuitions ou à mes envies profondes, sans devoir passer par trop de renoncements.

Dans mon parcours humain et professionnel, ce ne sont pas les heures passées dans la lumière et sous le feu des projecteurs qui pèsent le plus lourd : j'ai plus d'émotion et de joie intérieure à me souvenir des heures difficiles et harassantes de *Témoignage Chrétien,* de mes longues journées de travail au cabinet d'Edmond Michelet, de mes rencontres de l'UNESCO, des tâches ardues qui m'étaient réservées dans les climats hostiles ou tendus d'Aït-Arnat ou d'Alger, où dans la chaleur du Cameroun.

Au-delà des paillettes, des ego survoltés, des valeurs éphémères parce que factices, je ne veux retenir qu'une chose de ce monde de l'audiovisuel auquel mon nom est, depuis vingt ans, souvent associé : la place qu'il tient dans la vie quotidienne de centaines de millions d'individus. Dès lors que la radio et surtout la télévision sont et restent la première source d'information, de culture, et le premier des divertissements humains, il devient essentiel de réfléchir à la manière dont elles peuvent, au gré des évolutions technologiques, jouer un rôle pour améliorer les relations entre les hommes, faire reculer les démons du racisme, de l'exclusion, de l'exploitation, de l'indifférence, de la vulgarité, de la violence.

Les dirigeants des médias audiovisuels ne peuvent pas oublier la responsabilité qu'ils portent à chaque instant face à la société, en fournissant à la démocratie le lot quotidien d'informations qui la nourrit, et à l'esprit du temps une bonne partie de l'imaginaire et des références qui le constituent. On ne vit pas impunément dans la société de l'image et de l'information. Nous sommes aussi ce que fait de nous ce bain toujours renouvelé dans lequel nous sommes plongés du matin jusqu'au soir.

Et c'est sans doute l'apport majeur de l'audiovisuel à l'humanité : la communication a fait exploser les frontières artificielles entre les hommes. *Mon petit Liré* a la taille du globe. Une conscience plus juste du décalage entre les cultures, de la diversité des approches culturelles et des disparités économiques ne peut que nous apprendre la tolérance, l'écoute d'autrui, la modestie, et nous inciter, pour protéger et cultiver la diversité du monde humain, à en réduire les inégalités et les injustices les plus criantes, nous ouvrant ainsi à la société de demain.

Protégé dans mon enfance par le milieu d'où j'étais issu, j'ai choisi, dès 18 ans, de rompre avec lui, pour conquérir une liberté que je n'ai jamais regrettée, même dans les moments difficiles. Mais j'avais la volonté d'exister par moi-même, de créer mon univers, d'agir en toute indépendance, pour moi-même et pour les autres Je me suis rallié à mes intuitions plutôt qu'aux analyses raisonnables que je pouvais faire, que ce soit pour m'orienter, pour m'entourer, pour diriger. Et peut-être est-ce la clé de ce recommencement incessant : l'absence de leçon, le défaut de toute certitude arrêtée, le choix de la vie contre l'immobilité, et donc la confiance en mon étoile plutôt qu'en une vérité apprise.

Suis-je de droite ? Sûrement pas, bien que mes origines familiales m'aient fait baigner dans ce milieu. Suis-je de gauche ? Mais qu'est-ce que la gauche ? Comment se satisfaire de ces deux raccourcis ? Il y a, sur chaque débat, des lignes de clivage plus graves que celles que tracent, adroitement ou non, les partis politiques. Pendant l'Occupation, la guerre d'Algérie, face aux défis du tiers monde et en particulier de l'Afrique, face aux fractures sociales qui partagent nos sociétés développées, très concrètement aujourd'hui face au projet de « taxe Tobin », prélevée sur les mouvements spéculatifs des capitaux, c'est là qu'il faut se demander : où est la droite, où est la gauche ? Et si j'ai pris toujours le parti du mouvement, cela ne fut jamais par calcul politique, mais toujours par préférence, au risque de m'aliéner certains de mes proches ou amis.

J'ai traversé des moments de total isolement, et d'autres où j'étais très entouré, des moments de doute, et d'autres où j'étais trop sûr de moi, des moments de courage, coupés d'instants de lâcheté ou de résignation. Jorge Luis Borges a sans doute raison : « *Tout homme est deux hommes, et le plus vrai est l'autre.* » J'ai probablement une nature double, deux visages, entre lesquels j'oscille, soutenant l'un par l'autre, agissant d'instinct. Plus je me suis éloigné des frontières de l'Hexagone, et plus j'ai aimé la France, son histoire, ses terroirs, son art de vivre. Plus je suis devenu familier des cultures et des pays que je découvrais, Maghreb, Afrique noire, Europe, Amérique latine, Asie même, plus j'ai apprécié de me retrouver dans les œuvres d'auteurs français, classiques ou contemporains, d'applaudir Zidane et notre équipe nationale de football, d'assister à la victoire de Mary Pierce à Roland-Garros...

Citoyen, fier de mon pays, je ne suis pas cocardier ; je ne me méfie que trop de ceux qui brandissent avec ostentation notre drapeau pour mieux souiller ce qu'il représente, mais aussi des autres, ceux qui se réclament sans cesse de la République pour mieux préserver les avantages qu'elle leur procure...

Homme libre je déteste la démagogie, le sectarisme, la pensée unique, les modes. A cet égard, et pour ne prendre que cet exemple, je reviendrai sur l'école. Place de l'Odéon, carrefour de nombreuses universités, la statue de Danton rappelle en effet qu'*« après le pain, l'éducation est le premier besoin du peuple ».* Les missions de l'école sont aujourd'hui plus que jamais évolutives et plurielles, mais la richesse de tout enseignement passe d'abord par une réhabilitation du savoir, de l'effort, de la discipline et aussi du contrôle et de son pendant, la sanction. Malheureusement, les intentions proclamées demeurent bien souvent loin de la réalité. Claude Allègre avait de bonnes idées mais en matière de réformes, comme dans bon nombre de domaines, le dialogue est premier et ne souffre pas les excès d'autorité. Enseignants, proviseurs, parents d'élèves, tous sont concernés et tous doivent prendre part à cette indispensable réflexion. Sinon leur réaction se mue inévitablement en rejet, creusant davantage encore le décalage presque naturel qui peut exister entre discours et actions sur le terrain.

Or tout part de l'école, tout naît de l'école, de ce lieu d'échanges et d'apprentissages, de ce lieu de l'éveil et du rapport au monde. Si des phénomènes de rejet s'y font jour, alors il peut à l'inverse, pour nos enfants, devenir le lieu de tous les cloisonnements, de tous les retards, de toutes les violences. J'en veux pour preuve qu'à l'heure d'une société de l'information qui se dessine à grands pas, la télévision a bien souvent rejoint les placards plus que les estrades. Et les enseignants ont longtemps considéré la télévision comme une rivale. L'école commence heureusement aujourd'hui à se faire passerelle, à admettre la télévision comme un outil pédagogique en même temps qu'un moyen pertinent de réflexion sur l'image. Elle se doit désormais, à son contact, de préparer les élèves à un autre apprentissage, celui de la lecture de l'audiovisuel et des nouvelles technologies et je pense, à ce titre, que le brevet Internet initié cette année par Jack Lang semble cette fois faire souffler le vent de l'école dans la bonne direction.

Anticolonialiste de conviction, j'ignore, par tempérament, le racisme. Gandhi a eu cette phrase très juste que je cite de mémoire : *« J'ai toujours trouvé mystérieux qu'un homme puisse se sentir grandi d'en rabaisser un autre. »* J'ai côtoyé, sur tous les continents, les mêmes hommes, avec les mêmes faiblesses et défauts, les mêmes valeurs, et des richesses différentes. Partout, il se trouve des bavards, des imbéciles, des crapules, des hypocrites, et des gens honnêtes, intelligents, loyaux, compétents, cultivés. Ils peuvent être blancs, jaunes, noirs, musulmans, juifs, chrétiens, bouddhistes, athées, agnostiques, qu'importe ? J'évite les uns et je fréquente les autres. Une phrase d'Herman Melville, l'auteur de *Moby Dick,* me revient aussi : *« Plutôt un cannibale sobre qu'un chrétien ivre »...* J'ai très vite écarté de moi tout préjugé, toute catégorie trop facile, pour juger les individus à leurs actes plus qu'à leurs paroles, à leur efficacité plus qu'à leurs bons sentiments, à leur loyauté plus qu'à leur habileté. Mes meilleurs amis ont été français, bien sûr, mais très vite algériens, camerounais, sénégalais, égyptiens... Chacun d'eux porte en lui avec force sa culture et son héritage, la mémoire de son histoire, tout en ayant l'esprit grand ouvert aux autres sociétés et aux autres traditions.

L'amitié est le ferment qui nous permet, à tout moment, de dépasser nos différences, dans des discussions animées, dures, chaleureuses. Nos divergences d'appréciation sur les événements ou les œuvres sont pour nous aussi importantes que le serait pour d'autres leur identité de vue. En défendant nos convictions, nous nous découvrons et nous apprenons, les uns les autres, à mieux nous connaître. La véhémence et la contradiction nourrissent notre respect mutuel et pour rien au monde je ne renoncerais à ces oppositions fraternelles. C'est dans l'affrontement que l'on éprouve la densité d'autrui, non dans le consensus de façade.

A la longue, j'ai remarqué que j'ai souvent recruté comme collaborateurs proches des femmes et des hommes avec lesquels j'avais eu des divergences importantes quelque temps auparavant : certains s'en étonnèrent, se demandant ce que cachait ce qu'ils croyaient une volte-face. Tout simplement, j'avais apprécié leur liberté de ton, leur conviction, l'opiniâtreté avec laquelle ils avaient défendu leurs idées, qui n'étaient pas les miennes, mais là n'est pas le problème. J'ai trop de goût pour ma propre liberté pour leur faire grief de la leur et ne pas en mesurer le véritable prix !

Au moment de clore ce parcours, auquel manquent les dernières étapes, devoir de réserve oblige, et les prochaines, encore inconnues, j'éprouve le sentiment qu'avec toutes mes contradictions apparentes, je n'ai finalement manqué ni de cohérence ni de constance.

Je n'ai jamais cessé de travailler à un seul métier, sous diverses casquettes, et c'est pour lui que j'étais fait : animer des équipes en leur proposant de construire des projets communs, qu'il s'agisse de formation ou d'audiovisuel, afin de lancer des ponts entre les sociétés, les Etats et les cultures. Avec un seul maître mot, dans lequel tout se résume : la *communication*. Ce qui rapproche et relie les hommes. C'est en elle que réside ma foi, c'est elle que je servirai jusqu'au bout.

Il y a loin du jeune journaliste idéaliste et militant de *Témoignage Chrétien* au porte-parole du Directeur général de l'UNESCO, dont les convictions s'expriment nécessairement dans d'autres termes. Loin du directeur des écoles supérieures de journalisme de Yaoundé et de Lille au président des chaînes publiques ou du Conseil supérieur de l'Audiovisuel, quotidiennement confrontés à des problèmes bien différents. J'ai appris la patience, la nécessité d'inscrire toute action dans la durée. Rien n'est donné tout de suite, et il est inutile d'exiger l'impossible. Les années m'ont appris à me maîtriser et à laisser le temps faire son œuvre...

Mais si l'on songe au chien et au loup de la fable de La Fontaine, ce n'est qu'en apparence que j'ai renoncé à mes aspirations profondes : comme l'écrit superbement Théodore Monod à propos du peuple touareg : « *Instinctivement, je suis toujours pour le loup, parce qu'il est libre.* » La liberté est un luxe fabuleux, je crois qu'il n'est pas possible d'y renoncer, lorsqu'on y a goûté. Et aucun confort, aucune sécurité, ne vaut ce luxe. Communiquer, c'est toujours, vers d'autres horizons, le risque d'une nouvelle aventure. On n'emprisonne pas les images, on n'arrête pas les ondes, on ne gomme pas les mots écrits. Communiquer, c'est la première et la dernière des libertés. Elle méritait que je lui consacre ma vie.

Paris, 15 septembre 2000

NOTES

Note 1, page 195

A propos de la presse algérienne des premières années de l'indépendance (rapport de juin 1965) : « *Elle souffre indéniablement de trois maux : insuffisance professionnelle, crise d'autorité, ouverture extérieure insuffisante. Les causes en sont multiples et ont été bien souvent discutées : au lendemain de l'indépendance, la presse colonialiste a fait place à une presse nationale dont la nécessité n'est plus à démontrer. Il a fallu trouver des journalistes. A côté des quelques rares journalistes chevronnés, des dizaines de jeunes, attirés par une profession bien souvent décrite uniquement sous ses aspects les plus reluisants, se sont retrouvés journalistes du jour au lendemain. Un manque d'exigence à leur égard, la non-définition des règles de travail, et la valse des Directeurs et Rédacteurs en chef, l'absence d'orientation, ont conduit à la bureaucratisation des meilleurs, au laisser-aller des autres.* » La description était explicite, les mesures à prendre ne l'étaient pas moins :

« *La formation des journalistes demeure pratiquement inexistante, la foi et la conscience professionnelle dans le travail sont à ressusciter, l'activité du journaliste à revaloriser, la responsabilité à définir. Il faut commencer par le commencement. Tout journaliste, quelle que soit sa spécialisation présente ou future, doit connaître le fonctionnement des rubriques d'un quotidien avec les problèmes qu'elles posent et les solutions que l'expérience leur a apportées, les techniques qui président à la collecte et à la diffusion des nouvelles, la connaissance de l'information elle-même et les modalités de son application ou de sa mise en valeur, les éléments de mise en page et de secrétariat de rédaction, l'initiation aux principaux problèmes propres au journalisme parlé et télévisé.* »

Note 2, page 197

Quelques extraits du rapport Fillioud-Harris sont particulièrement explicites : « *Une telle conception de l'information, pour logique qu'elle soit dans l'Algérie d'aujourd'hui, et que nous ne songeons pas à contester, nous place néanmoins devant des contradictions... Il en irait autrement si notre tâche pouvait se borner à un enseignement purement technique, s'il s'agissait seulement de donner des cours de montage, de prise de vue, ou de prise de son, voire de rédaction. Notre ami Guéry, par exemple, ne s'est pas heurté aux mêmes difficultés que nous, car on peut apprendre à monter une page ou à calibrer une copie sans se soucier du contenu.*

A la radio ou à la télé, en revanche, notre aide ne peut être efficace qu'au niveau de la conception générale des bulletins : études de formes originales, recherche de moyens d'animation, traitement et présentation de l'actualité. Cette action ne peut guère s'exercer à l'intérieur des structures actuelles des journaux parlés et télévisés sans risque de provoquer des conflits. Or il ne peut davantage être question pour nous de promouvoir des réformes de structures, du moins tant qu'une politique de l'information ne sera pas clairement définie au niveau du gouvernement. »

Note 3, page 219

Le paysage de la presse africaine au début des années 70 mérite d'être rappelé tel que je le décrivai dans un de mes rapports : « *1960 étant l'année de l'indépendance du plus grand nombre des pays du continent, c'est bien entendu la date que l'on peut prendre comme référence pour étudier l'évolution de la presse africaine.*

Une constatation : l'Afrique demeure la région du monde où les moyens d'information sont les plus pauvres. En incluant le pays de l'apartheid, l'Afrique du Sud, on comptait en 1960 environ 220 titres de quotidiens – bulletins polycopiés inclus – d'un tirage de trois millions d'exemplaires pour une population de l'ordre de deux cent cinquante millions d'habitants, c'est-à-dire supérieure à celle de l'URSS ou des Etats-Unis, ce qui représente 1,2 exemplaire pour cent habitants ; seules l'Afrique du Sud, l'île Maurice et Madagascar avaient une presse quotidienne avec une diffusion supérieure à cinq exemplaires pour cent personnes, quinze pays n'avaient pas de quotidien, et sept autres devaient se contenter d'un bulletin polycopié.

Outre les obstacles au développement de la presse précédemment évoqués, rappelons que pour l'Afrique 70 % de la population a un revenu moyen annuel inférieur à 100 dollars, que 85 % des habitants vivent dans la brousse et dans les villages, tandis que pratiquement tous les journaux sont publiés dans les capitales. Il existe en outre huit cents langues et dialectes en Afrique. L'anglais est parlé dans dix-huit pays et le français dans vingt et un, mais ce sont des langues d'importation parlées seulement par une élite. Enfin la colonisation a entraîné la division d'un continent, dont la population est inférieure à la moitié de la population indienne, en quelque quarante nations indépendantes. Les structures politiques sont neuves et parfois fragiles. Le manque de solidarité de certains régimes et la fréquente absence de confiance entre journalistes et gouvernants, rendent précaires l'existence et le développement des journaux.

Pour éclaircir la situation actuelle, il n'est pas inutile d'étudier l'héritage légué par les pays colonisateurs aux pays colonisés en matière de presse. Dans les colonies britanniques, la plupart des journaux avaient été créés par des groupes de presse métropolitaine puissants, comme le groupe Thomson. Dès le début, ils avaient visé une clientèle africaine, la considérant comme le marché le plus intéressant. Certains titres avaient atteint des tirages de l'ordre de cent mille exemplaires. Au contraire dans les territoires français, tous les quotidiens avaient été créés par le même homme, Charles de Breteuil, qui s'était ainsi constitué un groupe de presse purement africain sans lien avec les journaux de France. Ces quotidiens s'adressaient surtout aux Français, et aucun n'avait un tirage supérieur à quinze mille exemplaires.

Ces différences de public et de tirage entraînaient des différences de fond et de style : on peut dire que les journaux d'expression anglaise développaient les nouvelles et faits divers locaux, et que les journaux d'expression française insistaient sur les nouvelles de la "métropole". D'où une meilleure adaptation aux nouvelles circonstances dans les pays anglophones. Les habitudes y existaient déjà dans le public national auquel on offrait des nouvelles qui l'intéressaient. D'autre part, les traditions d'indépendance de la presse britannique s'étaient suffisamment implantées pour permettre aux journaux de garder une certaine distance à l'égard du nouveau pouvoir. A quelques exceptions près, les seuls changements importants allaient être les changements de propriété consécutifs à des accords entre les groupes britanniques et les financiers locaux ou des Gouvernements ; quant au fonctionnement l'évolution s'est manifestée sans coupure réelle avec le passé.

Dans les pays francophones, l'adaptation aux besoins allait être beaucoup plus difficile. En effet, d'une part l'augmentation de la fréquence et de la rapidité des avions allait mettre les journaux en concurrence directe avec les journaux de Paris, et cette concurrence deviendrait insoutenable pour la relation des affaires françaises ; d'autre part, un manque d'adaptation aux besoins réels du public africain n'allait pas permettre de compenser par la conquête de ce public, la perte d'audience dans le public expatrié. Enfin, un conformisme outrancier et une autocensure allant très au-delà des vœux des gouvernements eux-mêmes allaient mortellement atteindre la crédibilité, l'intérêt, puis l'existence même de cette presse. Les uns après les autres, les titres allaient disparaître, en Guinée, dès 1958, en Côte-d'Ivoire en 1965, au Sénégal en 1970. Le seul qui subsiste aujourd'hui est La Presse du Cameroun *qui tire à quelques milliers d'exemplaires et sera fortement concurrencé dès la naissance d'un nouveau quotidien national à Yaoundé.*

Sauf en Guinée, où un quotidien national est devenu hebdomadaire, ces journaux ont été remplacés par des quotidiens nationaux. Quant aux pays qui ne possédaient pas de quotidien, quatre en publient aujourd'hui avec des formules et des fortunes diverses : le Togo, le Mali, le Niger et le Dahomey. Mais aucun de ces journaux n'a réussi à dépasser un tirage de trois à cinq mille exemplaires. Enfin, dans de nombreux pays sont publiés des bulletins quotidiens polycopiés. Il s'agit évidemment d'un palliatif en l'absence de presse imprimée, mais un palliatif onéreux, toujours déficitaire. Ces bulletins sont nés avant l'indépendance en Afrique francophone, sous la forme de recueils des principales dépêches de la journée éditées par l'Agence France-Presse ; après l'indépendance, cette activité a été reprise par les agences nationales qui ajoutent aux nouvelles de l'étranger les nouvelles nationales recueillies par leurs propres reporters et correspondants.

Pour nous résumer, au début des années 1970, existent dans les Etats francophones du Sud du Sahara, treize quotidiens : un à Dakar, Le Soleil, *un à Abidjan,* Fraternité Matin, *un à Lomé,* Togo Presse, *un à Douala,* La Presse du Cameroun, *un à Tananarive,* Le Courrier de Madagascar, *un à Niamey,* Le Temps du Niger, *un à Cotonou,* Daho-Info, *six au Zaïre :* L'Etoile, Le Progrès, La Tribune *(Kinshasa),* La Dépêche, L'Essor *(Lubumbashi),* Le Renouveau *(Kisangani).*

Dans les Etats d'Afrique francophone, la presse est publiée en langue française, sauf à Madagascar qui dispose d'une dizaine de quotidiens en langue malgache (un seul est imprimé dans le format d'un journal normal ; les autres sont soit des bulletins ronéotés, soit des feuilles imprimées recto-

verso avec des tirages variant entre cinq cents et mille exemplaires). Cependant, quelques rares journaux incluent une page en langue ou dialecte nationaux, c'est le cas notamment de la page en langue Ewé de Togo-Presse.

La presse hebdomadaire est plus développée. Les hebdomadaires ont toujours été relativement nombreux et vivants en Afrique, bien que souvent très éphémères, les ressources financières sinon l'équipe rédactionnelle s'essoufflant très rapidement.

Presque tous les pays disposent au moins d'un hebdomadaire qui est souvent l'organe du Ministère de l'Information. En Afrique francophone, le principal hebdomadaire était Afrique Nouvelle *qui paraissait à Dakar et qui vient de cesser sa parution ; les autres,* La Semaine Africaine *à Brazzaville et* Le Moniteur Africain *de tendance économique à Dakar,* L'Effort Camerounais *à Yaoundé. Les plus forts tirages,* Jeune Afrique, BINGO, Africasia *et son concurrent nouveau* Afrique-Asie *sont édités à Paris. Il est en effet plus facile de centraliser les nouvelles et de diffuser à partir de l'Europe dans toute l'Afrique qu'à partir de n'importe quel point du continent africain.*

En conclusion, il convient de souligner que la presse la plus variée et la plus abondante, la plus vivante se situe dans les pays d'Afrique anglophone et notamment au Ghana et au Nigeria. »

Note 4, page 225

Voici, à titre d'exemple, comment je définissais ensuite le rôle des journalistes africains à travers ces trois fonctions : « *La Fonction sociale, ou de reliance, du journaliste, est appelée à relayer celle des veilleurs d'antan (hommes, esprits, totems) chargés de scruter l'horizon et de signaler les dangers qui menaçaient la communauté... Dans les sociétés africaines ébranlées par la colonisation et qui cherchent à trouver un nouvel équilibre, les choses n'ont pas changé dans leur nature, mais dans leur échelle. Les relations sont plus complexes, la solidarité s'est élargie des campagnes à la ville, d'une région, d'une nation à une autre. L'horizon pour un pays en voie de développement est un horizon vaste à l'échelle mondiale qu'il appartient à la presse de scruter. Sur le plan intérieur, elle est donc facteur d'unification, cependant qu'à l'extérieur elle tisse des relations indispensables au développement.*

Fonction politique, ensuite : plus un pays se développe, plus les décisions ont besoin de bases élargies. Pour que l'ensemble des individus adoptent des options difficiles, s'intéressent à la modernisation et modifient en conséquence leur mode de vie, leurs croyances, il faut que les innovations soient présentées et leurs effets commentés, non seulement de haut en bas, mais aussi de bas en haut, et que chacun soit associé à des discussions collectives. La fonction politique n'est réellement remplie que lorsque les besoins des populations locales sont exprimés. Encore faut-il susciter le dialogue par un langage réellement adapté au public.

Fonction éducative enfin. Sans doute chaque secteur social est-il intéressé à cette fonction permanente, à la possibilité d'acquérir des connaissances à tout âge de la vie ; la mission de formation que l'information doit jouer concerne essentiellement les masses paysannes et les masses laborieuses des villes. La radio et la télévision notamment doivent pouvoir répondre aux urgents besoins qui se font sentir dans les domaines de l'enseignement, de la formation technique, médicale, sociale, économique, de l'expression culturelle enfin qui reflète les aspirations des peuples. En fait, de nombreux pays en voie de développement sont arrivés à la conclusion que le développement rural est impossible sans une utilisation continue et efficace de la radio qui seule permet de fournir au même village, semaine après semaine, jour après jour, des renseignements et des instructions, et d'engager un dialogue fructueux avec lui.

La presse écrite dont on connaît les difficultés de reconversion, de diffusion, de financement est à la recherche de formules nouvelles spécialement adaptées au monde rural et à des groupes de plus en plus nombreux de nouveaux alphabètes. Pour prendre un exemple très récent, au Mali vient de naître, il y a une quinzaine de jours, un journal rural mensuel en Bambara publié par le ministère de l'Information en collaboration avec le service d'alphabétisation et le ministère de la Production, avec le concours de l'UNESCO. La création de ce journal se situe dans le cadre d'un large projet d'alphabétisation fonctionnel dans un pays où 80 % de la population est analphabète mais où existent à l'heure actuelle 1 731 centres d'alphabétisation groupant près de 60 000 auditeurs qui sont autant de lecteurs potentiels. Il s'agit donc de fournir à ces nouveaux alphabètes des textes de lecture écrits dans leur propre langue qui, d'une part, évitent le retour à l'analphabétisme et d'autre part leur fournissent des renseignements susceptibles d'améliorer leurs techniques agricoles, leur santé, leurs conditions de vie, d'assurer leur éducation permanente. Cette commission interministérielle chargée de la presse rurale regroupe des représentants de tous les départements intéressés : production, éducation, intérieur, plan, information, etc. La Direction de ce journal rural a été confiée à l'Agence Nationale d'Information et au quotidien L'Essor *qui lui sert de support. Enfin, un stage de communicateurs de la presse rurale s'est tenu pour assurer la formation des instituteurs, des animateurs ruraux responsables de coopératives agricoles, chargés d'établir le dialogue entre les masses et le journal. A noter que l'étude de réalisations analogues est actuellement en cours au Togo et en République Populaire du Congo.*

Dans ce genre nouveau de presse servant d'auxiliaire aux campagnes d'alphabétisation, les supports écrits peuvent apporter des éléments visuels (photos, maquettes, dessins, schémas divers) qui permettent de stimuler l'imagination et de mieux fixer le message.

Dans toutes les branches des métiers de l'information, c'est aux praticiens qu'il appartient d'exploiter au mieux les ressources dont il dispose. L'intégration de la compétence et de la conscience professionnelle feront croître les moyens aujourd'hui disponibles.

La radiodiffusion, grâce à l'aide publique, est en général bien outillée. Les émissions radio sont incontestablement le moyen le plus efficace pour atteindre le public rural. D'où une énorme responsabilité des journalistes qui détiennent cet outil. Le sociologue Lerner signalait ces dernières années que depuis que le Gouvernement égyptien avait introduit la radio dans les villages, rien n'avait vraiment changé, sauf dans les espoirs de la population. Il ajoutait : « C'est la situation type qui a produit depuis une quinzaine d'années l'apparition d'un sentiment croissant de frustration. »

Lors d'un colloque qui s'est tenu à Honolulu en 1967, la première des conclusions générales tirées par les participants était celle-ci : « *Les moyens de communication de masse, 1) détruisent plus vite les anciennes valeurs d'une société qu'elles n'en font adopter de nouvelles, 2) font plus vite adopter, en tout cas désirer de nouvelles valeurs (plus particulièrement malheureusement un modèle ethnocentrique de consommation à l'occidentale) qu'elles ne servent à enseigner efficacement de nouvelles techniques propres à les atteindre.* »

Pareilles constatations sont une mise en garde, sévère, sans doute nécessaire, mais incitent à tirer les enseignements de chaque expérience, à étudier les conditions devant permettre à une radio éducative de devenir un moyen de dialogue en orientant les programmes selon les objectifs du développement national, et les besoins du public, mais aussi en organisant la réception pour que l'émission éducative soit non seulement entendue mais discutée et suivie de réalisations concrètes. Dans les expériences de développement rural notamment, ce n'est que si la radio accorde son action avec celle des services techniques sur le terrain, qu'elle peut devenir un élément de progrès. Elle peut alors non seulement renforcer ou compléter les actions de l'encadrement mais aussi aider à les renouveler et à les dépasser.

« *Aussi est-il essentiel d'étudier les efforts et répercussions des émissions de radio éducatives, d'enregistrer les témoignages des utilisateurs, des paysans eux-mêmes. Ainsi d'une étude de ce type menée au Sénégal récemment, il ressort que : la radio éducative aide les paysans et apporte des connaissances, ce qui est sa vocation normale ; que c'est un moyen d'expression, c'est même le seul moyen de se faire vraiment entendre ; que c'est un moyen de dialogue et de contrôle, ce qui dépasse de loin l'objectif premier qui visait à instruire ; que c'est enfin le moyen de faire prendre conscience au monde rural de son importance et de sa solidarité.*

A partir d'exemples concrets nous constatons que les journalistes, dans les pays du tiers monde, ne peuvent que travailler en liaison étroite avec les gouvernants, sans pour autant devenir des griots. Ceci pose le problème de la responsabilité des journalistes en Afrique qui ne peuvent être de simples haut-parleurs, mais des êtres conscients de ce qu'ils disent, de ceux à qui ils le disent, de la manière dont ils le disent. »

Note 5, page 321

Sur Internet, il est intéressant de noter les cohérences qui existent entre les actions engagées dans le cadre de l'UNESCO dans les années 70 et les positions exprimées au nom du Conseil supérieur de l'Audiovisuel en 1999. Elles permettent de comprendre, au-delà des évolutions nécessaires, la cohérence de ma démarche et de mes convictions : « *L'instrument Internet peut nous servir à construire une société humaine plus juste et plus solidaire, passant par une ouverture croissante à autrui et une authentique communication entre les hommes et entre les cultures. De ce point de vue, il peut être un atout décisif dans l'accomplissement de la mission qui figure dans l'acte fondateur de l'UNESCO, et qui lui impose de chercher à construire dans l'esprit des hommes même, là où naissent les guerres, "les remparts de la paix". Inversement, l'outil Internet peut être utilisé pour renforcer les phéno-*

mènes de domination culturelle et économique des pays riches, accélérer les processus d'assimilation à l'œuvre dans nos sociétés ou accentuer les avantages offerts aux classes sociales déjà privilégiées... Il n'est donc pas inutile, au moment où nous abordons l'an 2000, de nous interroger sur les fins que nous assignons, de manière internationale, au développement d'Internet. Ce serait peut-être la grande question sur laquelle nous pourrions terminer : "Internet pour quoi faire ?"

Si nos principes éthiques, sociaux et politiques sont eux-mêmes clairs, si nous savons quelle société nous voulons construire pour le monde de demain, nous saurons aussi déterminer, dans les années qui viennent, le meilleur usage possible d'Internet. A nous de nous montrer à la hauteur des principes qui gouvernent la communauté des nations, à nous d'y adapter le développement équilibré des nouvelles technologies, et de mettre en œuvre, avec d'autres, la multi-régulation d'Internet ! »

Note 6, page 331

Quelles furent les conséquences concrètes de cette grande querelle internationale ? Je les ai exposées dans une « fiche documentaire » du premier trimestre 1982 sous le titre « L'UNESCO et le Nouvel Ordre mondial de l'Information » ; cette fiche fut réalisée pour le Service Afrique de Radio-France Internationale dont j'étais alors devenu directeur, appelé à ses côtés par Michèle Cotta, présidente de Radio-France. J'avais ainsi recouvré une liberté de parole dont je m'empressais de faire usage « pour défendre en mon nom propre les idées que j'avais jusque-là défendues, peut-être de manière plus mesurée, au nom d'Amadou Mahtar M'Bow ».

« *En un premier temps, on a pu croire que pour remédier aux déséquilibres la solution la plus efficace serait d'opérer en direction du "tiers monde", des pays en voie de développement, un transfert de technologies et de programmes d'information. En admettant la possible bonne foi de ceux qui formulaient de telles propositions, force est de reconnaître que cette solution s'avère illusoire car elle ne fait que renforcer le système prévalant aujourd'hui : loi implacable du marché, concentration des pouvoirs, des sources et des moyens. La volonté d'instaurer un "nouvel ordre mondial de l'information et de la communication" a été entérinée à Belgrade, lors de la dernière conférence générale de l'UNESCO. Compte tenu de l'imperfection des analyses et de la naturelle diversité des points de vue, cette idée donne plus la mesure d'une aspiration qu'elle ne prétend définir un système normatif. Néanmoins, la rapidité avec laquelle elle s'épanouit traduit l'adhésion à quelques objectifs majeurs auxquels la communauté internationale a souscrit.*

Quels sont-ils ? Elimination des déséquilibres et des inégalités par la promotion d'une circulation libre, d'une diffusion plus large et mieux équilibrée des informations. Meilleure répartition des capacités et des moyens de communication.

Par son "Programme International pour le Développement de la Communication" (P.I.D.C.), l'UNESCO s'efforce d'obtenir un consensus qui favorise les capacités nationales de chaque pays pour développer une information et une formation professionnelle endogènes, et permet de réduire l'écart entre les divers pays.

A Paris, du 15 au 22 juin 1981, s'est réuni pour la première fois à la maison de l'UNESCO, le Conseil inter-gouvernemental du P.I.D.C. qui rassemble 35 pays. La réunion a été consacrée à l'identification des besoins et des priorités. La deuxième session du Conseil s'est tenue du 18 au 25 janvier à Acapulco. Quinze projets régionaux et deux projets internationaux – sur les cinquante-quatre examinés – vont être mis d'ores et déjà à exécution.

C'est le continent africain qui bénéficie cette année du principal effort consenti par le P.I.D.C., notamment pour l'aide à l'agence panafricaine de presse (P.A.N.A.). Les pays arabes du Golfe, par ailleurs, vont contribuer au programme de développement des communications en Afrique.

Il faut noter cependant les réticences des pays développés à participer pleinement aux projets. Le Directeur général de l'UNESCO a pu regretter que les contributions de ces pays n'aient atteint que six millions de dollars, sur les soixante-dix qui étaient à l'étude. La délégation américaine, par exemple, a précisé que l'aide de son pays ne portera que sur des réalisations bilatérales et des projets spécifiques, elle a demandé des garanties pour que la création de nouveaux réseaux d'échanges d'informations, notamment en Asie et dans le Pacifique, ne limite pas les activités des organes de presse internationaux opérant dans la même région...

Pour sa part, la France, dès l'ouverture de la session, a annoncé sa contribution pluriannuelle : elle s'élève à deux millions de dollars dont 500 000 seront versés en 1982. Contribution positive, volonté affirmée de réaliser, dans les rapports avec l'UNESCO, un changement réel...

Cet esprit, ce ton nouveau, marquent les relations qui se sont établies entre le gouvernement français et l'UNESCO. A Mexico, en octobre dernier, François Mitterrand ne se déclarait-il pas partisan d'un nouvel ordre mondial de l'information ? "La méthode consistant à concevoir un produit et à essayer de le vendre ne saurait permettre de faire face à une telle nécessité, ni aider à une politique de communication, d'information et d'éducation sur des territoires étendus et parfois faiblement peuplés." (...)

Jean-Paul II, lors de son dernier voyage en Afrique, s'est fait l'écho à Lagos de la controverse qui divise les pays du tiers monde et une partie des pays industrialisés au sujet de l'action menée par l'UNESCO en faveur de l'émergence d'un nouvel ordre mondial de la communication : "Il faut faire en sorte, a-t-il dit, que la souveraineté de chaque pays soit sauvegardée par un usage correct des moyens de communication qui peuvent devenir instrument de pression idéologique. Et ce genre de pression est plus dangereux et insidieux que bien des moyens coercitifs."

La communication est par essence dialogue, échange réciproque sans subordination ni discrimination. En cette décennie, outre une nécessité morale, il y va d'une exigence vitale d'identité pour chaque groupe humain, chaque peuple. Ne pas le comprendre reviendrait à assassiner toute idée de communication. » (Hervé Bourges, « l'UNESCO et le Nouvel Ordre mondial de l'information », fiche documentaire rédigée pour la rédaction de RFI en avril 1982).

Il est amusant de lire, en regard de ces déclarations enflammées, qui témoignent bien de la virulence du débat, le feu d'artifice de diplomatie que constitue la conclusion de la note de presse que j'avais distribuée à la fin de la

Conférence générale de Belgrade, sur ce même thème : « *Il faut à nouveau revenir sur le fait que, sur une question aussi "brûlante" que la communication, les décisions les plus importantes ont pu être prises par consensus, après de longues et difficiles négociations où la volonté de s'entendre a prévalu sur les divergences inhérentes à la pluralité des conceptions en la matière* ».

Note 7, page 464

En quatre mots, qu'est-ce que la régulation de l'audiovisuel ?

D'abord, la **Médiation**. *Médiation entre les diffuseurs et les auditeurs, afin que des principes de contenu soient respectés et qu'une relation de confiance s'instaure à l'égard des médias audiovisuels. En privilégiant la médiation, l'autorégulation et la responsabilité, le Conseil a permis à la radio et à la télévision de sortir d'une logique de provocation et de défi pour trouver un mode d'expression respectueux des diversités, pluraliste et démocratique. Avec un objectif toujours maintenu : la qualité des programmes.*

Deuxième mot : la **Concertation**. *Entre les professionnels de l'audiovisuel. Le Conseil a souhaité faire évoluer les cadres juridiques dans l'intérêt des opérateurs, producteurs, diffuseurs, créateurs, chaque fois que des accords étaient possibles entre eux. C'est ainsi que la mise en œuvre de la signalétique par les chaînes, pour renforcer la protection de l'enfance, a été le résultat d'une concertation très poussée avec le Conseil. Aujourd'hui cette signalétique est citée en exemple et la Commission européenne a invité tous les pays de l'Union à adopter un dispositif comparable, pour responsabiliser à la fois les diffuseurs et les téléspectateurs. Je tiens à remercier l'ensemble des 96 Présidents de sociétés ou de groupes audiovisuels français, radios et télévisions, qui par leur présence, ce soir, marquent le prix qu'ils accordent à cette action de concertation du Conseil.*

*Troisième mot : l'***Adaptation***. C'est aujourd'hui un principe directeur de notre action. Adaptation aux évolutions, mais aussi à la particularité de chaque cas. L'adaptation est au cœur de l'action du régulateur : chaque dossier est traité en fonction de la situation du secteur à un moment donné. Soutien aux nouvelles chaînes et aux radios les plus fragiles, équilibre dans le développement des réseaux afin de faire prévaloir la diversité de l'offre et à travers elle l'intérêt du public. Le cadre offert par les conventions que nous passons avec les opérateurs est apparu à la fois plus souple et plus efficace face à un secteur en évolution que le cadre inébranlable des décrets.*

*Enfin quatrième valeur fondamentale : l'***Indépendance***. C'est la seule garantie de réussite dans chacune des trois démarches que je viens d'évoquer. Le Conseil supérieur de l'Audiovisuel a fait en dix années la preuve de sa capacité à échapper aux querelles partisanes, et de son indépendance par rapport à tous les pouvoirs, politiques certes, mais aussi économiques, et c'est important à l'heure des grandes manœuvres autour de la communication, indépendance enfin à l'égard de tous les lobbies. C'est le CSA qui garantit le pluralisme et l'équité lors des campagnes électorales, et je salue les représentants de toutes les formations politiques qui sont parmi nous, ainsi que les autorités religieuses des trois grandes confessions monothéistes.*

Seule l'indépendance assure la légitimité de l'instance et la confiance que les opérateurs et les citoyens peuvent placer en elle.

Cette pratique de la régulation que nous avons contribué à inventer ensemble jour après jour, malgré les cris et les chuchotements, malgré les protestations parfois et à l'étonnement de beaucoup. Nous devons aujourd'hui la tourner vers l'avenir de l'audiovisuel. » (Hervé Bourges, Discours prononcé lors de la réception donnée au Palais de Chaillot pour le Xe anniversaire du CSA, le 25 janvier 1999.)

TABLE

1. Enfances 9

Rennes (10) – Biarritz (16) – Reims (19) – Les Amis de Jeudi Dimanche (21) – « La danseuse » (27).

2. Témoignage Chrétien 33

En avant, à gauche (37) – L'anticolonialisme (43) – Les nouveaux mal-pensants (54) – Le 17 octobre 1961 (57) – Le 8 février 1962 (63).

3. Edmond Michelet 69

Edmond, saint et martyr (71) – Geôlier en chef (76) – Le dossier Benchérif (85) – La loi du silence (90) – « Un quarteron de généraux à la retraite » (100) – Les jeunes délinquants (108).

4. Algérie 113

Simple bidasse près de Sétif (115) – Ne pas subir (120) – Au « quartier » (124) – Dangereuse schizophrénie (127) – Le Gouvernement provisoire (GPRA) (133) – Mohamed Boudiaf (135) – L'appel de Ben Bella (140) – Etat d'urgence (147) – « Mohamed » Duval (149) – Voyage officiel (153) – Abdelaziz Bouteflika (160) – Trait d'union entre les deux rives (168) – Genèse d'un coup d'Etat (175) – Villa Joly (180) – Former des journalistes algériens (188) – Arrêté par la Sécurité militaire (197) – Vers un partenariat nouveau entre Europe et Maghreb (205).

5. Afrique 209

La langue des barricades (212) – Léopold Sédar Senghor (214) – Une école de journalisme africaine ? (219) – Entre Paris et Yaoundé (221) – La capitale aux sept collines (228) – Manu Dibango... (232) – Mémoire d'éléphants (235) – La revanche du « petit Peul » (242) – Madeleines africaines (248) – Palabres mauritaniennes (253) – La prime à la démocratisation (255) – De la mort du « Vieux » à la digne succession de Senghor (261) – Le printemps des peuples (268) – Mitterrand l'Africain (273) – Chirac, autre Africain (282) – Vingt ans plus tard (286).

6. Lille 295

Un « grand cœur », Pierre Mauroy (301) – L'âme du Nord (310) – « Décoloniser l'information » (318).

7. Unesco 327

Un « Nouvel Ordre mondial de l'information » ? (328) – Le petit paysan du Sahel (331) – Les grands chantiers (336) – Changements d'horizons (342) – « Mes respects, Monsieur l'Ambassadeur » (344) – La ruche et les abeilles (346) – Les jumeaux : Mahmoud Hussein (350) – Sartre et Benny (359) – Marianne et Pharaon (366) – Le cercle de l'UNESCO (370).

8. Les années lumière 377

Les voix de la France (382) – Rue de l'Arrivée (390) – Griserie audiovisuelle ? (396) – Le match TF1-Antenne 2 (401) – Une télévision « populaire de qualité » (409) – L'Audiovisuel extérieur (420) – France Télévision : la présidence commune (433) – « Une télévision pour tous » (441) – La tête haute (455) – Le Conseil supérieur de l'Audiovisuel (462) – Le combat du sens (465) – Rapidité, caducité, brièveté (470) – Une nouvelle déontologie de la communication (478).

9. Des victoires perdues ? 483

Notes. 493

Cet ouvrage a été réalisé par la
SOCIÉTÉ NOUVELLE FIRMIN-DIDOT
Mesnil-sur-l'Estrée
pour le compte des Éditions Grasset
en octobre 2000

Imprimé en France
Dépôt légal : octobre 2000
N° d'édition : 11656 – N° d'impression : 52917
ISBN : 2-246-60321-8